Les impôts sur les salaires 2022

L'IMPACT DU COVID-19 SUR LE COIN FISCAL DANS LES PAYS DE L'OCDE

OCDE

DES POLITIQUES MEILLEURES
POUR UNE VIE MEILLEURE

Cet ouvrage est publié sous la responsabilité du Secrétaire général de l'OCDE. Les opinions et les arguments exprimés ici ne reflètent pas nécessairement les vues officielles des pays Membres de l'OCDE.

Ce document, ainsi que les données et cartes qu'il peut comprendre, sont sans préjudice du statut de tout territoire, de la souveraineté s'exerçant sur ce dernier, du tracé des frontières et limites internationales, et du nom de tout territoire, ville ou région.

Les données statistiques concernant Israël sont fournies par et sous la responsabilité des autorités israéliennes compétentes. L'utilisation de ces données par l'OCDE est sans préjudice du statut des hauteurs du Golan, de Jérusalem-Est et des colonies de peuplement israéliennes en Cisjordanie aux termes du droit international.

Les impôts sur les salaires
ISSN 1995-3852 (imprimé)
ISSN 2072-5132 (en ligne)

Avant-propos

Cette publication annuelle, *Les impôts sur les salaires*,[1] fournit des informations détaillées sur la situation des salariés au regard de l'impôt et des transferts sociaux dans l'ensemble des 38 pays membres de l'OCDE. Les informations contenues dans ce rapport couvrent l'impôt sur le revenu des personnes physiques et les cotisations de sécurité sociale payés par les salariés, les cotisations de sécurité sociale et les taxes sur les salaires payées par les employeurs ainsi que les allocations reçues par les familles. Ce rapport a pour objet de montrer comment sont calculés les impôts sur le revenu des personnes physiques, les cotisations de sécurité sociale et les taxes sur les salaires, et d'examiner l'impact de ces prélèvements et des allocations familiales sur les revenus nets des foyers. Les résultats permettent également des comparaisons quantitatives entre pays sur les niveaux des coûts du travail et la situation globale des salariés célibataires et des familles au regard de l'impôt et des transferts sociaux.

Le rapport présente le montant des impôts, des cotisations de sécurité sociale, des taxes sur les salaires et des prestations en espèces pour huit catégories de foyers qui diffèrent selon le niveau des revenus et la composition familiale. Il indique également les taux d'imposition moyens et marginaux qui en résultent. Les taux moyens d'imposition correspondent à la part des salaires bruts ou des coûts totaux de main-d'œuvre qui est prélevée sous forme d'impôts sur le revenu des personnes physiques (avant et après les prestations), de cotisations de sécurité sociale et de taxes sur les salaires. Les taux marginaux indiquent la part de l'augmentation des salaires bruts ou des coûts totaux de main-d'œuvre qui fait l'objet de ces prélèvements.

Le rapport met l'accent sur la présentation de nouvelles données relatives à la situation des salariés au regard de l'impôt et des prestations sociales pour 2021. De plus, ces nouvelles données sont comparées aux données correspondantes pour l'année 2020. Il importe de noter que le salarié moyen est un salarié employé à plein temps (en tant que travailleur manuel ou non manuel) dans l'un des secteurs B-N de la classification internationale type, par industrie, de toutes les branches d'activité économique, Révision 4 (CITI, Rév.4) ou des secteurs C-K de la classification internationale type, par industrie, de toutes les branches d'activité économique, Révision 3 (CITI, Rév. 3).

Le rapport est structuré de la manière suivante :

- La Partie I (Comparaisons et évolution de la charge fiscale) comprend 6 chapitres :
  - Le Chapitre 1 contient une synthèse des principaux résultats pour 2021.
  - Le Chapitre 2 présente une Étude spéciale intitulée « L'impact du COVID-19 sur le coin fiscal dans les pays de l'OCDE ».
  - Le Chapitre 3 examine les principaux résultats pour 2021, qui sont résumés dans des tableaux et graphiques comparatifs figurant à la fin du chapitre.
  - Le Chapitre 4 présente une explication graphique de la charge fiscale estimée pesant sur les revenus du travail en 2021 pour les salaires bruts compris entre 50 % et 250 % du salaire moyen.

- – Le Chapitre 5 passe en revue les principaux résultats pour 2020 synthétisés dans des tableaux comparatifs présentés à la fin du chapitre, et les compare avec les résultats de 2021.
- – Le Chapitre 6 met l'accent sur l'évolution chronologique de la charge fiscale pendant la période 2000 à 2 021.

- La Partie II contient des tableaux par pays indiquant les niveaux de salaires considérés et les charges fiscales correspondantes pour huit types de familles, ainsi qu'une description du système d'imposition/de prestations de chaque pays.
- L'annexe décrit les méthodes et les limites de l'étude.

Cette étude a été rédigée par le Centre de politique et d'administration fiscales (CTPA) de l'OCDE. Chaque chapitre a été communiqué au Groupe de travail sur l'analyse des politiques et les statistiques fiscales (GT n°2) du Comité des affaires fiscales pour examen et commentaires. Les données ont été confirmées par les différents Membres concernés. Les travaux ont été dirigés par Leonie Cedano et Dominique Paturot, sous la supervision de Michelle Harding, Cheffe de l'Unité d'analyse des données et des statistiques fiscales, et d'Alexander Pick. L'Étude spéciale a été rédigée par Alexander Pick, avec le soutien statistique et analytique de Leonie Cedano. Les auteurs souhaitent remercier Michael Sharratt pour la gestion et la diffusion des données, et Marie-Aurélie Elkurd pour la mise en page de la publication. Ils sont également reconnaissants à David Bradbury, Bert Brys, Karena Garnier, Natalie Lagorce, Pascal Saint-Amans et Carrie Tyler, leurs collègues du CTPA, pour leur soutien et leurs précieux commentaires. Les auteurs tiennent aussi à remercier les délégués du GT n°2 pour leurs contributions. Cette étude a bénéficié d'un soutien financier accordé par l'Union européenne. Les vues exprimées ne sauraient refléter l'opinion officielle de l'Union européenne.

Table des matières

GRAPHIQUES

TABLEAUX

Résumé

Le coin fiscal, qui est le premier indicateur présenté dans ce rapport, mesure la différence entre les coûts de main-d'œuvre pour l'employeur et la rémunération nette correspondante du salarié. Il correspond à la somme de l'impôt sur le revenu des personnes physiques et des cotisations de sécurité sociale (CSS) payés par les salariés et par les employeurs, diminuée des prestations en espèces perçues, en proportion des coûts totaux de main-d'œuvre pour les employeurs[2]

Il ressort du présent rapport que la fiscalité du travail a connu un rebond dans les pays de l'OCDE en 2021, les pays se remettant de la grave contraction de l'activité économique enregistrée en 2020 du fait de la pandémie de COVID-19. Dans la plupart des pays, les mesures liées au COVID-19 ont été retirées ou réduites et les salaires moyens ont augmenté, et un certain nombre de pays ont également engagé d'importantes réformes de la fiscalité du travail. Le coin fiscal a par conséquent augmenté dans une majorité de pays de l'OCDE pour la plupart des catégories de foyer entre 2020 et 2021, même si le coin fiscal moyen pour la zone OCDE dans son ensemble a légèrement diminué en raison de fortes baisses dans un petit nombre de pays. Dans la plupart des pays, les hausses du coin fiscal enregistrées en 2021 ont plus que compensé les fortes baisses observées en 2020, d'où un rebond du coin fiscal à des niveaux plus élevés qu'en 2019, avant la pandémie.

Le coin fiscal dans la zone OCDE moyen pour un célibataire rémunéré au salaire moyen s'établissait était de 34.6 % en 2021, soit une baisse de 0.06 point de pourcentage par rapport à 2020. Le coin fiscal a augmenté dans 24 des 38 pays de l'OCDE, a diminué dans 12 pays et est resté inchangé dans deux autres. Des hausses supérieures à un point de pourcentage ont été observées en Israël (1.02 point), aux États-Unis (1.20 point) et en Finlande (1.33 point). Dans la quasi-totalité des pays, la hausse du coin fiscal pour les travailleurs célibataires, est due à l'augmentation de l'impôt sur le revenu des personnes physiques. Dans certains pays, cette évolution s'explique par l'interaction entre des salaires moyens plus élevés et la progressivité des régimes d'imposition sur les revenus. Dans d'autres, elle tient au fait qu'une plus forte proportion des revenus est imposée à mesure que la valeur des abattements et crédits d'impôt diminue par rapport aux revenus.

La baisse du coin fiscal pour les travailleurs célibataires rémunérés au salaire moyen a été supérieure à un point de pourcentage en Australie (-1.25 point), en Lettonie (-1.73 point), en Grèce (-2.23 points) et en République tchèque (-4.12 points). Dans la majorité des cas, cette baisse s'explique principalement par une diminution de l'impôt sur le revenu des personnes physiques. En Australie, le barème de l'impôt sur le revenu a été réformé, les tranches d'imposition ayant été élargies et le taux de l'impôt sur les salaires à la charge des employeurs ayant été ramené de 5.45 % à 4.85 %[3] au cours de l'exercice fiscal 2020-2021. Le Chili et la Suède ont tous deux relevé le seuil de revenu dans leur barème d'imposition. En République tchèque, l'assiette de l'impôt sur le revenu des personnes physiques a été réformée de manière à inclure uniquement le revenu brut du salarié en 2021. En Allemagne, la surtaxe de solidarité due par les célibataires rémunérés au salaire moyen en 2020 n'a pas été payée en 2021, le plafond de revenu exonéré ayant été sensiblement relevé. En Lettonie, l'abattement fiscal accordé aux travailleurs rémunérés au salaire moyen a été augmenté en 2021. Au Mexique, la baisse de l'impôt sur le revenu des personnes physiques s'explique par un recul du salaire moyen.

Le coin fiscal moyen dans la zone OCDE pour les couples avec deux enfants disposant de deux salaires a diminué de 0.36 point de pourcentage entre 2020 et 2021 pour s'établir à 28.8 %. Pour cette catégorie de foyer, le coin fiscal a augmenté dans 23 pays de l'OCDE, diminué dans 14 et est resté au même niveau dans un pays. Les hausses ont dépassé un point de pourcentage au Luxembourg et au Canada (1.14 point), en Lituanie (1.25 point), en Autriche (1.28 point), en Israël (1.4 point) et en Finlande (1.49 point). Des baisses de plus d'un point de pourcentage ont été observées au Chili (- 15.28 points), en République tchèque (- 4.8 points), en Grèce (- 2.2 points), au Mexique (- 1.54 point) et en Australie (- 1.43 point).

Le coin fiscal moyen dans la zone OCDE pour les couples avec deux enfants disposant d'un seul salaire a diminué de 0.42 point de pourcentage entre 2020 et 2021 pour s'établir à 24.6 %. Il a augmenté dans 27 pays, a diminué dans 10 et est resté inchangé dans un pays. Pour les ménages monoparentaux, examinés en détail dans l'Étude spéciale, le coin fiscal a légèrement progressé en moyenne, soit de 0.1 point, pour atteindre 15.04 % en 2021. Il a augmenté dans 26 pays, diminué dans 11 et est resté inchangé dans un pays. Dans la plupart des pays ayant enregistré un recul du coin fiscal pour les familles avec enfants entre 2020 et 2021, ce repli résulte de modifications du système d'imposition des revenus et des CSS, ainsi que d'une hausse des prestations en espèces ou de l'adoption de mesures fiscales pour enfants à charge, et notamment de mesures de soutien liées au COVID-19.

Le rapport contient une Étude spéciale consacrée à l'incidence du COVID-19 sur le coin fiscal dans les pays de l'OCDE. Cette étude examine l'impact cumulé de la crise du COVID-19 sur la fiscalité du travail dans les pays de l'OCDE, et établit une comparaison avec les tendances à long terme et les conséquences de la crise financière mondiale sur le coin fiscal.

Principaux résultats

En 2021, le coin fiscal moyen pour les travailleurs célibataires a augmenté dans la majorité des pays

- Dans les pays de l'OCDE, le taux moyen de l'impôt sur le revenu des personnes physiques et des CSS payées par les salariés et les employeurs sur les revenus du travail des célibataires sans enfant rémunérés au salaire national moyen s'établissaient en moyenne à 34.6 % en 2021, soit une baisse de 0.06 point de pourcentage par rapport à 2020.

- Entre 2020 et 2021, le coin fiscal pour cette catégorie de foyer a augmenté dans 24 pays de l'OCDE, et a diminué dans 12 autres. Des hausses supérieures à un point de pourcentage ont été observées en Israël, aux États-Unis et en Finlande. Des baisses de plus d'un point de pourcentage ont été enregistrées en Australie, en Lettonie, en Grèce et en République tchèque.

- En 2021, c'est en Belgique (52.6 %), en Allemagne (48.1 %), en Autriche (47.8 %), en France (47.0 %) et en Italie (46.5 %) que les coins fiscaux moyens ont été les plus élevés pour cette catégorie de ménage. Les coins fiscaux les plus faibles ont été observés en Colombie (zéro), au Chili (7.0 %) et en Nouvelle-Zélande (19.4 %).

- Le taux moyen d'imposition des personnes physiques applicable à un célibataire rémunéré au salaire moyen dans les pays de l'OCDE représentait 24.6 % du salaire brut. La Belgique affichait le taux le plus élevé, à 39.8 %, tandis que l'Allemagne, le Danemark et la Lituanie étaient les seuls autres pays avec des taux supérieurs à 35 %. C'est au Costa Rica (10.5 %), au Mexique (10.2 %), au Chili (7.0 %) et en Colombie (0.0 %) que les taux moyens d'imposition des personnes physiques étaient les plus bas.

- Le salaire moyen des travailleurs célibataires a augmenté dans tous les pays de l'OCDE, à l'exception du Mexique et de la Grèce. Les salaires réels (avant impôt sur le revenu des personnes physiques et CSS) ont augmenté de plus de deux points dans treize pays et diminué de plus de deux points dans deux autres.

En 2021, le coin fiscal moyen pour les ménages avec enfants variait d'un pays à l'autre de l'OCDE

- Le coin fiscal moyen dans la zone OCDE pour les couples avec deux enfants disposant de deux salaires s'élevait à 28.8 % en 2021, soit un niveau supérieur à celui observé pour les couples avec un seul salaire égal au salaire moyen (24.6 %) et pour les parents isolés (15.5 %).
- La baisse la plus marquée du coin fiscal observée entre 2020 et 2021 pour les huit catégories de ménages concerne les couples avec deux enfants et un seul salaire égal au salaire moyen. Cette diminution s'établit à 0.42 point de pourcentage en moyenne, même si elle ne concerne que 10 pays sur 38. Des baisses supérieures à un point de pourcentage ont été observées dans cinq pays : le Chili (- 25.52 points), la République tchèque (- 5.4 points), la Grèce (- 2.38 points), l'Australie (- 1.73 point) et les États-Unis (- 1.59 point).
- En 2021, c'est en France que le coin fiscal pour cette catégorie de ménage a été le plus élevé (39.0 %), la Finlande, la Turquie, l'Italie, la Suède et la Belgique dépassant également les 35.0 %. La Colombie et le Chili affichaient pour leur part des coins fiscaux négatifs, de -5.0 % et -18.5 %, respectivement.
- Dans la quasi-totalité des pays de l'OCDE, le coin fiscal était plus faible pour les couples mariés avec deux enfants et un seul salaire que pour les travailleurs célibataires. L'écart était supérieur à 20 % des coûts de main-d'œuvre au Chili, au Luxembourg et en Pologne, et à 15 % en Allemagne, en Belgique, aux États-Unis et en République tchèque.

L'impact du COVID-19 sur le coin fiscal dans les pays de l'OCDE (Étude spéciale).

- Les coins fiscaux ont diminué en moyenne et dans une majorité de pays de l'OCDE en 2020, les pouvoirs publics ayant mis en œuvre une série de mesures pour faire face à la pandémie de COVID-19.
- Ils ont toutefois, connu un rebond dans la plupart des pays en 2021, la plupart de ces mesures ayant été supprimées ou réduites et les salaires moyens ayant augmenté dans 36 des 38 pays de l'OCDE.
- Pour les couples avec deux enfants disposant d'un seul salaire égal à 100 % du salaire moyen et pour les parents isolés percevant 67 % du salaire moyen, le coin fiscal était plus élevé en 2021 qu'en 2019 dans 21 pays (contre 16 pays pour les travailleurs célibataires percevant 100 % du salaire moyen).
- Entre 2019 et 2021, le coin fiscal moyen a diminué de 1.2 point pour les couples disposant d'un seul salaire et de 1.0 point pour les parents isolés, ce qui est supérieur à la baisse observée pour les célibataires (-0.3 point).

Notes

[1] Les éditions antérieures de ce rapport étaient publiées sous les titres *La situation des salariés au regard de l'impôt et des transferts sociaux* (éditions 1996 à 1998) et *La situation des ouvriers au regard de l'impôt et des transferts sociaux* (éditions antérieures à 1996).

[2] Alors que les modèles utilisés dans les *Impôts sur les salaires* calculent le coin fiscal (ainsi que les taux d'imposition moyens et marginaux) pour huit catégories de foyer, l'analyse présentée dans ce rapport porte sur quatre de ces catégories : les célibataires rémunérés au salaire moyen, les couples avec deux enfants

et deux salaires, l'un égal à 100 % et l'autre à 67 % du salaire moyen, les couples avec un seul salaire égal au salaire moyen et deux enfants, et les parents isolés gagnant 67 % du salaire moyen.

[3] En Australie, les taux, seuils et déductions de l'impôt sur les salaires à la charge des employeurs diffèrent selon les États. Le taux en vigueur dans l'État de Nouvelle-Galles du Sud est utilisé dans les calculs des *Impôts sur les salaires*.

Partie I Comparaisons et évolution de la charge fiscale

1 Synthèse

Ce chapitre présente les principaux résultats de l'analyse de l'imposition des revenus du travail dans les pays membres de l'OCDE en 2021. Il met surtout l'accent sur le coin fiscal — indicateur de la différence entre les coûts de main-d'œuvre pour l'employeur et la part correspondante de la rémunération nette après impôt du salarié — qui est calculé en faisant le total de l'impôt sur le revenu des personnes physiques, des cotisations de sécurité sociale à la charge des salariés et des employeurs, et des taxes éventuelles sur les salaires, et en retranchant les prestations en pourcentage des coûts de main-d'œuvre. Les calculs s'intéressent aussi au taux moyen d'imposition net des personnes physiques. Il s'agit de la terminologie utilisée lorsque l'impôt sur le revenu des personnes physiques et les cotisations salariales de sécurité sociale, après déduction des prestations en espèces, sont exprimés en pourcentage du salaire brut. L'analyse compare un célibataire sans enfant rémunéré au salaire moyen à un couple marié avec deux enfants, disposant d'un seul salaire de niveau identique. Une analyse complémentaire concerne un couple avec deux enfants disposant de deux salaires, dont l'un des conjoints perçoit le salaire moyen et l'autre 67 % du salaire moyen.

Cette publication fournit, pour chacun des 38 pays de l'OCDE, des informations détaillées sur les impôts sur le revenu versés par les salariés, leurs cotisations de sécurité sociale, les transferts qu'ils perçoivent sous forme de prestations en espèces, ainsi que les cotisations de sécurité sociale et taxes sur les salaires versées par leurs employeurs. Les résultats communiqués prennent en compte la charge fiscale marginale et moyenne pour les ménages disposant d'un seul et de deux salaires[1], et les coûts totaux de main-d'œuvre qui en résultent pour les employeurs. Ces données sont largement utilisées dans le cadre de travaux de recherches universitaires ainsi que dans la formulation et l'évaluation des politiques sociales et économiques. Les données spécifiques sur les contribuables figurant dans cette étude permettent de compléter les renseignements compilés chaque année dans les *Statistiques des recettes publiques*, publication qui contient des données comparatives internationales sur les niveaux d'imposition et les structures fiscales dans les pays de l'OCDE. La méthodologie utilisée dans cette étude est décrite brièvement dans la section d'introduction ci-dessous et plus en détail dans l'Annexe.

Les tableaux et graphiques présentent des estimations de la charge fiscale et du « coin fiscal » entre les coûts de main-d'œuvre et le revenu net disponible pour huit catégories de foyer ayant des niveaux de revenus comparables. La section 2 ci-après fait la synthèse des principaux résultats pour l'année 2021. La Partie I du rapport fournit des résultats plus détaillés pour 2021, ainsi que des résultats comparables pour 2020 et examine les changements intervenus entre les deux années. Elle retrace également l'évolution chronologique de la charge fiscale entre 2000 et 2021.

Le chapitre 1 commence par une introduction à la méthodologie utilisée dans cette publication, suivie d'un examen des résultats relatifs aux indicateurs de la charge fiscale en 2021. L'examen porte sur le coin fiscal et les taux moyens de l'impôt sur le revenu des personnes physiques pour un célibataire sans enfant rémunéré au salaire moyen, ainsi que sur les indicateurs correspondants pour un couple disposant d'un seul salaire équivalent au salaire moyen, et pour un couple disposant de deux salaires dont un conjoint est rémunéré au salaire moyen et l'autre à 67 % du salaire moyen, et suppose que ces deux couples ont deux enfants. La dernière section décrit l'évolution des niveaux de salaire moyen par pays, et précise la classification par branche d'activité utilisée pour effectuer le calcul.

Le rapport concerne la période de crise liée à la pandémie de COVID-19. Une attention toute particulière a été portée aux modifications apportées aux systèmes de prélèvements et de prestations en réponse à la crise. Seules les mesures qui présentent un intérêt au regard de cette publication ont été examinées. Ces mesures concernent notamment l'évolution de l'impôt sur le revenu des personnes physiques (au niveau des administrations centrales et locales/des États fédérés), des cotisations de sécurité sociale (CSS), des taxes sur les salaires et les prestations en espèces versées aux travailleurs. Conformément à la méthodologie retenue dans *Les Impôts sur les salaires*, ces mesures doivent concerner la majorité des travailleurs à temps plein relevant des secteurs B à N de la CITI Rév. 4. L'Étude spéciale fournit de plus amples renseignements sur cette méthodologie. On trouvera en outre dans la Partie II du rapport des informations plus précises sur les mesures liées au COVID-19 pays par pays.

Introduction

Cette section expose brièvement la méthodologie utilisée dans la publication *Les impôts sur les salaires*, consacrée exclusivement aux salariés à plein temps. Par hypothèse, leur revenu annuel d'activité est égal à un pourcentage donné du salaire brut moyen des travailleurs adultes travaillant à temps plein, pour chaque économie de l'OCDE, désigné sous le nom de salaire moyen (SM). Sont concernés à la fois les travailleurs manuels et non manuels, soit dans les secteurs C à K inclus, conformément à la classification internationale type par industrie de toutes les branches d'activité, Révision 3 (CITI Rév. 3), soit dans les secteurs B à N inclus, conformément à la classification internationale type par industrie de toutes les branches d'activité, Révision 4 (CITI Rév. 4)[2]. Des précisions figurent dans le Tableau 1.8 ainsi que dans l'Annexe à cette étude. Des hypothèses complémentaires sont formulées concernant d'autres éléments de la situation personnelle de ces salariés, afin de pouvoir déterminer leur positionnement au regard du système de prélèvements et de prestations.

Dans la publication *Les impôts sur les salaires*, le terme « impôt » recouvre l'impôt sur le revenu des personnes physiques, les CSS et les taxes sur les salaires (regroupées avec les cotisations patronales de sécurité sociale pour le calcul des taux d'imposition) payables sur le salaire brut. Par conséquent, aucun impôt sur le revenu pouvant être dû au titre de revenus non salariaux, de même qu'aucun autre type d'impôt — par exemple, l'impôt sur les bénéfices, l'impôt sur le patrimoine net et les impôts sur la consommation — n'est pris en compte. Les transferts inclus sont ceux versés par les administrations publiques sous la forme de prestations en espèces, généralement au titre des enfants à charge.

Pour la plupart des pays de l'OCDE, l'année fiscale correspond à l'année civile. Toutefois, l'Australie, la Nouvelle-Zélande et le Royaume-Uni font exception. Dans le cas de la Nouvelle-Zélande et du Royaume-Uni, où l'année fiscale débute en avril, une approche « prospective » a été suivie pour les calculs. De ce fait, par exemple, les taux d'imposition indiqués pour 2021 sont ceux de l'année fiscale 2021-2022. Toutefois, en Australie, où l'année fiscale débute en juillet, il a été décidé d'adopter une approche « rétrospective » afin d'obtenir des résultats plus fiables. Par conséquent, pour l'Australie, l'année 2021 a été considérée comme correspondant à l'année fiscale 2020-2021.

La publication *Les impôts sur les salaires* contient divers indicateurs relatifs à l'imposition de la main-d'œuvre. Il met surtout l'accent sur le coin fiscal — indicateur de la différence entre les coûts de main-d'œuvre pour l'employeur et la part correspondante de la rémunération nette après impôt du salarié — qui est calculé en faisant le total de l'impôt sur le revenu des personnes physiques, des CSS à la charge des salariés et des employeurs, et des taxes éventuelles sur les salaires, et en retranchant les prestations en pourcentage des coûts de main-d'œuvre. Les CSS et, dans certains pays, les taxes sur les salaires sont ajoutées au salaire brut des salariés pour obtenir un indicateur des coûts totaux de main-d'œuvre. Le coin fiscal moyen indique la part des coûts totaux de main-d'œuvre qui est prélevée sous forme d'impôts et de CSS après déduction des prestations versées en espèces. Au contraire, le coin fiscal marginal indique la part de l'augmentation des coûts totaux de main-d'œuvre qui est ainsi prélevée sous forme d'impôts et de CSS après déduction des prestations versées en espèces. Néanmoins, il convient de noter que ces indicateurs prennent uniquement en compte les paiements qui sont considérés comme des impôts. Les salariés et les employeurs peuvent aussi devoir procéder à des paiements obligatoires non fiscaux (PONF)[3], qui peuvent augmenter le niveau des indicateurs présentés dans la publication *Les impôts sur les salaires*. Un document d'accompagnement disponible dans la *Base de données fiscales de l'OCDE* présente les indicateurs de prélèvements obligatoires, qui combinent la charge fiscale et celle des PONF : http://www.oecd.org/tax/tax-policy/non-tax-compulsory-payments.pdf.

Les calculs s'intéressent aussi au taux moyen d'imposition des personnes physiques et au taux moyen net d'imposition des personnes physiques. Le taux moyen d'imposition des personnes physiques est la terminologie utilisée lorsque l'impôt sur le revenu des personnes physiques plus les CSS salariales sont exprimés en pourcentage du salaire brut. Le taux moyen net d'imposition des personnes physiques est obtenu en retranchant les prestations en espèces. Le taux marginal net d'imposition des personnes physiques fait ressortir la part d'une augmentation du salaire brut qui est reversée sous forme d'impôt sur le revenu des personnes physiques et de CSS salariales, après déduction des prestations en espèces.

Imposition des salariés célibataires

Coin fiscal

Le Tableau 1.1 montre que le coin fiscal entre les coûts de main-d'œuvre à la charge de l'employeur et la rémunération nette disponible correspondante des salariés célibataires sans enfant, rémunérés au salaire moyen, différait fortement selon les pays de l'OCDE en 2021 (voir colonne 1). Si en Allemagne, en

Autriche, en Belgique, en France et en Italie, le coin fiscal en pourcentage des coûts de main-d'œuvre s'élevait à plus de 45 %, il était inférieur à 20 % au Chili, en Colombie, au Mexique et en Nouvelle-Zélande. C'est en Belgique que l'on observait le coin fiscal le plus élevé (52.6 %), et en Colombie qu'il était le plus bas (0.0 %). En Colombie, un salarié célibataire rémunéré au salaire moyen n'a acquitté aucun impôt sur le revenu des personnes physiques en 2021, cependant que ses cotisations d'assurance retraite, d'assurance maladie, et d'assurance contre les risques liés à l'emploi sont considérées comme des paiements obligatoires non fiscaux (PONF)[4], et ne sont donc pas comptabilisées comme des impôts dans les calculs des *Impôts sur les salaires*. Le Tableau 1.1 indique que le coin fiscal moyen dans les pays de l'OCDE, exprimé en pourcentage des coûts de main-d'œuvre, s'établissait à 34.6 % en 2021.

Les variations du coin fiscal entre 2020 et 2021 pour un pour un salarié moyen sans enfant, exprimées en pourcentage des coûts de main-d'œuvre, sont indiquées à la colonne 2 du Tableau 1.1. La moyenne de l'OCDE a diminué de 0.06 point de pourcentage en 2021, soit 0.17 point de moins que la baisse observée en 2020 (0.23 point de pourcentage) au plus fort de la crise du COVID-19. Parmi les pays membres de l'OCDE, le coin fiscal a augmenté dans 24t pays, et a baissé dans 12 autres. Il est resté au même niveau en Colombie et au Costa Rica entre 2020 et 2021. Les hausses ont été relativement faibles et seulement trois d'entre elles ont représenté un point de pourcentage ou plus : Israël (1.02 point) les États-Unis (1.20 point) et la Finlande (1.33 point). À l'inverse, les baisses ont été supérieures à un point de pourcentage en Australie (1.25 point), en Lettonie (1.73 point), en Grèce (2.23 points) et en République tchèque (4.12 points).

Dans pratiquement tous les pays où le coin fiscal a augmenté, cette hausse s'explique par le relèvement de l'impôt sur le revenu des personnes physiques (voir colonne 3 du Tableau 1.1). Dans certains pays, cette progression était imputable à des hausses du salaire moyen entre 2020 et 2021 (voir ci-après). La hausse du salaire moyen accroît l'impôt sur le revenu des personnes physiques en raison de la progressivité des systèmes d'imposition du revenu si les seuils d'imposition du revenu augmentent moins que le salaire moyen. Dans d'autres pays, l'augmentation de l'impôt sur le revenu des personnes physiques s'explique principalement par le fait qu'une plus forte proportion des revenus est imposée à mesure que la valeur des abattements et crédits d'impôt diminue par rapport aux revenus.

Au Canada, en Corée et en Finlande, l'augmentation du coin fiscal résulte de la hausse des CSS salariales et patronales en pourcentage des coûts de main-d'œuvre. Au Canada, les cotisations maximales au titre de l'assurance retraite et de l'assurance chômage ont été relevées en 2021 et le travailleur rémunéré au salaire moyen a également payé une contribution santé en Ontario plus élevée qu'en 2020. En Finlande, les taux de cotisations de sécurité sociale ont globalement augmenté pour le salarié (de 9.58 % à 9.91 %) et pour l'employeur (de 18.69 % à 20.78 %) en 2021. En Corée, le taux de cotisation au régime national d'assurance maladie est passé de 3.6768375 % à 3.825136 % en 2021. Aux États-Unis, le principal facteur à l'origine de l'augmentation du coin fiscal (de 0.74 point de pourcentage des coûts de main-d'œuvre) a été la baisse des prestations en espèces liées au COVID-19 pour un salarié moyen célibataire entre 2020 et 2021.

Dans sept des douze pays de l'OCDE qui ont enregistré une diminution du coin fiscal en pourcentage des coûts de main-d'œuvre, celle-ci résulte pour l'essentiel d'une baisse de l'impôt sur le revenu (Allemagne, Australie, Chili, Lettonie, Mexique, République tchèque et Suède). En Australie, le barème de l'impôt sur le revenu a été réformé en élargissant les tranches d'imposition et le taux de l'impôt sur les salaires à la charge des employeurs a été ramené de 5.45 % à 4.85 %[5] au cours de l'exercice fiscal 2020-2021. Le Chili et la Suède ont tous deux relevé le seuil de revenu dans les barèmes d'imposition, ce qui a entraîné une baisse de l'impôt sur le revenu des personnes physiques inférieure à 0.1 point de pourcentage dans les deux pays. En République tchèque , l'assiette de l'impôt sur le revenu des personnes physiques a été réformée de manière à inclure uniquement le revenu brut du salarié en 2021 (les années précédentes, l'assiette de l'impôt comprenait également les CSS patronales). En Allemagne, la surtaxe de solidarité due par le célibataire rémunéré au salaire moyen en 2020 n'a pas été payée en 2021, le plafond de revenu exonéré ayant été sensiblement relevé (de 972 EUR à 16 956 EUR). En Lettonie, l'abattement fiscal (le

« minimum non imposable différencié ») a été révisé fortement à la hausse pour les travailleurs rémunérés au salaire moyen en 2021. Au Mexique, la diminution de l'impôt sur le revenu des personnes physiques s'explique par une baisse du salaire moyen entre 2020 et 2021, tandis que les seuils de revenu fixés dans le barème de l'impôt sur le revenu ont également augmenté.

Dans les quatre autres pays de l'OCDE où le coin fiscal a diminué en pourcentage des coûts de main-d'œuvre, cette évolution s'explique par une baisse des cotisations de sécurité sociale (Grèce, Hongrie, Islande et Pays-Bas). En Grèce, les cotisations de sécurité sociale en pourcentage des coûts de main-d'œuvre ont reculé de 1.30 point pour l'employeur et de 0.93 point pour le salarié. Cela tient à la baisse des taux de cotisation des employeurs (de 24.33 % à 22.54 %) et des salariés (de 15.33 % à 14.12 %) à compter du 1er janvier 2021. En Hongrie, les cotisations patronales de sécurité sociale en pourcentage des coûts de main-d'œuvre ont diminué de 0.72 point de pourcentage sous l'effet d'une baisse du taux de cotisation de 17.5 % à 15.5 % intervenue le 1er juillet 2020 (le taux réduit des cotisations patronales de sécurité sociale s'est donc appliqué à toute l'année 2021, mais à un seul semestre en 2020). En Islande, les cotisations patronales de sécurité sociale ont diminué en raison d'une réduction temporaire du taux de cotisation de 6.5 % à 6.25 %. Aux Pays-Bas, le plafond de revenu appliqué aux calculs des cotisations salariales de sécurité sociale a augmenté moins vite que le salaire moyen en 2021.

Le Tableau 1.2 et le Graphique 1.1 renseignent sur les éléments constitutifs du coin fiscal en 2021, c'est-à-dire l'impôt sur le revenu des personnes physiques ainsi que les CSS salariales et patronales (y compris les taxes sur les salaires lorsqu'elles sont applicables), en pourcentage des coûts de main-d'œuvre pour un salarié moyen sans enfant. Les coûts de main-d'œuvre indiqués dans le Tableau 1.2 sont exprimés en dollars US à parité de pouvoir d'achat.

Le pourcentage des coûts de main-d'œuvre payés en impôt sur le revenu a varié considérablement dans les pays de l'OCDE en 2021. Les chiffres les plus bas s'observent en Colombie, au Costa Rica et au Chili (0 % dans les trois pays), la Corée, la Grèce, le Japon, le Mexique, la Pologne, la République slovaque et la République tchèque se situant également sous la barre des 10 %. Les plus hauts sont au Danemark (35.5 %), l'Australie, la Belgique, l'Irlande et l'Islande dépassant aussi les 20 %. La part que représentent les cotisations salariales de sécurité sociale varie beaucoup également, de 0 % en Australie, en Colombie, au Danemark et en Nouvelle-Zélande, à 19.0 % en Slovénie et 19.2 % en Lituanie. Les employeurs en France paient 26.6 % des coûts de main-d'œuvre sous forme de cotisations de sécurité sociale, soit le niveau le plus élevé parmi les pays de l'OCDE. Les chiffres correspondants atteignent ou dépassent également 20 % dans neuf autres pays — l'Autriche, la Belgique, le Costa Rica, l'Espagne, l'Estonie, l'Italie, la République slovaque, la République tchèque et la Suède.

En pourcentage des coûts de main-d'œuvre, le total des cotisations salariales et patronales de sécurité sociale dépasse 20 % dans 23 pays de l'OCDE. Il s'élève à au moins un tiers des coûts de main-d'œuvre dans cinq d'entre eux : l'Allemagne, l'Autriche, la France, la République slovaque et la République tchèque .

Tableau 1.1. Comparaison du coin fiscal total

En % des coûts de main-d'œuvre, 2021

Pays[1]	Coin fiscal total 2021 (1)	Variation annuelle, 2021/20 (en points de pourcentage)[2]			
		Coin fiscal (2)	Impôts sur le revenu (3)	CSS salariés (4)	CSS employeur[3] (5)
Belgique	52.6	0.38	0.35	0.00	0.03
Allemagne	48.1	-0.72	-0.86	0.07	0.07
Autriche	47.8	0.37	0.37	0.00	0.00
France	47.0	0.45	0.44	0.00	0.01
Italie	46.5	-0.41	-0.41	0.00	0.00
Slovénie	43.6	0.46	0.46	0.00	0.00
Hongrie	43.2	-0.48	0.11	0.13	-0.72
Finlande	42.7	1.33	-0.26	0.13	1.46
Suède	42.6	-0.08	-0.08	0.00	0.00
Portugal	41.8	0.30	0.30	0.00	0.00
République slovaque	41.3	0.01	0.14	0.02	-0.15
Lettonie	40.5	-1.73	-1.03	-0.37	-0.33
Luxembourg	40.2	0.75	0.70	-0.01	0.06
République tchèque	39.9	-4.12	-4.12	0.00	0.00
Turquie	39.9	0.44	0.44	0.00	0.00
Espagne	39.3	0.28	0.28	0.00	0.00
Estonie	38.1	0.73	0.73	0.00	0.00
Lituanie	37.6	0.52	0.52	0.00	0.00
Grèce	36.7	-2.23	0.01	-0.93	-1.30
Norvège	36.0	0.20	0.12	-0.01	0.08
Danemark	35.4	0.16	0.16	0.00	0.00
Pays-Bas	35.3	-0.76	-0.33	-0.49	0.06
Pologne	34.9	0.08	0.08	0.00	0.00
Irlande	34.0	0.29	0.29	0.00	0.00
Japon	32.6	0.06	0.06	0.00	0.00
Islande	32.2	-0.36	-0.14	0.00	-0.22
Canada	31.5	0.60	-0.02	0.39	0.23
Royaume-Uni	31.3	0.40	0.21	0.09	0.10
Costa Rica	29.2	0.00	0.00	0.00	0.00
États-Unis	28.4	1.20	0.49	0.00	-0.04
Australie	27.1	-1.25	-0.66	0.00	-0.59
Israël	24.2	1.02	0.70	0.22	0.10
Corée	23.6	0.23	0.01	0.13	0.10
Suisse	22.8	0.32	0.27	0.02	0.02
Mexique	19.6	-0.78	-0.92	-0.01	0.15
Nouvelle-Zélande	19.4	0.16	0.16	0.00	0.00
Chili	7.0	-0.03	-0.03	0.00	0.00
Colombie	0.0	0.00	0.00	0.00	0.00
Moyenne non pondérée					
OCDE Moyenne	34.6	-0.06	-0.04	-0.02	-0.02

Note : Célibataire sans enfant ayant un salaire égal à celui d'un salarié moyen.

1. Les pays sont classés par ordre décroissant du coin fiscal total.

2. À cause des arrondis, les variations du coin fiscal colonne (2) peuvent être différentes d'un centième de point de pourcentage de la somme des colonnes (3) à (5). Pour le Canada, le Danemark et les États-Unis, les prestations en espèces contribuent à la différence, car elles ne sont pas incluses dans les colonnes (3) à (5).

3. Les taxes sur les salaires sont incluses lorsqu'elles sont applicables.

Source : Contributions des pays et (OCDE, 2021[1]) Perspectives économiques de l'OCDE, Volume 2021 Numéro 2.

StatLink 🔗 https://stat.link/xahn14

Tableau 1.2. Impôt sur le revenu et cotisations de sécurité sociale des salariés et des employeurs
En % des coûts de main-d'œuvre, 2021

Pays1	Coin fiscal total[2] (1)	Impôt sur le revenu (2)	Cotisations de sécurité sociale		Coûts de main-d'oeuvre4 (5)
			Salarié (3)	Employeur[3] (4)	
Suisse	22.8	10.8	6.0	6.0	89 841
Luxembourg	40.2	17.2	10.8	12.2	88 678
Belgique	52.6	20.3	11.0	21.3	88 663
Autriche	47.8	11.9	14.0	21.9	85 480
Allemagne	48.1	14.6	16.9	16.6	85 370
Pays-Bas	35.3	13.9	10.6	10.8	82 060
France	47.0	12.1	8.3	26.6	77 248
Irlande	34.0	20.4	3.6	10.0	75 109
Norvège	36.0	17.2	7.3	11.5	74 318
Islande	32.2	26.3	0.1	5.7	73 167
Suède	42.6	13.3	5.3	23.9	72 961
Royaume-Uni	31.3	12.9	8.5	9.9	71 852
Danemark	35.4	35.5	0.0	0.0	70 755
Finlande	42.7	16.8	8.7	17.2	70 148
Italie	46.5	15.3	7.2	24.0	68 848
États-Unis	28.4	15.9	7.1	7.5	68 077
Australie	27.1	22.1	0.0	5.0	65 689
Canada	31.5	17.0	5.9	8.5	64 905
Corée	23.6	5.5	8.2	9.8	61 381
Japon	32.6	6.8	12.5	13.3	59 899
Espagne	39.3	11.3	4.9	23.0	57 802
Israël	24.2	10.8	7.9	5.5	52 843
Slovénie	43.6	10.7	19.0	13.9	47 438
Estonie	38.1	11.6	1.2	25.3	47 424
Nouvelle-Zélande	19.4	19.4	0.0	0.0	46 216
République tchèque	39.9	6.4	8.2	25.3	45 985
Portugal	41.8	13.8	8.9	19.2	45 872
Grèce	36.7	6.8	11.5	18.4	44 496
Turquie	39.9	12.2	12.8	14.9	43 664
Pologne	34.9	5.5	15.3	14.1	41 867
Hongrie	43.2	12.8	15.8	14.5	41 865
Lituanie	37.6	16.7	19.2	1.8	41 562
Lettonie	40.5	12.9	8.5	19.1	39 245
République slovaque	41.3	8.0	10.3	23.0	35 430
Costa Rica	29.2	0.0	8.3	20.9	33 475
Chili	7.0	0.0	7.0	0.0	25 127
Mexique	19.6	7.9	1.2	10.5	15 619
Colombie	0.0	0.0	0.0	0.0	13 877
Moyenne non pondérée					
OCDEMoyenne	34.6	13.0	8.2	13.5	58 270

Note : Célibataire sans enfant ayant un salaire égal à celui d'un salarié moyen.
1. Les pays sont classés par ordre décroissant des coûts de main d'œuvre.
2. À cause des arrondis, le total de la colonne (1) peut être différent d'un dixième de point de pourcentage de la somme des colonnes (2) à (4). Pour le Canada, le Danemark et les États-Unis, les prestations en espèces contribuent à la différence, car elles ne sont pas incluses dans les colonnes (2) à (4).
3. Les taxes sur les salaires sont incluses lorsqu'elles sont applicables.
4. Exprimés en dollars US à parité de pouvoir d'achat.
Source : Contributions des pays et (OCDE, 2021[1]) Perspectives économiques de l'OCDE, volume 2021, numéro 2.

StatLink 🔗 https://stat.link/0uj1g3

Graphique 1.1. Impôt sur le revenu et cotisations de sécurité sociale des salariés et des employeurs, 2021

En % des coûts de main-d'oeuvre

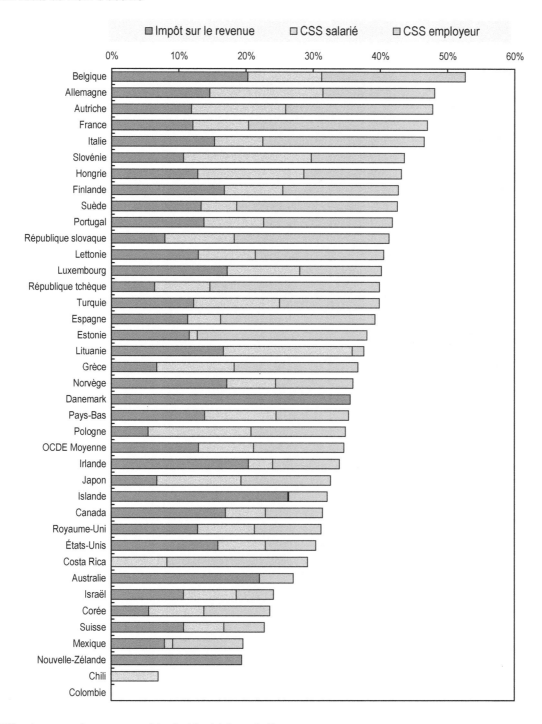

Notes : Célibataire sans enfant ayant un salaire égal à celui d'un salarié moyen.
Les taxes sur les salaires sont inclus si en vigueur.

StatLink ᘈᘈᘈ https://stat.link/1046i5

Taux moyen d'imposition des personnes physiques

Le taux moyen d'imposition des personnes physiques correspond à l'impôt sur le revenu plus les CSS salariales en pourcentage du salaire brut. Le Tableau 1.3 et le Graphique 1.2 indiquent les taux moyens d'imposition en 2021 pour un salarié célibataire sans enfant rémunéré au salaire moyen. Les chiffres correspondant au salaire brut du salarié moyen présentés dans le Tableau 1.3 sont exprimés en dollars US à parité de pouvoir d'achat. Le Graphique 1.2 donne une représentation graphique du taux moyen d'imposition des personnes physiques décomposé entre l'impôt sur le revenu et les CSS salariales.

Le Tableau 1.3 et le Graphique 1.2 indiquent qu'en moyenne, le taux moyen d'imposition des personnes physiques applicable à un célibataire rémunéré au salaire moyen dans les pays de l'OCDE était de 24.6 % en 2021. La Belgique affichait le taux le plus élevé, à 39.8 % du salaire brut, tandis que l'Allemagne, le Danemark et la Lituanie étaient les seuls autres pays où les taux sont supérieurs à 35 %. C'est au Mexique (10.2 %), au Costa Rica (10.5 %), au Chili (7.0 %) et en Colombie (0.0 %) que les taux moyens nets d'imposition des personnes physiques étaient les plus bas. En Colombie, le taux moyen d'imposition moyen des personnes physiques était égal à zéro, ce qui s'explique par le fait que les célibataires rémunérés au salaire moyen n'ont pas payé d'impôt sur le revenu en 2021. En outre, les cotisations d'assurance retraite, d'assurance maladie et au titre des risques liés à l'emploi en Colombie sont considérées comme des paiements obligatoires non fiscaux (PONF)[6], et ne sont pas comptabilisées comme des impôts dans les calculs des *Impôts sur les salaires*.

Il est clair que l'incidence de l'impôt et des prestations sociales sur le revenu net disponible d'un salarié varie beaucoup d'un pays à l'autre de l'OCDE. Ces fortes variations dans le montant et la composition du coin fiscal traduisent en partie les différences que l'on observe en ce qui concerne :

- le rapport global entre le total des recettes fiscales et le produit intérieur brut ; et
- la part de l'impôt sur le revenu des personnes physiques et des cotisations de sécurité sociale dans l'ensemble des prélèvements nationaux.

La composition de l'impôt sur le revenu et des CSS payées sur le salaire brut varie fortement entre les pays, comme le montre le Graphique 1.2.

En 2021, la part de l'impôt sur le revenu dans le taux moyen d'imposition des personnes physiques était supérieure à celle des CSS salariales dans 23 des 38 pays membres de l'OCDE. Aucune CSS salariale n'est prélevée en Australie, en Colombie, au Danemark ni en Nouvelle-Zélande, et les taux applicables représentent au plus 4 % des revenus bruts en Estonie, en Irlande, en Islande et au Mexique. À l'inverse, dans cinq pays (Chili, Costa Rica, Japon, Pologne et Slovénie), un salarié célibataire rémunéré au salaire moyen payait nettement plus de CSS salariales que d'impôt sur le revenu des personnes physiques (plus de six points de pourcentage. Dans six pays — Allemagne, Corée, Israël, Lituanie, République tchèque et Turquie, le montant de l'impôt sur le revenu des personnes physiques et celui des CSS salariales, en pourcentage des revenus bruts, sont très proches (les écarts étant inférieurs à 3 points de pourcentage).

Tableau 1.3. Impôt sur le revenu et cotisations salariales de sécurité sociale, 2021

En % du salaire brut

Pays[1]	Paiement total[2] (1)	Impôt sur le revenu (2)	Cotisations de sécurité sociale de l'employé (3)	Salaires bruts[3] (4)
Suisse	17.9	11.5	6.4	84 437
Luxembourg	31.9	19.6	12.3	77 897
Pays-Bas	27.5	15.6	11.9	73 185
Allemagne	37.7	17.5	20.2	71 157
Danemark	35.5	35.5	0.0	70 755
Belgique	39.8	25.8	14.0	69 734
Islande	28.0	27.9	0.1	68 960
Irlande	26.7	22.7	4.0	67 635
Autriche	33.2	15.2	18.0	66 751
Norvège	27.6	19.4	8.2	65 769
Royaume-Uni	23.7	14.3	9.4	64 716
États-Unis	24.8	17.2	7.7	62 954
Australie	23.2	23.2	0.0	62 376
Canada	25.1	18.6	6.5	59 377
Finlande	30.8	20.3	10.5	58 079
France	27.8	16.5	11.3	56 677
Suède	24.5	17.5	7.0	55 518
Corée	15.3	6.2	9.1	55 346
Italie	29.6	20.1	9.5	52 324
Japon	22.3	7.8	14.5	51 923
Israël	19.7	11.4	8.3	49 921
Nouvelle-Zélande	19.4	19.4	0.0	46 216
Espagne	21.1	14.7	6.4	44 497
Slovénie	34.5	12.4	22.1	40 860
Lituanie	36.5	17.0	19.5	40 831
Turquie	29.4	14.4	15.0	37 161
Portugal	28.0	17.0	11.0	37 068
Grèce	22.4	8.3	14.1	36 311
Pologne	24.2	6.4	17.8	35 981
Hongrie	33.5	15.0	18.5	35 782
Estonie	17.1	15.5	1.6	35 444
République tchèque	19.6	8.6	11.0	34 369
Lettonie	26.5	16.0	10.5	31 747
République slovaque	23.8	10.4	13.4	27 264
Costa Rica	10.5	0.0	10.5	26 462
Chili	7.0	0.0	7.0	25 127
Mexique	10.2	8.9	1.4	13 984
Colombie	0.0	0.0	0.0	13 877
Moyenne non pondérée				
OCDE Moyenne	24.6	14.9	9.7	50 223

Note : Célibataire sans enfant ayant un salaire égal à celui d'un salarié moyen.
1. Les pays sont classés par ordre décroissant des salaires bruts.
2. À cause des arrondis, le total peut être différent d'un dixième de point de pourcentage de la somme des colonnes de l'impôt sur le revenu et des cotisations de sécurité sociale.
3. Exprimés en dollars US à parité de pouvoir d'achat.
Source : Contributions des pays et (OCDE, 2021[1]) Perspectives économiques de l'OCDE, volume 2021, numéro 2.

StatLink ᔐᔑᔈ https://stat.link/ytxirz

Graphique 1.2. Pourcentage des salaires bruts payés en impôts sur le revenu et en cotisations salariales de sécurité sociale, 2021

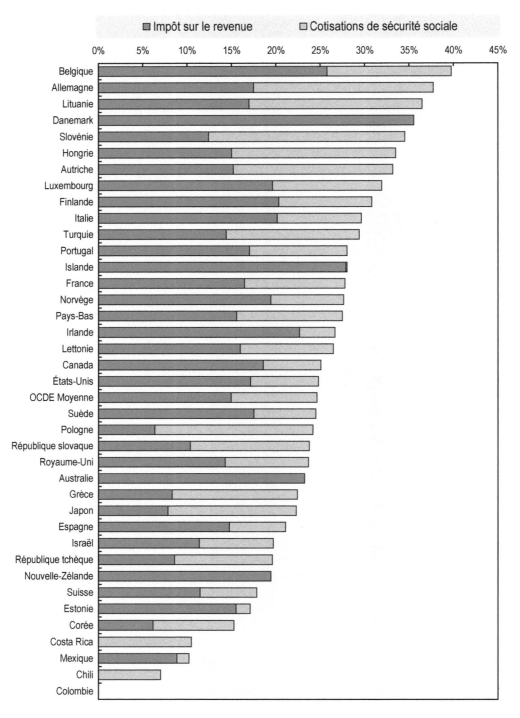

Notes : Les pays sont classés par ordre décroissant des charges fiscales.
Célibataire sans enfant ayant un salaire égal à celui d'un salarié moyen.

StatLink ᰁᵤᵢₛₗ https://stat.link/2mxqdn

Comparaison de la situation d'un célibataire et d'un couple disposant d'un seul salaire

Le Tableau 1.4 compare le coin fiscal, en pourcentage des coûts de main-d'œuvre pour un, d'un couple marié avec deux enfants disposant d'un seul salaire avec celui d'un célibataire sans enfant, ces deux catégories de foyer étant rémunérées au salaire moyen. Ces coins fiscaux ont fortement varié selon les pays de l'OCDE en 2021 (voir colonnes 1 et 2). Le coin fiscal pour un couple avec enfants est généralement inférieur à celui observé pour un célibataire sans enfant, dans la mesure où de nombreux pays de l'OCDE accordent des avantages aux ménages ayant des enfants à charge par un régime fiscal avantageux et/ou des prestations en espèces. Aussi, le coin fiscal moyen, exprimé en pourcentage des coûts de main-d'œuvre, dans la zone OCDE pour un couple avec deux enfants disposant d'un seul salaire s'établissait à 24.6%, contre 34.6% pour un salarié moyen célibataire. Cet écart s'est légèrement creusé (de 0.36 point de pourcentage) entre 2020 et 2021.

Les économies d'impôt réalisées par un couple marié avec deux enfants et disposant d'un seul salaire, par comparaison avec la situation d'un célibataire sans enfant, sont supérieures à 20 % des coûts de main-d'œuvre au Chili, au Luxembourg et en Pologne, et à plus de 15 % ou plus de ces coûts dans quatre autres pays — Allemagne, Belgique, États-Unis et République tchèque . Les charges fiscales d'un couple marié disposant d'un seul salaire et d'un célibataire, rémunérés au salaire moyen dans les deux cas, sont les mêmes au Costa Rica et au Mexique, et diffèrent de moins de trois points en Israël et en Turquie (voir colonnes 1 et 2).

Le coin fiscal d'un couple marié avec deux enfants disposant d'un seul salaire moyen a reculé de 0.42 point de pourcentage entre 2020 et 2021 (voir colonne 3). Dans 22 des 38 pays de l'OCDE, la variation est restée limitée (inférieure à un point de baisse ou de hausse), et aucun changement ne s'est produit au Costa Rica. Des hausses de plus d'un point de pourcentage ont été observées dans dix pays : Autriche, Canada, Corée, Estonie, Finlande, France, Israël, Lituanie, Luxembourg et Pologne.

Dans un certain nombre de cas, ces hausses ont été causées par le retrait des mesures prises en 2020 pour lutter contre le COVID-19. En Lituanie (2.87 points de pourcentage), le versement d'une prestation supplémentaire ponctuelle en réponse au COVID-19 intervenu en 2020 n'a pas été reconduit en 2021. En Autriche (1.90 point de pourcentage), les prestations supplémentaires pour enfant à charge versées en réponse à la crise du COVID-19 en 2020 ont été limitées à certains bénéficiaires de prestations sociales en 2021 ; par conséquent, elles ne sont pas prises en compte dans les calculs des *Impôts sur les salaires* pour 2021 car elles ne couvraient pas la majorité des travailleurs. Au Canada (1.78 point de pourcentage), un couple avec deux enfants et un seul salaire a bénéficié en 2020 d'une revalorisation des prestations en espèces pour faire face à la crise du COVID-19, qui n'ont pas été payées en 2021. En Israël (1.17 point de pourcentage), le coin fiscal moyen pour les familles disposant d'un seul revenu a augmenté en raison de la suppression du crédit d'impôt sur les revenus d'activité, une mesure temporaire adoptée en 2020 pour atténuer les conséquences du COVID-19. En Corée (1.03 point de pourcentage), un coupon temporaire de garde d'enfants mis en place en réponse à la crise du COVID-19 a été versé en 2020, mais pas en 2021.

Dans d'autres cas, l'augmentation n'était pas directement imputable aux mesures liées au COVID-19. En Finlande (1.53 point), les prestations en espèces sont restées inchangées en 2021 par rapport à 2020, tandis que les taux des CSS salariales et patronales ont augmenté au cours de cette période. En Estonie (1.32 point), le couple disposant d'un seul salaire a bénéficié d'un plus faible abattement fiscal de base, qui est progressif et diminue à mesure que les salaires augmentent. En France (1.32 point de pourcentage), l'augmentation du coin fiscal résulte de la diminution des prestations liées à l'exercice d'un emploi en 2021. Au Luxembourg (1.02 point), la hausse du coin fiscal peut s'expliquer par l'augmentation de l'impôt sur le revenu résultant d'un salaire moyen plus élevé, conjuguée à la progressivité du crédit d'impôt, qui diminue à mesure que le revenu augmente. En Pologne (1.22 point), le barème d'imposition et le montant des allégements fiscaux de base sont restés inchangés entre 2020 et 2021, ce qui s'est traduit par une augmentation de la part des revenus absorbés par l'impôt et donc par une augmentation du coin fiscal.

Cinq pays ont connu des baisses au moins égales à un point : l'Australie, le Chili, les États-Unis, la Grèce et la République tchèque . En Australie (1.73 point), cette baisse résulte principalement de la réforme susmentionnée du barème de l'impôt sur le revenu et de la réduction du taux de l'impôt sur les salaires à la charge des employeurs[7]. En outre, en Australie, un couple avec deux enfants disposant d'un seul salaire et pouvant bénéficier de l'avantage fiscal en faveur des familles (Family Tax Benefit) a également perçu trois prestations en espèces ponctuelles en réponse à la crise du COVID-19 au cours de l'exercice fiscal 2020-2021. Une indemnité a été versée au titre de cette prestation supplémentaire au cours de l'exercice fiscal 2019-2020. Au Chili, le coin fiscal moyen a diminué de 25.52 points pour les couples mariés avec deux enfants et un seul salaire. Cette forte baisse s'explique par la mise en place d'un revenu familial d'urgence temporaire (*Ingreso Familiar de Emergencia*) versé de juin à novembre 2021, un transfert en espèces qui a augmenté avec le nombre de membres du ménage. En République tchèque (5.04 points), comme indiqué dans la section précédente, l'assiette de l'impôt sur le revenu des personnes physiques a fait l'objet d'une réforme et n'a pris en compte le revenu brut des travailleurs qu'en 2021. En outre, la forte augmentation de la valeur des prestations familiales a contribué à la diminution du coin fiscal pour les familles. En Grèce (2.38 points), comme indiqué précédemment, les taux des CSS salariales et patronales ont diminué en 2021. Aux États-Unis (1.59 point), le plan de sauvetage américain (American Rescue Plan Act ou ARP) promulgué le 21 mars 2021, a rendu le crédit d'impôt pour enfant entièrement remboursable et a relevé la valeur maximale du crédit. On trouvera dans la Partie II du rapport des informations plus précises sur les mesures liées au COVID-19 pays par pays.

Une comparaison des variations des coins fiscaux pour des couples mariés disposant d'un seul revenu et ayant deux enfants et des célibataires sans enfant rémunérés au salaire moyen entre 2020 et 2021 est présentée dans la colonne 5 du Tableau 1.4. Les dispositions préférentielles en faveur des familles ont été renforcées dans huit des 38 pays de l'OCDE : Australie, Chili, Colombie, États-Unis, Grèce, République slovaque, République tchèque et Turquie. Elles ont été revues à la hausse de plus d'un point de pourcentage pour les États-Unis (2.78 points) et le Chili (25.49 points) à la faveur du revenu familial d'urgence à caractère temporaire, tandis qu'elles ont très faiblement progressé en Turquie (0.03 point). En outre, les effets des modifications des dispositions fiscales sur le coin fiscal étaient du même ordre de grandeur pour les deux catégories de foyer au Costa Rica et au Mexique.

Tableau 1.4. Comparaison du coin fiscal total pour les célibataires et les couples disposant d'un seul salaire, 2021

En % des coûts de main d'œuvre

Pays[1]	Famille[2] Coin fiscal total 2021 (1)	Célibataire[3] Coin fiscal total 2021 (2)	Variation annuelle, 2021/20 (en points de pourcentage)		
			Famille Coin fiscal (3)	Célibataire Coin fiscal (4)	Différence entre célibataire et famille (4)-(3) (5)
France	39.0	47.0	1.32	0.45	-0.87
Finlande	38.6	42.7	1.53	1.33	-0.20
Turquie	38.3	39.9	0.42	0.44	0.03
Italie	37.9	46.5	0.53	-0.41	-0.94
Suède	37.6	42.6	0.12	-0.08	-0.20
Belgique	37.3	52.6	0.89	0.38	-0.51
Autriche	34.1	47.8	1.90	0.37	-1.53
Espagne	33.8	39.3	0.38	0.28	-0.10
Grèce	33.2	36.7	-2.38	-2.23	0.16
Allemagne	32.7	48.1	0.25	-0.72	-0.97
Norvège	32.6	36.0	0.37	0.20	-0.17
Lettonie	31.4	40.5	-0.69	-1.73	-1.04
Portugal	30.9	41.8	0.51	0.30	-0.21
Hongrie	30.5	43.2	0.30	-0.48	-0.78
République slovaque	29.6	41.3	-0.80	0.01	0.81
Slovénie	29.5	43.6	0.96	0.46	-0.51
Costa Rica	29.2	29.2	0.00	0.00	0.00
Pays-Bas	29.1	35.3	-0.50	-0.76	-0.26
Estonie	28.9	38.1	1.32	0.73	-0.59
Japon	27.4	32.6	0.13	0.06	-0.07
Royaume-Uni	27.0	31.3	0.60	0.40	-0.20
Danemark	25.7	35.4	0.49	0.16	-0.33
Lituanie	23.6	37.6	2.87	0.52	-2.35
Israël	21.9	24.2	1.17	1.02	-0.15
République tchèque	21.8	39.9	-5.04	-4.12	0.92
Canada	20.4	31.5	1.78	0.60	-1.18
Islande	20.0	32.2	0.54	-0.36	-0.91
Luxembourg	19.7	40.2	1.02	0.75	-0.27
Mexique	19.6	19.6	-0.78	-0.78	0.00
Corée	19.6	23.6	1.03	0.23	-0.80
Australie	19.1	27.1	-1.73	-1.25	0.48
Irlande	19.0	34.0	0.52	0.29	-0.23
Pologne	14.3	34.9	1.22	0.08	-1.14
Suisse	10.6	22.8	0.49	0.32	-0.17
États-Unis	8.5	28.4	-1.59	1.20	2.78
Nouvelle-Zélande	6.5	19.4	0.74	0.16	-0.58
Colombie	-5.0	0.0	-0.29	0.00	0.29
Chili	-18.5	7.0	-25.52	-0.03	25.49
Moyenne non pondérée					
OCDE Moyenne	24.6	34.6	-0.42	-0.06	0.36

1. Les pays sont classés par ordre décroissant du coin fiscal de la famille.
2. Couple marié avec un seul salaire égal à celui d'un salarié moyen et ayant deux enfants.
3. Célibataire sans enfant ayant un salaire égal à celui d'un salarié moyen.
Source : Contributions des pays et (OCDE, 2021[1]) Perspectives économiques de l'OCDE, volume 2021, numéro 2.

StatLink https://stat.link/udpvhc

Graphique 1.3. Impôt sur le revenu et cotisations salariales de sécurité sociale diminués des prestations versées, 2021

En % du salaire brut, par type de foyer

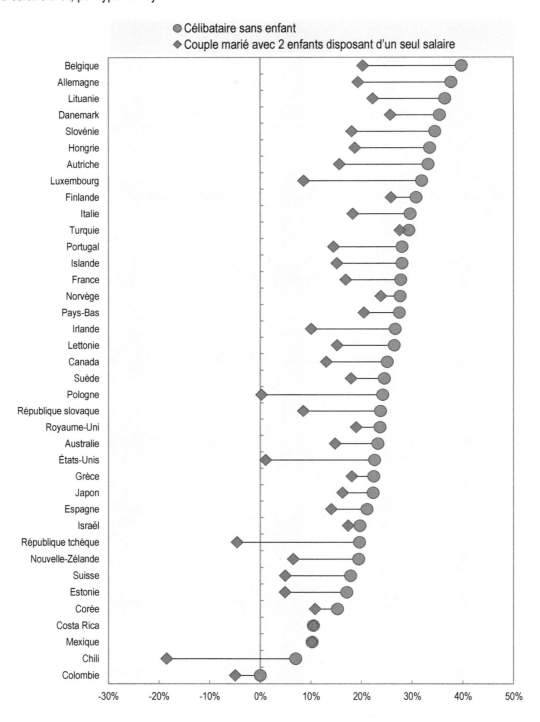

Notes : Les pays sont classés par ordre décroissant des charges fiscales du célibataire sans enfant.
Types de foyer « célibataire sans enfant » ayant un salaire égal à celui d'un salarié moyen et « couple marié avec un seul salaire » égal à celui d'un salarié moyen et ayant deux enfants.

StatLink 🔗 https://stat.link/70i3nd

Le Graphique 1.3 compare le taux moyen net de l'impôt sur le revenu des personnes physiques pour un travailleur moyen, entre un célibataire et un couple marié avec deux enfants et disposant d'un seul revenu, au même niveau de revenu. Ces résultats font apparaître la même tendance que pour le coin fiscal, ce qui s'explique par le fait que les cotisations patronales de sécurité sociale, qui ne sont pas prises en compte dans le premier cas, mais qui le sont dans le second, sont indépendantes de la catégorie de foyer. En raison des allégements d'impôt et des prestations en espèces en faveur des familles avec enfants, le revenu disponible d'un couple marié disposant d'un seul revenu dépassait de plus de 20 % le revenu d'un célibataire dans cinq pays — le Chili (25.5 %), les États-Unis (21.5%), le Luxembourg (23.3 %), la Pologne (24.0%) et la République tchèque (24.2 %). À l'autre extrémité, le revenu disponible d'un couple marié disposant d'un seul revenu dépasse de moins de 10 % la rémunération d'un célibataire dans 14 pays : le Danemark (9.7 %), l'Australie (8.43 %), l'Espagne (7.1 %), les Pays-Bas (7.0 %), la Suède (6.6 %), le Japon (6.1 %), la Finlande (5.0 %), la Colombie (4.97 %), le Royaume-Uni (4.74 %), la Corée (4.48 %), la Grèce (4.3 %), la Norvège (3.8 %), Israël (2.4 %) et la Turquie (1.9 %). Le revenu disponible est le même pour les deux catégories de foyer au Costa Rica et au Mexique étant donné que les taux moyens nets d'imposition des personnes physiques applicables sont identiques.

Imposition des couples disposant de deux salaires

L'analyse précédente portait sur deux ménages ayant des niveaux de revenu comparables : un célibataire percevant un salaire égal à 100 % du salaire moyen, et un couple marié avec deux enfants, disposant d'un seul salaire égal à 100 % du salaire moyen. Cette section étend l'analyse à une troisième catégorie de foyer : un couple marié avec deux enfants disposant de deux salaires, l'un égal à 100 % et l'autre à 67 % du salaire moyen.

Coin fiscal

Pour cette catégorie de foyer, le coin fiscal moyen dans les pays de l'OCDE en pourcentage des coûts de main-d'œuvre était de 28.8% en 2021 (Graphique 1.4 et Tableau 1.5. La Belgique a enregistré un coin fiscal de 45.2 %, soit le plus élevé parmi les pays de l'OCDE. Les autres pays où le coin fiscal dépasse 40 % étaient l'Italie, la France et l'Allemagne (40.9 % dans les trois cas). À l'autre extrémité, le coin fiscal le plus bas était observé en Colombie (- 6.0 %) et au Chili (- 8.6 %). En Colombie, le coin fiscal était négatif du fait qu'un foyer appartenant à cette catégorie ne payait pas d'impôt sur le revenu à ce niveau de revenu et que les cotisations qu'il payait ne sont pas considérées comme des impôts[8], et percevait des prestations en espèces versées en complément des salaires. Au Chili, le coin fiscal était négatif en raison de l'introduction du revenu familial d'urgence à caractère temporaire. Comme en Colombie, les ménages percevaient des prestations en espèces qui viennent s'ajouter à leur salaire. Les autres pays où le coin fiscal était inférieur à 20 % sont le Mexique (18.5 %), Israël (18.1 %), les États-Unis (17.9 %), la Nouvelle-Zélande (17.3 %) et la Suisse (16.3 %).

Le Graphique 1.4 illustre le coin fiscal moyen et ses éléments constitutifs, en pourcentage des coûts de main-d'œuvre, pour un couple disposant de deux salaires en 2021. En moyenne, dans les pays de l'OCDE, l'impôt sur le revenu représentait 10.1 % des coûts de main-d'œuvre, et la somme des cotisations salariales et patronales de sécurité sociale 21.6 % de ces coûts. Le coin fiscal est exprimé après déduction des prestations en espèces, qui représentaient 2.9 % des coûts de main-d'œuvre en 2 021.

Les prestations en espèces examinées dans la publication *Les impôts sur les salaires* sont celles versées de manière universelle aux travailleurs ayant des enfants à charge âgés de six à onze ans inclus. Les prestations liées à l'exercice d'un emploi qui sont versées aux travailleurs indépendamment de leur situation de famille sont également prises en compte dans les calculs. Au couple considéré, disposant de deux salaires, le Danemark verse une prestation en espèces sous condition de ressources (le Chèque Vert) à laquelle les célibataires sans enfant ont également droit. Face à la crise du COVID-19, les travailleurs sans enfant ont également perçu des prestations en espèces aux États-Unis, comme cela a été mentionné dans la section précédente consacrée au coin fiscal pour un célibataire rémunéré au salaire moyen.

Par rapport à 2020, le coin fiscal moyen dans la zone OCDE pour un couple disposant de deux salaires a baissé de 0.36 point en 2021, comme l'indique le Tableau 1.5 (colonne 2). Pour cette catégorie de foyer, le coin fiscal a diminué dans 14 des 38 pays de l'OCDE, augmenté dans 23 et est resté au même niveau au Costa Rica. Les hausses ont dépassé un point de pourcentage dans six pays : le Luxembourg et le Canada (1.14 point), la Lituanie (1.25 point), l'Autriche (1.28 point), Israël (1.4 point) et la Finlande (1.49 point).

Au Luxembourg, l'augmentation résulte de la hausse des impôts sur le revenu due à la progressivité du barème de l'impôt et du crédit d'impôt. Au Canada, cette hausse s'explique par le fait que ce foyer n'a plus perçu les prestations en espèces versées en 2020 en réponse à la pandémie de COVID-19. En Lituanie, les prestations supplémentaires exceptionnelles versées en réponse à la crise du COVID-19 ne l'ont été qu'en 2020. En Autriche, la diminution des prestations en espèces a favorisé l'augmentation du coin fiscal : la prestation supplémentaire pour enfant à charge versée en réponse à la crise du COVID-19 en 2020 a été limitée à certains bénéficiaires de prestations sociales en 2021 et n'a donc pas été prise en compte dans les calculs des *Impôts sur les salaires* pour cette année-là. En Israël, le coin fiscal moyen a augmenté en raison de la hausse de l'impôt sur le revenu résultant de la diminution des crédits d'impôt due à la suppression du crédit d'impôt sur les revenus d'activité, qui a été mis en place à titre temporaire en 2020 pour faire face au COVID-19. En Finlande, les taux des cotisations de sécurité sociale ont augmenté pour le salarié et l'employeur, tandis que les prestations en espèces ont diminué en pourcentage des coûts de main-d'œuvre.

Dans les pays où le coin fiscal a augmenté pour les couples avec enfants disposant de deux salaires en 2021, c'est la hausse de l'impôt sur le revenu, en pourcentage des coûts de main-d'œuvre, qui explique pour l'essentiel celle du coin fiscal dans 17 d'entre eux - Autriche, Belgique, Danemark, Espagne, Estonie, Irlande, Israël, Japon, Lituanie, Luxembourg, Nouvelle-Zélande, Pologne, Portugal, Slovénie, Suède, Suisse et Turquie. Parallèlement, la hausse des cotisations de sécurité sociale était le principal facteur à l'origine de l'augmentation des coins fiscaux dans trois pays en 2021 : le Canada, la Finlande et la France. En Corée et au Royaume-Uni, l'impôt sur le revenu des personnes physiques et les cotisations de sécurité sociale ont augmenté dans des proportions identiques.

Dans la plupart des pays ayant enregistré un recul du coin fiscal pour les familles avec enfants entre 2020 et 2021, ce repli résultait de modifications du système d'imposition des revenus et des cotisations de sécurité sociale, tout comme pour les travailleurs célibataires, ainsi que d'une hausse des prestations en espèces ou de l'adoption de mesures fiscales pour enfants à charge. Des baisses de plus d'un point de pourcentage ont été observées dans cinq pays : le Chili (- 15.28 points), la République tchèque (- 4.8points), la Grèce (- 2.2 points), le Mexique (- 1.54 point) et l'Australie (- 1.43 point). Comme observé dans les sections précédentes, la diminution du coin fiscal résulte d'une réforme du barème de l'impôt sur le revenu en Australie, en Islande et au Mexique (dans ce dernier pays, le recul du salaire moyen a accentué la baisse du coin fiscal) ; d'une réforme de l'assiette de l'impôt sur le revenu des personnes physiques en République tchèque conjuguée à une forte majoration des prestations pour enfant à charge ; de l'augmentation des allégements d'impôt sur le revenu en Lettonie et aux États-Unis ; et de taux réduits de cotisations de sécurité sociale salariales et patronales en Grèce.

Graphique 1.4. Impôt sur le revenu et cotisations de sécurité sociale des salariés et des employeurs diminués des prestations versées, 2021

Couple ayant deux enfants et deux salaires, en % des coûts de main-d'oeuvre

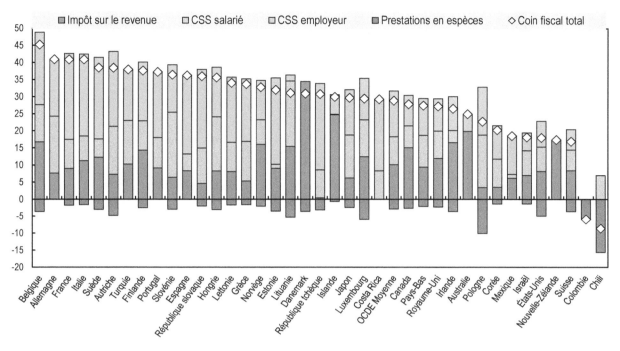

Notes: Couple ayant deux salaire s'élevant à 100% et 67% du salaire moyen, avec deux enfants.
Les taxes sur les salaires sont inclus si en vigueur.

StatLink 🖳 https://stat.link/hnmyo3

Tableau 1.5. Comparaison du coin fiscal total de couples disposant de deux salaires et ayant des enfants, 2021

En % des coûts de main d'œuvre

Pays[1]	Coin fiscal total 2021 (1)	Variation annuelle, 2021/20 (en points de pourcentage)[2]				
		Coin fiscal (2)	Impôts sur le revenu (3)	CSS salariés (4)	CSS employeur[3] (5)	Prestations en espèces (6)
Belgique	45.2	0.64	0.44	-0.05	0.15	-0.09
Allemagne	40.9	-0.26	-0.40	0.07	0.07	0.00
France	40.9	0.80	0.21	-0.06	0.54	-0.11
Italie	40.9	0.21	0.02	0.00	0.00	-0.19
Suède	38.5	-0.20	-0.31	-0.01	0.00	-0.12
Autriche	38.4	1.28	0.46	0.00	0.00	-0.82
Turquie	37.9	0.29	0.29	0.00	0.00	0.00
Finlande	37.6	1.49	-0.22	0.13	1.46	-0.12
Portugal	37.2	0.45	0.45	0.00	0.00	0.00
Slovénie	36.4	0.60	0.40	0.00	0.00	-0.20
Espagne	36.2	0.63	0.63	0.00	0.00	0.00
République slovaque	35.9	-0.51	-0.43	0.02	-0.15	-0.05
Hongrie	35.6	-0.01	0.39	0.13	-0.72	-0.19
Lettonie	34.0	-0.71	-0.20	-0.37	-0.33	-0.19
Grèce	33.6	-2.20	0.06	-0.93	-1.30	0.03
Norvège	32.7	0.30	0.12	-0.01	0.08	-0.10
Estonie	32.0	0.91	0.68	0.00	0.00	-0.23
Lituanie	31.0	1.25	0.66	0.00	0.00	-0.59
Danemark	30.9	0.28	0.16	0.00	0.00	-0.12
République tchèque	30.7	-4.80	-4.01	0.00	0.00	0.79
Islande	29.9	-0.48	-0.32	0.00	-0.22	-0.06
Japon	29.6	0.08	0.05	0.00	0.00	-0.03
Luxembourg	29.4	1.14	0.82	-0.01	0.06	-0.27
Costa Rica	29.2	0.00	0.00	0.00	0.00	0.00
Canada	27.8	1.14	-0.01	0.38	0.20	-0.57
Pays-Bas	27.4	-0.78	-0.29	-0.55	0.06	0.00
Royaume-Uni	27.2	0.59	0.26	0.11	0.12	-0.11
Irlande	26.5	0.40	0.35	0.00	0.00	-0.05
Australie	24.9	-1.43	-0.84	0.00	-0.59	0.00
Pologne	22.7	0.75	0.19	0.00	0.00	-0.56
Corée	20.2	0.72	0.02	0.13	0.10	-0.47
Mexique	18.5	-1.54	-1.73	-0.01	0.20	0.00
Israël	18.1	1.40	0.92	0.26	0.12	-0.09
États-Unis	17.9	-0.97	-1.39	0.00	-0.05	-0.47
Nouvelle-Zélande	17.3	0.15	0.15	0.00	0.00	0.00
Suisse	16.8	0.47	0.30	0.02	0.02	-0.12
Colombie	-6.0	-0.34	0.00	0.00	0.00	0.34
Chili	-8.6	-15.28	0.00	0.00	0.00	15.28
Moyenne non pondérée						
OCDE Moyenne	28.8	-0.36	-0.06	-0.02	0.00	0.28

Notes: Couple marié disposant de deux salaires égaux à 100 % et 67 % du salaire moyen et ayant deux enfants.

1. Les pays sont classés par ordre décroissant du coin fiscal total.

2. À cause des arrondis, les variations du coin fiscal colonne (2) peuvent être différentes d'un centième de point de pourcentage de la somme des colonnes (3) à (6).

3. Les taxes sur les salaires sont incluses si elles s'appliquent.

Source : Contributions des pays et (OCDE, 2021[1]) Perspectives économiques de l'OCDE, volume 2021, numéro 2.

StatLink 🖩 https://stat.link/cwgmrt

Tableau 1.6. Impôt sur le revenu et cotisations salariales de sécurité sociale diminués des prestations en espèces, 2021

Couples disposant de deux salaires et ayant deux enfants, en % du salaire brut

Pays[1]	Paiement total[2] (1)	Impôt sur le revenu (2)	Cotisations de sécurité sociale de l'employé (3)	Prestations en espèces (4)	Salaires bruts[3] (5)
Suisse	11.5	8.9	6.4	3.8	141 010
Luxembourg	19.6	14.1	12.3	6.8	130 088
Pays-Bas	18.6	10.5	10.4	2.4	122 219
Allemagne	29.1	9.1	20.0	0.0	118 832
Danemark	30.9	34.5	0.0	3.6	118 161
Belgique	30.5	21.2	13.9	4.6	116 456
Islande	25.6	26.2	0.1	0.7	115 163
Irlande	18.4	18.3	4.0	4.0	112 951
Autriche	21.1	9.3	18.0	6.1	111 474
Norvège	24.0	18.1	8.2	2.3	109 833
Royaume-Uni	19.5	13.2	8.9	2.5	108 076
États-Unis	11.2	8.9	7.7	5.3	105 134
Australie	20.9	20.9	0.0	0.0	104 168
Canada	20.7	16.5	7.0	2.9	99 160
Finlande	24.7	17.2	10.4	3.0	96 992
France	21.0	12.0	11.3	2.4	94 650
Suède	19.1	16.1	7.0	3.9	92 715
Corée	11.5	3.9	9.1	1.5	92 427
Italie	22.2	14.8	9.5	2.1	87 381
Japon	18.8	7.2	14.5	2.8	86 712
Israël	13.6	7.4	7.6	1.4	83 368
Nouvelle-Zélande	17.3	17.3	0.0	0.0	77 181
Espagne	17.2	10.8	6.4	0.0	74 311
Slovénie	26.1	7.4	22.1	3.4	68 236
Lituanie	29.8	15.7	19.5	5.4	68 188
Grèce	18.7	6.5	14.1	1.9	66 704
Turquie	27.0	12.0	15.0	0.0	62 059
Portugal	22.3	11.3	11.0	0.0	61 904
Pologne	10.0	4.0	17.8	11.8	60 088
Hongrie	24.6	9.7	18.5	3.5	59 755
Estonie	9.0	12.1	1.6	4.7	59 192
République tchèque	7.3	0.5	11.0	4.2	57 395
Lettonie	18.4	10.0	10.5	2.1	53 017
République slovaque	16.8	6.0	13.4	2.6	45 531
Costa Rica	10.5	0.0	10.5	0.0	44 192
Chili	-8.6	0.0	7.0	15.6	41 963
Mexique	8.3	6.9	1.3	0.0	23 353
Colombie	-6.0	0.0	0.0	6.0	23 175
Moyenne non pondérée					
OCDE Moyenne	17.9	11.5	9.6	3.2	84 032

Note : Couple marié disposant de deux salaires égaux à 100 % et 67 % du salaire moyen et ayant deux enfants.
1. Les pays sont classés par ordre décroissant des salaires bruts.
2. À cause des arrondis, le total peut être différent d'un dixième de point de pourcentage de la somme des colonnes de l'impôt sur le revenu, des cotisations de sécurité sociale et des prestations en espèces.
3. Exprimés en dollars US à parité de pouvoir d'achat.
Source : Contributions des pays et (OCDE, 2021[1]) Perspectives économiques de l'OCDE, volume 2021, numéro 2.

StatLink ᵐˢᴸ https://stat.link/beqc8i

Taux moyen d'imposition des personnes physiques

S'agissant du taux moyen net d'imposition des personnes physiques en pourcentage des revenus bruts, la moyenne de l'OCDE s'établissait à 17.9 % en 2021 pour un couple avec deux enfants disposant de deux salaires, dont un conjoint est rémunéré au salaire moyen et l'autre à 67 % du salaire moyen. Le Tableau 1.6, montre les taux moyens nets d'imposition des personnes physiques dans les pays de l'OCDE et leurs éléments constitutifs, en pourcentage des salaires bruts. Les chiffres correspondant au salaire brut du ménage qui figurent dans la colonne 5 sont exprimés en dollars US à parité de pouvoir d'achat. À la différence des résultats figurant dans le Tableau 1.3, dans le Tableau 1.6, les prestations en espèces sont prises en compte et atténuent l'incidence de l'impôt sur le revenu et des CSS à la charge des salariés (colonne 2 plus colonne 3 moins colonne 4).

Le taux moyen net d'imposition des personnes physiques pour un couple disposant de deux salaires affichait de grandes disparités entre pays de l'OCDE en 2020, allant de -8.6 % au Chili et -6.4 % en Colombie à 30.9 % au Danemark. Au Chili, le coin fiscal était négatif car les ménages ne payaient pas d'impôt sur le revenu à ce niveau de revenu et percevaient une prestation en espèces temporaire, à savoir le revenu familial d'urgence mentionné précédemment. En Colombie, le coin fiscal était négatif du fait que cette catégorie de ménage ne payait pas d'impôt sur le revenu à ce niveau de revenu et que les cotisations qu'il payait ne sont pas considérées comme des impôts[9], et qu'il percevait des prestations en espèces versées en complément des salaires. Le revenu disponible du ménage après impôt représentait 108.5 % du salaire brut du couple au Chili, 106.0 % en Colombie, contre 69.1 % au Danemark. Le taux moyen net d'imposition des personnes physiques était inférieur ou égal à 10 % en Pologne (10.0 %), en Estonie (9.0 %), au Mexique (8.3 %) et en République tchèque (7.3 %).

Les indicateurs utilisés dans Les impôts sur les salaires mettent l'accent sur la structure des systèmes de l'impôt sur le revenu en fonction du revenu disponible. Pour évaluer l'impact global du secteur public sur le bien-être des citoyens, d'autres facteurs tels que les impôts indirects (la TVA, par exemple) doivent aussi être pris en compte, tout comme d'autres formes de revenu (revenu du capital, par exemple). En outre, les paiements obligatoires non fiscaux qui grèvent le revenu disponible des ménages ne sont pas intégrés dans les calculs présentés dans cette publication, mais l'étude en ligne contient une analyse plus poussée de ces paiements : http://www.oecd.org/tax/tax-policy/non-tax-compuslory-payments.pdf.

Salaires

Le Tableau 1.7 indique le salaire brut en monnaie nationale du travailleur moyen dans chaque pays membre de l'OCDE pour les années 2020 et 2021. Les chiffres pour 2021 sont estimés par le Secrétariat de l'OCDE en appliquant la variation de la rémunération par salarié dans l'ensemble de l'économie telle qu'elle est présentée dans la base de données des *Perspectives économiques de l'OCDE* (volume 2021, numéro 2) aux valeurs finales du salaire moyen indiquées par les pays membres de l'OCDE. On trouvera davantage d'informations sur les valeurs relatives au salaire moyen et la méthodologie utilisée pour les estimations à l'Annexe de cette étude.

En 2021, la variation annuelle des salaires bruts, comme indiqué dans la colonne 3, s'échelonnait entre -1.6 % au Mexique et 19.5 % en Turquie. Les variations des niveaux de salaires dans 36 pays de l'OCDE traduisent dans une large mesure les tendances de l'inflation, quoiqu'elles suivent une orientation opposée au Japon et au Mexique (voir la colonne 4 du Tableau 1.7). La variation annuelle des niveaux de salaires réels (avant impôt sur le revenu des personnes physiques et cotisations salariales de sécurité sociale) se situait dans un intervalle compris entre -2% et +2 % dans 23 pays (voir la colonne 5 du Tableau 1.7). Quinze pays enregistrent des variations se situant en dehors de cet intervalle. Parmi ces pays, la hausse a dépassé 2 % au Danemark (2.2 %), en Estonie et en République slovaque (2.3 % dans les deux cas), au Portugal (2.4 %), au Royaume-Uni (2.5 %), en Suisse (2.8 %), en France (3.3 %), en Italie (3.7 %), au

Costa Rica (4.0 %), en Israël (4.9 %), en Slovénie (5.0 %), en Lituanie (7.1 %) et en Lettonie (8.7 %). Les baisses ont été supérieures à 2 % en Nouvelle-Zélande (-2.2 %) et au Mexique (-6.8 %).

Dans 25 des 38 pays de l'OCDE, un célibataire sans enfant rémunéré au salaire moyen a vu son revenu réel après impôt augmenter entre 2020 et 2021, soit parce que les salaires réels avant impôt ont augmenté plus vite ou ont diminué plus lentement que les taux moyens d'imposition des personnes physiques, soit parce que les taux moyens d'imposition des personnes physiques ont diminué ou n'ont pas varié alors que les salaires réels avant impôt ont augmenté (voir la colonne 6). Le salaire réel après impôt est resté inchangé en Finlande, le taux de l'impôt sur le revenu des personnes physiques et le salaire réel avant impôt ayant augmenté au même rythme.

En revanche, un célibataire sans enfant rémunéré au salaire moyen a vu son revenu réel après impôt baisser en 2021en Autriche, en Belgique, au Canada, en Corée, en Espagne, en Estonie, aux États-Unis, en Irlande, en Israël, au Luxembourg, en Nouvelle-Zélande et en Turquie :

- Ainsi, en Autriche, au Canada, en Corée, en Irlande et en Nouvelle-Zélande, le salaire réel avant impôt a diminué tandis que le taux moyen d'imposition des personnes physiques a augmenté,
- tandis qu'en Belgique, en Espagne, aux États-Unis, en Estonie, en Israël, au Luxembourg et en Turquie, le taux moyen d'imposition des personnes physiques a augmenté davantage que le salaire réel avant impôt.

Lorsque l'on compare les niveaux de salaires, il est important de souligner que la définition du salaire moyen peut varier d'un pays à l'autre en raison de limitations tenant aux données disponibles. Par exemple, certains pays n'incluent pas les salaires perçus par les dirigeants et les superviseurs ou n'excluent pas les salaires perçus par les travailleurs à temps partiel (voir le Tableau A.4 en Annexe).

Le Tableau 1.8 donne davantage de précisions sur la question de savoir si les salaires moyens pour les années 2000 à 2021 sont basés sur les secteurs C à K inclus, en référence à la classification internationale type par industrie de toutes les branches d'activité économique, Révision 3 (CITI Rév. 3), ou sur les secteurs B à N inclus, en référence à la classification internationale type par industrie de toutes les branches d'activité économique, Révision 4 (CITI Rév. 4).

La plupart des pays de l'OCDE calculent les salaires moyens sur la base des secteurs B à N de la classification par industrie (CITI Rév. 4), depuis 2008 ou plus tôt. Certains pays ont aussi révisé les valeurs du salaire moyen pour les années précédentes. Les valeurs du salaire moyen calculées à partir de la classification CITI Rév. 4 ou l'une de ses variantes sont disponibles à partir de 2000 pour l'Australie, l'Espagne, l'Estonie, la Finlande, la Grèce, la Hongrie, l'Islande, l'Italie, le Japon, la Lettonie, la Lituanie, la République slovaque, la République tchèque , la Slovénie et la Suisse.

L'Australie (pour toutes les années) et la Nouvelle-Zélande (à partir de 2004) ont communiqué des valeurs fondées sur les divisions B à N de la classification type par industrie ANZSIC de 2006, qui recoupe sensiblement les secteurs B à N de la CITI Rév. 4. En ce qui concerne la Nouvelle-Zélande, les années antérieures à 2004 continuent d'être fondées sur les secteurs C à K de la classification ANZSIC. La Turquie a fourni des valeurs fondées sur les secteurs B à N de la Nomenclature NACE Rév. 2 à partir de l'année 2007. Pour les années antérieures à 2007, les valeurs sont basées sur le salaire de l'ouvrier moyen de l'industrie manufacturière (CITI Rév. 3.1, secteur D). Les salaires moyens ne sont pas basés sur les secteurs B à N de la classification par industrie (CITI Rév. 4) dans le cas du Costa Rica (toutes les années), des Pays-Bas (à partir de 2012) et du Mexique (toutes les années).

Tableau 1.7. Comparaison des niveaux de salaires

Pays	Salaire brut en monnaie nationale		Variation annuelle, 2021/20 (pourcentage)			
	2020 (1)	2021 (2)	Salaire brut (3)	Inflation[1] (4)	Salaire réel avant impôt (5)	Variation du taux moyen d'imposition des personnes physiques[2] (6)
Allemagne	51 000	52 556	3.1	3.1	0.0	-2.4
Australie	90 866	93 313	2.7	2.7	0.0	-3.5
Autriche	49 087	50 460	2.8	2.8	-0.1	1.4
Belgique	50 312	52 248	3.8	2.9	0.9	1.2
Canada	71 994	74 037	2.8	3.3	-0.4	1.9
Chili	10 277 863	10 776 819	4.9	4.3	0.5	-0.5
Colombie	18 345 584	19 240 596	4.9	3.5	1.3	0.0
Costa Rica	8 294 100	8 761 423	5.6	1.6	4.0	0.0
Corée	46 753 752	47 021 176	0.6	2.4	-1.7	1.1
Danemark	440 000	457 613	4.0	1.8	2.2	0.5
Espagne	26 028	26 832	3.1	2.9	0.2	1.8
Estonie	17 224	18 329	6.4	4.1	2.3	6.1
États-Unis	59 517	62 954	5.8	4.6	1.1	6.2
Finlande	46 470	47 915	3.1	1.9	1.2	1.2
France	37 922	39 971	5.4	2.1	3.3	2.2
Grèce	18 834	18 831	0.0	0.4	-0.4	-6.3
Hongrie	5 043 851	5 400 419	7.1	5.0	2.0	0.0
Irlande	49 876	50 636	1.5	2.1	-0.5	1.2
Islande	9 528 000	10 103 366	6.0	4.3	1.6	-0.8
Israël	165 240	176 029	6.5	1.5	4.9	5.3
Italie	32 262	34 032	5.5	1.8	3.7	-1.8
Japon	5 082 722	5 146 879	1.3	-0.2	1.4	0.3
Lettonie	13 656	15 270	11.8	2.9	8.7	-6.5
Lituanie	16 844	18 711	11.1	3.8	7.1	1.5
Luxembourg	64 424	67 263	4.4	3.2	1.2	2.6
Mexique	138 349	136 170	-1.6	5.6	-6.8	-9.1
Norvège	628 685	659 902	5.0	3.4	1.5	0.6
Nouvelle-Zélande	65 079	66 077	1.5	3.8	-2.2	0.8
Pays-Bas	54 510	55 339	1.5	2.4	-0.9	-3.2
Pologne	60 723	64 093	5.5	4.8	0.7	0.4
Portugal	19 959	20 602	3.2	0.8	2.4	1.3
République slovaque	13 418	14 075	4.9	2.6	2.3	0.7
République tchèque	416 997	435 312	4.4	3.8	0.6	-21.9
Royaume-Uni	41 897	43 978	5.0	2.4	2.5	1.5
Slovénie	21 054	22 485	6.8	1.7	5.0	1.6
Suède	464 186	482 897	4.0	2.0	1.9	-0.4
Suisse	91 427	94 489	3.3	0.6	2.8	1.8
Turquie	72 933	87 187	19.5	18.7	0.7	1.8

1. Estimation du pourcentage de variation de l'indice total des prix à la consommation.
2. Différence de taux moyen d'imposition d'un salarié moyen, célibataire sans enfant, entre 2020 et 2021.
Source : Contributions des pays et (OCDE, 2021[1]) Perspectives économiques de l'OCDE, volume 2021, numéro 2.

StatLink 🔗📊 https://stat.link/3r81xe

Tableau 1.8. Classification du salaire moyen par secteur

	Les années pour lesquelles la CITI REV. 3.1 ou une classification équivalente (Secteurs C-K) a été utilisée pour calculer le salaire moyen	Les années pour lesquelles la CITI REV. 4 ou une classification équivalente (Secteurs B-N) a été utilisée pour calculer le salaire moyen
Allemagne	2000-2005	2006-2021
Australie[1]		2000-2021
Autriche[2]	2004-2007	2008-2021
Belgique	2000-2007	2008-2021
Canada		2000-2021
Chili[3]		2008-2021
Colombie[4]	2000-2020	
Corée[5]	2000-2007	2008-2021
Costa Rica[6]		
Danemark[7]	2000-2007	2008-2021
Espagne		2000-2021
Estonie		2000-2021
États-Unis	2000-2006	2007-2021
Finlande		2000-2021
France	2000-2007	2008-2021
Grèce[8]		2000-2021
Hongrie		2000-2021
Irlande[9]		2000-2021
Islande[10]		2000-2021
Israël[11]	2000-2012	2013-2021
Italie		2000-2021
Lettonie[12]		2000-2021
Japon		2000-2021
Luxembourg	2000-2004	2005-2021
Mexique[13]		
Norvège	2000-2008	2009-2021
Nouvelle-Zélande[14]	2000-2003	2004-2021
Pays-Bas[15]	2000-2007	2008-2011
Pologne	2000-2006	2007-2021
Portugal	2000-2005	2006-2021
République slovaque[16]		2000-2021
République tchèque		2000-2021
Royaume-Uni	2000-2006	2008-2021
Slovénie		2000-2021
Suède	2000-2007	2008-2021
Suisse		2000-2021
Turquie[17]		2007-2021

1. Australie : données basées sur la classification ANZSIC06 de sorte que les catégories correspondent dans l'ensemble aux secteurs B-N de la CITI Rév. 4.

2. Autriche : les valeurs du salaire moyen pour 2000-2003 ne sont pas basées sur la classification NACE (CITI).

3. Chili : les valeurs pour 2000 à 2008 sont des estimations tirées des variations annuelles des salaires moyens basées sur la « CIIU Rév. 3 » (2009=100) entre 2000 et 2008, et du salaire moyen pour 2009 basées sur la « CIIU Rév. 4 » (2016=100). À partir de 2009, les valeurs sont basées sur les secteurs B à R de la CITI Rév. 4, à l'exclusion de O (8422) « Activités de défense » et de O (8423) « Activités de maintien de l'ordre et de la sécurité publics ».

4. Colombie : les valeurs du salaire moyen sont basées sur la CITI Rév. 3. Les secteurs « Agriculture, chasse et sylviculture », « Autres activités de services collectifs, sociaux et personnels » et « Activités incorrectement définies » sont exclus.

5. Corée : les valeurs du salaire moyen sont basées sur la 6e version de la Classification sectorielle standard de Corée (KSIC), secteurs C à K, pour 2000 et 2001, et sur la 8e version de KSIC pour 2002 à 2007. Les données relatives au salaire moyen pour 2008 à 2010 sont basées sur les secteurs B-N de la 9e version de KSIC (échantillons d'entreprises comptant au moins cinq salariés permanents). Les données relatives au salaire moyen pour 2011 à 2019 sont basées sur les secteurs B-N de la 9e version de KSIC (échantillons d'entreprises comptant au moins un salarié permanent). Les données relatives au salaire moyen pour 2021 sont basées sur les secteurs B-N de la 10e version de KSIC (échantillons d'entreprises comptant au moins un salarié permanent).

6. Costa Rica : les salaires moyens à partir de 2000 se réfèrent aux salaires des travailleurs du secteur formel. Le salaire moyen du travailleur a été calculé sur la base de données provenant de CCSS.

7. Danemark : les valeurs du SM sont basées sur les secteurs B-N et R-S (NACE Rév. 2).

8. Grèce : les gains annuels moyens correspondent aux salariés à temps plein des secteurs B à N de la NACE Rév. 2, incluant la Division 95 et excluant les Divisions 37, 39 et 75 à partir de 2008.

9. Irlande : les valeurs à compter de 2008 sont basées sur le tableau EHA05 de l'Office central des statistiques pour le système NACE Rév. 2 ; les valeurs pour les années antérieures sont des estimations du Secrétariat, à partir des taux de croissance des salaires moyens pour les secteurs C à E, en référence au système NACE.

10. Islande : à l'aide du système national de classification qui correspond au système NACE Rév. 2. 9.

11. Israël : informations sur les données statistiques concernant Israël : http://oe.c./israel-disclaimer.

12. Lettonie : les valeurs sont basées sur la classification NACE Rév. 2 et couvrent le secteur privé qui inclut les entreprises commerciales dans lesquelles l'État ou les collectivités locales détiennent jusqu'à 50 % du capital, les entreprises commerciales de tout type sans participation au capital de l'État ou des collectivités locales, les commerçants et les exploitants agricoles ou piscicoles qui comptent 50 salariés ou plus.

13. Mexique : les valeurs du salaire moyen pour 2000-2021 sont basées sur la Classification des Activités Économiques du Mexique (CMAE) qui correspond à l'une des premières versions de la CITI.

14. Pays-Bas : les salaires moyens à partir de 2012 incluent toutes les activités économiques (secteurs A à U de SBI 2008). On ne dispose pas de valeurs pour le seul secteur privé (secteurs B à N).

15. Nouvelle-Zélande : voir la note relative à l'Australie qui s'applique à compter de 2004.

16. République slovaque : les valeurs du salaire moyen sont basées sur la classification NACE Rév. 2 (secteurs B à N), compte non tenu des revenus des travailleurs indépendants. Les données relatives à l'emploi utilisées pour le calcul de la moyenne pondérée tiennent toutefois compte des travailleurs indépendants.

17. Turquie : le salaire moyen est basé sur le salaire de l'ouvrier moyen CITI Rév. 3.1, secteur D pour les années 2000 à 2006.

Références

OCDE (2021), *Perspectives économiques de l'OCDE, Volume 2021 Numéro 2*, Éditions OCDE, Paris, https://dx.doi.org/10.1787/09bf9e01-fr. [1]

Notes

[1] À compter de l'édition 2020 des *Impôts sur les salaires*, les catégories de foyer dont les conjoints perçoivent 33 % du salaire moyen ont été remplacées par deux catégories, à savoir celle dans laquelle les deux conjoints perçoivent le salaire moyen, et celle où l'un des conjoints gagne le salaire moyen et l'autre 67 % du salaire moyen.

[2] Tous les organismes statistiques nationaux n'utilisent pas la CITI Rév. 3 ou Rév. 4 pour classer leurs secteurs d'activité. Néanmoins, la Nomenclature statistique des activités économiques dans la Communauté européenne (NACE Rév. 1 ou 2), le Système de classification des industries de l'Amérique du Nord (SCIAN 2012), l'Australian and New Zealand Standard Industrial Classification (ANZSIC) et la Classification sectorielle standard de Corée (catégories 6 à 9 du KSIC) coïncident à peu près avec les Révisions 3 et 4 de la CITI au niveau des secteurs C à K et B à N, respectivement

[3] Les prélèvements obligatoires non fiscaux désignent les prélèvements obligatoires avec et sans contrepartie au profit de fonds à gestion privée, d'organismes d'aide sociale ou de dispositifs d'assurance sociale en dehors des administrations publiques ainsi que d'entreprises publiques (https://www.oecd.org/tax/tax-policy/tax-database/).

[4] En Colombie, le régime général de sécurité sociale pour les soins de santé est financé par des fonds publics et privés. Le système de retraite est un hybride de deux systèmes différents : un régime de retraite à cotisations définies et entièrement capitalisé, et un régime par répartition. Chacune de ces contributions est obligatoire et plus de 50 % du total des contributions sont versés à des fonds privés. Elles sont par conséquent considérées comme des paiements obligatoires non fiscaux (PONF) (pour de plus amples informations à ce sujet, se reporter à la Partie II du Rapport). En outre, tous les paiements au titre des risques liés à l'emploi sont versés à des fonds privés, et sont également considérés comme des PONF. Les PONF existent aussi dans d'autres pays (voir https://www.oecd.org/tax/tax-policy/tax-database/).

[5] En Australie, les taux, seuils et déductions de l'impôt sur les salaires à la charge des employeurs diffèrent selon les États. Le taux en vigueur dans l'État de Nouvelle-Galles du Sud est utilisé dans les calculs des *Impôts sur les salaires*.

[6] Voir la note 4.

[7] Voir la note 6.

[8] Voir la note 4.

[9] Voir la note 4.

2 Étude spéciale : l'impact du COVID-19 sur le coin fiscal dans les pays de l'OCDE

Introduction

En 2021, la pandémie de COVID-19 a continué de provoquer des bouleversements dans le monde entier. Toutefois, l'impact économique n'a pas été aussi dommageable qu'en 2020 : dans l'ensemble de la zone OCDE, le PIB a progressé d'environ 5.3 % en 2021, après s'être contracté de 4.7 % l'année précédente, les pays ayant réussi à mieux gérer le virus, grâce à l'augmentation de la couverture vaccinale au cours de l'année. Le chômage a reculé dans la zone OCDE, même si les niveaux d'emploi, le nombre d'heures travaillées et le taux d'activité sont généralement restés inférieurs à leurs niveaux d'avant la crise, et la croissance des salaires dans de nombreux pays n'a pas suivi le rythme des fortes hausses des prix à la consommation. Avec le redémarrage de l'économie, les pouvoirs publics ont pu revoir à la baisse un grand nombre de mesures, telles que les dispositifs de maintien dans l'emploi et les prestations en espèces, mises en place en 2020 pour protéger les moyens de subsistance et les revenus. Néanmoins, la reprise en 2021 a été inégale entre les pays et au sein des pays. Les titulaires de bas salaires ont été touchés de manière disproportionnée par la pandémie et bon nombre de personnes ayant perdu leur emploi peinent à en retrouver un. Parallèlement, de graves pénuries de main-d'œuvre sont apparues dans certains secteurs (OCDE, 2021[1]).

Ce chapitre s'appuie sur les modèles utilisés dans *Les impôts sur les salaires* pour examiner l'évolution de la fiscalité du travail pendant la pandémie dans les pays de l'OCDE. Il compare des indicateurs clés, notamment le montant et la composition du coin fiscal et des salaires moyens, en 2021 avec la situation de 2019, et examine en quoi les évolutions intervenues au cours de cette période contrastent avec les tendances à long terme de la fiscalité du travail depuis 2000, tout en permettant de comparer l'impact de la pandémie de COVID-19 avec celui de la crise financière mondiale de 2008-09. L'analyse se fonde sur les résultats obtenus pour trois catégories de foyer :

- un travailleur célibataire : un célibataire sans enfant, rémunéré à 100 % du salaire moyen ;
- un couple disposant d'un seul salaire : un couple marié, avec deux enfants, disposant d'un seul salaire égal à 100 % du salaire moyen ; et
- un parent isolé : une personne seule avec deux enfants, rémunérée à 67 % du salaire moyen.

Les deux premières de ces trois catégories correspondent aux résultats présentés dans le chapitre 1. Le parent isolé, à un niveau de revenu plus faible, met en lumière le coin fiscal qui s'applique à cette catégorie de foyer plus vulnérable.

La première section présente les principales mesures adoptées dans les pays de l'OCDE face à la pandémie de COVID-19 qui sont prises en compte dans les modèles des *Impôts sur les salaires* et examine l'impact de la pandémie sur les salaires moyens en 2020 et 2021. Elle analyse également la corrélation entre l'évolution des salaires et les variations du coin fiscal pendant la pandémie. La deuxième section suit les variations annuelles du coin fiscal dans les pays de l'OCDE entre 2019 et 2021, tandis que la troisième section compare les variations du niveau et de la composition du coin fiscal moyen dans la zone OCDE au cours de cette période avec les tendances observées depuis 2000.

L'impact de la pandémie sur la fiscalité du travail et les salaires

Bien que le chômage ait reculé et que le taux d'activité ait augmenté en 2021, les marchés du travail ne s'étaient pas encore totalement remis de la forte hausse du chômage enregistrée en 2020 (Graphique 2.1). Les taux d'emploi ne devraient renouer avec leurs niveaux d'avant la pandémie qu'à la fin de 2022 (dans l'hypothèse d'une reprise économique ininterrompue), et le taux d'activité devrait retrouver ses niveaux d'avant la crise dans la plupart des pays de l'OCDE d'ici à la fin de 2023. Même dans les économies où la population active occupée à la mi-2021 était proche de son niveau d'avant la pandémie, le nombre total d'heures travaillées était souvent plus faible qu'à la fin de 2019 (OCDE, 2021[1]). Si la croissance des salaires a globalement retrouvé ses niveaux d'avant la pandémie en 2021, les prix à la consommation ont augmenté plus fortement ; le chapitre 1 montre que les salaires moyens ont diminué en termes réels dans huit pays.

Graphique 2.1. Impact du COVID-19 sur le chômage et le taux d'activité

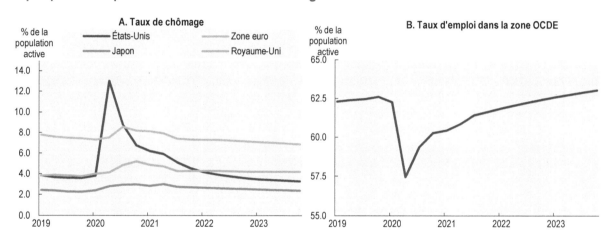

Source : Perspectives économiques de l'OCDE, volume 2021, numéro 2, (OCDE, 2021[1])

StatLink https://stat.link/i5uwy3

La composition de la main-d'œuvre dans la zone OCDE a également changé sous l'effet du COVID-19. Selon (OCDE, 2021[2]), un emploi sur dix dans les professions faiblement rémunérées a été détruit dans l'OCDE lorsque la crise du COVID-19 a éclaté, et le nombre d'heures travaillées par cette cohorte a diminué de plus de 28 %. Ce chiffre est supérieur de 18 points à la baisse observée dans les professions fortement rémunérées, qui ont été en mesure d'absorber le choc en réduisant leur temps de travail, grâce à des dispositifs de maintien dans l'emploi ou en passant au télétravail. Les travailleurs qui ont perdu leur emploi au début de la pandémie ont eu plus de mal à réintégrer le marché du travail : fin 2020, le nombre de personnes au chômage depuis au moins six mois avait augmenté de 60 %, et cette hausse s'est poursuivie au premier trimestre de 2021 (OCDE, 2021[2]). La pandémie a également accéléré des tendances préexistantes sur le marché du travail, telles que l'automatisation, la transformation numérique et la demande croissante de professionnels dans les secteurs de la santé et de l'environnement, qui pourraient avantager les travailleurs plus qualifiés.

Les évolutions de la composition de la main-d'œuvre, du niveau d'emploi et de la dynamique salariale associées à la pandémie ne sont pas pleinement prises en compte dans les modèles des *Impôts sur les salaires*. Comme on le verra ci-après, les modèles des *Impôts sur les salaires* ne couvrent que les travailleurs de certains secteurs de l'économie. Ils excluent également les travailleurs à temps partiel, qui représentent une proportion croissante de la population active dans les pays de l'OCDE et ont été généralement plus touchés par les pertes d'emploi pendant la pandémie (OCDE, 2021[2]). En outre, les modèles des *Impôts sur les salaires* reposent sur les salaires nominaux plutôt que sur les salaires réels et ne tiennent donc pas compte de la perte de pouvoir d'achat des travailleurs causée par la hausse des prix. Les changements dans la composition de la main-d'œuvre pourraient entraîner une augmentation du salaire moyen dans un pays donné, même lorsque les salaires des travailleurs individuels n'ont que peu varié, voire pas du tout (OCDE, 2020[3]).

La pandémie a suscité une réponse sans précédent des pouvoirs publics, qui ont notamment pris des mesures pour protéger l'emploi et les travailleurs, ainsi que pour soutenir les revenus des ménages confrontés à une forte contraction de l'activité économique. Cette section commence par décrire les mesures prises pour faire face au COVID-19 et recensées par les pays dans la Partie II du présent rapport, avant d'identifier celles comprises dans les modèles des *Impôts sur les salaires*. Elle compare ensuite l'évolution des salaires moyens pendant la pandémie aux tendances à plus long terme. Enfin, elle compare les variations du coin fiscal avec celles des salaires moyens entre 2019 et 2021 afin de déterminer dans quelle mesure l'impact des fluctuations salariales sur le coin fiscal a pu être compensé par l'ajustement des paramètres de l'action publique.

Pour interpréter ces résultats, il est important de savoir que les modèles des *Impôts sur les salaires* n'appréhendent pas tout l'éventail des politiques mises en œuvre dans la zone OCDE pour protéger les travailleurs et les emplois pendant la pandémie. En outre, toutes les politiques mises en œuvre en 2020 et 2021 et prises en compte dans les modèles n'étaient pas liées au COVID-19.

La réponse des pouvoirs publics au COVID-19 en 2020-21

Pendant la crise liée au COVID-19, les pouvoirs publics ont adopté toute une série de mesures pour aider les entreprises et les ménages, certaines de nature fiscale et d'autres non : Pour les éditions 2020 et 2021 des *Impôts sur les salaires*, il a été demandé aux pays de donner une courte description des mesures relevant de la fiscalité du travail mises en œuvre en réponse à la pandémie de COVID-19 ; ces mesures sont résumées dans les chapitres par pays de la Partie II du rapport. Le Tableau 2.1 présente un aperçu des mesures fiscales et dispositifs de prestations mis en place pour les personnes exerçant un emploi dans les secteurs B à N de la CITI Rév. 4, en établissant une distinction entre les mesures qui sont modélisées dans *Les impôts sur les salaires* et celles qui ne le sont pas.

Les modèles utilisés dans *Les impôts sur les salaires* pour les années 2020 et 2021 intègrent les mesures d'aide aux entreprises et aux ménages qui satisfont les hypothèses générales retenues dans la publication, détaillées dans l'introduction du chapitre 1 et dans l'Annexe A[1]. Par conséquent, les mesures d'aide modélisées dans *Les impôts sur les salaires* pour les années 2020 et 2021 sont celles qui :

- s'appliquent aux revenus du travail (y compris les modifications apportées aux taux, seuils, abattements ou crédits admissibles relatifs à l'IRPP, aux CSS (des salariés ou des employeurs) et aux prestations en espèces) ;
- s'appliquent à la majorité des personnes exerçant un emploi à plein temps dans les secteurs B à N de la CITI Rév. 4 (autrement dit, les mesures sectorielles et autres mesures ciblées ne sont pas comprises, ni celles destinées aux travailleurs indépendants, qui ne sont pas couvertes par les modèles) ;

- ne sont déterminées que par le niveau de revenu et la situation familiale du contribuable, à l'exclusion de toute autre caractéristique personnelle, comme c'est le cas des prestations en espèces universelles ou des allègements d'impôt standard (autrement dit, les allègements d'impôt non standard et les prestations subordonnées à la situation au regard de l'emploi ne sont pas compris) ; et
- correspondent à une variation du passif d'impôts du contribuable pour l'exercice 2020 ou 2021, et non à un décalage dans le temps du paiement de l'impôt (autrement dit, les reports de paiement des impôts exigibles ne sont pas pris en compte, contrairement aux mesures temporaires et aux paiements uniques).

Les mesures qui ne sont pas modélisées sont les suivantes : (i) mesures ne s'appliquant pas à la majorité des travailleurs du secteur privé ; (ii) mesures non standard ; ou (iii) mesures s'apparentant à un report et non à une réduction ou une annulation de l'impôt exigible. Dans les pays de l'OCDE, les mesures prises en réponse à la crise du COVID-19 étaient moins nombreuses en 2021 qu'en 2020, ce qui s'explique par le moindre impact de la pandémie sur l'économie en 2021.

Tableau 2.1. Résumé des mesures fiscales et des dispositifs de prestations mis en place en réponse au COVID-19 dans les secteurs B à N de la CITI Rév. 4

| | Impôts sur le revenu des personnes physiques | | | | | | Cotisations de sécurité sociale | | | | | | Prestations en espèces | | | |
	Modification des allègements d'impôt		Modification du taux ou des seuils de l'IRPP		Report du paiement de l'IRPP		Modification du taux ou des seuils de CSS		Allègement ou crédit d'impôt sur le paiement des CSS		Annulation des CSS dues		Report du paiement des CSS		Modification des prestations en espèces	
	20	21	20	21	20	21	20	21	20	21	20	21	20	21	20	21
Australie		■		■											■	■
Autriche			■										▒		■	
Belgique													▒			
Canada															■	▒
Chili																■
Colombie													▒			
Danemark													▒			
Estonie													▒			
Finlande						▒										
France													▒			
Allemagne	■	■														
Grèce															▒	
Hongrie							▒									
Islande							▒								■	■
Irlande															▒	
Israël	■															
Italie							▒									
Corée															■	
Lituanie	■															
Luxembourg	▒								▒							
Mexique									▒							
Pays-Bas													▒			
Nouvelle-Zélande	▒														▒	
Norvège																
Pologne						▒										

Portugal													
République slovaque													
Slovénie													
Suède													
Royaume-Uni													
États-Unis													

Note : Ce tableau présente les mesures fiscales et de prestations qui ont été introduites par les pays pour répondre à la crise du COVID-19 et qui sont décrites dans les chapitres par pays de la Partie II du rapport. Elles ne comprennent que des mesures relatives à l'impôt sur le revenu issu du travail. Les mesures en bleu foncé sont prises en compte dans les modèles des *Impôts sur les salaires* ; les mesures en vert ne sont pas modélisées car elles ne satisfont pas les hypothèses décrites ci-avant.
Source : OCDE, d'après les descriptions des mesures adoptées dans chaque pays, telles qu'elles figurent dans les chapitres par pays de la Partie II du rapport.

Les mesures fiscales et dispositifs de prestations spécifiques adoptés en réponse au COVID-19 ont été modélisés pour 13 pays au total (tableau 2.2). Il s'agit pour l'essentiel de paiements uniques ou d'augmentations des prestations en espèces (Australie, Autriche, Canada, Chili, Corée, États-Unis, Islande, Lituanie), destinés plus particulièrement aux familles avec enfants, et de hausses des allègements sur l'IRPP (Allemagne, Australie, Israël, Lituanie, Royaume-Uni et Suède). L'allègement d'impôt en Australie résulte du relèvement des seuils d'imposition du revenu initialement prévu pour juillet 2022, mais dont la mise en œuvre a été avancée à juillet 2020 en réponse à la pandémie. Par ailleurs, l'Autriche a modifié son barème de taux marginaux d'imposition et la Hongrie a réduit le taux des CSS des employeurs. Les modèles des *Impôts sur les salaires* prennent en compte la durée de ces mesures pour calculer leur impact sur les indicateurs clés.

Tableau 2.2. Résumé des mesures nationales liées au COVID-19 qui sont prises en compte dans les modèles des *Impôts sur les salaires*

Pays	Description de la mesure liée au COVID-19 modélisée dans *Les impôts sur les salaires*
Australie	Les seuils de revenu dans les tranches de l'impôt sur le revenu ont été relevés et une allocation de soutien économique (« Economic Support Payment ») unique non imposable de 750 AUD a été versée en mars 2020 (750 AUD), juillet 2020 (750 AUD), décembre 2020 (250 AUD) et mars 2021 (250 AUD).
Autriche	Le barème d'imposition a été modifié et une prestation supplémentaire pour enfant à charge a été versée en 2020
Canada	Des paiements supplémentaires ont été effectués au titre de l'allocation canadienne pour enfants et du crédit pour la taxe sur les produits et services en mai 2020
Chili	Un revenu familial d'urgence temporaire (Ingreso Familiar de Emergencia), modulé en fonction du nombre de membres du ménage, a été versé de juin à novembre 2021, dont un demi-versement en septembre
Allemagne	Le pays a mis en place une prime unique par enfant et augmenté de façon temporaire l'abattement fiscal aux parents isolés (en 2020 et 2021 dans les deux cas).
Hongrie	Le taux des CSS des employeurs a été abaissé de 2 points de pourcentage, passant de 18.5 % à 16.5 %, en 2020
Islande	Un supplément d'allocation pour enfant a été versé en 2020 et 2021 (en 2021 uniquement si les ménages peuvent prétendre à d'autres allocations pour enfant à charge)
Israël	Bonification temporaire du crédit d'impôt au titre des revenus du travail entre avril et décembre 2020
Corée	Des coupons de garde d'enfant supplémentaires ont été versés aux familles avec enfants en mars 2020
Lituanie	Le plafond du revenu exonéré d'impôt a été relevé et une prestation unique pour enfant a été versée en 2020
Suède	Introduction d'un crédit d'impôt temporaire sur les revenus du travail en 2021
Royaume-Uni	Augmentations temporaires supplémentaires du crédit universel et du crédit d'impôt sur les revenus du travail en 2020 et 2021
États-Unis	Dans le cadre de la loi CARES (Coronavirus Aid, Relief and Economic Security Act), les contribuables ont reçu un paiement anticipé, le « paiement d'impact économique » (Economic Impact Payment) en 2020. Le plan de sauvetage américain accordait un crédit d'impôt au titre de l'aide aux ménages et rendait le crédit d'impôt pour enfant entièrement remboursable en 2021.

Source : OCDE, d'après les descriptions des mesures adoptées dans chaque pays, telles qu'elles figurent dans les chapitres par pays de la Partie II du rapport.

Bien que la pandémie de COVID-19 ait poussé les pouvoirs publics à mettre en œuvre un grand nombre de mesures ayant une incidence sur la fiscalité du travail, toutes les mesures adoptées dans ce domaine en 2020 et 2021 n'étaient pas directement liées à la pandémie. Un certain nombre de mesures prévues avant la pandémie ont pris effet au cours de la période étudiée. Ces mesures, qui sont examinées au chapitre 1 et dans les chapitres par pays de la Partie II du rapport, ont contribué à des variations (positives et négatives) du coin fiscal entre 2020 et 2021.

Évolution du salaire moyen pendant la pandémie et depuis 2001

Les variations des salaires moyens constituent un autre facteur déterminant de l'évolution du coin fiscal dans les pays de l'OCDE pendant la pandémie. À la différence des mesures décrites dans la section précédente, les variations des salaires moyens sont une caractéristique constante des modèles utilisés dans les *Impôts sur les salaires*. Toutefois, compte tenu des turbulences sur les marchés du travail en 2020 et 2021, il est important de comprendre comment l'interaction entre la dynamique des salaires et les mesures prises par les pouvoirs publics a affecté le coin fiscal. L'étude spéciale de l'édition 2021 des *Impôts sur les salaires* examinait dans quelle mesure les diminutions du coin fiscal enregistrées dans de nombreux pays de l'OCDE en 2020 étaient imputables à des baisses du salaire moyen ou aux interventions des pouvoirs publics (OCDE, 2021[4]).

Cette section illustre l'évolution des salaires moyens dans la zone OCDE entre 2001 et 2021. Les variations des salaires influent sur le coin fiscal principalement du fait de la progressivité des systèmes fiscaux (voir le chapitre 3). Une hausse des salaires moyens tend à accroître le coin fiscal (en l'absence de mesures compensatoires), tandis qu'une baisse produit l'effet inverse. Il est important de noter que les modèles des *Impôts sur les salaires* reposent sur les salaires nominaux. Alors que l'inflation était généralement modérée dans la plupart des pays de l'OCDE avant la pandémie, les prix à la consommation ont fortement augmenté en 2021, tandis que la hausse des salaires était conforme aux tendances d'avant la pandémie, ce qui signifie que les salaires ont diminué en termes réels dans un certain nombre de pays où ils ont augmenté en valeur nominale. Dans ce cas de figure, l'augmentation des coins fiscaux et la baisse des salaires réels se conjuguent pour réduire le pouvoir d'achat des travailleurs.

Graphique 2.2. Distribution des variations des salaires nominaux moyens en glissement annuel dans les pays de l'OCDE

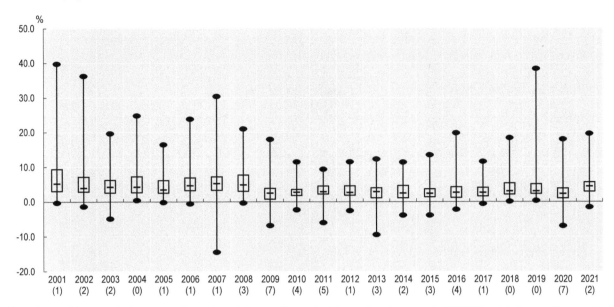

Note : Le graphique montre les pourcentages de variation maximum et minimum dans les pays de l'OCDE (ronds) ; les quartiles supérieur et inférieur des variations (bords des rectangles) et la variation médiane (barres). Le chiffre entre parenthèses sur l'axe horizontal correspond au nombre de pays où les salaires nominaux ont baissé d'une année sur l'autre. Les salaires pour 2000-2020 sont ceux indiqués par les pays pour des personnes travaillant à plein temps dans les secteurs B à N de la CITI Rév. 4, conformément aux hypothèses décrites dans l'Annexe. Les estimations du salaire moyen pour 2021 ont été calculées à partir de la variation en pourcentage de la rémunération par salarié qui figure dans les Perspectives économiques de l'OCDE, volume 2021, numéro 2.

StatLink 📊 https://stat.link/vfkwi3

Comme indiqué au chapitre 1, les salaires moyens ont augmenté dans tous les pays de l'OCDE sauf deux entre 2020 et 2021, après avoir diminué dans sept pays entre 2019 et 2020. Les données révisées pour 2020 montrent que la baisse des salaires moyens n'a pas été aussi importante que ce qui ressort de l'édition précédente de ce rapport, qui indiquait qu'ils avaient reculé dans 16 pays entre 2019 et 2020 (OCDE, 2021[4]).

Le Graphique 2.2 compare les variations du salaire moyen entre 2019 et 2021 avec celles enregistrées depuis 2001. D'après les données révisées sur les salaires pour 2020, les variations entre 2019 et 2020 étaient conformes à celles observées entre 2008 et 2009, pendant la crise financière mondiale, lorsque les salaires ont également reculé dans sept pays. La croissance des salaires est restée relativement faible au lendemain de cette crise, affichant même une baisse dans respectivement quatre pays et cinq pays en 2010 et 2011, l'augmentation du salaire médian étant plus faible au cours de ces deux années qu'en 2021. Bien que le nombre de pays ayant enregistré une baisse des salaires moyens en 2020 soit relativement important par rapport aux années antérieures et postérieures à 2009, les variations de salaires constatées en 2021 n'étaient pas en contradiction avec les tendances observées avant la pandémie.

Les données révisées sur les salaires pour 2020 confirment l'un des principaux résultats du rapport de l'année dernière (OCDE, 2021[4]), à savoir que la diminution des salaires moyens nominaux dans la zone OCDE n'était pas la principale cause du recul du coin fiscal moyen en 2020 (OCDE, 2021[4]). En réalité, le repli du coin fiscal était principalement dû à des ajustements des paramètres de la politique fiscale qui (sauf dans un très petit nombre de cas) ont fait baisser le coin fiscal, que les salaires moyens aient augmenté ou diminué. De fait, le coin fiscal pour toutes les catégories de foyer a diminué dans de nombreux pays où les salaires ont augmenté, la baisse due aux changements de politique ayant plus que compensé l'impact de la hausse des salaires.

Comparaison des variations du coin fiscal et des salaires moyens

Pour illustrer l'impact combiné des mesures de politique fiscale prises face au COVID-19 et des variations du salaire moyen décrites dans cette section, le Graphique 2.3 illustre la corrélation entre les variations des salaires moyens et celles du coin fiscal dans les 38 pays de l'OCDE. Deux catégories de foyer sont examinées : le célibataire (diagramme de gauche) et le couple disposant d'un seul salaire (diagramme de droite). Sur les deux diagrammes, chaque losange bleu foncé représente un seul pays et illustre les évolutions des deux variables entre 2019 et 2020. Chaque cercle bleu clair représente également un seul pays et fait apparaître les évolutions des deux variables entre 2020 et 2021.

Graphique 2.3. Corrélations entre les variations du coin fiscal et des salaires moyens en 2020 et 2021

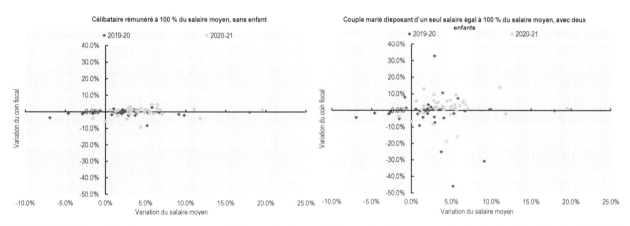

Note : Le Chili a été omis du diagramme correspondant au couple disposant d'un seul salaire parce que le coin fiscal a baissé de plus de 350 %.

StatLink 🔢 https://stat.link/e3p2uk

Pour les deux catégories de foyer, le coin fiscal a augmenté dans davantage de pays entre 2020 et 2021 qu'entre 2019 et 2020, tandis que les salaires moyens ont également progressé dans davantage de pays en 2021 qu'en 2020. Bien que le salaire moyen ait augmenté dans 31 pays entre 2019 et 2020, le coin fiscal pour les travailleurs célibataires a diminué dans 23 pays et dans 21 pays pour les couples disposant d'un seul salaire au cours de cette période, ce qui montre dans quelle mesure les dispositions prises en 2020 ont compensé la tension à la hausse exercée sur le coin fiscal par l'augmentation des salaires. Sur les deux diagrammes, la corrélation entre l'évolution du coin fiscal et celle des salaires moyens entre 2019 et 2020 était relativement faible. Pour le célibataire, les variations du coin fiscal se concentraient juste au-dessus ou en dessous de zéro, tandis que la distribution des variations du salaire moyen était plus étendue.

Entre 2020 et 2021, la corrélation positive entre l'évolution des salaires moyens et l'ampleur du coin fiscal est plus claire pour les deux catégories de foyer, ce qui s'explique par la réduction des mesures de soutien face au COVID-19 prises en compte dans les modèles des *Impôts sur les salaires*. Il convient de souligner que si le salaire moyen a augmenté dans 36 pays, le coin fiscal a tout de même diminué dans 11 pays pour les célibataires et dans 9 pays pour les couples avec un seul salaire. La différence entre les deux catégories de foyer tient au fait que les mesures prises pour atténuer les conséquences du COVID-19 évoquées précédemment ciblaient principalement les ménages avec enfants ; l'absence de ces mesures en 2021 a joué un rôle important dans les hausses du coin fiscal observées dans certains pays. Les changements en 2021 apportés aux politiques sans lien direct avec le COVID-19 (décrites au chapitre 1) ont également influé sur ces résultats.

Les deux diagrammes montrent que la légère baisse du coin fiscal moyen pour les deux catégories de foyer dans la zone OCDE entre 2020 et 2021 s'explique principalement par l'ampleur du déclin enregistré dans un petit nombre de pays. Comme on l'a vu au chapitre 1, les baisses les plus marquées pour les travailleurs célibataires entre 2020 et 2021 se sont produites en République tchèque et en Grèce, tandis que pour les couples ayant un seul salaire, les plus fortes baisses ont eu lieu dans ces deux mêmes pays ainsi qu'au Chili.

Variations du coin fiscal entre 2019 et 2021

Pour mieux comprendre l'impact global des mesures prises par les pouvoirs publics et des variations des salaires moyens sur les trois catégories de foyer étudiées dans ce chapitre, cette section explique comment le coin fiscal a évolué pour chaque catégorie dans chaque pays de l'OCDE entre 2019 et 2020 et entre 2020 et 2021. Elle examine également les évolutions enregistrées par les modèles des *Impôts sur les salaires* au cours des deux années de pandémie par rapport aux tendances à plus long terme, à partir de 2000, ce qui permet d'effectuer une comparaison avec l'impact de la crise financière mondiale de 2008-09.

Les impôts sur le travail qui s'appliquent aux salariés dans les modèles des *Impôts sur les salaires* comprennent l'impôt sur le revenu des personnes physiques, leurs cotisations de sécurité sociale (CSS) et celles de leur employeur, et les prestations en espèces qui sont versées à tous les salariés en fonction de leur situation financière et familiale. Les dispositions fiscales ou les prestations qui ciblent des secteurs particuliers ou qui sont subordonnées à d'autres circonstances individuelles ne sont pas prises en compte ; les allégements fiscaux non standards ne le sont pas non plus. Le coin fiscal calculé dans *Les impôts sur les salaires* montre l'impact combiné de la somme des impôts et cotisations de sécurité sociale versés diminuée des prestations en espèces reçues, divisée par les coûts de main-d'œuvre (salaire brut majoré des cotisations de sécurité sociale patronales).

Le Graphique 2.4 illustre l'évolution du coin fiscal entre 2019 et 2021 pour les trois catégories de foyer examinées dans ce chapitre. Pour deux des trois catégories de foyer, le coin fiscal moyen a diminué entre 2000 et 2021. S'agissant du célibataire, le coin fiscal moyen a baissé de 0.05 point de pourcentage, tandis que pour un couple disposant d'un seul salaire, il a reculé de 0.4 point de pourcentage. Pour le parent isolé, il a gagné 0.1 point de pourcentage. Toutefois, le coin fiscal moyen pour cette dernière catégorie de foyer a baissé davantage que pour les deux autres en 2020 dans l'ensemble de l'OCDE, ce qui souligne la nécessité de comparer les variations des deux années pour comprendre l'impact global de la pandémie sur la fiscalité du travail.

Le coin fiscal pour le travailleur célibataire a cédé 0.3 point de pourcentage en moyenne dans la zone OCDE entre 2019 et 2021. Il s'est accru dans 16 pays, a diminué dans 21 et est resté inchangé à 0 % en Colombie. Il a augmenté de plus d'un point de pourcentage dans trois pays : Luxembourg (1.7), Israël (1.3) et Estonie (1.0). Il a diminué de plus d'un point dans huit pays : République tchèque (- 4.0), Grèce (-3.7), Lettonie (-1.9), Pays-Bas (-1.6), Hongrie et Italie (-1.4 dans les deux cas), États-Unis et Allemagne (-1.2 dans les deux cas).

Le coin fiscal pour le couple à un seul salaire a fléchi de -1.2 point de pourcentage en moyenne dans la zone OCDE entre 2019 et 2021. Il a progressé dans 21 pays et reculé dans 17 pays. Il a augmenté de plus d'un point de pourcentage dans six pays : Slovénie (3.7), Luxembourg (2.3), Nouvelle-Zélande (2.2), Estonie (1.8), Israël (1.5) et Irlande (1.1). Il a baissé de plus d'un point dans douze pays : Chili (-25.5),

États-Unis (-10.1), Lituanie (-6.4), République tchèque (-4.9), Grèce (-4.0), Pologne (-3.2), Pays-Bas (-2.9), Australie (-1.7), Allemagne (-1.5), Slovaquie (-1.4) et Italie (-1.1).

Graphique 2.4. Variation du coin fiscal entre 2019 et 2021

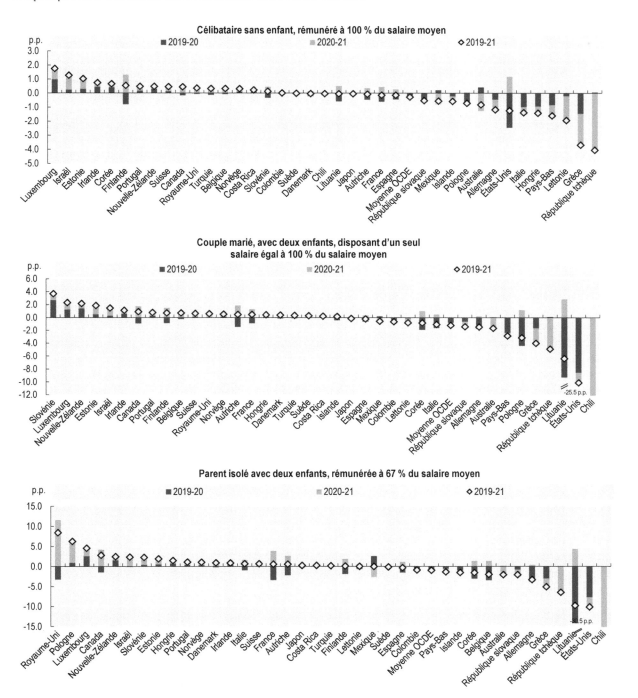

Le coin fiscal pour le parent isolé a cédé 1.0 point de pourcentage en moyenne entre 2019 et 2021. Il a progressé dans 21 pays et reculé dans 17 pays au cours de cette période. Le coin fiscal a augmenté de plus d'un point de pourcentage entre 2019 et 2021 dans onze pays : Royaume-Uni (8.4), Pologne (6.2),

Luxembourg (4.5), Canada (2.8), Nouvelle-Zélande (2.4), Israël (2.3), Slovénie (2.2), Estonie (1.9), Hongrie (1.5), Portugal et Norvège (1.0). Il a diminué dans les mêmes proportions ou plus dans douze pays : Chili (-30.5), États-Unis (-10.2), Lituanie (-9.8), République tchèque (-6.5), Grèce (-5.1), Allemagne (-3.3), Slovaquie et Australie (-2.1 dans les deux cas), Belgique (-2.0), Corée et Israël (-1.6 dans les deux cas) et Pays-Bas (- 1.4).

Le coin fiscal pour les travailleurs célibataires a augmenté par rapport à l'année précédente en 2020 comme en 2021 dans neuf pays. Pour les couples disposant d'un seul salaire et pour les parents isolés, il a progressé dans onze pays au cours des deux années. Des baisses du coin fiscal sur les deux années ont été enregistrées dans sept pays pour les parents isolés et pour les couples disposant d'un seul salaire. Pour les travailleurs célibataires, le coin fiscal a reculé au cours des deux années dans huit pays.

Huit des 22 pays dans lesquels le coin fiscal pour les travailleurs célibataires a diminué en 2020 ont enregistré en 2021 une hausse supérieure à la baisse de l'année précédente. Le chiffre équivalent était de 9 pays sur 21 pour un couple disposant d'un seul salaire, et de 10 pays sur 22 pour un parent isolé.

Le recul marqué du coin fiscal pour les catégories de foyer avec enfants au Chili, imputable au revenu familial d'urgence mis en œuvre en 2021, a un impact significatif sur la moyenne de l'OCDE pour ces deux catégories de foyer. Si l'on exclut le Chili, l'ampleur de la baisse du coin fiscal moyen dans la zone OCDE pour les couples ayant un seul salaire entre 2019 et 2021 passe de -1.2 point de pourcentage à -0.5 point de pourcentage ; pour les parents isolés, elle se réduit de -1.0 à -0.2 point de pourcentage.

Variations du coin fiscal depuis 2000

Cette section compare les variations du coin fiscal dans les pays de l'OCDE en 2020 et 2021 avec les tendances à plus long terme remontant à 2000, en se référant à la fois au niveau et à la composition du coin fiscal pour les catégories de foyer étudiées dans ce chapitre. Elle révèle ainsi dans quelle mesure la fiscalité du travail pendant la pandémie s'est alignée sur les tendances observées précédemment, les a amplifiées ou au contraire contrariées.

Variations du niveau du coin fiscal

Le Graphique 2.5 compare les variations du coin fiscal moyen dans la zone OCDE observées en 2020 et 2021 avec les tendances à plus long terme qui ressortent des modèles des *Impôts sur les salaires* depuis 2000. On observe un net recul pour les deux catégories de foyer avec enfants entre 2019 et 2020, le coin fiscal pour les parents isolés enregistrant la baisse la plus marquée. Dans les deux cas, les baisses en 2020 s'inscrivent dans le prolongement de la diminution observée depuis le milieu des années 2010, même s'il est à noter que, pour les parents isolés, la plus forte baisse du coin fiscal moyen depuis 2009 a été enregistrée entre 2015 et 2016 plutôt que pendant la pandémie de COVID-19. Le coin fiscal pour ces deux catégories était orienté à la baisse avant 2009, mais il a sensiblement augmenté dans les années qui ont immédiatement suivi la crise financière mondiale.

Pour le célibataire, le léger repli du coin fiscal moyen (par rapport aux ménages avec enfants) survenu en 2020 et 2021 ne représentait pas un écart significatif par rapport à la tendance observée avant la pandémie. Entre 2000 et 2021, le coin fiscal moyen pour cette catégorie a diminué de -1.6 point de pourcentage. La baisse la plus marquée du coin fiscal moyen s'est produite entre 2008 et 2009, où il a reculé de -0.5 point de pourcentage pour s'établir à 34.4 %. Le coin fiscal a augmenté entre 2010 et 2013, avant de diminuer progressivement. En 2021, il s'établissait à 34.6 %, soit un niveau supérieur à celui de 2010. Pendant la pandémie, l'écart entre le coin fiscal des travailleurs célibataires et des deux catégories de foyer avec enfants s'est creusé, tandis qu'il s'est légèrement résorbé entre les couples ayant un seul salaire et les parents isolés.

Graphique 2.5. Coin fiscal moyen dans la zone OCDE pour différentes catégories de foyer, 2000-2021

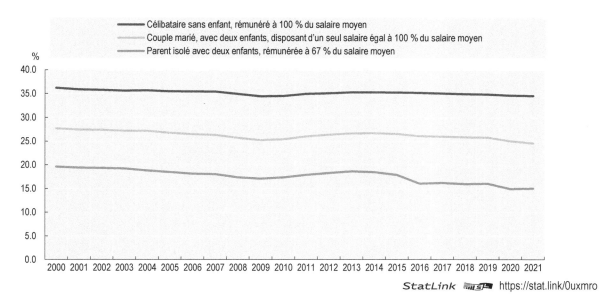

StatLink ⟪MS⟫ https://stat.link/0uxmro

Le Graphique 2.6 permet de mieux visualiser les variations survenues en 2020 et 2021 par rapport à celles des autres années, en affichant l'évolution du coin fiscal dans les pays de l'OCDE pour chaque année depuis 2001. Il se concentre sur les célibataires (diagramme A) et les couples disposant d'un seul salaire (diagramme B)[2]. Il convient de faire preuve de prudence lors de la comparaison des deux graphiques car leurs échelles sont différentes.

Pour le travailleur célibataire, la variation du coin fiscal en 2020 dans la zone OCDE était analogue à celle de 2018 et 2019, à ceci près que le coin fiscal a diminué dans 23 pays en 2020 contre 16 en 2019 et 15 au cours des trois années précédentes. Bien que la variation du coin fiscal pour cette catégorie de foyer soit légèrement plus importante en 2021 qu'en 2020, elle n'était pas aussi marquée que celle enregistrée pendant la crise financière mondiale, et le nombre de pays où le coin fiscal a baissé en 2021 était le plus faible depuis 2011.

Pour les couples disposant d'un seul salaire, la variation du coin fiscal en 2020 ne différait pas sensiblement de celle enregistrée au cours des six années précédentes. Le nombre de pays dans lesquels le coin fiscal a diminué était nettement plus élevé en 2020, soit 22 contre 14 en 2019. En 2021, le Chili a connu la plus forte baisse du coin fiscal pour cette catégorie de foyer jamais enregistrée dans un pays de l'OCDE depuis 2001. Toutefois, la variation médiane en 2021 était conforme à celle des années précédentes, et le nombre de pays où le coin fiscal a reculé était le plus faible depuis 2011.

Graphique 2.6. Variation du coin fiscal moyen en glissement annuel dans les pays de l'OCDE, 2001-2021

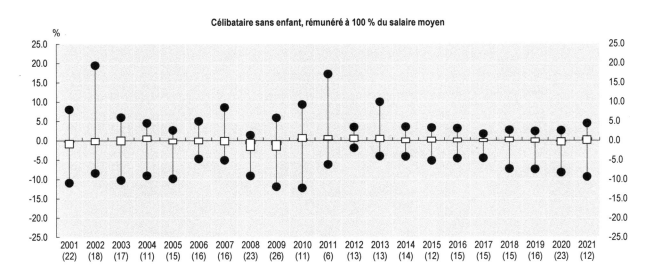

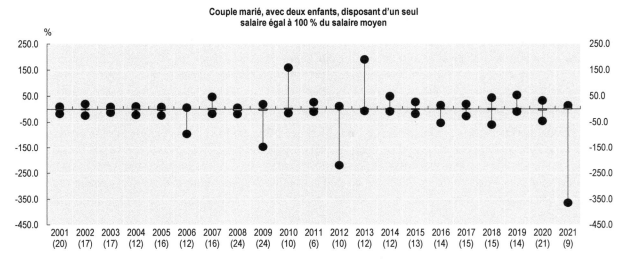

Note : Le graphique montre les pourcentages de variation maximum et minimum du coin fiscal moyen dans les pays de l'OCDE (ronds) ; les quartiles supérieur et inférieur des variations (bords des rectangles) et la variation médiane (barres). Le chiffre entre parenthèses sous l'année correspond au nombre de pays où le coin fiscal a baissé au cours d'une année donnée.

StatLink https://stat.link/q15yga

Variations de la composition du coin fiscal

Les modèles utilisés dans les *Impôts sur les salaires* permettent de comparer la composition du coin fiscal pour différentes catégories de foyer dans les pays de l'OCDE et dans la durée. Le Graphique 2.7 illustre l'évolution du coin fiscal moyen dans la zone OCDE pour les deux catégories de foyer avec enfants examinées dans ce chapitre entre 2000 et 2021. Le célibataire n'est pas analysé ici car les prestations en espèces qu'il perçoit sont négligeables en moyenne dans l'OCDE.

Graphique 2.7. Composition du coin fiscal, 2000-2021

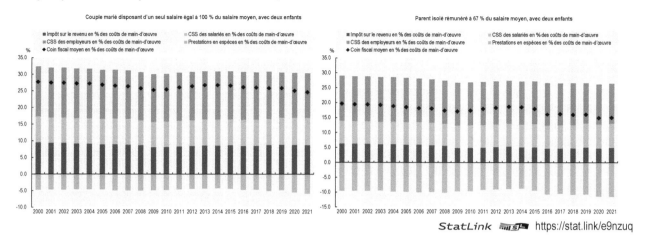

StatLink https://stat.link/e9nzuq

Pour le couple disposant d'un seul salaire et pour le parent isolé, la baisse du coin fiscal entre 2019 et 2021 est imputable à une augmentation des prestations en espèces en pourcentage des coûts de main-d'œuvre, de 1.0 point de pourcentage pour le couple ayant un seul salaire et de 0.9 point de pourcentage pour le parent isolé. Les autres composantes du coin fiscal sont restées largement inchangées en pourcentage des coûts de main-d'œuvre pour ces deux catégories de foyer en 2020 et 2021, à l'exception de l'impôt sur le revenu pour les parents isolés. Pour cette catégorie, l'impôt sur le revenu en pourcentage des coûts de main-d'œuvre a augmenté de 0.25 point de pourcentage, ce qui a plus que compensé l'augmentation de 0.15 point de pourcentage des prestations en espèces au cours de cette période.

Les variations de la composition du coin fiscal moyen dans la zone OCDE en 2020 et 2021 ont suivi l'évolution de chaque composante depuis 2000. Après avoir diminué progressivement pour les deux catégories de foyer examinées ici entre 2000 et 2008, l'impôt sur le revenu en pourcentage des coûts de main-d'œuvre a fortement baissé en 2009 (-0.6 point pour les couples disposant d'un seul salaire et -0.7 point pour les parents isolés). Concernant les couples à un seul salaire, l'impôt sur le revenu en pourcentage des coûts de main-d'œuvre a ensuite augmenté à partir de 2010 ; en 2021, il se situait à 8.8 % des coûts de main-d'œuvre, soit le même niveau qu'en 2008. Pour les parents isolés, l'impôt sur le revenu en pourcentage des coûts de main-d'œuvre a augmenté jusqu'en 2014, puis diminué jusqu'en 2017 avant de repartir à la hausse ; en 2021, il s'établissait à 5.0 % des coûts de main-d'œuvre, soit 0.6 point de moins qu'en 2008.

Prises dans leur globalité, les cotisations de sécurité sociale des employeurs et des salariés ont progressivement diminué en pourcentage des coûts de main-d'œuvre entre 2000 et 2021, reculant de 1.2 point pour ces deux catégories de foyer. En 2021, elles représentaient 21.7 % des coûts de main-d'œuvre pour un couple disposant d'un seul salaire et 21.5 % des coûts de main-d'œuvre pour un parent isolé. Toutefois, les cotisations salariales et patronales de sécurité sociale ont suivi des trajectoires opposées au cours de cette période pour ces deux catégories de foyer. Pour chacune d'elles, les cotisations salariales de sécurité sociale ont augmenté de 0.4 point de pourcentage, tandis que les cotisations patronales ont diminué de -1.6 point de pourcentage. Il convient d'observer que la plus forte variation annuelle des cotisations de sécurité sociale des employeurs et des salariés a été enregistrée entre 2018 et 2019, avant la pandémie de COVID-19 : pour les deux catégories de foyer, les cotisations salariales ont augmenté de 0.3 point de pourcentage et les cotisations patronales ont diminué de 0.6 point de pourcentage d'une année sur l'autre.

Enfin, les prestations en espèces ont généralement progressé en pourcentage des coûts totaux de main-d'œuvre pour les deux catégories de foyer entre 2000 et 2021, sauf au cours de la période 2012-2014 (incluse), où elles ont baissé chacune des trois années. Pour les couples à un seul salaire, les prestations en espèces ont augmenté de 1.1 point entre 2000 et 2021 pour atteindre 5.8 % des coûts totaux de main-d'œuvre, tandis que pour les parents isolés, elles se sont accrues de 2.0 points pour s'établir à 11.5 %.

Conclusion

La pandémie de COVID-19 a profondément bouleversé les marchés du travail dans les pays de l'OCDE et a accéléré les transformations à long terme qui y étaient à l'œuvre. Elle s'est répercutée à la fois sur le niveau d'emploi et sur la composition de la main-d'œuvre. Ce chapitre examine comment la fiscalité du travail, y compris les prestations administrées par le biais du système fiscal, a réagi à l'impact de la pandémie dans les pays de l'OCDE en 2020 et 2021. Pour se faire, il s'intéresse aux trois catégories de foyer prises en compte dans les modèles des *Impôts sur les salaires* : un célibataire rémunéré au salaire moyen, un couple marié disposant d'un seul salaire égal au salaire moyen et ayant deux enfants, et un parent isolé gagnant 67 % du salaire moyen et ayant deux enfants.

Alors que le chapitre 1 de ce rapport examine l'évolution du coin fiscal pour différentes catégories de foyer entre 2020 et 2021, ce chapitre analyse les changements intervenus entre 2019 et 2021, afin de mettre en évidence l'impact global de la pandémie de COVID-19 sur la fiscalité du travail dans les pays de l'OCDE. Le chapitre examine également ces changements au regard de l'évolution de la fiscalité du travail au cours des deux décennies qui ont précédé la pandémie, y compris celles qui ont coïncidé avec la crise financière mondiale de 2008-09, afin de comparer l'ampleur des changements associés au COVID-19 et de déterminer dans quelle mesure ils coïncident avec les tendances à long terme.

Entre 2019 et 2020, le coin fiscal moyen a diminué pour les trois catégories de foyer en moyenne et dans une majorité de pays. Cette évolution s'explique en grande partie par les mesures adoptées par les pouvoirs publics pour faire face à la pandémie : le coin fiscal a diminué même dans un certain nombre de pays où les salaires moyens ont augmenté. Entre 2020 et 2021, le coin fiscal a continué de reculer en moyenne pour deux des trois catégories de foyer (à l'exception des parents isolés percevant 67 % du salaire moyen). Toutefois, il s'est accru dans la majorité des pays, les salaires ayant augmenté dans tous les pays de l'OCDE sauf deux, et la plupart des pays ayant mis fin aux mesures de soutien déployées en 2020 à mesure que la reprise économique s'affirmait et qu'ils parvenaient à mieux atténuer l'impact du virus.

Pour les deux catégories de foyer avec enfants, 21 pays de l'OCDE ont enregistré un coin fiscal plus élevé en 2021 qu'en 2019, avant la pandémie. Pour les célibataires, le coin fiscal était plus élevé en 2019 qu'en 2021 dans 16 pays. Les hausses du coin fiscal observées dans ces pays contrastent avec la baisse globale du coin fiscal moyen dans la zone OCDE entre 2019 et 2021 pour les trois catégories de foyer. Il convient également de noter que les augmentations du coin fiscal ont été plus fréquentes dans les pays de l'OCDE pour les ménages avec enfants, même si un grand nombre des mesures recensées dans ce chapitre ciblaient ce type de foyer.

Ce chapitre met en évidence deux facteurs clés expliquant les variations du coin fiscal entre 2019 et 2021. Premièrement, un petit nombre de pays dans lesquels le coin fiscal a beaucoup baissé, notamment le Chili, sont à l'origine du recul du coin fiscal moyen. Deuxièmement, bon nombre de mesures liées au COVID-19 étaient de nature temporaire et (dans la plupart des cas) limitées à 2020. Au cours des deux années considérées, l'impact de la hausse des salaires observée dans une majorité de pays (31 en 2020, 36 en 2021) sur le coin fiscal a été plus prononcé que les réductions induites par les mesures prises par les pouvoirs publics. Il est également important de rappeler qu'un certain nombre de pays ont adopté en 2021 des politiques qui étaient sans rapport avec la pandémie et qui ont eu une incidence sur le coin fiscal cette même année.

Ce chapitre souligne que les variations des salaires moyens et les mesures prises par les pouvoirs publics se conjuguent pour influer sur le coin fiscal. En ce qui concerne l'évolution des salaires, il convient de noter que la croissance des salaires en 2021 n'était pas incompatible avec les tendances observées avant la pandémie, même si le nombre de pays dans lesquels les salaires moyens ont reculé en 2020 était relativement important par rapport aux années antérieures et postérieures à 2009, pendant la crise financière mondiale.

Les variations du coin fiscal entre 2019 et 2021 cadrent avec les tendances à long terme : le coin fiscal pour les deux catégories de foyer avec enfants a sensiblement diminué au cours des années qui précédaient immédiatement la pandémie (après avoir augmenté dans le sillage de la crise financière mondiale), tandis que le coin fiscal pour les célibataires s'est replié très progressivement entre 2000 et 2021. Si l'on examine les différentes composantes du coin fiscal, la diminution du coin fiscal s'explique principalement par l'augmentation des prestations en espèces en pourcentage des coûts de main-d'œuvre, la contribution de l'impôt sur le revenu des personnes physiques et des cotisations de sécurité sociale étant globalement inchangée entre 2019 et 2021 en moyenne. Les prestations en espèces ont progressé en pourcentage des coûts de main-d'œuvre sur la période 2000-2021, sauf entre 2012 et 2014.

Les changements de la fiscalité du travail associés à la pandémie de COVID-19 ne sont pas (jusqu'à présent) plus prononcés que ceux observés au moment de la crise financière mondiale. Le coin fiscal a reculé dans un plus grand nombre de pays en 2008 et 2009, tandis que la répartition des variations des salaires moyens dans la zone OCDE en 2020 était très similaire à celle de 2009, le même nombre de pays - sept - ayant enregistré des baisses au cours des deux années. La crise financière mondiale a eu un impact plus large que la pandémie sur les différentes composantes du coin fiscal en proportion des coûts totaux de main-d'œuvre, en moyenne, dans les pays de l'OCDE.

Dans l'ensemble, ces résultats donnent à penser que, très souvent, les ajustements de la fiscalité du travail ont probablement représenté une composante relativement mineure de la riposte des pouvoirs publics face à l'impact économique de la pandémie. Les prestations en espèces pour enfants à charge représentaient la majorité des mesures adoptées face au COVID-19 et prises en compte dans les modèles des *Impôts sur les salaires* en 2020 et 2021. D'autres mesures qui ne sont pas prises en compte ici, comme les dispositifs de maintien dans l'emploi ou les allocations de chômage, ont probablement été tout aussi importantes, voire plus. Il est utile de rappeler que certains secteurs de l'économie ont été plus touchés que d'autres par la pandémie : les mesures d'aide en faveur de ces secteurs ne sont pas prises en compte dans les modèles des *Impôts sur les salaires*.

Le marché du travail connaîtra une nouvelle instabilité en 2022. La montée des tensions inflationnistes dans la zone OCDE en 2021 et en 2022 pourrait avoir un impact significatif sur les salaires moyens en valeur nominale et en termes réels. Les perspectives d'emploi pourraient se dégrader, le conflit en Ukraine sapant la reprise économique. Dans le même temps, la pandémie de COVID-19 en cours pourrait continuer d'entraîner des perturbations majeures. Les prochaines éditions des *Impôts sur les salaires* surveilleront les effets de ces phénomènes de grande ampleur sur l'imposition des revenus du travail de différentes catégories de foyer, ainsi que d'autres changements touchant les marchés du travail.

References

OCDE (2021), *Les impôts sur les salaires 2021*, Éditions OCDE, Paris, [4]
https://doi.org/10.1787/24d05263-fr.

OCDE (2021), *Perspectives de l'emploi de l'OCDE 2021 : Affronter la crise du COVID-19 et* [2]
préparer la reprise, Éditions OCDE, Paris, https://doi.org/10.1787/40fac915-fr.

OCDE (2021), *Perspectives économiques de l'OCDE, Volume 2021 Numéro 2*, Éditions OCDE, [1]
Paris, https://doi.org/10.1787/09bf9e01-fr.

OCDE (2020), *Perspectives de l'emploi de l'OCDE 2020 : Crise du COVID-19 et protection des* [3]
travailleurs, Éditions OCDE, Paris, https://doi.org/10.1787/b1547de3-fr.

Notes

[1] L'étude spéciale dans (OCDE, 2021[4]) explique plus en détail dans quelle mesure certains des dispositifs les plus utilisés face à la pandémie, notamment les dispositifs de maintien dans l'emploi, les prestations de maladie et le télétravail, sont pris en compte dans les modèles des *Impôts sur les salaires*.

[2] La catégorie des parents isolés n'est pas décrite dans cette section en raison de l'impact sur le graphique de la forte variation du coin fiscal survenue au Chili.

3 Charges fiscales, 2021

Les résultats de la charge fiscale pour 2021 basés sur les huit catégories de foyer sont présentés dans les tableaux 3.1 à 3.13 et les graphiques 3.1 à 3.7. Les catégories de foyer varient selon la situation de famille, le nombre d'enfants et le statut économique : un célibataire, sans enfant, gagnant 67 %, 100 % et 167 % du salaire moyen (SM) ; un parent isolé gagnant 67 % du SM, avec deux enfants ; un couple avec deux enfants et un seul apporteur de revenu gagnant le SM ; un couple avec deux enfants et deux salaires gagnant au total 167 % et 200 % du SM ; un couple sans enfant et avec deux salaires gagnant au total 167 % du SM.

Ce chapitre présente différentes mesures de la charge fiscale moyenne (coin fiscal, taux d'imposition des personnes physiques, taux net d'imposition des personnes physiques, taux de l'impôt sur le revenu des personnes physiques et taux des cotisations salariales de sécurité sociale) et marginale (coin fiscal et taux net d'imposition des personnes physiques). Les résultats de deux indicateurs de la progressivité de l'impôt sont également examinés : mesures de l'élasticité de l'impôt basée sur le salaire brut et sur les coûts de main-d'œuvre.

Charges fiscales moyennes

Le Tableau 3.1[1] et le Graphique 3.1 font apparaître le coin fiscal moyen (charge combinée de l'impôt sur le revenu et des cotisations salariales et patronales de sécurité sociale) en tenant compte du montant des prestations en espèces auquel a eu droit chaque catégorie de foyer spécifique en 2020. Le montant total des impôts à verser diminués des transferts reçus est exprimé en pourcentage des coûts de main-d'œuvre, définis comme le salaire brut plus les cotisations patronales de sécurité sociale (y compris les taxes sur les salaires). Dans le cas d'un célibataire disposant d'un salaire moyen, le coin fiscal allait de 0 % en Colombie et 7.0 % au Chili à 48.1 % en Allemagne et 52.6 % en Belgique. Pour un couple marié disposant d'un seul revenu du même niveau, et ayant deux enfants, le coin fiscal était le plus faible au Chili (- 18.5 %) et en Colombie (- 5.0 %) et le plus élevé en Finlande (38.6 %) et en France (39.0 %). Comme l'explique le chapitre 1, le coin fiscal est généralement plus faible pour les couples mariés, ayant deux enfants, et disposant de ce niveau de salaire que pour les célibataires sans enfant en raison de la perception de prestations en espèces et/ou d'un traitement fiscal plus avantageux. Il est également intéressant de noter que le coin fiscal pour un parent isolé, ayant deux enfants, et gagnant 67 % du salaire moyen était négatif au Chili (- 24.4%), en Nouvelle-Zélande (- 16.3 %), en Colombie (- 7.4 %), en Australie (- 1.0%) et aux États-Unis (- 0.1 %). Ce coin fiscal négatif est dû au fait que la somme des transferts en espèces reçus par ces familles et des crédits d'impôt récupérables éventuels excède la somme de l'impôt dû et de l'ensemble des cotisations de sécurité sociale.

Le Tableau 3.2 et le Graphique 3.2 indiquent la charge combinée de l'impôt sur le revenu des personnes physiques et des cotisations salariales de sécurité sociale exprimée en pourcentage du salaire brut en 2021 (les indicateurs correspondants faisant apparaître séparément l'impôt sur le revenu et les cotisations salariales de sécurité sociale figurent dans les Tableaux 3.4 et 3.5). Un célibataire sans enfant percevant le salaire moyen supporte la charge moyenne au titre de l'impôt et des cotisations sociales la plus élevée en Allemagne (37.7 %) et en Belgique (39.8 %). On observe les taux moyens les plus bas en Colombie (0.0 %), au Chili (7.0 %), au Mexique (10.2 %), au Costa Rica (10.5 %), en Corée (15.3 %), en Estonie (17.1 %), en Suisse (17.9 %), en Israël (18.0 %), en Nouvelle-Zélande (19.4 %), en République tchèque (19.6 %) et en Israël (19.7 %).

Le Tableau 3.3 indique la charge combinée de l'impôt sur le revenu et des cotisations salariales de sécurité sociale, déduction faite des droits aux prestations en espèces, pour chaque catégorie de foyer en 2021. Le Graphique 3.3 fait apparaître cette charge pour les célibataires sans enfant et les couples mariés disposant d'un seul salaire ayant deux enfants, ces deux catégories de famille étant rémunérées au salaire moyen. Si l'on compare les Tableaux 3.2 et 3.3, on observe que les taux moyens d'imposition pour les familles avec enfants (colonnes 4 à 7) sont moindres dans Tableau 3.3 car la plupart des pays de l'OCDE aident les familles ayant des enfants à charge au moyen de prestations en espèces.

Si l'on compare les Tableaux Tableau 3.2 et Tableau 3.3, dans le cas des parents isolés ayant deux enfants et gagnant 67 % du salaire moyen, on observe que 33 pays accordaient des prestations en espèces en 2021. Ces prestations représentaient respectivement 31.7%, 31.6% et 31.4% du revenu en Pologne, en Nouvelle- Zélande et au Chili, et au moins 25 % au Danemark (25.7 %). Trente-trois pays accordaient des prestations en espèces à un couple marié, ayant deux enfants, et disposant d'un seul revenu égal au salaire moyen, bien que ces prestations soient moins généreuses par rapport au revenu, atteignant jusqu'à 19.7 % en Pologne et 25.5 % au Chili. Le niveau plus faible des prestations en espèces pour les couples mariés peut être imputé à trois raisons : les parents isolés peuvent avoir droit à un régime plus avantageux ; les prestations elles-mêmes peuvent être fixées en montant absolu ; ou l'octroi des prestations peut dépendre d'un critère de revenu.

Le Tableau 3.4 indique le montant de l'impôt sur le revenu des personnes physiques dû en pourcentage du salaire brut en 2021. Pour les célibataires, sans enfant, percevant le salaire moyen (colonne 2 du tableau), la charge de l'impôt sur le revenu varie entre 0.0 % (Chili, Colombie et Costa Rica) et 35.5 % (Danemark). Dans la plupart des pays membres de l'OCDE, pour un niveau de salaire moyen, la charge de l'impôt sur le revenu qui pèse sur un couple marié disposant d'un seul revenu et ayant deux enfants est moindre que celle supportée par un célibataire (comparer les colonnes 2 et 5). Le Graphique 3.4 fait apparaître ces différences. Dans 12 pays de l'OCDE, l'impôt sur le revenu à la charge d'un couple marié disposant d'un seul salaire et ayant deux enfants est inférieur de plus de la moitié à celle supportée par un célibataire (Allemagne, États-Unis, Hongrie, Luxembourg, Pologne, Portugal, République slovaque, République tchèque, Slovénie et Suisse). En revanche, on ne relevait aucune différence dans 11 pays : Australie, Chili, Colombie, Costa Rica, Finlande, Israël, Lituanie, Mexique, Norvège, Nouvelle-Zélande et Suède. Au Chili, en Colombie et au Costa Rica, ni le célibataire rémunéré au salaire moyen ni le couple marié disposant d'un seul salaire égal au salaire moyen ne payaient d'impôt sur le revenu des personnes physiques.

Un travailleur marié avec deux enfants et percevant un salaire moyen supportait une charge d'impôt sur le revenu négative dans trois pays membres de l'OCDE seulement. Ce résultat est dû à l'existence de crédits d'impôt récupérables en vertu desquels les crédits dépassent le montant d'impôts dus. Cette situation aboutit à une charge fiscale de - 0.5 % en République slovaque, - 0.7 % en Allemagne et de - 8.6 % en République tchèque. De même, les parents isolés ayant deux enfants et gagnant 67 % du salaire moyen avaient une charge d'impôt négative dans sept pays – Allemagne, Autriche, Espagne, États- Unis, Pologne, République slovaque et République tchèque. Dans quatre autres pays – Chili, Colombie, Costa Rica et Israël –, cette catégorie de foyer ne payait pas d'impôt sur le revenu.

Une comparaison des colonnes 5 et 6 du Tableau 3.4 montre que si le conjoint trouve un emploi rémunéré à 67 % du salaire moyen, la charge d'impôt sur le revenu du foyer (désormais exprimée à 167 % du salaire moyen) est légèrement plus élevée dans 22 pays, les différences les plus fortes concernant la République tchèque (9.1 points) et l'Allemagne (9.8 points). Toutefois, la charge d'impôt sur le revenu est inférieure dans 13 pays, les différences les plus marquées concernant les Pays-Bas (-4.9 points) et Israël (- 4.0 point). Il n'y a aucun impact sur la charge fiscale au Chili, en Colombie et au Costa Rica.

Un élément important à prendre en compte dans la conception de l'impôt sur le revenu est sa progressivité — rythme auquel la charge de l'impôt s'accroît avec le revenu. Une comparaison des colonnes 1 à 3 du Tableau 3.4 donne un aperçu des niveaux de progressivité des systèmes d'impôt sur le revenu des pays de l'OCDE. Si l'on compare la charge d'impôt sur le revenu de célibataires rémunérés au salaire moyen à celle de célibataires gagnant 167 % du salaire moyen (colonnes 2 et 3), en 2021, le salarié le moins rémunéré supportait une charge fiscale moindre dans tous les pays sauf en Colombie et en Hongrie. En Colombie, ni le travailleur célibataire rémunéré au salaire moyen, ni celui percevant 167 % du salaire moyen ne payait d'impôt sur le revenu. En Hongrie, un taux forfaitaire s'applique aux revenus du travail et tous les ménages sans enfant payaient le même pourcentage d'impôt sur le revenu. Lorsqu'on compare les célibataires qui gagnent 67 % du salaire moyen et les célibataires rémunérés au salaire moyen (colonnes 1 et 2), le travailleur le moins bien payé supportait également une charge fiscale plus faible dans tous les pays de l'OCDE, sauf en Colombie et en Hongrie pour les raisons susmentionnées. Enfin, la charge à laquelle doivent faire face les célibataires gagnant 67 % du salaire moyen représentait moins de 25 % de celle supportée par leurs homologues gagnant 167 % de c. salaire dans cinq pays de l'OCDE : au Chili (0.0 %), au Costa Rica (0.0 %) en Grèce (16.7 %), aux Pays-Bas (18.7 %) et en Corée (23.6 %).

L'ajout des cotisations de sécurité sociale au taux moyen d'imposition réduit cette progressivité ainsi que l'économie d'impôt proportionnelle (c'est-à-dire l'économie d'impôt dont bénéficient les travailleurs à bas salaire par rapport aux travailleurs à haut revenu). Si l'on compare Tableau 3.2 et le Graphique 3.4, la charge fiscale moyenne (cotisations de sécurité sociale comprises) des célibataires gagnant 67 % du salaire moyen n'était inférieure que de 31.7 % à celle de leurs homologues gagnant 167 % de ce salaire, alors que l'économie d'impôt moyenne pour les seuls impôts sur le revenu des personnes physiques est de 48 % pour l'ensemble des pays de l'OCDE en 2020. L'économie d'impôt moyenne observée dans la zone OCDE pour les couples mariés disposant d'un seul revenu égal au salaire moyen et ayant deux enfants par rapport à celle des travailleurs célibataires disposant d'un revenu moyen a baissé de 33.6 %

pour l'impôt sur le revenu des personnes physiques à 20.5 % pour la charge fiscale moyenne intégrant les cotisations de sécurité sociale. Ces diminutions reflètent la faible variation entre les taux des cotisations de sécurité sociale entre les catégories de foyer, comme le montre le Tableau 3.5.

Le Tableau 3.5 illustre les cotisations salariales de sécurité sociale en pourcentage des salaires bruts en 2021. Pour un célibataire sans enfant disposant du salaire moyen (colonne 2), le taux de cotisation varie entre zéro (Australie, Colombie, Danemark et Nouvelle-Zélande) et 22.1 % (Slovénie). L'Australie, le Danemark et la Nouvelle-Zélande ne prélevaient aucune cotisation salariale de sécurité sociale en faveur des administrations publiques. En Colombie, la plupart des cotisations de sécurité sociale sont versées à des fonds qui ne relèvent pas de l'administration publique et sont assimilées à des paiements obligatoires non fiscaux. Aussi, elles ne sont pas comptabilisées en tant que cotisations de sécurité sociale dans les calculs des Impôts sur les salaires. Trois autres pays appliquaient des taux très faibles - Islande (0.1 %), Mexique (1.4 %) et Estonie (1.6 %).

Ces cotisations de sécurité sociale sont généralement prélevées à un taux uniforme sur la totalité du salaire, c'est-à-dire sans seuil d'exonération. Dans un certain nombre de pays membres de l'OCDE, un plafond s'applique. Toutefois, ce plafonnement concerne généralement les niveaux de salaire supérieurs à 167 % du salaire moyen. Ces taux uniformes se traduisent par une charge moyenne des cotisations de sécurité sociale constante dans la plupart des pays sur toute la fourchette des rémunérations comprises entre 67 % et 167 % du salaire moyen. Une charge proportionnelle constante des cotisations salariales de sécurité sociale pour les huit catégories de foyer est observée dans les pays suivants : Slovénie (22.1 %), Lituanie (19.5 %), Hongrie (18.5 %), Pologne (17.8 %), Turquie (15.0 %), Grèce (14.1 %), République slovaque (13.4 %), République tchèque et Portugal (11.0 %), Lettonie et Costa Rica (10.5 %), Norvège (8.2 %), États-Unis (7.7 %), Chili (7.0 %), Espagne et Suisse (6.4 % dans les deux cas), Irlande (4.0 %) et Estonie (1.6 %).

Par ailleurs, l'Allemagne et les Pays-Bas appliquaient aux salariés des niveaux de cotisations de sécurité sociale différents en fonction de leur situation de famille (voir Graphique 3.5).

Charges fiscales marginales

Le Tableau 3.6 et le Graphique 3.6 indiquent le pourcentage d'augmentation marginale des coûts de main-d'œuvre qui est absorbé par l'effet conjugué de la hausse de l'impôt sur le revenu des personnes physiques et des cotisations salariales et patronales de sécurité sociale (y compris les taxes sur les salaires) et de la diminution des transferts en espèces en 2021. On suppose que le revenu brut principal du ménage augmente d'une unité monétaire. Il s'agit du coin fiscal marginal.

Le plus souvent, le coin fiscal marginal absorbait en 2021 25 % à 55 % d'une augmentation des coûts de main-d'œuvre pour les célibataires sans enfant rémunérés au niveau du salaire moyen. Cependant, dans sept pays de l'OCDE, ces contribuables étaient soumis à des coins fiscaux marginaux supérieurs à 55 % – Finlande (56.1 %), Luxembourg (57.2 %), Allemagne (58.0 %), France (58.2 %), Autriche (59.5 %), Italie (64.0%) et Belgique (65.1 %).

À l'inverse, le Chili (7.0 %) avait le coin fiscal marginal le plus bas en 2021. En Colombie, aucun impôt sur le revenu n'était dû au niveau du salaire moyen en 2021, et les cotisations de sécurité sociale sont considérées comme des paiements obligatoires non fiscaux et ne sont pas donc prises en compte dans les calculs des Impôts sur les salaires[2].

Dans 26 pays membres de l'OCDE, le **coin fiscal marginal** pour les couples mariés avec deux enfants disposant d'un seul revenu égal au salaire moyen était soit le même que pour les célibataires sans enfant rémunérés au salaire moyen, ou la différence était inférieure à 5 points. Le coin fiscal marginal était inférieur de plus de 5 points pour les couples mariés disposant d'un seul revenu dans sept pays : France (16.2 points), Luxembourg (14.2 points), États-Unis (9.3 points), Suisse (7.9 points), Slovénie (6.7 points) et Allemagne (6.3 points). En revanche, le coin fiscal marginal pour les couples mariés avec deux enfants et disposant d'un seul revenu était supérieur de plus de 5 points à celui des célibataires sans enfant au Canada (5.5 points), aux Pays-Bas (5.6 points), en Islande (9.0 points) et en Nouvelle-Zélande (25.0 points). Ces taux marginaux plus élevés sont dus à la suppression progressive des allégements fiscaux et/ou prestations en espèces accordés sous condition de ressources. Lorsqu'une disposition assortie d'un plafond de ressources est supprimée, la réduction de l'allégement fiscal ou de la prestation s'ajoute à l'accroissement de l'impôt dû. Ces programmes sont décrits de manière plus détaillée dans les chapitres par pays qui figurent dans la deuxième Partie du rapport.

LeTableau 3.7 et le Graphique 3.7 illustrent la variation progressive de l'impôt sur le revenu des personnes physiques et des cotisations salariales de sécurité sociale diminués des prestations en espèces en cas d'augmentation marginale du salaire brut en 2021. Comme pour le coin fiscal, dans la plupart des cas, l'impôt sur le revenu des personnes physiques et les cotisations salariales de sécurité sociale absorbent 25 % à 55 % de l'augmentation du salaire pour les célibataires sans enfant rémunérés au salaire moyen. Le taux marginal d'imposition du travailleur moyen était supérieur à 55 % en Belgique seulement (55.6 %) et inférieur à 25 % au Chili (7.0 %), au Costa Rica (10.5%), au Mexique (17.6 %) et en Corée (23.3 %). Comme indiqué précédemment, aucun impôt sur le revenu n'était dû en Colombie au niveau du salaire moyen, et les cotisations de sécurité sociale sont considérées comme des paiements obligatoires non fiscaux et ne sont pas prises en compte dans les calculs des Impôts sur les salaires.

Dans 26 pays membres de l'OCDE, le **taux marginal net d'imposition** applicable aux couples mariés avec deux enfants disposant d'un seul revenu égal au salaire moyen était le même que pour les célibataires sans enfant, ou la différence était inférieure à 5 points. Le taux marginal était inférieur de plus de 5 points pour les couples mariés disposant d'un seul revenu dans huit pays : France (22.1 points), Luxembourg (16.2 points), République tchèque (15.0 points), États-Unis (10.0 points), Suisse (8.4 points), Slovénie (7.8 points), Allemagne (7.5 points) et Portugal (5.5 points). En revanche, le coin fiscal marginal pour les couples mariés avec deux enfants et disposant d'un seul revenu était supérieur de plus de 5 points à celui des célibataires sans enfant au Canada (5.7 points), aux Pays-Bas (6.2 points), en Islande (9.6 points) et en Nouvelle-Zélande (25.0 points). De même que pour le coin fiscal marginal, ces taux marginaux plus élevés sont dus à la suppression progressive des allégements fiscaux et/ou prestations en espèces accordés sous condition de ressources.

Le Tableau 3.8 indique le pourcentage d'augmentation du revenu net par rapport au pourcentage d'augmentation du revenu brut lorsque celui-ci s'est accru d'une unité monétaire en 2021, c'est-à-dire l'élasticité du revenu après impôt[3]. Dans un système fiscal proportionnel, le revenu net augmenterait du même pourcentage que l'augmentation du salaire brut, auquel cas l'élasticité serait égale à 1. Plus le système est progressif – au niveau de revenu considéré – plus cette élasticité est faible. Dans le cas d'un couple marié avec deux enfants disposant d'un seul revenu égal au salaire moyen (colonne 5 du Tableau 3.8) ce sont la Nouvelle-Zélande (0.48), la Belgique et l'Italie (0.56 dans les deux cas) et l'Irlande (0.57) qui avaient, en 2021, les systèmes les plus progressifs d'impôt sur le revenu et de cotisations salariales de sécurité sociale.

En revanche, la France (0.95) et le Mexique (0.92) appliquaient ou se rapprochaient d'un système proportionnel d'impôt sur le revenu et de cotisations salariales de sécurité sociale – du moins pour ce type de foyer. En Colombie (0.95) et au Costa Rica (1.0), aucun impôt sur le revenu n'était dû au niveau du salaire moyen. En Colombie, les cotisations de sécurité sociale sont considérées comme des paiements obligatoires non fiscaux et ne sont pas prises en compte dans les calculs des Impôts sur les salaires. Toutefois, le montant de la prestation en espèces est resté fixe, tandis que le salaire brut a augmenté. Aussi, l'augmentation en pourcentage du revenu net était légèrement inférieure à l'augmentation en pourcentage du salaire brut.

Le Tableau 3.9 fournit une mesure différente de l'élasticité : le pourcentage d'augmentation du revenu net par rapport au pourcentage d'augmentation des coûts de main-d'œuvre (salaire brut majoré des cotisations patronales de sécurité sociale et des taxes sur les salaires) lorsque ceux-ci se sont accrus d'une unité monétaire en 2021[4]. Dans ce cas, les taxes et les cotisations patronales de sécurité sociale sont comprises dans l'analyse. Dans vingt pays membres de l'OCDE, l'élasticité se situait entre 0.50 et 0.97 pour les huit catégories de foyer. Cette élasticité était inférieure à 0.50 pour les parents isolés gagnant 67 % du salaire moyen en Nouvelle-Zélande (0.49), aux États-Unis (0.48), au Luxembourg et en Belgique (0.45 dans les deux cas), en Australie (0.41), en France (0.32), en Irlande (0.27), au Canada (0.24) et en Pologne (0.03), et pour les couples mariés avec deux enfants disposant d'un seul salaire égal au salaire moyen en Nouvelle-Zélande (0.48) Elle était en revanche comprise entre 0.98 et 1.0 pour la plupart des catégories de foyer au Costa Rica, et pour certaines catégories d'entre eux au Canada, au Chili, en Colombie, en Hongrie, au Mexique et en Pologne, et pour une catégorie de foyer en Estonie pour un célibataire dont le salaire est égal à 167 % du SM (1.00). Avec cette mesure de l'élasticité, le système d'impôt sur le revenu était régressif pour un célibataire dont le salaire est égal à 167 % du SM en Allemagne (1.08) et en Autriche (1.11).

Le Tableau 3.10 et le Tableau 3.11 renseignent sur le salaire brut et le revenu net pour les huit catégories de foyer en 2021, après conversion de tous les montants en dollars des États-Unis à parité de pouvoir d'achat. Les célibataires rémunérés au niveau du salaire moyen ont perçu un salaire net supérieur à 45 000 USD dans dix pays : Suisse (69 359 USD), Luxembourg (53 025 USD), Pays-Bas (53 070 USD), Islande (49 642 USD), Irlande (49 602 USD), Royaume-Uni (49 396 USD), Australie (47 884 USD), États-Unis (48 737 USD), Norvège (47 596 USD) et Corée (46 891 USD) (Tableau 3.10 colonne 4). Les niveaux les plus bas (moins de 20 000 USD) ont été enregistrés au Mexique (12 554 USD) et en Colombie (13 877 USD). Dans le cas d'un couple marié avec deux enfants disposant d'un seul salaire égal au salaire moyen , le revenu net était supérieur à 50 000 USD en Allemagne, en Australie, en Autriche, en Belgique, au Canada, au Danemark, aux États-Unis, en Irlande, en Islande, en Irlande, en Islande, au Luxembourg, en Norvège, aux Pays-Bas, au Royaume-Uni et en Suisse, tandis que c'est de nouveau en Colombie et au Mexique qu'on enregistrait le niveau le plus bas (voir le Tableau 3.11). Sauf dans le cas du Costa Rica et du Mexique, le revenu net disponible du couple marié disposant d'un seul salaire dans les pays de l'OCDE était supérieur à celui du célibataire (ces deux catégories de foyer étant rémunérées au salaire moyen). Cela s'explique par le régime fiscal favorable applicable à cette catégorie de foyer et/ou par les prestations en espèces auxquelles elle avait droit.

Les Tableau 3.12 et Tableau 3.13 contiennent les mêmes chiffres que les Tableau 3.10 et Tableau 3.11 pour les coûts de main-d'œuvre et le revenu net en 2021. Les colonnes « net » des Tableau 3.10 et Tableau 3.11 sont par conséquent identiques à celles figurant dans les Tableau 3.12 et Tableau 3.13 respectivement. Généralement, les coûts de main-d'œuvre sont sensiblement supérieurs aux salaires bruts, parce que les cotisations patronales de sécurité sociale (y compris les taxes sur les salaires) sont prises en compte. En dollars à parité de pouvoir d'achat, les coûts de main-d'œuvre pour un célibataire percevant le salaire moyen (voir Tableau 3.12) étaient les plus élevés (plus de 80 000 USD) aux Pays-Bas (82 060 USD), en Allemagne (85 370 USD), en Autriche (85 480 USD), en Belgique (88 663 USD), au Luxembourg (88 678 USD) et en Suisse (89 841 USD), et les plus faibles (moins de 30 000 USD) en Colombie (13 877 USD), au Mexique (15 619 USD) et au Chili (25 127 USD). Les coûts annuels de main-d'œuvre sont égaux au salaire annuel brut au Chili, en Colombie, au Danemark et en Nouvelle-Zélande. Ces pays ne prélèvent ni cotisations patronales de sécurité sociale obligatoire, ni taxes versées aux administrations publiques sur les salaires. Cependant, les employeurs du Chili, de Colombie et du Danemark sont soumis à des prélèvements obligatoires non fiscaux.

Tableau 3.1. Impôt sur le revenu et cotisations sociales des salariés et employeurs diminués des prestations versées, 2021

En % des coûts de main-d'oeuvre, par type de foyer et niveau de salaire

	Célibataire sans enf 67 (% SM)	Célibataire sans enf 100 (% SM)	Célibataire sans enf 167 (% SM)	Célibataire 2 enf 67 (% SM)	Couple marié 2 enf 100-0 (% SM)	Couple marié 2 enf 100-67 (% SM)[1]	Couple marié 2 enf 100-100 (% SM)[1]	Couple marié sans enf 100-67 (% SM)[1]
Allemagne	44.2	48.1	50.7	28.0	32.7	40.9	43.5	46.3
Australie	21.6	27.1	33.0	-1.0	19.1	24.9	27.1	24.9
Autriche	43.3	47.8	51.1	22.8	34.1	38.4	41.5	46.0
Belgique	46.2	52.6	58.9	29.4	37.3	45.2	48.4	50.0
Canada	28.9	31.5	34.5	2.8	20.4	27.8	30.1	30.4
Chili	-6.5	7.0	8.3	-24.4	-18.5	-8.6	-5.8	-1.8
Colombie	0.0	0.0	0.0	-7.4	-5.0	-6.0	-5.0	0.0
Corée	20.4	23.6	26.6	15.4	19.6	20.2	21.8	22.3
Costa Rica	29.2	29.2	31.0	29.2	29.2	29.2	29.2	29.2
Danemark	32.7	35.4	41.1	5.3	25.7	30.9	32.5	34.3
Espagne	35.7	39.3	43.7	24.4	33.8	36.2	37.9	37.8
Estonie	33.9	38.1	41.2	20.0	28.9	32.0	34.4	36.4
États-Unis	24.7	28.4	34.7	-0.1	8.5	17.9	21.6	26.1
Finlande	36.2	42.7	49.1	26.1	38.6	37.6	40.6	40.1
France	41.1	47.0	54.0	20.6	39.0	40.9	44.1	44.3
Grèce	31.9	36.7	41.8	24.6	33.2	33.6	37.1	35.8
Hongrie	43.2	43.2	43.2	23.4	30.5	35.6	36.8	43.2
Irlande	25.0	34.0	42.4	6.2	19.0	26.5	31.0	30.1
Islande	28.2	32.2	37.4	16.5	20.0	29.9	32.2	30.6
Israël	17.6	24.2	34.1	6.0	21.9	18.1	21.3	21.1
Italie	41.2	46.5	54.7	26.4	37.9	40.9	44.0	44.4
Japon	31.2	32.6	35.6	17.1	27.4	29.6	30.6	32.1
Lettonie	37.9	40.5	42.6	24.3	31.4	34.0	36.0	39.5
Lituanie	34.4	37.6	40.2	13.5	23.6	31.0	33.2	36.3
Luxembourg	32.3	40.2	46.6	12.9	19.7	29.4	34.0	35.4
Mexique	16.8	19.6	22.7	16.8	19.6	18.5	19.6	18.5
Norvège	32.9	36.0	41.7	23.1	32.6	32.7	34.3	34.7
Nouvelle-Zélande	14.2	19.4	24.8	-16.3	6.5	17.3	19.4	17.3
Pays-Bas	27.6	35.3	40.7	4.6	29.1	27.4	31.3	32.2
Pologne	34.2	34.9	35.9	1.5	14.3	22.7	24.9	34.6
Portugal	37.6	41.8	47.3	24.7	30.9	37.2	39.5	40.0
République slovaque	39.0	41.3	43.3	27.9	29.6	35.9	37.6	40.4
République tchèque	37.6	39.9	41.8	16.2	21.8	30.7	33.0	39.3
Royaume-Uni	26.7	31.3	37.7	21.0	27.0	27.2	29.4	29.4
Slovénie	40.4	43.6	46.4	17.0	29.5	36.4	39.5	42.3
Suède	39.8	42.6	50.5	32.4	37.6	38.5	40.1	41.5
Suisse	19.9	22.8	27.4	5.6	10.6	16.8	19.3	22.5
Turquie	36.3	39.9	43.1	34.9	38.3	37.9	39.4	38.5
Moyenne non pondérée								
OCDE-Moyenne	**30.5**	**34.6**	**38.9**	**15.0**	**24.6**	**28.8**	**31.2**	**32.8**
OCDE-UE 22	**37.1**	**41.3**	**45.8**	**19.6**	**29.9**	**34.6**	**37.3**	**39.6**

Note : enf = enfant

1. Couple disposant de deux salaires.

StatLink ⬛⬛⬛ https://stat.link/xuswnp

Graphique 3.1. Impôt sur le revenu et cotisations de sécurité sociale des salariés et des employeurs diminués des prestations versées, 2021

En % des coûts de main-d'oeuvre, par type de foyer

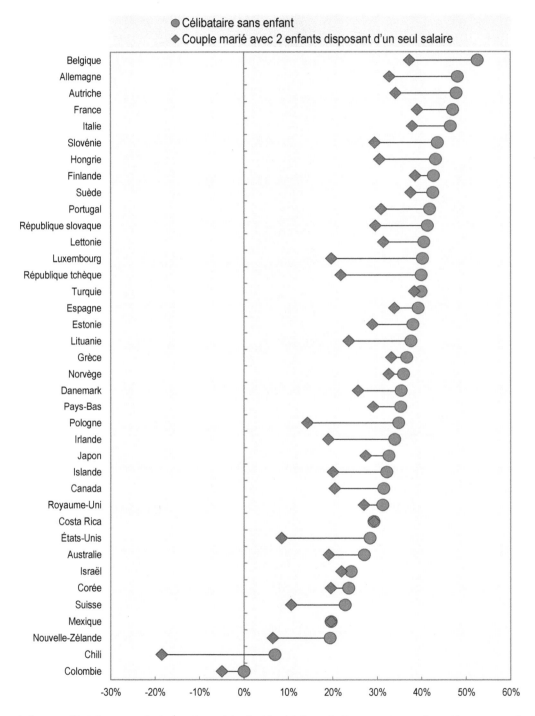

Note: Types de foyer « célibataire sans enfant » ayant un salaire égal à celui d'un salarié moyen et « couple marié avec un seul salaire » égal à celui d'un salarié moyen et ayant deux enfants.
Sources : Soumissions nationales et OCDE, Perspectives économiques de l'OCDE no 2, volume 2021.

StatLink https://stat.link/b8n3od

Tableau 3.2. Impôt sur le revenu et cotisations sociales des salariés, 2021

En % du salaire brut, par type de foyer et niveau de salaire

	Célibataire sans enf 67 (% SM)	Célibataire sans enf 100 (% SM)	Célibataire sans enf 167 (% SM)	Célibataire 2 enf 67 (% SM)	Couple marié 2 enf 100-0 (% SM)	Couple marié 2 enf 100-67 (% SM)[1]	Couple marié 2 enf 100-100 (% SM)[1]	Couple marié sans enf 100-67 (% SM)[1]
Allemagne	33.1	37.7	42.6	13.7	19.3	29.1	32.2	35.6
Australie	17.4	23.2	29.4	17.4	23.2	20.9	23.2	20.9
Autriche	27.3	33.2	38.2	16.5	25.9	27.3	30.2	30.8
Belgique	32.0	39.8	47.7	26.3	28.1	35.1	38.3	36.6
Canada	21.3	25.1	30.2	14.4	21.6	23.6	25.1	23.6
Chili	7.0	7.0	8.3	7.0	7.0	7.0	7.0	7.0
Colombie	0.0	0.0	0.0	0.0	0.0	0.0	0.0	0.0
Corée	11.8	15.3	19.3	10.0	13.3	13.0	14.6	13.9
Costa Rica	10.5	10.5	12.8	10.5	10.5	10.5	10.5	10.5
Danemark	32.8	35.5	41.1	31.0	31.8	34.5	35.5	34.5
Espagne	16.5	21.1	26.9	1.8	14.0	17.2	19.3	19.3
Estonie	11.5	17.1	21.3	8.5	12.7	13.7	16.1	14.9
États-Unis	21.7	24.8	29.5	1.4	9.9	16.5	19.7	22.6
Finlande	23.0	30.8	38.5	23.0	30.8	27.7	30.8	27.7
France	23.6	27.8	33.6	20.8	20.8	23.3	25.8	25.6
Grèce	16.6	22.4	28.7	15.6	23.0	20.6	23.0	21.3
Hongrie	33.5	33.5	33.5	20.2	24.6	28.2	29.1	33.5
Irlande	16.7	26.7	36.0	11.9	16.7	22.3	26.7	22.3
Islande	23.9	28.0	33.6	23.9	22.0	26.3	28.0	26.3
Israël	13.5	19.7	29.8	6.5	19.7	15.0	17.9	16.8
Italie	22.7	29.6	40.4	15.9	23.5	24.3	27.6	26.8
Japon	20.6	22.3	26.3	20.6	20.9	21.6	22.3	21.6
Lettonie	23.3	26.5	29.0	11.5	18.6	20.5	22.6	25.2
Lituanie	33.2	36.5	39.1	33.2	36.5	35.2	36.5	35.2
Luxembourg	23.0	31.9	39.2	17.7	19.9	26.4	30.5	26.4
Mexique	5.3	10.2	14.9	5.3	10.2	8.3	10.2	8.3
Norvège	24.2	27.6	34.2	21.6	27.6	26.3	27.6	26.3
Nouvelle-Zélande	14.2	19.4	24.8	15.3	19.4	17.3	19.4	17.3
Pays-Bas	18.7	27.5	35.9	11.1	26.8	20.9	24.9	24.0
Pologne	23.4	24.2	25.4	17.0	19.9	21.8	22.5	23.9
Portugal	22.8	28.0	34.8	14.1	17.7	22.3	25.1	25.8
République slovaque	20.8	23.8	26.3	12.8	12.9	19.4	21.1	22.6
République tchèque	16.5	19.6	22.2	-1.6	2.4	11.5	13.9	18.8
Royaume-Uni	19.6	23.7	30.2	19.6	23.1	22.0	23.7	22.0
Slovénie	30.8	34.5	37.8	25.4	26.7	29.5	31.6	33.1
Suède	20.9	24.5	34.9	20.9	24.5	23.1	24.5	23.1
Suisse	14.8	17.9	22.8	9.0	11.3	15.3	17.4	17.6
Turquie	25.2	29.4	33.1	23.5	27.5	27.0	28.8	27.7
Moyenne non pondérée								
OCDE-Moyenne	**20.4**	**24.6**	**29.8**	**15.1**	**19.6**	**21.2**	**23.2**	**22.9**
OCDE-UE 22	**23.8**	**28.7**	**34.2**	**16.7**	**21.7**	**24.3**	**26.7**	**26.7**

Note : enf = enfant
1. Couple disposant de deux salaires.

StatLink ᐧᐧ https://stat.link/zl8tkw

Graphique 3.2. Impôt sur le revenu et cotisations de sécurité sociale des salariés, 2021

En % du salaire brut, par type de foyer

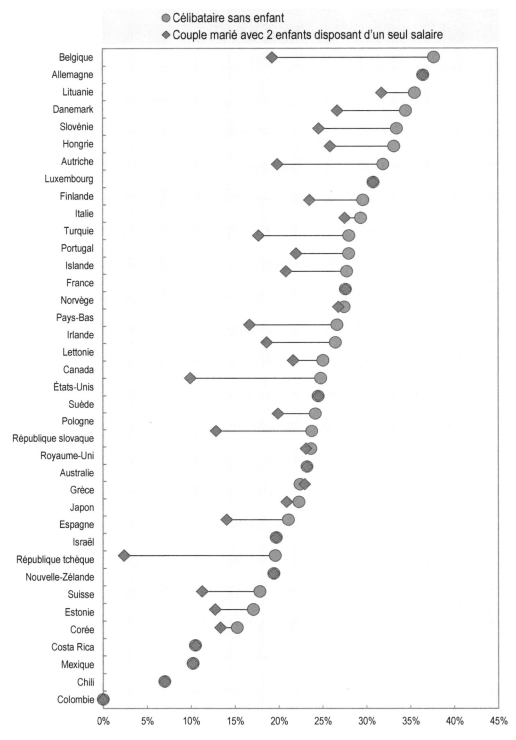

Note: Le type de foyer « célibataire sans enfant » ayant un salaire égal à celui d'un salarié moyen et « couple marié avec un seul salaire » égal à celui d'un salarié moyen et ayant deux enfants.

Sources : Soumissions nationales et OCDE, Perspectives économiques de l'OCDE no 2, volume 2021.

StatLink 🔢 https://stat.link/x4m3cn

Tableau 3.3. Impôt sur le revenu et cotisations sociales des salariés diminués des prestations versées, 2021

En % du salaire brut, par type de foyer et niveau de salaire

	Célibataire sans enf 67 (% SM)	Célibataire sans enf 100 (% SM)	Célibataire sans enf 167 (% SM)	Célibataire 2 enf 67 (% SM)	Couple marié 2 enf 100-0 (% SM)	Couple marié 2 enf 100-67 (% SM)[1]	Couple marié 2 enf 100-100 (% SM)[1]	Couple marié sans enf 100-67 (% SM)[1]
Allemagne	33.1	37.7	42.6	13.7	19.3	29.1	32.2	35.6
Australie	17.4	23.2	29.4	-6.4	14.8	20.9	23.2	20.9
Autriche	27.3	33.2	38.2	1.2	15.7	21.1	25.1	30.8
Belgique	32.0	39.8	47.7	10.7	20.3	30.5	34.4	36.6
Canada	21.3	25.1	30.2	-7.5	13.0	20.7	23.6	23.6
Chili	-6.5	7.0	8.3	-24.4	-18.5	-8.6	-5.8	-1.8
Colombie	0.0	0.0	0.0	-7.4	-5.0	-6.0	-5.0	0.0
Corée	11.8	15.3	19.3	6.2	10.8	11.5	13.3	13.9
Costa Rica	10.5	10.5	12.8	10.5	10.5	10.5	10.5	10.5
Danemark	32.7	35.4	41.1	5.3	25.7	30.9	32.5	34.3
Espagne	16.5	21.1	26.9	1.8	14.0	17.2	19.3	19.3
Estonie	11.5	17.1	21.3	-7.0	4.9	9.0	12.2	14.9
États-Unis	18.4	22.6	29.5	-8.5	1.0	11.2	15.2	20.0
Finlande	23.0	30.8	38.5	10.8	25.8	24.7	28.3	27.7
France	23.6	27.8	33.6	-3.0	16.9	21.0	23.8	25.6
Grèce	16.6	22.4	28.7	7.6	18.1	18.7	23.0	21.3
Hongrie	33.5	33.5	33.5	10.4	18.7	24.6	26.1	33.5
Irlande	16.7	26.7	36.0	-4.2	10.1	18.4	23.3	22.3
Islande	23.9	28.0	33.6	11.4	15.1	25.6	28.0	26.3
Israël	13.5	19.7	29.8	1.3	17.4	13.6	16.7	16.8
Italie	22.7	29.6	40.4	3.2	18.3	22.2	26.3	26.8
Japon	20.6	22.3	26.3	4.4	16.2	18.8	20.0	21.6
Lettonie	23.3	26.5	29.0	6.4	15.2	18.4	20.8	25.2
Lituanie	33.2	36.5	39.1	11.9	22.2	29.8	32.0	35.2
Luxembourg	23.0	31.9	39.2	0.8	8.5	19.6	24.9	26.4
Mexique	5.3	10.2	14.9	5.3	10.2	8.3	10.2	8.3
Norvège	24.2	27.6	34.2	13.1	23.8	24.0	25.7	26.3
Nouvelle-Zélande	14.2	19.4	24.8	-16.3	6.5	17.3	19.4	17.3
Pays-Bas	18.7	27.5	35.9	-7.1	20.5	18.6	23.0	24.0
Pologne	23.4	24.2	25.4	-14.7	0.2	10.0	12.6	23.9
Portugal	22.8	28.0	34.8	6.8	14.5	22.3	25.1	25.8
République slovaque	20.8	23.8	26.3	6.3	8.5	16.8	18.9	22.6
République tchèque	16.5	19.6	22.2	-12.1	-4.6	7.3	10.4	18.8
Royaume-Uni	19.6	23.7	30.2	13.4	18.9	19.5	21.6	22.0
Slovénie	30.8	34.5	37.8	3.6	18.1	26.1	29.7	33.1
Suède	20.9	24.5	34.9	11.1	17.9	19.1	21.2	23.1
Suisse	14.8	17.9	22.8	-0.5	4.9	11.5	14.2	17.6
Turquie	25.2	29.4	33.1	23.5	27.5	27.0	28.8	27.7
Moyenne non pondérée								
OCDE-Moyenne	**19.9**	**24.6**	**29.8**	**2.1**	**13.1**	**17.9**	**20.7**	**22.6**
OCDE-UE 22	**23.7**	**28.7**	**34.2**	**2.9**	**14.9**	**20.7**	**23.9**	**26.7**

Note : enf = enfant
1. Couple disposant de deux salaires.

StatLink https://stat.link/123ifa

Graphique 3.3. Impôt sur le revenu et cotisations de sécurité sociale des salariés diminués des prestations versées, 2021

En % du salaire brut, par type de foyer

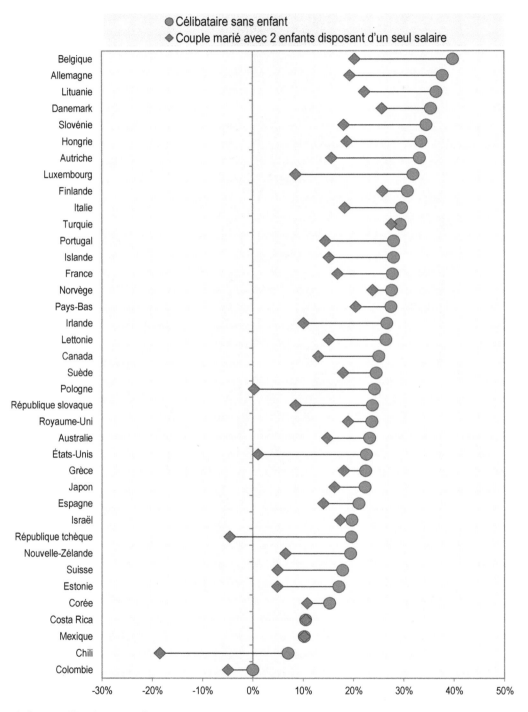

Note: Le type de foyer « célibataire sans enfant » ayant un salaire égal à celui d'un salarié moyen et « couple marié avec un seul salaire » égal à celui d'un salarié moyen et ayant deux enfants.

Sources : Soumissions nationales et OCDE, Perspectives économiques de l'OCDE no 2, volume 2021.

StatLink https://stat.link/cu1kpy

Tableau 3.4. Impôt sur le revenu, 2021

En % du salaire brut, par type de foyer et niveau de salaire

	Célibataire sans enf 67 (% SM)	Célibataire sans enf 100 (% SM)	Célibataire sans enf 167 (% SM)	Célibataire 2 enf 67 (% SM)	Couple marié 2 enf 100-0 (% SM)	Couple marié 2 enf 100-67 (% SM)[1]	Couple marié 2 enf 100-100 (% SM)[1]	Couple marié sans enf 100-67 (% SM)[1]
Allemagne	12.9	17.5	26.0	-6.3	-0.7	9.1	12.2	15.4
Australie	17.4	23.2	29.4	17.4	23.2	20.9	23.2	20.9
Autriche	9.4	15.2	21.8	-1.5	7.9	9.3	12.2	12.9
Belgique	18.1	25.8	33.8	12.4	14.2	21.2	24.5	22.7
Canada	13.4	18.6	26.3	6.6	15.2	16.5	18.6	16.5
Chili	0.0	0.0	1.3	0.0	0.0	0.0	0.0	0.0
Colombie	0.0	0.0	0.0	0.0	0.0	0.0	0.0	0.0
Corée	2.6	6.2	11.1	0.9	4.2	3.9	5.4	4.7
Costa Rica	0.0	0.0	2.3	0.0	0.0	0.0	0.0	0.0
Danemark	32.8	35.5	41.1	31.0	31.8	34.5	35.5	34.5
Espagne	10.2	14.7	20.5	-4.5	7.7	10.8	13.0	12.9
Estonie	9.9	15.5	19.7	6.9	11.1	12.1	14.5	13.3
États-Unis	14.1	17.2	21.9	-6.2	2.3	8.9	12.0	15.0
Finlande	12.6	20.3	28.0	12.6	20.3	17.2	20.3	17.2
France	12.3	16.5	22.7	9.5	9.5	12.0	14.5	14.3
Grèce	2.4	8.3	14.6	1.5	8.8	6.5	8.8	7.2
Hongrie	15.0	15.0	15.0	1.7	6.1	9.7	10.6	15.0
Irlande	12.7	22.7	32.0	7.9	12.7	18.3	22.7	18.3
Islande	23.7	27.9	33.5	23.7	21.9	26.2	27.9	26.2
Israël	6.9	11.4	20.0	0.0	11.4	7.4	9.5	9.2
Italie	13.2	20.1	30.7	6.4	14.0	14.8	18.1	17.3
Japon	6.2	7.8	12.7	6.2	6.5	7.2	7.8	7.2
Lettonie	12.8	16.0	18.5	1.0	8.1	10.0	12.1	14.7
Lituanie	13.7	17.0	19.6	13.7	17.0	15.7	17.0	15.7
Luxembourg	10.7	19.6	26.8	5.5	7.6	14.1	18.2	14.1
Mexique	4.0	8.9	13.4	4.0	8.9	6.9	8.9	6.9
Norvège	16.0	19.4	26.0	13.4	19.4	18.1	19.4	18.1
Nouvelle-Zélande	14.2	19.4	24.8	15.3	19.4	17.3	19.4	17.3
Pays-Bas	4.9	15.6	26.4	3.0	15.4	10.5	14.9	11.3
Pologne	5.6	6.4	7.6	-0.8	2.1	4.0	4.6	6.0
Portugal	11.8	17.0	23.8	3.1	6.7	11.3	14.1	14.8
République slovaque	7.4	10.4	12.9	-0.6	-0.5	6.0	7.7	9.2
République tchèque	5.5	8.6	11.2	-12.6	-8.6	0.5	2.9	7.8
Royaume-Uni	11.5	14.3	22.9	11.5	13.7	13.2	14.3	13.2
Slovénie	8.7	12.4	15.7	3.3	4.6	7.4	9.5	11.0
Suède	14.0	17.5	30.2	14.0	17.5	16.1	17.5	16.1
Suisse	8.4	11.5	16.4	2.6	4.9	8.9	11.0	11.2
Turquie	10.2	14.4	18.1	8.5	12.5	12.0	13.8	12.7
Moyenne non pondérée								
OCDE-Moyenne	10.7	14.9	20.5	5.6	9.9	11.5	13.6	13.2
OCDE-UE 22	11.7	16.7	22.7	4.9	9.7	12.3	14.8	14.6

Note : enf = enfant
1. Couple disposant de deux salaires.

StatLink https://stat.link/qwa6sf

Graphique 3.4. Impôt sur le revenu, par catégorie de famille, 2021

En % du salaire brut

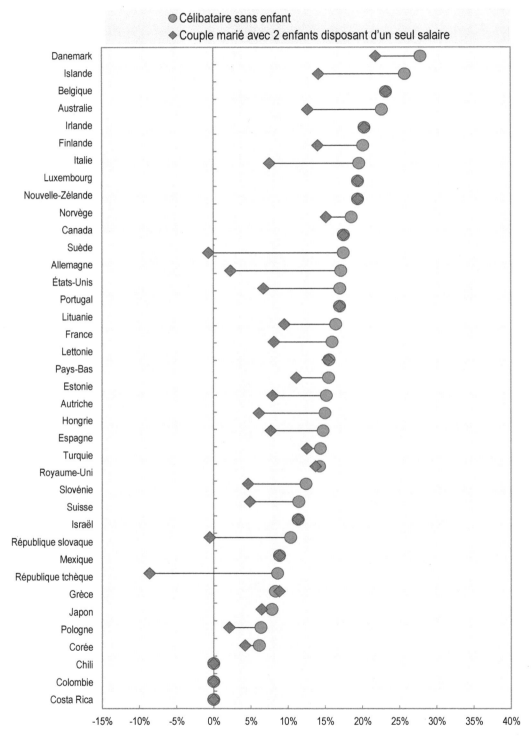

Note: Le type de foyer « célibataire sans enfant » ayant un salaire égal à celui d'un salarié moyen et « couple marié avec un seul salaire » égal à celui d'un salarié moyen et ayant deux enfants.

Sources : Soumissions nationales et OCDE, Perspectives économiques de l'OCDE no 2, volume 2021.

StatLink 🔚 https://stat.link/xdkj0h

Tableau 3.5. cotisations sociales des salariés, 2021

En % du salaire brut, par type de foyer et niveau de salaire

	Célibataire sans enf 67 (% SM)	Célibataire sans enf 100 (% SM)	Célibataire sans enf 167 (% SM)	Célibataire 2 enf 67 (% SM)	Couple marié 2 enf 100-0 (% SM)	Couple marié 2 enf 100-67 (% SM)[1]	Couple marié 2 enf 100-100 (% SM)[1]	Couple marié sans enf 100-67 (% SM)[1]
Allemagne	20.2	20.2	16.6	20.0	20.0	20.0	20.0	20.2
Australie	0.0	0.0	0.0	0.0	0.0	0.0	0.0	0.0
Autriche	18.0	18.0	16.4	18.0	18.0	18.0	18.0	18.0
Belgique	13.9	14.0	13.9	13.9	14.0	13.9	13.8	13.9
Canada	7.9	6.5	3.9	7.9	6.5	7.0	6.5	7.0
Chili	7.0	7.0	7.0	7.0	7.0	7.0	7.0	7.0
Colombie	0.0	0.0	0.0	0.0	0.0	0.0	0.0	0.0
Corée	9.1	9.1	8.2	9.1	9.1	9.1	9.1	9.1
Costa Rica	10.5	10.5	10.5	10.5	10.5	10.5	10.5	10.5
Danemark	0.0	0.0	0.0	0.0	0.0	0.0	0.0	0.0
Espagne	6.4	6.4	6.4	6.4	6.4	6.4	6.4	6.4
Estonie	1.6	1.6	1.6	1.6	1.6	1.6	1.6	1.6
États-Unis	7.7	7.7	7.7	7.7	7.7	7.7	7.7	7.7
Finlande	10.3	10.5	10.5	10.3	10.5	10.4	10.5	10.4
France	11.3	11.3	11.0	11.3	11.3	11.3	11.3	11.3
Grèce	14.1	14.1	14.1	14.1	14.1	14.1	14.1	14.1
Hongrie	18.5	18.5	18.5	18.5	18.5	18.5	18.5	18.5
Irlande	4.0	4.0	4.0	4.0	4.0	4.0	4.0	4.0
Islande	0.2	0.1	0.1	0.2	0.1	0.1	0.1	0.1
Israël	6.5	8.3	9.8	6.5	8.3	7.6	8.3	7.6
Italie	9.5	9.5	9.7	9.5	9.5	9.5	9.5	9.5
Japon	14.5	14.5	13.6	14.5	14.5	14.5	14.5	14.5
Lettonie	10.5	10.5	10.5	10.5	10.5	10.5	10.5	10.5
Lituanie	19.5	19.5	19.5	19.5	19.5	19.5	19.5	19.5
Luxembourg	12.2	12.3	12.4	12.2	12.3	12.3	12.3	12.3
Mexique	1.3	1.4	1.5	1.3	1.4	1.3	1.4	1.3
Norvège	8.2	8.2	8.2	8.2	8.2	8.2	8.2	8.2
Nouvelle-Zélande	0.0	0.0	0.0	0.0	0.0	0.0	0.0	0.0
Pays-Bas	13.8	11.9	9.6	8.1	11.4	10.4	10.0	12.7
Pologne	17.8	17.8	17.8	17.8	17.8	17.8	17.8	17.8
Portugal	11.0	11.0	11.0	11.0	11.0	11.0	11.0	11.0
République slovaque	13.4	13.4	13.4	13.4	13.4	13.4	13.4	13.4
République tchèque	11.0	11.0	11.0	11.0	11.0	11.0	11.0	11.0
Royaume-Uni	8.1	9.4	7.3	8.1	9.4	8.9	9.4	8.9
Slovénie	22.1	22.1	22.1	22.1	22.1	22.1	22.1	22.1
Suède	7.0	7.0	4.8	7.0	7.0	7.0	7.0	7.0
Suisse	6.4	6.4	6.4	6.4	6.4	6.4	6.4	6.4
Turquie	15.0	15.0	15.0	15.0	15.0	15.0	15.0	15.0
Moyenne non pondérée								
OCDE-Moyenne	**9.7**	**9.7**	**9.3**	**9.5**	**9.7**	**9.6**	**9.6**	**9.7**
OCDE-UE 22	**12.1**	**12.0**	**11.6**	**11.8**	**12.0**	**11.9**	**11.9**	**12.1**

Note : enf = enfant
1. Couple disposant de deux salaires.

StatLink ⧉ https://stat.link/kf5a39

Graphique 3.5. Cotisations de sécurité sociale des salariés, 2021

En % du salaire brut, par type de foyer

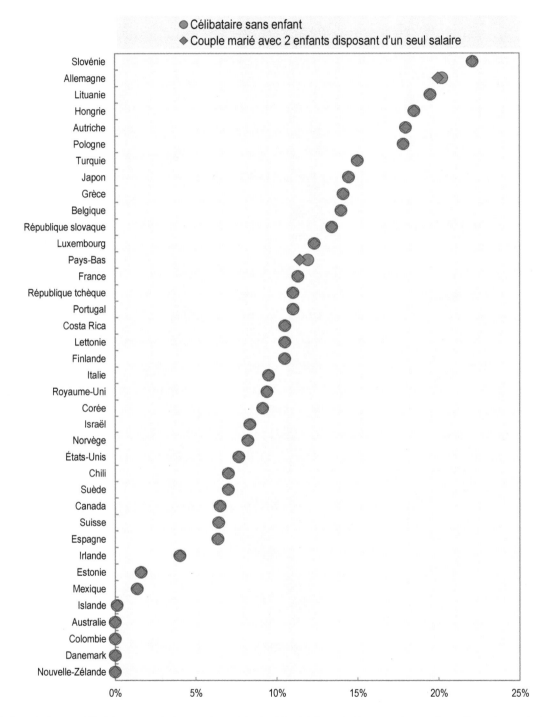

Note : Le type de foyer « célibataire sans enfant » ayant un salaire égal à celui d'un salarié moyen et « couple marié avec un seul salaire » égal à celui d'un salarié moyen et ayant deux enfants.
Sources : Soumissions nationales et OCDE, Perspectives économiques de l'OCDE no 2, volume 2021.

StatLink https://stat.link/5l0zbx

Tableau 3.6. Taux marginal applicable à l'impôt sur le revenu et aux cotisations sociales des salariés et employeurs diminués des prestations versées, 2021

En % des coûts de main-d'oeuvre, par type de foyer et niveau de salaire

	Célibataire sans enf 67 (% SM)	Célibataire sans enf 100 (% SM)	Célibataire sans enf 167 (% SM)	Célibataire 2 enf 67 (% SM)	Couple marié 2 enf 100-0 (% SM)	Couple marié 2 enf 100-67 (% SM)[1]	Couple marié 2 enf 100-100 (% SM)[1]	Couple marié sans enf 100-67 (% SM)[1]
Allemagne	53.9	58.0	47.0	52.5	51.8	55.9	55.5	56.0
Australie	39.2	40.7	42.1	58.2	40.7	40.7	40.7	40.7
Autriche	55.7	59.5	45.7	55.7	59.5	59.5	59.5	59.5
Belgique	68.5	65.1	67.8	68.5	65.1	64.2	64.2	64.2
Canada	41.6	31.9	44.5	76.9	37.4	37.4	37.4	31.9
Chili	7.0	7.0	10.2	7.0	7.0	7.0	7.0	7.0
Colombie	0.0	0.0	0.0	0.0	0.0	0.0	0.0	0.0
Corée	29.3	30.8	32.8	23.1	30.8	30.8	30.8	30.8
Costa Rica	29.2	29.2	36.5	29.2	29.2	29.2	29.2	29.2
Danemark	38.7	41.7	55.5	36.9	41.7	41.7	41.7	41.7
Espagne	44.6	48.3	54.1	44.6	46.1	48.3	48.3	48.3
Estonie	41.2	49.5	41.2	41.2	49.5	49.5	49.5	49.5
États-Unis	31.5	40.8	42.7	52.3	31.5	31.5	40.8	31.5
Finlande	54.5	56.1	59.0	54.5	56.1	56.1	56.1	56.1
France	64.6	58.2	60.0	74.6	41.9	50.6	58.2	47.9
Grèce	45.3	46.7	50.9	45.3	46.7	46.7	46.7	46.7
Hongrie	43.2	43.2	43.2	43.2	43.2	43.2	43.2	43.2
Irlande	35.6	53.6	56.8	74.2	53.6	53.6	53.6	53.6
Islande	40.1	40.1	47.6	50.5	49.1	46.9	40.1	40.1
Israël	36.8	47.0	50.7	18.2	47.0	47.0	47.0	47.0
Italie	54.7	64.0	62.9	55.9	65.2	64.6	64.6	64.0
Japon	33.1	37.3	38.0	52.5	37.3	37.3	37.3	37.3
Lettonie	45.8	45.8	44.5	45.8	45.8	45.8	45.8	45.8
Lituanie	44.1	44.1	44.1	44.1	44.1	44.1	44.1	44.1
Luxembourg	51.4	57.2	55.7	60.7	43.0	57.2	57.2	57.2
Mexique	17.4	23.4	28.4	17.4	23.4	23.4	23.4	23.4
Norvège	41.8	49.9	52.6	41.8	49.9	49.9	49.9	49.9
Nouvelle-Zélande	30.5	30.0	33.0	42.5	55.0	30.0	30.0	30.0
Pays-Bas	44.1	51.2	49.6	49.6	56.8	51.2	51.2	51.2
Pologne	36.2	36.2	48.3	96.9	36.2	36.2	36.2	36.2
Portugal	46.7	51.1	58.0	46.7	46.7	51.1	51.1	51.1
République slovaque	46.0	46.0	49.2	46.0	46.0	46.0	46.0	46.0
République tchéque	44.7	44.7	44.7	44.7	33.5	44.7	44.7	44.7
Royaume-Uni	40.2	40.2	49.0	40.2	40.2	40.2	40.2	40.2
Slovénie	43.6	50.3	55.0	43.6	43.6	50.3	50.3	50.3
Suède	46.2	49.3	66.0	46.2	49.3	49.3	49.3	49.3
Suisse	26.5	32.5	36.0	20.8	24.6	30.3	34.4	32.8
Turquie	42.8	47.8	47.8	42.8	47.8	47.8	47.8	47.8
Moyenne non pondérée								
OCDE-Moyenne	**40.4**	**43.4**	**46.1**	**45.9**	**42.5**	**43.1**	**43.5**	**42.8**
OCDE-UE 22	**47.7**	**50.9**	**52.8**	**53.2**	**48.4**	**50.4**	**50.8**	**50.3**

Note : enf = enfant

On fait l'hypothèse que le salaire brut du principal apporteur de revenu du foyer augmente. Le résultat peut être différent si le salaire du conjoint augmente, surtout si les deux conjoints sont imposés séparément.

1. Couple disposant de deux salaires.

StatLink https://stat.link/cofez2

Graphique 3.6. Taux marginal applicable à l'impôt sur le revenu et aux cotisations de sécurité sociale des salariés et des employeurs diminués des prestations versées, 2021

En % des coûts de main-d'oeuvre, par type de foyer

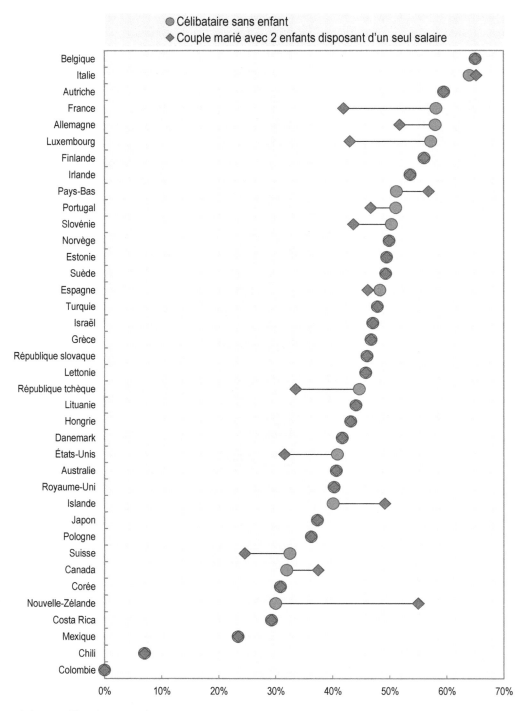

Note : Le type de foyer « célibataire sans enfant » ayant un salaire égal à celui d'un salarié moyen et « couple marié avec un seul salaire » égal à celui d'un salarié moyen et ayant deux enfants.
Sources : Soumissions nationales et OCDE, Perspectives économiques de l'OCDE no 2, volume 2021.

StatLink https://stat.link/65mopk

Tableau 3.7. Taux marginal applicable à l'impôt sur le revenu et aux cotisations sociales des salariés diminués des prestations versées, 2021

En % du salaire brut, par type de foyer et niveau de salaire

	Célibataire sans enf 67 (% SM)	Célibataire sans enf 100 (% SM)	Célibataire sans enf 167 (% SM)	Célibataire 2 enf 67 (% SM)	Couple marié 2 enf 100-0 (% SM)	Couple marié 2 enf 100-67 (% SM)[1]	Couple marié 2 enf 100-100 (% SM)[1]	Couple marié sans enf 100-67 (% SM)[1]
Allemagne	44.7	49.7	47.0	43.1	42.1	47.0	46.6	47.2
Australie	36.0	37.5	39.0	56.0	37.5	37.5	37.5	37.5
Autriche	43.3	48.2	42.0	43.3	48.2	48.2	48.2	48.2
Belgique	55.6	55.6	59.0	55.6	55.6	54.4	54.4	54.4
Canada	35.2	29.7	43.4	74.3	35.4	35.4	35.4	29.7
Chili	7.0	7.0	10.2	7.0	7.0	7.0	7.0	7.0
Colombie	0.0	0.0	0.0	0.0	0.0	0.0	0.0	0.0
Corée	21.6	23.3	28.5	14.8	23.3	23.3	23.3	23.3
Costa Rica	10.5	10.5	19.7	10.5	10.5	10.5	10.5	10.5
Danemark	38.7	41.7	55.5	36.9	41.7	41.7	41.7	41.7
Espagne	28.1	32.9	40.4	28.1	30.0	32.9	32.9	32.9
Estonie	21.3	32.4	21.3	21.3	32.4	32.4	32.4	32.4
États-Unis	26.3	36.3	38.3	48.6	26.3	26.3	36.3	26.3
Finlande	45.0	46.9	50.5	45.0	46.9	46.9	46.9	46.9
France	32.6	43.0	42.2	51.6	20.8	32.6	43.0	29.0
Grèce	33.0	34.7	39.9	33.0	34.7	34.7	34.7	34.7
Hongrie	33.5	33.5	33.5	33.5	33.5	33.5	33.5	33.5
Irlande	28.5	48.5	52.0	71.4	48.5	48.5	48.5	48.5
Islande	36.4	36.4	44.4	47.5	46.0	43.6	36.4	36.4
Israël	32.0	43.0	47.0	12.0	43.0	43.0	43.0	43.0
Italie	40.4	52.6	51.2	42.0	54.2	53.4	53.4	52.6
Japon	22.8	27.7	34.1	45.2	27.7	27.7	27.7	27.7
Lettonie	33.0	33.0	31.4	33.0	33.0	33.0	33.0	33.0
Lituanie	43.1	43.1	43.1	43.1	43.1	43.1	43.1	43.1
Luxembourg	44.6	51.3	49.6	55.2	35.1	51.3	51.3	51.3
Mexique	12.1	17.6	22.9	12.1	17.6	17.6	17.6	17.6
Norvège	34.2	43.4	46.4	34.2	43.4	43.4	43.4	43.4
Nouvelle-Zélande	30.5	30.0	33.0	42.5	55.0	30.0	30.0	30.0
Pays-Bas	37.4	45.4	51.4	43.7	51.7	45.4	45.4	45.4
Pologne	25.8	25.8	39.8	96.3	25.8	25.8	25.8	25.8
Portugal	34.0	39.5	48.0	34.0	34.0	39.5	39.5	39.5
République slovaque	29.9	29.9	34.0	29.9	29.9	29.9	29.9	29.9
République tchèque	26.0	26.0	26.0	26.0	11.0	26.0	26.0	26.0
Royaume-Uni	32.0	32.0	42.0	32.0	32.0	32.0	32.0	32.0
Slovénie	34.6	42.4	47.8	34.6	34.6	42.4	42.4	42.4
Suède	29.3	33.4	55.3	29.3	33.4	33.4	33.4	33.4
Suisse	21.8	28.2	32.2	15.8	19.8	25.9	30.2	28.5
Turquie	32.8	38.7	38.7	32.8	38.7	38.7	38.7	38.7
Moyenne non pondérée								
OCDE-Moyenne	**30.9**	**35.0**	**39.0**	**37.2**	**33.8**	**34.7**	**35.1**	**34.3**
OCDE-UE 22	**35.6**	**40.4**	**43.7**	**42.3**	**37.3**	**39.8**	**40.3**	**39.6**

Note : enf = enfant

On fait l'hypothèse que le salaire brut du principal apporteur de revenu du foyer augmente. Le résultat peut être différent si le salaire du conjoint augmente, surtout si les deux conjoints sont imposés séparément.

1. Couple disposant de deux salaires.

StatLink https://stat.link/n5tm7f

Graphique 3.7. Taux marginal applicable à l'impôt sur le revenu et aux cotisations de sécurité sociale des salariés diminués des prestations versées, 2021

En % du salaire brut, par type de foyer

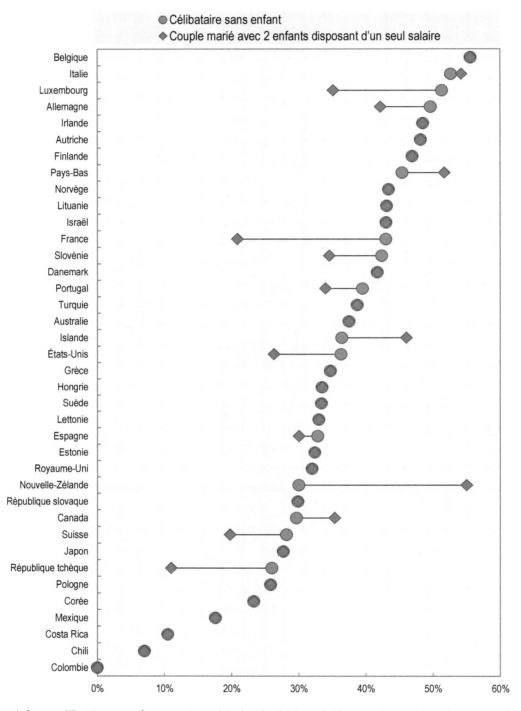

Note : Le type de foyer « célibataire sans enfant » ayant un salaire égal à celui d'un salarié moyen et « couple marié avec un seul salaire » égal à celui d'un salarié moyen et ayant deux enfants.

Sources : Soumissions nationales et OCDE, Perspectives économiques de l'OCDE no 2, volume 2021.

StatLink 🔗 https://stat.link/qouxvi

Tableau 3.8. Augmentation en pourcentage du revenu net selon l'augmentation en pourcentage du salaire brut, 2021

Après une augmentation d'une unité monétaire du salaire brut, par type de foyer et niveau de salaire

	Célibataire sans enf 67 (% SM)	Célibataire sans enf 100 (% SM)	Célibataire sans enf 167 (% SM)	Célibataire 2 enf 67 (% SM)	Couple marié 2 enf 100-0 (% SM)	Couple marié 2 enf 100-67 (% SM)[1]	Couple marié 2 enf 100-100 (% SM)[1]	Couple marié sans enf 100-67 (% SM)[1]
Allemagne	0.83	0.81	0.92	0.66	0.72	0.75	0.79	0.82
Australie	0.78	0.81	0.86	0.41	0.73	0.79	0.81	0.79
Autriche	0.78	0.78	0.94	0.57	0.61	0.66	0.69	0.75
Belgique	0.65	0.74	0.78	0.50	0.56	0.66	0.69	0.72
Canada	0.82	0.94	0.81	0.24	0.74	0.82	0.85	0.92
Chili	0.87	1.00	0.98	0.75	0.78	0.86	0.88	0.91
Colombie	1.00	1.00	1.00	0.93	0.95	0.94	0.95	1.00
Corée	0.89	0.91	0.89	0.91	0.86	0.87	0.88	0.89
Costa Rica	1.00	1.00	0.92	1.00	1.00	1.00	1.00	1.00
Danemark	0.91	0.90	0.76	0.67	0.78	0.84	0.86	0.89
Espagne	0.86	0.85	0.81	0.73	0.81	0.81	0.83	0.83
Estonie	0.89	0.82	1.00	0.74	0.71	0.74	0.77	0.79
États-Unis	0.90	0.82	0.88	0.47	0.74	0.83	0.75	0.92
Finlande	0.71	0.77	0.81	0.62	0.72	0.70	0.74	0.73
France	0.88	0.79	0.87	0.47	0.95	0.85	0.75	0.95
Grèce	0.80	0.84	0.84	0.72	0.80	0.80	0.85	0.83
Hongrie	1.00	1.00	1.00	0.74	0.82	0.88	0.90	1.00
Irlande	0.86	0.70	0.75	0.27	0.57	0.63	0.67	0.66
Islande	0.83	0.88	0.84	0.59	0.64	0.76	0.88	0.86
Israël	0.79	0.71	0.75	0.89	0.69	0.66	0.68	0.68
Italie	0.77	0.67	0.82	0.60	0.56	0.60	0.63	0.65
Japon	0.97	0.93	0.89	0.57	0.86	0.89	0.90	0.92
Lettonie	0.87	0.91	0.97	0.72	0.79	0.82	0.85	0.90
Lituanie	0.85	0.90	0.93	0.65	0.73	0.81	0.84	0.88
Luxembourg	0.72	0.72	0.83	0.45	0.71	0.61	0.65	0.66
Mexique	0.93	0.92	0.91	0.93	0.92	0.90	0.92	0.90
Norvège	0.87	0.78	0.81	0.76	0.74	0.74	0.76	0.77
Nouvelle-Zélande	0.81	0.87	0.89	0.49	0.48	0.85	0.87	0.85
Pays-Bas	0.77	0.75	0.76	0.53	0.61	0.67	0.71	0.72
Pologne	0.97	0.98	0.81	0.03	0.74	0.82	0.85	0.97
Portugal	0.85	0.84	0.80	0.71	0.77	0.78	0.81	0.81
République slovaque	0.89	0.92	0.90	0.75	0.77	0.84	0.87	0.91
République tchèque	0.89	0.92	0.95	0.66	0.85	0.80	0.83	0.91
Royaume-Uni	0.85	0.89	0.83	0.78	0.84	0.85	0.87	0.87
Slovénie	0.95	0.88	0.84	0.68	0.80	0.78	0.82	0.86
Suède	0.89	0.88	0.69	0.80	0.81	0.82	0.85	0.87
Suisse	0.92	0.87	0.88	0.84	0.84	0.84	0.81	0.87
Turquie	0.90	0.87	0.92	0.88	0.85	0.84	0.86	0.85
Moyenne non pondérée								
OCDE-Moyenne	**0.86**	**0.86**	**0.86**	**0.65**	**0.76**	**0.79**	**0.81**	**0.85**
OCDE-UE 22	**0.85**	**0.83**	**0.85**	**0.60**	**0.74**	**0.76**	**0.78**	**0.82**

Note : enf = enfant

Le revenu net est calculé à partir du salaire brut diminué de l'impôt sur le revenu des personnes physiques, des cotisations sociales et augmentés des prestations versées aux familles. L'augmentation qui est rapportée dans le tableau représente une sorte d'élasticité. Dans un système fiscal proportionnel, l'élasticité est égale à 1. A ce niveau de revenu, plus les système est progressif plus l'élasticité est faible. Les élasticités indiquées dans le tableau 3.8 sont calculées de la manière suivante : (100 − METR) / (100 − AETR), où METR désigne le taux marginal de l'impôt sur le revenu, augmenté des cotisations salariales de sécurité sociale et diminué des transferts en espèces, figurant dans le tableau 3.7, et AETR désigne le taux moyen augmenté des cotisations salariales de sécurité sociale et diminué des transferts en espèces, figurant dans le tableau 3.3.

1. Couple disposant de deux salaires. On fait l'hypothèse que le salaire brut du principal apporteur de revenu du foyer augmente.

StatLink 🖳 https://stat.link/tjkobx

Tableau 3.9. Augmentation en pourcentage du revenu net selon l'augmentation en pourcentage des coûts bruts de main d'œuvre, 2021

Après une augmentation d'une unité monétaire des coûts bruts de main d'œuvre, par type de foyer et niveau de salaire

	Célibataire sans enf 67 (% SM)	Célibataire sans enf 100 (% SM)	Célibataire sans enf 167 (% SM)	Célibataire 2 enf 67 (% SM)	Couple marié 2 enf 100-0 (% SM)	Couple marié 2 enf 100-67 (% SM)[1]	Couple marié 2 enf 100-100 (% SM)[1]	Couple marié sans enf 100-67 (% SM)[1]
Allemagne	0.83	0.81	1.08	0.66	0.72	0.75	0.79	0.82
Australie	0.78	0.81	0.86	0.41	0.73	0.79	0.81	0.79
Autriche	0.78	0.78	1.11	0.57	0.61	0.66	0.69	0.75
Belgique	0.58	0.74	0.78	0.45	0.56	0.65	0.69	0.72
Canada	0.82	0.99	0.85	0.24	0.79	0.87	0.90	0.98
Chili	0.87	1.00	0.98	0.75	0.78	0.86	0.88	0.91
Colombie	1.00	1.00	1.00	0.93	0.95	0.94	0.95	1.00
Corée	0.89	0.91	0.92	0.91	0.86	0.87	0.88	0.89
Costa Rica	1.00	1.00	0.92	1.00	1.00	1.00	1.00	1.00
Danemark	0.91	0.90	0.76	0.67	0.78	0.84	0.86	0.89
Espagne	0.86	0.85	0.81	0.73	0.81	0.81	0.83	0.83
Estonie	0.89	0.82	1.00	0.74	0.71	0.74	0.77	0.79
États-Unis	0.91	0.83	0.88	0.48	0.75	0.83	0.75	0.93
Finlande	0.71	0.77	0.81	0.62	0.72	0.70	0.74	0.73
France	0.60	0.79	0.87	0.32	0.95	0.84	0.75	0.94
Grèce	0.80	0.84	0.84	0.72	0.80	0.80	0.85	0.83
Hongrie	1.00	1.00	1.00	0.74	0.82	0.88	0.90	1.00
Irlande	0.86	0.70	0.75	0.27	0.57	0.63	0.67	0.66
Islande	0.83	0.88	0.84	0.59	0.64	0.76	0.88	0.86
Israël	0.77	0.70	0.75	0.87	0.68	0.65	0.67	0.67
Italie	0.77	0.67	0.82	0.60	0.56	0.60	0.63	0.65
Japon	0.97	0.93	0.96	0.57	0.86	0.89	0.90	0.92
Lettonie	0.87	0.91	0.97	0.72	0.79	0.82	0.85	0.90
Lituanie	0.85	0.90	0.93	0.65	0.73	0.81	0.84	0.88
Luxembourg	0.72	0.72	0.83	0.45	0.71	0.61	0.65	0.66
Mexique	0.99	0.95	0.93	0.99	0.95	0.94	0.95	0.94
Norvège	0.87	0.78	0.81	0.76	0.74	0.74	0.76	0.77
Nouvelle-Zélande	0.81	0.87	0.89	0.49	0.48	0.85	0.87	0.85
Pays-Bas	0.77	0.75	0.82	0.53	0.61	0.67	0.71	0.72
Pologne	0.97	0.98	0.81	0.03	0.74	0.82	0.85	0.97
Portugal	0.85	0.84	0.80	0.71	0.77	0.78	0.81	0.81
République slovaque	0.89	0.92	0.90	0.75	0.77	0.84	0.87	0.91
République tchèque	0.89	0.92	0.95	0.66	0.85	0.80	0.83	0.91
Royaume-Uni	0.81	0.87	0.82	0.76	0.82	0.82	0.85	0.85
Slovénie	0.95	0.88	0.84	0.68	0.80	0.78	0.82	0.86
Suède	0.89	0.88	0.69	0.80	0.81	0.82	0.85	0.87
Suisse	0.92	0.87	0.88	0.84	0.84	0.84	0.81	0.87
Turquie	0.90	0.87	0.92	0.88	0.85	0.84	0.86	0.85
Moyenne non pondérée								
OCDE-Moyenne	**0.86**	**0.87**	**0.88**	**0.64**	**0.76**	**0.80**	**0.82**	**0.85**
OCDE-UE 22	**0.83**	**0.84**	**0.87**	**0.58**	**0.74**	**0.76**	**0.79**	**0.82**

Note : enf = enfant

Le revenu net est calculé à partir du salaire brut diminué de l'impôt sur le revenu des personnes physiques, des cotisations sociales et augmentés des prestations versées aux familles. L'augmentation qui est rapportée dans le tableau représente une sorte d'élasticité. Dans un système fiscal proportionnel, l'élasticité est égale à 1. A ce niveau de revenu, plus les système est progressif plus l'élasticité est faible. Les élasticités indiquées dans le tableau 3.9 sont calculées de la manière suivante : (100 – METR) / (100 – AETR), où METR désigne le taux marginal de l'impôt sur le revenu, augmenté des cotisations salariales et patronales de sécurité sociale et diminué des transferts en espèces, figurant dans le tableau 3.6, et AETR désigne le taux moyen augmenté des cotisations salariales et patronales de sécurité sociale et diminué des transferts en espèces, figurant dans le tableau 3.1.

1. Couple disposant de deux salaires. On fait l'hypothèse que le salaire brut du principal apporteur de revenu du foyer augmente.

StatLink ⟆⟆⟆ https://stat.link/m8psn7

Tableau 3.10. Salaire brut annuel et revenu net, célibataire, 2021

En dollars US convertis sur la base des PPA, par type de foyer et niveau de salaire

	Célibataire sans enf 67 (% SM)		Célibataire sans enf 100 (% SM)		Célibataire sans enf 167 (% SM)		Célibataire 2 enf 67 (% SM)	
	Total des revenus bruts avant impôts	Revenus nets après impôts	Total des revenus bruts avant impôts	Revenus nets après impôts	Total des revenus bruts avant impôts	Revenus nets après impôts	Total des revenus bruts avant impôts	Revenus nets après impôts
Allemagne	47 675	31 906	71 157	44 312	118 832	68 172	47 675	41 163
Australie	41 792	34 510	62 376	47 884	104 168	73 525	41 792	44 447
Autriche	44 723	32 501	66 751	44 605	111 474	68 864	44 723	44 191
Belgique	46 722	31 783	69 734	42 006	116 456	60 862	46 722	41 723
Canada	39 783	31 310	59 377	44 492	99 160	69 208	39 783	42 774
Chili	16 835	17 927	25 127	23 369	41 963	38 480	16 835	20 935
Colombie	9 298	9 298	13 877	13 877	23 175	23 175	9 298	9 988
Corée	37 082	32 723	55 346	46 891	92 427	74 600	37 082	34 784
Costa Rica	17 730	15 868	26 462	23 684	44 192	38 548	17 730	15 868
Danemark	47 406	31 927	70 755	45 685	118 161	69 577	47 406	44 888
Espagne	29 813	24 885	44 497	35 112	74 311	54 323	29 813	29 267
Estonie	23 747	21 015	35 444	29 378	59 192	46 596	23 747	25 404
États-Unis	42 179	34 414	62 954	48 737	105 134	74 081	42 179	45 775
Finlande	38 913	29 978	58 079	40 189	96 992	59 610	38 913	34 724
France	37 973	29 018	56 677	40 934	94 650	62 805	37 973	39 108
Grèce	24 329	20 302	36 311	28 168	60 640	43 236	24 329	22 483
Hongrie	23 974	15 943	35 782	23 795	59 755	39 737	23 974	21 476
Irlande	45 316	37 740	67 635	49 602	112 951	72 260	45 316	47 220
Islande	46 203	35 176	68 960	49 642	115 163	76 498	46 203	40 937
Israël	33 447	28 945	49 921	40 080	83 368	58 552	33 447	33 015
Italie	35 057	27 110	52 324	36 820	87 381	52 099	35 057	33 942
Japon	34 789	27 620	51 923	40 346	86 712	63 912	34 789	33 264
Lettonie	21 270	16 321	31 747	23 338	53 017	37 618	21 270	19 917
Lituanie	27 357	18 266	40 831	25 933	68 188	41 499	27 357	24 090
Luxembourg	52 191	40 206	77 897	53 025	130 088	79 106	52 191	51 773
Mexique	9 369	8 873	13 984	12 554	23 353	19 875	9 369	8 873
Norvège	44 065	33 395	65 769	47 596	109 833	72 296	44 065	38 312
Nouvelle-Zélande	30 965	26 570	46 216	37 233	77 181	58 062	30 965	36 023
Pays-Bas	49 034	39 856	73 185	53 070	122 219	78 294	49 034	52 493
Pologne	24 107	18 467	35 981	27 276	60 088	44 811	24 107	27 642
Portugal	24 836	19 178	37 068	26 680	61 904	40 351	24 836	23 140
République slovaque	18 267	14 474	27 264	20 785	45 531	33 560	18 267	17 117
République tchèque	23 027	19 238	34 369	27 631	57 395	44 671	23 027	25 807
Royaume-Uni	43 360	34 874	64 716	49 396	108 076	75 471	43 360	37 571
Slovénie	27 376	18 931	40 860	26 752	68 236	42 438	27 376	26 383
Suède	37 197	29 407	55 518	41 903	92 715	60 324	37 197	33 063
Suisse	56 573	48 187	84 437	69 359	141 010	108 894	56 573	56 846
Turquie	24 898	18 625	37 161	26 242	62 059	41 502	24 898	19 037
Moyenne non pondérée								
OCDE-Moyenne	**33 649**	**26 494**	**50 223**	**37 063**	**83 872**	**57 039**	**33 649**	**32 775**
OCDE-UE 22	**34 105**	**25 839**	**50 903**	**35 773**	**85 008**	**54 582**	**34 105**	**33 046**

StatLink 🔗 https://stat.link/aoukry

Tableau 3.11. Salaire brut annuel et revenu net, couple marié, 2021

En dollars US convertis sur la base des PPA, par type de foyer et niveau de salaire

	Couple marié 2 enf 100-0 (% SM)		Couple marié 2 enf 100-67 (% SM)[1]		Couple marié 2 enf 100-100 (% SM)[1]		Couple marié sans enf 100-67(% SM)[1]	
	Total des revenus bruts avant impôts	Revenus nets après impôts	Total des revenus bruts avant impôts	Revenus nets après impôts	Total des revenus bruts avant impôts	Revenus nets après impôts	Total des revenus bruts avant impôts	Revenus nets après impôts
Allemagne	71 157	57 414	118 832	84 231	142 313	96 540	118 832	76 509
Australie	62 376	53 141	104 168	82 394	124 752	95 769	104 168	82 394
Autriche	66 751	56 295	111 474	87 911	133 501	100 015	111 474	77 106
Belgique	69 734	55 598	116 456	80 980	139 468	91 463	116 456	73 822
Canada	59 377	51 638	99 160	78 656	118 755	90 724	99 160	75 801
Chili	25 127	29 780	41 963	45 586	50 255	53 149	41 963	42 706
Colombie	13 877	14 567	23 175	24 555	27 755	29 135	23 175	23 175
Corée	55 346	49 372	92 427	81 803	110 692	95 971	92 427	79 614
Costa Rica	26 462	23 684	44 192	39 552	52 925	47 368	44 192	39 552
Danemark	70 755	52 573	118 161	81 699	141 510	95 457	118 161	77 612
Espagne	44 497	38 249	74 311	61 562	88 995	71 789	74 311	59 997
Estonie	35 444	33 713	59 192	53 892	70 888	62 255	59 192	50 393
États-Unis	62 954	62 298	105 134	93 384	125 909	106 719	105 134	84 139
Finlande	58 079	43 094	96 992	73 072	116 158	83 283	96 992	70 167
France	56 677	47 112	94 650	74 812	113 353	86 372	94 650	70 430
Grèce	39 942	32 719	66 704	54 239	79 885	61 550	66 704	52 469
Hongrie	35 782	29 090	59 755	45 033	71 563	52 885	59 755	39 737
Irlande	67 635	60 835	112 951	92 197	135 270	103 691	112 951	87 709
Islande	68 960	58 518	115 163	85 630	137 920	99 285	115 163	84 819
Israël	49 921	41 251	83 368	72 050	99 842	83 185	83 368	69 396
Italie	52 324	42 754	87 381	68 004	104 648	77 169	87 381	63 930
Japon	51 923	43 492	86 712	70 388	103 847	83 114	86 712	67 967
Lettonie	31 747	26 934	53 017	43 255	63 494	50 272	53 017	39 659
Lituanie	40 831	31 757	68 188	47 865	81 662	55 532	68 188	44 199
Luxembourg	77 897	71 239	130 088	104 528	155 794	117 042	130 088	95 711
Mexique	13 984	12 554	23 353	21 426	27 968	25 107	23 353	21 426
Norvège	65 769	50 117	109 833	83 512	131 537	97 714	109 833	80 991
Nouvelle-Zélande	46 216	43 212	77 181	63 804	92 432	74 467	77 181	63 804
Pays-Bas	73 185	58 207	122 219	99 539	146 370	112 753	122 219	92 925
Pologne	35 981	35 893	60 088	54 064	71 961	62 874	60 088	45 743
Portugal	37 068	31 707	61 904	48 119	74 136	55 520	61 904	45 960
République slovaque	27 264	24 946	45 531	37 902	54 528	44 213	45 531	35 259
République tchèque	34 369	35 957	57 395	53 201	68 737	61 594	57 395	46 632
Royaume-Uni	64 716	52 464	108 076	86 967	129 432	101 489	108 076	84 270
Slovénie	40 860	33 464	68 236	50 411	81 719	57 438	68 236	45 683
Suède	55 518	45 559	92 715	74 966	111 036	87 462	92 715	71 310
Suisse	84 437	80 283	141 010	124 773	168 875	144 923	141 010	116 220
Turquie	37 161	26 928	62 059	45 279	74 322	52 895	62 059	44 867
Moyenne non pondérée								
OCDE-Moyenne	**50 319**	**43 116**	**84 032**	**67 664**	**100 637**	**78 110**	**84 032**	**63 792**
OCDE-UE 22	**51 068**	**42 959**	**85 283**	**66 886**	**102 136**	**76 689**	**85 283**	**61 953**

1. Couple disposant de deux salaires.

StatLink ⌨ https://stat.link/08bthg

Tableau 3.12. Coûts annuels de main-d'œuvre et revenu net, célibataire, 2021

En dollars US convertis sur la base des PPA, par type de foyer et niveau de salaire

	Célibataire sans enf 67 (% SM)		Célibataire sans enf 100 (% SM)		Célibataire sans enf 167 (% SM)		Célibataire 2 enf 67 (% SM)	
	Coûts bruts de main d'oeuvre avant impôts	Revenus nets après impôts	Coûts bruts de main d'oeuvre avant impôts	Revenus nets après impôts	Coûts bruts de main d'oeuvre avant impôts	Revenus nets après impôts	Coûts bruts de main d'oeuvre avant impôts	Revenus nets après impôts
Allemagne	57 198	31 906	85 370	44 312	138 391	68 172	57 198	41 163
Australie	44 012	34 510	65 689	47 884	109 700	73 525	44 012	44 447
Autriche	57 272	32 501	85 480	44 605	140 717	68 864	57 272	44 191
Belgique	59 058	31 783	88 663	42 006	148 068	60 862	59 058	41 723
Canada	44 011	31 310	64 905	44 492	105 725	69 208	44 011	42 774
Chili	16 835	17 927	25 127	23 369	41 963	38 480	16 835	20 935
Colombie	9 298	9 298	13 877	13 877	23 175	23 175	9 298	9 988
Corée	41 125	32 723	61 381	46 891	101 611	74 600	41 125	34 784
Costa Rica	22 428	15 868	33 475	23 684	55 903	38 548	22 428	15 868
Danemark	47 406	31 927	70 755	45 685	118 161	69 577	47 406	44 888
Espagne	38 727	24 885	57 802	35 112	96 529	54 323	38 727	29 267
Estonie	31 774	21 015	47 424	29 378	79 198	46 596	31 774	25 404
États-Unis	45 713	34 414	68 077	48 737	113 483	74 081	45 713	45 775
Finlande	46 999	29 978	70 148	40 189	117 147	59 610	46 999	34 724
France	49 274	29 018	77 248	40 934	136 589	62 805	49 274	39 108
Grèce	29 812	20 302	44 496	28 168	74 308	43 236	29 812	22 483
Hongrie	28 049	15 943	41 865	23 795	69 914	39 737	28 049	21 476
Irlande	50 323	37 740	75 109	49 602	125 432	72 260	50 323	47 220
Islande	49 022	35 176	73 167	49 642	122 188	76 498	49 022	40 937
Israël	35 117	28 945	52 843	40 080	88 832	58 552	35 117	33 015
Italie	46 128	27 110	68 848	36 820	114 976	52 099	46 128	33 942
Japon	40 132	27 620	59 899	40 346	99 297	63 912	40 132	33 264
Lettonie	26 297	16 321	39 245	23 338	65 533	37 618	26 297	19 917
Lituanie	27 846	18 266	41 562	25 933	69 408	41 499	27 846	24 090
Luxembourg	59 414	40 206	88 678	53 025	148 092	79 106	59 414	51 773
Mexique	10 662	8 873	15 619	12 554	25 699	19 875	10 662	8 873
Norvège	49 793	33 395	74 318	47 596	124 112	72 296	49 793	38 312
Nouvelle-Zélande	30 965	26 570	46 216	37 233	77 181	58 062	30 965	36 023
Pays-Bas	55 038	39 856	82 060	53 070	132 121	78 294	55 038	52 493
Pologne	28 051	18 467	41 867	27 276	69 918	44 811	28 051	27 642
Portugal	30 734	19 178	45 872	26 680	76 606	40 351	30 734	23 140
République slovaque	23 738	14 474	35 430	20 785	59 167	33 560	23 738	17 117
République tchèque	30 810	19 238	45 985	27 631	76 795	44 671	30 810	25 807
Royaume-Uni	47 548	34 874	71 852	49 396	121 195	75 471	47 548	37 571
Slovénie	31 783	18 931	47 438	26 752	79 221	42 438	31 783	26 383
Suède	48 884	29 407	72 961	41 903	121 846	60 324	48 884	33 063
Suisse	60 194	48 187	89 841	69 359	149 984	108 894	60 194	56 846
Turquie	29 255	18 625	43 664	26 242	72 920	41 502	29 255	19 037
Moyenne non pondérée								
OCDE-Moyenne	**38 966**	**26 494**	**58 270**	**37 063**	**97 134**	**57 039**	**38 966**	**32 775**
OCDE-UE 22	**41 119**	**25 839**	**61 559**	**35 773**	**102 643**	**54 582**	**41 119**	**33 046**

StatLink https://stat.link/ks4him

Tableau 3.13. Coûts annuels de main-d'œuvre et revenu net, couple marié, 2021

En dollars US convertis sur la base des PPA, par type de foyer et niveau de salaire

	Couple marié 2 enf 100-0 (% SM)		Couple marié 2 enf 100-67 (% SM)[1]		Couple marié 2 enf 100-100 (% SM)[1]		Couple marié sans enf 100-67 (% SM)[1]	
	Coûts bruts de main d'oeuvre avant impôts	Revenus nets après impôts	Coûts bruts de main d'oeuvre avant impôts	Revenus nets après impôts	Coûts bruts de main d'oeuvre avant impôts	Revenus nets après impôts	Coûts bruts de main d'oeuvre avant impôts	Revenus nets après impôts
Allemagne	85 370	57 414	142 568	84 231	170 740	96 540	142 568	76 509
Australie	65 689	53 141	109 700	82 394	131 378	95 769	109 700	82 394
Autriche	85 480	56 295	142 752	87 911	170 960	100 015	142 752	77 106
Belgique	88 663	55 598	147 721	80 980	177 327	91 463	147 721	73 822
Canada	64 905	51 638	108 916	78 656	129 810	90 724	108 916	75 801
Chili	25 127	29 780	41 963	45 586	50 255	53 149	41 963	42 706
Colombie	13 877	14 567	23 175	24 555	27 755	29 135	23 175	23 175
Corée	61 381	49 372	102 507	81 803	122 763	95 971	102 507	79 614
Costa Rica	33 475	23 684	55 903	39 552	66 950	47 368	55 903	39 552
Danemark	70 755	52 573	118 161	81 699	141 510	95 457	118 161	77 612
Espagne	57 802	38 249	96 529	61 562	115 604	71 789	96 529	59 997
Estonie	47 424	33 713	79 198	53 892	94 848	62 255	79 198	50 393
États-Unis	68 077	62 298	113 790	93 384	136 154	106 719	113 790	84 139
Finlande	70 148	43 094	117 147	73 072	140 296	83 283	117 147	70 167
France	77 248	47 112	126 522	74 812	154 496	86 372	126 522	70 430
Grèce	48 945	32 719	81 739	54 239	97 891	61 550	81 739	52 469
Hongrie	41 865	29 090	69 914	45 033	83 729	52 885	69 914	39 737
Irlande	75 109	60 835	125 432	92 197	150 218	103 691	125 432	87 709
Islande	73 167	58 518	122 188	85 630	146 333	99 285	122 188	84 819
Israël	52 843	41 251	87 959	72 050	105 685	83 185	87 959	69 396
Italie	68 848	42 754	114 976	68 004	137 696	77 169	114 976	63 930
Japon	59 899	43 492	100 031	70 388	119 798	83 114	100 031	67 967
Lettonie	39 245	26 934	65 542	43 255	78 490	50 272	65 542	39 659
Lituanie	41 562	31 757	69 408	47 865	83 124	55 532	69 408	44 199
Luxembourg	88 678	71 239	148 092	104 528	177 356	117 042	148 092	95 711
Mexique	15 619	12 554	26 281	21 426	31 238	25 107	26 281	21 426
Norvège	74 318	50 117	124 112	83 512	148 637	97 714	124 112	80 991
Nouvelle-Zélande	46 216	43 212	77 181	63 804	92 432	74 467	77 181	63 804
Pays-Bas	82 060	58 207	137 098	99 539	164 120	112 753	137 098	92 925
Pologne	41 867	35 893	69 918	54 064	83 734	62 874	69 918	45 743
Portugal	45 872	31 707	76 606	48 119	91 744	55 520	76 606	45 960
République slovaque	35 430	24 946	59 167	37 902	70 859	44 213	59 167	35 259
République tchèque	45 985	35 957	76 795	53 201	91 970	61 594	76 795	46 632
Royaume-Uni	71 852	52 464	119 400	86 967	143 704	101 489	119 400	84 270
Slovénie	47 438	33 464	79 221	50 411	94 876	57 438	79 221	45 683
Suède	72 961	45 559	121 846	74 966	145 923	87 462	121 846	71 310
Suisse	89 841	80 283	150 035	124 773	179 683	144 923	150 035	116 220
Turquie	43 664	26 928	72 920	45 279	87 329	52 895	72 920	44 867
Moyenne non pondérée								
OCDE-Moyenne	**58 387**	**43 116**	**97 432**	**67 664**	**116 774**	**78 110**	**97 432**	**63 792**
OCDE-UE 22	**61 762**	**42 959**	**103 016**	**66 886**	**123 523**	**76 689**	**103 016**	**61 953**

1. Couple disposant de deux salaires.

StatLink 🔗 https://stat.link/np6s2w

Notes

[1] Les tableaux 3.1 à 3.7 présentent des chiffres arrondis à la première décimale. Du fait des opérations d'arrondi, les variations en points de pourcentage présentées dans le texte peuvent différer d'un dixième de point de pourcentage.

[2] En Colombie, le régime général de sécurité sociale pour les soins de santé est financé par des fonds publics et privés. Le système de retraite est un hybride de deux systèmes différents : un régime de retraite à cotisations définies et entièrement capitalisé, et un régime par répartition. Chacune de ces contributions est obligatoire et plus de 50 % du total des contributions sont versés à des fonds privés. Elles sont par conséquent considérées comme des paiements obligatoires non fiscaux (PONF) (pour de plus amples informations à ce sujet, se reporter à la Partie II du Rapport). En outre, tous les paiements au titre des risques liés à l'emploi sont versés à des fonds privés, et sont également considérés comme des PONF. Les PONF existent aussi dans d'autres pays (voir https://www.oecd.org/tax/tax-policy/tax-database/).

[3] Les élasticités indiquées dans le Tableau 3.8 sont calculées de la manière suivante : (100 – METR) / (100 – AETR), où METR désigne le taux marginal de l'impôt sur le revenu, augmenté des cotisations salariales de sécurité sociale et diminué des prestations en espèces, figurant dans le Tableau 3.7 et AETR désigne le taux moyen de l'impôt sur le revenu augmenté des cotisations salariales de sécurité sociale et diminué des prestations en espèces, figurant dans le Tableau 3.3.

[4] Les élasticités indiquées dans le Tableau 3.9 sont calculées de la manière suivante : (100 – METR) / (100– AETR), où METR désigne le taux marginal de l'impôt sur le revenu, augmenté des cotisations salariales et patronales de sécurité sociale et diminué des prestations en espèces, figurant dans le Tableau 3.6 et AETR désigne le taux moyen de l'impôt sur le revenu augmenté des cotisations salariales et patronales de sécurité sociale et diminué des prestations en espèces, figurant dans le Tableau 3.1.

4 Illustration graphique de la charge fiscale pour 2021

Ce chapitre présente les données relatives à la pression fiscale sur les revenus d'activité en 2021 pour des salaires bruts compris entre 50 % et 250 % du salaire moyen. Elles sont illustrées dans des graphiques séparés pour chacune des quatre catégories de foyers et pour chaque pays membre de l'OCDE. Les catégories de foyers sont les suivantes : contribuables célibataires sans enfant ; parents isolés avec deux enfants ; couples mariés sans enfant disposant d'un seul salaire ; couples mariés avec deux enfants disposant d'un seul salaire.

Les graphiques se divisent en deux séries qui indiquent la décomposition du coin fiscal moyen et marginal en pourcentage des coûts totaux de main-d'œuvre (les impôts sur le revenu centraux et locaux ; les cotisations de sécurité sociale salariales et patronales et les prestations en espèces). Les graphiques montrent également les taux moyens et marginaux nets de l'impôt sur le revenu des personnes physiques.

Les graphiques présentés dans cette section indiquent la pression fiscale sur les revenus d'activité en 2021 pour des salaires bruts compris entre 50 % et 250 % du salaire moyen (SM). Pour chaque pays membre de l'OCDE, des graphiques séparés portent sur quatre catégories de foyers : célibataires sans enfant, parents isolés avec deux enfants, couples mariés sans enfant disposant d'un seul salaire et couples mariés avec deux enfants disposant d'un seul salaire. En outre, le taux moyen et le taux marginal net d'imposition des personnes physiques [(la variation de) l'impôt sur le revenu des personnes physiques et des cotisations salariales de sécurité sociale nets des prestations en espèces en pourcentage des (de la variation des) salaires bruts] figurent dans les graphiques montrant respectivement le coin fiscal moyen et marginal[1].

Les graphiques illustrent l'importance relative des divers éléments constitutifs du coin fiscal : impôts nationaux sur le revenu, impôts locaux sur le revenu, cotisations salariales de sécurité sociale, cotisations patronales de sécurité sociale (y compris les taxes sur les salaires éventuellement applicables) et prestations en espèces en pourcentage des coûts totaux de main-d'œuvre. Il y a lieu de noter que si leur part des coûts totaux de main-d'œuvre diminue, cela signifie que la valeur des prélèvements diminués des prestations n'augmente pas aussi vite que le total des coûts de main-d'œuvre correspondants. Cela n'implique pas nécessairement que la valeur des prélèvements diminués des prestations baisse en valeur nominale.

Le système de prélèvements et de prestations est favorable aux ménages à faibles revenus dans de nombreux pays de l'OCDE. Les impôts sur le revenu prélevés par les administrations centrales sont négatifs en Belgique, en raison des crédits d'impôt récupérables pour les travailleurs à faibles revenus et les enfants à charge ; au Canada[2], il s'agit de la prestation fiscale récupérable pour le revenu du travail ; en Allemagne, en Autriche, en République slovaque et en République tchèque, des crédits d'impôt récupérables pour enfant à charge ; au Royaume-Uni, du crédit universel non récupérable (*Universal Credit-UC*) versé aux ménages à bas revenus ; en Israël, du crédit d'impôt récupérable au titre des revenus du travail pour les familles avec enfants (depuis 2016, la fourchette des revenus ouvrant droit au bénéfice de ce crédit d'impôt pour les parents isolés a été étendue) ; en Italie, d'un crédit d'impôt remboursable en faveur des travailleurs à bas salaire ; au Luxembourg, d'un crédit d'impôt mis en place en 2019 pour les salariés qui perçoivent le salaire minimum social ; en Pologne, du crédit d'impôt pour enfants à charge remboursable sous conditions appliqué depuis 2015 ; en Espagne, du crédit d'impôts récupérable pour les parents isolés ; et aux États-Unis, du crédit d'impôt récupérable au titre des revenus du travail et du crédit d'impôt pour enfant à charge. En Allemagne, les crédits d'impôt octroyés aux familles avec enfants à charge ont été augmentés en réponse à la crise du COVID-19 en 2021. Au Royaume-Uni, le crédit universel a été augmenté d'avril à septembre 2021 pour répondre à la crise du COVID-19. En Suède, les graphiques montrent que les impôts sur le revenu prélevés par les administrations centrales sont négatifs pour les quatre types de foyers, du fait du crédit d'impôt au titre des revenus du travail. Le crédit d'impôt n'y est toutefois pas récupérable dans la mesure où il ne permet pas de ramener le total des impôts sur le revenu du contribuable à moins de zéro. Il est également déduit des impôts locaux sur le revenu.

Dans certains pays de l'OCDE, le taux net moyen d'imposition des personnes physiques est négatif pour les parents isolés ou les couples mariés disposant d'un seul salaire qui perçoivent un faible revenu, ce qui signifie que ces catégories de foyer ne paient pas d'impôt sur le revenu, ni de cotisations de sécurité sociale, ou que ces prélèvements sont totalement compensés par des prestations en espèces. À titre d'exemple, le taux moyen net d'imposition des personnes physiques devient positif à partir d'un revenu supérieur à 90 % du SM en République tchèque (à 99 % du SM pour les parents isolés), en Pologne (à 100 % du SM pour les parents isolés et pour les couples mariés disposant d'un seul salaire) et aux États- Unis (à 97 % du SM pour les couples mariés disposant d'un seul salaire). En Autriche, aux États-Unis, en Israël, en République slovaque, en République tchèque et au Royaume-Uni, les taux moyens nets négatifs d'imposition des personnes physiques sont le résultat conjugué des crédits d'impôt récupérables et des prestations en espèces. Ils sont en revanche essentiellement imputables aux crédits d'impôt récupérables pour les parents isolés en Espagne (jusqu'à 64 % du SM). On observe des écarts marqués entre les pays de l'OCDE en ce qui concerne le niveau des prestations en espèces. Elles représentent environ un quart ou plus des coûts totaux de main-d'œuvre pour les parents isolés à bas faible revenu et/ou les couples mariés avec deux enfants et un seul salaire en Australie, au Canada, au Chili, au Danemark, en Irlande, en Lituanie, en Nouvelle-Zélande et en Pologne.

Le coin fiscal marginal est relativement uniforme sur toute l'échelle des revenus dans certains pays en raison de l'uniformité des taux des cotisations de sécurité sociale et de l'impôt sur le revenu des personnes physiques. Les célibataires sans enfant sont soumis à un coin fiscal marginal uniforme sur les revenus compris entre 50 % et 250 % du SM en République tchèque (44.7 %) et en Hongrie (43.2 %). En Colombie, le coin fiscal marginal appliqué aux célibataires sans enfants ainsi qu'aux trois autres catégories de foyer est nul pour toute l'échelle des revenus, car aucun impôt sur le revenu des personnes physiques n'est acquitté à ce niveau de rémunération. En outre, les cotisations d'assurance retraite, d'assurance maladie et au titre des risques liés à l'emploi sont considérées comme des paiements obligatoires non fiscaux (PONF),[3] et ne sont donc pas comptabilisées comme des impôts dans les calculs des *Impôts sur les salaires*. Le coin fiscal marginal est aussi relativement constant en Islande et en Lituanie. En Islande, le coin fiscal marginal est de 40.1 % sur les gains inférieurs à 121 % du SM, de 45.9 % sur les gains à 122 % du SM, puis de 47.6 % sur les gains compris entre 128 % et 250 % du SM. En Lituanie, il est de 44.1 % sur les gains inférieurs à 182 % du SM, de 43.0 % sur les gains à hauteur de 183 % du SM et de 40.6 % sur les gains compris entre 184 % et 250 % du SM.

Les cotisations de sécurité sociale sont prélevées à des taux forfaitaires dans de nombreux pays de l'OCDE. Certains d'entre eux appliquent un plafond de rémunération au-dessus duquel les cotisations de sécurité sociale n'augmentent pas. Les écarts de cotisations marginales de sécurité sociale sont généralement identiques pour les quatre catégories de ménages, puisque les taux de cotisation ou les plafonds de revenu ne varient pas selon la situation maritale ou le nombre d'enfants à charge. Néanmoins, en Hongrie, les cotisations marginales de sécurité sociale sont plus élevées pour les ménages avec enfant à bas revenus en raison de l'impact de la suppression des déductions fiscales pour enfant à charge lorsque les revenus augmentent. Les familles dont l'assiette globale de l'impôt sur le revenu des personnes physiques est insuffisante pour leur permettre de prétendre au montant maximal des déductions fiscales accordées pour enfant à charge peuvent déduire la somme non imputée de leurs cotisations de retraite et d'assurance maladie. Aux Pays-Bas, en revanche, les cotisations marginales de sécurité sociale sont moins élevées pour les parents isolés à bas revenus du fait de l'éligibilité de ces ménages à un crédit d'impôt pour parents isolés dont le niveau maximum est atteint à 51.9 % du SM en 2021.

Dans l'intervalle de revenu de 50 % à 250 % du SM, les taux marginaux des cotisations patronales de sécurité sociale deviennent nuls en raison du plafond de rémunération en Allemagne (à 163 % du SM), en Espagne (à 183 % du SM), au Luxembourg (à 197 % du SM) et aux Pays-Bas (à 112 % du SM). Les taux marginaux des cotisations salariales de sécurité sociale deviennent nuls en Allemagne (à 163 % du SM), en Autriche (à 156 % du SM), en Espagne (à 183 % du SM), aux Pays-Bas (à 205 % du SM) et en Suède (à 114 % du SM). Au Canada, le taux marginal des cotisations patronales de sécurité sociale devient nul à 103 % du SM. On observe néanmoins une variation brutale à 99% du SM. La contribution santé de l'Ontario, dont le calcul se fonde sur un barème de revenu, est un montant fixe qui varie lorsque le contribuable change de tranche de revenu.

En outre, les taux marginaux des cotisations patronales et/ou salariales de sécurité sociale diminuent parfois en pourcentage des coûts totaux de main-d'œuvre à certains niveaux de l'échelle des salaires à mesure que le revenu augmente. C'est le cas en Allemagne, en Autriche, en Belgique, au Canada, en Corée, aux États-Unis, en France, au Japon, au Luxembourg, aux Pays-Bas, au Royaume-Uni et en Suisse. Cette diminution est marquée au Japon, où les taux marginaux des cotisations salariales et patronales de sécurité sociale passent respectivement de 12.53 % à 4.99 % et de 13.31 % à 5.85 % pour les gains supérieurs à 151 % du SM ; au Luxembourg, où les taux marginaux des cotisations salariales de sécurité sociale passent de 10.94 % à 1.40 % pour les gains supérieurs à 196 % du SM ; au Royaume- Uni où les taux marginaux des cotisations salariales de sécurité sociale passent de 10.54 % à 1.76 % pour les gains supérieurs à 114 % du SM ; et aux États-Unis, où les taux marginaux des cotisations patronales et salariales de sécurité sociale passent de 7.11 % à 1.43 % pour les gains supérieurs à 226 % du SM.

En Slovénie, les taux marginaux des cotisations patronales de sécurité sociale sont négatifs jusqu'à 59% du SM parce que l'employeur s'acquitte de cotisations supplémentaires sur les gains inférieurs au seuil de revenu minimal pour la sécurité sociale. Cette pénalité diminue à mesure que les gains augmentent et disparaît totalement lorsque les revenus du salarié atteignent le seuil de revenu minimal pour la sécurité sociale. Les taux marginaux négatifs des cotisations patronales de sécurité sociale découlent de la diminution des cotisations supplémentaires.

Les contribuables supportent des taux marginaux nets d'imposition des personnes physiques et des coins fiscaux d'environ 70 % ou plus dans plusieurs pays de l'OCDE à certains niveaux de revenu. Tel est le cas des contribuables sans enfant en Autriche, en Belgique, au Chili, en Italie, au Luxembourg, au Mexique et au Portugal. Ces taux s'appliquent aussi aux familles avec enfants en Australie, en Autriche, en Belgique, au Canada, au Chili, en Espagne, en Grèce, en Irlande, en Islande, en Italie, au Japon, en Lituanie, au Mexique, en Nouvelle-Zélande, en Pologne, au Portugal, au Royaume-Uni, en Slovénie et en Turquie. Dans de nombreux pays, ces taux d'imposition marginaux élevés résultent en partie d'une réduction des prestations, abattements ou crédits d'impôt ciblant les contribuables à bas revenus à mesure que le revenu augmente.

Le mouvement de zigzag des pressions fiscales marginales qui transparaît de certains graphiques se produit lorsque les modifications des impôts, des cotisations de sécurité sociale et/ou des prestations consécutives à de faibles augmentations du revenu varient de manière discontinue sur l'échelle des revenus. Tel est le cas en Allemagne, au Luxembourg, en Suède et en Suisse à cause des règles d'arrondi ; et en raison des caractéristiques discrètes du crédit d'impôt dans le cadre du système PAYE (prélèvement à la source), du crédit d'impôt pour conjoint à charge et des allocations familiales en Italie.

Australie 2021: décomposition du coin fiscal moyen

en fonction du salaire brut exprimé en % du salaire moyen

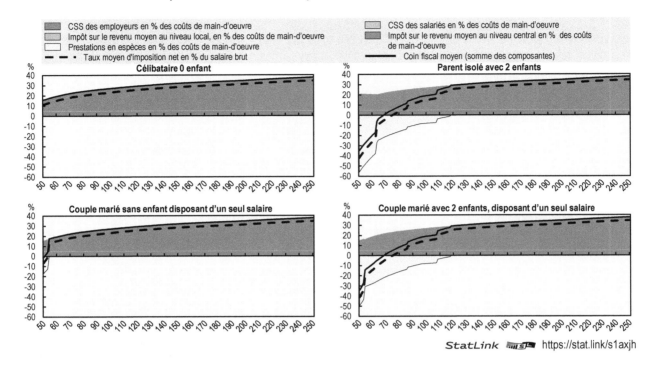

StatLink https://stat.link/s1axjh

Australie 2021: décomposition du coin fiscal marginal

en fonction du salaire brut exprimé en % du salaire moyen

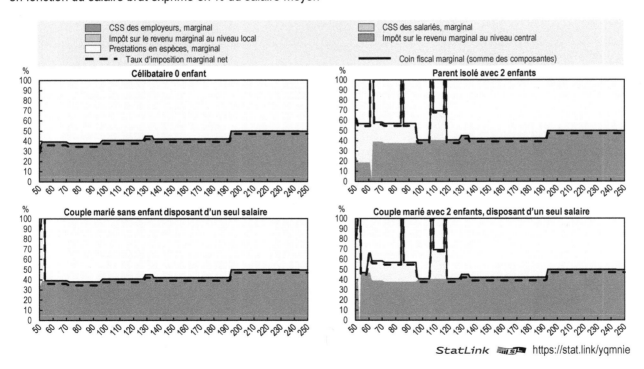

StatLink https://stat.link/yqmnie

Autriche 2021: décomposition du coin fiscal moyen

en fonction du salaire brut exprimé en % du salaire moyen

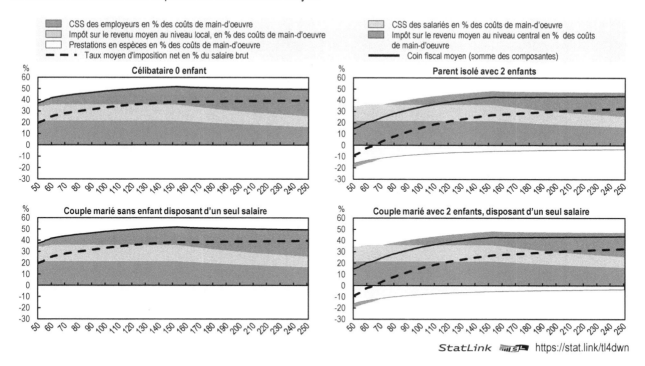

StatLink https://stat.link/tl4dwn

Autriche 2021: décomposition du coin fiscal marginal

en fonction du salaire brut exprimé en % du salaire moyen

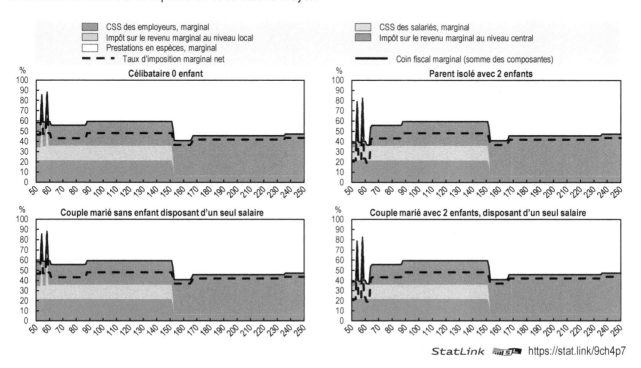

StatLink https://stat.link/9ch4p7

Belgique 2021: décomposition du coin fiscal moyen

en fonction du salaire brut exprimé en % du salaire moyen

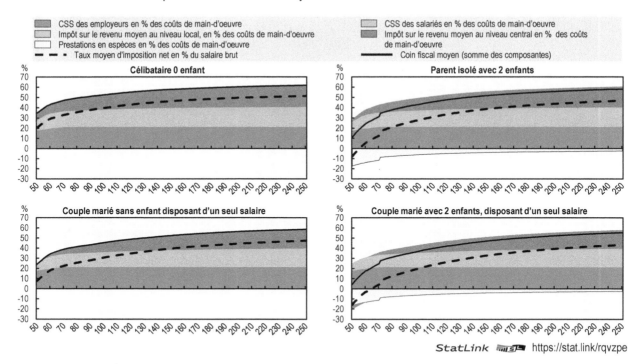

StatLink https://stat.link/rqvzpe

Belgique 2021: décomposition du coin fiscal marginal

en fonction du salaire brut exprimé en % du salaire moyen

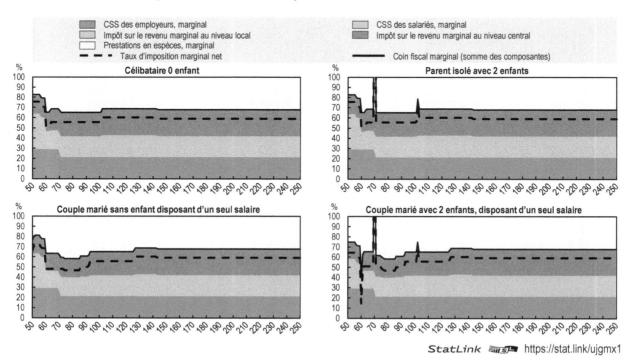

StatLink https://stat.link/ujgmx1

Canada 2021: décomposition du coin fiscal moyen

en fonction du salaire brut exprimé en % du salaire moyen

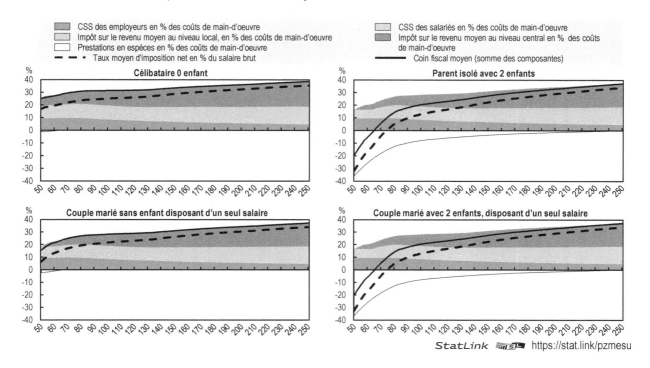

StatLink ⧉ https://stat.link/pzmesu

Canada 2021: décomposition du coin fiscal marginal

en fonction du salaire brut exprimé en % du salaire moyen

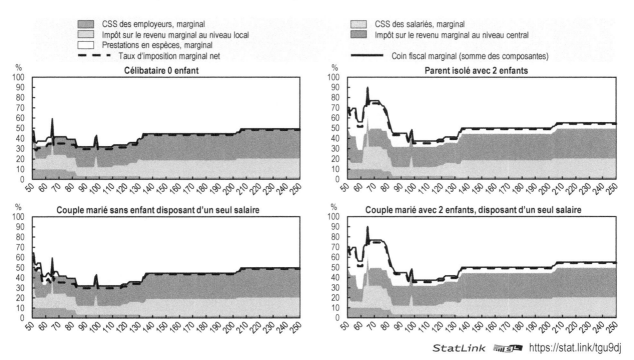

StatLink ⧉ https://stat.link/tgu9dj

Chili 2021: décomposition du coin fiscal moyen

en fonction du salaire brut exprimé en % du salaire moyen

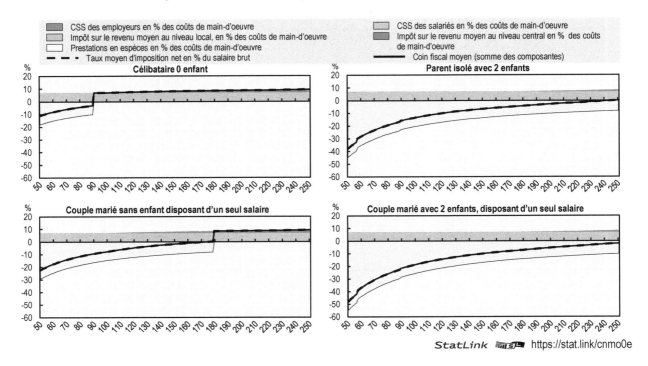

StatLink ᠁⬛ https://stat.link/cnmo0e

Chili 2021: décomposition du coin fiscal marginal

en fonction du salaire brut exprimé en % du salaire moyen

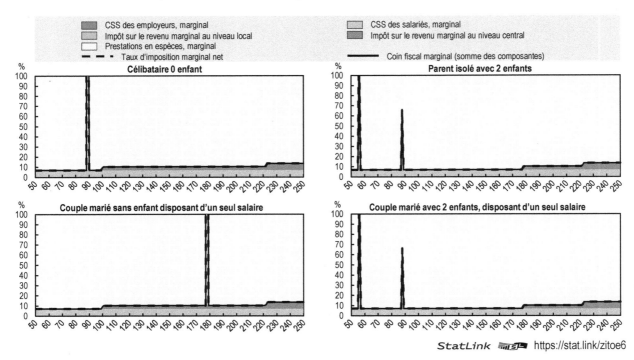

StatLink ᠁⬛ https://stat.link/zitoe6

Colombie 2021: décomposition du coin fiscal moyen

en fonction du salaire brut exprimé en % du salaire moyen

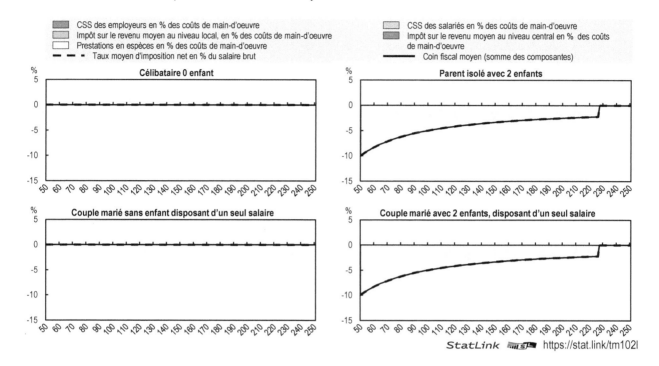

Colombie 2021: décomposition du coin fiscal marginal

en fonction du salaire brut exprimé en % du salaire moyen

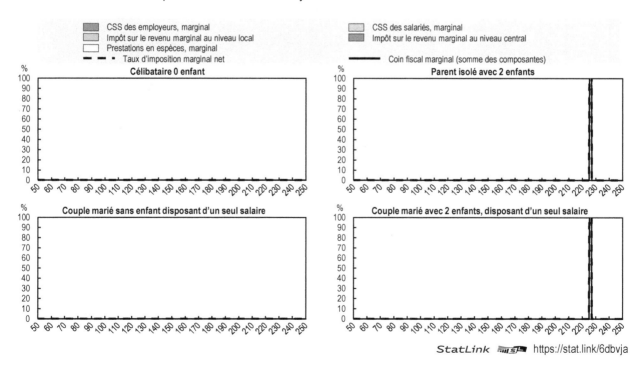

Costa Rica 2021: décomposition du coin fiscal moyen

en fonction du salaire brut exprimé en % du salaire moyen

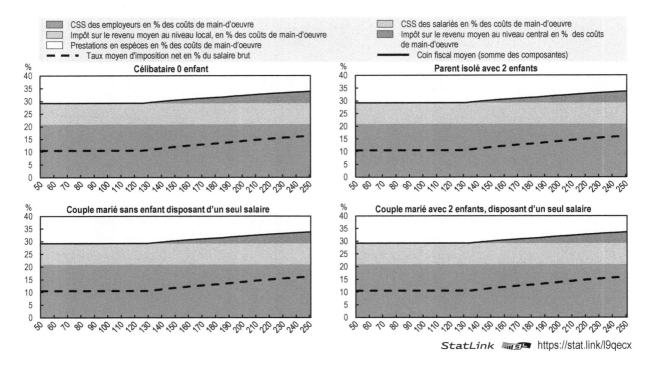

Costa Rica 2021: décomposition du coin fiscal marginal

en fonction du salaire brut exprimé en % du salaire moyen

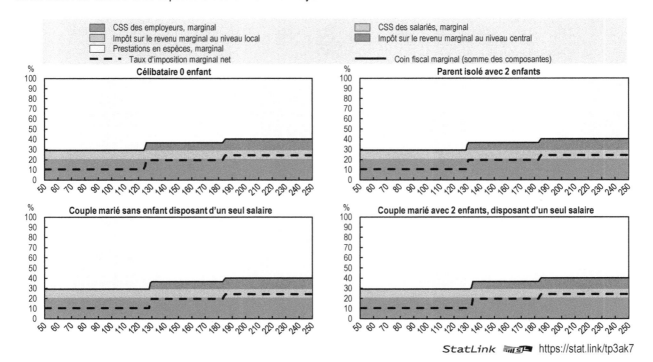

République tchèque 2021: décomposition du coin fiscal moyen

en fonction du salaire brut exprimé en % du salaire moyen

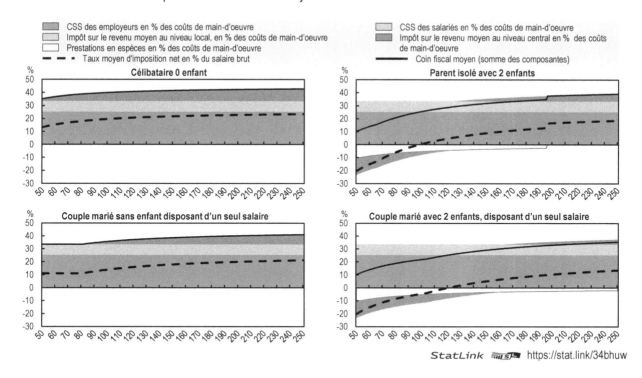

StatLink https://stat.link/34bhuw

République tchèque 2021: décomposition du coin fiscal marginal

en fonction du salaire brut exprimé en % du salaire moyen

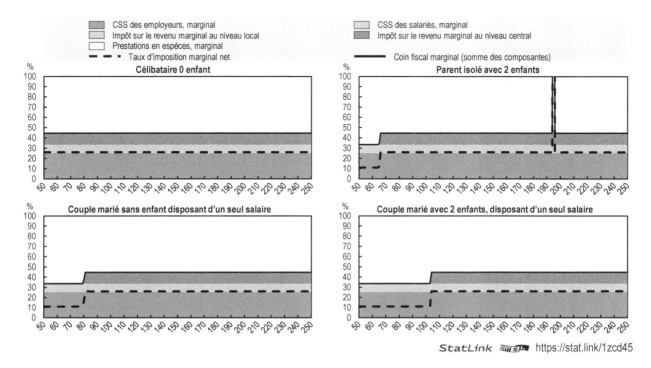

StatLink https://stat.link/1zcd45

Danemark 2021: décomposition du coin fiscal moyen

en fonction du salaire brut exprimé en % du salaire moyen

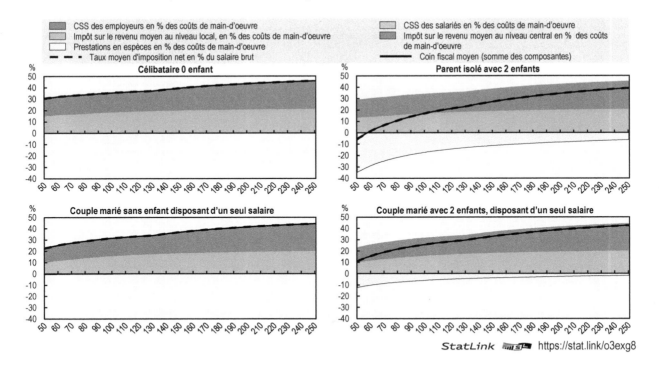

Danemark 2021: décomposition du coin fiscal marginal

en fonction du salaire brut exprimé en % du salaire moyen

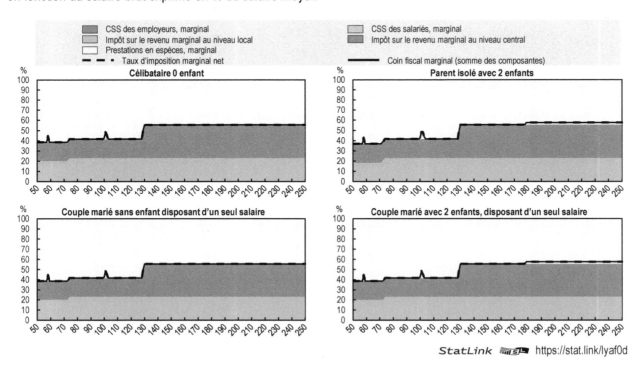

Estonie 2021: décomposition du coin fiscal moyen

en fonction du salaire brut exprimé en % du salaire moyen

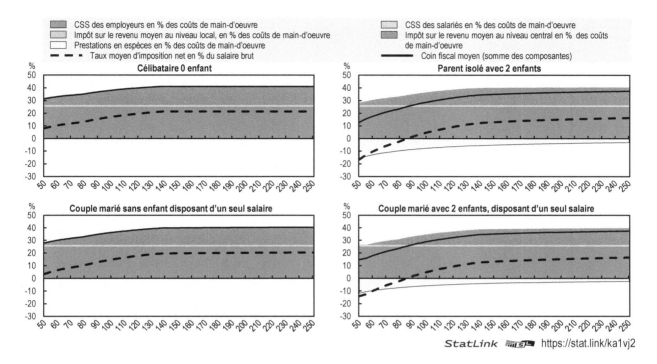

StatLink ⬛ⅷⅼ https://stat.link/ka1vj2

Estonie 2021: décomposition du coin fiscal marginal

en fonction du salaire brut exprimé en % du salaire moyen

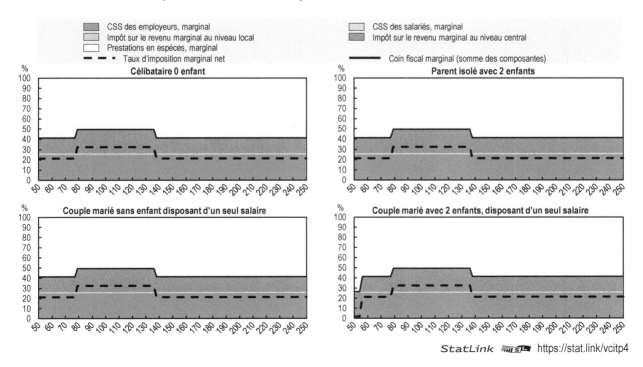

StatLink ⬛ⅷⅼ https://stat.link/vcitp4

Finlande 2021: décomposition du coin fiscal moyen

en fonction du salaire brut exprimé en % du salaire moyen

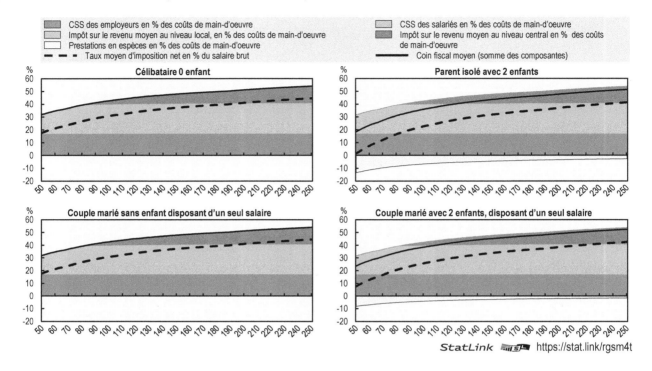

StatLink 🔗 https://stat.link/rgsm4t

Finlande 2021: décomposition du coin fiscal marginal

en fonction du salaire brut exprimé en % du salaire moyen

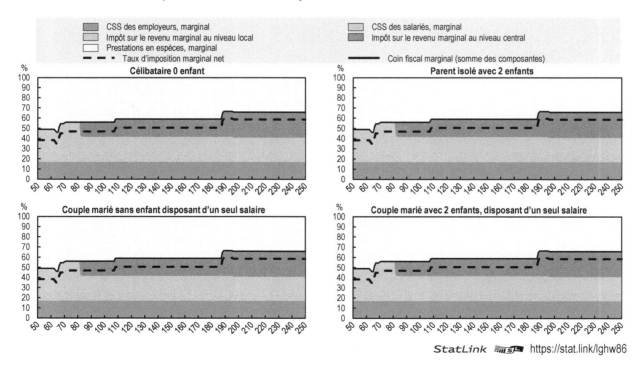

StatLink 🔗 https://stat.link/lghw86

France 2021: décomposition du coin fiscal moyen

en fonction du salaire brut exprimé en % du salaire moyen

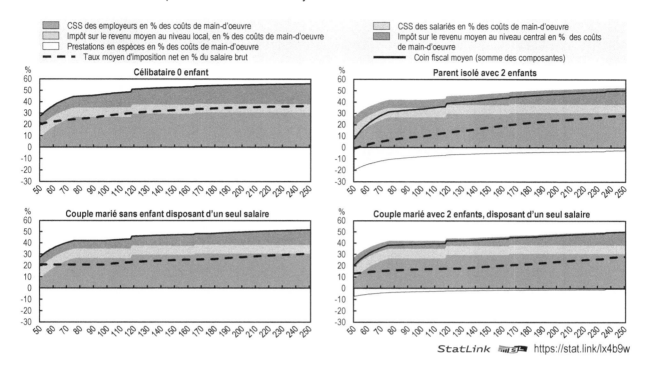

France 2021: décomposition du coin fiscal marginal

en fonction du salaire brut exprimé en % du salaire moyen

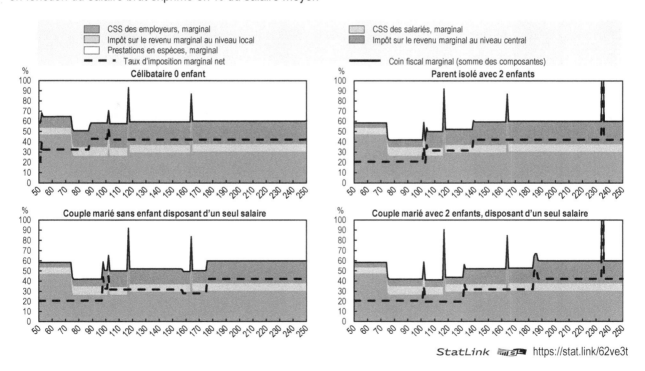

Allemagne 2021: décomposition du coin fiscal moyen

en fonction du salaire brut exprimé en % du salaire moyen

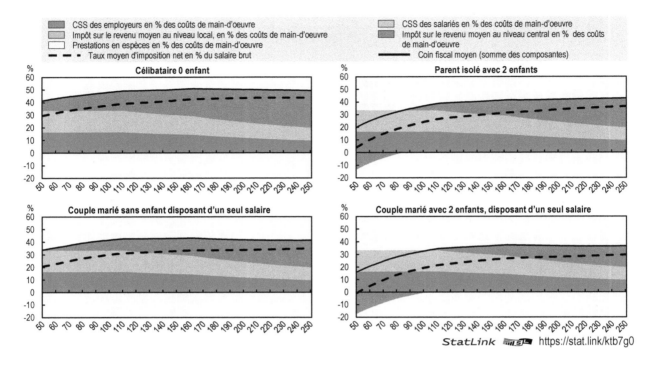

Allemagne 2021: décomposition du coin fiscal marginal

en fonction du salaire brut exprimé en % du salaire moyen

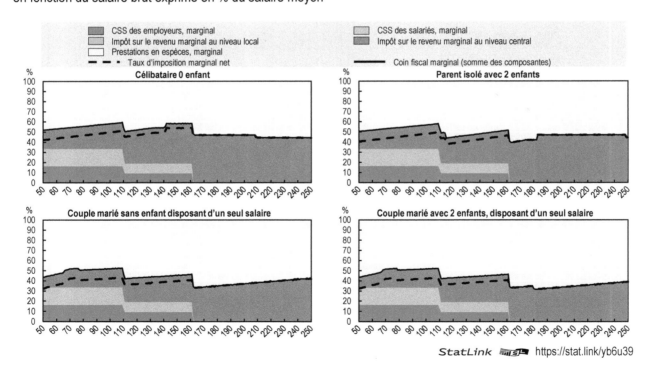

Grèce 2021: décomposition du coin fiscal moyen

en fonction du salaire brut exprimé en % du salaire moyen

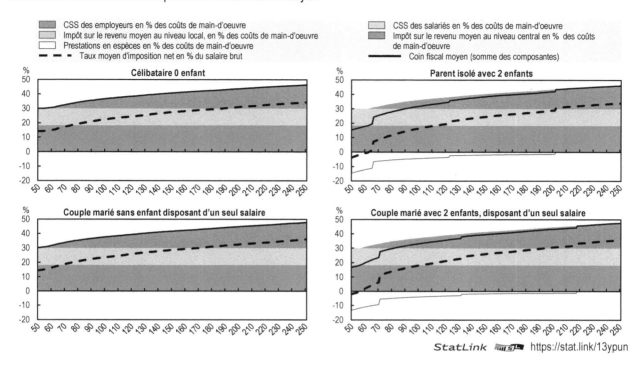

StatLink https://stat.link/13ypun

Grèce 2021: décomposition du coin fiscal marginal

en fonction du salaire brut exprimé en % du salaire moyen

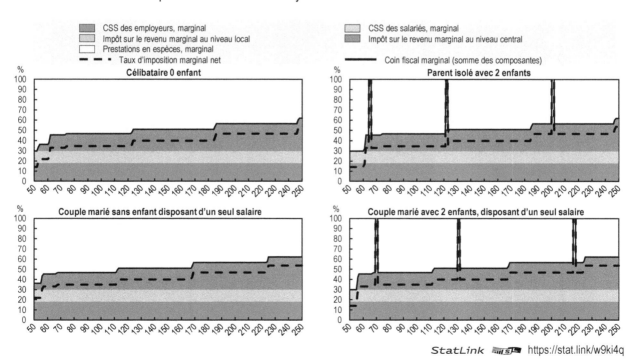

StatLink https://stat.link/w9ki4q

Hongrie 2021: décomposition du coin fiscal moyen

en fonction du salaire brut exprimé en % du salaire moyen

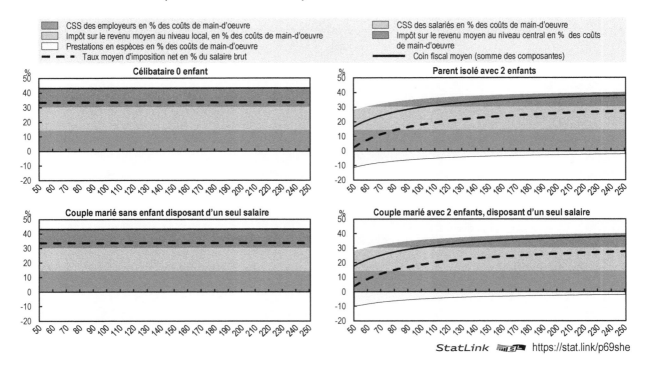

StatLink https://stat.link/p69she

Hongrie 2021: décomposition du coin fiscal marginal

en fonction du salaire brut exprimé en % du salaire moyen

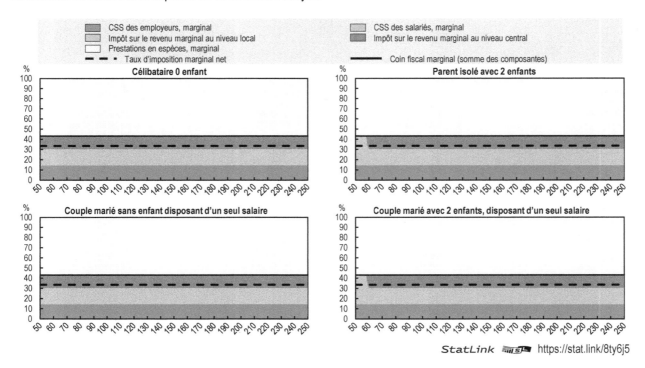

StatLink https://stat.link/8ty6j5

Islande 2021: décomposition du coin fiscal moyen

en fonction du salaire brut exprimé en % du salaire moyen

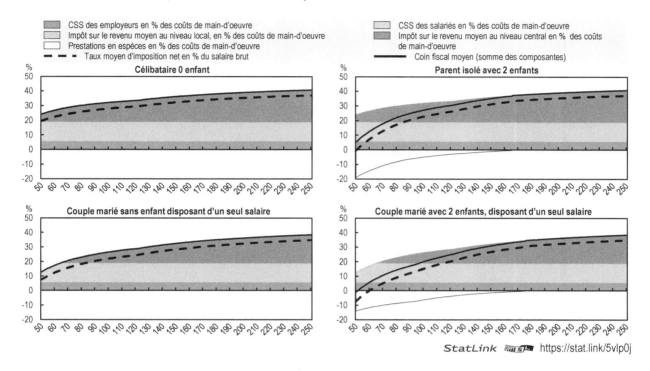

StatLink ⬛ https://stat.link/5vlp0j

Islande 2021: décomposition du coin fiscal marginal

en fonction du salaire brut exprimé en % du salaire moyen

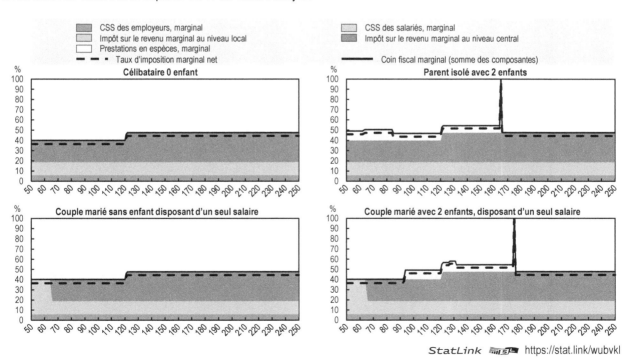

StatLink ⬛ https://stat.link/wubvkl

Irlande 2021: décomposition du coin fiscal moyen

en fonction du salaire brut exprimé en % du salaire moyen

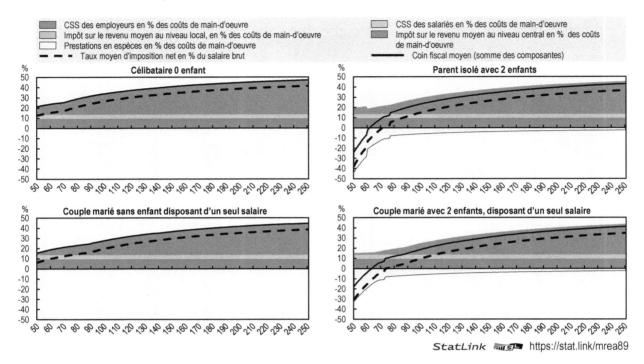

StatLink 🔗 https://stat.link/mrea89

Irlande 2021: décomposition du coin fiscal marginal

en fonction du salaire brut exprimé en % du salaire moyen

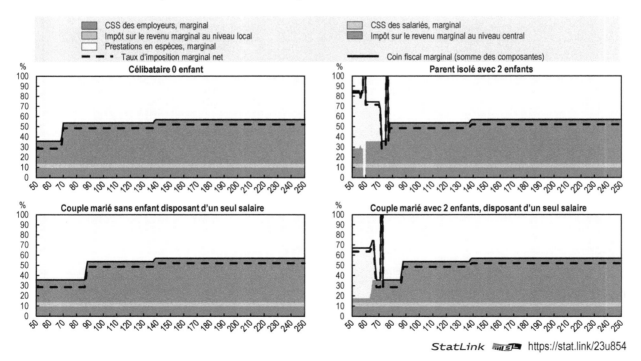

StatLink 🔗 https://stat.link/23u854

Israël 2021: décomposition du coin fiscal moyen

en fonction du salaire brut exprimé en % du salaire moyen

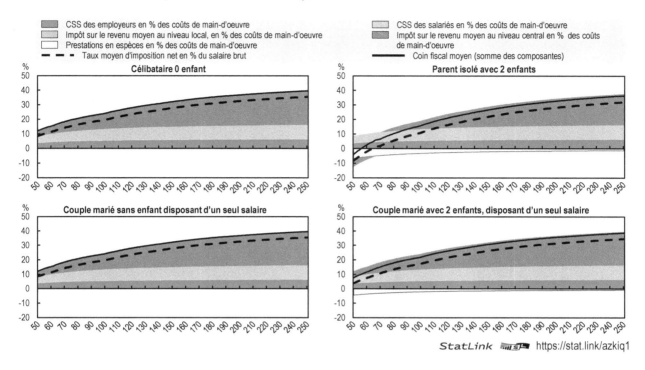

StatLink ⬛ https://stat.link/azkiq1

Israël 2021: décomposition du coin fiscal marginal

en fonction du salaire brut exprimé en % du salaire moyen

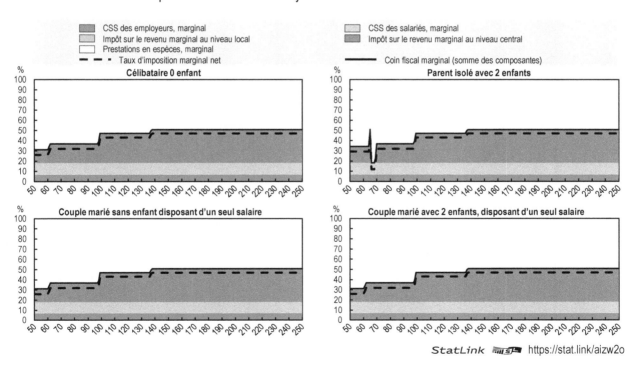

StatLink ⬛ https://stat.link/aizw2o

Italie 2021: décomposition du coin fiscal moyen

en fonction du salaire brut exprimé en % du salaire moyen

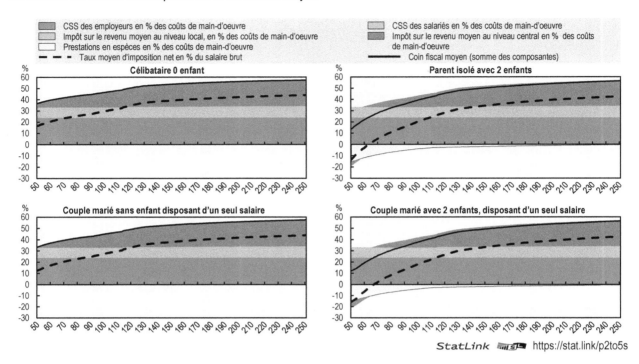

StatLink https://stat.link/p2to5s

Italie 2021: décomposition du coin fiscal marginal

en fonction du salaire brut exprimé en % du salaire moyen

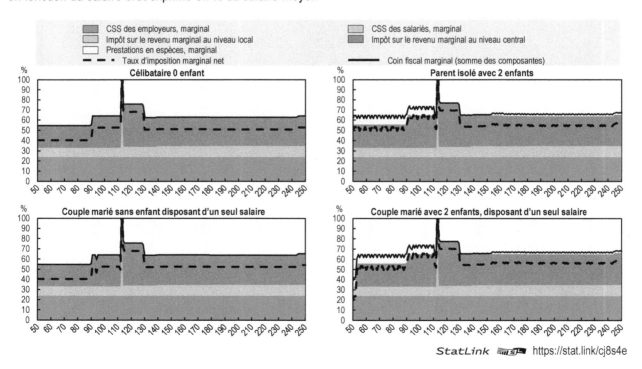

StatLink https://stat.link/cj8s4e

Japon 2021: décomposition du coin fiscal moyen

en fonction du salaire brut exprimé en % du salaire moyen

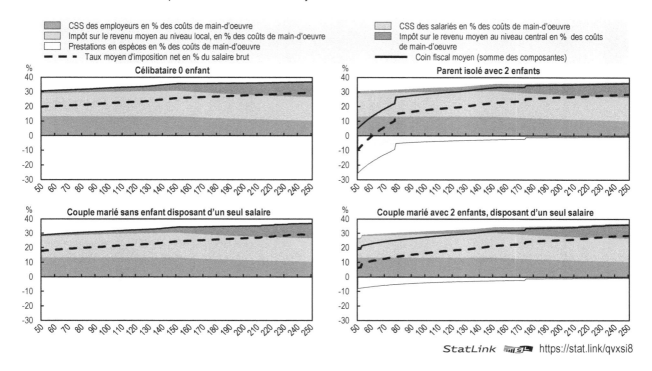

StatLink https://stat.link/qvxsi8

Japon 2021: décomposition du coin fiscal marginal

en fonction du salaire brut exprimé en % du salaire moyen

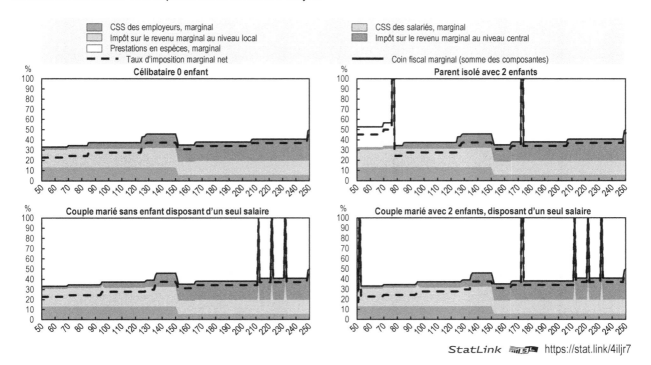

StatLink https://stat.link/4iljr7

Corée 2021: décomposition du coin fiscal moyen

en fonction du salaire brut exprimé en % du salaire moyen

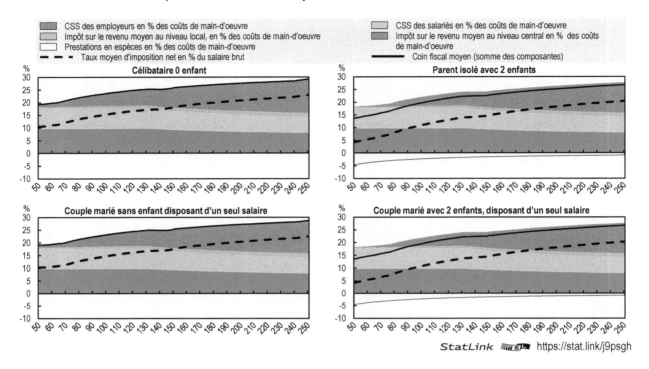

StatLink https://stat.link/j9psgh

Corée 2021: décomposition du coin fiscal marginal

en fonction du salaire brut exprimé en % du salaire moyen

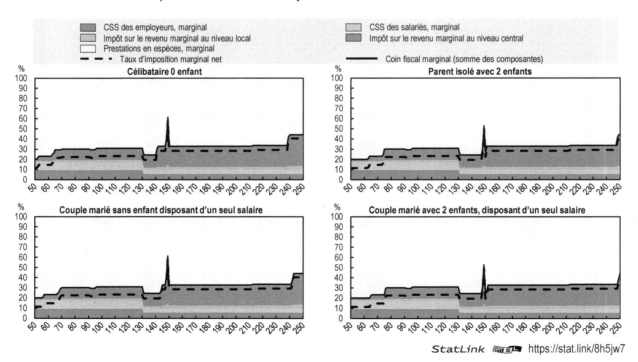

StatLink https://stat.link/8h5jw7

Lettonie 2021: décomposition du coin fiscal moyen

en fonction du salaire brut exprimé en % du salaire moyen

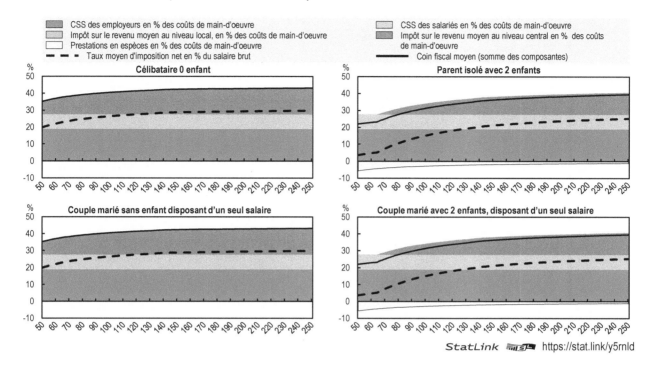

StatLink https://stat.link/y5rnld

Lettonie 2021: décomposition du coin fiscal marginal

en fonction du salaire brut exprimé en % du salaire moyen

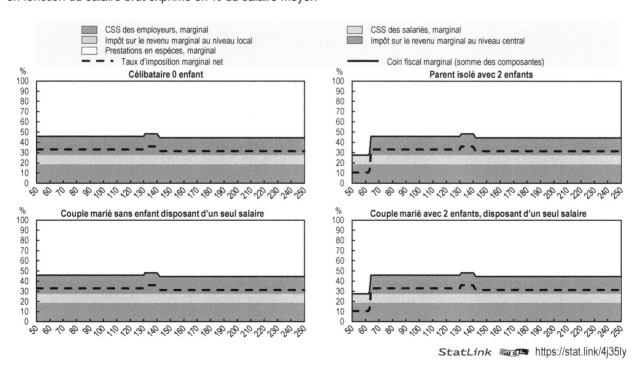

StatLink https://stat.link/4j35ly

Lituanie 2021: décomposition du coin fiscal moyen

en fonction du salaire brut exprimé en % du salaire moyen

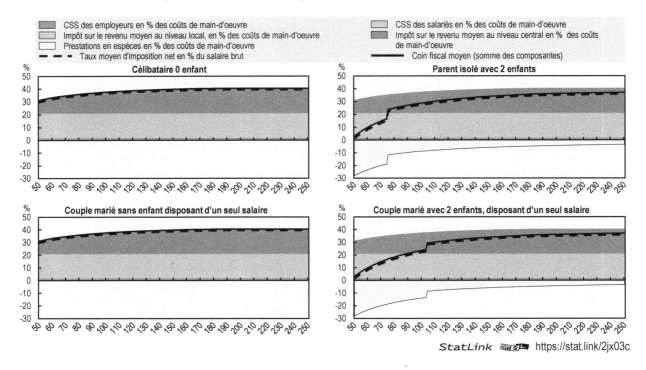

StatLink ᐧᐧᐧᐧ https://stat.link/2jx03c

Lituanie 2021: décomposition du coin fiscal marginal

en fonction du salaire brut exprimé en % du salaire moyen

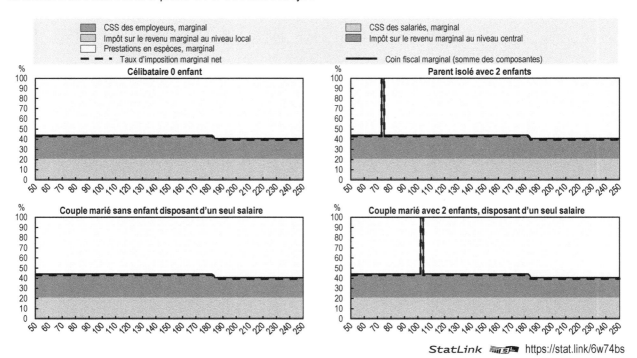

StatLink ᐧᐧᐧᐧ https://stat.link/6w74bs

Luxembourg 2021: décomposition du coin fiscal moyen

en fonction du salaire brut exprimé en % du salaire moyen

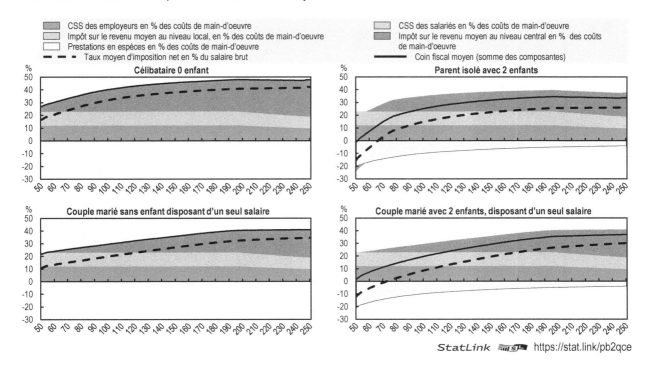

StatLink ⟶ https://stat.link/pb2qce

Luxembourg 2021: décomposition du coin fiscal marginal

en fonction du salaire brut exprimé en % du salaire moyen

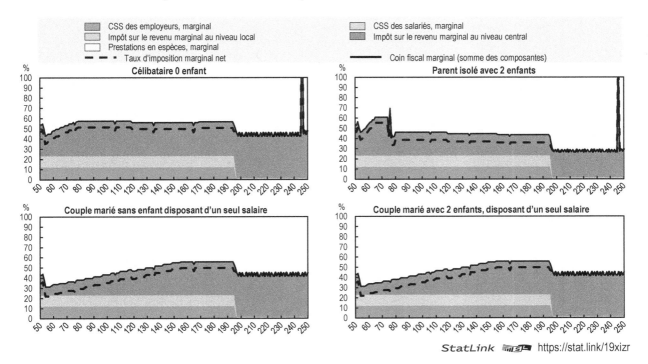

StatLink ⟶ https://stat.link/19xizr

Mexique 2021: décomposition du coin fiscal moyen

en fonction du salaire brut exprimé en % du salaire moyen

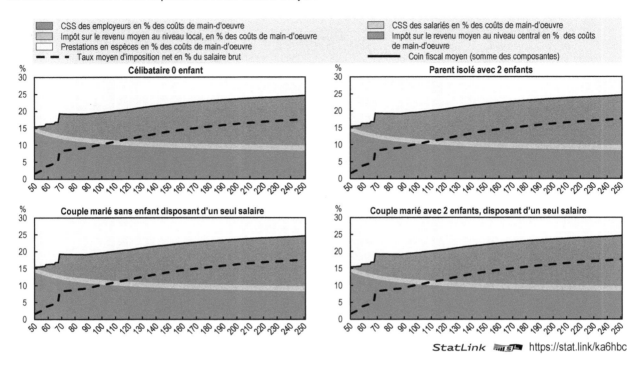

StatLink https://stat.link/ka6hbc

Mexique 2021: décomposition du coin fiscal marginal

en fonction du salaire brut exprimé en % du salaire moyen

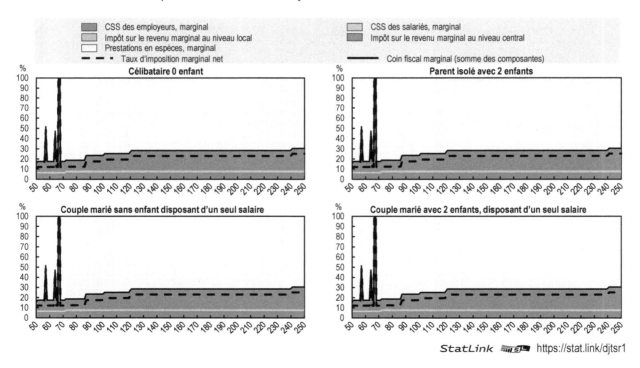

StatLink https://stat.link/djtsr1

Pays-Bas 2021: décomposition du coin fiscal moyen

en fonction du salaire brut exprimé en % du salaire moyen

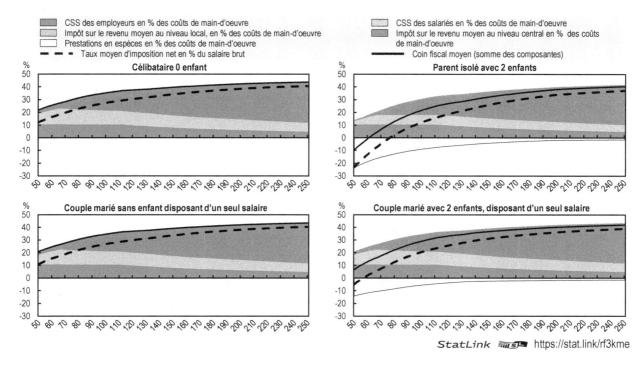

StatLink 🔗 https://stat.link/rf3kme

Pays-Bas 2021: décomposition du coin fiscal marginal

en fonction du salaire brut exprimé en % du salaire moyen

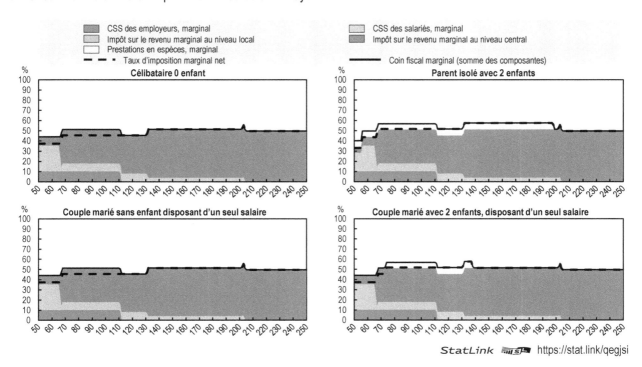

StatLink 🔗 https://stat.link/qegjsi

Nouvelle-Zélande 2021: décomposition du coin fiscal moyen

en fonction du salaire brut exprimé en % du salaire moyen

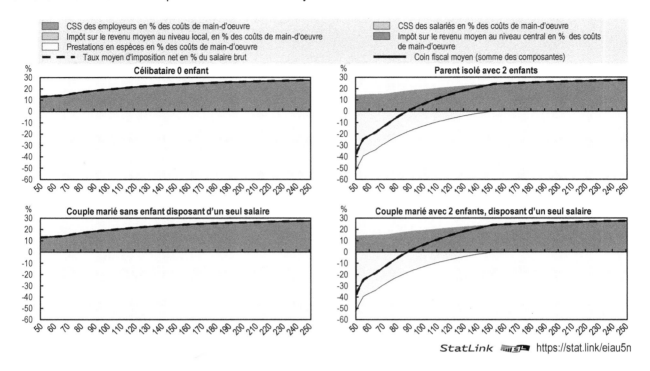

Nouvelle-Zélande 2021: décomposition du coin fiscal marginal

en fonction du salaire brut exprimé en % du salaire moyen

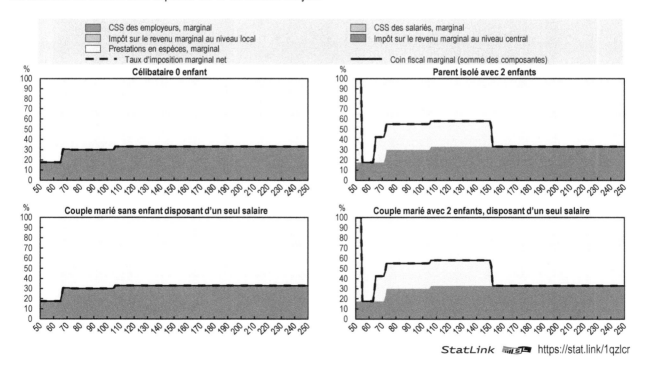

Norvège 2021: décomposition du coin fiscal moyen

en fonction du salaire brut exprimé en % du salaire moyen

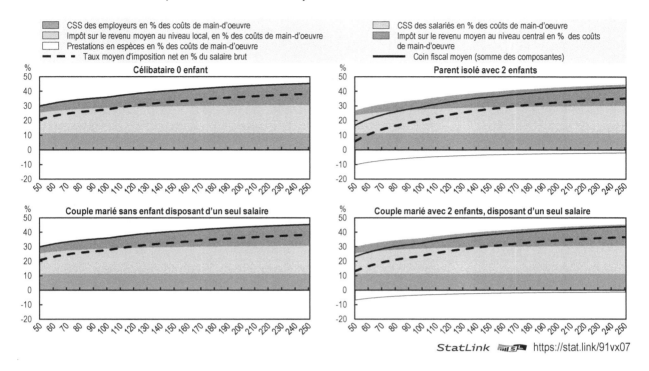

Norvège 2021: décomposition du coin fiscal marginal

en fonction du salaire brut exprimé en % du salaire moyen

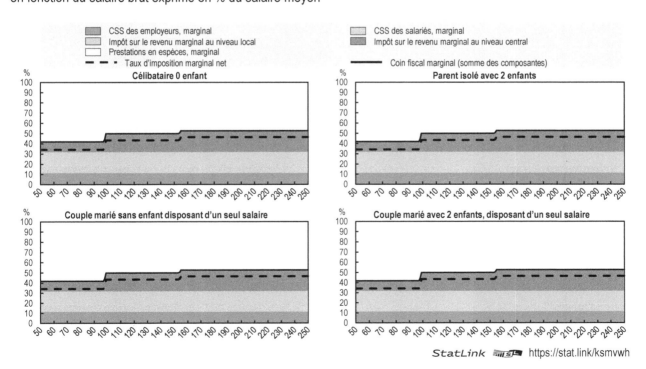

Pologne 2021: décomposition du coin fiscal moyen

en fonction du salaire brut exprimé en % du salaire moyen

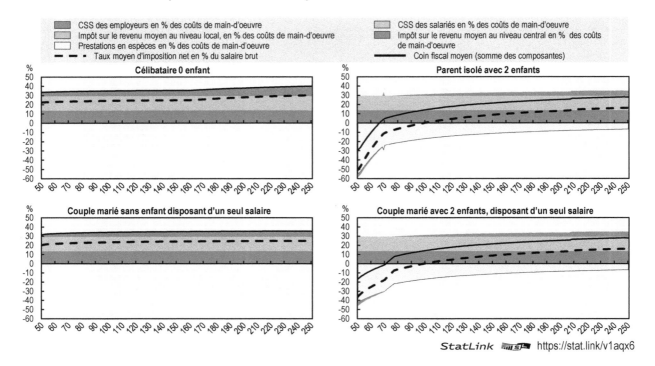

StatLink https://stat.link/v1aqx6

Pologne 2021: décomposition du coin fiscal marginal

en fonction du salaire brut exprimé en % du salaire moyen

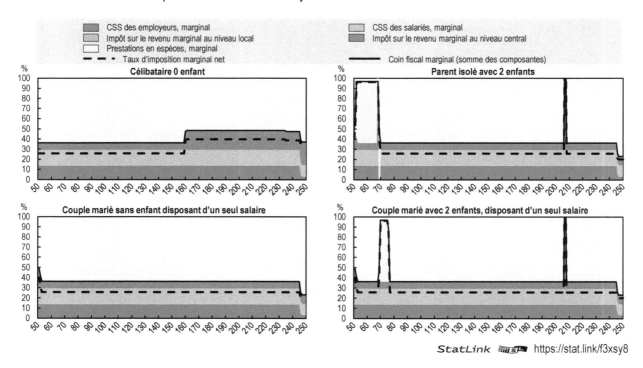

StatLink https://stat.link/f3xsy8

Portugal 2021: décomposition du coin fiscal moyen

en fonction du salaire brut exprimé en % du salaire moyen

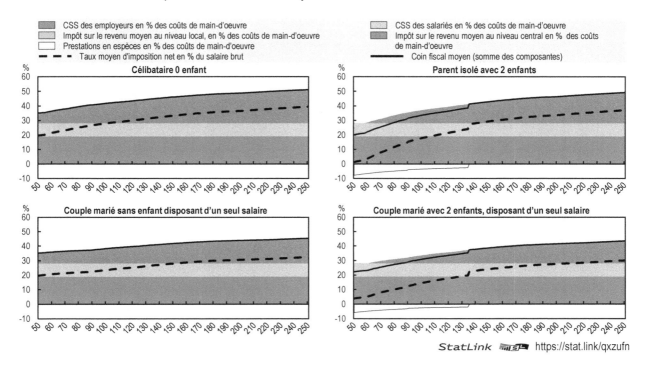

StatLink https://stat.link/qxzufn

Portugal 2021: décomposition du coin fiscal marginal

en fonction du salaire brut exprimé en % du salaire moyen

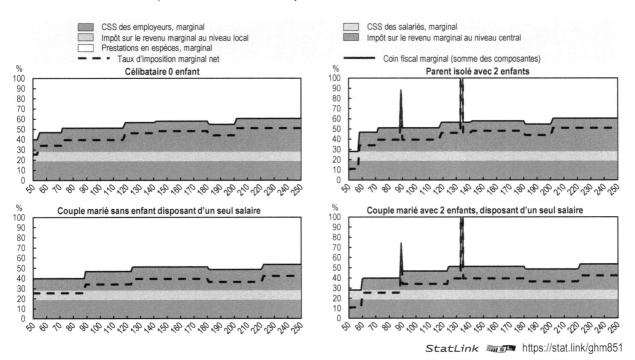

StatLink https://stat.link/ghm851

République slovaque 2021: décomposition du coin fiscal moyen

en fonction du salaire brut exprimé en % du salaire moyen

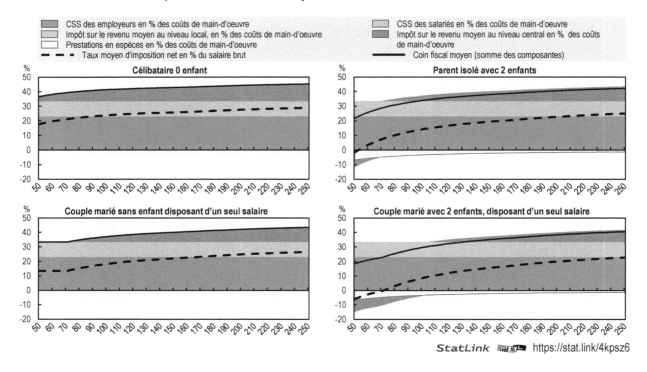

StatLink https://stat.link/4kpsz6

République slovaque 2021: décomposition du coin fiscal marginal

en fonction du salaire brut exprimé en % du salaire moyen

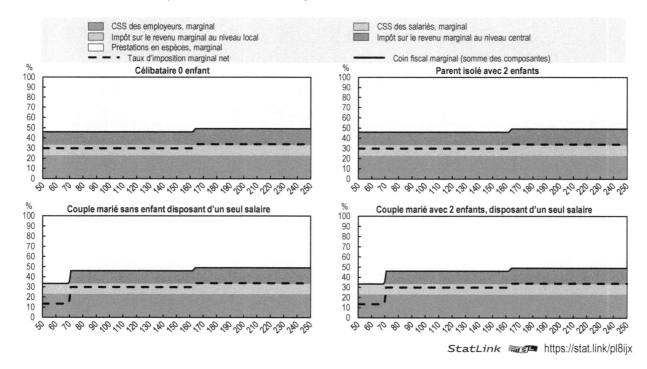

StatLink https://stat.link/pl8ijx

Slovénie 2021: décomposition du coin fiscal moyen

en fonction du salaire brut exprimé en % du salaire moyen

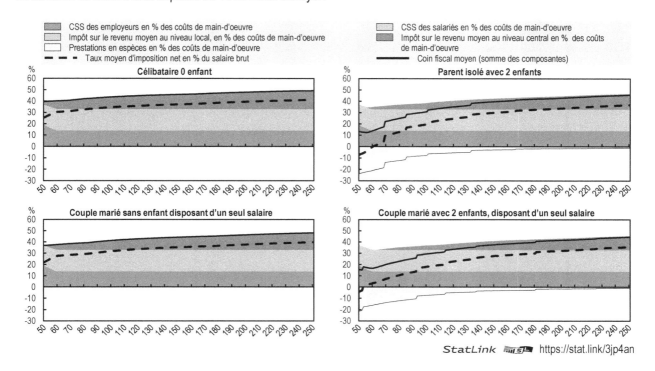

StatLink https://stat.link/3jp4an

Slovénie 2021: décomposition du coin fiscal marginal

en fonction du salaire brut exprimé en % du salaire moyen

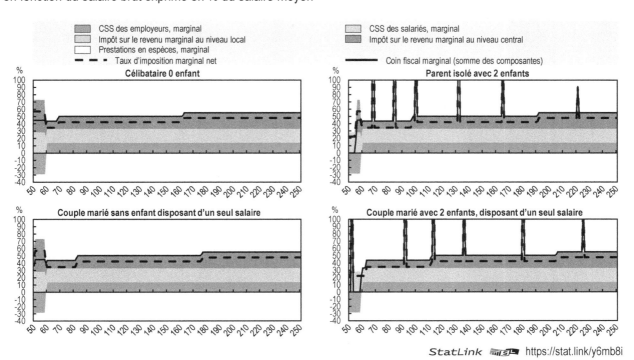

StatLink https://stat.link/y6mb8i

Espagne 2021: décomposition du coin fiscal moyen

en fonction du salaire brut exprimé en % du salaire moyen

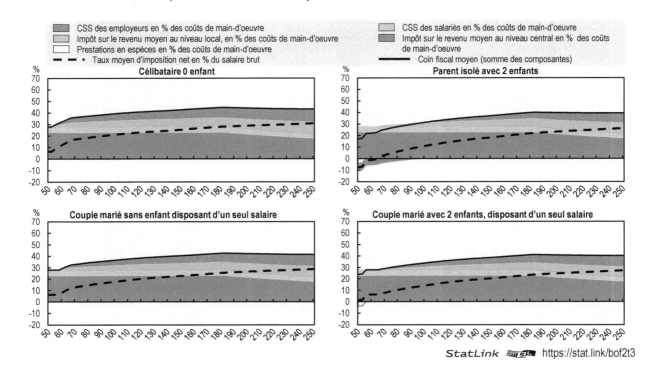

StatLink https://stat.link/bof2t3

Espagne 2021: décomposition du coin fiscal marginal

en fonction du salaire brut exprimé en % du salaire moyen

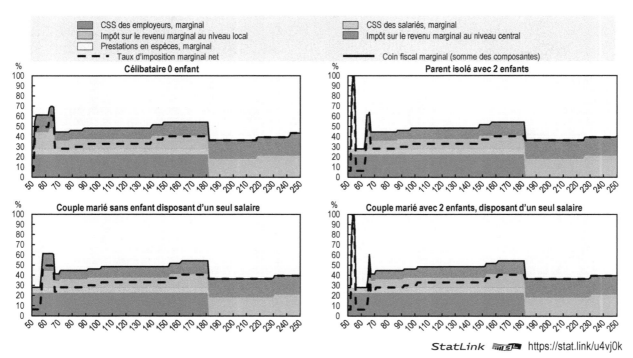

StatLink https://stat.link/u4vj0k

Suède 2021: décomposition du coin fiscal moyen

en fonction du salaire brut exprimé en % du salaire moyen

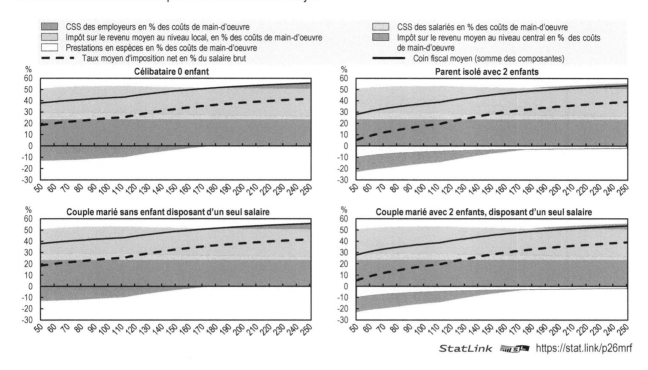

StatLink ≋≋ https://stat.link/p26mrf

Suède 2021: décomposition du coin fiscal marginal

en fonction du salaire brut exprimé en % du salaire moyen

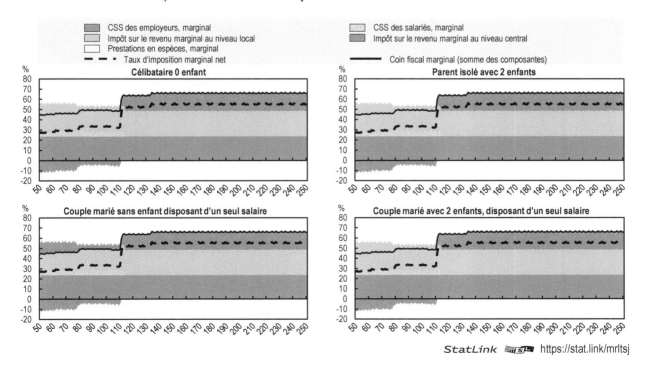

StatLink ≋≋ https://stat.link/mrltsj

Suisse 2021: décomposition du coin fiscal moyen

en fonction du salaire brut exprimé en % du salaire moyen

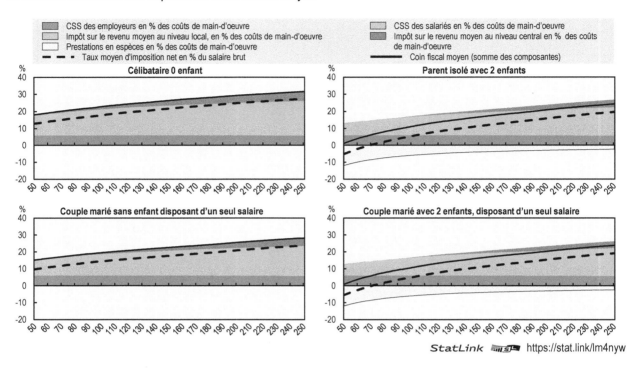

StatLink 🖳 https://stat.link/lm4nyw

Suisse 2021: décomposition du coin fiscal marginal

en fonction du salaire brut exprimé en % du salaire moyen

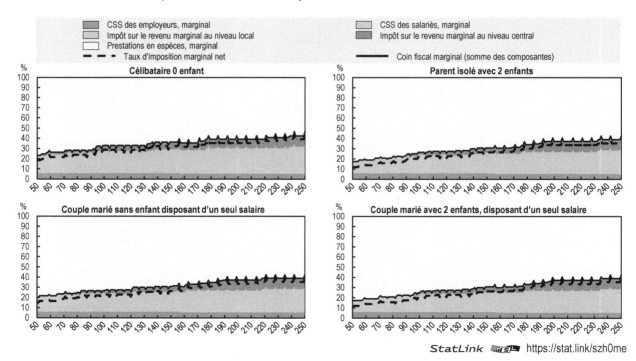

StatLink 🖳 https://stat.link/szh0me

Turquie 2021: décomposition du coin fiscal moyen

en fonction du salaire brut exprimé en % du salaire moyen

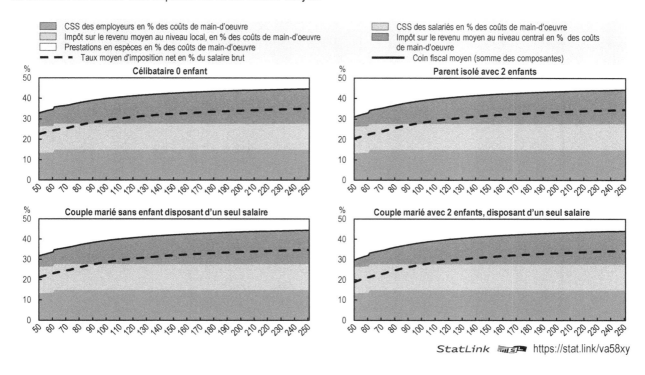

Turquie 2021: décomposition du coin fiscal marginal

en fonction du salaire brut exprimé en % du salaire moyen

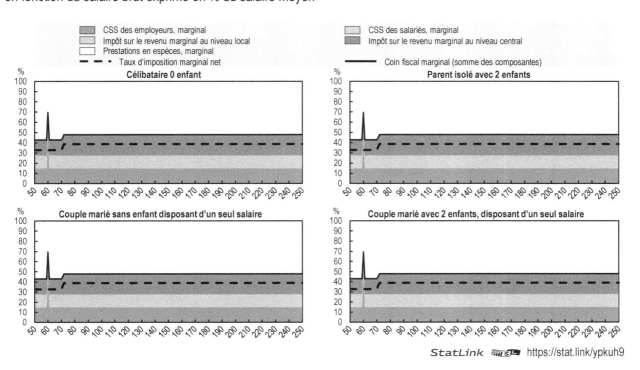

Royaume-Uni 2021: décomposition du coin fiscal moyen

en fonction du salaire brut exprimé en % du salaire moyen

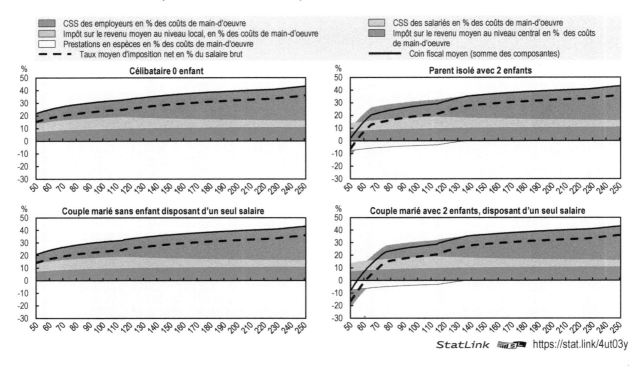

Royaume-Uni 2021: décomposition du coin fiscal marginal

en fonction du salaire brut exprimé en % du salaire moyen

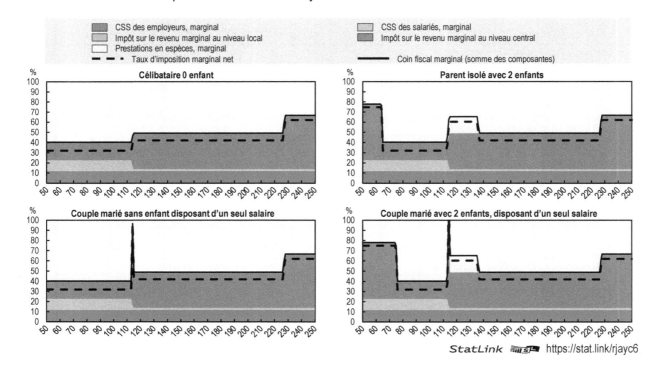

États-Unis 2021: décomposition du coin fiscal moyen

en fonction du salaire brut exprimé en % du salaire moyen

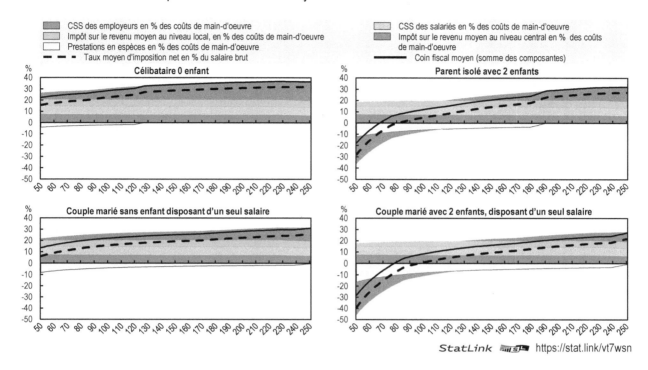

StatLink https://stat.link/vt7wsn

États-Unis 2021: décomposition du coin fiscal marginal

en fonction du salaire brut exprimé en % du salaire moyen

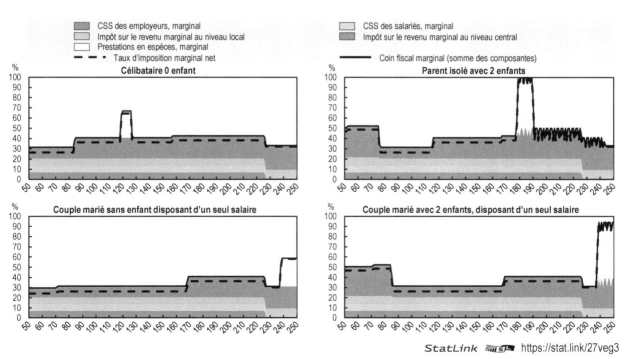

StatLink https://stat.link/27veg3

Notes

[1] Les coins fiscaux marginaux figurant dans les graphiques sont calculés d'une manière légèrement différente de celle adoptée pour les taux d'imposition marginaux figurant dans le reste de la publication *Les Impôts sur les salaires*. Dans cette publication, les taux marginaux sont généralement calculés en majorant les salaires bruts d'une unité monétaire (excepté pour le conjoint d'un couple marié disposant d'un seul salaire dont les gains augmentent de 67 % du salaire moyen). Cependant la démarche fondée sur l'ajout d'une unité monétaire exige que l'on calcule les taux marginaux pour chaque unité monétaire à l'intérieur de la tranche de revenu représentée dans les graphiques ; à défaut, il ne serait pas correct de relier les différents points de données dans la mesure où on ne disposerait pas des données pour les niveaux de revenu situés entre les différents points. Pour réduire le nombre de calculs à effectuer, les taux marginaux qui sont présentés dans les graphiques sont calculés en majorant les salaires bruts d'un point de pourcentage, au lieu d'une unité monétaire, si bien que chaque ligne du graphique se compose de 200 points de données.

[2] Même si cela n'apparaît pas sur les graphiques, les impôts sur le revenu prélevés par les administrations centrales sont négatifs jusqu'à 58 % du SM pour les parents isolés et les couples avec ou sans enfants.

[3] En Colombie, le régime général de sécurité sociale pour les soins de santé est financé par des fonds publics et privés. Le système de retraite est un hybride de deux systèmes différents : un régime de retraite à cotisations définies et entièrement capitalisé, et un régime par répartition. Chacune de ces contributions est obligatoire et plus de 50 % du total des contributions sont versés à des fonds privés. Elles sont par conséquent considérées comme des paiements obligatoires non fiscaux (PONF) (pour de plus amples informations à ce sujet, se reporter à la Partie II du Rapport). En outre, tous les paiements au titre des risques liés à l'emploi sont versés à des fonds privés, et sont également considérés comme des PONF. Les PONF existent aussi dans d'autres pays (voir https://www.oecd.org/tax/tax-policy/tax-database/).

5 Charges fiscales 2020 (et variations entre 2020 et 2021)

Ce chapitre présente les résultats des mesures de la charge fiscale pesant sur les revenus du travail en 2020 pour les huit catégories de foyer étudiées. Il contient les tableaux 5.1 à 5.13, qui présentent un certain nombre de mesures de la charge fiscale moyenne (coin fiscal, taux d'imposition des personnes physiques, taux net d'imposition des personnes physiques, taux de l'impôt sur le revenu des personnes physiques et taux des cotisations salariales de sécurité sociale) et marginale (coin fiscal et taux net d'imposition des personnes physiques). Les résultats de deux indicateurs de la progressivité de l'impôt sont également examinés : mesures de l'élasticité de l'impôt basée sur le salaire brut et les coûts de main-d'œuvre.

Les formats des tableaux sont identiques aux tableaux 3.1 à 3.13 examinés dans le chapitre 3 portant sur les résultats de la charge fiscale pesant sur les revenus du travail en 2021. Ce chapitre compare les deux séries de tableaux et analyse les évolutions de la charge fiscale survenues entre 2020 et 2021.

Les commentaires qui suivent relatifs aux évolutions de la charge fiscale et du taux marginal d'imposition entre 2020 et 2021 concernent deux des huit catégories de foyer visées par les modèles des *Impôts sur les salaires* : les célibataires sans enfant percevant le salaire moyen (colonne 2 des tableaux) et les couples mariés ayant deux enfants et disposant d'un seul revenu égal au salaire moyen (colonne 5). En comparant les colonnes 1, 3 à 4 et 6 à 8 des tableaux, on obtiendra les résultats pour les six autres catégories de foyer. En général, on ne signalera dans ce chapitre que les variations dépassant un point pour les taux effectifs moyens et cinq points pour les taux effectifs marginaux. La plupart d'entre elles s'expliquent par des réformes fiscales ou des modifications apportées aux systèmes fiscaux. La Partie II du Rapport, intitulée « Informations détaillées par pays, 2021 », donne des précisions sur les systèmes fiscaux des différents pays.

Le Tableau 5.1 indique le coin fiscal total (qui correspond à l'impôt sur le revenu des personnes physiques majoré des cotisations de sécurité sociale [CSS] salariales et patronales et diminué des prestations en espèces) par catégorie de foyer et en pourcentage des coûts de main-d'œuvre (salaire brut plus CSS patronales [y compris les taxes sur les salaires]) en 2020. Dans la majorité des pays, les variations, entre 2020 et 2021, de l'écart entre les coûts totaux de main-d'œuvre et le salaire net disponible correspondant étaient comprises entre plus ou moins un point.

Si l'on compare la colonne 2 des tableaux 3.1 et 5.1, le coin fiscal moyen, pour un travailleur célibataire percevant le salaire moyen, est resté inchangé entre 2020 et 2021 dans la zone OCDE, à 34.6 %. Il a diminué de plus d'un point en République tchèque (4.1 points), en Grèce (2.2 points), en Lettonie (1.7 point) et en Australie (1.3 point). En République tchèque, cette baisse s'explique par une évolution de l'assiette de l'IRPP en 2021, passée du revenu d'emploi, CSS patronales comprises, au seul revenu brut. En Grèce, la diminution est principalement due à la suspension des cotisations de solidarité versées aux travailleurs du secteur privé en réponse à la crise du COVID-19 et à la baisse des taux de CSS patronales et salariales. En Lettonie, la diminution s'explique par une hausse des abattements fiscaux, une baisse de l'impôt sur le revenu des personnes physiques et une baisse des taux de CSS patronales et salariales. En Australie, la baisse s'explique par le relèvement des seuils de revenu au sein des tranches d'imposition, qui a conduit à l'imposition d'une part plus importante des revenus à un taux inférieur à celui de 2020, et à une baisse des taxes sur les salaires entre 2020 et 2021. Le coin fiscal moyen a augmenté d'un point ou plus aux États-Unis (1.2 point), en Finlande (1.3 point) et en Israël (1.0 point). En Finlande, cette augmentation s'explique par une hausse du taux des CSS et de l'impôt sur le revenu. Aux États-Unis, elle est due à la conjonction d'une hausse de l'IRPP et d'une baisse des prestations en espèces. En Israël, elle s'explique par la suppression du crédit d'impôt unique au titre des revenus du travail accordé en 2020 en réponse à la crise du COVID-19.

Si l'on compare la colonne 5 des tableaux 3.1 et 5.1, le coin fiscal moyen pour les couples mariés disposant d'un seul revenu a baissé de 0.4 point entre 2020 et 2021 dans la zone OCDE, passant de 25.0 % à 24.6 %. Cinq pays ont connu des baisses supérieures à un point : l'Australie, le Chili, les États-Unis, la Grèce et la République tchèque. Au Chili (-25.5 points), cette baisse du coin fiscal moyen s'explique par la mise en place de la prestation en espèces à caractère temporaire versée au titre du Revenu familial d'urgence (*Ingreso Familiar de Emergencia)*, qui augmente en fonction du nombre de membres du foyer. En République tchèque (5.0 points), la baisse s'explique par la modification de l'assiette de l'IRPP. En Grèce (2.4 points), elle est due à la suppression des cotisations de solidarité versées aux travailleurs du secteur privé et à la baisse des taux de CSS patronales et salariales, comme évoqué ci-dessus. En Australie (1.7 point), elle s'explique par le relèvement des seuils de revenu au sein des tranches d'imposition et par une baisse des taxes sur les salaires. Aux États-Unis (1.6 point), le coin fiscal moyen a diminué sous l'effet de la hausse des crédits d'impôt remboursables pour enfant à charge et de la baisse du taux des cotisations patronales d'assurance chômage dans le Michigan (passée de 3.06 % en 2020 à 2.9 % en 2021).

Le Tableau 5.2 indique la charge cumulée de l'impôt sur le revenu des personnes physiques et des CSS salariales sous la forme de taux moyens d'imposition des personnes physiques en pourcentage du salaire brut en 2020. Pour les travailleurs célibataires rémunérés au salaire moyen, cette charge a diminué de plus d'un point entre 2020 et 2021 au Mexique (1.02[1] point), en Grèce (1.51 point), en Lettonie (1.85 point) et en République tchèque (5.51 points). Pour les couples ayant deux enfants et disposant d'un seul revenu, le taux moyen d'imposition des personnes physiques a diminué de plus d'un point au Mexique (1.02 point), en Grèce (1.64 point), aux États-Unis (2.52 points) et en République tchèque (4.98 points). Au Mexique, ce taux a diminué sous l'effet de modifications apportées au barème de l'impôt sur le revenu. En Grèce, la diminution s'explique par la suspension des cotisations de solidarité et la baisse des taux de CSS salariales évoquées ci-dessus. Aux États-Unis, elle est due, pour l'essentiel, à l'augmentation des crédits d'impôt remboursables pour enfant à charge. En République tchèque, elle s'explique par une évolution de l'assiette de l'IRPP en 2021, passée du revenu d'emploi, CSS patronales comprises, au seul revenu brut. En Israël, les taux moyens d'imposition des personnes physiques en pourcentage du salaire ont augmenté de 1.0 point pour les travailleurs célibataires percevant 100 % du salaire moyen, ainsi que pour les couples mariés ayant deux enfants et disposant d'un seul revenu, en raison de la suppression du crédit d'impôt unique. En Estonie, ils ont également augmenté de 1.26 point pour les couples mariés disposant d'un seul revenu en raison de la baisse des abattements fiscaux due à l'augmentation des revenus.

Le Tableau 5.3 indique la charge cumulée de l'impôt sur le revenu des personnes physiques et des CSS salariales diminués du montant des prestations en espèces en pourcentage du salaire brut en 2021, ce qui mesure le taux moyen net d'imposition des personnes physiques. Si l'on compare la colonne 2 des tableaux 3.3 et 5.3, pour les travailleurs célibataires rémunérés au salaire moyen, on constate que le taux moyen net d'imposition des personnes physiques a diminué de plus d'un point entre 2020 et 2021 au Mexique (1.02 point), en Grèce (1.51 point), en Lettonie (1.85 point) et en République tchèque (5.51 points). Pour les couples ayant deux enfants et disposant d'un seul revenu, ce taux a diminué de plus d'un point dans six pays : au Mexique (1.02 point), en Australie (1.30 point), en Grèce (1.64 point), aux États-Unis (1.67 point), en République tchèque (6.74 points) et au Chili (25.52 points). Les causes de ces variations ont été examinées ci-dessus pour chacun des pays.

Le Tableau 5.4 donne des informations sur le montant de l'impôt sur le revenu des personnes physiques dû en pourcentage du salaire brut en 2020. Si l'on compare la colonne 2 des tableaux 3.4 et 5.4, dans la plupart des pays de l'OCDE, le taux moyen de l'impôt sur le revenu des personnes physiques applicable aux travailleurs célibataires rémunérés au salaire moyen n'a que légèrement évolué entre 2020 et 2021. Dans la zone OCDE, ce taux a en effet diminué de 0.06 point pour s'établir à 14.94 %. S'agissant des travailleurs célibataires rémunérés au salaire moyen, la baisse est supérieure à un point au Mexique et en Allemagne (1.01 point dans les deux cas), en Lettonie (1.35 point) et en République tchèque (5.51 points). En Allemagne, elle résulte du relèvement des seuils fixés pour le paiement de l'impôt de solidarité, auquel 90 % des contribuables n'ont plus été soumis. Au Mexique, en Lettonie et en République tchèque, la baisse s'explique par les causes déjà évoquées.

En ce qui concerne les couples ayant deux enfants et disposant d'un seul revenu, les variations du taux moyen de l'impôt sur le revenu des personnes physiques ont également été mineures dans la plupart des pays de l'OCDE entre 2020 et 2021. Le taux moyen dans la zone OCDE a diminué de 0.03 point pour s'établir à 9.92 %. On observe néanmoins, pour cette catégorie de foyer, des baisses supérieures à un point dans trois pays : le Mexique (1.01 point), les États-Unis (2.52 points) et la République tchèque (4.98 points). Celles constatées au Mexique et aux États-Unis s'expliquent par les causes déjà évoquées.

Le Tableau 5.5 donne des informations sur les CSS salariales en pourcentage des salaires bruts en 2020. Si l'on compare les colonnes 2 et 5 des tableaux 3.5 et 5.5, on constate une seule variation supérieure à un point tant pour les célibataires que les couples mariés disposant d'un seul revenu entre 2020 et 2021 ; celle-ci a eu lieu en Grèce (1.39 point) et s'explique par la baisse des taux de CSS salariales entre 2020 et 2021. Aucune évolution n'a été observée pour 25 des 38 pays de l'OCDE et, pour le reste d'entre eux, les variations oscillent entre -0.55 et 0.44 point.

Le Tableau 5.6 indique le coin fiscal marginal (taux de l'impôt sur le revenu des personnes physiques majoré des CSS salariales et patronales, ainsi que des taxes sur les salaires, le cas échéant, et diminué des prestations en espèces) en pourcentage des coûts de main-d'œuvre lorsque le salaire brut du principal apporteur a augmenté d'une unité monétaire, en 2020. Si l'on compare les colonnes 2 et 5 respectivement dans les tableaux 3.6 et 5.6, les variations du coin fiscal marginal observées entre 2020 et 2021 restent généralement inférieures à cinq points, exception faite de la Norvège (8.02 points pour les deux catégories de foyer), d'Israël (10.22 points pour les deux catégories de foyer), de la République tchèque (- 15.00 points pour les couples mariés disposant d'un seul revenu) et de la France (-22.53 points pour les couples mariés disposant d'un seul revenu).

En Norvège, le coin fiscal marginal a augmenté du fait d'une hausse inférieure en 2021, par rapport à 2020, des seuils fixés pour l'impôt sur le revenu des personnes physiques. En Israël, le revenu imposable au niveau de salaire moyen est entré dans une tranche d'imposition supérieure, ce qui s'est traduit par une hausse du taux marginal d'imposition des revenus des personnes physiques en 2021. En République tchèque, la baisse du coin fiscal marginal s'explique par le fait qu'en 2021, le principal apporteur a perçu l'intégralité du crédit d'impôt remboursable pour enfant à charge, le montant de l'impôt dû ayant été entièrement épuisé par d'autres crédits d'impôt récupérables, tandis qu'en 2020, le principal apporteur n'avait perçu qu'un montant résiduel de ce crédit d'impôt En France, la diminution du coin fiscal marginal résulte du fait que les prestations liées à l'exercice d'un emploi, qui étaient égales à 0 en 2021, demeurent inchangées lorsque le revenu du travailleur augmente de 1 EUR, alors qu'elles avaient diminué en 2020 avec l'augmentation du revenu.

Le Tableau 5.7 indique le taux marginal de l'impôt sur le revenu des personnes physiques majoré des CSS salariales et diminué des prestations en espèces (le taux marginal net d'imposition des personnes physiques) par catégorie de ménage et niveau de salaire, lorsque le revenu brut du principal apporteur augmente d'une unité monétaire, en 2020. Si l'on compare respectivement les colonnes 2 et 5 des tableaux 3.7 et 5.7, la trajectoire d'évolution des taux marginaux nets d'imposition des personnes physiques intervenue entre 2020 et 2021 est similaire à celle du coin fiscal marginal examinée ci-dessus. On observe des variations au-delà de l'intervalle de plus ou moins cinq points en Israël (+11.00 points pour les deux catégories de foyer), en Norvège (+9.00 points pour les deux catégories de foyer), au Canada (- 5.0 points pour les couples mariés disposant d'un seul revenu), en République tchèque (-20.07 points pour les couples mariés disposant d'un seul revenu et -5.07 points pour les célibataires) et en France (-30.72 points pour les couples mariés disposant d'un seul revenu). En République tchèque, en Israël, en France et en Norvège, ces évolutions s'expliquent par des variations des taux marginaux d'imposition des personnes physiques, comme expliqué dans le paragraphe précédent. Au Canada, la baisse du taux marginal net d'imposition des personnes physiques s'explique par le fait que la catégorie des couples mariés disposant d'un seul revenu n'a plus perçu une prestation en espèces supplémentaire : celle-ci a été versée en 2020, mais pas en 2021 ; par conséquent, le taux marginal ne rend pas compte de l'effet de retrait de cette prestation supplémentaire.

Le Tableau 5.8 indique le pourcentage d'augmentation du revenu net par rapport au pourcentage d'augmentation du revenu brut lorsque celui-ci s'est accru d'une unité monétaire en 2020[2]. Le Tableau 5.9 indique le pourcentage d'augmentation du revenu net par rapport au pourcentage d'augmentation des coûts de main d'œuvre (salaire brut majoré des cotisations patronales de sécurité sociale et des taxes sur les salaires) lorsque ceux-ci s'accroissent d'une unité monétaire[3]. Les résultats présentés dans ces deux tableaux dépendent directement des taux marginaux et moyens d'imposition examinés dans les paragraphes ci-dessus. Les Tableaux Tableau 5.10 à Tableau 5.13 donnent des informations générales sur le niveau des coûts de main-d'œuvre, les salaires bruts et les salaires nets en 2020.

Tableau 5.1. Impôt sur le revenu et cotisations sociales des salariés et employeurs diminués des prestations versées, 2020

En % des coûts de main d'œuvre, par type de foyer et niveau de salaire

	Célibataire sans enf 67 (% SM)	Célibataire sans enf 100 (% SM)	Célibataire sans enf 167 (% SM)	Célibataire 2 enf 67 (% SM)	Couple marié 2 enf 100-0 (% SM)	Couple marié 2 enf 100-67 (% SM)[1]	Couple marié 2 enf 100-100 (% SM)[1]	Couple marié sans enf 100-67 (% SM)[1]
Allemagne	44.7	48.8	51.3	27.6	32.5	41.2	43.9	47.0
Australie	23.3	28.4	34.7	1.2	20.8	26.3	28.4	26.3
Autriche	42.9	47.5	50.9	20.2	32.2	37.1	40.4	45.6
Belgique	45.4	52.2	58.6	27.9	36.4	44.5	48.0	49.5
Canada	27.5	30.9	34.1	-1.4	18.7	26.6	29.0	29.8
Chili	7.0	7.0	8.3	6.1	7.0	6.6	7.0	7.0
Colombie	0.0	0.0	0.0	-7.0	-4.7	-5.6	-4.7	0.0
Corée	20.2	23.4	26.2	14.0	18.5	19.5	21.2	22.1
Costa Rica	29.2	29.2	30.8	29.2	29.2	29.2	29.2	29.2
Danemark	32.5	35.3	40.9	4.3	25.2	30.6	32.3	34.1
Espagne	34.7	39.0	43.4	23.3	33.4	35.6	37.6	37.3
Estonie	33.4	37.3	41.2	18.7	27.6	31.0	33.4	35.7
États-Unis	23.5	27.2	33.8	2.3	10.1	18.9	22.1	25.1
Finlande	34.8	41.4	47.9	24.2	37.0	36.1	39.2	38.7
France	39.7	46.6	53.2	16.7	37.7	40.1	43.5	43.8
Grèce	33.9	38.9	44.8	26.7	35.5	35.8	39.4	38.0
Hongrie	43.6	43.6	43.6	22.7	30.2	35.6	36.9	43.6
Irlande	24.9	33.7	42.2	6.0	18.5	26.1	30.6	29.7
Islande	29.1	32.5	37.4	17.1	19.5	30.4	32.2	31.1
Israël	16.2	23.1	32.9	3.6	20.8	16.7	20.1	19.9
Italie	40.9	46.9	54.2	24.8	37.4	40.6	44.1	44.5
Japon	31.2	32.6	35.2	16.7	27.3	29.6	30.5	32.0
Lettonie	38.7	42.3	42.9	23.6	32.1	34.7	37.2	40.8
Lituanie	33.5	37.1	40.0	9.1	20.7	29.8	32.2	35.7
Luxembourg	31.7	39.5	46.2	10.9	18.6	28.3	33.0	34.5
Mexique	19.4	20.4	23.4	19.4	20.4	20.0	20.4	20.0
Norvège	32.7	35.8	41.5	22.4	32.2	32.4	34.0	34.5
Nouvelle-Zélande	14.1	19.3	24.6	-17.2	5.8	17.2	19.3	17.2
Pays-Bas	28.7	36.1	41.2	5.5	29.6	28.2	32.0	33.1
Pologne	34.1	34.8	35.4	-3.8	13.1	21.9	24.3	34.5
Portugal	37.3	41.5	47.0	24.0	30.4	36.7	39.1	39.6
République slovaque	39.0	41.3	43.2	29.2	30.4	36.5	38.0	40.4
République tchèque	41.8	44.0	45.8	22.8	26.8	35.5	37.7	43.2
Royaume-Uni	26.0	30.9	37.2	9.4	26.4	26.6	28.9	28.9
Slovénie	40.2	43.1	46.0	15.2	28.5	35.8	38.9	42.0
Suède	40.5	42.7	50.3	32.7	37.4	38.7	40.0	41.8
Suisse	19.7	22.5	27.1	5.1	10.1	16.4	18.9	22.3
Turquie	36.2	39.5	42.8	34.9	37.9	37.6	39.0	38.2
Moyenne non pondérée								
OCDE-Moyenne	30.8	34.6	39.0	14.9	25.0	29.2	31.5	33.1
OCDE-UE 22	37.1	41.5	45.9	18.7	29.6	34.6	37.3	39.7

Note : enf = enfant
1. Couple disposant de deux salaires.

StatLink https://stat.link/lao1i8

Tableau 5.2. Impôt sur le revenu et cotisations sociales des salariés, 2020

En % du salaire brut, par type de foyer et niveau de salaire

	Célibataire sans enf 67 (% SM)	Célibataire sans enf 100 (% SM)	Célibataire sans enf 167 (% SM)	Célibataire 2 enf 67 (% SM)	Couple marié 2 enf 100-0 (% SM)	Couple marié 2 enf 100-67 (% SM)[1]	Couple marié 2 enf 100-100 (% SM)[1]	Couple marié sans enf 100-67 (% SM)[1]
Allemagne	33.7	38.6	43.3	13.2	19.1	29.5	32.8	36.4
Australie	18.7	24.1	30.8	18.7	24.1	21.9	24.1	21.9
Autriche	26.8	32.7	38.0	15.7	25.2	26.7	29.7	30.3
Belgique	31.3	39.3	47.4	25.4	27.3	34.5	37.8	36.1
Canada	20.8	24.6	29.9	13.9	21.2	23.1	24.6	23.1
Chili	7.0	7.0	8.3	7.0	7.0	7.0	7.0	7.0
Colombie	0.0	0.0	0.0	0.0	0.0	0.0	0.0	0.0
Corée	11.6	15.1	19.0	9.8	13.2	12.8	14.4	13.7
Costa Rica	10.5	10.5	12.4	10.5	10.5	10.5	10.5	10.5
Danemark	32.6	35.4	40.9	30.9	31.5	34.3	35.4	34.3
Espagne	15.2	20.7	26.5	0.3	13.5	16.3	18.9	18.5
Estonie	10.9	16.1	21.3	7.7	11.5	12.7	15.1	14.0
États-Unis	21.5	24.3	29.1	4.1	12.5	18.0	20.6	22.5
Finlande	22.6	30.4	38.2	22.6	30.4	27.3	30.4	27.3
France	23.2	27.2	33.3	20.8	20.8	23.0	25.1	25.5
Grèce	17.6	23.9	31.3	16.7	24.6	22.0	24.6	22.8
Hongrie	33.5	33.5	33.5	19.3	24.0	27.8	28.7	33.5
Irlande	16.6	26.3	35.8	11.6	16.2	22.0	26.3	22.0
Islande	24.5	28.2	33.5	24.5	21.3	26.8	28.2	26.8
Israël	12.2	18.7	28.5	4.5	18.7	13.7	16.7	15.6
Italie	22.3	30.2	39.8	15.0	23.6	24.2	28.0	27.0
Japon	20.6	22.2	25.9	20.6	20.8	21.6	22.2	21.6
Lettonie	23.9	28.3	29.2	11.0	19.5	21.3	23.9	26.5
Lituanie	32.3	36.0	38.9	32.3	36.0	34.5	36.0	34.5
Luxembourg	22.3	31.1	38.7	16.3	19.3	25.5	29.7	25.5
Mexique	8.6	11.2	15.8	8.6	11.2	10.2	11.2	10.2
Norvège	24.1	27.5	33.9	21.4	27.5	26.1	27.5	26.1
Nouvelle-Zélande	14.1	19.3	24.6	15.3	19.3	17.2	19.3	17.2
Pays-Bas	20.0	28.4	36.4	12.1	27.4	21.9	25.7	25.0
Pologne	23.3	24.1	24.8	16.5	19.6	21.6	22.3	23.8
Portugal	22.4	27.7	34.4	13.4	17.2	21.7	24.6	25.3
République slovaque	20.5	23.6	26.1	14.5	13.8	19.9	21.6	22.4
République tchèque	22.2	25.1	27.5	4.6	7.4	16.9	19.2	23.9
Royaume-Uni	19.0	23.3	29.7	7.3	22.7	21.6	23.3	21.6
Slovénie	30.6	34.0	37.3	24.8	26.2	29.1	31.0	32.6
Suède	21.8	24.6	34.7	21.8	24.6	23.5	24.6	23.5
Suisse	14.6	17.5	22.5	8.8	11.0	15.0	17.0	17.3
Turquie	25.1	28.9	32.8	23.5	27.1	26.7	28.3	27.4
Moyenne non pondérée								
OCDE-Moyenne	**20.5**	**24.7**	**29.8**	**14.9**	**19.7**	**21.3**	**23.3**	**23.0**
OCDE-UE 22	**23.9**	**29.0**	**34.4**	**16.7**	**21.8**	**24.4**	**26.9**	**26.9**

Note : enf = enfant
1. Couple disposant de deux salaires.

StatLink ᐃᓕᓯ https://stat.link/an25s7

Tableau 5.3. Impôt sur le revenu et cotisations sociales des salariés diminués des prestations versées, 2020

En % du salaire brut, par type de foyer et niveau de salaire

	Célibataire sans enf 67 (% SM)	Célibataire sans enf 100 (% SM)	Célibataire sans enf 167 (% SM)	Célibataire 2 enf 67 (% SM)	Couple marié 2 enf 100-0 (% SM)	Couple marié 2 enf 100-67 (% SM)[1]	Couple marié 2 enf 100-100 (% SM)[1]	Couple marié sans enf 100-67 (% SM)[1]
Allemagne	33.7	38.6	43.3	13.2	19.1	29.5	32.8	36.4
Australie	18.7	24.1	30.8	-4.7	16.1	21.9	24.1	21.9
Autriche	26.8	32.7	38.0	-2.2	13.2	19.5	23.7	30.3
Belgique	31.3	39.3	47.4	9.3	19.2	29.8	33.9	36.1
Canada	19.9	24.6	29.9	-12.0	11.3	19.6	22.6	23.1
Chili	7.0	7.0	8.3	6.1	7.0	6.6	7.0	7.0
Colombie	0.0	0.0	0.0	-7.0	-4.7	-5.6	-4.7	0.0
Corée	11.6	15.1	19.0	4.7	9.7	10.8	12.7	13.7
Costa Rica	10.5	10.5	12.4	10.5	10.5	10.5	10.5	10.5
Danemark	32.5	35.3	40.9	4.3	25.2	30.6	32.3	34.1
Espagne	15.2	20.7	26.5	0.3	13.5	16.3	18.9	18.5
Estonie	10.9	16.1	21.3	-8.8	3.1	7.7	10.9	14.0
États-Unis	17.0	21.3	28.5	-5.9	2.7	12.2	15.7	18.9
Finlande	22.6	30.4	38.2	10.0	25.3	24.2	27.8	27.3
France	23.2	27.2	33.3	-6.1	15.1	20.5	23.0	25.5
Grèce	17.6	23.9	31.3	8.7	19.7	20.1	24.6	22.8
Hongrie	33.5	33.5	33.5	8.8	17.7	24.0	25.6	33.5
Irlande	16.6	26.3	35.8	-4.4	9.5	17.9	23.0	22.0
Islande	24.5	28.2	33.5	11.8	14.4	26.0	27.9	26.8
Israël	12.2	18.7	28.5	-1.1	16.2	12.2	15.5	15.6
Italie	22.3	30.2	39.8	1.1	17.6	21.9	26.4	27.0
Japon	20.6	22.2	25.9	3.9	16.1	18.7	19.9	21.6
Lettonie	23.9	28.3	29.2	5.2	15.7	19.0	22.0	26.5
Lituanie	32.3	36.0	38.9	7.5	19.3	28.5	31.0	34.5
Luxembourg	22.3	31.1	38.7	-1.4	7.4	18.4	23.8	25.5
Mexique	8.6	11.2	15.8	8.6	11.2	10.2	11.2	10.2
Norvège	24.1	27.5	33.9	12.3	23.4	23.7	25.5	26.1
Nouvelle-Zélande	14.1	19.3	24.6	-17.2	5.8	17.2	19.3	17.2
Pays-Bas	20.0	28.4	36.4	-6.0	21.1	19.5	23.8	25.0
Pologne	23.3	24.1	24.8	-20.8	-1.2	9.1	11.9	23.8
Portugal	22.4	27.7	34.4	6.0	13.8	21.7	24.6	25.3
République slovaque	20.5	23.6	26.1	7.8	9.4	17.3	19.3	22.4
République tchèque	22.2	25.1	27.5	-3.3	2.1	13.7	16.6	23.9
Royaume-Uni	19.0	23.3	29.7	0.8	18.4	19.0	21.1	21.6
Slovénie	30.6	34.0	37.3	1.5	17.0	25.4	29.0	32.6
Suède	21.8	24.6	34.7	11.6	17.8	19.4	21.2	23.5
Suisse	14.6	17.5	22.5	-1.0	4.4	11.0	13.7	17.3
Turquie	25.1	28.9	32.8	23.5	27.1	26.7	28.3	27.4
Moyenne non pondérée								
OCDE-Moyenne	**20.3**	**24.6**	**29.8**	**2.0**	**13.4**	**18.3**	**21.0**	**22.9**
OCDE-UE 22	**23.9**	**29.0**	**34.4**	**1.9**	**14.6**	**20.6**	**23.9**	**26.8**

Note : enf = enfant
1. Couple disposant de deux salaires.

StatLink https://stat.link/1lb4jd

Tableau 5.4. Impôt sur le revenu, 2020

En % du salaire brut, par type de foyer et niveau de salaire

	Célibataire sans enf 67 (% SM)	Célibataire sans enf 100 (% SM)	Célibataire sans enf 167 (% SM)	Célibataire 2 enf 67 (% SM)	Couple marié 2 enf 100-0 (% SM)	Couple marié 2 enf 100-67 (% SM)[1]	Couple marié 2 enf 100-100 (% SM)[1]	Couple marié sans enf 100-67 (% SM)[1]
Allemagne	13.6	18.5	26.7	-6.7	-0.8	9.6	12.9	16.3
Australie	18.7	24.1	30.8	18.7	24.1	21.9	24.1	21.9
Autriche	8.8	14.7	21.5	-2.3	7.3	8.7	11.7	12.4
Belgique	17.4	25.3	33.5	11.5	13.3	20.6	24.0	22.1
Canada	13.4	18.6	26.1	6.4	15.2	16.5	18.6	16.5
Chili	0.0	0.0	1.3	0.0	0.0	0.0	0.0	0.0
Colombie	0.0	0.0	0.0	0.0	0.0	0.0	0.0	0.0
Corée	2.6	6.1	11.1	0.9	4.2	3.9	5.4	4.7
Costa Rica	0.0	0.0	1.9	0.0	0.0	0.0	0.0	0.0
Danemark	32.6	35.4	40.9	30.9	31.5	34.3	35.4	34.3
Espagne	8.8	14.4	20.1	-6.0	7.2	10.0	12.6	12.2
Estonie	9.3	14.5	19.7	6.1	9.9	11.1	13.5	12.4
États-Unis	13.9	16.6	21.5	-3.6	4.8	10.4	12.9	14.8
Finlande	12.6	20.3	28.0	12.6	20.3	17.2	20.3	17.2
France	11.9	15.9	22.3	9.5	9.5	11.7	13.8	14.1
Grèce	2.1	8.4	15.8	1.2	9.1	6.5	9.1	7.3
Hongrie	15.0	15.0	15.0	0.8	5.5	9.3	10.2	15.0
Irlande	12.6	22.3	31.8	7.6	12.2	18.0	22.3	18.0
Islande	24.4	28.1	33.4	24.4	21.2	26.6	28.1	26.6
Israël	6.0	10.6	18.9	-1.7	10.6	6.4	8.6	8.3
Italie	12.8	20.7	30.2	5.5	14.1	14.8	18.5	17.5
Japon	6.1	7.8	12.6	6.1	6.4	7.1	7.8	7.1
Lettonie	12.9	17.3	18.2	0.0	8.5	10.3	12.9	15.5
Lituanie	12.8	16.5	19.4	12.8	16.5	15.0	16.5	15.0
Luxembourg	10.0	18.8	26.4	4.0	7.0	13.2	17.4	13.2
Mexique	7.3	9.9	14.3	7.3	9.9	8.9	9.9	8.9
Norvège	15.9	19.3	25.7	13.2	19.3	17.9	19.3	17.9
Nouvelle-Zélande	14.1	19.3	24.6	15.3	19.3	17.2	19.3	17.2
Pays-Bas	5.3	15.9	26.5	3.3	15.7	10.8	15.2	11.7
Pologne	5.4	6.3	7.0	-1.3	1.7	3.7	4.4	5.9
Portugal	11.4	16.7	23.4	2.4	6.2	10.7	13.6	14.3
République slovaque	7.1	10.2	12.7	1.1	0.4	6.5	8.2	9.0
République tchèque	11.2	14.1	16.5	-6.4	-3.6	5.9	8.2	12.9
Royaume-Uni	11.1	14.0	22.1	-0.7	13.4	12.9	14.0	12.9
Slovénie	8.5	11.9	15.2	2.7	4.1	7.0	8.9	10.5
Suède	14.8	17.6	29.9	14.8	17.6	16.5	17.6	16.5
Suisse	8.2	11.2	16.1	2.4	4.6	8.6	10.6	10.9
Turquie	10.1	13.9	17.8	8.5	12.1	11.7	13.3	12.4
Moyenne non pondérée								
OCDE-Moyenne	**10.8**	**15.0**	**20.5**	**5.3**	**10.0**	**11.6**	**13.7**	**13.2**
OCDE-UE 22	**11.7**	**16.9**	**22.8**	**4.7**	**9.7**	**12.3**	**14.9**	**14.7**

Note : enf = enfant
1. Couple disposant de deux salaires.

StatLink 🔗 https://stat.link/d8oyhq

Tableau 5.5. cotisations sociales des salariés, 2020

En % du salaire brut, par type de foyer et niveau de salaire

	Célibataire sans enf 67 (% SM)	Célibataire sans enf 100 (% SM)	Célibataire sans enf 167 (% SM)	Célibataire 2 enf 67 (% SM)	Couple marié 2 enf 100-0 (% SM)	Couple marié 2 enf 100-67 (% SM)[1]	Couple marié 2 enf 100-100 (% SM)[1]	Couple marié sans enf 100-67 (% SM)[1]
Allemagne	20.1	20.1	16.6	19.9	19.9	19.9	19.9	20.1
Australie	0.0	0.0	0.0	0.0	0.0	0.0	0.0	0.0
Autriche	18.0	18.0	16.5	18.0	18.0	18.0	18.0	18.0
Belgique	13.9	14.0	13.9	13.9	14.0	13.9	13.8	13.9
Canada	7.4	6.0	3.7	7.4	6.0	6.6	6.0	6.6
Chili	7.0	7.0	7.0	7.0	7.0	7.0	7.0	7.0
Colombie	0.0	0.0	0.0	0.0	0.0	0.0	0.0	0.0
Corée	9.0	9.0	7.9	9.0	9.0	9.0	9.0	9.0
Costa Rica	10.5	10.5	10.5	10.5	10.5	10.5	10.5	10.5
Danemark	0.0	0.0	0.0	0.0	0.0	0.0	0.0	0.0
Espagne	6.4	6.4	6.4	6.4	6.4	6.4	6.4	6.4
Estonie	1.6	1.6	1.6	1.6	1.6	1.6	1.6	1.6
États-Unis	7.7	7.7	7.7	7.7	7.7	7.7	7.7	7.7
Finlande	10.0	10.2	10.2	10.0	10.2	10.1	10.2	10.1
France	11.3	11.3	11.0	11.3	11.3	11.3	11.3	11.3
Grèce	15.5	15.5	15.5	15.5	15.5	15.5	15.5	15.5
Hongrie	18.5	18.5	18.5	18.5	18.5	18.5	18.5	18.5
Irlande	4.0	4.0	4.0	4.0	4.0	4.0	4.0	4.0
Islande	0.2	0.1	0.1	0.2	0.1	0.2	0.1	0.2
Israël	6.2	8.1	9.7	6.2	8.1	7.3	8.1	7.3
Italie	9.5	9.5	9.6	9.5	9.5	9.5	9.5	9.5
Japon	14.5	14.5	13.3	14.5	14.5	14.5	14.5	14.5
Lettonie	11.0	11.0	11.0	11.0	11.0	11.0	11.0	11.0
Lituanie	19.5	19.5	19.5	19.5	19.5	19.5	19.5	19.5
Luxembourg	12.2	12.3	12.4	12.2	12.3	12.3	12.3	12.3
Mexique	1.3	1.4	1.5	1.3	1.4	1.3	1.4	1.3
Norvège	8.2	8.2	8.2	8.2	8.2	8.2	8.2	8.2
Nouvelle-Zélande	0.0	0.0	0.0	0.0	0.0	0.0	0.0	0.0
Pays-Bas	14.7	12.5	9.9	8.8	11.7	11.0	10.5	13.4
Pologne	17.8	17.8	17.8	17.8	17.8	17.8	17.8	17.8
Portugal	11.0	11.0	11.0	11.0	11.0	11.0	11.0	11.0
République slovaque	13.4	13.4	13.4	13.4	13.4	13.4	13.4	13.4
République tchèque	11.0	11.0	11.0	11.0	11.0	11.0	11.0	11.0
Royaume-Uni	7.9	9.3	7.5	7.9	9.3	8.7	9.3	8.7
Slovénie	22.1	22.1	22.1	22.1	22.1	22.1	22.1	22.1
Suède	7.0	7.0	4.9	7.0	7.0	7.0	7.0	7.0
Suisse	6.4	6.4	6.4	6.4	6.4	6.4	6.4	6.4
Turquie	15.0	15.0	15.0	15.0	15.0	15.0	15.0	15.0
Moyenne non pondérée								
OCDE-Moyenne	**9.7**	**9.7**	**9.3**	**9.6**	**9.7**	**9.7**	**9.7**	**9.7**
OCDE-UE 22	**12.2**	**12.1**	**11.7**	**11.9**	**12.1**	**12.0**	**12.0**	**12.2**

Note : enf = enfant
1. Couple disposant de deux salaires.

StatLink ꟷ https://stat.link/4vupir

Tableau 5.6. Taux marginal applicable à l'impôt sur le revenu et aux cotisations sociales des salariés et employeurs diminués des prestations versées, 2020

En % du salaire brut, par type de foyer et niveau de salaire

	Célibataire sans enf 67 (% SM)	Célibataire sans enf 100 (% SM)	Célibataire sans enf 167 (% SM)	Célibataire 2 enf 67 (% SM)	Couple marié 2 enf 100-0 (% SM)	Couple marié 2 enf 100-67 (% SM)[1]	Couple marié 2 enf 100-100 (% SM)[1]	Couple marié sans enf 100-67 (% SM)[1]
Allemagne	54.9	59.3	44.3	52.4	51.7	56.9	59.1	57.1
Australie	39.6	45.3	42.4	58.5	45.3	45.3	45.3	45.3
Autriche	55.7	59.5	40.9	55.7	59.5	59.5	59.5	59.5
Belgique	68.5	65.1	67.8	68.5	65.1	64.2	64.2	64.2
Canada	63.5	31.9	44.5	94.3	42.3	37.4	37.4	31.9
Chili	7.0	10.2	10.2	7.0	7.0	7.0	7.0	10.2
Colombie	0.0	0.0	0.0	0.0	0.0	0.0	0.0	0.0
Corée	29.2	30.7	32.6	22.9	30.7	30.7	30.7	30.7
Costa Rica	29.2	29.2	36.5	29.2	29.2	29.2	29.2	29.2
Danemark	38.7	41.7	55.5	36.9	41.7	41.7	41.7	41.7
Espagne	69.7	48.3	54.1	61.2	46.1	48.3	48.3	48.3
Estonie	41.2	49.5	41.2	41.2	49.5	49.5	49.5	49.5
États-Unis	31.5	40.8	47.3	52.3	31.5	31.5	40.8	31.5
Finlande	53.5	55.0	58.1	53.5	55.0	55.0	55.0	55.0
France	64.6	58.2	59.4	74.6	64.5	50.6	58.2	47.9
Grèce	47.1	49.9	55.9	47.1	49.9	49.9	49.9	49.9
Hongrie	43.6	43.6	43.6	43.6	43.6	43.6	43.6	43.6
Irlande	35.6	53.6	56.8	74.2	53.6	53.6	53.6	53.6
Islande	39.5	39.5	47.7	49.9	48.6	46.3	39.5	39.5
Israël	36.8	36.8	50.7	34.4	36.8	36.8	36.8	36.8
Italie	54.7	62.8	62.9	55.9	64.0	63.4	63.4	62.8
Japon	33.1	37.3	35.1	52.5	37.3	37.3	37.3	37.3
Lettonie	49.5	49.5	45.0	28.3	49.5	49.5	49.5	49.5
Lituanie	44.3	44.3	44.3	44.3	44.3	44.3	44.3	44.3
Luxembourg	49.5	57.0	55.7	57.9	41.1	56.2	57.0	56.2
Mexique	17.4	25.2	28.4	17.4	25.2	25.2	25.2	25.2
Norvège	41.9	41.9	52.5	41.9	41.9	41.9	41.9	41.9
Nouvelle-Zélande	17.5	30.0	33.0	42.5	55.0	30.0	30.0	30.0
Pays-Bas	44.9	51.2	51.5	50.5	56.8	51.2	51.2	51.2
Pologne	36.2	36.2	36.2	96.9	36.2	36.2	36.2	36.2
Portugal	46.7	51.1	58.0	46.7	46.7	51.1	51.1	51.1
République slovaque	46.1	46.1	46.1	46.1	46.1	46.1	46.1	46.1
République tchèque	48.5	48.5	48.5	48.5	48.5	48.5	48.5	48.5
Royaume-Uni	40.2	40.2	49.0	76.3	40.2	40.2	40.2	40.2
Slovénie	43.6	50.3	50.3	43.6	43.6	43.6	43.6	50.3
Suède	45.3	48.5	66.0	45.3	48.5	48.5	48.5	48.5
Suisse	26.5	32.0	36.0	19.0	24.6	29.5	33.6	30.3
Turquie	42.8	47.8	47.8	42.8	47.8	47.8	47.8	47.8
Moyenne non pondérée								
OCDE-Moyenne	**41.5**	**43.4**	**45.7**	**47.7**	**43.4**	**42.8**	**43.3**	**42.7**
OCDE-UE 22	**49.2**	**51.3**	**51.9**	**53.3**	**50.3**	**50.5**	**51.0**	**50.7**

Note : enf = enfant

On fait l'hypothèse que le salaire brut du principal apporteur de revenu du foyer augmente. Le résultat peut être différent si le salaire du conjoint augmente, surtout si les deux conjoints sont imposés séparément.

1. Couple disposant de deux salaires.

Sta https://stat.link/alq5vs

Tableau 5.7. Taux marginal applicable à l'impôt sur le revenu et aux cotisations sociales des salariés diminués des prestations versées, 2020

En % du salaire brut, par type de foyer et niveau de salaire

	Célibataire sans enf 67 (% SM)	Célibataire sans enf 100 (% SM)	Célibataire sans enf 167 (% SM)	Célibataire 2 enf 67 (% SM)	Couple marié 2 enf 100-0 (% SM)	Couple marié 2 enf 100-67 (% SM)[1]	Couple marié 2 enf 100-100 (% SM)[1]	Couple marié sans enf 100-67 (% SM)[1]
Allemagne	46.0	51.2	44.3	43.0	42.1	48.3	50.9	48.6
Australie	36.0	42.0	39.0	56.0	42.0	42.0	42.0	42.0
Autriche	43.3	48.2	36.9	43.3	48.2	48.2	48.2	48.2
Belgique	55.6	55.6	59.1	55.6	55.6	54.5	54.5	54.5
Canada	59.5	29.7	43.4	93.7	40.4	35.4	35.4	29.7
Chili	7.0	10.2	10.2	7.0	7.0	7.0	7.0	10.2
Colombie	0.0	0.0	0.0	0.0	0.0	0.0	0.0	0.0
Corée	21.5	23.2	28.4	14.6	23.2	23.2	23.2	23.2
Costa Rica	10.5	10.5	19.7	10.5	10.5	10.5	10.5	10.5
Danemark	38.7	41.7	55.5	36.9	41.7	41.7	41.7	41.7
Espagne	60.7	32.9	40.4	49.7	30.0	32.9	32.9	32.9
Estonie	21.3	32.4	21.3	21.3	32.4	32.4	32.4	32.4
États-Unis	26.3	36.3	43.3	48.6	26.3	26.3	36.3	26.3
Finlande	44.8	46.6	50.2	44.8	46.6	46.6	46.6	46.6
France	32.6	43.0	42.2	51.6	51.6	32.6	43.0	29.0
Grèce	34.1	37.6	45.1	34.1	37.6	37.6	37.6	37.6
Hongrie	33.5	33.5	33.5	33.5	33.5	33.5	33.5	33.5
Irlande	28.5	48.5	52.0	71.4	48.5	48.5	48.5	48.5
Islande	35.7	35.7	44.4	46.7	45.3	42.9	35.7	35.7
Israël	32.0	32.0	47.0	29.4	32.0	32.0	32.0	32.0
Italie	40.4	51.2	51.2	42.0	52.7	51.9	51.9	51.1
Japon	22.8	27.7	31.1	45.2	27.7	27.7	27.7	27.7
Lettonie	37.4	37.4	31.8	11.0	37.4	37.4	37.4	37.4
Lituanie	43.3	43.3	43.3	43.3	43.3	43.3	43.3	43.3
Luxembourg	42.5	51.1	49.6	52.1	33.0	50.1	51.1	50.1
Mexique	12.1	19.5	22.9	12.1	19.5	19.5	19.5	19.5
Norvège	34.4	34.4	46.4	34.4	34.4	34.4	34.4	34.4
Nouvelle-Zélande	17.5	30.0	33.0	42.5	55.0	30.0	30.0	30.0
Pays-Bas	38.4	45.5	51.5	44.6	51.7	45.5	45.5	45.5
Pologne	25.8	25.8	25.8	96.3	25.8	25.8	25.8	25.8
Portugal	34.0	39.5	48.0	34.0	34.0	39.5	39.5	39.5
République slovaque	29.9	29.9	29.9	29.9	29.9	29.9	29.9	29.9
République tchèque	31.1	31.1	31.1	31.1	31.1	31.1	31.1	31.1
Royaume-Uni	32.0	32.0	42.0	73.0	32.0	32.0	32.0	32.0
Slovénie	34.6	42.4	42.4	34.6	34.6	34.6	34.6	42.4
Suède	28.1	32.3	55.3	28.1	32.3	32.3	32.3	32.3
Suisse	21.8	27.6	32.3	13.9	19.8	25.0	29.3	25.9
Turquie	32.8	38.7	38.7	32.8	38.7	38.7	38.7	38.7
Moyenne non pondérée								
OCDE-Moyenne	32.3	35.0	38.5	39.3	34.9	34.3	34.9	34.2
OCDE-UE 22	37.5	40.9	42.7	42.4	39.7	39.9	40.5	40.1

Note : enf = enfant

On fait l'hypothèse que le salaire brut du principal apporteur de revenu du foyer augmente. Le résultat peut être différent si le salaire du conjoint augmente, surtout si les deux conjoints sont imposés séparément.

1. Couple disposant de deux salaires.

Sta https://stat.link/ciydz2

Tableau 5.8. Augmentation en pourcentage du revenu net selon l'augmentation en pourcentage du salaire brut, 2020

Après une augmentation d'une unité monétaire du salaire brut, par type de foyer et niveau de salaire

	Célibataire sans enf 67 (% SM)	Célibataire sans enf 100 (% SM)	Célibataire sans enf 167 (% SM)	Célibataire 2 enf 67 (% SM)	Couple marié 2 enf 100-0 (% SM)	Couple marié 2 enf 100-67 (% SM)[1]	Couple marié 2 enf 100-100 (% SM)	Couple marié sans enf 100-67 (% SM)[1]
Allemagne	0.82	0.80	0.98	0.66	0.72	0.73	0.73	0.81
Australie	0.79	0.76	0.88	0.42	0.69	0.74	0.76	0.74
Autriche	0.78	0.77	1.02	0.56	0.60	0.64	0.68	0.74
Belgique	0.65	0.73	0.78	0.49	0.55	0.65	0.69	0.71
Canada	0.51	0.93	0.81	0.06	0.67	0.80	0.84	0.91
Chili	1.00	0.97	0.98	0.99	1.00	1.00	1.00	0.97
Colombie	1.00	1.00	1.00	0.93	0.96	0.95	0.96	1.00
Corée	0.89	0.91	0.88	0.90	0.85	0.86	0.88	0.89
Costa Rica	1.00	1.00	0.92	1.00	1.00	1.00	1.00	1.00
Danemark	0.91	0.90	0.75	0.66	0.78	0.84	0.86	0.89
Espagne	0.46	0.85	0.81	0.50	0.81	0.80	0.83	0.82
Estonie	0.88	0.81	1.00	0.72	0.70	0.73	0.76	0.79
États-Unis	0.89	0.81	0.79	0.48	0.76	0.84	0.76	0.91
Finlande	0.71	0.77	0.81	0.61	0.71	0.70	0.74	0.73
France	0.88	0.78	0.87	0.46	0.57	0.85	0.74	0.95
Grèce	0.80	0.82	0.80	0.72	0.78	0.78	0.83	0.81
Hongrie	1.00	1.00	1.00	0.73	0.81	0.88	0.89	1.00
Irlande	0.86	0.70	0.75	0.27	0.57	0.63	0.67	0.66
Islande	0.85	0.90	0.84	0.60	0.64	0.77	0.89	0.88
Israël	0.77	0.84	0.74	0.70	0.81	0.77	0.80	0.81
Italie	0.77	0.70	0.81	0.59	0.57	0.62	0.65	0.67
Japon	0.97	0.93	0.93	0.57	0.86	0.89	0.90	0.92
Lettonie	0.82	0.87	0.96	0.94	0.74	0.77	0.80	0.85
Lituanie	0.84	0.89	0.93	0.61	0.70	0.79	0.82	0.87
Luxembourg	0.74	0.71	0.82	0.47	0.72	0.61	0.64	0.67
Mexique	0.96	0.91	0.92	0.96	0.91	0.90	0.91	0.90
Norvège	0.86	0.90	0.81	0.75	0.86	0.86	0.88	0.89
Nouvelle-Zélande	0.96	0.87	0.89	0.49	0.48	0.85	0.87	0.85
Pays-Bas	0.77	0.76	0.76	0.52	0.61	0.68	0.72	0.73
Pologne	0.97	0.98	0.99	0.03	0.73	0.82	0.84	0.97
Portugal	0.85	0.84	0.79	0.70	0.77	0.77	0.80	0.81
République slovaque	0.88	0.92	0.95	0.76	0.77	0.85	0.87	0.90
République tchèque	0.89	0.92	0.95	0.67	0.70	0.80	0.83	0.91
Royaume-Uni	0.84	0.89	0.82	0.27	0.83	0.84	0.86	0.87
Slovénie	0.94	0.87	0.92	0.66	0.79	0.88	0.92	0.86
Suède	0.92	0.90	0.69	0.81	0.82	0.84	0.86	0.89
Suisse	0.92	0.88	0.87	0.85	0.84	0.84	0.82	0.90
Turquie	0.90	0.86	0.91	0.88	0.84	0.84	0.86	0.84
Moyenne non pondérée								
OCDE-Moyenne	**0.85**	**0.86**	**0.87**	**0.63**	**0.75**	**0.80**	**0.82**	**0.85**
OCDE-UE 22	**0.82**	**0.83**	**0.87**	**0.60**	**0.71**	**0.76**	**0.78**	**0.82**

Note : enf = enfant

Le revenu net est calculé à partir du salaire brut diminué de l'impôt sur le revenu des personnes physiques, des cotisations sociales et augmentés des prestations versées aux familles. L'augmentation qui est rapportée dans le tableau représente une sorte d'élasticité. Dans un système fiscal proportionnel, l'élasticité est égale à 1. A ce niveau de revenu, plus le système est progressif plus l'élasticité est faible. Les élasticités indiquées dans le tableau 5.8 sont calculées de la manière suivante : (100 – METR) / (100 – AETR), où METR désigne le taux marginal de l'impôt sur le revenu, augmenté des cotisations salariales de sécurité sociale et diminué des transferts en espèces, figurant dans le tableau 5.7, et AETR désigne le taux moyen augmenté des cotisations salariales de sécurité sociale et diminué des transferts en espèces, figurant dans le tableau 5.3.

1. Couple disposant de deux salaires. On fait l'hypothèse que le salaire brut du principal apporteur de revenu du foyer augmente.

StatLink ᴍᴸˢᴸ https://stat.link/frwqvd

Tableau 5.9. Augmentation en pourcentage du revenu net selon l'augmentation en pourcentage des coûts bruts de main d'œuvre, 2020

Après une augmentation d'une unité monétaire des coûts bruts de main d'œuvre, par type de foyer et niveau de salaire

	Célibataire sans enf 67 (% SM)	Célibataire sans enf 100 (% SM)	Célibataire sans enf 167 (% SM)	Célibataire 2 enf 67 (% SM)	Couple marié 2 enf 100-0 (% SM)	Couple marié 2 enf 100-67 (% SM)[1]	Couple marié 2 enf 100-100 (% SM)[1]	Couple marié sans enf 100-67 (% SM)[1]
Allemagne	0.82	0.80	1.14	0.66	0.72	0.73	0.73	0.81
Australie	0.79	0.76	0.88	0.42	0.69	0.74	0.76	0.74
Autriche	0.78	0.77	1.20	0.56	0.60	0.64	0.68	0.74
Belgique	0.58	0.73	0.78	0.44	0.55	0.65	0.69	0.71
Canada	0.50	0.98	0.84	0.06	0.71	0.85	0.88	0.97
Chili	1.00	0.97	0.98	0.99	1.00	1.00	1.00	0.97
Colombie	1.00	1.00	1.00	0.93	0.96	0.95	0.96	1.00
Corée	0.89	0.91	0.91	0.90	0.85	0.86	0.88	0.89
Costa Rica	1.00	1.00	0.92	1.00	1.00	1.00	1.00	1.00
Danemark	0.91	0.90	0.75	0.66	0.78	0.84	0.86	0.89
Espagne	0.46	0.85	0.81	0.50	0.81	0.80	0.83	0.82
Estonie	0.88	0.81	1.00	0.72	0.70	0.73	0.76	0.79
États-Unis	0.89	0.81	0.80	0.49	0.76	0.84	0.76	0.91
Finlande	0.71	0.77	0.81	0.61	0.71	0.70	0.74	0.73
France	0.59	0.78	0.87	0.31	0.57	0.82	0.74	0.93
Grèce	0.80	0.82	0.80	0.72	0.78	0.78	0.83	0.81
Hongrie	1.00	1.00	1.00	0.73	0.81	0.88	0.89	1.00
Irlande	0.86	0.70	0.75	0.27	0.57	0.63	0.67	0.66
Islande	0.85	0.90	0.84	0.60	0.64	0.77	0.89	0.88
Israël	0.75	0.82	0.73	0.68	0.80	0.76	0.79	0.79
Italie	0.77	0.70	0.81	0.59	0.57	0.62	0.65	0.67
Japon	0.97	0.93	1.00	0.57	0.86	0.89	0.90	0.92
Lettonie	0.82	0.87	0.96	0.94	0.74	0.77	0.80	0.85
Lituanie	0.84	0.89	0.93	0.61	0.70	0.79	0.82	0.87
Luxembourg	0.74	0.71	0.82	0.47	0.72	0.61	0.64	0.67
Mexique	1.02	0.94	0.94	1.02	0.94	0.94	0.94	0.94
Norvège	0.86	0.90	0.81	0.75	0.86	0.86	0.88	0.89
Nouvelle-Zélande	0.96	0.87	0.89	0.49	0.48	0.85	0.87	0.85
Pays-Bas	0.77	0.76	0.82	0.52	0.61	0.68	0.72	0.73
Pologne	0.97	0.98	0.99	0.03	0.73	0.82	0.84	0.97
Portugal	0.85	0.84	0.79	0.70	0.77	0.77	0.80	0.81
République slovaque	0.88	0.92	0.95	0.76	0.77	0.85	0.87	0.90
République tchèque	0.89	0.92	0.95	0.67	0.70	0.80	0.83	0.91
Royaume-Uni	0.81	0.86	0.81	0.26	0.81	0.81	0.84	0.84
Slovénie	0.94	0.87	0.92	0.66	0.79	0.88	0.92	0.86
Suède	0.92	0.90	0.69	0.81	0.82	0.84	0.86	0.89
Suisse	0.92	0.88	0.88	0.85	0.84	0.84	0.82	0.90
Turquie	0.90	0.86	0.91	0.88	0.84	0.84	0.86	0.84
Moyenne non pondérée								
OCDE-Moyenne	**0.85**	**0.87**	**0.89**	**0.61**	**0.76**	**0.81**	**0.83**	**0.86**
OCDE-UE 22	**0.81**	**0.83**	**0.89**	**0.57**	**0.71**	**0.76**	**0.78**	**0.82**

Note : enf = enfant

Le revenu net est calculé à partir du salaire brut diminué de l'impôt sur le revenu des personnes physiques, des cotisations sociales et augmentés des prestations versées aux familles. L'augmentation qui est rapportée dans le tableau représente une sorte d'élasticité. Dans un système fiscal proportionnel, l'élasticité est égale à 1. A ce niveau de revenu, plus les système est progressif plus l'élasticité est faible. Les élasticités indiquées dans le tableau 5.9 sont calculées de la manière suivante : (100 – METR) / (100 – AETR), où METR désigne le taux marginal de l'impôt sur le revenu, augmenté des cotisations salariales et patronales de sécurité sociale et diminué des transferts en espèces, figurant dans le tableau 5.6, et AETR désigne le taux moyen augmenté des cotisations salariales et patronales de sécurité sociale et diminué des transferts en espèces, figurant dans le tableau 5.1.

1. Couple disposant de deux salaires. On fait l'hypothèse que le salaire brut du principal apporteur de revenu du foyer augmente.

StatLink https://stat.link/yj5dr8

Tableau 5.10. Salaire brut annuel et revenu net, célibataire, 2020

En dollars US convertis sur la base des PPA, par type de foyer et niveau de salaire

	Célibataire sans enf 67 (% SM)		Célibataire sans enf 100 (% SM)		Célibataire sans enf 167 (% SM)		Célibataire 2 enf 67 (% SM)	
	Total des revenus bruts avant impôts	Revenus nets après impôts	Total des revenus bruts avant impôts	Revenus nets après impôts	Total des revenus bruts avant impôts	Revenus nets après impôts	Total des revenus bruts avant impôts	Revenus nets après impôts
Allemagne	45 832	30 367	68 407	41 973	114 239	64 771	45 832	39 773
Australie	41 366	33 631	61 740	46 873	103 107	71 390	41 366	43 307
Autriche	43 025	31 486	64 216	43 213	107 241	66 521	43 025	43 989
Belgique	44 869	30 841	66 968	40 650	111 837	58 795	44 869	40 700
Canada	39 984	32 023	59 678	44 996	99 663	69 891	39 984	44 778
Chili	16 457	15 305	24 563	22 836	41 020	37 606	16 457	15 450
Colombie	9 086	9 086	13 561	13 561	22 647	22 647	9 086	9 722
Corée	36 347	32 140	54 250	46 054	90 597	73 357	36 347	34 627
Costa Rica	16 546	14 808	24 695	22 102	41 241	36 127	16 546	14 808
Danemark	44 684	30 176	66 693	43 169	111 377	65 848	44 684	42 784
Espagne	28 221	23 934	42 120	33 389	70 341	51 716	28 221	28 134
Estonie	21 708	19 346	32 400	27 173	54 109	42 594	21 708	23 616
États-Unis	39 876	33 091	59 517	46 867	99 393	71 019	39 876	42 246
Finlande	37 047	28 673	55 295	38 471	92 342	57 075	37 047	33 332
France	34 732	26 665	51 839	37 751	86 571	57 730	34 732	36 857
Grèce	23 209	19 116	34 641	26 348	57 850	39 757	23 209	21 197
Hongrie	22 832	15 183	34 077	22 661	56 909	37 844	22 832	20 826
Irlande	42 631	35 575	63 629	46 869	106 260	68 232	42 631	44 514
Islande	43 922	33 141	65 556	47 050	109 478	72 848	43 922	38 744
Israël	30 866	27 108	46 069	37 446	76 935	54 971	30 866	31 197
Italie	32 611	25 355	48 673	33 991	81 284	48 946	32 611	32 263
Japon	33 115	26 301	49 426	38 439	82 541	61 138	33 115	31 830
Lettonie	18 991	14 456	28 345	20 314	47 336	33 528	18 991	18 001
Lituanie	24 969	16 893	37 267	23 866	62 235	38 024	24 969	23 100
Luxembourg	50 360	39 155	75 164	51 772	125 523	76 893	50 360	51 044
Mexique	9 734	8 898	14 529	12 895	24 263	20 430	9 734	8 898
Norvège	42 012	31 904	62 704	45 478	104 716	69 206	42 012	36 825
Nouvelle-Zélande	30 167	25 925	45 025	36 347	75 192	56 661	30 167	35 367
Pays-Bas	47 238	37 793	70 504	50 487	117 742	74 825	47 238	50 091
Pologne	22 832	17 521	34 078	25 864	56 911	42 804	22 832	27 587
Portugal	23 480	18 216	35 045	25 354	58 525	38 397	23 480	22 082
République slovaque	17 063	13 561	25 467	19 456	42 529	31 424	17 063	15 732
République tchèque	22 072	17 177	32 943	24 670	55 015	39 884	22 072	22 789
Royaume-Uni	40 126	32 489	59 890	45 928	100 017	70 360	40 126	39 811
Slovénie	25 335	17 584	37 814	24 959	63 149	39 564	25 335	24 949
Suède	35 482	27 739	52 958	39 913	88 440	57 733	35 482	31 367
Suisse	53 757	45 918	80 235	66 161	133 992	103 877	53 757	54 289
Turquie	22 957	17 198	34 265	24 374	57 222	38 445	22 957	17 571
Moyenne non pondérée								
OCDE-Moyenne	**31 988**	**25 152**	**47 743**	**35 256**	**79 731**	**54 286**	**31 988**	**31 426**
OCDE-UE 22	**32 237**	**24 400**	**48 116**	**33 742**	**80 353**	**51 496**	**32 237**	**31 579**

Note : enf = enfant

Tableau 5.11. Salaire brut annuel et revenu net, couple marié, 2020

En dollars US convertis sur la base des PPA, par type de foyer et niveau de salaire

	Couple marié 2 enf 100-0 (% SM)		Couple marié 2 enf 100-67 (% SM)[1]		Couple marié 2 enf 100-100 (% SM)[1]		Couple marié sans enf 100-67 (% SM)[1]	
	Total des revenus bruts avant impôts	Revenus nets après impôts	Total des revenus bruts avant impôts	Revenus nets après impôts	Total des revenus bruts avant impôts	Revenus nets après impôts	Total des revenus bruts avant impôts	Revenus nets après impôts
Allemagne	68 407	55 353	114 239	80 551	136 813	91 926	114 239	72 637
Australie	61 740	51 797	103 107	80 504	123 481	93 747	103 107	80 504
Autriche	64 216	55 716	107 241	86 327	128 432	98 054	107 241	74 699
Belgique	66 968	54 131	111 837	78 527	133 937	88 585	111 837	71 478
Canada	59 678	52 929	99 663	80 130	119 356	92 356	99 663	76 644
Chili	24 563	22 843	41 020	38 293	49 126	45 687	41 020	38 141
Colombie	13 561	14 197	22 647	23 918	27 123	28 394	22 647	22 647
Corée	54 250	48 964	90 597	80 817	108 500	94 731	90 597	78 195
Costa Rica	24 695	22 102	41 241	36 911	49 390	44 204	41 241	36 911
Danemark	66 693	49 881	111 377	77 322	133 385	90 315	111 377	73 344
Espagne	42 120	36 414	70 341	58 851	84 241	68 306	70 341	57 324
Estonie	32 400	31 390	54 109	49 923	64 801	57 750	54 109	46 519
États-Unis	59 517	57 900	99 393	87 289	119 034	100 366	99 393	80 656
Finlande	55 295	41 322	92 342	69 995	110 589	79 793	92 342	67 143
France	51 839	44 018	86 571	68 853	103 678	79 811	86 571	64 534
Grèce	38 105	30 588	63 635	50 843	76 210	57 469	63 635	49 154
Hongrie	34 077	28 061	56 909	43 244	68 154	50 722	56 909	37 844
Irlande	63 629	57 598	106 260	87 210	127 258	98 024	106 260	82 924
Islande	65 556	56 139	109 478	81 034	131 111	94 514	109 478	80 191
Israël	46 069	38 597	76 935	67 536	92 138	77 874	76 935	64 920
Italie	48 673	40 111	81 284	63 486	97 347	71 614	81 284	59 346
Japon	49 426	41 471	82 541	67 074	98 852	79 212	82 541	64 740
Lettonie	28 345	23 904	47 336	38 360	56 689	44 218	47 336	34 769
Lituanie	37 267	30 073	62 235	44 480	74 533	51 453	62 235	40 760
Luxembourg	75 164	69 567	125 523	102 418	150 327	114 593	125 523	93 535
Mexique	14 529	12 895	24 263	21 792	29 058	25 789	24 263	21 792
Norvège	62 704	48 001	104 716	79 905	125 409	93 479	104 716	77 382
Nouvelle-Zélande	45 025	42 434	75 192	62 272	90 050	72 694	75 192	62 272
Pays-Bas	70 504	55 639	117 742	94 794	141 008	107 488	117 742	88 280
Pologne	34 078	34 479	56 911	51 705	68 157	60 048	56 911	43 385
Portugal	35 045	30 197	58 525	45 818	70 090	52 815	58 525	43 711
République slovaque	25 467	23 082	42 529	35 188	50 933	41 083	42 529	33 016
République tchèque	32 943	32 245	55 015	47 459	65 886	54 953	55 015	41 847
Royaume-Uni	59 890	48 895	100 017	81 026	119 780	94 466	100 017	78 418
Slovénie	37 814	31 392	63 149	47 093	75 627	53 683	63 149	42 543
Suède	52 958	43 541	88 440	71 280	105 917	83 454	88 440	67 652
Suisse	80 235	76 687	133 992	119 204	160 470	138 505	133 992	110 820
Turquie	34 265	24 996	57 222	41 945	68 530	49 121	57 222	41 572
Moyenne non pondérée								
OCDE-Moyenne	**47 834**	**41 041**	**79 884**	**64 299**	**95 669**	**74 245**	**79 884**	**60 586**
OCDE-UE 22	**48 273**	**40 850**	**80 616**	**63 351**	**96 546**	**72 552**	**80 616**	**58 475**

Note : enf = enfant
1. Couple disposant de deux salaires.

StatLink 🔗 https://stat.link/9a7ktv

Tableau 5.12. Coûts annuels de main-d'œuvre et revenu net, célibataire, 2020

En dollars US convertis sur la base des PPA, par type de foyer et niveau de salaire

	Célibataire sans enf 67 (% SM)		Célibataire sans enf 100 (% SM)		Célibataire sans enf 167 (% SM)		Célibataire 2 enf 67 (% SM)	
	Coûts bruts de main d'oeuvre avant impôts	Revenus nets après impôts	Coûts bruts de main d'oeuvre avant impôts	Revenus nets après impôts	Coûts bruts de main d'oeuvre avant impôts	Revenus nets après impôts	Coûts bruts de main d'oeuvre avant impôts	Revenus nets après impôts
Allemagne	54 942	30 367	82 003	41 973	132 974	64 771	54 942	39 773
Australie	43 835	33 631	65 425	46 873	109 260	71 390	43 835	43 307
Autriche	55 097	31 486	82 234	43 213	135 450	66 521	55 097	43 989
Belgique	56 472	30 841	85 113	40 650	142 140	58 795	56 472	40 700
Canada	44 155	32 023	65 073	44 996	106 109	69 891	44 155	44 778
Chili	16 457	15 305	24 563	22 836	41 020	37 606	16 457	15 450
Colombie	9 086	9 086	13 561	13 561	22 647	22 647	9 086	9 722
Corée	40 268	32 140	60 102	46 054	99 391	73 357	40 268	34 627
Costa Rica	20 930	14 808	31 239	22 102	52 170	36 127	20 930	14 808
Danemark	44 684	30 176	66 693	43 169	111 377	65 848	44 684	42 784
Espagne	36 659	23 934	54 714	33 389	91 373	51 716	36 659	28 134
Estonie	29 046	19 346	43 352	27 173	72 397	42 594	29 046	23 616
États-Unis	43 244	33 091	64 387	46 867	107 314	71 019	43 244	42 246
Finlande	43 971	28 673	65 629	38 471	109 601	57 075	43 971	33 332
France	44 253	26 665	70 641	37 751	123 349	57 730	44 253	36 857
Grèce	28 903	19 116	43 138	26 348	72 041	39 757	28 903	21 197
Hongrie	26 941	15 183	40 211	22 661	67 152	37 844	26 941	20 826
Irlande	47 342	35 575	70 660	46 869	118 002	68 232	47 342	44 514
Islande	46 711	33 141	69 718	47 050	116 430	72 848	46 711	38 744
Israël	32 354	27 108	48 712	37 446	81 924	54 971	32 354	31 197
Italie	42 910	25 355	64 044	33 991	106 954	48 946	42 910	32 263
Japon	38 202	26 301	57 018	38 439	94 287	61 138	38 202	31 830
Lettonie	23 575	14 456	35 182	20 314	58 748	33 528	23 575	18 001
Lituanie	25 416	16 893	37 934	23 866	63 349	38 024	25 416	23 100
Luxembourg	57 289	39 155	85 506	51 772	142 795	76 893	57 289	51 044
Mexique	11 045	8 898	16 200	12 895	26 673	20 430	11 045	8 898
Norvège	47 431	31 904	70 793	45 478	118 225	69 206	47 431	36 825
Nouvelle-Zélande	30 167	25 925	45 025	36 347	75 192	56 661	30 167	35 367
Pays-Bas	52 984	37 793	79 000	50 487	127 171	74 825	52 984	50 091
Pologne	26 568	17 521	39 653	25 864	66 221	42 804	26 568	27 587
Portugal	29 057	18 216	43 368	25 354	72 425	38 397	29 057	22 082
République slovaque	22 215	13 561	33 157	19 456	55 373	31 424	22 215	15 732
République tchèque	29 532	17 177	44 078	24 670	73 610	39 884	29 532	22 789
Royaume-Uni	43 930	32 489	66 421	45 928	112 085	70 360	43 930	39 811
Slovénie	29 414	17 584	43 902	24 959	73 316	39 564	29 414	24 949
Suède	46 631	27 739	69 598	39 913	116 228	57 733	46 631	31 367
Suisse	57 184	45 918	85 350	66 161	142 511	103 877	57 184	54 289
Turquie	26 975	17 198	40 261	24 374	67 236	38 445	26 975	17 571
Moyenne non pondérée								
OCDE-Moyenne	**36 997**	**25 152**	**55 359**	**35 256**	**92 224**	**54 286**	**36 997**	**31 426**
OCDE-UE 22	**38 814**	**24 400**	**58 173**	**33 742**	**96 911**	**51 496**	**38 814**	**31 579**

Note : enf = enfant

StatLink https://stat.link/7ntogp

Tableau 5.13. Coûts annuels de main-d'œuvre et revenu net, couple marié, 2020

En dollars US convertis sur la base des PPA, par type de foyer et niveau de salaire

	Couple marié 2 enf 100-0 (% SM)		Couple marié 2 enf 100-67 (% SM)[1]		Couple marié 2 enf 100-100 (% SM)[1]		Couple marié sans enf 100-67 (% SM)[1]	
	Coûts bruts de main d'oeuvre avant impôts	Revenus nets après impôts	Coûts bruts de main d'oeuvre avant impôts	Revenus nets après impôts	Coûts bruts de main d'oeuvre avant impôts	Revenus nets après impôts	Coûts bruts de main d'oeuvre avant impôts	Revenus nets après impôts
Allemagne	82 003	55 353	136 944	80 551	164 005	91 926	136 944	72 637
Australie	65 425	51 797	109 260	80 504	130 850	93 747	109 260	80 504
Autriche	82 234	55 716	137 331	86 327	164 469	98 054	137 331	74 699
Belgique	85 113	54 131	141 585	78 527	170 227	88 585	141 585	71 478
Canada	65 073	52 929	109 229	80 130	130 147	92 356	109 229	76 644
Chili	24 563	22 843	41 020	38 293	49 126	45 687	41 020	38 141
Colombie	13 561	14 197	22 647	23 918	27 123	28 394	22 647	22 647
Corée	60 102	48 964	100 370	80 817	120 203	94 731	100 370	78 195
Costa Rica	31 239	22 102	52 170	36 911	62 479	44 204	52 170	36 911
Danemark	66 693	49 881	111 377	77 322	133 385	90 315	111 377	73 344
Espagne	54 714	36 414	91 373	58 851	109 429	68 306	91 373	57 324
Estonie	43 352	31 390	72 397	49 923	86 704	57 750	72 397	46 519
États-Unis	64 387	57 900	107 632	87 289	128 775	100 366	107 632	80 656
Finlande	65 629	41 322	109 601	69 995	131 258	79 793	109 601	67 143
France	70 641	44 018	114 894	68 853	141 282	79 811	114 894	64 534
Grèce	47 452	30 588	79 245	50 843	94 904	57 469	79 245	49 154
Hongrie	40 211	28 061	67 152	43 244	80 422	50 722	67 152	37 844
Irlande	70 660	57 598	118 002	87 210	141 320	98 024	118 002	82 924
Islande	69 718	56 139	116 430	81 034	139 437	94 514	116 430	80 191
Israël	48 712	38 597	81 067	67 536	97 425	77 874	81 067	64 920
Italie	64 044	40 111	106 954	63 486	128 089	71 614	106 954	59 346
Japon	57 018	41 471	95 219	67 074	114 035	79 212	95 219	64 740
Lettonie	35 182	23 904	58 757	38 360	70 364	44 218	58 757	34 769
Lituanie	37 934	30 073	63 349	44 480	75 867	51 453	63 349	40 760
Luxembourg	85 506	69 567	142 795	102 418	171 012	114 593	142 795	93 535
Mexique	16 200	12 895	27 245	21 792	32 401	25 789	27 245	21 792
Norvège	70 793	48 001	118 225	79 905	141 587	93 479	118 225	77 382
Nouvelle-Zélande	45 025	42 434	75 192	62 272	90 050	72 694	75 192	62 272
Pays-Bas	79 000	55 639	131 984	94 794	158 000	107 488	131 984	88 280
Pologne	39 653	34 479	66 221	51 705	79 307	60 048	66 221	43 385
Portugal	43 368	30 197	72 425	45 818	86 737	52 815	72 425	43 711
République slovaque	33 157	23 082	55 373	35 188	66 315	41 083	55 373	33 016
République tchèque	44 078	32 245	73 610	47 459	88 156	54 953	73 610	41 847
Royaume-Uni	66 421	48 895	110 352	81 026	132 843	94 466	110 352	78 418
Slovénie	43 902	31 392	73 316	47 093	87 803	53 683	73 316	42 543
Suède	69 598	43 541	116 228	71 280	139 196	83 454	116 228	67 652
Suisse	85 350	76 687	142 534	119 204	170 700	138 505	142 534	110 820
Turquie	40 261	24 996	67 236	41 945	80 522	49 121	67 236	41 572
Moyenne non pondérée								
OCDE-Moyenne	**55 473**	**41 041**	**92 546**	**64 299**	**110 946**	**74 245**	**92 546**	**60 586**
OCDE-UE 22	**58 369**	**40 850**	**97 314**	**63 351**	**116 739**	**72 552**	**97 314**	**58 475**

Note : enf = enfant
1. Couple disposant de deux salaires.

StatLink ᴍᴸ https://stat.link/hc8toj

Notes

[1] Les tableaux 5.1 à 5.7 présentent des chiffres arrondis à la première décimale. Le texte peut, dans un souci de précision, présenter des chiffres arrondis à la deuxième décimale.

[2] Les élasticités indiquées dans le Tableau 5.8 sont calculées de la manière suivante : (100 – METR) / (100 – AETR), METR désignant le taux marginal de l'impôt sur le revenu, augmenté des cotisations salariales de sécurité sociale et diminué des prestations en espèces, figurant dans le Tableau 5.7, et AETR désignant le taux moyen de l'impôt sur le revenu augmenté des cotisations salariales de sécurité sociale et diminué des prestations en espèces, figurant dans le Tableau 5.3.

[3] Les élasticités indiquées dans Tableau 5.9 la manière suivante : (100 – METR) / (100 – AETR), METR désignant le taux marginal de l'impôt sur le revenu, augmenté des cotisations salariales et patronales de sécurité sociale et diminué des prestations en espèces, figurant dans le Tableau 5.6, et AETR désignant le taux moyen de l'impôt sur le revenu augmenté des cotisations salariales et patronales de sécurité sociale et diminué des prestations en espèces, figurant dans le Tableau 5.1.

6 Évolution de la charge fiscale (2000-21)

Ce chapitre présente l'évolution de la charge fiscale pesant sur les revenus du travail entre 2000 et 2021. Il contient les tableaux 6.1 à 6.24, présentés en catégories correspondant à la mesure de la charge fiscale considérée pour les huit catégories de foyer : les tableaux 6.1 à 6.8 indiquent le coin fiscal (moyen), constitué des impôts sur le revenu majorés des cotisations salariales et patronales de sécurité sociale (y compris les taxes sur les salaires éventuellement applicables) et diminués des prestations en espèces ; les tableaux 6.9 à 6.16 contiennent des données liées à la charge (moyenne) des impôts sur le revenu des personnes physiques ; et les tableaux 6.17 à 6.24 indiquent la charge (moyenne) des impôts sur le revenu majorés des cotisations salariales de sécurité sociale et diminués des prestations en espèces (taux moyens nets d'imposition des personnes physiques).

Évolution chronologique

L'évolution de la charge fiscale pour les huit catégories de foyer étudiées au cours de la période 2000 à 2021 ressort des tableaux 6.1 à 6.24 dans la dernière section de ce chapitre intitulée « Tableaux indiquant les impôts sur le revenu, les cotisations de sécurité sociale et les prestations en espèces ». Chacun des tableaux 6.1 à 6.24 correspond à une mesure particulière de la charge fiscale pour une catégorie spécifique de foyer.

L'examen est centré sur les principales tendances observables au cours de cette période et met en lumière certaines variations importantes d'une année sur l'autre[1].

Faits marquants

Le coin fiscal moyen pour l'ensemble des pays de l'OCDE, la charge de l'impôt sur le revenu des personnes physiques et la charge fiscale nette (impôt sur le revenu des personnes physiques majoré des cotisations de sécurité sociale et diminué des prestations en espèces) ont tous baissé entre 2000 et 2021 pour chacune des catégories de foyer étudiées.

- Sur la période considérée, les baisses du coin fiscal moyen constatées dans les pays de la zone OCDE se sont échelonnées entre 1.3 point (pour les travailleurs célibataires percevant 167 % du salaire moyen [SM]) et 4.6 points (pour les parents isolés rémunérés à 67 % du SM).
- La baisse de la charge fiscale moyenne sur le revenu des personnes physiques est comprise entre 0.8 point (pour les travailleurs célibataires rémunérés au SM) et 2.0 points (pour les parents isolés gagnant 67 % du SM).
- La charge fiscale moyenne nette des personnes physiques a également reculé dans les pays de l'OCDE pour toutes les catégories de foyer au cours de la période étudiée. Ce repli varie de 0.5 point (pour les travailleurs célibataires percevant 167 % du SM) et 3.4 points (pour les parents isolés gagnant 67 % du SM).

Coin fiscal

Si l'on examine plus particulièrement le coin fiscal moyen total (Tableau 6.1 à Tableau 6.8), on observe une réduction de plus de cinq points, entre 2000 et 2021, pour au moins une des catégories de foyer dans 19 pays de l'OCDE : Allemagne, Australie, Belgique, Canada, Chili, Danemark, Estonie, États-Unis, Finlande, France, Grèce, Hongrie, Irlande, Israël, Lituanie, Nouvelle-Zélande, Pays-Bas, Pologne et Suède.

La diminution la plus importante est observée au Chili, où les parents isolés ont bénéficié d'une réduction du coin fiscal de 30.3 points. Dans ce pays, toutes les catégories de couples mariés avec enfants ont également connu des baisses du coin fiscal supérieures à 10 points (24.6 points pour les couples mariés disposant d'un seul revenu, 15.2 points pour les couples mariés disposant de deux revenus représentant 167 % du SM et 12.4 points pour les couples mariés disposant de deux revenus représentant 200 % du SM). En Pologne, de fortes baisses du coin fiscal ont également été observées pour les foyers avec enfants : 28.3 points pour les parents isolés, 19.6 points pour les couples disposant d'un seul revenu égal au SM, 13.1 points pour les couples disposant de deux revenus représentant 167 % du SM et 11.6 points pour les couples disposant de deux revenus représentant 200 % du SM. En Lituanie, le coin fiscal a également diminué de plus de 10 points pour toutes les catégories de foyer avec enfants : 24.9 points pour les parents isolés, 22.1 points pour les couples mariés disposant d'un seul revenu, 13.6 points pour les couples mariés gagnant 167 % du SM et 12.5 points pour les couples mariés gagnant 200 % du SM. Aux

Pays-Bas, le coin fiscal a baissé de plus de 10 points pour les travailleurs célibataires gagnant 67 % du SM (14.7 points), pour les parents isolés (21.8 points) et pour les couples mariés avec deux enfants percevant 167 % du SM.

On observe aussi une réduction du coin fiscal supérieure à 10 points pour au moins une catégorie de foyer aux États-Unis, en France, en Grèce, en Hongrie et en Nouvelle-Zélande. En France, il a baissé de 13.9 points pour les parents isolés percevant 67 % du SM. En Grèce, le coin fiscal a baissé de 10.6 points pour les parents isolés rémunérés à 67 % du SM. En Hongrie, les baisses dépassent 10 points pour sept des huit catégories de foyer. Les diminutions les plus marquées concernent les parents isolés percevant 67 % du SM (16.0 points). En Nouvelle-Zélande, le coin fiscal a baissé de 13.3 points pour les parents isolés rémunérés à 67 % du SM. Aux États-Unis, le coin fiscal a reculé de plus de 10 points pour les travailleurs célibataires percevant 67 % du SM et les couples mariés disposant d'un seul revenu (de 10.8 points et 12.7 points respectivement).

À l'inverse, le coin fiscal a augmenté de plus de cinq points, entre 2000 et 2021, pour au moins une catégorie de foyer dans six pays : Corée, Islande, Luxembourg, Mexique, Norvège et Royaume-Uni. La plus forte hausse s'est produite en Islande, où le coin fiscal a progressé de 10.6 points pour les parents isolés percevant 67 % du SM et de 7.0 points pour les couples ayant deux enfants et disposant d'un seul revenu égal au SM. En Corée, il a augmenté pour les célibataires percevant 67 % et 100 % du SM (de 5.4 et 7.2 points respectivement), pour les couples mariés ayant deux enfants et disposant de deux revenus représentant 200 % du SM (de 5.7 points) et pour les couples mariés sans enfants disposant de deux salaires représentant 167 % du SM (de 6.6 points). Au Luxembourg, le coin fiscal a progressé pour toutes les catégories de foyer avec enfants, de 7.9 points pour les couples mariés disposant d'un seul revenu et de 8.5 points pour les parents isolés. Au Mexique, il a augmenté pour sept des huit catégories de foyer reprises dans les *Impôts sur les salaires*. La plus forte hausse (9.1 points) concerne les travailleurs célibataires avec et sans enfants gagnant 67 % du SM. En Norvège, le coin fiscal a progressé de 6.7 points pour les parents isolés. Au Royaume-Uni, il a également augmenté de 5.7 points pour les parents isolés.

Entre 2000 et 2021, le coin fiscal a diminué pour toutes les catégories de foyer dans quatorze pays de l'OCDE (Allemagne, Australie, Belgique, Canada, Danemark, États-Unis, Finlande, Grèce, Hongrie, Lituanie, Pays-Bas, Pologne, Suède et Suisse), tandis qu'il a augmenté pour toutes les catégories de foyer dans cinq pays (Corée, Costa Rica, Japon, Luxembourg et Mexique).

Taux moyen de l'impôt sur le revenu des personnes physiques

Entre 2000 et 2021, la charge fiscale moyenne sur le revenu des personnes physiques (Tableau 6.9 à Tableau 6.16) a diminué pour les huit catégories de foyer dans 13 pays de l'OCDE : Allemagne, Belgique, Canada, Estonie, États-Unis, Finlande, Hongrie, Israël, Lettonie, Lituanie, République tchèque, Slovénie et Suède. Des baisses supérieures à cinq points du taux moyen de l'impôt sur le revenu ont été enregistrées dans ces pays. Les réductions les plus importantes touchant la plupart des catégories de foyer ont été observées en Hongrie, où elles ont dépassé 10 points pour trois catégories de foyer : 15.3 points pour les travailleurs célibataires gagnant 167 % du SM, 12.3 points pour les couples mariés ayant deux enfants et disposant d'un revenu égal au SM et 10.2 points pour les couples ayant deux enfants et disposant de deux revenus représentant 200 % du SM. En République tchèque, le taux moyen de l'impôt sur le revenu des personnes physiques a diminué de plus de 10 points pour les parents isolés et les couples mariés disposant d'un seul revenu (de 14.9 points et 12.6 points respectivement). En Estonie, les célibataires percevant 67 % du SM ont connu une baisse de 10.0 points s'agissant des travailleurs sans enfants et de 13.0 points pour ce qui est des parents isolés. En Suède, une diminution comprise entre 9.2 et 9.8 points a été observée pour la plupart des catégories de foyer, à l'exception des contribuables célibataires rémunérés à 67 % du SM avec et sans enfants (réduction de 10.7 points). En Lituanie, le recul observé est de 8.5 à 9.0 points pour la plupart des catégories de foyer, à l'exception des parents isolés gagnant 67 % du SM, pour qui la baisse a été de 2.5 points. En Finlande, le taux a baissé de 6.5 à 8.3 points pour les huit catégories de foyer. En Israël, le recul observé est de 5.1 à 6.6 points pour la plupart des catégories de foyer, sauf pour les parents isolés rémunérés à hauteur de 67 % du SM, pour qui la diminution a été de 1.1 point.

À l'autre extrême, la charge moyenne de l'impôt sur le revenu des personnes physiques a augmenté pour les huit catégories de foyer dans six pays de l'OCDE : Corée, Danemark, Grèce, Japon, Mexique et Pays-Bas. Des hausses supérieures à cinq points ont été observées dans ces pays. Au Luxembourg, le taux moyen de l'impôt sur le revenu des personnes physiques a augmenté de 5.3 à 6.2 points pour toutes les catégories de foyer avec enfants. Au Mexique, les augmentations se sont échelonnées entre 7.9 et 9.7 points pour les huit catégories de foyer. Le taux moyen d'imposition du revenu des personnes physiques a progressé de plus de 5 points au Danemark pour les couples mariés avec deux enfants disposant d'un seul revenu égal au SM (5.8 points).

Seize autres pays de l'OCDE ont enregistré à la fois des réductions et des augmentations du taux moyen de l'impôt sur le revenu des personnes physiques parmi les catégories de foyer : Australie, Autriche, Espagne, France, Irlande, Islande, Italie, Norvège, Nouvelle-Zélande, Pays-Bas, Pologne, Portugal, République slovaque, Suisse, Turquie et Royaume-Uni. Des variations supérieures à cinq points ont été enregistrées dans ces pays. En Islande, le taux moyen d'imposition a augmenté de 5.7 points pour les couples mariés disposant d'un seul revenu. Aux Pays-Bas, il a progressé de plus de cinq points pour trois catégories de foyer : les célibataires rémunérés à 100 % du SM (6.0 points), les couples mariés disposant d'un seul revenu (10.6 points) et les couples mariés disposant de deux revenus représentant 200 % du SM (5.3 points). Au Portugal, il a progressé de 5.4 et 5.6 points pour les travailleurs célibataires percevant 67 % et 100 % du SM, et de 5.5 points pour les couples mariés sans enfants et disposant de deux revenus représentant 167 % du SM. Le taux moyen de l'impôt sur le revenu des personnes physiques a diminué de plus de cinq points dans trois pays : 5.5 points en Australie pour les travailleurs célibataires rémunérés à 167 % du SM, 7.3 points en Autriche pour les parents isolés et 5.5 points en République slovaque pour les couples mariés disposant d'un seul revenu.

Au Chili et au Costa Rica, les taux moyens de l'impôt sur le revenu sont restés constants pour la plupart des catégories de foyer, qui n'ont pas payé d'impôt sur le revenu des personnes physiques entre 2000 et 2021, à l'exception des travailleurs célibataires gagnant 167 % du SM, pour lesquels le taux moyen a diminué de 0.05 point au Chili et augmenté de 2.3 points au Costa Rica. En Colombie, aucune évolution ne s'est produite pour les huit catégories de foyer entre 2000 et 2021, car aucun impôt n'a été prélevé à leur niveau de revenu.

Taux moyen net d'imposition des personnes physiques

Le taux moyen net d'imposition des personnes physiques tient compte de la somme de l'impôt sur le revenu des personnes physiques, des cotisations salariales de sécurité sociale et des prestations en espèces (Tableau 6.17 àTableau 6.24). Il a diminué, entre 2000 et 2021, pour les huit catégories de foyer dans huit pays de l'OCDE : Allemagne, Australie, Belgique, Danemark, États-Unis, Pays-Bas, Pologne et Suède. Des baisses supérieures à cinq points ont été observées dans ces pays. C'est la Pologne qui a connu les réductions les plus importantes, puisque le taux moyen net d'imposition des personnes physiques a baissé de 32.7 points pour les parents isolés gagnant 67 % du SM, suivis des couples ayant deux enfants et disposant d'un seul revenu égal au SM (21.9 points). Aux Pays-Bas, la diminution du taux moyen net d'imposition des personnes physiques a dépassé 10 points pour les travailleurs célibataires gagnant 67 % du SM, avec et sans enfants (respectivement 21.6 points et 14.2 points) et pour les couples ayant deux enfants et disposant de deux revenus équivalents à 167 % du SM (11.5 points). Des baisses supérieures à 10 points ont également été observées en Suède pour les travailleurs célibataires percevant 67 % du SM (10.7 points), et aux États-Unis pour les parents isolés et les couples mariés disposant d'un seul revenu (11.2 points et 13.4 points respectivement).

En Australie, le taux moyen net d'imposition des personnes physiques a diminué de plus de cinq points (5.5 points) pour les travailleurs célibataires percevant 167 % du SM, tandis que les sept autres catégories de foyer ont connu des baisses allant de 1.9 à 4.2 points. La Belgique a enregistré des baisses supérieures à cinq points pour les parents isolés et les couples mariés sans enfants disposant de deux revenus représentant 167 % du SM (5.4 points pour chaque catégorie). En Allemagne, quatre des huit catégories de foyer ont connu des baisses supérieures à cinq points : le taux moyen net d'imposition a diminué de 5.5 points pour les travailleurs célibataires gagnant 100 % du SM ainsi que pour les couples mariés avec deux enfants et deux revenus représentant 200 % du SM ; il a également reculé de 6.1 points pour les travailleurs célibataires gagnant 167 % du SM et de 5.1 points pour les couples mariés avec deux enfants disposant de deux salaires représentant 167 % du SM. Au Danemark, la baisse a été supérieure à cinq points dans cinq des huit catégories de foyer : 5.5 points pour les couples mariés gagnant 167 % du SM avec et sans enfants, 6.0 points pour les travailleurs célibataires rémunérés à 100 % du SM, 6.2 points pour les parents isolés et 8.2 points pour les travailleurs célibataires percevant 167 % du SM.

À l'inverse, le taux moyen net d'imposition des personnes physiques a augmenté pour toutes les catégories de foyer dans quatre pays de l'OCDE : Costa Rica, Japon, Luxembourg et Mexique. Dans deux de ces pays, la hausse a été supérieure à cinq points. La plus forte variation s'est produite au Mexique, avec une augmentation de 9.7 points pour les travailleurs célibataires percevant 67 % du SM avec et sans enfants. Le Luxembourg a enregistré une hausse de 6.7 à 7.2 points pour toutes les catégories de foyer avec enfants, mais de moins de cinq points pour les trois autres.

Vingt-trois autres pays membres de l'OCDE ont enregistré à la fois des réductions et des augmentations du taux moyen net d'imposition des personnes physiques parmi les catégories de foyer : Autriche, Corée, Espagne, Estonie, Finlande, France, Grèce, Hongrie, Irlande, Islande, Israël, Italie, Lettonie, Lituanie, Norvège, Nouvelle-Zélande, Portugal, République slovaque, République tchèque, Royaume-Uni, Slovénie, Suisse et Turquie. Des variations supérieures à cinq points ont été observées dans ces pays. Des baisses sensibles se sont produites en France, où le taux moyen net d'imposition des personnes physiques a reculé de 16.5 points pour les parents isolés rémunérés à 67 % du SM. Pour cette dernière catégorie de foyer, des baisses supérieures à 10 points se sont également produites en Irlande (10.8 points) et en Nouvelle-Zélande (13.3 points). En Hongrie, le taux moyen net d'imposition des personnes physiques a diminué de 9.3 points pour les travailleurs célibataires percevant 167 % du SM ; il a reculé de 9.5 points en Grèce et de 7.3 points en Lituanie pour les parents isolés. L'Estonie a enregistré une baisse de 8.4 points pour les travailleurs célibataires percevant 67 % du SM ; Israël un recul de 5.9 points pour les mêmes catégories de foyer, de 6.4 points pour les travailleurs célibataires gagnant 100 % du SM et de 5.3 points pour les travailleurs célibataires gagnant 167 % du SM.

Le taux moyen net d'imposition des personnes physiques a diminué pour les couples mariés disposant d'un seul revenu en Estonie (5.7 points), en Grèce (5.6 points), en Lituanie (6.5 points) et en Nouvelle-Zélande (7.1 points). Pour les couples mariés ayant deux enfants et disposant de deux revenus représentant 167 % du SM, ce taux a reculé de 6.7 points en République tchèque et de 7.8 points en Estonie. Dans ces deux pays, il a également baissé pour les couples mariés ayant deux enfants et disposant de deux revenus représentant 200 % du SM : 7.8 points et 6.1 points respectivement. Pour les couples mariés sans enfants et disposant de deux revenus représentant 167 % du SM, le taux moyen net d'imposition a reculé de 6.3 points en Estonie et de 6.0 points en Israël.

À l'inverse, pour les parents isolés rémunérés à 67 % du salaire moyen, des hausses supérieures à cinq points ont été observées en République tchèque (5.8 points), au Royaume-Uni (5.7 points), en Hongrie (5.4 points), en Islande (10.0 points), en Norvège (7.4 points), en République slovaque (8.3 points) et en Slovénie (5.7 points). Le taux d'imposition a également augmenté sensiblement pour les travailleurs célibataires gagnant 67 % du SM en Lituanie et au Portugal (8.0 et 5.4 points respectivement), ainsi que pour les travailleurs célibataires rémunérés à 100 % du SM en Corée (6.3 points), en Lituanie (7.7 points) et au Portugal (5.6 points). Il a également augmenté de plus de cinq points pour les couples mariés disposant d'un seul revenu en Islande (6.2 points) et en Slovénie (8.0 points), les couples mariés disposant de deux revenus représentant 167 % du SM et ayant deux enfants au Portugal (5.2 points) et sans enfants en Corée (5.6 points), en Lituanie (7.9 points) et au Portugal (5.5 points).

Progressivité

Le degré de progressivité de l'impôt sur le revenu des personnes physiques peut être évalué en comparant la charge supportée par des travailleurs célibataires gagnant 67 % du SM à celle des célibataires gagnant 167 % du SM. Le Tableau 6.9 est donc comparé au Tableau 6.11. Pour tous les pays de l'OCDE (à l'exception de la Hongrie) et toutes les années comprises entre 2000 et 2021, les salariés les mieux payés reversent toujours un pourcentage plus élevé de leurs revenus au titre de l'impôt sur le revenu des personnes physiques que ceux les moins bien rémunérés. Concernant la Hongrie, le niveau de la charge fiscale était le même pour les deux catégories de salariés à partir de 2013. Au Mexique, de 2000 à 2010, le taux de l'impôt sur le revenu des personnes physiques était négatif pour les célibataires rémunérés à 67 % du SM du fait de l'octroi de crédits d'impôt récupérables.

La progressivité des impôts sur le revenu des personnes physiques a augmenté en moyenne dans les pays de l'OCDE. En moyenne (à l'exclusion du Mexique), la charge fiscale pesant sur un salarié célibataire rémunéré à 67 % du SM représentait 57 % % de celle grevant un salarié gagnant 167 % du SM en 2000 et 52 % en 2021.

Si l'on compare la situation dans chaque pays de l'OCDE, on constate que les impôts sur le revenu des personnes physiques sont devenus plus progressifs dans vingt pays : Allemagne, Australie, Belgique, Canada, Suisse, Estonie, Finlande, France, Irlande, Israël, Italie, Lituanie, Lettonie, Norvège, Nouvelle- Zélande, Pays-Bas, Royaume-Uni, République tchèque, Suède et Turquie. Les variations les plus marquées ont été observées en Estonie, où la charge pesant sur les bas salaires, en pourcentage de la charge fiscale grevant les hauts salaires, a été ramenée de 85.7 % en 2017 à 42.2 % en 2018, et en Italie, où elle est passée de 60.2 % en 2000 à 42.9 % en 2021.

Entre 2000 et 2021, les impôts sur le revenu des personnes physiques sont devenus légèrement moins progressifs (sur la base de cet indicateur) dans quinze pays de l'OCDE : Autriche, Corée, Danemark, Espagne, États-Unis, Grèce, Hongrie, Islande, Japon, Luxembourg, Mexique, Pologne, Portugal, République slovaque et Slovénie. Les variations les plus importantes sont intervenues en Hongrie, où le ratio est passé de 58.0 % de la charge fiscale du salarié le mieux payé en 2000 à 100 % à partir de 2013, et en Islande, où il est passé de 54.6 % en 2000 à 70.7 % en 2021.

La charge fiscale est restée au même niveau au Chili et en Colombie entre 2000 et 2021. Au Chili et au Costa Rica, les travailleurs les moins bien rémunérés, dont le revenu équivaut à 67 % du SM, n'ont pas payé d'impôt sur le revenu entre 2000 et 2021. En Colombie, aucun impôt sur le revenu des personnes physiques n'a été prélevé sur les revenus équivalents à 67 % ou à 167 % du SM entre 2000 et 2021.

Familles

Les résultats présentés dans les Tableau 6.21et Tableau 6.18 peuvent être utilisés pour comparer les charges fiscales nettes (impôt sur le revenu des personnes physiques plus cotisations salariales de sécurité sociale moins prestations en espèces) auxquelles doit faire face un couple marié ayant deux enfants et disposant d'un seul revenu égal au SM et un travailleur célibataire sans enfants disposant du même niveau de revenu. On constate que, dans les pays de l'OCDE, l'économie moyenne d'impôt pour les couples mariés, par rapport aux célibataires, représentait 10.2 % du revenu brut en 2000 et 11.5 % en 2021.

Entre 2000 et 2021, l'économie d'impôt dont bénéficient les couples mariés disposant d'un seul revenu a augmenté dans 20 pays et diminué dans 18 autres. Aucune économie d'impôt n'est observée ni en Colombie, car les ménages ne paient pas d'impôt à ce niveau de revenu, ni au Mexique, où la charge fiscale est la même pour les deux catégories de foyer. Dans quatre pays, l'économie d'impôt a augmenté de plus de cinq points : aux États-Unis, passant de 10.5 % à 21.5 % du revenu brut (augmentation de 11 points) ; en Pologne, passant de 5.7 % à 23.9 % du revenu brut (augmentation de 18.3 points) ; en Lituanie, passant de 0 % à 14.3 % du revenu brut (augmentation de 14.3 points) ; et au Chili, passant de 0.7 % à 25.5 % du revenu brut (augmentation de 24.8 points). On observe des réductions correspondantes de plus de cinq points en Norvège, où l'économie d'impôt a diminué de 7.6 points, passant de 11.4 % à 3.8 % du revenu brut, et en Slovénie, où elle s'est inscrite en recul de 9.0 points, passant de 25.4 % à 16.4 % du revenu brut.

Tableaux indiquant les impôts sur le revenu, les cotisations de sécurité sociale et les prestations en espèces

L'évolution des impôts sur le revenu, cotisations de sécurité sociale et prestations en espèces pour les huit catégories de foyer dans les pays de l'OCDE étudiées au cours de la période 2000 à 2021 ressort des tableaux 6.1 à 6.24.

- Les tableaux 6.1 à 6.8 indiquent le coin fiscal (moyen), qui est constitué des impôts sur le revenu majorés des cotisations salariales et patronales de sécurité sociale (y compris les taxes sur les salaires éventuellement applicables) et diminués des prestations en espèces.
- Les tableaux 6.9 à 6.16 contiennent des données liées à la charge (moyenne) des impôts sur le revenu des personnes physiques, et
- Les tableaux 6.17 à 6.24 indiquent la charge (moyenne) des impôts sur le revenu majorée des cotisations salariales de sécurité sociale et diminuée des prestations en espèces (taux moyens nets d'imposition des personnes physiques).

Le Tableau 6.25 et le Tableau 6.26 indiquent le salaire brut et le salaire net moyen d'un célibataire entre 2000 et 2021, exprimés en dollars US à parité de pouvoir d'achat des monnaies nationales et en monnaies nationales.

Tableau 6.1. Impôt sur le revenu et cotisations sociales des salariés et employeurs diminués des prestations versées, célibataire, salaire égal à 67 % du salaire moyen

Pression fiscale en % des coûts de main-d'œuvre, célibataire sans enfant

	2000	2010	2014	2015	2016	2017	2018	2019	2020	2021
Allemagne	47.6	44.9	45.1	45.3	45.3	45.4	45.3	45.2	44.7	44.2
Australie	25.9	21.0	22.4	23.1	23.4	23.6	24.1	22.7	23.3	21.6
Autriche	43.2	43.5	44.8	45.1	43.0	43.1	43.3	43.6	42.9	43.3
Belgique	51.4	50.4	49.9	49.4	47.5	47.3	46.1	45.5	45.4	46.2
Canada	29.4	29.0	29.5	29.6	29.3	28.7	28.8	28.2	27.5	28.9
Chili	7.0	7.0	7.0	7.0	7.0	7.0	7.0	7.0	7.0	-6.5
Colombie	0.0	0.0	0.0	0.0	0.0	0.0	0.0	0.0	0.0	0.0
Corée	15.0	17.4	18.2	18.4	18.6	18.9	19.2	19.7	20.2	20.4
Costa Rica	27.8	28.0	28.0	28.2	28.2	28.6	29.0	29.0	29.2	29.2
Danemark	37.4	33.5	33.1	33.4	33.4	33.3	32.6	32.7	32.5	32.7
Espagne	34.9	36.5	37.3	35.8	35.8	35.8	35.9	35.9	34.7	35.7
Estonie	39.8	38.7	38.9	38.0	37.9	38.0	32.7	33.2	33.4	33.9
États-Unis	29.0	28.3	29.5	29.2	29.2	29.2	27.6	27.5	23.5	24.7
Finlande	42.7	36.8	38.0	37.9	38.3	36.9	36.5	35.9	34.8	36.2
France	43.9	46.8	45.0	43.6	42.9	42.3	42.3	41.9	39.7	41.1
Grèce	35.9	35.8	36.1	34.6	35.8	36.0	36.2	36.2	33.9	31.9
Hongrie	51.4	43.8	49.0	49.0	48.2	46.2	45.0	44.6	43.6	43.2
Irlande	27.5	24.2	25.3	24.9	24.3	24.0	24.3	24.6	24.9	25.0
Islande	23.8	28.4	29.7	30.2	30.3	29.5	29.6	29.4	29.1	28.2
Israël	23.2	14.1	14.2	14.8	15.2	15.1	15.7	15.9	16.2	17.6
Italie	43.6	44.0	41.9	40.8	40.8	40.7	40.8	41.0	40.9	41.2
Japon	28.7	28.9	30.6	30.9	31.0	31.0	31.2	31.2	31.2	31.2
Lettonie	41.7	43.2	42.1	41.7	41.2	41.3	39.7	39.6	38.7	37.9
Lituanie	43.0	38.8	39.0	39.3	39.0	37.8	37.2	34.8	33.5	34.4
Luxembourg	29.8	28.8	31.6	32.4	32.5	30.2	30.5	30.7	31.7	32.3
Mexique	7.6	12.9	14.7	15.0	15.3	16.1	16.1	16.8	19.4	16.8
Norvège	35.1	34.1	33.8	33.7	33.2	32.8	32.7	32.6	32.7	32.9
Nouvelle-Zélande	18.6	14.3	13.4	13.5	13.7	13.8	13.9	14.0	14.1	14.2
Pays-Bas	42.3	33.6	31.8	32.0	30.4	30.4	30.8	29.7	28.7	27.6
Pologne	37.0	33.3	34.9	35.0	34.9	35.0	35.1	35.0	34.1	34.2
Portugal	33.2	32.2	34.8	36.3	36.4	36.6	36.7	37.1	37.3	37.6
République slovaque	40.7	35.0	38.9	39.1	39.3	39.4	39.7	39.7	39.0	39.0
République tchèque	41.3	39.0	39.7	40.0	40.3	40.8	41.4	41.7	41.8	37.6
Royaume-Uni	29.1	29.4	26.2	26.0	26.1	26.3	26.2	26.1	26.0	26.7
Slovénie	42.6	38.6	38.6	38.6	38.7	40.0	39.8	40.3	40.2	40.4
Suède	48.6	40.7	40.5	40.6	40.8	40.9	41.0	40.4	40.5	39.8
Suisse	20.2	19.3	19.2	19.1	19.3	19.4	19.4	19.5	19.7	19.9
Turquie[1]	39.1	34.4	35.8	35.9	32.9	33.4	34.6	36.2	36.2	36.3
Moyenne non pondérée										
OCDE-Moyenne	**33.1**	**31.3**	**31.8**	**31.8**	**31.6**	**31.4**	**31.3**	**31.2**	**30.8**	**30.5**
OCDE-UE 22	**40.9**	**38.3**	**38.9**	**38.8**	**38.5**	**38.2**	**37.9**	**37.7**	**37.1**	**37.1**

1. Les données sur les salaires sont basées sur l'ancienne définition de l'ouvrier moyen (CITI D, Rév. 3) pour les années 2000 à 2006.

StatLink https://stat.link/sb8vh7

Tableau 6.2. Impôt sur le revenu et cotisations sociales des salariés et employeurs diminués des prestations versées, célibataire, salaire égal à 100 % du salaire moyen
Pression fiscale en % des coûts de main-d'œuvre, célibataire sans enfant

	2000	2010	2014	2015	2016	2017	2018	2019	2020	2021
Allemagne	52.9	49.0	49.3	49.4	49.5	49.5	49.5	49.3	48.8	48.1
Australie	31.0	26.8	27.7	28.3	28.6	28.6	28.9	27.9	28.4	27.1
Autriche	47.3	48.2	49.4	49.6	47.3	47.4	47.6	47.9	47.5	47.8
Belgique	57.1	55.9	55.6	55.3	53.9	53.8	52.7	52.3	52.2	52.6
Canada	34.1	31.8	32.4	32.5	32.1	31.4	31.4	31.0	30.9	31.5
Chili	7.0	7.0	7.0	7.0	7.0	7.0	7.0	7.0	7.0	7.0
Colombie	0.0	0.0	0.0	0.0	0.0	0.0	0.0	0.0	0.0	0.0
Corée	16.4	20.1	21.2	21.4	21.8	22.0	22.4	22.9	23.4	23.6
Costa Rica	27.8	28.0	28.0	28.2	28.2	28.6	29.0	29.0	29.2	29.2
Danemark	41.5	35.9	35.6	35.9	35.9	35.8	35.4	35.5	35.3	35.4
Espagne	38.6	39.7	40.7	39.4	39.4	39.3	39.4	39.4	39.0	39.3
Estonie	41.3	40.1	40.0	39.0	39.0	39.0	36.2	37.0	37.3	38.1
États-Unis	30.8	30.7	31.6	31.4	31.6	31.8	29.6	29.7	27.2	28.4
Finlande	47.5	42.3	43.6	43.5	44.1	43.0	42.6	42.2	41.4	42.7
France	50.4	49.9	48.4	48.5	48.0	47.4	47.4	47.2	46.6	47.0
Grèce	38.7	40.0	40.2	38.8	40.0	40.2	40.4	40.4	38.9	36.7
Hongrie	54.7	46.6	49.0	49.0	48.2	46.2	45.0	44.6	43.6	43.2
Irlande	35.3	30.9	34.0	33.2	32.7	32.6	32.9	33.2	33.7	34.0
Islande	28.8	33.4	33.9	34.3	33.9	32.8	32.9	32.7	32.5	32.2
Israël	29.6	20.7	21.1	21.8	22.3	22.1	22.7	22.9	23.1	24.2
Italie	47.1	47.2	47.8	47.8	47.8	47.7	47.7	47.9	46.9	46.5
Japon	29.8	30.2	32.0	32.3	32.4	32.5	32.7	32.7	32.6	32.6
Lettonie	43.2	44.0	43.0	42.5	42.5	42.7	42.6	42.5	42.3	40.5
Lituanie	45.7	40.6	41.0	41.2	41.3	41.1	40.7	37.7	37.1	37.6
Luxembourg	35.8	35.3	38.6	39.5	39.6	37.8	38.2	38.5	39.5	40.2
Mexique	12.7	16.0	19.5	19.8	20.1	20.4	19.7	20.2	20.4	19.6
Norvège	38.6	37.3	36.9	36.7	36.2	35.9	35.8	35.7	35.8	36.0
Nouvelle-Zélande	19.4	17.0	17.3	17.6	18.0	18.3	18.6	19.0	19.3	19.4
Pays-Bas	40.0	38.1	39.0	37.0	37.2	37.4	37.8	36.9	36.1	35.3
Pologne	38.2	34.2	35.7	35.7	35.6	35.7	35.8	35.6	34.8	34.9
Portugal	37.3	37.1	41.1	42.1	41.5	41.4	40.9	41.4	41.5	41.8
République slovaque	42.1	38.1	41.4	41.5	41.7	41.7	41.9	41.9	41.3	41.3
République tchèque	42.6	42.1	42.6	42.8	43.0	43.4	43.7	44.0	44.0	39.9
Royaume-Uni	32.6	32.6	31.0	30.8	30.9	31.0	31.0	30.9	30.9	31.3
Slovénie	46.3	42.5	42.5	42.6	42.7	42.9	43.2	43.5	43.1	43.6
Suède	50.1	42.8	42.5	42.6	42.8	42.9	43.0	42.6	42.7	42.6
Suisse	22.9	22.1	21.9	21.8	22.1	22.1	22.2	22.3	22.5	22.8
Turquie[1]	40.4	37.0	38.1	38.2	38.2	38.9	39.2	39.6	39.5	39.9
Moyenne non pondérée										
OCDE-Moyenne	**36.2**	**34.5**	**35.3**	**35.2**	**35.2**	**35.1**	**34.9**	**34.9**	**34.6**	**34.6**
OCDE-UE 22	**44.3**	**41.8**	**42.8**	**42.6**	**42.4**	**42.2**	**42.0**	**41.9**	**41.5**	**41.3**

1. Les données sur les salaires sont basées sur l'ancienne définition de l'ouvrier moyen (CITI D, Rév. 3) pour les années 2000 à 2006.

StatLink ⟶ https://stat.link/uqh3wt

Tableau 6.3. Impôt sur le revenu et cotisations sociales des salariés et employeurs diminués des prestations versées, célibataire, salaire égal à 167 % du salaire moyen

Pression fiscale en % des coûts de main-d'œuvre, célibataire sans enfant

	2000	2010	2014	2015	2016	2017	2018	2019	2020	2021
Allemagne	56.2	51.5	51.3	51.3	51.4	51.5	51.3	51.0	51.3	50.7
Australie	38.8	32.4	33.4	34.0	34.1	34.0	34.3	34.4	34.7	33.0
Autriche	50.4	51.4	52.0	52.1	50.7	50.8	51.0	51.0	50.9	51.1
Belgique	62.6	61.0	60.8	60.7	59.9	59.6	59.0	58.7	58.6	58.9
Canada	37.0	35.0	35.5	35.5	34.8	34.5	34.5	34.1	34.1	34.5
Chili	8.3	8.0	8.1	8.2	8.3	8.3	8.3	8.3	8.3	8.3
Colombie	0.0	0.0	0.0	0.0	0.0	0.0	0.0	0.0	0.0	0.0
Corée	20.5	21.7	22.9	23.3	23.8	24.4	25.0	25.6	26.2	26.6
Costa Rica	27.8	28.5	29.1	29.2	29.6	30.2	30.6	30.7	30.8	31.0
Danemark	49.3	42.9	41.9	42.1	42.0	41.8	41.2	41.2	40.9	41.1
Espagne	41.0	42.4	45.0	43.8	43.8	43.7	43.8	43.9	43.4	43.7
Estonie	42.5	41.2	40.9	39.9	39.9	39.9	41.2	41.2	41.2	41.2
États-Unis	37.1	35.9	36.4	36.3	36.4	36.5	34.1	34.1	33.8	34.7
Finlande	53.2	48.2	49.4	49.4	50.1	49.1	48.8	48.4	47.9	49.1
France	52.5	53.6	54.3	54.3	54.4	54.4	54.0	54.1	53.2	54.0
Grèce	44.7	45.5	47.9	45.1	45.6	45.7	45.9	46.0	44.8	41.8
Hongrie	59.2	53.1	49.0	49.0	48.2	46.2	45.0	44.6	43.6	43.2
Irlande	42.2	40.7	43.1	42.3	41.5	41.4	41.6	41.8	42.2	42.4
Islande	39.6	37.8	38.4	38.6	38.5	37.7	37.5	37.4	37.4	37.4
Israël	38.1	29.5	30.0	30.8	31.4	31.3	32.1	32.5	32.9	34.1
Italie	51.1	52.5	53.6	54.2	54.1	53.8	53.9	54.0	54.2	54.7
Japon	31.6	33.3	34.7	34.9	35.0	35.0	35.1	35.1	35.2	35.6
Lettonie	44.4	44.7	43.8	43.2	43.3	43.5	42.6	42.8	42.9	42.6
Lituanie	47.9	42.0	42.1	42.1	42.1	42.1	42.1	40.0	40.0	40.2
Luxembourg	44.1	42.5	45.5	46.2	46.3	45.3	45.5	45.6	46.2	46.6
Mexique	19.5	21.4	22.6	22.8	23.1	23.4	22.8	23.2	23.4	22.7
Norvège	45.2	43.0	42.5	42.4	41.9	41.6	41.5	41.5	41.5	41.7
Nouvelle-Zélande	24.2	23.3	23.1	23.4	23.7	23.9	24.1	24.4	24.6	24.8
Pays-Bas	44.9	41.8	50.4	42.2	42.0	42.0	42.3	42.1	41.2	40.7
Pologne	39.1	35.0	36.3	36.3	36.2	36.2	36.3	36.1	35.4	35.9
Portugal	42.3	43.1	47.4	48.0	47.0	46.7	46.3	46.8	47.0	47.3
République slovaque	45.5	40.3	43.5	43.5	43.6	43.6	43.7	43.6	43.2	43.3
République tchèque	44.8	44.7	45.0	45.1	45.3	45.5	45.7	45.8	45.8	41.8
Royaume-Uni	35.8	37.2	37.3	37.3	37.5	37.4	37.4	37.1	37.2	37.7
Slovénie	51.0	47.6	46.4	46.5	46.1	46.3	46.7	47.0	46.0	46.4
Suède	55.7	51.0	50.6	50.7	51.5	51.6	51.6	50.7	50.3	50.5
Suisse	27.4	26.6	26.4	26.4	26.7	26.7	26.9	27.0	27.1	27.4
Turquie[1]	35.0	39.8	41.5	41.8	42.1	42.5	42.7	42.9	42.8	43.1
Moyenne non pondérée										
OCDE-Moyenne	40.3	38.7	39.5	39.3	39.3	39.2	39.1	39.1	39.0	38.9
OCDE-UE 22	48.4	46.2	47.3	46.7	46.6	46.4	46.3	46.2	45.9	45.8

1. Les données sur les salaires sont basées sur l'ancienne définition de l'ouvrier moyen (CITI D, Rév. 3) pour les années 2000 à 2006.

StatLink 🔗 https://stat.link/47bzgy

Tableau 6.4. Impôt sur le revenu et cotisations sociales des salariés et employeurs diminués des prestations versées, parent isolé, salaire égal à 67 % du salaire moyen

Pression fiscale en % des coûts de main-d'œuvre, parent isolé ayant deux enfants

	2000	2010	2014	2015	2016	2017	2018	2019	2020	2021
Allemagne	31.8	29.8	31.3	30.9	31.1	31.3	31.5	31.4	27.6	28.0
Australie	4.0	-6.5	-1.8	-1.4	-1.1	0.6	1.9	1.1	1.2	-1.0
Autriche	25.2	26.1	29.2	29.6	27.4	27.7	28.1	22.3	20.2	22.8
Belgique	36.4	36.8	36.1	35.6	33.5	33.4	32.3	31.4	27.9	29.4
Canada	10.4	11.1	12.0	2.4	1.3	1.4	1.3	0.0	-1.4	2.8
Chili	5.9	6.1	6.2	6.2	6.2	6.2	6.2	6.2	6.1	-24.4
Colombie	-6.9	-5.6	-5.8	-6.6	-6.7	-6.6	-6.4	-6.5	-7.0	-7.4
Corée	14.4	16.7	16.9	17.0	17.0	17.0	17.3	17.0	14.0	15.4
Costa Rica	27.8	28.0	28.0	28.2	28.2	28.6	29.0	29.0	29.2	29.2
Danemark	11.5	8.0	5.8	6.3	6.2	4.8	4.0	4.4	4.3	5.3
Espagne	28.6	29.2	30.6	24.2	24.2	24.3	24.5	24.8	23.3	24.4
Estonie	18.5	24.1	27.4	21.7	21.8	22.8	17.4	18.1	18.7	20.0
États-Unis	10.7	8.9	12.0	11.7	12.2	13.0	9.7	10.1	2.3	-0.1
Finlande	28.3	25.5	27.3	27.2	27.9	26.5	26.5	26.1	24.2	26.1
France	34.5	38.8	36.6	36.0	24.3	23.6	23.9	20.1	16.7	20.6
Grèce	35.2	34.4	32.6	30.8	31.4	31.6	29.6	29.7	26.7	24.6
Hongrie	34.0	27.4	26.4	27.2	25.5	23.0	21.8	22.0	22.7	23.4
Irlande	16.6	-4.5	0.0	0.1	0.0	1.2	3.8	5.3	6.0	6.2
Islande	5.9	16.7	19.1	20.5	21.0	19.1	17.9	18.1	17.1	16.5
Israël	3.3	1.6	2.9	2.9	0.9	1.7	3.0	3.7	3.6	6.0
Italie	29.5	28.1	26.2	25.3	25.2	25.1	25.3	25.8	24.8	26.4
Japon	15.9	9.5	16.2	17.0	17.2	17.0	17.3	16.9	16.7	17.1
Lettonie	24.0	29.5	25.5	25.0	24.9	26.2	24.9	24.3	23.6	24.3
Lituanie	38.4	30.0	31.0	31.7	29.3	30.6	26.1	23.3	9.1	13.5
Luxembourg	4.4	2.0	7.6	9.0	9.3	6.6	7.6	8.3	10.9	12.9
Mexique	7.6	12.9	14.7	15.0	15.3	16.1	16.1	16.8	19.4	16.8
Norvège	16.4	20.9	22.0	22.2	21.9	21.9	22.2	22.0	22.4	23.1
Nouvelle-Zélande	-3.0	-17.7	-15.4	-14.1	-14.1	-12.8	-19.9	-18.8	-17.2	-16.3
Pays-Bas	26.4	12.2	11.3	10.2	7.0	6.8	7.2	6.0	5.5	4.6
Pologne	29.8	28.4	26.9	23.9	-16.3	-18.5	-11.2	-4.8	-3.8	1.5
Portugal	26.6	20.6	25.0	25.3	21.4	22.0	22.5	23.6	24.0	24.7
République slovaque	26.1	22.6	27.4	27.9	28.4	29.0	29.7	30.0	29.2	27.9
République tchèque	12.7	15.8	24.8	24.7	22.0	22.6	21.4	22.8	22.8	16.2
Royaume-Uni	15.3	9.3	4.6	5.3	7.3	9.5	11.0	12.6	9.4	21.0
Slovénie	13.4	12.4	9.9	10.1	10.5	12.6	13.4	14.8	15.2	17.0
Suède	39.9	32.3	33.0	33.2	33.6	33.9	33.1	32.5	32.7	32.4
Suisse	6.5	4.7	4.1	4.1	4.5	4.5	4.7	4.9	5.1	5.6
Turquie[1]	39.1	33.0	34.4	34.6	31.3	31.9	33.1	34.8	34.9	34.9
Moyenne non pondérée										
OCDE-Moyenne	**19.6**	**17.3**	**18.5**	**17.9**	**16.1**	**16.2**	**16.0**	**16.1**	**14.9**	**15.0**
OCDE-UE 22	**26.0**	**23.2**	**24.2**	**23.5**	**20.4**	**20.3**	**20.2**	**20.1**	**18.7**	**19.6**

1. Les données sur les salaires sont basées sur l'ancienne définition de l'ouvrier moyen (CITI D, Rév. 3) pour les années 2000 à 2006.

StatLink ᴹᴸᴾ https://stat.link/xm7siq

Tableau 6.5. Impôt sur le revenu et cotisations sociales des salariés et employeurs diminués des prestations versées, couple marié, salaire égal à 100 % du salaire moyen
Pression fiscale en % des coûts de main-d'œuvre, couple marié ayant deux enfants et un seul salaire

	2000	2010	2014	2015	2016	2017	2018	2019	2020	2021
Allemagne	35.3	32.6	33.8	34.0	34.1	34.3	34.3	34.2	32.5	32.7
Australie	23.4	14.6	17.4	17.8	18.0	20.7	21.5	20.8	20.8	19.1
Autriche	35.2	36.4	38.9	39.2	36.8	37.0	37.3	33.7	32.2	34.1
Belgique	42.6	41.2	40.6	40.3	38.5	38.4	37.4	36.6	36.4	37.3
Canada	27.1	24.7	23.5	19.2	20.8	20.2	20.1	19.5	18.7	20.4
Chili	6.3	7.0	7.0	7.0	7.0	7.0	7.0	7.0	7.0	-18.5
Colombie	-4.6	-3.8	-3.9	-4.4	-4.5	-4.4	-4.3	-4.3	-4.7	-5.0
Corée	15.7	17.8	18.6	19.0	19.5	19.7	20.3	20.4	18.5	19.6
Costa Rica	27.8	28.0	28.0	28.2	28.2	28.6	29.0	29.0	29.2	29.2
Danemark	28.2	24.9	24.9	25.3	25.2	25.2	24.9	25.3	25.2	25.7
Espagne	32.3	34.0	34.9	33.7	33.7	33.7	33.9	34.0	33.4	33.8
Estonie	32.8	31.0	32.9	28.6	28.5	29.0	26.1	27.1	27.6	28.9
États-Unis	21.2	18.5	20.6	20.4	20.6	20.9	18.5	18.6	10.1	8.5
Finlande	40.3	37.0	38.6	38.9	39.6	38.5	38.2	37.9	37.0	38.6
France	41.3	42.9	40.5	40.5	40.0	39.4	39.3	38.5	37.7	39.0
Grèce	40.3	40.3	39.5	37.3	38.1	38.3	37.1	37.2	35.5	33.2
Hongrie	43.9	36.7	34.8	35.3	33.8	31.4	30.2	30.1	30.2	30.5
Irlande	20.4	14.7	18.5	17.7	16.9	16.9	17.6	17.9	18.5	19.0
Islande	13.1	19.2	21.8	23.2	23.3	21.6	20.2	19.9	19.5	20.0
Israël	25.5	17.5	18.7	19.2	19.6	19.5	20.2	20.5	20.8	21.9
Italie	39.3	37.8	38.5	38.6	38.6	38.4	38.6	39.0	37.4	37.9
Japon	26.4	22.1	26.5	27.0	27.2	27.3	27.5	27.5	27.3	27.4
Lettonie	31.4	34.8	31.9	31.4	31.5	32.6	32.6	32.2	32.1	31.4
Lituanie	45.7	34.7	35.6	36.1	37.8	35.7	33.3	30.0	20.7	23.6
Luxembourg	11.7	12.9	16.5	17.5	17.7	16.6	17.1	17.4	18.6	19.7
Mexique	12.7	16.0	19.5	19.8	20.1	20.4	19.7	20.2	20.4	19.6
Norvège	28.4	30.7	32.0	31.9	31.6	31.3	32.3	32.0	32.2	32.6
Nouvelle-Zélande	13.6	-0.9	4.1	5.2	6.0	7.1	2.8	4.3	5.8	6.5
Pays-Bas	29.9	30.8	33.0	31.4	31.9	32.2	32.7	31.9	29.6	29.1
Pologne	33.3	28.4	30.3	30.6	14.4	10.5	15.0	17.4	13.1	14.3
Portugal	30.2	26.3	29.8	30.7	28.2	28.8	29.3	30.1	30.4	30.9
République slovaque	31.3	23.5	28.6	29.0	29.5	30.0	30.7	31.0	30.4	29.6
République tchèque	22.0	21.1	26.7	26.8	25.3	26.0	25.5	26.7	26.8	21.8
Royaume-Uni	27.8	26.5	26.4	25.8	26.0	26.3	26.3	26.4	26.4	27.0
Slovénie	25.0	22.9	23.5	23.6	23.9	24.4	25.1	25.8	28.5	29.5
Suède	44.3	37.2	37.4	37.7	38.0	38.2	37.7	37.3	37.4	37.6
Suisse	11.7	10.3	9.3	9.2	9.6	9.6	9.8	10.0	10.1	10.6
Turquie[1]	40.4	35.4	36.6	36.7	36.6	37.3	37.7	38.0	37.9	38.3
Moyenne non pondérée										
OCDE-Moyenne	**27.7**	**25.4**	**26.7**	**26.6**	**26.1**	**26.0**	**25.9**	**25.8**	**25.0**	**24.6**
OCDE-UE 22	**33.5**	**31.0**	**32.3**	**32.0**	**31.0**	**30.7**	**30.6**	**30.5**	**29.6**	**29.9**

1. Les données sur les salaires sont basées sur l'ancienne définition de l'ouvrier moyen (CITI D, Rév. 3) pour les années 2000 à 2006.

StatLink https://stat.link/0fxtay

Tableau 6.6. Impôt sur le revenu et cotisations sociales des salariés et employeurs diminués des prestations versées, couple marié, deux enfants, deux salaires égaux à 100 % et 67 % du salaire moyen

Pression fiscale en % des coûts de main-d'œuvre, couple marié ayant deux enfants et deux salaires

	2000	2010	2014	2015	2016	2017	2018	2019	2020	2021
Allemagne	45.4	41.4	42.2	42.3	42.5	42.5	42.6	42.4	41.2	40.9
Australie	26.7	23.8	25.5	26.2	26.5	26.6	27.0	25.8	26.3	24.9
Autriche	39.0	40.1	42.0	42.2	39.9	40.0	40.3	38.3	37.1	38.4
Belgique	50.9	48.9	48.4	48.1	46.4	46.3	45.1	44.6	44.5	45.2
Canada	31.9	29.7	30.3	28.4	28.1	27.5	27.5	27.0	26.6	27.8
Chili	6.6	6.6	6.7	6.7	6.7	6.7	6.7	6.7	6.6	-8.6
Colombie	-5.5	-4.5	-4.7	-5.3	-5.4	-5.3	-5.2	-5.2	-5.6	-6.0
Corée	15.5	17.9	18.7	19.0	19.4	19.7	20.1	20.4	19.5	20.2
Costa Rica	27.8	28.0	28.0	28.2	28.2	28.6	29.0	29.0	29.2	29.2
Danemark	35.8	31.0	30.8	31.1	31.1	31.0	30.6	30.8	30.6	30.9
Espagne	35.4	36.7	37.6	36.3	36.3	36.2	36.3	36.4	35.6	36.2
Estonie	37.4	35.8	36.6	33.7	33.6	33.9	30.0	30.7	31.0	32.0
États-Unis	26.9	25.3	26.6	26.3	26.4	26.5	24.0	24.0	18.9	17.9
Finlande	41.3	37.0	38.4	38.4	39.0	37.8	37.5	37.1	36.1	37.6
France	43.3	45.3	43.6	43.2	42.5	41.8	41.9	41.6	40.1	40.9
Grèce	39.1	39.2	39.2	37.3	38.1	38.3	37.7	37.7	35.8	33.6
Hongrie	47.0	39.6	40.5	40.8	39.6	37.3	36.2	35.9	35.6	35.6
Irlande	29.3	22.1	25.7	24.8	24.3	24.4	24.9	25.5	26.1	26.5
Islande	25.4	30.4	32.1	32.7	32.5	31.4	31.2	31.1	30.4	29.9
Israël	21.6	14.4	15.1	15.5	15.8	15.8	16.3	16.5	16.7	18.1
Italie	44.2	42.5	41.9	41.5	41.5	41.4	41.5	41.7	40.6	40.9
Japon	28.2	25.4	28.9	29.3	29.4	29.5	29.7	29.7	29.6	29.6
Lettonie	35.5	38.2	36.0	35.5	35.4	36.1	35.5	35.2	34.7	34.0
Lituanie	44.6	38.8	39.0	39.3	38.3	36.5	36.3	31.9	29.8	31.0
Luxembourg	21.4	22.5	26.5	27.5	27.7	25.8	26.4	26.8	28.3	29.4
Mexique	10.6	14.7	17.6	17.9	18.2	18.7	18.3	18.8	20.0	18.5
Norvège	33.0	33.4	33.4	33.2	32.8	32.5	32.4	32.2	32.4	32.7
Nouvelle-Zélande	19.0	13.9	15.8	16.0	16.3	16.5	16.7	17.0	17.2	17.3
Pays-Bas	38.1	31.9	31.7	30.6	29.5	29.6	30.0	29.0	28.2	27.4
Pologne	35.8	30.7	32.8	33.0	28.0	27.0	27.2	24.9	21.9	22.7
Portugal	33.0	32.5	36.7	35.7	35.9	36.2	35.8	36.5	36.7	37.2
République slovaque	37.2	31.9	35.8	36.0	36.3	36.6	37.0	37.1	36.5	35.9
République tchèque	36.3	34.3	35.5	35.5	34.6	35.1	34.8	35.5	35.5	30.7
Royaume-Uni	28.4	28.4	26.3	26.2	26.4	26.6	26.6	26.6	26.6	27.2
Slovénie	37.1	34.0	34.5	34.6	34.4	35.1	35.3	35.7	35.8	36.4
Suède	46.0	38.6	38.7	38.8	39.1	39.3	39.0	38.5	38.7	38.5
Suisse	17.7	16.4	15.5	15.4	15.8	15.9	16.0	16.2	16.4	16.8
Turquie[1]	39.9	35.4	36.6	36.7	35.5	36.2	36.8	37.7	37.6	37.9
Moyenne non pondérée										
OCDE-Moyenne	**31.8**	**29.8**	**30.7**	**30.5**	**30.2**	**30.0**	**29.9**	**29.7**	**29.2**	**28.8**
OCDE-UE 22	**38.8**	**36.0**	**37.0**	**36.6**	**36.1**	**35.8**	**35.5**	**35.2**	**34.6**	**34.6**

1. Les données sur les salaires sont basées sur l'ancienne définition de l'ouvrier moyen (CITI D, Rév. 3) pour les années 2000 à 2006.

StatLink https://stat.link/jiysb6

Tableau 6.7. Impôt sur le revenu et cotisations sociales des salariés et employeurs diminués des prestations versées, couple marié, deux salaires égaux à 100% du salaire moyen chacun
Pression fiscale en % des coûts de main-d'œuvre, couple marié ayant deux enfants et deux salaires

	2000	2010	2014	2015	2016	2017	2018	2019	2020	2021
Allemagne	48.3	44.1	44.6	44.7	44.8	44.9	44.9	44.7	43.9	43.5
Australie	29.6	26.8	27.7	28.3	28.6	28.6	28.9	27.9	28.4	27.1
Autriche	41.7	42.9	44.7	45.0	42.5	42.7	42.9	41.3	40.4	41.5
Belgique	53.7	51.8	51.4	51.1	49.7	49.5	48.4	48.0	48.0	48.4
Canada	34.1	31.4	32.0	30.9	30.5	29.9	29.8	29.4	29.0	30.1
Chili	6.6	7.0	7.0	7.0	7.0	7.0	7.0	7.0	7.0	-5.8
Colombie	-4.6	-1.9	-2.0	-4.4	-4.5	-4.4	-4.3	-4.3	-4.7	-5.0
Corée	16.1	19.1	20.2	20.5	20.9	21.1	21.6	21.9	21.2	21.8
Costa Rica	27.8	28.0	28.0	28.2	28.2	28.6	29.0	29.0	29.2	29.2
Danemark	38.1	32.7	32.4	32.7	32.7	32.7	32.3	32.5	32.3	32.5
Espagne	37.2	38.3	39.3	38.0	38.0	37.9	38.0	38.1	37.6	37.9
Estonie	38.6	36.9	37.5	34.9	34.8	35.1	32.2	33.0	33.4	34.4
États-Unis	28.8	26.8	27.8	27.6	27.7	28.0	25.9	26.1	22.1	21.6
Finlande	43.9	39.7	41.1	41.2	41.8	40.7	40.4	40.0	39.2	40.6
France	46.5	47.1	45.5	45.6	45.1	44.4	44.4	44.2	43.5	44.1
Grèce	40.8	41.0	41.6	39.6	40.4	40.6	40.8	40.8	39.4	37.1
Hongrie	49.3	41.7	41.9	42.2	41.0	38.8	37.6	37.3	36.9	36.8
Irlande	33.7	27.0	30.8	29.9	29.3	29.2	29.7	30.1	30.6	31.0
Islande	28.8	33.3	33.9	34.3	33.9	32.8	32.9	32.7	32.2	32.2
Israël	25.0	16.7	17.6	18.2	18.8	18.7	19.5	19.7	20.1	21.3
Italie	45.9	44.7	45.2	45.3	45.3	45.1	45.2	45.5	44.1	44.0
Japon	28.9	26.6	29.9	30.2	30.4	30.5	30.7	30.7	30.5	30.6
Lettonie	37.3	39.4	37.5	36.9	37.0	37.7	37.6	37.3	37.2	36.0
Lituanie	45.7	39.7	40.0	40.3	39.5	38.4	38.2	33.8	32.2	33.2
Luxembourg	25.9	27.0	31.1	32.1	32.3	30.7	31.3	31.6	33.0	34.0
Mexique	12.7	16.0	19.5	19.8	20.1	20.4	19.7	20.2	20.4	19.6
Norvège	35.1	35.1	35.0	34.8	34.4	34.1	34.0	33.8	34.0	34.3
Nouvelle-Zélande	19.4	17.0	17.3	17.6	18.0	18.3	18.6	19.0	19.3	19.4
Pays-Bas	37.6	34.3	35.2	33.3	33.0	33.2	33.6	32.7	32.0	31.3
Pologne	36.6	31.6	33.5	33.7	29.5	28.7	28.8	26.9	24.3	24.9
Portugal	35.5	35.0	39.3	38.4	38.4	38.7	38.3	38.9	39.1	39.5
République slovaque	41.3	33.9	37.6	37.8	38.0	38.2	38.5	38.6	38.0	37.6
République tchèque	39.4	37.2	37.6	37.7	36.9	38.8	37.1	39.6	37.7	33.0
Royaume-Uni	30.2	30.3	28.7	28.6	28.7	28.9	28.9	28.9	28.9	29.4
Slovénie	41.1	37.8	37.2	37.2	37.1	37.3	38.7	39.0	38.9	39.5
Suède	47.2	40.0	39.9	40.1	40.4	40.6	40.4	39.9	40.0	40.1
Suisse	20.1	18.9	18.0	17.9	18.3	18.4	18.5	18.7	18.9	19.3
Turquie[1]	40.4	36.5	37.6	37.7	37.7	38.4	38.8	39.1	39.0	39.4
Moyenne non pondérée										
OCDE-Moyenne	**33.8**	**31.9**	**32.7**	**32.5**	**32.3**	**32.2**	**32.1**	**31.9**	**31.5**	**31.2**
OCDE-UE 22	**41.1**	**38.4**	**39.3**	**39.0**	**38.5**	**38.4**	**38.2**	**37.9**	**37.3**	**37.3**

1. Les données sur les salaires sont basées sur l'ancienne définition de l'ouvrier moyen (CITI D, Rév. 3) pour les années 2000 à 2006.

StatLink 🖵 https://stat.link/0brm3z

Tableau 6.8. Impôt sur le revenu et cotisations sociales des salariés et employeurs diminués des prestations versées, couple marié, deux salaires égaux à 100 % et 67 % du salaire moyen

Pression fiscale en % des coûts de main-d'œuvre, couple marié sans enfant, avec deux salaires

	2000	2010	2014	2015	2016	2017	2018	2019	2020	2021
Allemagne	50.5	47.2	47.4	47.6	47.6	47.7	47.6	47.4	47.0	46.3
Australie	29.0	24.5	25.5	26.2	26.5	26.6	27.0	25.8	26.3	24.9
Autriche	45.7	46.3	47.6	47.8	45.6	45.7	45.9	46.2	45.6	46.0
Belgique	56.2	53.8	53.4	53.0	51.4	51.2	50.1	49.6	49.5	50.0
Canada	32.5	30.7	31.3	31.3	31.0	30.3	30.3	29.9	29.8	30.4
Chili	7.0	7.0	7.0	7.0	7.0	7.0	7.0	7.0	7.0	-1.8
Colombie	0.0	0.0	0.0	0.0	0.0	0.0	0.0	0.0	0.0	0.0
Corée	15.7	19.0	19.9	20.2	20.5	20.7	21.1	21.7	22.1	22.3
Costa Rica	27.8	28.0	28.0	28.2	28.2	28.6	29.0	29.0	29.2	29.2
Danemark	39.8	35.0	34.6	34.9	34.9	34.8	34.2	34.4	34.1	34.3
Espagne	37.1	38.5	39.3	38.0	38.0	37.9	38.0	38.0	37.3	37.8
Estonie	40.7	39.5	39.6	38.6	38.6	38.6	34.8	35.5	35.7	36.4
États-Unis	30.5	29.5	30.4	30.2	30.2	30.2	28.3	28.3	25.1	26.1
Finlande	45.6	40.1	41.4	41.3	41.8	40.6	40.2	39.7	38.7	40.1
France	47.7	48.7	47.0	46.7	46.4	45.9	45.8	45.4	43.8	44.3
Grèce	38.7	39.2	39.9	38.0	39.2	39.4	39.6	39.6	38.0	35.8
Hongrie	53.4	45.5	49.0	49.0	48.2	46.2	45.0	44.6	43.6	43.2
Irlande	31.3	26.7	29.6	28.8	28.4	28.4	28.8	29.2	29.7	30.1
Islande	26.8	31.4	32.2	32.7	32.5	31.5	31.6	31.4	31.1	30.6
Israël	26.4	17.5	17.8	18.5	19.0	18.8	19.4	19.6	19.9	21.1
Italie	45.7	45.9	45.4	45.0	45.0	44.9	44.9	45.1	44.5	44.4
Japon	29.3	29.7	31.4	31.7	31.9	31.9	32.1	32.1	32.0	32.1
Lettonie	42.6	43.7	42.6	42.2	42.0	42.2	41.4	41.3	40.8	39.5
Lituanie	44.6	39.9	40.2	40.4	40.4	39.7	39.3	36.5	35.7	36.3
Luxembourg	30.7	30.6	33.7	34.5	34.7	32.7	33.1	33.3	34.5	35.4
Mexique	10.6	14.7	17.6	17.9	18.2	18.7	18.3	18.8	20.0	18.5
Norvège	37.2	36.0	35.7	35.5	35.0	34.6	34.5	34.4	34.5	34.7
Nouvelle-Zélande	19.0	15.9	15.8	16.0	16.3	16.5	16.7	17.0	17.2	17.3
Pays-Bas	41.0	36.3	36.1	35.0	34.5	34.6	35.0	34.0	33.1	32.2
Pologne	37.7	33.8	35.4	35.4	35.3	35.4	35.5	35.3	34.5	34.6
Portugal	35.6	35.1	38.6	39.8	39.4	39.5	38.9	39.4	39.6	40.0
République slovaque	41.6	36.8	40.4	40.5	40.7	40.8	41.0	41.0	40.4	40.4
République tchèque	42.1	40.9	41.4	41.7	41.9	42.4	42.8	43.1	43.2	39.3
Royaume-Uni	31.2	31.3	29.1	28.9	29.0	29.1	29.1	29.0	28.9	29.4
Slovénie	44.8	41.0	40.9	41.0	41.1	41.8	41.9	42.2	42.0	42.3
Suède	49.5	41.9	41.7	41.8	42.0	42.1	42.2	41.7	41.8	41.5
Suisse	22.9	21.8	21.6	21.6	21.8	21.9	22.0	22.1	22.3	22.5
Turquie[1]	39.9	35.9	37.2	37.3	36.1	36.7	37.4	38.2	38.2	38.5
Moyenne non pondérée										
OCDE-Moyenne	**35.0**	**33.1**	**33.8**	**33.8**	**33.7**	**33.6**	**33.4**	**33.3**	**33.1**	**32.8**
OCDE-UE 22	**42.8**	**40.3**	**41.1**	**41.0**	**40.8**	**40.6**	**40.3**	**40.1**	**39.7**	**39.6**

1. Les données sur les salaires sont basées sur l'ancienne définition de l'ouvrier moyen (CITI D, Rév. 3) pour les années 2000 à 2006.

StatLink https://stat.link/01t69l

Tableau 6.9. Impôt sur le revenu, célibataire, salaire égal à 67 % du salaire moyen

Pression fiscale en % du salaire brut, célibataire sans enfant

	2000	2010	2014	2015	2016	2017	2018	2019	2020	2021
Allemagne	16.3	13.8	14.2	14.2	14.1	14.0	14.1	14.2	13.6	12.9
Australie	21.1	16.0	17.7	18.5	18.8	19.1	19.6	18.1	18.7	17.4
Autriche	7.6	9.0	10.7	11.1	8.5	8.9	9.3	9.7	8.8	9.4
Belgique	22.8	22.5	22.0	21.5	19.5	19.4	18.3	17.5	17.4	18.1
Canada	16.2	13.5	13.6	13.7	13.5	13.7	13.7	13.5	13.4	13.4
Chili	0.0	0.0	0.0	0.0	0.0	0.0	0.0	0.0	0.0	0.0
Colombie	0.0	0.0	0.0	0.0	0.0	0.0	0.0	0.0	0.0	0.0
Corée	0.8	1.4	1.4	1.5	1.7	2.1	2.3	2.5	2.6	2.6
Costa Rica	0.0	0.0	0.0	0.0	0.0	0.0	0.0	0.0	0.0	0.0
Danemark	28.4	34.0	33.6	33.8	33.7	33.6	32.8	32.9	32.6	32.8
Espagne	8.6	11.2	12.2	10.3	10.3	10.3	10.4	10.4	8.8	10.2
Estonie	19.9	14.8	16.2	15.5	15.3	15.4	8.3	9.0	9.3	9.9
États-Unis	15.0	13.8	15.2	15.2	15.3	15.5	13.7	13.7	13.9	14.1
Finlande	20.9	15.7	15.8	15.8	15.0	13.5	13.1	13.0	12.6	12.6
France	12.5	12.2	12.6	11.8	10.9	10.9	12.7	12.8	11.9	12.3
Grèce	2.1	1.7	3.5	3.0	4.1	4.0	4.2	4.5	2.1	2.4
Hongrie	17.6	10.8	16.0	16.0	15.0	15.0	15.0	15.0	15.0	15.0
Irlande	15.8	13.0	13.3	12.8	12.1	11.8	12.1	12.3	12.6	12.7
Islande	20.0	22.0	24.2	24.8	25.0	24.6	24.7	24.6	24.4	23.7
Israël	12.1	4.4	4.7	5.0	5.3	5.1	5.5	5.7	6.0	6.9
Italie	15.2	16.6	13.8	12.3	12.4	12.4	12.6	12.8	12.8	13.2
Japon	5.1	6.1	6.1	6.2	6.2	6.2	6.2	6.2	6.1	6.2
Lettonie	17.0	20.5	17.9	17.4	16.8	16.9	14.2	14.0	12.9	12.8
Lituanie	22.2	10.7	10.9	11.4	11.0	9.4	8.5	14.1	12.8	13.7
Luxembourg	10.3	7.3	9.7	10.0	10.2	8.1	8.5	8.9	10.0	10.7
Mexique	-5.7	-0.4	1.8	2.1	2.4	3.4	3.3	4.3	7.3	4.0
Norvège	19.0	17.8	17.0	16.9	16.3	15.9	15.7	15.6	15.9	16.0
Nouvelle-Zélande	18.6	14.3	13.4	13.5	13.7	13.8	13.9	14.0	14.1	14.2
Pays-Bas	5.3	5.3	5.2	7.2	6.3	6.7	6.8	5.6	5.3	4.9
Pologne	5.3	5.6	6.2	6.3	6.4	6.5	6.7	6.4	5.4	5.6
Portugal	6.4	5.1	8.3	10.2	10.3	10.6	10.6	11.2	11.4	11.8
République slovaque	6.2	4.6	6.4	6.6	6.9	7.3	7.7	8.0	7.1	7.4
République tchèque	8.3	7.2	8.2	8.5	9.0	9.7	10.4	11.0	11.2	5.5
Royaume-Uni	15.1	14.4	11.5	11.2	11.1	11.1	11.1	10.9	11.1	11.5
Slovénie	10.2	6.6	6.6	6.6	6.7	8.3	8.1	8.6	8.5	8.7
Suède	24.7	15.0	14.8	15.0	15.3	15.4	15.4	14.8	14.8	14.0
Suisse	8.4	8.3	7.9	7.8	8.1	8.1	8.2	8.3	8.2	8.4
Turquie[1]	13.2	8.6	9.5	9.7	9.3	9.7	9.9	10.0	10.1	10.2
Moyenne non pondérée										
OCDE-Moyenne	12.2	10.6	11.1	11.1	11.0	10.9	10.7	10.9	10.8	10.7
OCDE-UE 22	13.8	12.0	12.6	12.6	12.3	12.2	11.8	12.1	11.7	11.7

1. Les données sur les salaires sont basées sur l'ancienne définition de l'ouvrier moyen (CITI D, Rév. 3) pour les années 2000 à 2006.

StatLink 🔗 https://stat.link/umz201

Tableau 6.10. Impôt sur le revenu, célibataire, salaire égal à 100 % du salaire moyen
Pression fiscale en % du salaire brut, célibataire sans enfant

	2000	2010	2014	2015	2016	2017	2018	2019	2020	2021
Allemagne	22.7	18.7	19.1	19.2	19.1	19.0	19.1	19.1	18.5	17.5
Australie	26.6	22.3	23.4	24.1	24.3	24.4	24.6	23.6	24.1	23.2
Autriche	12.9	15.0	16.6	17.0	14.1	14.5	14.8	15.2	14.7	15.2
Belgique	29.0	28.7	28.4	28.0	26.8	26.6	25.9	25.4	25.3	25.8
Canada	21.7	19.0	19.1	19.2	18.5	18.7	18.7	18.6	18.6	18.6
Chili	0.0	0.0	0.0	0.0	0.0	0.0	0.0	0.0	0.0	0.0
Colombie	0.0	0.0	0.0	0.0	0.0	0.0	0.0	0.0	0.0	0.0
Corée	2.2	4.5	4.7	4.9	5.3	5.5	5.9	6.1	6.1	6.2
Costa Rica	0.0	0.0	0.0	0.0	0.0	0.0	0.0	0.0	0.0	0.0
Danemark	32.5	36.3	36.0	36.1	36.1	36.0	35.6	35.6	35.4	35.5
Espagne	13.5	15.4	16.6	14.9	14.9	14.7	14.9	14.9	14.4	14.7
Estonie	21.9	16.7	17.6	16.8	16.8	16.8	13.0	14.1	14.5	15.5
États-Unis	17.3	17.0	18.0	18.0	18.2	18.4	16.1	16.2	16.6	17.2
Finlande	26.9	22.3	22.6	22.6	22.0	20.9	20.6	20.5	20.3	20.3
France	15.7	14.2	14.6	14.8	14.7	14.6	16.5	16.7	15.9	16.5
Grèce	5.7	7.1	8.6	8.2	9.3	9.2	9.5	9.7	8.4	8.3
Hongrie	23.2	14.4	16.0	16.0	15.0	15.0	15.0	15.0	15.0	15.0
Irlande	24.1	20.1	22.9	22.0	21.4	21.3	21.6	21.9	22.3	22.7
Islande	25.3	27.4	28.8	29.2	28.9	28.2	28.2	28.2	28.1	27.9
Israël	18.0	9.0	9.1	9.6	10.0	9.7	10.2	10.4	10.6	11.4
Italie	19.9	20.7	21.5	21.6	21.6	21.6	21.7	22.0	20.7	20.1
Japon	6.4	7.6	7.7	7.8	7.9	7.9	7.9	7.9	7.8	7.8
Lettonie	18.9	21.5	19.1	18.4	18.4	18.7	17.7	17.6	17.3	16.0
Lituanie	25.8	13.1	13.6	13.9	14.0	13.7	13.1	17.0	16.5	17.0
Luxembourg	17.0	14.6	17.7	18.0	18.2	16.7	17.3	17.7	18.8	19.6
Mexique	1.0	4.8	8.8	9.1	9.4	9.8	9.0	9.6	9.9	8.9
Norvège	22.9	21.5	20.5	20.3	19.7	19.3	19.2	19.1	19.3	19.4
Nouvelle-Zélande	19.4	17.0	17.3	17.6	18.0	18.3	18.6	19.0	19.3	19.4
Pays-Bas	9.6	16.2	15.3	17.1	16.6	17.2	17.5	16.3	15.9	15.6
Pologne	6.6	6.7	7.1	7.1	7.2	7.3	7.4	7.2	6.3	6.4
Portugal	11.4	11.2	16.1	17.4	16.6	16.5	15.9	16.4	16.7	17.0
République slovaque	8.2	8.5	9.7	9.9	10.1	10.3	10.6	10.8	10.2	10.4
République tchèque	10.0	11.5	12.1	12.4	12.7	13.1	13.6	14.0	14.1	8.6
Royaume-Uni	17.4	16.2	14.3	14.1	14.1	14.0	14.0	13.9	14.0	14.3
Slovénie	13.5	11.2	11.1	11.2	11.4	11.6	12.0	12.3	11.9	12.4
Suède	26.7	17.8	17.4	17.6	17.9	18.0	18.1	17.6	17.6	17.5
Suisse	11.3	11.3	10.7	10.7	11.0	11.0	11.2	11.3	11.2	11.5
Turquie[1]	14.7	11.6	12.3	12.4	12.4	13.2	13.6	14.0	13.9	14.4
Moyenne non pondérée										
OCDE-Moyenne	**15.8**	**14.5**	**15.1**	**15.2**	**15.1**	**15.0**	**15.0**	**15.1**	**15.0**	**14.9**
OCDE-UE 22	**18.0**	**16.4**	**17.3**	**17.3**	**17.0**	**17.0**	**16.9**	**17.1**	**16.9**	**16.7**

1. Les données sur les salaires sont basées sur l'ancienne définition de l'ouvrier moyen (CITI D, Rév. 3) pour les années 2000 à 2006.

StatLink ⫘⫘ https://stat.link/ez8k0b

Tableau 6.11. Impôt sur le revenu, célibataire, salaire égal à 167 % du salaire moyen
Pression fiscale en % du salaire brut, célibataire sans enfant

	2000	2010	2014	2015	2016	2017	2018	2019	2020	2021
Allemagne	31.7	27.1	27.6	27.8	27.6	27.5	27.6	27.6	26.7	26.0
Australie	34.9	28.2	29.4	30.1	30.2	30.1	30.4	30.5	30.8	29.4
Autriche	20.4	22.2	23.2	23.4	21.2	21.4	21.6	21.9	21.5	21.8
Belgique	36.0	35.5	35.2	35.1	34.5	34.3	33.9	33.5	33.5	33.8
Canada	28.9	26.5	26.7	26.8	25.8	26.1	26.1	25.9	26.1	26.3
Chili	1.3	1.0	1.1	1.2	1.3	1.3	1.3	1.3	1.3	1.3
Colombie	0.0	0.0	0.0	0.0	0.0	0.0	0.0	0.0	0.0	0.0
Corée	6.7	8.6	8.6	8.9	9.5	10.1	10.8	11.1	11.1	11.1
Costa Rica	0.0	0.6	1.4	1.3	1.8	1.9	1.9	2.1	1.9	2.3
Danemark	40.3	42.9	41.9	42.1	42.0	41.8	41.2	41.2	40.9	41.1
Espagne	18.5	20.6	22.5	21.1	20.9	20.5	20.7	20.8	20.1	20.5
Estonie	23.6	18.2	18.8	18.0	17.9	18.0	19.7	19.7	19.7	19.7
États-Unis	24.3	22.9	23.4	23.5	23.6	23.7	21.2	21.2	21.5	21.9
Finlande	34.0	29.5	29.7	29.7	29.4	28.5	28.1	28.1	28.0	28.0
France	21.2	20.3	20.8	21.0	20.9	20.8	22.7	22.8	22.3	22.7
Grèce	13.3	14.2	18.4	16.1	16.2	16.1	16.4	16.7	15.8	14.6
Hongrie	30.3	22.8	16.0	16.0	15.0	15.0	15.0	15.0	15.0	15.0
Irlande	32.9	30.9	33.0	32.1	31.2	31.1	31.3	31.5	31.8	32.0
Islande	36.6	32.3	33.7	33.9	33.9	33.5	33.2	33.2	33.4	33.5
Israël	26.3	16.4	16.4	17.0	17.5	17.3	18.1	18.5	18.9	20.0
Italie	25.3	27.7	29.2	29.9	29.9	29.6	29.7	29.9	30.2	30.7
Japon	10.6	12.0	12.4	12.6	12.8	12.8	12.9	13.0	12.6	12.7
Lettonie	20.4	22.4	20.0	19.3	19.4	19.7	17.8	18.0	18.2	18.5
Lituanie	28.7	15.0	15.0	15.0	15.0	15.0	15.0	19.4	19.4	19.6
Luxembourg	26.2	22.6	25.5	25.7	25.8	25.2	25.5	25.7	26.4	26.8
Mexique	8.0	11.9	13.3	13.6	13.9	14.2	13.5	14.0	14.3	13.4
Norvège	30.4	27.9	26.9	26.7	26.2	25.8	25.7	25.7	25.7	26.0
Nouvelle-Zélande	24.2	23.3	23.1	23.4	23.7	23.9	24.1	24.4	24.6	24.8
Pays-Bas	25.4	28.4	28.5	28.9	27.6	28.0	28.3	27.2	26.5	26.4
Pologne	7.7	7.5	7.8	7.8	7.8	7.9	8.0	7.8	7.0	7.6
Portugal	17.6	18.5	23.9	24.7	23.4	23.1	22.5	23.2	23.4	23.8
République slovaque	12.8	11.7	12.4	12.5	12.6	12.8	13.0	13.0	12.7	12.9
République tchèque	13.0	14.9	15.3	15.5	15.7	15.9	16.2	16.4	16.5	11.2
Royaume-Uni	23.1	22.4	22.3	22.4	22.6	22.4	22.4	21.7	22.1	22.9
Slovénie	19.1	17.0	15.6	15.8	15.3	15.6	16.0	16.3	15.2	15.7
Suède	36.3	30.9	30.4	30.4	31.5	31.7	31.6	30.4	29.9	30.2
Suisse	16.2	16.3	15.7	15.6	16.0	16.0	16.1	16.3	16.1	16.4
Turquie[1]	18.0	14.9	16.3	16.6	17.0	17.4	17.7	17.9	17.8	18.1
Moyenne non pondérée										
OCDE-Moyenne	**21.7**	**20.2**	**20.6**	**20.6**	**20.4**	**20.4**	**20.5**	**20.6**	**20.5**	**20.5**
OCDE-UE 22	**24.3**	**22.8**	**23.2**	**23.1**	**22.8**	**22.7**	**22.8**	**23.0**	**22.8**	**22.7**

1. Les données sur les salaires sont basées sur l'ancienne définition de l'ouvrier moyen (CITI D, Rév. 3) pour les années 2000 à 2006.

StatLink https://stat.link/3e5gzh

Tableau 6.12. Impôt sur le revenu, parent isolé, salaire égal à 67 % du salaire moyen
Pression fiscale en % du salaire brut, parent isolé ayant deux enfants

	2000	2010	2014	2015	2016	2017	2018	2019	2020	2021
Allemagne	-2.6	-4.0	-2.1	-2.7	-2.6	-2.6	-2.2	-2.0	-6.7	-6.3
Australie	15.5	14.3	17.7	18.5	18.8	19.1	19.6	18.1	18.7	17.4
Autriche	5.8	5.8	7.8	8.3	5.3	5.7	6.2	-1.6	-2.3	-1.5
Belgique	16.7	17.2	16.5	16.0	14.0	14.0	12.9	11.6	11.5	12.4
Canada	8.9	4.9	5.3	6.9	6.4	6.8	6.8	6.5	6.4	6.6
Chili	0.0	0.0	0.0	0.0	0.0	0.0	0.0	0.0	0.0	0.0
Colombie	0.0	0.0	0.0	0.0	0.0	0.0	0.0	0.0	0.0	0.0
Corée	0.1	0.7	0.0	0.0	0.0	0.0	0.2	0.8	0.9	0.9
Costa Rica	0.0	0.0	0.0	0.0	0.0	0.0	0.0	0.0	0.0	0.0
Danemark	28.4	34.0	32.0	32.2	32.2	32.1	31.1	31.1	30.9	31.0
Espagne	0.4	1.7	3.5	-4.8	-4.8	-4.7	-4.4	-4.1	-6.0	-4.5
Estonie	19.9	9.3	11.8	11.2	11.4	11.7	4.8	5.7	6.1	6.9
États-Unis	-5.0	-7.4	-4.0	-3.8	-3.1	-2.1	-5.7	-5.2	-3.6	-6.2
Finlande	20.9	15.7	15.8	15.2	14.3	12.9	13.1	13.0	12.6	12.6
France	7.1	7.5	7.6	7.9	7.9	7.9	9.5	9.5	9.5	9.5
Grèce	1.2	0.0	3.5	3.0	3.3	3.2	3.5	3.8	1.2	1.5
Hongrie	10.3	10.8	4.3	4.7	1.6	0.6	0.0	0.0	0.8	1.7
Irlande	9.0	6.5	7.6	7.2	6.6	6.4	6.9	7.3	7.6	7.9
Islande	20.0	22.0	24.2	24.8	25.0	24.6	24.7	24.6	24.4	23.7
Israël	1.1	0.0	0.0	0.0	-3.4	-2.8	-1.9	-1.4	-1.7	0.0
Italie	10.0	9.3	6.0	4.6	4.7	4.7	5.0	5.3	5.5	6.4
Japon	2.4	2.7	6.1	6.2	6.2	6.2	6.2	6.2	6.1	6.2
Lettonie	5.4	9.0	1.9	3.2	2.6	3.8	2.1	1.2	0.0	1.0
Lituanie	16.2	7.3	7.1	7.6	4.1	0.0	8.5	14.1	12.8	13.7
Luxembourg	0.0	-0.3	2.8	3.3	3.6	0.7	1.5	2.1	4.0	5.5
Mexique	-5.7	-0.4	1.8	2.1	2.4	3.4	3.3	4.3	7.3	4.0
Norvège	13.3	14.1	13.4	13.3	12.8	12.6	12.7	12.8	13.2	13.4
Nouvelle-Zélande	18.6	15.9	14.8	14.9	15.0	15.1	15.1	15.2	15.3	15.3
Pays-Bas	3.0	3.5	2.9	5.7	4.4	4.6	4.7	3.6	3.3	3.0
Pologne	2.5	0.0	-3.1	-2.7	-2.3	-1.7	-0.9	5.0	-1.3	-0.8
Portugal	3.4	0.6	3.4	3.8	0.0	0.6	1.1	2.1	2.4	3.1
République slovaque	3.6	-2.9	-0.7	-0.3	0.1	0.7	1.5	1.9	1.1	-0.6
République tchèque	2.3	-4.9	-4.7	-5.1	-9.0	-8.6	-7.8	-6.4	-6.4	-12.6
Royaume-Uni	8.6	0.0	-4.5	-3.9	-2.3	-0.3	1.1	2.6	-0.7	11.5
Slovénie	3.4	0.0	0.0	0.0	0.1	1.8	1.9	2.6	2.7	3.3
Suède	24.7	15.0	14.8	15.0	15.3	15.4	15.4	14.8	14.8	14.0
Suisse	4.0	3.4	2.2	2.2	2.3	2.3	2.4	2.5	2.4	2.6
Turquie[1]	13.2	7.0	8.0	8.2	7.5	7.9	8.3	8.4	8.5	8.5
Moyenne non pondérée										
OCDE-Moyenne	7.5	5.7	5.9	5.9	5.3	5.3	5.4	5.7	5.3	5.6
OCDE-UE 22	8.7	6.4	6.3	6.1	5.1	5.0	5.2	5.5	4.7	4.9

1. Les données sur les salaires sont basées sur l'ancienne définition de l'ouvrier moyen (CITI D, Rév. 3) pour les années 2000 à 2006.

StatLink https://stat.link/mojq1e

Tableau 6.13. Impôt sur le revenu, couple marié, salaire égal à 100 % du salaire moyen
Pression fiscale en % du salaire brut, couple marié ayant deux enfants et un seul salaire

	2000	2010	2014	2015	2016	2017	2018	2019	2020	2021
Allemagne	1.5	-0.6	0.9	1.0	1.0	1.0	1.2	1.3	-0.8	-0.7
Australie	25.6	21.1	23.4	24.1	24.3	24.4	24.6	23.6	24.1	23.2
Autriche	11.7	12.8	14.6	15.0	11.9	12.2	12.6	7.7	7.3	7.9
Belgique	18.9	17.7	17.1	16.7	15.1	15.0	14.6	13.4	13.3	14.2
Canada	18.4	14.6	12.6	13.7	15.2	15.4	15.5	15.3	15.2	15.2
Chili	0.0	0.0	0.0	0.0	0.0	0.0	0.0	0.0	0.0	0.0
Colombie	0.0	0.0	0.0	0.0	0.0	0.0	0.0	0.0	0.0	0.0
Corée	1.5	1.9	1.9	2.2	2.7	3.0	3.5	4.1	4.2	4.2
Costa Rica	0.0	0.0	0.0	0.0	0.0	0.0	0.0	0.0	0.0	0.0
Danemark	25.9	32.1	32.0	32.2	32.1	32.0	31.5	31.6	31.5	31.8
Espagne	5.2	7.9	9.1	7.6	7.6	7.6	7.8	8.0	7.2	7.7
Estonie	17.9	9.2	11.8	11.2	11.2	11.5	7.9	9.4	9.9	11.1
États-Unis	6.8	3.6	5.9	6.1	6.3	6.7	4.1	4.3	4.8	2.3
Finlande	26.9	22.3	22.6	22.5	21.9	20.9	20.6	20.5	20.3	20.3
France	7.3	8.3	7.9	7.9	7.9	7.9	9.5	9.5	9.5	9.5
Grèce	7.7	7.6	10.4	9.2	9.8	9.7	10.0	10.2	9.1	8.8
Hongrie	18.4	14.4	8.1	8.4	6.0	5.4	4.8	4.6	5.5	6.1
Irlande	11.1	10.8	12.9	12.3	11.5	11.3	11.8	11.8	12.2	12.7
Islande	16.1	17.3	20.3	21.3	21.4	20.7	20.8	20.7	21.2	21.9
Israël	18.0	9.0	9.1	9.6	10.0	9.7	10.2	10.4	10.6	11.4
Italie	15.6	13.9	14.6	14.7	14.7	14.8	14.9	15.3	14.1	14.0
Japon	2.5	3.9	6.3	6.4	6.5	6.5	6.5	6.5	6.4	6.5
Lettonie	11.1	13.9	8.4	8.9	8.8	9.9	9.7	9.0	8.5	8.1
Lituanie	25.8	10.8	11.0	11.4	9.4	6.6	13.1	17.0	16.5	17.0
Luxembourg	2.3	4.5	6.2	6.4	6.5	5.6	5.9	6.2	7.0	7.6
Mexique	1.0	4.8	8.8	9.1	9.4	9.8	9.0	9.6	9.9	8.9
Norvège	18.1	19.0	19.3	19.1	18.6	18.3	19.2	19.1	19.3	19.4
Nouvelle-Zélande	19.4	17.0	17.3	17.6	18.0	18.3	18.6	19.0	19.3	19.4
Pays-Bas	4.8	15.9	14.9	16.5	16.1	16.8	17.2	15.9	15.7	15.4
Pologne	4.8	0.0	0.8	1.1	1.3	1.8	6.4	2.4	1.7	2.1
Portugal	6.2	3.3	6.1	7.3	4.3	4.5	5.1	5.9	6.2	6.7
République slovaque	5.0	-4.5	-1.8	-1.4	-0.9	-0.2	0.6	1.0	0.4	-0.5
République tchèque	4.0	-5.3	-4.5	-4.5	-6.8	-6.1	-5.1	-3.7	-3.6	-8.6
Royaume-Uni	17.4	14.6	14.3	13.5	13.5	13.4	13.4	13.3	13.4	13.7
Slovénie	4.8	2.9	2.8	2.9	3.0	3.3	3.6	3.9	4.1	4.6
Suède	26.7	17.8	17.4	17.6	17.9	18.0	18.1	17.6	17.6	17.5
Suisse	6.2	5.9	4.3	4.3	4.5	4.5	4.6	4.7	4.6	4.9
Turquie[1]	14.7	9.8	10.5	10.6	10.4	11.3	11.8	12.1	12.1	12.5
Moyenne non pondérée										
OCDE-Moyenne	11.3	9.4	9.9	10.1	9.8	9.8	10.1	10.0	10.0	9.9
OCDE-UE 22	12.0	9.8	10.1	10.2	9.6	9.5	10.1	9.9	9.7	9.7

1. Les données sur les salaires sont basées sur l'ancienne définition de l'ouvrier moyen (CITI D, Rév. 3) pour les années 2000 à 2006.

StatLink https://stat.link/schnpu

Tableau 6.14. Impôt sur le revenu, couple marié, deux enfants, deux salaires égaux à 100 % et 67 % du salaire moyen

Pression fiscale en % du salaire brut, couple marié ayant deux enfants et deux salaires

	2000	2010	2014	2015	2016	2017	2018	2019	2020	2021
Allemagne	13.8	9.9	10.9	11.0	10.9	10.8	11.1	11.1	9.6	9.1
Australie	23.8	19.1	21.1	21.8	22.1	22.2	22.6	21.4	21.9	20.9
Autriche	10.8	12.3	14.0	14.3	11.3	11.6	12.0	9.3	8.7	9.3
Belgique	26.4	24.8	24.3	23.9	22.4	22.2	21.4	20.7	20.6	21.2
Canada	19.5	16.2	16.2	16.9	16.5	16.7	16.7	16.5	16.5	16.5
Chili	0.0	0.0	0.0	0.0	0.0	0.0	0.0	0.0	0.0	0.0
Colombie	0.0	0.0	0.0	0.0	0.0	0.0	0.0	0.0	0.0	0.0
Corée	1.3	2.0	2.0	2.3	2.6	2.9	3.3	3.8	3.9	3.9
Costa Rica	0.0	0.0	0.0	0.0	0.0	0.0	0.0	0.0	0.0	0.0
Danemark	30.8	35.4	35.0	35.2	35.2	35.1	34.5	34.5	34.3	34.5
Espagne	9.3	11.5	12.7	10.9	10.9	10.8	10.9	11.0	10.0	10.8
Estonie	21.1	13.7	15.3	14.6	14.6	14.8	9.7	10.8	11.1	12.1
États-Unis	12.8	10.9	12.2	12.3	12.4	12.7	9.9	10.1	10.4	8.9
Finlande	24.5	19.7	19.9	19.7	19.0	17.8	17.6	17.5	17.2	17.2
France	10.8	11.1	11.5	11.4	10.9	10.8	12.7	12.9	11.7	12.0
Grèce	6.1	6.2	8.2	7.3	7.8	7.7	8.0	8.2	6.5	6.5
Hongrie	18.0	13.0	11.3	11.5	9.6	9.2	8.9	8.7	9.3	9.7
Irlande	19.7	15.6	18.0	17.1	16.7	16.7	17.1	17.4	18.0	18.3
Islande	23.2	25.3	26.9	27.5	27.3	26.7	26.8	26.7	26.6	26.2
Israël	12.5	5.4	5.5	5.7	6.0	5.8	6.1	6.2	6.4	7.4
Italie	16.8	16.3	15.5	14.9	15.0	15.0	15.2	15.5	14.8	14.8
Japon	4.5	5.5	7.1	7.1	7.2	7.2	7.2	7.2	7.1	7.2
Lettonie	13.5	16.5	12.2	12.3	12.0	12.7	11.5	11.0	10.3	10.0
Lituanie	24.3	10.8	11.0	11.4	10.0	7.7	11.3	15.9	15.0	15.7
Luxembourg	8.2	9.3	12.1	12.4	12.6	10.9	11.4	11.9	13.2	14.1
Mexique	-1.7	2.7	6.0	6.3	6.6	7.2	6.7	7.5	8.9	6.9
Norvège	20.6	20.0	19.1	18.9	18.3	17.9	17.8	17.7	17.9	18.1
Nouvelle-Zélande	19.0	16.5	15.8	16.0	16.3	16.5	16.7	17.0	17.2	17.3
Pays-Bas	7.9	11.7	10.8	12.5	11.7	12.2	12.4	11.2	10.8	10.5
Pologne	6.1	2.6	3.7	3.9	4.1	4.3	4.7	4.6	3.7	4.0
Portugal	8.1	7.3	10.7	9.4	9.7	10.1	9.5	10.4	10.7	11.3
République slovaque	6.0	3.9	5.5	5.8	6.1	6.5	7.0	7.2	6.5	6.0
République tchèque	6.8	4.9	5.4	5.4	4.0	4.4	5.0	5.8	5.9	0.5
Royaume-Uni	16.5	15.4	13.2	12.9	12.9	12.8	12.8	12.7	12.9	13.2
Slovénie	8.1	5.7	5.6	5.7	5.8	6.5	6.6	6.9	7.0	7.4
Suède	25.9	16.7	16.4	16.5	16.8	16.9	17.0	16.4	16.5	16.1
Suisse	9.8	9.5	8.1	8.1	8.4	8.4	8.6	8.7	8.6	8.9
Turquie[1]	14.1	9.7	10.5	10.7	10.5	11.1	11.5	11.7	11.7	12.0
Moyenne non pondérée										
OCDE-Moyenne	13.1	11.5	11.9	11.9	11.7	11.7	11.6	11.7	11.6	11.5
OCDE-UE 22	14.7	12.7	13.2	13.0	12.6	12.5	12.5	12.7	12.3	12.3

1. Les données sur les salaires sont basées sur l'ancienne définition de l'ouvrier moyen (CITI D, Rév. 3) pour les années 2000 à 2006.

StatLink ᴹᴵˢᴸ https://stat.link/1y3dzx

Tableau 6.15. Impôt sur le revenu, couple marié, deux salaires égaux à 100% du salaire moyen chacun

Pression fiscale en % du salaire brut, couple marié ayant deux enfants et deux salaires

	2000	2010	2014	2015	2016	2017	2018	2019	2020	2021
Allemagne	17.2	13.1	13.8	13.8	13.7	13.6	13.8	13.9	12.9	12.2
Australie	26.6	22.3	23.4	24.1	24.3	24.4	24.6	23.6	24.1	23.2
Autriche	12.9	14.7	16.4	16.7	13.6	13.9	14.3	12.1	11.7	12.2
Belgique	29.0	27.5	27.1	26.8	25.5	25.4	24.7	24.1	24.0	24.5
Canada	21.7	18.5	18.6	19.2	18.5	18.7	18.7	18.6	18.6	18.6
Chili	0.0	0.0	0.0	0.0	0.0	0.0	0.0	0.0	0.0	0.0
Colombie	0.0	0.0	0.0	0.0	0.0	0.0	0.0	0.0	0.0	0.0
Corée	2.0	3.4	3.6	3.9	4.3	4.6	5.0	5.4	5.4	5.4
Costa Rica	0.0	0.0	0.0	0.0	0.0	0.0	0.0	0.0	0.0	0.0
Danemark	32.5	36.3	36.0	36.1	36.1	36.0	35.6	35.6	35.4	35.5
Espagne	11.6	13.5	14.8	13.1	13.1	12.9	13.1	13.2	12.6	13.0
Estonie	21.9	14.8	16.2	15.4	15.5	15.6	11.8	13.0	13.5	14.5
États-Unis	15.1	12.6	13.8	13.9	14.0	14.3	12.2	12.3	12.9	12.0
Finlande	26.9	22.3	22.6	22.5	21.9	20.9	20.6	20.5	20.3	20.3
France	12.5	12.2	12.6	12.8	12.7	12.6	14.5	14.7	13.8	14.5
Grèce	8.3	8.5	10.4	9.2	9.8	9.7	10.0	10.2	9.1	8.8
Hongrie	20.8	14.4	12.1	12.2	10.5	10.2	9.9	9.8	10.2	10.6
Irlande	24.1	20.1	22.9	22.0	21.4	21.3	21.6	21.9	22.3	22.7
Islande	25.3	27.4	28.8	29.2	28.9	28.2	28.2	28.2	28.1	27.9
Israël	15.4	6.5	6.7	7.2	7.7	7.5	8.1	8.3	8.6	9.5
Italie	18.9	18.6	19.2	19.3	19.3	19.3	19.4	19.7	18.5	18.1
Japon	5.3	6.3	7.7	7.8	7.9	7.9	7.9	7.9	7.8	7.8
Lettonie	15.0	17.7	13.7	13.7	13.6	14.3	13.7	13.3	12.9	12.1
Lituanie	25.8	12.0	12.3	12.6	11.7	10.2	13.1	17.0	16.5	17.0
Luxembourg	12.0	12.8	16.0	16.4	16.6	15.1	15.7	16.1	17.4	18.2
Mexique	1.0	4.8	8.8	9.1	9.4	9.8	9.0	9.6	9.9	8.9
Norvège	22.3	21.5	20.5	20.3	19.7	19.3	19.2	19.1	19.3	19.4
Nouvelle-Zélande	19.4	17.0	17.3	17.6	18.0	18.3	18.6	19.0	19.3	19.4
Pays-Bas	9.6	16.1	14.9	16.6	15.9	16.5	16.9	15.6	15.2	14.9
Pologne	6.6	3.6	4.6	4.7	4.8	5.1	5.3	5.3	4.4	4.6
Portugal	10.9	10.1	13.9	12.8	12.8	13.1	12.6	13.4	13.6	14.1
République slovaque	7.0	6.0	7.3	7.5	7.8	8.1	8.5	8.7	8.2	7.7
République tchèque	7.9	7.4	7.8	7.8	6.7	7.0	7.5	8.2	8.2	2.9
Royaume-Uni	17.4	16.2	14.3	14.1	14.1	14.0	14.0	13.9	14.0	14.3
Slovénie	10.0	8.1	8.1	8.1	8.3	8.5	8.8	9.1	8.9	9.5
Suède	26.7	17.8	17.4	17.6	17.9	18.0	18.1	17.6	17.6	17.5
Suisse	11.7	11.5	10.0	10.0	10.4	10.4	10.6	10.7	10.6	11.0
Turquie[1]	14.7	11.0	11.7	11.8	11.8	12.6	13.1	13.4	13.3	13.8
Moyenne non pondérée										
OCDE-Moyenne	**14.9**	**13.3**	**13.8**	**13.8**	**13.6**	**13.6**	**13.7**	**13.8**	**13.7**	**13.6**
OCDE-UE 22	**16.7**	**14.9**	**15.5**	**15.4**	**15.0**	**14.9**	**15.0**	**15.1**	**14.9**	**14.8**

1. Les données sur les salaires sont basées sur l'ancienne définition de l'ouvrier moyen (CITI D, Rév. 3) pour les années 2000 à 2006.

StatLink ᐧᐧᐧ https://stat.link/qf1ebp

Tableau 6.16. Impôt sur le revenu, couple marié, deux salaires égaux à 100 % et 67 % du salaire moyen

Pression fiscale en % du salaire brut, couple marié sans enfant, avec deux salaires

	2000	2010	2014	2015	2016	2017	2018	2019	2020	2021
Allemagne	19.8	16.5	16.9	16.9	16.8	16.7	16.8	16.9	16.3	15.4
Australie	24.4	19.8	21.1	21.8	22.1	22.2	22.6	21.4	21.9	20.9
Autriche	10.8	12.6	14.3	14.6	11.9	12.2	12.6	13.0	12.4	12.9
Belgique	28.0	26.2	25.8	25.4	23.9	23.7	22.9	22.2	22.1	22.7
Canada	19.5	16.8	16.9	17.0	16.5	16.7	16.7	16.5	16.5	16.5
Chili	0.0	0.0	0.0	0.0	0.0	0.0	0.0	0.0	0.0	0.0
Colombie	0.0	0.0	0.0	0.0	0.0	0.0	0.0	0.0	0.0	0.0
Corée	1.6	3.2	3.3	3.5	3.8	4.1	4.4	4.7	4.7	4.7
Costa Rica	0.0	0.0	0.0	0.0	0.0	0.0	0.0	0.0	0.0	0.0
Danemark	30.8	35.4	35.0	35.2	35.2	35.1	34.5	34.5	34.3	34.5
Espagne	11.5	13.7	14.8	13.1	13.1	12.9	13.1	13.1	12.2	12.9
Estonie	21.1	15.9	17.1	16.3	16.2	16.2	11.1	12.1	12.4	13.3
États-Unis	16.8	15.4	16.5	16.5	16.6	16.7	14.7	14.7	14.8	15.0
Finlande	24.5	19.7	19.9	19.9	19.2	18.0	17.6	17.5	17.2	17.2
France	14.1	13.4	13.7	13.8	13.7	13.7	15.5	15.5	14.1	14.3
Grèce	5.6	6.2	8.2	7.3	8.3	8.2	8.5	8.7	7.3	7.2
Hongrie	21.0	13.0	16.0	16.0	15.0	15.0	15.0	15.0	15.0	15.0
Irlande	19.7	15.6	18.0	17.1	16.7	16.7	17.1	17.4	18.0	18.3
Islande	23.2	25.3	26.9	27.5	27.3	26.7	26.8	26.7	26.6	26.2
Israël	15.0	6.6	6.8	7.2	7.6	7.4	7.8	8.0	8.3	9.2
Italie	18.0	19.1	18.4	17.9	17.9	17.9	18.1	18.3	17.5	17.3
Japon	5.8	7.0	7.1	7.1	7.2	7.2	7.2	7.2	7.1	7.2
Lettonie	18.1	21.1	18.6	18.0	17.8	18.0	16.3	16.2	15.5	14.7
Lituanie	24.3	12.2	12.5	12.9	12.8	11.9	11.3	15.9	15.0	15.7
Luxembourg	11.3	9.3	12.1	12.4	12.6	10.9	11.4	11.9	13.2	14.1
Mexique	-1.7	2.7	6.0	6.3	6.6	7.2	6.7	7.5	8.9	6.9
Norvège	21.3	20.0	19.1	18.9	18.3	17.9	17.8	17.7	17.9	18.1
Nouvelle-Zélande	19.0	15.9	15.8	16.0	16.3	16.5	16.7	17.0	17.2	17.3
Pays-Bas	7.9	11.8	11.2	13.1	12.4	13.0	13.2	12.0	11.7	11.3
Pologne	6.1	6.2	6.7	6.8	6.8	7.0	7.1	6.9	5.9	6.0
Portugal	9.2	8.7	13.0	14.5	14.1	14.1	13.4	14.1	14.3	14.8
République slovaque	7.4	6.9	8.4	8.6	8.8	9.1	9.5	9.6	9.0	9.2
République tchèque	9.3	9.7	10.5	10.8	11.2	11.8	12.3	12.8	12.9	7.8
Royaume-Uni	16.5	15.5	13.2	12.9	12.9	12.8	12.8	12.7	12.9	13.2
Slovénie	12.2	9.4	9.3	9.4	9.5	10.3	10.4	10.8	10.5	11.0
Suède	25.9	16.7	16.4	16.5	16.8	16.9	17.0	16.4	16.5	16.1
Suisse	11.3	11.0	10.5	10.5	10.8	10.8	10.9	11.0	10.9	11.2
Turquie[1]	14.1	10.4	11.2	11.3	11.2	11.8	12.1	12.4	12.4	12.7
Moyenne non pondérée										
OCDE-Moyenne	14.3	12.9	13.4	13.5	13.4	13.4	13.2	13.4	13.2	13.2
OCDE-UE 22	16.2	14.5	15.3	15.3	15.0	15.0	14.8	15.0	14.7	14.6

1. Les données sur les salaires sont basées sur l'ancienne définition de l'ouvrier moyen (CITI D, Rév. 3) pour les années 2000 à 2006.

StatLink https://stat.link/ufqscn

Tableau 6.17. Impôt sur le revenu et cotisations sociales des salariés diminués des prestations versées, célibataire, salaire égal à 67 % du salaire moyen
Pression fiscale en % du salaire brut, célibataire sans enfant

	2000	2010	2014	2015	2016	2017	2018	2019	2020	2021
Allemagne	36.8	34.3	34.6	34.7	34.8	34.8	34.7	34.3	33.7	33.1
Australie	21.1	16.0	17.7	18.5	18.8	19.1	19.6	18.1	18.7	17.4
Autriche	25.6	27.0	28.8	29.2	26.5	26.9	27.2	27.7	26.8	27.3
Belgique	35.8	36.4	35.9	35.4	33.4	33.3	32.1	31.4	31.3	32.0
Canada	21.3	20.8	21.0	21.1	20.8	20.8	20.8	20.7	19.9	21.3
Chili	7.0	7.0	7.0	7.0	7.0	7.0	7.0	7.0	7.0	-6.5
Colombie	0.0	0.0	0.0	0.0	0.0	0.0	0.0	0.0	0.0	0.0
Corée	7.5	9.2	9.8	9.9	10.1	10.5	10.8	11.2	11.6	11.8
Costa Rica	9.0	9.2	9.2	9.3	9.3	9.8	10.3	10.3	10.5	10.5
Danemark	37.4	33.5	33.1	33.4	33.4	33.3	32.6	32.7	32.5	32.7
Espagne	15.0	17.5	18.5	16.7	16.7	16.6	16.8	16.7	15.2	16.5
Estonie	19.9	17.6	18.2	17.1	16.9	17.0	9.9	10.6	10.9	11.5
États-Unis	22.6	21.5	22.9	22.9	23.0	23.1	21.4	21.4	17.0	18.4
Finlande	27.8	22.7	23.7	24.0	23.6	22.9	22.9	22.8	22.6	23.0
France	25.9	25.9	26.7	26.0	25.2	25.2	24.6	24.1	23.2	23.6
Grèce	18.0	17.7	19.5	18.5	19.9	20.0	20.2	20.4	17.6	16.6
Hongrie	30.1	27.8	34.5	34.5	33.5	33.5	33.5	33.5	33.5	33.5
Irlande	18.8	16.0	17.3	16.8	16.1	15.8	16.1	16.3	16.6	16.7
Islande	20.2	22.2	24.4	25.0	25.2	24.8	24.9	24.8	24.5	23.9
Israël	19.4	10.4	10.5	11.0	11.3	11.2	11.7	11.9	12.2	13.5
Italie	24.4	26.1	23.3	21.8	21.9	21.9	22.1	22.3	22.3	22.7
Japon	18.4	19.1	20.2	20.4	20.5	20.6	20.6	20.6	20.6	20.6
Lettonie	26.0	29.5	28.4	27.9	27.3	27.4	25.2	25.0	23.9	23.3
Lituanie	25.2	19.7	19.9	20.4	20.0	18.4	17.5	33.6	32.3	33.2
Luxembourg	21.8	19.4	22.0	22.7	22.9	20.3	20.8	21.1	22.3	23.0
Mexique	-4.4	0.8	3.0	3.4	3.7	4.7	4.6	5.5	8.6	5.3
Norvège	26.8	25.6	25.2	25.1	24.5	24.1	23.9	23.8	24.1	24.2
Nouvelle-Zélande	18.6	14.3	13.4	13.5	13.7	13.8	13.9	14.0	14.1	14.2
Pays-Bas	32.9	27.1	24.5	24.7	22.5	22.5	22.8	21.2	20.0	18.7
Pologne	26.5	23.4	24.0	24.1	24.2	24.3	24.5	24.3	23.3	23.4
Portugal	17.4	16.1	19.3	21.2	21.3	21.6	21.6	22.2	22.4	22.8
République slovaque	18.2	18.0	19.8	20.0	20.3	20.7	21.1	21.4	20.5	20.8
République tchèque	20.8	18.2	19.2	19.5	20.0	20.7	21.4	22.0	22.2	16.5
Royaume-Uni	22.8	22.6	19.4	19.2	19.3	19.3	19.3	19.1	19.0	19.6
Slovénie	32.3	28.7	28.7	28.7	28.8	30.4	30.2	30.7	30.6	30.8
Suède	31.7	22.0	21.8	22.0	22.3	22.4	22.4	21.7	21.8	20.9
Suisse	14.9	14.4	14.1	14.1	14.3	14.3	14.4	14.5	14.6	14.8
Turquie[1]	27.2	23.6	24.5	24.7	24.3	24.7	24.9	25.0	25.1	25.2
Moyenne non pondérée										
OCDE-Moyenne	**21.6**	**20.0**	**20.6**	**20.6**	**20.5**	**20.5**	**20.2**	**20.6**	**20.3**	**19.9**
OCDE-UE 22	**25.8**	**23.9**	**24.6**	**24.5**	**24.2**	**24.1**	**23.6**	**24.4**	**23.9**	**23.7**

1. Les données sur les salaires sont basées sur l'ancienne définition de l'ouvrier moyen (CITI D, Rév. 3) pour les années 2000 à 2006.

StatLink ᓀᶤᔌ https://stat.link/bz1hon

Tableau 6.18. Impôt sur le revenu et cotisations sociales des salariés diminués des prestations versées, célibataire, salaire égal à 100 % du salaire moyen

Pression fiscale en % du salaire brut, célibataire sans enfant

	2000	2010	2014	2015	2016	2017	2018	2019	2020	2021
Allemagne	43.2	39.2	39.5	39.7	39.7	39.7	39.7	39.2	38.6	37.7
Australie	26.6	22.3	23.4	24.1	24.3	24.4	24.6	23.6	24.1	23.2
Autriche	31.0	33.1	34.7	35.0	32.1	32.4	32.8	33.2	32.7	33.2
Belgique	43.0	42.7	42.4	42.0	40.7	40.6	39.9	39.4	39.3	39.8
Canada	26.9	25.0	25.3	25.3	24.7	24.6	24.6	24.6	24.6	25.1
Chili	7.0	7.0	7.0	7.0	7.0	7.0	7.0	7.0	7.0	7.0
Colombie	0.0	0.0	0.0	0.0	0.0	0.0	0.0	0.0	0.0	0.0
Corée	8.9	12.3	13.0	13.3	13.7	13.9	14.4	14.8	15.1	15.3
Costa Rica	9.0	9.2	9.2	9.3	9.3	9.8	10.3	10.3	10.5	10.5
Danemark	41.5	35.9	35.6	35.9	35.9	35.8	35.4	35.5	35.3	35.4
Espagne	19.8	21.7	23.0	21.3	21.3	21.1	21.3	21.3	20.7	21.1
Estonie	21.9	19.5	19.6	18.4	18.4	18.4	14.6	15.7	16.1	17.1
États-Unis	24.9	24.6	25.6	25.6	25.8	26.1	23.8	23.9	21.3	22.6
Finlande	33.9	29.4	30.6	30.9	30.8	30.2	30.3	30.3	30.4	30.8
France	29.2	27.8	28.6	29.0	29.0	29.0	28.4	28.0	27.2	27.8
Grèce	21.6	23.1	24.6	23.7	25.1	25.2	25.5	25.5	23.9	22.4
Hongrie	35.7	31.4	34.5	34.5	33.5	33.5	33.5	33.5	33.5	33.5
Irlande	27.5	23.4	26.9	26.0	25.4	25.3	25.6	25.9	26.3	26.7
Islande	25.4	27.6	28.9	29.4	29.0	28.3	28.4	28.3	28.2	28.0
Israël	26.1	17.0	17.0	17.5	17.9	17.7	18.3	18.5	18.7	19.7
Italie	29.0	30.2	31.0	31.1	31.1	31.1	31.2	31.5	30.2	29.6
Japon	19.7	20.6	21.8	22.1	22.2	22.3	22.4	22.4	22.2	22.3
Lettonie	27.9	30.5	29.6	28.9	28.9	29.2	28.7	28.6	28.3	26.5
Lituanie	28.8	22.1	22.6	22.9	23.0	22.7	22.1	36.5	36.0	36.5
Luxembourg	28.7	26.8	30.0	30.8	31.0	29.0	29.6	30.0	31.1	31.9
Mexique	2.5	6.1	10.1	10.4	10.8	11.1	10.4	10.9	11.2	10.2
Norvège	30.7	29.3	28.7	28.5	27.9	27.5	27.4	27.3	27.5	27.6
Nouvelle-Zélande	19.4	17.0	17.3	17.6	18.0	18.3	18.6	19.0	19.3	19.4
Pays-Bas	33.6	31.7	32.4	30.3	30.2	30.3	30.5	29.4	28.4	27.5
Pologne	27.8	24.5	24.9	24.9	25.0	25.1	25.2	25.0	24.1	24.2
Portugal	22.4	22.2	27.1	28.4	27.6	27.5	26.9	27.4	27.7	28.0
République slovaque	20.2	21.9	23.1	23.3	23.5	23.7	24.0	24.2	23.6	23.8
République tchèque	22.5	22.5	23.1	23.4	23.7	24.1	24.6	25.0	25.1	19.6
Royaume-Uni	25.8	25.4	23.6	23.4	23.5	23.5	23.5	23.4	23.3	23.7
Slovénie	35.6	33.3	33.2	33.3	33.5	33.7	34.1	34.4	34.0	34.5
Suède	33.7	24.8	24.4	24.6	24.9	25.0	25.1	24.5	24.6	24.5
Suisse	17.8	17.4	17.0	17.0	17.2	17.2	17.4	17.5	17.5	17.9
Turquie[1]	28.7	26.6	27.3	27.4	27.4	28.2	28.6	29.0	28.9	29.4
Moyenne non pondérée										
OCDE-Moyenne	**25.2**	**23.8**	**24.7**	**24.6**	**24.6**	**24.5**	**24.4**	**24.9**	**24.6**	**24.6**
OCDE-UE 22	**29.9**	**28.1**	**29.2**	**29.0**	**28.8**	**28.8**	**28.6**	**29.3**	**29.0**	**28.7**

1. Les données sur les salaires sont basées sur l'ancienne définition de l'ouvrier moyen (CITI D, Rév. 3) pour les années 2000 à 2006.

StatLink https://stat.link/upvax3

Tableau 6.19. Impôt sur le revenu et cotisations sociales des salariés diminués des prestations versées, célibataire, salaire égal à 167 % du salaire moyen
Pression fiscale en % du salaire brut, célibataire sans enfant

	2000	2010	2014	2015	2016	2017	2018	2019	2020	2021
Allemagne	48.8	43.8	43.8	43.8	43.9	43.9	43.8	43.4	43.3	42.6
Australie	34.9	28.2	29.4	30.1	30.2	30.1	30.4	30.5	30.8	29.4
Autriche	36.3	38.3	39.2	39.4	37.5	37.7	38.0	38.1	38.0	38.2
Belgique	50.1	49.5	49.2	49.1	48.5	48.3	47.9	47.5	47.4	47.7
Canada	32.1	30.3	30.5	30.6	29.7	29.8	29.8	29.7	29.9	30.2
Chili	8.3	8.0	8.1	8.2	8.3	8.3	8.3	8.3	8.3	8.3
Colombie	0.0	0.0	0.0	0.0	0.0	0.0	0.0	0.0	0.0	0.0
Corée	13.4	15.0	15.8	16.2	16.8	17.4	18.1	18.6	19.0	19.3
Costa Rica	9.0	9.8	10.6	10.6	11.1	11.8	12.3	12.4	12.4	12.8
Danemark	49.3	42.9	41.9	42.1	42.0	41.8	41.2	41.2	40.9	41.1
Espagne	24.4	26.5	28.7	27.3	27.2	26.8	27.0	27.1	26.5	26.9
Estonie	23.6	21.0	20.8	19.6	19.5	19.6	21.3	21.3	21.3	21.3
États-Unis	31.9	30.6	31.1	31.1	31.2	31.4	28.8	28.9	28.5	29.5
Finlande	41.1	36.6	37.8	38.1	38.2	37.8	37.9	37.9	38.2	38.5
France	33.1	33.4	34.2	34.5	34.5	34.5	33.9	33.8	33.3	33.6
Grèce	29.2	30.2	34.4	31.6	32.0	32.1	32.4	32.5	31.3	28.7
Hongrie	42.8	39.8	34.5	34.5	33.5	33.5	33.5	33.5	33.5	33.5
Irlande	35.6	34.4	37.0	36.1	35.2	35.1	35.3	35.5	35.8	36.0
Islande	36.7	32.4	33.8	34.0	34.0	33.5	33.3	33.3	33.5	33.6
Israël	35.0	26.0	26.0	26.5	27.1	26.9	27.8	28.1	28.5	29.8
Italie	34.5	37.3	38.8	39.5	39.5	39.2	39.3	39.5	39.8	40.4
Japon	22.6	24.5	25.6	25.9	25.9	26.0	26.1	26.1	25.9	26.3
Lettonie	29.4	31.4	30.5	29.8	29.9	30.2	28.8	29.0	29.2	29.0
Lituanie	31.7	24.0	24.0	24.0	24.0	24.0	24.0	38.9	38.9	39.1
Luxembourg	37.9	34.9	37.9	38.6	38.7	37.6	37.9	38.1	38.7	39.2
Mexique	10.1	13.4	14.8	15.1	15.4	15.7	15.0	15.5	15.8	14.9
Norvège	38.2	35.7	35.1	34.9	34.4	34.0	33.9	33.9	33.9	34.2
Nouvelle-Zélande	24.2	23.3	23.1	23.4	23.7	23.9	24.1	24.4	24.6	24.8
Pays-Bas	40.6	37.7	46.8	38.2	37.7	37.7	37.9	37.5	36.4	35.9
Pologne	28.9	25.4	25.6	25.6	25.7	25.7	25.8	25.6	24.8	25.4
Portugal	28.6	29.5	34.9	35.7	34.4	34.1	33.5	34.2	34.4	34.8
République slovaque	24.8	24.9	25.8	25.9	26.0	26.2	26.4	26.4	26.1	26.3
République tchèque	25.5	25.9	26.3	26.5	26.7	26.9	27.2	27.4	27.5	22.2
Royaume-Uni	28.8	30.0	29.8	29.8	29.9	29.9	29.9	29.5	29.7	30.2
Slovénie	41.2	39.1	37.7	37.9	37.4	37.7	38.1	38.4	37.3	37.8
Suède	41.1	35.6	35.1	35.2	36.2	36.5	36.4	35.2	34.7	34.9
Suisse	22.7	22.2	21.9	21.8	22.2	22.2	22.3	22.5	22.5	22.8
Turquie[1]	26.9	29.9	31.3	31.6	32.0	32.4	32.7	32.9	32.8	33.1
Moyenne non pondérée										
OCDE-Moyenne	**30.3**	**29.0**	**29.8**	**29.5**	**29.5**	**29.5**	**29.5**	**29.9**	**29.8**	**29.8**
OCDE-UE 22	**35.4**	**33.7**	**34.8**	**34.2**	**34.0**	**33.9**	**34.0**	**34.6**	**34.4**	**34.2**

1. Les données sur les salaires sont basées sur l'ancienne définition de l'ouvrier moyen (CITI D, Rév. 3) pour les années 2000 à 2006.

StatLink https://stat.link/30s2b1

Tableau 6.20. Impôt sur le revenu et cotisations sociales des salariés diminués des prestations versées, parent isolé, salaire égal à 67 % du salaire moyen
Pression fiscale en % du salaire brut, parent isolé ayant deux enfants

	2000	2010	2014	2015	2016	2017	2018	2019	2020	2021
Allemagne	17.9	16.2	18.1	17.5	17.8	17.9	18.2	17.8	13.2	13.7
Australie	-2.1	-13.2	-7.9	-7.5	-7.2	-5.3	-3.9	-4.8	-4.7	-6.4
Autriche	2.0	4.6	8.6	9.3	6.4	7.1	7.7	0.4	-2.2	1.2
Belgique	16.1	18.9	18.3	17.8	15.7	15.7	14.7	13.6	9.3	10.7
Canada	0.0	0.8	1.5	-9.4	-10.6	-9.6	-9.7	-10.5	-12.0	-7.5
Chili	5.9	6.1	6.2	6.2	6.2	6.2	6.2	6.2	6.1	-24.4
Colombie	-6.9	-5.6	-5.8	-6.6	-6.7	-6.6	-6.4	-6.5	-7.0	-7.4
Corée	6.8	8.5	8.3	8.4	8.4	8.4	8.7	8.2	4.7	6.2
Costa Rica	9.0	9.2	9.2	9.3	9.3	9.8	10.3	10.3	10.5	10.5
Danemark	11.5	8.0	5.8	6.3	6.2	4.8	4.0	4.4	4.3	5.3
Espagne	6.8	8.1	9.8	1.5	1.5	1.6	2.0	2.3	0.3	1.8
Estonie	-8.5	-2.1	2.7	-4.8	-4.6	-3.2	-10.5	-9.5	-8.8	-7.0
États-Unis	2.6	0.2	3.7	3.9	4.5	5.5	2.0	2.4	-5.9	-8.5
Finlande	9.7	8.9	10.5	10.9	10.7	10.2	10.8	10.9	10.0	10.8
France	13.5	14.8	15.4	16.0	0.9	1.0	0.4	-4.3	-6.1	-3.0
Grèce	17.1	16.0	15.0	13.9	14.4	14.4	11.9	12.2	8.7	7.6
Hongrie	5.0	6.7	5.4	6.5	4.3	4.9	5.4	6.4	8.8	10.4
Irlande	6.6	-15.8	-10.7	-10.7	-10.7	-9.5	-6.6	-5.0	-4.4	-4.2
Islande	1.4	9.5	12.9	14.5	15.2	13.7	12.4	12.7	11.8	11.4
Israël	-1.5	-2.6	-1.3	-1.5	-3.7	-2.9	-1.5	-1.0	-1.1	1.3
Italie	5.5	5.1	2.5	1.3	1.4	1.4	1.7	2.3	1.1	3.2
Japon	3.8	-3.0	3.8	4.6	4.7	4.4	4.7	4.1	3.9	4.4
Lettonie	3.5	12.4	7.8	7.3	7.1	8.7	6.7	6.0	5.2	6.4
Lituanie	19.2	8.2	9.5	10.3	7.3	9.0	3.0	22.0	7.5	11.9
Luxembourg	-6.4	-10.9	-5.4	-4.1	-3.5	-6.6	-5.3	-4.3	-1.4	0.8
Mexique	-4.4	0.8	3.0	3.4	3.7	4.7	4.6	5.5	8.6	5.3
Norvège	5.7	10.8	11.9	12.1	11.8	11.7	12.1	11.9	12.3	13.1
Nouvelle-Zélande	-3.0	-17.7	-15.4	-14.1	-14.1	-12.8	-19.9	-18.8	-17.2	-16.3
Pays-Bas	14.5	3.6	1.7	0.6	-3.5	-3.8	-3.6	-5.3	-6.0	-7.1
Pologne	18.0	17.8	14.7	11.2	-35.4	-37.9	-29.5	-22.0	-20.8	-14.7
Portugal	9.1	1.7	7.2	7.6	2.8	3.5	4.1	5.5	6.0	6.8
République slovaque	-2.0	2.3	4.8	5.4	6.1	7.0	8.1	8.7	7.8	6.3
République tchèque	-17.9	-12.9	-0.8	-0.9	-4.5	-3.7	-5.3	-3.3	-3.3	-12.1
Royaume-Uni	7.7	0.6	-4.1	-3.4	-1.4	0.9	2.6	4.3	0.8	13.4
Slovénie	-2.0	-1.7	-4.6	-4.4	-3.9	-1.5	-0.5	1.0	1.5	3.6
Suède	20.1	11.1	11.9	12.2	12.8	13.1	12.1	11.3	11.6	11.1
Suisse	0.3	-1.1	-1.9	-1.9	-1.5	-1.4	-1.2	-1.0	-1.0	-0.5
Turquie[1]	27.2	22.0	23.0	23.2	22.5	22.9	23.3	23.4	23.5	23.5
Moyenne non pondérée										
OCDE-Moyenne	5.6	3.9	5.1	4.5	2.4	2.7	2.5	3.1	2.0	2.1
OCDE-UE 22	7.2	5.5	6.7	5.9	4.4	2.5	2.2	3.2	1.9	2.9

1. Les données sur les salaires sont basées sur l'ancienne définition de l'ouvrier moyen (CITI D, Rév. 3) pour les années 2000 à 2006.

StatLink ᵐᔆᴸ▪ https://stat.link/6zkxpc

Tableau 6.21. Impôt sur le revenu et cotisations sociales des salariés diminués des prestations versées, couple marié, salaire égal à 100 % du salaire moyen

Pression fiscale en % du salaire brut, couple marié ayant deux enfants et un seul salaire

	2000	2010	2014	2015	2016	2017	2018	2019	2020	2021
Allemagne	22.0	19.6	21.1	21.2	21.4	21.5	21.6	21.2	19.1	19.3
Australie	18.4	9.3	12.4	12.9	13.1	16.0	16.9	16.0	16.1	14.8
Autriche	15.1	17.9	21.1	21.6	18.6	19.1	19.6	15.0	13.2	15.7
Belgique	23.7	23.6	22.9	22.6	20.9	20.9	20.4	19.4	19.2	20.3
Canada	19.3	17.1	15.4	10.6	12.1	12.3	12.3	12.1	11.3	13.0
Chili	6.3	7.0	7.0	7.0	7.0	7.0	7.0	7.0	7.0	-18.5
Colombie	-4.6	-3.8	-3.9	-4.4	-4.5	-4.4	-4.3	-4.3	-4.7	-5.0
Corée	8.2	9.7	10.3	10.6	11.1	11.4	12.0	12.0	9.7	10.8
Costa Rica	9.0	9.2	9.2	9.3	9.3	9.8	10.3	10.3	10.5	10.5
Danemark	28.2	24.9	24.9	25.3	25.2	25.2	24.9	25.3	25.2	25.7
Espagne	11.5	14.2	15.4	13.9	13.9	13.9	14.1	14.3	13.5	14.0
Estonie	10.6	7.3	10.0	4.5	4.3	5.0	1.1	2.4	3.1	4.9
États-Unis	14.4	11.2	13.6	13.7	13.9	14.3	11.8	11.9	2.7	1.0
Finlande	24.8	23.0	24.4	25.2	25.2	24.8	25.0	25.1	25.3	25.8
France	16.1	17.7	17.7	18.0	18.1	18.1	17.4	16.2	15.1	16.9
Grèce	23.6	23.6	23.7	21.9	22.7	22.8	21.4	21.5	19.7	18.1
Hongrie	20.5	18.7	16.2	16.9	15.0	15.3	15.5	16.1	17.7	18.7
Irlande	10.9	5.6	9.7	8.9	8.0	7.9	8.7	8.9	9.5	10.1
Islande	8.9	12.2	15.8	17.5	17.7	16.3	14.8	14.6	14.4	15.1
Israël	21.8	13.6	14.5	14.8	15.1	15.0	15.7	15.9	16.2	17.4
Italie	18.6	17.8	18.8	19.0	19.0	19.0	19.2	19.7	17.6	18.3
Japon	15.8	11.3	15.6	16.0	16.2	16.2	16.4	16.4	16.1	16.2
Lettonie	12.8	19.1	15.8	15.2	15.3	16.7	16.4	15.8	15.7	15.2
Lituanie	28.8	14.4	15.5	16.1	18.4	18.4	15.6	12.4	28.7	19.3	22.2
Luxembourg	1.9	1.5	4.8	5.7	6.0	4.8	5.5	6.0	7.4	8.5
Mexique	2.5	6.1	10.1	10.4	10.8	11.1	10.4	10.9	11.2	10.2
Norvège	19.3	21.8	23.2	23.1	22.7	22.4	23.5	23.2	23.4	23.8
Nouvelle-Zélande	13.6	-0.9	4.1	5.2	6.0	7.1	2.8	4.3	5.8	6.5
Pays-Bas	22.4	23.6	25.9	24.1	24.3	24.5	24.9	23.8	21.1	20.5
Pologne	22.1	17.8	18.6	18.9	0.3	-4.2	1.1	3.9	-1.2	0.2
Portugal	13.6	8.8	13.1	14.3	11.2	11.9	12.5	13.5	13.8	14.5
République slovaque	5.2	3.4	6.3	6.9	7.5	8.4	9.5	10.0	9.4	8.5
République tchèque	-5.3	-5.7	1.8	1.9	-0.2	0.8	0.2	2.0	2.1	-4.6
Royaume-Uni	20.6	18.7	18.5	17.8	18.0	18.2	18.3	18.4	18.4	18.9
Slovénie	10.1	10.4	11.2	11.3	11.7	12.3	13.1	13.8	17.0	18.1
Suède	26.0	17.4	17.8	18.1	18.5	18.8	18.2	17.6	17.8	17.9
Suisse	5.9	4.9	3.6	3.6	4.0	4.0	4.2	4.4	4.4	4.9
Turquie[1]	28.7	24.8	25.5	25.6	25.4	26.3	26.8	27.1	27.1	27.5
Moyenne non pondérée										
OCDE-Moyenne	15.0	13.1	14.5	14.3	13.8	13.8	13.7	14.2	13.4	13.1
OCDE-UE 22	16.5	14.8	16.2	16.0	14.8	14.7	14.7	15.5	14.6	14.9

1. Les données sur les salaires sont basées sur l'ancienne définition de l'ouvrier moyen (CITI D, Rév. 3) pour les années 2000 à 2006.

StatLink https://stat.link/cmhvqz

Tableau 6.22. Impôt sur le revenu et cotisations sociales des salariés diminués des prestations versées, couple marié, deux enfants, deux salaires égaux à 100 % et 67 % du salaire moyen
Pression fiscale en % du salaire brut, couple marié ayant deux enfants et deux salaires

	2000	2010	2014	2015	2016	2017	2018	2019	2020	2021
Allemagne	34.3	30.1	31.1	31.2	31.3	31.4	31.4	31.0	29.5	29.1
Australie	22.0	19.0	21.1	21.8	22.1	22.2	22.6	21.4	21.9	20.9
Autriche	20.1	22.6	25.1	25.5	22.5	23.0	23.4	20.9	19.5	21.1
Belgique	35.0	33.9	33.5	33.1	31.5	31.3	30.5	29.8	29.8	30.5
Canada	24.4	22.2	22.5	20.3	19.9	20.0	20.0	19.9	19.6	20.7
Chili	6.6	6.6	6.7	6.7	6.7	6.7	6.7	6.7	6.6	-8.6
Colombie	-5.5	-4.5	-4.7	-5.3	-5.4	-5.3	-5.2	-5.2	-5.6	-6.0
Corée	8.0	9.8	10.4	10.7	11.0	11.3	11.8	12.0	10.8	11.5
Costa Rica	9.0	9.2	9.2	9.3	9.3	9.8	10.3	10.3	10.5	10.5
Danemark	35.8	31.0	30.8	31.1	31.1	31.0	30.6	30.8	30.6	30.9
Espagne	15.6	17.8	19.0	17.2	17.2	17.1	17.3	17.4	16.3	17.2
Estonie	16.8	13.7	15.1	11.2	11.1	11.6	6.3	7.2	7.7	9.0
États-Unis	20.5	18.5	19.9	20.0	20.1	20.3	17.6	17.7	12.2	11.2
Finlande	26.0	22.9	24.2	24.6	24.4	23.9	24.2	24.2	24.2	24.7
France	21.4	22.2	23.1	23.2	22.7	22.7	22.1	21.7	20.5	21.0
Grèce	22.0	22.2	23.4	22.0	22.7	22.8	22.1	22.2	20.1	18.7
Hongrie	24.3	22.3	23.5	23.9	22.4	22.6	22.8	23.1	24.0	24.6
Irlande	20.8	13.7	17.7	16.7	16.2	16.2	16.8	17.3	17.9	18.4
Islande	21.9	24.4	26.9	27.6	27.5	26.8	26.5	26.5	26.0	25.6
Israël	17.7	10.5	11.0	11.2	11.5	11.4	11.9	12.0	12.2	13.6
Italie	25.1	24.0	23.3	22.8	22.8	22.8	23.0	23.3	21.9	22.2
Japon	17.9	15.1	18.3	18.6	18.8	18.8	18.9	18.9	18.7	18.8
Lettonie	18.1	23.3	20.8	20.3	20.1	21.0	19.9	19.5	19.0	18.4
Lituanie	27.3	19.8	20.0	20.4	19.0	16.7	16.4	30.7	28.5	29.8
Luxembourg	12.6	12.3	16.1	17.1	17.4	15.3	16.1	16.7	18.4	19.6
Mexique	-0.3	4.0	7.3	7.6	7.9	8.5	8.0	8.8	10.2	8.3
Norvège	24.4	24.8	24.7	24.6	24.1	23.7	23.6	23.4	23.7	24.0
Nouvelle-Zélande	19.0	13.9	15.8	16.0	16.3	16.5	16.7	17.0	17.2	17.3
Pays-Bas	30.1	24.9	24.4	23.2	21.6	21.7	21.9	20.5	19.5	18.6
Pologne	25.0	20.4	21.5	21.7	16.2	15.0	15.2	12.6	9.1	10.0
Portugal	17.0	16.5	21.7	20.4	20.7	21.1	20.5	21.4	21.7	22.3
République slovaque	13.3	14.0	15.8	16.1	16.5	17.0	17.6	18.0	17.3	16.8
République tchèque	14.0	12.0	13.5	13.6	12.4	13.0	12.6	13.6	13.7	7.3
Royaume-Uni	21.5	21.1	18.9	18.7	18.9	19.0	19.1	19.0	19.0	19.5
Slovénie	25.1	23.4	24.0	24.1	23.8	24.6	24.9	25.3	25.4	26.1
Suède	28.3	19.3	19.4	19.6	20.0	20.2	19.9	19.2	19.4	19.1
Suisse	12.3	11.3	10.2	10.1	10.6	10.6	10.8	11.0	11.0	11.5
Turquie[1]	28.1	24.7	25.5	25.7	25.5	26.1	26.5	26.7	26.7	27.0
Moyenne non pondérée										
OCDE-Moyenne	**19.9**	**18.2**	**19.2**	**19.0**	**18.6**	**18.6**	**18.5**	**18.8**	**18.3**	**17.9**
OCDE-UE 22	**23.1**	**21.0**	**22.1**	**21.8**	**21.1**	**21.0**	**20.7**	**21.2**	**20.6**	**20.7**

1. Les données sur les salaires sont basées sur l'ancienne définition de l'ouvrier moyen (CITI D, Rév. 3) pour les années 2000 à 2006.

StatLink https://stat.link/f0j63d

Tableau 6.23. Impôt sur le revenu et cotisations sociales des salariés diminués des prestations versées, couple marié, deux salaires égaux à 100% du salaire moyen chacun
Pression fiscale en % du salaire brut, couple marié ayant deux enfants et deux salaires

	2000	2010	2014	2015	2016	2017	2018	2019	2020	2021
Allemagne	37.7	33.3	34.0	34.1	34.2	34.2	34.2	33.7	32.8	32.2
Australie	25.1	22.3	23.4	24.1	24.3	24.4	24.6	23.6	24.1	23.2
Autriche	23.7	26.3	28.6	29.1	25.9	26.3	26.8	24.8	23.7	25.1
Belgique	38.4	37.4	36.9	36.6	35.3	35.1	34.4	33.9	33.9	34.4
Canada	26.9	24.4	24.7	23.5	22.9	22.9	22.9	22.9	22.6	23.6
Chili	6.6	7.0	7.0	7.0	7.0	7.0	7.0	7.0	7.0	-5.8
Colombie	-4.6	-1.9	-2.0	-4.4	-4.5	-4.4	-4.3	-4.3	-4.7	-5.0
Corée	8.7	11.2	12.0	12.3	12.7	13.0	13.5	13.6	12.7	13.3
Costa Rica	9.0	9.2	9.2	9.3	9.3	9.8	10.3	10.3	10.5	10.5
Danemark	38.1	32.7	32.4	32.7	32.7	32.7	32.3	32.5	32.3	32.5
Espagne	18.0	19.9	21.2	19.4	19.4	19.3	19.5	19.6	18.9	19.3
Estonie	18.3	15.2	16.3	12.9	12.8	13.2	9.2	10.4	10.9	12.2
États-Unis	22.7	20.3	21.4	21.5	21.6	22.0	19.8	20.0	15.7	15.2
Finlande	29.3	26.2	27.5	28.0	28.0	27.5	27.7	27.7	27.8	28.3
France	23.5	23.8	24.6	25.0	25.0	24.9	24.4	24.0	23.0	23.8
Grèce	24.2	24.5	26.4	24.7	25.6	25.7	26.0	26.1	24.6	23.0
Hongrie	28.1	25.0	25.3	25.7	24.2	24.4	24.5	24.8	25.6	26.1
Irlande	25.7	19.2	23.3	22.3	21.7	21.6	22.1	22.5	23.0	23.3
Islande	25.4	27.5	28.9	29.4	29.0	28.3	28.4	28.3	27.9	28.0
Israël	21.3	12.8	13.3	13.8	14.3	14.2	14.9	15.1	15.5	16.7
Italie	27.4	27.0	27.7	27.8	27.8	27.8	27.9	28.2	26.4	26.3
Japon	18.6	16.5	19.4	19.7	19.9	19.9	20.1	20.1	19.9	20.0
Lettonie	20.4	24.8	22.7	22.0	22.1	22.9	22.6	22.2	22.0	20.8
Lituanie	28.8	21.0	21.3	21.6	20.7	19.2	18.9	32.6	31.0	32.0
Luxembourg	17.6	17.4	21.5	22.4	22.7	20.9	21.6	22.2	23.8	24.9
Mexique	2.5	6.1	10.1	10.4	10.8	11.1	10.4	10.9	11.2	10.2
Norvège	26.8	26.8	26.5	26.3	25.8	25.5	25.4	25.2	25.5	25.7
Nouvelle-Zélande	19.4	17.0	17.3	17.6	18.0	18.3	18.6	19.0	19.3	19.4
Pays-Bas	30.9	27.5	28.3	26.2	25.5	25.7	25.9	24.7	23.8	23.0
Pologne	25.9	21.4	22.4	22.5	18.0	16.9	17.1	14.9	11.9	12.6
Portugal	20.2	19.5	24.9	23.8	23.8	24.1	23.6	24.4	24.6	25.1
République slovaque	19.0	16.6	18.1	18.4	18.7	19.1	19.7	19.9	19.3	18.9
République tchèque	18.2	15.9	16.4	16.5	15.5	18.0	15.7	19.2	16.6	10.4
Royaume-Uni	23.2	22.8	21.1	20.9	21.0	21.2	21.2	21.2	21.1	21.6
Slovénie	29.4	27.8	27.0	27.1	26.9	27.3	28.8	29.1	29.0	29.7
Suède	29.9	21.1	21.1	21.3	21.7	21.9	21.6	21.1	21.2	21.2
Suisse	14.8	14.0	12.8	12.8	13.2	13.3	13.5	13.7	13.7	14.2
Turquie[1]	28.7	26.0	26.7	26.8	26.8	27.6	28.1	28.4	28.3	28.8
Moyenne non pondérée										
OCDE-Moyenne	**22.3**	**20.7**	**21.6**	**21.4**	**21.1**	**21.1**	**21.0**	**21.4**	**21.0**	**20.7**
OCDE-UE 22	**26.0**	**23.8**	**24.9**	**24.6**	**24.0**	**24.0**	**23.8**	**24.5**	**23.9**	**23.9**

1. Les données sur les salaires sont basées sur l'ancienne définition de l'ouvrier moyen (CITI D, Rév. 3) pour les années 2000 à 2006.

StatLink https://stat.link/4bqo6y

Tableau 6.24. Impôt sur le revenu et cotisations sociales des salariés diminués des prestations versées, couple marié, deux salaires égaux à 100 % et 67 % du salaire moyen

Pression fiscale en % du salaire brut, couple marié sans enfant, avec deux salaires

	2000	2010	2014	2015	2016	2017	2018	2019	2020	2021
Allemagne	40.3	37.0	37.3	37.4	37.5	37.5	37.4	37.0	36.4	35.6
Australie	24.4	19.8	21.1	21.8	22.1	22.2	22.6	21.4	21.9	20.9
Autriche	28.8	30.7	32.3	32.7	29.9	30.2	30.6	31.0	30.3	30.8
Belgique	42.0	40.2	39.8	39.4	37.8	37.7	36.8	36.2	36.1	36.6
Canada	25.0	23.4	23.6	23.6	23.2	23.1	23.1	23.1	23.1	23.6
Chili	7.0	7.0	7.0	7.0	7.0	7.0	7.0	7.0	7.0	-1.8
Colombie	0.0	0.0	0.0	0.0	0.0	0.0	0.0	0.0	0.0	0.0
Corée	8.3	11.0	11.7	11.9	12.2	12.5	12.9	13.4	13.7	13.9
Costa Rica	9.0	9.2	9.2	9.3	9.3	9.8	10.3	10.3	10.5	10.5
Danemark	39.8	35.0	34.6	34.9	34.9	34.8	34.2	34.4	34.1	34.3
Espagne	17.9	20.1	21.2	19.4	19.4	19.3	19.5	19.5	18.5	19.3
Estonie	21.1	18.7	19.1	17.9	17.8	17.8	12.7	13.7	14.0	14.9
États-Unis	24.4	23.1	24.1	24.2	24.2	24.3	22.3	22.4	18.9	20.0
Finlande	31.5	26.7	27.8	28.1	27.9	27.3	27.4	27.3	27.3	27.7
France	27.5	27.1	27.7	28.0	28.0	28.0	27.4	26.9	25.5	25.6
Grèce	21.5	22.2	24.2	22.8	24.1	24.2	24.5	24.6	22.8	21.3
Hongrie	33.5	30.0	34.5	34.5	33.5	33.5	33.5	33.5	33.5	33.5
Irlande	23.0	18.8	22.0	21.1	20.7	20.7	21.1	21.4	22.0	22.3
Islande	23.3	25.4	27.1	27.6	27.5	26.9	27.0	26.9	26.8	26.3
Israël	22.8	13.7	13.8	14.3	14.7	14.6	15.2	15.3	15.6	16.8
Italie	27.2	28.6	27.9	27.4	27.4	27.4	27.5	27.8	27.0	26.8
Japon	19.2	20.0	21.2	21.4	21.5	21.6	21.7	21.7	21.6	21.6
Lettonie	27.1	30.1	29.1	28.5	28.3	28.5	27.3	27.2	26.5	25.2
Lituanie	27.3	21.2	21.5	21.9	21.8	20.9	20.3	35.4	34.5	35.2
Luxembourg	22.9	21.4	24.3	25.2	25.4	23.2	23.7	24.1	25.5	26.4
Mexique	-0.3	4.0	7.3	7.6	7.9	8.5	8.0	8.8	10.2	8.3
Norvège	29.1	27.8	27.3	27.1	26.5	26.1	26.0	25.9	26.1	26.3
Nouvelle-Zélande	19.0	15.9	15.8	16.0	16.3	16.5	16.7	17.0	17.2	17.3
Pays-Bas	33.3	29.8	29.2	28.0	27.1	27.2	27.4	26.1	25.0	24.0
Pologne	27.3	24.1	24.5	24.6	24.7	24.8	24.9	24.7	23.8	23.9
Portugal	20.2	19.7	24.0	25.5	25.1	25.1	24.4	25.1	25.3	25.8
République slovaque	19.4	20.3	21.8	22.0	22.2	22.5	22.9	23.0	22.4	22.6
République tchèque	21.8	20.7	21.5	21.8	22.2	22.8	23.3	23.8	23.9	18.8
Royaume-Uni	24.6	24.3	21.9	21.7	21.8	21.8	21.8	21.7	21.6	22.0
Slovénie	34.3	31.5	31.4	31.5	31.6	32.4	32.5	32.9	32.6	33.1
Suède	32.9	23.7	23.4	23.5	23.8	23.9	24.0	23.4	23.5	23.1
Suisse	17.8	17.1	16.7	16.7	17.0	17.0	17.1	17.2	17.3	17.6
Turquie[1]	28.1	25.4	26.2	26.3	26.2	26.8	27.1	27.4	27.4	27.7
Moyenne non pondérée										
OCDE-Moyenne	**23.7**	**22.2**	**23.0**	**23.0**	**22.9**	**22.9**	**22.7**	**23.1**	**22.9**	**22.6**
OCDE-UE 22	**28.2**	**26.2**	**27.2**	**27.1**	**26.9**	**26.8**	**26.5**	**27.2**	**26.8**	**26.7**

1. Les données sur les salaires sont basées sur l'ancienne définition de l'ouvrier moyen (CITI D, Rév. 3) pour les années 2000 à 2006.

StatLink https://stat.link/yrh7io

Tableau 6.25. Salaire brut et net annuel moyen, célibataire sans enfant, 2000-21
Dollars US convertis à l'aide du PPA

	2000		2010		2015		2019		2020		2021	
	Brut	Net	Brut	Net	Brut	Net	Brut	Net	Brut	Net	Brut	Net
Allemagne	36 487	20 724	51 883	31 543	60 530	36 512	69 749	42 396	68 407	41 973	71 157	44 312
Australie	31 508	23 128	44 401	34 507	54 774	41 591	59 519	45 449	61 740	46 873	62 376	47 884
Autriche	32 772	22 625	45 754	30 622	54 970	35 708	63 399	42 344	64 216	43 213	66 751	44 605
Belgique	35 171	20 045	51 946	29 755	58 099	33 692	65 691	39 835	66 968	40 650	69 734	42 006
Canada	35 273	25 773	48 143	36 117	52 562	39 273	57 035	42 984	59 678	44 996	59 377	44 492
Chili	12 878	11 977	17 179	15 977	21 682	20 164	25 173	23 400	24 563	22 836	25 127	23 369
Colombie	7 141	7 141	10 973	10 973	11 758	11 758	13 709	13 709	13 561	13 561	13 877	13 877
Corée	26 547	24 171	43 865	38 479	46 293	40 124	53 289	45 409	54 250	46 054	55 346	46 891
Costa Rica	11 173	10 168	15 946	14 484	20 444	18 535	24 158	21 660	24 695	22 102	26 462	23 684
Danemark	32 501	19 028	49 581	31 762	55 247	35 418	64 949	41 908	66 693	43 169	70 755	45 685
Espagne	23 418	18 770	34 123	26 708	39 828	31 358	43 596	34 314	42 120	33 389	44 497	35 112
Estonie	8 386	6 546	18 980	15 283	24 266	19 789	30 813	25 962	32 400	27 173	35 444	29 378
États-Unis	33 129	24 877	45 665	34 429	50 963	37 900	56 577	43 066	59 517	46 867	62 954	48 737
Finlande	26 799	17 719	43 782	30 900	47 665	32 959	54 642	38 076	55 295	38 471	58 079	40 189
France	28 724	20 349	40 625	29 312	46 958	33 336	53 446	38 490	51 839	37 751	56 677	40 934
Grèce	23 091	18 104	33 484	25 737	33 648	25 658	36 528	27 203	34 641	26 348	36 311	28 168
Hongrie	9 871	6 345	19 887	13 645	23 935	15 677	32 071	21 327	34 077	22 661	35 782	23 795
Irlande	30 655	22 210	49 456	37 861	54 012	39 947	60 547	44 861	63 629	46 869	67 635	49 602
Islande	32 020	23 875	39 584	28 660	54 010	38 155	64 368	46 149	65 556	47 050	68 960	49 642
Israël	27 796	20 540	30 538	25 344	35 609	29 374	43 316	35 318	46 069	37 446	49 921	40 080
Italie	26 770	18 995	36 559	25 507	41 357	28 498	46 922	32 160	48 673	33 991	52 324	36 820
Japon	32 234	25 870	42 744	33 926	49 134	38 272	50 391	39 116	49 426	38 439	51 923	40 346
Lettonie	6 421	4 631	14 993	10 416	19 270	13 696	25 779	18 410	28 345	20 314	31 747	23 338
Lituanie	7 058	5 028	14 966	11 655	19 341	14 919	34 253	21 737	37 267	23 866	40 831	25 933
Luxembourg	37 548	26 785	53 395	39 102	63 384	43 836	71 903	50 360	75 164	51 772	77 897	53 025
Mexique	7 964	7 767	11 420	10 721	12 915	11 566	14 208	12 653	14 529	12 895	13 984	12 554
Norvège	32 852	22 767	51 584	36 488	55 743	39 884	62 747	45 626	62 704	45 478	65 769	47 596
Nouvelle-Zélande	24 186	19 502	32 088	26 635	38 199	31 462	43 933	35 601	45 025	36 347	46 216	37 233
Pays-Bas	35 837	23 789	52 983	36 210	61 162	42 657	67 433	47 615	70 504	50 487	73 185	53 070
Pologne	12 585	9 086	20 229	15 275	26 138	19 618	33 186	24 893	34 078	25 864	35 981	27 276
Portugal	16 527	12 817	26 567	20 669	29 693	21 269	34 697	25 177	35 045	25 354	37 068	26 680
République slovaque	10 182	8 129	19 120	14 937	22 344	17 143	24 875	18 863	25 467	19 456	27 264	20 785
République tchèque	11 233	8 706	21 031	16 309	24 782	18 994	32 778	24 577	32 943	24 670	34 369	27 631
Royaume-Uni	35 368	26 240	48 877	36 466	51 950	39 784	59 929	45 921	59 890	45 928	64 716	49 396
Slovénie	16 898	10 890	26 537	17 703	30 392	20 263	36 026	23 640	37 814	24 959	40 860	26 752
Suède	28 774	19 070	40 832	30 717	46 768	35 272	51 261	38 680	52 958	39 913	55 518	41 903
Suisse	40 775	33 509	58 069	47 974	70 009	58 141	79 384	65 483	80 235	66 161	84 437	69 359
Turquie[1]	19 698	14 038	19 602	14 392	26 832	19 489	32 625	23 163	34 265	24 374	37 161	26 242
OCDE moyenne	**23 901**	**17 414**	**34 931**	**25 979**	**40 439**	**29 781**	**46 708**	**34 409**	**47 743**	**35 256**	**50 223**	**37 063**

1. Les données sur les salaires sont basées sur l'ancienne définition de l'ouvrier moyen (CITI D, Rév. 3) pour les années 2000 à 2006.

StatLink https://stat.link/k3jfia

Tableau 6.26. Salaire brut et net annuel moyen, célibataire sans enfant, 2000-21 (en monnaie nationale)

		2000		2010		2015		2019		2020		2021	
		Brut	Net	Brut	Net	Brut	Net	Brut	Net	Brut	Net	Brut	Net
Allemagne	EUR	34 400	19 539	41 736	25 374	47 100	28 411	51 800	31 486	51 000	31 293	52 556	32 728
Australie	AUD	41 322	30 332	66 724	51 856	80 720	61 292	87 769	67 022	90 866	68 985	93 313	71 634
Autriche	EUR	29 732	20 526	38 504	25 770	43 911	28 524	48 398	32 325	49 087	33 032	50 460	33 719
Belgique	EUR	31 644	18 035	43 423	24 873	46 479	26 954	49 783	30 189	50 312	30 540	52 248	31 473
Canada	CAD	43 300	31 639	58 800	44 113	65 600	49 015	69 200	52 152	71 994	54 282	74 037	55 476
Chili	CLP	3 690 623	3 432 280	6 181 738	5 749 016	8 481 551	7 887 842	10 042 281	9 334 826	10 277 863	9 555 132	10 776 819	10 022 442
Colombie	COP	1 604 324	1 459 935	5 191 869	4 715 774	7 205 069	6 532 116	8 248 633	7 395 724	8 294 100	7 423 220	8 761 423	7 841 473
Corée	KRW	19 849 729	18 073 190	36 876 204	32 348 478	39 695 196	34 405 928	46 285 248	39 440 841	46 753 752	39 690 849	47 021 176	39 838 084
Costa Rica	CRC	5 283 845	5 283 845	12 382 986	12 382 986	15 107 886	15 107 886	18 499 302	18 499 302	18 345 584	18 345 584	19 240 596	19 240 596
Danemark	DKK	281 700	164 922	376 073	240 914	403 600	258 738	432 300	278 942	440 000	284 802	457 613	295 469
Espagne	EUR	17 319	13 882	24 786	19 400	26 475	20 845	27 292	21 482	26 028	20 633	26 832	21 173
Estonie	EUR	3 931	3 068	9 712	7 820	13 045	10 638	16 817	14 170	17 224	14 445	18 329	15 192
États-Unis	USD	33 129	24 877	45 665	34 429	50 963	37 900	56 577	43 066	59 517	46 867	62 954	48 737
Finlande	EUR	26 362	17 431	39 395	27 804	43 268	29 918	46 117	32 135	46 470	32 331	47 915	33 155
France	EUR	26 712	18 923	34 693	25 032	37 975	26 959	39 043	28 117	37 922	27 616	39 971	28 869
Grèce	EUR	15 459	12 120	24 156	18 567	20 494	15 628	20 243	15 075	18 834	14 325	18 831	14 608
Hongrie	HUF	1 086 240	698 166	2 512 020	1 723 560	3 172 680	2 078 105	4 593 599	3 054 743	5 043 851	3 354 161	5 400 419	3 591 278
Irlande	EUR	28 924	20 956	41 981	32 139	43 733	32 345	48 852	36 196	49 876	36 738	50 636	37 135
Islande	ISK	2 712 000	2 022 102	5 256 000	3 805 407	7 668 000	5 417 104	9 048 000	6 487 080	9 528 000	6 838 404	10 103 366	7 273 117
Israël	ILS	95 664	70 691	121 581	100 905	139 728	115 260	160 440	130 817	165 240	134 310	176 029	141 328
Italie	EUR	21 550	15 291	28 243	19 705	30 550	21 052	31 369	21 500	32 262	22 530	34 032	23 948
Japon	JPY	4 987 116	4 002 481	4 773 076	3 788 423	5 083 906	3 960 010	5 221 760	4 053 434	5 082 722	3 952 907	5 146 879	3 999 294
Lettonie	EUR	2 316	1 670	7 296	5 069	9 588	6 815	12 804	9 144	13 656	9 787	15 270	11 225
Lituanie	EUR	3 187	2 270	6 735	5 245	8 623	6 652	15 435	9 795	16 844	10 788	18 711	11 884
Luxembourg	EUR	35 875	25 591	49 387	36 167	55 858	38 631	60 896	42 651	64 424	44 374	67 263	45 787
Mexique	MXN	48 607	47 400	87 672	82 301	107 551	96 320	133 131	118 563	138 349	122 787	136 170	122 243
Norvège	NOK	298 385	206 788	471 696	333 655	553 670	396 149	612 610	445 455	628 685	455 971	659 902	477 568
Nouvelle-Zélande	NZD	34 923	28 159	48 007	39 850	56 459	46 502	63 255	51 258	65 079	52 536	66 077	53 234
Pays-Bas	EUR	31 901	21 176	45 215	30 901	49 540	34 552	52 970	37 402	54 510	39 034	55 339	40 128
Pologne	PLN	23 061	16 649	36 482	27 548	46 136	34 628	58 554	43 923	60 723	46 087	64 093	48 587
Portugal	EUR	10 922	8 470	16 542	12 870	17 369	12 441	19 573	14 202	19 959	14 440	20 602	14 828
République slovaque	EUR	5 256	4 197	9 593	7 494	10 983	8 427	13 154	9 975	13 418	10 251	14 075	10 730
République tchèque	CZK	160 922	124 729	287 320	222 803	320 624	245 750	410 579	307 852	416 997	312 276	435 312	349 971
Royaume-Uni	GBP	24 910	18 481	34 297	25 589	35 978	27 552	40 990	31 409	41 897	32 130	43 978	33 567
Slovénie	EUR	8 894	5 732	16 915	11 284	18 092	12 062	20 265	13 298	21 054	13 897	22 485	14 722
Suède	EUR	263 581	174 686	368 208	277 001	414 105	312 312	455 072	343 379	464 186	349 843	482 897	364 473
Suisse	CHF	72 910	59 918	85 068	70 280	86 517	71 850	92 039	75 921	91 427	75 390	94 489	77 616
Turquie[1]	TRY	5 545	3 952	18 026	13 235	31 191	22 654	61 841	43 906	72 933	51 880	87 187	61 567

1. Les données sur les salaires sont basées sur l'ancienne définition de l'ouvrier moyen (CITI D, Rév. 3) pour les années 2000 à 2006.

StatLink ᵐˢᴾ https://stat.link/xet3km

Notes

[1] Les tableaux 6.1 à 6.24 présentent des chiffres arrondis à la première décimale. Du fait des opérations d'arrondi, les variations en points présentées dans le texte peuvent différer d'un dixième de point.

Partie II Informations détaillées par pays, pour 2021

Australia
(2020-2021 Income tax year)

This chapter includes data on the income taxes paid by workers, their social security contributions, the family benefits they receive in the form of cash transfers as well as the social security contributions and payroll taxes paid by their employers. Results reported include the marginal and average tax burden for eight different family types.

Methodological information is available for personal income tax systems, compulsory social security contributions to schemes operated within the government sector, universal cash transfers as well as recent changes in the tax/benefit system. The methodology also includes the parameter values and tax equations underlying the data.

Australia 2021

The tax/benefit position of single persons

Wage level (per cent of average wage)	67	100	167	67
Number of children	none	none	none	2
1. Gross wage earnings	62 520	93 313	155 833	62 520
Principal Gross wage earnings	62 520	93 313	155 833	62 520
Spouse Gross wage earnings	0	0	0	0
2. Standard tax allowances				
Basic allowance				
Married or head of family				
Dependent children				
Deduction for social security contributions and income taxes				
Work-related expenses				
Other				
Total	0	0	0	0
3. Tax credits or cash transfers included in taxable income	0	0	0	0
4. Central government taxable income (1 - 2 + 3)	62 520	93 313	155 833	62 520
5. Central government income tax liability (exclusive of tax credits)				
Income tax	10 786	20 794	42 725	10 786
Medicare Levy	1 250	1 866	3 117	1 250
Total	12 036	22 660	45 842	12 036
6. Tax credits				
Basic credit	1 142	981	0	1 142
Married or head of family	0	0	0	0
Children				
Other				
Total	1 142	981	0	1 142
7. Central government income tax finally paid (5-6)	10 894	21 679	45 842	10 894
8. State and local taxes	0	0	0	0
9. Employees' compulsory social security contributions	0	0	0	0
10. Total payments to general government (7 + 8 + 9)	10 894	21 679	45 842	10 894
11. Cash transfers from general government				
For head of family	0	0	0	0
For two children	0	0	0	14 865
Total	0	0	0	14 865
12. Take-home pay (1-10+11)	51 626	71 634	109 991	66 491
13. Employers' payroll tax (assumes NSW-based employer with more than $900,000 in annual wages)	3 320	4 956	8 276	3 320
14. Average rates				
Income tax	17.4%	23.2%	29.4%	17.4%
Employees' social security contributions	0.0%	0.0%	0.0%	0.0%
Total payments less cash transfers	17.4%	23.2%	29.4%	-6.4%
Total tax wedge including employer payroll taxes	21.6%	27.1%	33.0%	-1.0%
15. Marginal rates				
Total payments less cash transfers: Principal earner	36.0%	37.5%	39.0%	56.0%
Total payments less cash transfers: Spouse	n.a.	n.a.	n.a.	n.a.
Total tax wedge: Principal earner	39.2%	40.7%	42.1%	58.2%
Total tax wedge: Spouse	n.a.	n.a.	n.a.	n.a.

Australia 2021

The tax/benefit position of married couples

Wage level (per cent of average wage)		100-0	100-67	100-100	100-67
Number of children		2	2	2	none
1.	**Gross wage earnings**	93 313	155 833	186 626	155 833
	Principal Gross wage earnings	93 313	93 313	93 313	93 313
	Spouse Gross wage earnings	0	62 520	93 313	62 520
2.	**Standard tax allowances**				
	Basic allowance				
	Married or head of family				
	Dependent children				
	Deduction for social security contributions and income taxes				
	Work-related expenses				
	Other				
	Total	0	0	0	0
3.	**Tax credits or cash transfers included in taxable income**	0	0	0	0
4.	**Central government taxable income (1 - 2 + 3)**	93 313	155 833	186 626	155 833
5.	**Central government income tax liability (exclusive of tax credits)**				
	Income tax	20 794	31 580	41 587	31 580
	Medicare Levy	1 866	3 117	3 733	3 117
	Total	22 660	34 696	45 320	34 696
6.	**Tax credits**				
	Basic credit	981	2 123	1 961	2 123
	Married or head of family				
	Children				
	Other	0	0	0	0
	Total	981	2 123	1 961	2 123
7.	**Central government income tax finally paid (5-6)**	21 679	32 573	43 359	32 573
8.	**State and local taxes**	0	0	0	0
9.	**Employees' compulsory social security contributions**	0	0	0	0
10.	**Total payments to general government (7 + 8 + 9)**	21 679	32 573	43 359	32 573
11.	**Cash transfers from general government**				
	For head of family	0	0	0	0
	For two children	7 864	0	0	0
	Total	7 864	0	0	0
12.	**Take-home pay (1-10+11)**	79 497	123 259	143 267	123 259
13.	**Employers' payroll tax** (assumes NSW-based employer with more than $900,000 in annual wages)	4 956	8 276	9 911	8 276
14.	**Average rates**				
	Income tax	23.2%	20.9%	23.2%	20.9%
	Employees' social security contributions	0.0%	0.0%	0.0%	0.0%
	Total payments less cash transfers	14.8%	20.9%	23.2%	20.9%
	Total tax wedge including employer payroll taxes	19.1%	24.9%	27.1%	24.9%
15.	**Marginal rates**				
	Total payments less cash transfers: Principal earner	37.5%	37.5%	37.5%	37.5%
	Total payments less cash transfers: Spouse	30.0%	36.0%	37.5%	36.0%
	Total tax wedge: Principal earner	40.7%	40.7%	40.7%	40.7%
	Total tax wedge: Spouse	33.5%	39.2%	40.7%	39.2%

The national currency is the Australian dollar (AUD). For the 2020-2021 income tax year AUD 1.33 was equal to USD 1. The average full time worker earned AUD 93 313 in 2020-2021.

1. Personal income tax system

1.1. Federal income tax

1.1.1. Tax unit

Members of a family unit are taxed separately. However, individual eligibility for some tax offsets, as well as liability for some taxes, levies and surcharges, are at least partially dependent on the circumstances of other members of an individual's household.

1.1.2. Tax allowances and credits

1.1.2.1. Standard tax reliefs

- Basic reliefs: Income earned up to AUD 18 200 by resident taxpayers is subject to tax at a zero rate.
- Standard marital status reliefs: No relief available.
- Relief(s) for children: See Section 4.2 for more detail on transfers related to dependent children.
- Relief for social security contributions and other taxes: No such contributions are levied.
- Reliefs for low income earners: A tax offset worth a maximum of AUD 700 is available for low income earners called the Low Income Tax Offset. Taxpayers whose taxable income was less than AUD 37 500 in 2020-2021 are eligible to receive the full amount of the offset. Between taxable income ranges of AUD 37 501 and AUD 45 000, the offset is reduced by AUD 0.05 for every AUD 1 by which a taxpayer's taxable income exceeds AUD 37 500. When taxable income exceeds AUD 45 000, the offset is further reduced by 0.015 AUD for every AUD 1. The offset is no longer available once a taxpayer's taxable income exceeds AUD 66 667.
- Reliefs for Low and Middle Income Earners: A tax offset worth a maximum of AUD 1 080 is available for taxpayers with earnings up to AUD 126 000 called the Low and Middle Income Tax Offset. Taxpayers whose taxable income was less than AUD 37 000 in 2020-2021 are eligible to receive AUD 255. The offset is increased by AUD 0.075 for every AUD 1 by which a taxpayer's taxable income exceeds AUD 37 000 up to a maximum of AUD 1 080 when the taxpayer's earnings are between AUD 48 000 and AUD 90 000. The offset is then reduced by AUD 0.03 for every AUD 1 by which a taxpayers earnings exceed AUD 90 000 and is no longer available once a taxpayer's taxable income exceeds AUD 126 000.
- Relief for mature age workers: No relief available.
- Relief for recipients of certain social security benefits: The Beneficiary Tax Offset is available for those who receive certain taxable social security benefits called 'rebatable benefits'. It ensures that a person who is wholly or mainly dependent on rebatable benefits, and does not have any other taxable income, is not liable for income tax. The amount of the Beneficiary Tax Offset available to an individual is determined by the total amount of the rebatable benefit(s) they receive in an income year.
- Relief for taxpayers who maintain a dependant who is genuinely unable to work: A taxpayer who maintains a dependant who is genuinely unable to work due to invalidity or carer obligations may be eligible for the Dependent (Invalid and Carer) Tax Offset. This tax offset is worth a maximum of AUD 2 816 in 2020-2021. To qualify for the offset in 2020-2021, the combined adjusted taxable

income of the taxpayer and their spouse (where one exists) should not exceed AUD 100 000. The amount of offset that may be received is reduced by AUD 1 for every AUD 4 by which the dependant's adjusted taxable income exceeds AUD 282 and is no longer available once the dependant's adjusted taxable income exceeds AUD 11 546. This offset is not included in the Taxing Wages model.

- Relief for pensioners and seniors. The Seniors and Pensioners Tax Offset (SAPTO) is available to recipients of taxable Government Pensions, including Parenting Payment Single. The SAPTO is also available to Australians who meet all of the Age Pension eligibility criteria except the income and/or asset tests. The SAPTO is worth up to AUD 2 230 for a single taxpayer, up to AUD 1 602 for each member of a senior couple not separated by illness and AUD 2 040 for each member of a senior couple separated by illness. The offset is withdrawn at the rate of AUD 0.125 for every AUD 1 that a recipient's income exceeds their relevant shade out threshold dependent on their circumstances. For a single taxpayer, the offset is withdrawn from AUD 32 279 and is no longer available once income reaches AUD 50 119. For members of a couple not separated by illness, the offset is withdrawn from a combined income of AUD 57 948 and is no longer available once combined income reaches AUD 83 580.

- Other: No other standard relief available.

1.1.2.2. Main non-standard tax reliefs applicable to an average worker include:

- Relief for superannuation: Contributions to a low income spouse's superannuation attract an 18% rebate up to a maximum rebate of AUD 540. In 2020-2021, the Low Income Superannuation Tax Offset matches AUD 0.15 for each AUD 1 of concessional contributions from at least AUD 10 up to AUD 500 a year for eligible individuals with annual incomes up to AUD 37 000. In addition in 2020-2021, eligible individuals with incomes not exceeding AUD 54 837 can make non-concessional contributions and receive a co-contribution of 50%, up to a maximum of AUD 500. The co-contribution rate progressively decreases for incomes between AUD 39 837 and AUD 54 837, at a rate of AUD 0.03 per AUD 1 of income above AUD 39 837.

- Relief for private health insurance: For the 2020-2021 income year, there are different rebate amounts depending on age and income. For individuals below 65 years without dependants and with annual income for surcharge purposes below AUD 90 000 the rebate is 25.059% of the cost of cover for eligible private health care for the period 1 July 2020 to 31 March 2021, and 24.608% for 1 April 2021 to 30 June 2021. The same rebate rates apply for families (couples and individuals with at least one dependent child) below 65 years with annual income for surcharge purposes below AUD 180 000. The threshold is increased by AUD 1 500 for each dependent child after the first.

The rebate percentages are reduced for individuals and families with annual incomes above these amounts. The rebate percentages are also higher for individuals and families aged 65 years or more.

- Other non-standard reliefs provided as deductions are:
    - subscriptions paid in respect of membership of a trade, business or professional association or union;
    - charitable contributions of AUD 2 or more to specified funds, authorities and institutions, including public benevolent institutions, approved research institutes for scientific research, building funds for schools conducted by non-profit organisations etc.; and
    - work-related expenses including cost of replacement of tools of trade, cost of provision and of cleaning protective clothing and footwear, travelling between jobs or travelling in the course of employment, and expenses related to working from home.

1.1.3. Tax schedule

General rates of tax - resident individuals

Taxable income (AUD)		Tax at general rates on total taxable income
Not less than	Not more than	
0	18 200	NIL
18 201	45 000	19c for each AUD in excess of AUD 18 200
45 001	120 000	AUD 5 092 + AUD 0.325 for each AUD in excess of AUD 45 000
120 001	180 000	AUD 29 467 + AUD 0.370 for each AUD in excess of AUD 120 000
180 001 and over		AUD 51 667 + AUD 0.450 for each AUD in excess of AUD 180 000

To nominally contribute towards the cost of basic medical and hospital care, a Medicare levy is imposed on the taxable incomes of resident taxpayers. In 2020-2021 the levy is applied at the rate of 2.0% of the taxable income of an individual.

Certain thresholds are applied before the Medicare levy is imposed. For taxpayers aged under Age Pension age in 2020-2021, an individual was not liable for the levy where their taxable income did not exceed AUD 23 226. A taxpayer in a couple or sole parent family who is not receiving Parenting Payment, (see section 4.2), does not pay the levy if the taxable family income does not exceed AUD 39 167. Individual senior Australians of Age Pension age were not liable to pay the levy where their taxable income did not exceed AUD 36 705. Pensioner families (including couples and sole parents on Parenting Payment) and senior Australian families of Age Pension age, did not become liable to pay any Medicare levy until their combined income in 2020-2021 exceeded AUD 51 094. The thresholds are increased by AUD 3 597 for each dependent child.

Where an individual's or family's taxable income exceeds these thresholds, the Medicare levy shades in at a rate of 10% of the excess taxable income over the threshold, until the levy is equal to 2.0% of the individual's or family's total taxable income.

Individual taxpayers who had income for surcharge purposes greater than AUD 90 000 in 2020-2021 (or if a couple had a combined income greater than AUD 180 000 plus AUD 1 500 for each dependent child after the first child) but who did not have a complying private health insurance policy, were liable for the Medicare levy surcharge. The surcharge rates are 1%, 1.25% and 1.5% depending on the taxpayer's income for surcharge purposes above these thresholds. The surcharge rate is applied as a flat rate on their taxable income, reportable fringe benefits and any amount on which family trust distribution tax has been paid. However, the majority of taxpayers with income above the thresholds purchase a complying policy and avoid incurring the surcharge. The surcharge is therefore not included in Taxing Wages 2020-21.

1.2. State and local income taxes

In Australia no states or territories levy a tax based on a resident's income.

2. Social security contributions

2.1. Employees' contributions

None. There is, however, a Medicare Levy which is based upon taxable income. See Section 1.1.3.

2.2. *Employers' contributions*

No contributions are collected from employers or employees specifically for pensions, sickness, unemployment or work injury benefits, family allowances or other benefits.

Part of Australia's retirement income system is the provision of compulsory employer contributions (the Superannuation Guarantee system). In 2020-2021 the Superannuation Guarantee required employers to pay 9.5% on top of employees' gross ordinary time earnings to an approved superannuation fund, provided they earn more than AUD 450 per month (they may also choose to make contributions for workers earning less than this threshold). This threshold is not indexed. There is also a limit to the Superannuation Guarantee. In each quarter any earnings beyond a threshold are not covered by the Superannuation Guarantee. This threshold is indexed to a measure of average earnings. In the 2020-2021 tax year this threshold was AUD 57 090 per quarter. The Superannuation Guarantee rate will remain at 9.5% until the end of 2020-2021, then increase by 0.5 percentage points each year until it reaches 12% in 2025-26.

These contributions are not reflected in the 'Taxing Wages' calculations because they are not a form of taxation (they are not an unrequited transfer to general government). While employers are legislatively required to make contributions to approved superannuation funds, superannuation funds are private, although subject to regulation. Employers' contributions are generally made to individual accounts and form part of employees' personal superannuation assets. Some defined benefit schemes for public sector employees and private defined benefit schemes also exist. The employee may take superannuation benefits as either a lump sum payment or pension on retirement. Accordingly, superannuation contributions are reflected in the Non-Tax Compulsory Payment calculations.

3. Other taxes

3.1. *Pay-roll tax*

Australian State Governments levy pay-roll taxes on wages, cash or in kind, provided by larger employers to their employees. The rates of pay-roll tax, thresholds and deductions differ between States. In New South Wales, the State with the largest population, the pay-roll tax rate in 2020-2021 was 4.85% for employers with total Australian wages in excess of AUD 1 200 000. Employers are entitled to an exemption from tax, or a pro-rated pay-roll tax threshold, on wages paid in New South Wales up to a maximum of AUD 1 200 000. The exempt amount is reduced based on the proportion of the employer's New South Wales pay-roll to its total Australian pay-roll.

4. Universal cash transfers

4.1. *Transfers related to marital status*

There are no cash transfers made on a universal basis to married couples.

4.2. *Transfers related to dependent children*

- Family Tax Benefit Part A (FTB(A)) is paid to a parent, guardian or an approved care organisation to help families meet the costs of raising children. For 2020-2021, the base rate of FTB(A) is payable where the combined adjusted taxable income of the family does not exceed AUD 98 988. The payment shades out at the rate of AUD 0.30 per AUD 1 of income over the ceiling until the payment is nil. The base rate of payment is AUD 1 587.75 per annum for dependent children aged under 18 and for dependent full time students aged 16 to 19. A higher FTB(A) benefit is available for lower income earners, and the value of this benefit is dependent on the age and number of children. For 2020-2021 families may receive a maximum payment of AUD 4 942.10 for each child aged under 13 years and AUD 6 427.65 for each child aged 13 to 15 years and for each child aged 16 to 19 in full time secondary school. For 2020-2021 an end of year supplement of AUD 781.10 per child is also available for families with a combined adjusted taxable income of less than AUD 80 000. For 2020-2021, the higher benefit tapers out at the rate of AUD 0.20 for each dollar of income over AUD 55 626 until the base payment is reached. However, people receiving any social security allowances or pensions automatically qualify for the maximum higher benefit. The attached calculations assume each dependant is between 5 and 12 years of age.

- Family Tax Benefit Part B (FTB(B)) is targeted at single income couple and sole parent families. Eligibility for FTB(B) is contingent upon having a child under the age of 16 or a qualifying dependent full-time student up to of the end of the calendar year they turn 18. There are two separate income tests applied to the parent(s). The parent earning the higher amount (or the sole parent, in the case of single parent families) must have an adjusted taxable income less than AUD 100 000 for the financial year for the family to be eligible. A secondary earner income threshold is also applied to the parent earning the lower amount. For 2020-2021, this threshold is AUD 5 767, above which the entitlement is reduced by AUD 0.20 for each dollar of income. There is no secondary earner income test applied to sole parents. For 2020-2021, the maximum payment is AUD 3 314.20 (including a one-off supplement of AUD 379.60 paid at the end of the financial year) if the youngest dependent child is aged between 5 and 15 (or up to the end of the calendar year they turn 18 years if the dependent child is a full-time student), and AUD 4 580.75 (including a one-off supplement of AUD 379.60 paid at the end of the financial year) if there is at least one child under 5 years. The attached calculations assume each dependant is between 5 and 12 years of age.

- Recipients of the Family Tax Benefit may elect to receive the benefit in fortnightly instalments or as an end of year lump sum payment.

- A Newborn Supplement and Newborn Upfront Payment may be paid to families for each baby born from 1 March 2014. To be eligible families will need to be eligible for FTB(A) and not be accessing Parental Leave Pay for that child. For multiple births, Parental Leave Pay may be payable for one child and Newborn Supplement for the other child or children. The total value of the Newborn Supplement and Newborn Upfront Payment in 2020-2021 is up to AUD 2 279.89 for the first child (and all multiple births) and up to AUD 1 140.57 for subsequent children. This supplement and upfront payment replace the previous Baby Bonus.

- On 1 January 2011 Australia's first Paid Parental Leave scheme commenced. The scheme provides two government-funded payments: Parental Leave Pay and Dad and Partner Pay. Parental Leave Pay (PLP) provides the primary carer of a child with 18 weeks' pay at the national minimum wage (AUD 753.80 per week before tax in 2020-2021), in the year following the child's birth or adoption. The primary carer must have worked for at least 10 of the 13 months prior to the birth or adoption, and for at least 330 hours in that 10 month period with no more than an eight week gap between two working days. The primary carer's adjusted taxable income must be equal to or less than an income test threshold in the financial year prior to the date of claim or date of birth or adoption, whichever is earlier. The income test threshold is AUD 151 350 for the 2020-21 financial year. PLP and Newborn Supplement cannot be paid for the same child. A person cannot claim FTB(B) or the dependent spouse, child housekeeper and housekeeper tax offsets while they are receiving PLP.

- Dad and Partner Pay (DAPP) provides the father or partner of the primary carer of a child with two weeks' pay at the national minimum wage (AUD 753.80 per week before tax in 2020-21), in the year following the child's birth or adoption. The father or partner must have worked for at least 10 of the 13 months prior to the birth or adoption and for at least 330 hours in that 10 month period with no more than an eight week gap between two working days. The father or partner's adjusted taxable income must be equal to or less than the income test threshold in the financial year prior to the date of claim or date of birth or adoption, whichever is earlier. The income test threshold is AUD 151 350 for the 2020-21 financial year. DAPP and PLP may be paid for the same child.

- Child Care Subsidy (CCS) replaced the previous Child Care Benefit (CCB) and Child Care Rebate (CCR) from 2 July 2018. CCS is a means-tested payment which assists families with the cost of approved child care. CCS is payable to eligible families with incomes up to AUD 353 680. A percentage of the cost of childcare is subsidised, with the applicable percentage varying from 85 per cent for families with income less than AUD 69 390 to 20 per cent for families with income between AUD 343 680 and AUD 353 680. CCS to families with income above AUD 189 390 are capped at AUD 10 560 per child. The attached calculations assume no child care usage.

4.3. Other transfers

Income support payments in Australia are assessed on fortnightly income. The descriptions below present annualised estimates of fortnightly rates and thresholds by summing up applicable rates across the 2020-21 year. The modelled results presented in Taxing Wages 2020-21 reflect people who have constant income over an entire year. In practice, it is common for fortnightly payment values to fluctuate as recipients' circumstances change.

JobSeeker Payment

JobSeeker Payment is the primary taxable payment payable to people aged from 22 years to Age Pension age (66 years in 2020-21) who are unemployed or are regarded as unemployed. JobSeeker Payment is also payable to a member of a couple if their youngest child is aged 6 years or more and to single parents if their youngest child is aged 8 years or more. It is conditional on recipients fulfilling a personal Job Plan, which typically involves taking part in activities such as job seeking or training. In 2020-2021 the annual JobSeeker amount for singles without dependants was AUD 15 093.78 and for partnered individuals was AUD 13 663. Recipients are also eligible for an Energy Supplement, and potentially other supplementary payments. These payments taper out at a rate of AUD 0.50 per AUD 1 for incomes between AUD 3 064.10 and AUD 6 656.00, and reduce at a rate of AUD 0.60 per AUD for incomes over AUD 6 656.00. Under the thresholds and taper rates that applied in 2020-2021, the JobSeeker payment may be available to some full time workers under the OECD definition of 30 or more hours of work per week. The JobSeeker Payment for partnered individuals reduced by AUD 0.60 for each AUD 1 of their partner's income above AUD 28 988. For single principal carers with dependent child or children, it reduced at a rate of AUD 0.40 per AUD 1 for incomes over AUD 3 064.10.

Parenting Payment

Parenting Payment is a taxable payment payable to low income families with responsibility for the care of a young child. Partnered persons are eligible if they have a qualifying child under six years of age, and sole parents are eligible if they have a qualifying child under eight years of age.

In 2020-2021 the maximum annual amount of Parenting Payment (Partnered) (PP(P)) was AUD 13 663. Only one parent in a couple can be entitled to PP(P). The maximum annual amount of Parenting Payment (Single) (PP(S)) in 2020-21 was AUD 21 002.28. Recipients are also eligible for an Energy Supplement, and potentially other supplementary payments. These payments are subject to income and assets tests. The PP(P) tapers out at a rate of AUD 0.50 per AUD 1 of income over AUD 3 064.10 up to AUD 6 656.00, and reduces at a rate of AUD 0.60 per AUD 1 for income over AUD 6,656.00. Under the PP(P) income test, a spouse receives a reduced Parenting Payment, tapering at a rate of AUD 0.60, when the higher earning partner's income exceeds AUD 28 988. If the spouse has little or no income (less than AUD 3 064.10 per annum), he or she would not receive any Parenting Payment when the higher earning partner's income exceeds AUD 52 760. PP(S) reduces by AUD 0.40 for each AUD 1 of income above AUD 5 007.60 plus AUD 639.60 for each child other than the first.

Pharmaceutical Allowance

Pharmaceutical Allowance (PA) is a non-taxable supplementary payment payable to eligible persons to help with medicine costs; for example, persons who receive the PP(S). PA is added to the maximum basic rate of PP(S) before a person's PP(S) entitlement is calculated. Anyone with a PP(S) entitlement, after PA has been added, receives the full amount of PA. For 2020-2021, the payment is AUD 161.20 for singles and AUD 80.60 for coupled individuals.

Telephone Allowance

A non-taxable Telephone Allowance is available on a quarterly basis to eligible individuals, including individuals who receive PP(S). The basic rate of the Telephone Allowance is AUD 120.80 for 2020-2021.

Energy Supplement

The Energy Supplement (ES) is an extra payment to help with energy costs, paid alongside certain income support payments. The ES is not indexed. The amount of the supplement varies depending on the main income support payment. FTB(A) and FTB(B) recipients are only eligible for the ES if they have been continuously eligible for their payment since 19 September 2016.

- For eligible FTB(A) recipients, the maximum amount of ES is AUD 91.25 per year for each child under 13 years and AUD 116.80 for each child aged 13 to 19 years.
- For eligible FTB(B) recipients, the amount of ES is AUD 73.00 per year for each child under 5 years, and AUD 51.10 per year for each child aged 5 to 18 years.
- Recipients of PP(P) receive AUD 205.40 annually, and recipients of PP(S) receive AUD 312.
- For JobSeeker Payment recipients, the ES is AUD 228.80 annually for singles without dependents, and AUD 205.40 for partnered individuals.

The calculations assume families and individuals are eligible for the energy supplement as a significant proportion of FTB(A) and FTB(B) recipients were eligible for the supplement in 2020-2021.

5. Recent changes in the tax/benefit system

Permanent changes to working age income support payments

Permanent changes to the basic rate of a range of working age income support payments, including the JobSeeker Payment and Parenting Payment, came into effect on 1 April 2021. From this date, the basic rate of the payments was increased permanently by AUD 50 per fortnight and the income free area for JobSeeker Payment and Parenting Payment (Partnered) was increased to AUD 150 per fortnight.

Other material changes made in response to the COVID-19 pandemic are described in section 5.1.

5.1. Changes to labour taxation due to the COVID pandemic in 2020 and 2021

Bringing forward personal income tax cuts

To provide additional support to Australian taxpayers, Stage 2 of the personal income tax plan was brought forward from 1 July 2022 to 1 July 2020. This included increasing the Low Income Tax Offset to AUD 700, and the following changes to rates and thresholds:

- the upper limit of the 19% personal income tax bracket was raised from AUD 37 000 to AUD 45 000 and,
- the upper limit of the 32.5% personal income tax bracket was raised from AUD 90 000 to AUD 120 000.

Furthermore, the Low and Middle Income Tax Offset was retained for the 2020-21 and 2021-22 income years.

Introduction of the JobKeeper Payment

On 30 March 2020, the Australian Government introduced the temporary JobKeeper Payment, a fortnightly wage subsidy paid to employers and required to be passed on in full to each eligible employee.

In the first phase of JobKeeper (30 March to 27 September 2020) eligible businesses and not-for-profit entities were able to receive AUD 1 500 (before tax) per fortnight per employee to cover the cost of wages. To be eligible for the Payment, businesses had to project a decline in Goods and Services Tax turnover of 30 per cent (for employers with annual turnover of less than AUD 1 billion), 50 per cent (for employers with annual turnover of more than AUD 1 billion), or 15 per cent (for certain charities). Self-employed individuals were also eligible to receive the JobKeeper payment.

In the extension phase of JobKeeper (28 September 2020 to 28 March 2021) business eligibility was re-tested with reference to actual declines in Goods and Services Tax turnover and the Payment was reduced and paid at two rates. From 28 September 2020 to 3 January 2021 the payment rate was AUD 1 200 per fortnight for employees who worked 20 hours or more a week on average in the reference period and AUD 750 for employees who worked less than 20 hours a week on average in the reference period.

From 4 January 2021 to 28 March 2021, the payment rate was AUD 1 000 per fortnight for employees who worked 20 hours or more a week on average in the reference period and AUD 650 for employees who worked less than 20 hours a week on average in the reference period.

The JobKeeper Payment ended on 28 March 2021.

Introduction of COVID-19 Disaster Payments

The COVID-19 Disaster Payment was announced by the Australian Government on 3 June 2021 in response to COVID-19 lockdown measures. It is a lump sum payment paid by the Australian Government directly to claimants who have lost work or income because of a COVID-19 lockdown. The COVID-19 Disaster Payment has three different rates based on the number of hours of work lost by an eligible recipient and whether or not they are receiving an income support payment:

- AUD 200 per week for those in receipt of an income support payment who lost eight or more hours of work per week or a full day of their usual hours per week (i.e. what the person was scheduled to work, including shifts of less than eight hours) as a result of a lockdown;
- AUD 450 for those who lost between eight and less than 20 hours of work per week or a full day of their usual work hours per week as a result of a lockdown; and
- AUD 750 for those who lost 20 hours or more of work as a result of a lockdown.

These are flat rates paid for those who lose work in an eligible lockdown period. Rates and eligibility for the payment evolved substantially between the initial policy announcement and the end of the 2020-21 income year.

The modelled income earners in Taxing Wages 2020-21 are assumed to work full time, and not lose hours during the COVID-19 pandemic. As such, modelled income earners would not meet the eligibility requirements for the COVID-19 Disaster Payments. These payments have therefore not been modelled.

Introduction of Pandemic Leave Disaster Payment

The Pandemic Leave Disaster Payment (PLDP) was announced by the Australian Government on 3 August 2020 after several state governments introduced payments for those without access to paid leave entitlements or Australian Government income support, and who were required to isolate or quarantine due to COVID-19. The payment provides AUD 1 500 for each 14-day period a person must self-isolate, quarantine or care for a person with COVID-19. The payment is taxable. This payment has not been modelled in Taxing Wages 2020-21, as it is paid on an ad-hoc basis.

Temporary changes to income support payments and introduction of the coronavirus supplement

From 27 April 2020, recipients of a range of income support payments including JobSeeker and Parenting Payment received a taxable coronavirus supplement of AUD 550 per fortnight (14 day period) for the remainder of the financial year. The coronavirus supplement was paid in addition to the standard means-tested income support payment, and the full AUD 550 was paid in each fortnight the recipient qualified for a non-zero amount of income support. This payment was made to eligible recipients for a maximum of 5 fortnights during the 2019-20 financial year, however some continuously eligible recipients received the payment in 4 fortnights depending on their payment date. The AUD 550 supplement was continued until 24 September 2020, at which time it was reduced to AUD 250 between 25 September and 31 December 2020, and then to AUD 150 between 1 January and 31 March 2021. The supplement was discontinued after 31 March 2021. The supplement is taxable and has been included in Taxing Wages 2020-21.

The taper rate for the partner income test for the JobSeeker Payment was temporarily reduced from AUD 0.60 to AUD 0.25 per AUD 1 of income over the income test threshold from 27 April 2020 to 24 September 2021. Similarly, some means tests and waiting periods, including the assets test, were also suspended for most income support payments over this period, and payment eligibility was expanded. From 25 September 2020 to 31 March 2021, the partner income test taper rate was increased slightly to AUD 0.27 per 1 AUD over the designated partner income free areas. The partner income taper rate reverted to 0.60 AUD per 1 AUD from 1 April 2021.

From 25 September 2020 to 31 March 2021, the income free areas for the JobSeeker Payment were also increased from AUD 106 (with a taper rate of AUD 0.50 per AUD 1) and AUD 256 (with a taper rate of AUD 0.60 per AUD 1), to a single larger income free area of AUD 300 with a single AUD 0.60 per AUD 1 taper rate over this larger threshold. On 1 April 2021, thresholds for the JobSeeker income test reverted to two thresholds, as part of a package of permanent changes to the working age income support payments.

One-off Economic Support Payments

Recipients of a range of income support payments and allowances, including the Age Pension and Family Tax Benefit, were eligible for one-off non-taxable Economic Support Payments during 2020-21. These payments were made in March 2020 (AUD 750), July 2020 (AUD 750), December 2020 (AUD 250) and March 2021 (AUD 250). Economic Support Payments occurring in 2020-21 have been included in Taxing Wages 2020-21.

6. Memorandum items

6.1. Identification of an average worker

The source of the information used in replying to the questionnaire was the Australian Bureau of Statistics publication Average Weekly Earnings — Australia, catalogue number 6302.0. The survey is now conducted on a biannual basis (it was previously conducted on a quarterly basis up to the June 2012 quarter) and is based on a representative sample of employers in each industry. As a result of this change in frequency, average weekly earnings for the 2020-2021 income tax year have been calculated as the average of the two biannual figures (November 2020 and May 2021 (released in August 2021)).

In August 2009 the Australian Bureau of Statistics (ABS) redesigned the survey and replaced the industry classification based on the 1993 edition of the Australian and New Zealand Standard Industrial Classification (ANZSIC), which had been in use since 1994, with the 2006 edition of ANZSIC. The 2006 edition of ANZSIC was developed to provide a more contemporary industrial classification system, taking into account issues such as changes in the structure and composition of the economy, changing user demands and compatibility with major international classification standards. Accordingly, the average wage figure for 2010 and later years is inconsistent with that provided for previous years.

All wage and salary earners who received pay for the reference period are represented in the Survey of Average Weekly Earnings (AWE), except:

- members of the Australian permanent defence forces;
- employees of enterprises primarily engaged in agriculture, forestry and fishing;
- employees of private households;
- employees of overseas embassies, consulates, etc.;
- employees based outside Australia; and
- employees on workers' compensation who are not paid through the payroll.

Also excluded are the following persons who are not regarded as employees for the purposes of this survey:

- casual employees who did not receive pay during the reference period;
- employees on leave without pay who did not receive pay during the reference period;
- employees on strike, or stood down, who did not receive pay during the reference period;
- directors who are not paid a salary;
- proprietors/partners of unincorporated businesses;
- self-employed persons such as subcontractors, owner/drivers, consultants;
- persons paid solely by commission without a retainer; and
- employees paid under the Parental Leave Pay Scheme.

The sample for the AWE survey, like most ABS business surveys, is selected from the ABS Business Register which is primarily based on registrations with the Australian Taxation Office's (ATO) Pay As You Go Withholding (PAYGW) scheme (and prior to 1 June 2000 the Group Employer (GE) scheme). The population is updated quarterly to take account of:

- new businesses;
- businesses which have ceased employing;
- changes in employment levels;
- changes in industry; and
- other general business changes.

Earnings comprise weekly ordinary time earnings and weekly overtime earnings.

Weekly ordinary time earnings refers to one week's earnings of employees for the reference period attributable to award, standard or agreed hours of work. It is calculated before taxation and any other deductions (e.g. board and lodging) have been made. Included in ordinary time earnings are award, workplace and enterprise bargaining payments, and other agreed base rates of pay, over award and over agreed payments, penalty payments, shift and other allowances; commissions and retainers; bonuses and similar payments related to the reference period; payments under incentive or piecework; payments under profit sharing schemes normally paid each pay period; payment for leave taken during the reference period; all workers' compensation payments made through the payroll; and salary payments made to directors. Excluded are overtime payments, retrospective pay, pay in advance, leave loadings, severance, termination and redundancy payments, and other payments not related to the reference period.

Weekly overtime earnings refers to payment for hours in excess of award, standard or agreed hours of work.

6.2. Employers' contribution to private health and pension scheme

In Australia very few employers make any contributions towards health schemes for their employees, especially where the employee is at a wage level comparable to that of an average production worker.

Employer contributions to pension schemes are primarily through the superannuation system. This is described in section 2.2.

2021 Parameter values

Average earnings/yr	Ave_earn	93 313	
Dependant Spouse Tax Offset	spouse_cr	0	
income limit	sp_lim	0	
withdrawal rate	sp_redn	0	
income limit (primary earner)	sp_lim_p	0	
Low Income Tax Offset	low_inc_cr	700	
	low_inc_lim	37500	
	low_inc_redn	0.05	
	low_inc_lim_2	45000	
	low_inc_redn_2	0.015	
	low_inc_lim_3	66667	
Tax schedule	tax_sch	0.000	18200
		0.190	45000
		0.325	120000
		0.370	180000
		0.450	
Medicare levy	medic_rate	0.02	
exemption limits	sing_lim	23226	
married	m_lim	39167	
sing parent receiving PPS	SAPTO_lim	51094	
+ per child	ch_lim	3597	
shading-in rate	shade_rate	0.1	
Part A FTB max	FTB_A_max	4942.1	
Part A FTB basic	FTB_A_base	1587.75	
part A income limit 1	FTB_A_lim1	55626	
part A income limit 2	FTB_A_lim2	98988	
reduction rate 1	FTB_A_taper1	0.2	
reduction rate 2	FTB_A_taper2	0.3	
additional limit2 per extra child	FTB_A_child	0	
Large family supplement	FTB_A_large	0	
Part A FTB Clean Energy Advance (CEA) max	FTB_A_CEA_max	0	
Part A FTB CEA basic	FTB_A_CEA_basic	0	
Part A FTB Energy Supplement (ES) max	FTB_A_CES_max	91.3	
Part A FTB ES basic	FTB_A_CES_basic	36.5	
Part A FTB max end of year supplement	FTB_A_supp	781.1	
Part A FTB max end of year supplement threshold	FTB_A_supp_lim	80000	
Part B FTB	FTB_B	3314.2	
part B partner income limit	FTB_B_lim	5767	
reduction rate	FTB_B_taper	0.2	
income limit (primary earner)	FTB_B_lim_p	100000	
Part B FTB CEA no child <5 years old	FTB_B_CEA_5	0	
Part B FTB ES no child <5 years old	FTB_B_CES_5	51.1	
Economic Supplement (COVID-19 support payment) ($750)	Eco_supp_1	750	
Economic Supplement (COVID-19 support payment) ($250)	Eco_supp_2	250	
Single Income Family Supplement max rate	SIFS_max	0	
Single Income Family Supplement phase-in threshold	SIFS_in_lim_pr	68000	
Single Income Family Supplement taper in Rate - primary earner	SIFS_in_taper_pr	0.025	
Single Income Family Supplement phase-out threshold (primary earner)	SIFS_out_lim_pr	120000	
Single Income Family Supplement taper out rate (primary earner)	SIFS_out_taper_pr	0.01	
Single Income Family Supplement phase out threshold (secondary earner)	SIFS_out_lim_sec	16000	
Single income family supplement phase out taper - secondary earner	SIFS_out_taper_sec	0.15	

Parenting payment single	PPS	21002	
reduction rate	PPS_taper	0.4	
income limit	PPS_lim	5007.6	
additional limit per child	PPS_ch_lim	639.6	
Parenting payment single CEA	PPS_CEA	0	
Parenting payment single Energy Supplement (ES)	PPS_CES	312	
Pharmaceutical allowance	PA	161.2	
State pay-roll tax rate (NSW)	Pay_roll_rate	0.0485	
Additional parameters			
JobSeeker Payment single rate	NSAS	15094	
JobSeeker Payment single CEA	NSAS_CEA	0	
JobSeeker Payment single ES	NSAS_CES	229	
JobSeeker Payment partnered rate	NSAP	13663	
JobSeeker Payment partnered CEA	NSAP_CEA	0	
JobSeeker Payment partnered ES	NSAP_CES	205.4	
reduction rate 1	NSA_taper1	0.5	
reduction rate 2	NSA_taper2	0.6	
income limit 1	NSA_lim1	3064	
income limit 2	NSA_lim2	6656	
Coronavirus supplement			
Fortnightly Rate 1		550	
Fortnightly Rate 2		250	
Fortnightly Rate 3		150	
Rate 1 start date (2020-21)		01-07-2020	
Rate 1 end date (2020-21)		24-09-2020	
Rate 1 days (2020-21)		85.00	
Rate 2 start date (2020-21)		25-09-2020	
Rate 2 end date (2020-21)		31-12-2020	
Rate 2 days (2020-21)		97.00	
Rate 3 start date (2020-21)		01-01-2021	
Rate 3 end date (2020-21)		31-03-2021	
Rate 3 days (2020-21)		89.00	
Weighted average fortnightly supplement (2020-21)	Weighted_avg_CVS	231.10	
Senior Australian and Pensioner Tax Offset	SAPTO	2230	
Senior Australian and Pensioner Tax Offset Maximum Section 159N rebate	SAPTO_Max_159N	445	
Senior Australian and Pensioner Tax Offset single threshold	SAPTO_thresh	32279	
Senior Australian and Pensioner Tax Offset taper rate	SAPTO_taper	0.125	
SchoolKids Bonus	SKB	0	
	SKB_lim		
Telephone allowance	Tele_A	120.80	
Income Support Bonus - Single	ISB_s	0	
Income Support Bonus - partnered	ISB_p	0	
Low and Middle Income Tax Offset	LMITO_Base	255	
	LMITO_Taper1	0.075	
	LMITO_Taper2	0.03	
	LMITO_Max	1080	
	LMITO_Thr1	37000	
	LMITO_Thr2	90000	

2021 Tax Equations

The equations for the Australian system in 2021 are mostly repeated for each individual of a married couple. However, the spouse credit is relevant only to the calculation for the principal earner and the calculation of the Medicare levy uses shading-in rules which depend on the levels of earnings of the spouses. The basis of calculation is shown by the Range indicator in the table below.

The functions which are used in the equations (Taper, MIN, Tax etc) are described in the technical note about tax equations. Variable names are defined in the table of parameters above, within the equations table, or are the standard variables "married" and "children". A reference to a variable with the affix "_total" indicates the sum of the relevant variable values for the principal and spouse. And the affixes "_princ" and "_spouse" indicate the value for the principal and spouse, respectively. Where the calculation for one earner considers variables for the other earner, the affix "_oth" is used. Equations for a single person are as shown for the principal, with "_spouse" values taken as 0

	Line in country table and intermediate steps	Variable name	Range	Equation
1.	Earnings	earn		
2.	Allowances	tax_al	B	0
3.	Credits in taxable income:			
	Credits in taxable income of principal	taxbl_cr_princ	B	IF(AND(Children>0,Married=0),Taper(PPS,earn_princ,PPS_lim+PPS_ch_lim*(Children-1),PPS_taper),IF(AND(Children=0,Married=0),taper2(NSAS,earn_princ,NSA_lim1,NSA_lim2,NSA_taper1,NSA_taper2),IF(Married>0,taper3(NSAP,earn_princ,earn_spouse,NSA_lim1,NSA_lim2,NSA_taper1,NSA_taper2,0),,0)))
	Credits in taxable income of spouse	taxbl_cr_spouse	B	IF(AND(Children>0,Married=0),0,IF(AND(Children=0,Married=0),0,IF(Married>0,taper3(NSAP,earn_spouse,earn_princ,NSA_lim1,NSA_lim2,NSA_taper1,NSA_taper2,0),0)))
4.	CG taxable income	tax_inc	B	earn+taxbl_cr+Coronavirus Supplement
5.	CG tax before credits			
	Medicare Levy	med_levy	B	medicare(tax_inc,sing_lim,m_lim,SAPTO_lim,ch_lim,shade_rate,medic_rate,Married,tax_inc_oth,Children)
	Tax liability	liab	P	Tax(tax_inc, tax_sch)
6.	Tax credits :			
	Spouse credit	spouse_cr	P	Taper(IF(Children>0,0,spouse_cr*Married),earn_spouse+taxbl_cr_spouse,sp_lim,sp_redn)
	Low Income Tax Offset	low_cr	B	LITO(Tax_Inc,low_inc_lim,low_inc_cr,low_inc_lim_2,low_inc_redn,low_inc_lim_3,low_inc_redn_2)
	Senior Australian and Pensioner Tax Offset	sap_cr	P	IF(AND(taxbl_cr_princ>0,NOT(AND(Children>0,Married=0))),Tax(taxbl_cr_princ,tax_sch),IF(taxbl_cr_princ>0,Taper(SAPTO,tax_inc,SAPTO_thresh,SAPTO_taper),0)
	Beneficiary tax offset	ben_cr	B	IF(AND(taxbl_cr>0, NOT(AND(Children>0, Married=0))), Tax(taxbl_cr, tax_sch), 0)
	Low and Middle Income Tax Offset	lmito_cr	B	MAX(0,IF(Tax_Inc<LMITO_Thr1,LMITO_Base,MAX(IF(Tax_Inc<LMITO_Thr2,MIN(LMITO_Max,LMITO_Base+(Tax_Inc-LMITO_Thr1)*LMITO_Taper1),LMITO_Max-(Tax_Inc-LMITO_Thr2)*LMITO_Taper2))))
	Total	tax_cr	B	spouse_cr+low_cr+sap_cr+ben_cr
7.	CG tax	CG_tax	B	Positive(liab-tax_cr) + med_levy + TBRL
8.	State and local taxes	local_tax	B	0
9.	Employees' soc security	SSC	B	0

11.	Cash transfers:			
	Family Tax Benefit (Part A)	ftbA	J	IF(PA>0,((FTB_A_max+FTB_A_CES_max+IF(earn_princ+earn_spouse< FTB_A_supp_lim,FTB_A_supp,0))*Children+IF(Children>2,(Children-2)*FTB_A_large,0)),MAX(((FTB_A_max+FTB_A_CES_max+IF(earn_princ+earn_spous<FTB_A_supp_lim,FTB_A_supp,0))*Children-Positive((earn_princ+earn_spous+taxbl_cr_princ+taxbl_cr_spouse)-FTB_A_lim1)*FTB_A_taper1),Positive((FTB_A_base+FTB_A_CES_basic)*Children-Positive((earn_princ+earn_spous+taxbl_cr_princ+taxbl_cr_spouse)-(FTB_A_lim2+(Positive(Children-1))*FTB_A_child))*FTB_A_taper2)))
	Family Tax Benefit (Part B)	ftbB	J	IF(earn_princ<FTB_B_lim_p,IF(Children>0,Taper((FTB_B+FTB_B_CES_5),earn_spouse+taxbl_cr_spouse,FTB_B_lim,FTB_B_taper),0),0)
	Pharmaceutical Allowance	PA	J	AND(Children>0,Married=0)*IF(Taper(PPS+PA+PPS_CES,earn_princ,PPS_lim+PPS_ch_lim*(Children-1),PPS_taper)>0,PA,0)
	Clean Energy Advance	CEA	J	IF(AND(Children>0,Married=0,Taper(PPS+PPS_CES,earn_princ,PPS_lim+PPS_ch_lim*(Children-1),PPS_taper)>0),PPS_CEA,IF(AND(Children=0,Married=0,taper2(NSAS+NSAS_CES,earn_princ,NSA_lim1,NSA_lim2,NSA_taper1,NSA_taper2)>0),NSAS_CEA,IF(AND(Married>0,taper3(NSAP,earn_spouse,earn_princ,NSA_lim1,NSA_lim2,NSA_taper1,NSA_taper2,NSAP_CES)>0),NSAP_CEA)))+IF(AND(taxbl_cr_princ>0,Married>0,taper2(NSAP+NSAP_CES,earn_princ,NSA_lim1,NSA_lim2,NSA_taper1,NSA_taper2)>0),NSAP_CEA,0)+IF(AND(ftbA>0,ftbA>FTB_A_base*Children+IF(Children>2,(Children-2)*FTB_A_large,0)),FTB_A_CEA_max*Children,0)+IF(AND(ftbA>0,ftbA<=FTB_A_base*Children+IF(Children>2,(Children-2)*FTB_A_large,0)),FTB_A_CEA_basic*Children,0)+IF(ftbB>0,FTB_B_CEA_5,0)
	Energy Supplement	CES	J	IF(AND(Children>0,Married=0,Taper(PPS+PPS_CES,earn_princ,PPS_lim+PPS_ch_lim*(Children-1),PPS_taper)>0),MAX(0,Taper(PPS+PPS_CES,earn_princ,PPS_lim+PPS_ch_lim*(Children-1),PPS_taper)-Taper(PPS,earn_princ,PPS_lim+PPS_ch_lim*(Children-1),PPS_taper)),IF(AND(Children>0,Married=0,Taper(PPS+PPS_CES,earn_princ,PPS_lim+PPS_ch_lim*(Children-1),PPS_taper)=0),0,IF(AND(Children=0,Married=0,taper2(NSAS+NSAS_CES,earn_princ,NSA_lim1,NSA_lim2,NSA_taper1,NSA_taper2)>0),taper2(NSAS+NSAS_CES,earn_princ,NSA_lim1,NSA_lim2,NSA_taper1,NSA_taper2)-taper2(NSAS,earn_princ,NSA_lim1,NSA_lim2,NSA_taper1,NSA_taper2),IF(AND(Married>0,taper3(NSAP,earn_spouse,earn_princ,NSA_lim1,NSA_lim2,NSA_taper1,NSA_taper2,NSAP_CES)>0),taper3(NSAP,earn_spouse,earn_princ,NSA_lim1,NSA_lim2,NSA_taper1,NSA_taper2,NSAP_CES)-taper3(NSAP,earn_spouse,earn_princ,NSA_lim1,NSA_lim2,NSA_taper1,NSA_taper2,NSAP_CES-NSAP_CES)))))+IF(AND(Married>0,taper2(NSAP+NSAP_CES,earn_princ,NSA_lim1,NSA_lim2,NSA_taper1,NSA_taper2)>0),max(0,taper2(NSAP+NSAP_CES,earn_princ,NSA_lim1,NSA_lim2,NSA_taper1,NSA_taper2)-taper2(NSAP,earn_princ,NSA_lim1,NSA_lim2,NSA_taper1,NSA_taper2)),0)
	SchoolKids Bonus	SKB	J	0
	Single Income Family Supplement	SIFS	J	sifs(tax_inc_princ,tax_inc_spouse,ftbA+ftbB,SIFS_max,SIFS_in_lim_pr,SIFS_in_taper_pr,SIFS_out_lim_pr,SIFS_out_taper_pr,SIFS_out_lim_sec,SIFS_out_taper_sec)
		cash_trans	J	ftbA+ftbB+taxbl_cr_princ+PA+taxbl_cr_spouse+Tele_A+CEA=CES+SKB+SIFS
	COVID-19 Economic Support Payment	Eco_supp_1 and Eco_supp_2	B	IF(OR(ftbA>0,ftbB>0),Eco_supp_1+2*Eco_supp_2,0)
	Coronavirus Supplement (Principal)	Weighted_avg_CVS	B	IF(taxbl_cr_princ>0,Weighted_avg_CVS*26,0)
	Coronavirus Supplement	Weighted_avg_C	B	IF(taxbl_cr_spouse>0,Weighted_avg_CVS*26,0)

(Spouse)	VS		
Telephone Allowance	TA	B	IF(Married=0,IF(Children>0,IF(Taper(PPS+PA+PPS_CES,earn_princ,PPS_lim+PPS_ch_lim*(Children-1),PPS_taper)>0,Tele_A,0),0),0)
Employer's State pay-roll tax	tax_empr	B	earn*Pay_roll_rate

Key to range of equation B calculated separately for both principal earner and spouse P calculated for principal only (value taken as 0 for spouse calculation) J calculated once only on a joint basis. Key refers to an optimisation of benefits i.e. Parenting payment for principal and Newstart allowance for spouse versus Parenting payment for spouse and Newstart allowance for principal.

Austria

This chapter includes data on the income taxes paid by workers, their social security contributions, the family benefits they receive in the form of cash transfers as well as the social security contributions and payroll taxes paid by their employers. Results reported include the marginal and average tax burden for eight different family types.

Methodological information is available for personal income tax systems, compulsory social security contributions to schemes operated within the government sector, universal cash transfers as well as recent changes in the tax/benefit system. The methodology also includes the parameter values and tax equations underlying the data.

Austria 2021

The tax/benefit position of single persons

	Wage level (per cent of average wage)		67	100	167	67
	Number of children		none	none	none	2
1.	Gross wage earnings		33 808	50 460	84 268	33 808
2.	Standard tax allowances					
	Basic allowance		0	0	0	0
	Married or head of family					
	Dependent children		0	0	0	0
	Deduction for social security contributions and income taxes		6 078	9 071	13 842	6 078
	Work-related expenses		132	132	132	132
	Other		0	0	0	0
		Total	6 210	9 203	13 974	6 210
3.	Tax credits or cash transfers included in taxable income		0	0	0	0
4.	Central government taxable income (1 - 2 + 3)		27 598	41 256	70 293	27 598
5.	Central government income tax liability (exclusive of tax credits)		3 561	8 070	18 768	3 561
6.	Tax credits					
	Basic credit		0	0	0	0
	Married or head of family		0	0	0	669
	Children		0	0	0	3 000
	Other		400	400	400	400
		Total	400	400	400	4 069
7.	Central government income tax finally paid (5-6)		3 161	7 670	18 368	- 508
8.	State and local taxes		0	0	0	0
9.	Employees' compulsory social security contributions					
	Gross earnings		6 078	9 071	13 842	6 078
	Taxable income					
		Total	6 078	9 071	13 842	6 078
10.	Total payments to general government (7 + 8 + 9)		9 239	16 741	32 211	5 570
11.	Cash transfers from general government					
	For head of family					
	For two children		0	0	0	5 168
		Total	0	0	0	5 168
12.	Take-home pay (1-10+11)		24 569	33 719	52 057	33 406
13.	Employer's wage dependent contributions and taxes					
	Employer's compulsory social security contributions		7 153	10 677	16 292	7 153
	payroll taxes		2 333	3 482	5 814	2 333
		Total	9 486	14 158	22 107	9 486
14.	Average rates					
	Income tax		9.4%	15.2%	21.8%	-1.5%
	Employees' social security contributions		18.0%	18.0%	16.4%	18.0%
	Total payments less cash transfers		27.3%	33.2%	38.2%	1.2%
	Total tax wedge including employer's social security contributions		43.3%	47.8%	51.1%	22.8%
15.	Marginal rates					
	Total payments less cash transfers: Principal earner		43.3%	48.2%	42.0%	43.3%
	Total payments less cash transfers: Spouse		n.a.	n.a.	n.a.	n.a.
	Total tax wedge: Principal earner		55.7%	59.5%	45.7%	55.7%
	Total tax wedge: Spouse		n.a.	n.a.	n.a.	n.a.

Austria 2021

The tax/benefit position of married couples

Wage level (per cent of average wage)	100-0	100-67	100-100	100-67
Number of children	2	2	2	none
1. Gross wage earnings	50 460	84 268	100 919	84 268
2. Standard tax allowances				
Basic allowance	0	0	0	0
Married or head of family				
Dependent children	0	0	0	0
Deduction for social security contributions and income taxes	9 071	15 149	18 142	15 149
Work-related expenses	132	264	264	264
Other	0	0	0	0
Total	9 203	15 413	18 406	15 413
3. Tax credits or cash transfers included in taxable income	0	0	0	0
4. Central government taxable income (1 - 2 + 3)	41 256	68 855	82 513	68 855
5. Central government income tax liability (exclusive of tax credits)	8 070	11 631	16 139	11 631
6. Tax credits				
Basic credit	0	0	0	0
Married or head of family	669	0	0	0
Children	3 000	3 000	3 000	0
Other	400	800	800	800
Total	4 069	3 800	3 800	800
7. Central government income tax finally paid (5 - 6)	4 001	7 831	12 339	10 831
8. State and local taxes	0	0	0	0
9. Employees' compulsory social security contributions				
Gross earnings	9 071	15 149	18 142	15 149
Taxable income				
Total	9 071	15 149	18 142	15 149
10. Total payments to general government (7 + 8 + 9)	13 072	22 980	30 482	25 980
11. Cash transfers from general government				
For head of family				
For two children	5 168	5 168	5 168	0
Total	5 168	5 168	5 168	0
12. Take-home pay (1-10+11)	42 556	66 456	75 605	58 288
13. Employer's wage dependent contributions and taxes				
Employer's compulsory social security contributions	10 677	17 830	21 353	17 830
Payroll taxes	3 482	5 814	6 963	5 814
Total	14 158	23 644	28 317	23 644
14. Average rates				
Income tax	7.9%	9.3%	12.2%	12.9%
Employees' social security contributions	18.0%	18.0%	18.0%	18.0%
Total payments less cash transfers	15.7%	21.1%	25.1%	30.8%
Total tax wedge including employer's social security contributions	34.1%	38.4%	41.5%	46.0%
15. Marginal rates				
Total payments less cash transfers: Principal earner	48.2%	48.2%	48.2%	48.2%
Total payments less cash transfers: Spouse	29.3%	43.3%	48.2%	43.3%
Total tax wedge: Principal earner	59.5%	59.5%	59.5%	59.5%
Total tax wedge: Spouse	44.8%	55.7%	59.5%	55.7%

The Austrian currency is the Euro (EUR). In 2021, EUR 0.84 was equal to USD 1. In that year, the average worker in Austria earned EUR 50 460 (Secretariat estimate).

1. Personal Income Tax

1.1. Central government income tax

1.1.1. Tax unit

Each person is taxed separately. However, the Austrian taxation system follows the "ability-to-pay" principle. Several tax reliefs depend on non-personal characteristics but requirements related to special life circumstances, including such connected to the family situation given.

1.1.2. Tax allowances

1.1.2.1. Standard tax reliefs

- Work related expenses: a tax allowance of at least EUR 132 is available to all employees.
- Social security contributions and connected contributions (see Section 2).

1.1.2.2. Non-standard tax reliefs

- Mainly work related expenses ('Werbungskosten') are - if qualified - deductible in the amount effectively expended.
- Traffic relief depending on the distance between home and working place as well as the availability of public transport.

The following allowances are deductible from income (EUR per year):

| | | Public transport | |
		Available	Not available
more than	2 km	0	372
more than	20 km	696	1 476
more than	40 km	1 356	2 568
more than	60 km	2 016	3 672

- Tax-free wage supplements exist for dirty, hard, dangerous, night, weekend and holiday work and overtime. The supplement for 10 hours of overtime up to EUR 86 per month is tax free, while other supplements are tax free up to EUR 360 (EUR 540 for night work) per month:

- Special expenses ('Sonderausgaben'): Tax allowances for contributions to state-approved churches up to EUR 400 per year and for donations up to 10% of income for research and humanitarian purposes, environmental protection, fire brigades, civil protection, etc.

1.1.3. Rate Schedule

Since 2021 the tax schedule is:

Income (EUR) up to	Marginal rate %
11 000	0
18 000	20
31 000	35
60 000	42
90 000	48
1 000 000	50
Above	55 *)

* The top marginal tax rate of 55% applies only until 2025.

There is a special taxation other than the normal tax schedule for Christmas and leave bonus to the extent that their sum does not exceed two average monthly payments (1/6 of current income) or EUR 83 333. Otherwise the tax amount is calculated according to the following formula:

Income from Christmas and leave bonus (EUR) up to	Marginal rate %
2 000	0
2 345	30
25 000	6
50 000	27
83 333	35.75
Above	50/55

If income for Christmas and leave bonus exceeds EUR 83 333, the exceeding amount is added to current income and taxed accordingly using the regular rate schedule (MTR of 50% or 55%, see above).

1.1.4. Tax credits

1.1.4.1. Standard tax credits:

- Traffic (commuting) tax credit of up to EUR 800, composed by the basic traffic tax credit of EUR 400 and a supplement of EUR 400. In the case of a current income above EUR 15 500, the tax credit is faded out uniformly to EUR 400 for income above EUR 21 500. For commuters with a traffic allowance (see 1.1.2.2.) the basic traffic tax credit is EUR 690. Thus, the deductible amount accumulates to a maximum of EUR 1 090.

   If the overall income tax liability of current income is negative, a refund of social security contributions applies. The refund amounts to the absolute value of the negative result of the tax calculation for current income, limited to 50% of overall social security contributions paid. The refundable amount is capped at EUR 900 (the case for commuters with a traffic allowance earning below EUR 15 500). The standard case, however, only allows a refund of up to EUR 800.

The following tax credits exist for tax payers with children:

- Non-payable family tax credit of EUR 1 500 each child (EUR 500 if the child is older than 18 years). There exist several options for allocating the credit between the eligible parties. The parents can split up the tax credit one half each or one parent receives the full benefit. For parents living apart a third option is currently available: a 90%-10% split. The allocation can be defined for each child separately.
- Child tax credit of EUR 700.8 (EUR 58.40 per month) per child. This tax credit is paid together with child allowances and is not connected with an income tax assessment. Therefore, it is treated as a transfer in this Report (similar treatment as in the OECD Revenue Statistics). Sole earner or single

parent tax credit for families with children: The sole earner credit is not given when a spouse's yearly income exceeds EUR 6 000. The single parent credit is not granted if the parent lives more than 6 months per calendar year with a partner. This tax credit is EUR 494 for one child and increases by EUR 175 for the second child and by EUR 220 for the third and every additional child. This tax credit is non-wastable and can be paid as a negative income tax (in addition to the refund of social security contributions in respect of the traffic tax credit).

- Tax payers with an income tax liability below EUR 250 who qualify for the sole-earner or single-parent receive an additional transfer, the so-called 'Kindermehrbetrag' If the income tax liability (exclusive of tax credits) is lower than EUR 250 (in the case of one child), the difference of EUR 250 and the correspondent tax liability is refunded. The maximum amount payable is EUR 250 for each child.

1.1.4.2 Non-standard tax credit

- Additional traffic tax credit in case of entitlement to traffic relief according to the distance between home address and working place (see 1.1.2.2.). In this case employees are entitled to an additional traffic tax credit of EUR 2 per km distance from home to working place.

- Tax payers who make legally required alimony payments to their child qualify for an alimony tax credit of EUR 350 (EUR 29.2 per month). For a second child, the credit is EUR 43.8 per month. For every other child the monthly deductible amount is EUR 58.4. The alimony tax credit is non-payable.

- A tax credit for retired persons which amounts to EUR 964 for single earners with income up to EUR 19 930 if the spouse's income does not exceed EUR 2 200. Otherwise, the tax credit is EUR 600. The tax credit is linearly reduced to 0 for incomes between EUR 17 000 (EUR 19 930 for sole earners) and EUR 25 000. If the income tax liability is negative, a refund of social security contributions applies. The refund is limited to 75% of total social security contributions paid, respectively to EUR 300.

1.2. State and local income taxes

None.

2. Compulsory Social Security Contributions to Schemes Operated within the Government Sector

2.1. Employee and Employer Social Security Contributions

	Ceilings (EUR)		Rates (%)	
	Regular wage per month	Christmas and leave bonus	Employee (2)	Employer (3)
Health insurance	5500	11100	3.87	3.78
Unemployment insurance	5500	11100	(4)	3.00
Pension insurance	5500	11100	10.25	12.55
Accident insurance	5500	11100	--	1. 20
Contribution to the labour chamber	5500	(1)	0.50	--
Contribution for the promotion of residential building	5500	(1)	0.50	0.50
Addition to secure wage payments in the case of bankruptcy	5500	11100	--	0.2

1. No contribution on Christmas and leave bonus. In Revenue Statistics, the contribution to the labour chamber is accounted under Taxes on Income of Individuals (1110).The total of contributions for the promotion of residential buildings is included in Taxes on payroll (3000).

2. There is an income threshold for employee contributions of EUR 475,86 per month.

3. A new program has been introduced on 1 January 2004 for severance payments. Employers are required to pay 1.53% of gross wages for employees whose employment started after 1 January 2003. of if the employer and employee opt to participate in the new program. This contribution is seen as a non-tax compulsory wage-related payment.

4. Employees' unemployment insurance rate is lower for small incomes. In 2021, it is zero for monthly earnings up to EUR 1790, 1% up to EUR 1953, 2% up to EUR 2117 and 3% above.

2.2. Payroll taxes

There are two payroll taxes which are levied on employers for all private sector employees with a monthly gross wage total of more than EUR 1 095: the contribution to the Family Burden Equalisation Fund (3.9%) and the Community Tax (3%). The wage-dependent part of the contribution to the Austrian Economic Chamber (listed under heading 1000, Taxes on profits, OECD Revenue Statistics), which is levied, together with the contributions to the Family Burden Equalisation Fund, at different rates depending upon the Länder Chamber (average rate is approximately 0.4%), is not taken into account. The contribution for the promotion of residential buildings (listed under heading 3000, Taxes on payroll, OECD Revenue Statistics) is included in the social security contributions shown above. It is levied by the Health Insurance Companies on monthly (current) income) along with the other social security contribution amounts.

3. Universal Cash Transfers

3.1. Transfers related to marital status

No recurrent payments.

3.2. Transfers for dependent children

A family allowance is granted for each child. The monthly payment is EUR 114.00 for the first child, EUR 128.20 for the second, EUR 152.00 for the third and is further increased for each additional child. It rises by EUR 7.90 for children above 3 years of age, EUR 27.50 for children above 10 years of age and by EUR 51.10 for students (above 19 years of age). The taxing wages calculations only consider households with 2 children aged between 6 and 11 inclusive.

Parents are entitled to a childcare transfer, introduced in 2002. The flexibility of the childcare transfer was again increased significantly. The entitled parent can choose the period of payments between 365 and 851 days (if they split up parental leave: 456 and 1,063 days) resulting in a transfer of EUR 14.53 (in case of 851/1,063 days) to EUR 33.88 per day (in case of 365/456 days). Also, instead of fixed amounts the parents can opt for 80% of the last net-earning, limited to EUR 66 per day (14 months; 12 plus 2). Additionally, parents receive a bonus of EUR 1,000 if the period of transfer payments is split at least at a ratio of 40:60 between parents.

The child tax credit (EUR 58.40 per month, see section 1.1.4) is paid together with the family allowance and therefore treated as a transfer.

There is a supplement to the family allowance of EUR 20.00 per month for the third and every additional child if the family's taxable income (i.e. the sum of the tax base for the progressive income tax schedule) in the preceding year did not exceed EUR 55 000. This supplement is paid on application after a tax assessment of the very year.

An additional family allowance ("13th family allowance") of EUR 100 is given for children in the age between 6 and 15 years every September.

Due to the covid-19 pandemic parents are entitled to additional EUR 360 family allowance each child in 2020. For beneficiaries of minimum income or social transfers, an additional EUR 100 are paid out in 2020 and 2021, respectively

4. Main Changes in Tax/Benefit Systems Since 2004

In 2004, the first step of a comprehensive tax reform came into force. The general tax credit was increased from EUR 887 to EUR 1 264 and the phasing-out rules were considerably simplified and harmonized for all groups of taxpayers.

The tax reform in 2005 brought a new income tax schedule. Apart from the top rate of 50% for incomes exceeding EUR 51 000, it shows the average tax rate for two amounts of income. The tax amounts for incomes between these values have to be calculated by linear interpolation. The formulas that have to be applied are defined in the tax law. The tax reform included some measures which were made retrospective for 2004. These measures are an increase of the sole earner and the single parent tax credit depending on the number of children (together with a higher income limit for the spouse of a single earner) and an increase of traffic reliefs by about 15%. The maximum deductible amount for church contributions was increased as well. In 2006, the traffic reliefs were raised again by about 10%.

In 2007, the traffic allowance was increased by 10% (effective from 1st July). Additionally, the maximum negative tax for employees with traffic allowances was raised from EUR 110 to EUR 240 (for 2008 and 2009). In 2008, the family allowance for the third child and all subsequent children was increased. Furthermore, the unemployment insurance contribution of low-earning employees was reduced (effective from 1st July). Also in 2008, for monthly earnings up to EUR 1 100 the rate was set to zero, for earnings below EUR 1 200 the contribution was set to 1%, below EUR 1 350 2% and above it was set to the current rate of 3%. Since 2008, these income limits have been raised according to the increase of the ceiling levels of social security contributions every year.

In September 2008, the parliament decided some measures to compensate for the strong increase of food and energy prices: inter alia, the tax exemption of overtime supplements was increased and the 13th child allowance was introduced.

The tax reform 2009 (effective from the 1st of January) brought an increase of the zero bracket (from EUR 10 000 to EUR 11 000), a reduction of the marginal income tax rates (except the top rate), an upward shift of the top rate bracket (from EUR 51 000 to EUR 60 000) and several measures for families with children: child allowance (EUR 220 or EUR 132 each parent p.a.), deductibility of cost for child care (up to EUR 2 300 p.a. per child), tax-free payments (up to EUR 500 p.a.) from employers to their employees for child care and an increase of the child tax credit.

Starting in 2013 a progressive rate schedule is applied to Christmas and leave bonus instead of a flat rate regime of 6% (see 1.1.3.)

The tax reform 2016 decreased all marginal tax rates significantly, notably the marginal tax rate of the first tax bracket, which was reduced by 11.5 percentage points from 36.5% to 25%. Limited to the years 2016 to 2020 the top marginal tax rate is temporarily increased by 5% points to 55%. These 55% apply to those parts of income exceeding EUR 1 million a year.

The tax credit for employees was increased from EUR 345 to EUR 400. The non-wastable tax credit (reimbursement of social security contributions) for low earnings was extended. For employees the non-wastable tax credit was increased to a maximum of 50% of social security contributions up to a ceiling of EUR 400 a year. For commuters eligible for the commuter tax allowance the maximum amount of the non-wastable tax credit is EUR 500. This system of a non-wastable tax credit was extended to pensioners too, limited to EUR 110.

Besides the already existing broad financial support for families (payable tax credit and transfers as well as deductibility of cost for child care) the tax reform 2016 increased the tax allowance for children from EUR 220 to EUR 440 per child. If both parents claim for this tax allowance, it increases to EUR 600 (two times EUR 300).

Tax expenditures (tax allowances) for private insurances (e.g. health and pension insurances) and mortgages were abolished for new contracts beginning with 2016. For existing contracts these tax allowances are maintained for a transitional period of five years.

In 2019 a non-payable family tax credit of EUR 1 500 each child (EUR 500 if the child is older than 18 years) was introduced. The parents can split up the tax credit one half each. Sole- or single-earner with low income, who cannot fully participate on that non-payable family tax credit, can apply for a payable sole- or single-earner family tax credit up to EUR 250 each child.

In 2020 the positive entrance rate of the tax rate schedule was reduced to 20% and the refund of social security contributions for low earners was increased.

From 2021 on, the standard tax allowance for special expenses of EUR 60 was abolished.

4.1. Changes to labour taxation due to the COVID pandemic in 2020 and 2021

Due to the covid-19 pandemic the already planned reduction of the entrance rate of the tax rate schedule from 25% to 20 was set into force retroactively with beginning of 2020 (see 1.1.3.).

Extraordinary bonuses in connection with the pandemic up to EUR 3 000 are exempted from income-taxation in 2020.

In the case of reduced-working hours, home-office or prevented work attendance due to the covid-19 pandemic tax exemptions or specific allowances (e.g. extraordinary payments for dirty, hard, dangerous, night work, payments for overtime, higher commuting allowance, etc.), which are normally included in the wage-bill of an employee, are exempted nevertheless the employee is not able to fulfil his work during the pandemic.

5. Memorandum Items

5.1. Calculation of Earnings Data

- Sector used: All private employees except apprentices employed full-time for the whole year
- Geographical coverage: Whole country
- Sex: Male and Female
- Earnings base:
    - Items excluded:
        - Unemployment compensation
        - Sickness compensation
    - Items included:
        - Vacation payments
        - Overtime payments
        - Recurring cash payments
        - Fringe benefits (taxable value)
- Basic method of calculation used: Average annual earnings
- Income tax year ends: 31 December

Period to which the earnings calculation refers to: one year.

2021 Parameter values

Average earnings/yr	Ave_earn	50 460	
Non current income as %	non_cur_pc	14,29%	
Tax schedule for nci	nci_sch	0	2000
		0,3	2345
		0,06	25000
		0,27	50000
Maximum non-current income tax base	nci_base_max	0,3575	83333
Work related	work_rel	132	
		0	
Familiy tax credit	fam_cr	1500	
Sole-, single earner family tax credit	fam_cr_sole	250	
Max. neg. employee's tax credit	neg_wage_cr	800	
Max. neg. employee's tax credit rate	neg_wage_cr_rate	50%	
Traffic (commuting) tax credit	traffic_cr	800	
Lower Limit of traffic tax credit	traffic_cr_ll	15500	
Upper Limit of traffic tax credit	traffic_cr_ul	21500	
Children suppl.to SETC: 1st child	dsole1_cr	494	
2nd child	dsole2_cr	175	
3rd+ child	dsole3_cr	220	
Spouse with children	sole_lim1	6000	
Income tax schedule	Tax_sch	0	11000
		0,20	18000
		0,35	31000
		0,42	60000
		0,48	90000
		0,50	1000000
		0,55	
Ceiling f. soc. security contributions	SSC_ceil	5500	
lower limit	SSC_low	475.86	
Employees' contr. rates	health_rate	3,87%	
	unemp_rate	0,00%	1790
		1,00%	1953
		2,00%	2117
		3,00%	
	pension_rate	10,25%	
sum without unempl. and others	empl_14	14,12%	
	others_rate	1,00%	
Employers' contr.rates	health_empr	3,78%	
	unemp_empr	3,00%	
	pension_empr	12,55%	
	accident_empr	1,20%	
	payinsur_empr	0,2%	
sum without others	empr_14	20,88%	
	others_empr	0,50%	
Payroll taxes	payroll_rate	6,90%	
Child benefit: 1st child	CB_1	1368,0	
2nd child	CB_2	1538,4	
suppl.>=3years	CB03sppl	94,8	

suppl.>=10years	CB10sppl	330,0	
5<suppl<16	CB6to15	100	
Child tax credit	child_cr_1	700,8	

2021 Tax equations

The equations for the Austrian system are, in principle, on an individual basis. The only variable which is dependent on the marital status is the head of family (sole earner) tax credit, which is also given to single parents. For the Christmas and leave bonus (both amounting to one monthly wage or salary) there are special rules for the calculation of social security contributions (separate ceilings and slightly lower rate) and wage tax (reduced flat rate). The income tax schedule and the tax credits are applied only for "current pays". The child tax credit is in principle given to the mother (as a negative tax together with "family allowances" = transfer for children). The sole earner and the employee tax credit are connected with negative income tax rules. Therefore, the tax finally paid may be different from tax liability minus tax credits.

Bn	Variable	code for docn equations	Excel-Function
3	earnings (%AW)	percent	0, 67%, 1 or 167% in Taxing Wages output tables (but model can be applied to all earnings levels)
4	number of children	child	0 or 2 in Taxing Wages output tables
5	Gross earnings	earn	=Ave_earn*percent
6	Current income	cearn	=(1-non_cur_pc)*earn
7			
8	SSC on curr.inc.	SSCc	='(empl_14+unemp(earn,unemp_rate)+others_rate)*MIN(12*SSC_ceil;cearn)*(cearn>12*SSC_low)
9	Work related expenses	work_rel	=(earn>14*SSC_low)*work_rel
10	Tax-free income	taxfrinc	=tax_free*earn
11			
11	Tax base for schedule	ctbase	='(cearn-Child_al_princ-' SSCc-work_rel-taxfrinc)+max(0;ncearn-SSCnc-nci_base_max)
12	Gross tax on current income	gtaxcur	=Tax(ctbase;tax_sch)
13	Basic tax credit	btaxcr	=0
14	Married or head of family	headcr	IF(Married=0,(Children>0)*((Children>0)*dsole1_cr+(Children>1)*dsole2_cr+(Children>2)*(Children-2)*dsole3_cr),IF(cearn_s-SSCc_s-work_rel_s<=IF(Children>0, sole_lim1,0), ((Children>0)*dsole1_cr+(Children>1)*dsole2_cr+(Children>2)*(Children-2)*dsole3_cr), 0))+MAX(0,Children*fam_cr_sole-gtaxcur_p)
15	Children	fam_cr	=Max(gtaxcr;fam_cr*child) in the case of single person =MaxFABO(gtaxcur principal;gtaxcur spouse;1) in the case of parents
16	Other	othcr	=(earn>14*SSC_low)*(wage_cr+traffic_cr*0,5+MIN(1;MAX(0;(traffic_cr_ul-ctbase)/(traffic_cr_ul-traffic_cr_ll)))*traffic_cr*0,5)
17	Interm. tax on current income	itcur	=gtaxcur-btaxcr-headcr-othcr
18	Net tax on current income	ntaxcur	=max(gtaxcur-btaxcr-other;-neg_wage_cr_rate*SSC;-neg-wage_cr)-child>0)-headcr
19	Non current income	ncearn	=earn-cearn
20	SSC on non-curr. inc.	SSCnc	=(health_rate+unemp(earn,unemp_rate)+pension_rate)*MIN(2*SSC_ceil;ncearn)*(ncearn>2*SSC_low)
21	Non current income-SSC	ncearn_adj1	=min(ncearn-SSCnc;nci_base_max)
22	Tax schedule	nci_sch	=min(ncearn-SSCnc;nci_base_max)
23	Taxable income	taxinc	=ctbase+ncearn_adj1
2	Tax liability excl. tax credits	inctax_ex	=gtaxcur+taxnc
25	Income tax finally paid	inctax	=ntaxcur+taxnc
26	Employee's SSC	SSC	=SSCc+SSCnc

Bn	Variable	code for docn equations	Excel-Function
27	Employer's SSC	SSCf	=IF(earn'/14>=SSC_low;((empr_14+others_empr)*MINA(12*SSC_ceil;cearn)+empr_14*MINA(2*SSC_ceil;ncearn));earn*accident_empr)
28	Pay-roll taxes	payroll	=payroll_rate*earn
29	Cash transfers	cash	==IF(child=0;0;IF(child=2;CB_1+CB_2+2*CB10sppl+2*(CB5to17+child_cr_1)))
30	Take-home pay		=earn-inctax-SSC+cash
31	Wage cost		=earn+SSCf+payroll

Unemp is a Visual Basic Function which chooses lower unemployment SSC rates for low earnings.

Key to range of equation B calculated separately for both principal earner and spouse P calculated for principal only (value taken as 0 for spouse calculation) J calculated once only on a joint basis.

Belgium

This chapter includes data on the income taxes paid by workers, their social security contributions, the family benefits they receive in the form of cash transfers as well as the social security contributions and payroll taxes paid by their employers. Results reported include the marginal and average tax burden for eight different family types.

Methodological information is available for personal income tax systems, compulsory social security contributions to schemes operated within the government sector, universal cash transfers as well as recent changes in the tax/benefit system. The methodology also includes the parameter values and tax equations underlying the data.

Belgium 2021

The tax/benefit position of single persons

Wage level (per cent of average wage)		67	100	167	67
Number of children		none	none	none	2
1.	**Gross wage earnings**	35 006	52 248	87 254	35 006
2.	**Standard tax allowances**				
	Basic allowance				
	Married or head of family				
	Dependent children				
	Deduction for social security contributions and income taxes	4 575	6 829	11 404	4 575
	Work-related expenses	4 920	4 920	4 920	4 920
	Other				
	Total	9 495	11 749	16 324	9 495
3.	**Tax credits or cash transfers included in taxable income**	0	0	0	0
4.	**Central government taxable income (1 - 2 + 3)**	25 511	40 499	70 930	25 511
5.	**Central government income tax liability (exclusive of tax credits)**	8 254	14 999	30 171	8 254
6.	**Tax credits**				
	Basic credit	0	0	0	0
	Married or head of family	2 263	2 263	2 263	2 675
	Children	0	0	0	1 471
	Other				
	Total	2 263	2 263	2 263	4 146
7.	**Central government income tax finally paid (5-6)**	4 496	9 558	20 943	3 083
8.	**State and local taxes**	1 841	3 913	8 575	1 262
9.	**Employees' compulsory social security contributions**				
	Gross earnings	4 575	6 829	11 404	4 575
	Taxable income	281	476	731	281
	Total	4 856	7 304	12 135	4 856
10.	**Total payments to general government (7 + 8 + 9)**	11 193	20 775	41 654	9 201
11.	**Cash transfers from general government**				
	For head of family				
	For two children	0	0	0	5 456
	Total	0	0	0	5 456
12.	**Take-home pay (1-10+11)**	23 813	31 473	45 600	31 261
13.	**Employer's compulsory social security contributions**	9 242	14 183	23 685	9 242
14.	**Average rates**				
	Income tax	18.1%	25.8%	33.8%	12.4%
	Employees' social security contributions	13.9%	14.0%	13.9%	13.9%
	Total payments less cash transfers	32.0%	39.8%	47.7%	10.7%
	Total tax wedge including employer's social security contributions	46.2%	52.6%	58.9%	29.4%
15.	**Marginal rates**				
	Total payments less cash transfers: Principal earner	55.6%	55.6%	59.0%	55.6%
	Total payments less cash transfers: Spouse	n.a.	n.a.	n.a.	n.a.
	Total tax wedge: Principal earner	68.5%	65.1%	67.8%	68.5%
	Total tax wedge: Spouse	n.a.	n.a.	n.a.	n.a.

Belgium 2021

The tax/benefit position of married couples

Wage level (per cent of average wage)		100-0	100-67	100-100	100-67
Number of children		2	2	2	none
1. Gross wage earnings		52 248	87 254	104 496	87 254
2. Standard tax allowances					
Basic allowance					
Married or head of family					
Dependent children					
Deduction for social security contributions and income taxes		6 829	11 404	13 658	11 404
Work-related expenses		4 920	9 840	9 840	9 840
Other					
	Total	11 749	21 244	23 498	21 244
3. Tax credits or cash transfers included in taxable income		0	0	0	0
4. Central government taxable income (1 - 2 + 3)		40 499	66 010	80 998	66 010
5. Central government income tax liability (exclusive of tax credits)		12 765	23 252	29 997	23 252
6. Tax credits					
Basic credit		0	0	0	0
Married or head of family		4 525	4 525	4 525	4 525
Children		1 249	1 249	1 249	0
Other					
	Total	5 774	5 774	5 774	4 525
7. Central government income tax finally paid (5-6)		5 246	13 117	18 178	14 054
8. State and local taxes		2 148	5 371	7 443	5 754
9. Employees' compulsory social security contributions					
Gross earnings		6 829	11 404	13 658	11 404
Taxable income		476	731	731	731
	Total	7 304	12 135	14 389	12 135
10. Total payments to general government (7 + 8 + 9)		14 699	30 623	40 010	31 943
11. Cash transfers from general government					
For head of family					
For two children		4 107	4 042	4 042	0
	Total	4 107	4 042	4 042	0
12. Take-home pay (1-10+11)		41 656	60 673	68 528	55 311
13. Employer's compulsory social security contributions		14 183	23 425	28 365	23 425
14. Average rates					
Income tax		14.2%	21.2%	24.5%	22.7%
Employees' social security contributions		14.0%	13.9%	13.8%	13.9%
Total payments less cash transfers		20.3%	30.5%	34.4%	36.6%
Total tax wedge including employer's social security contributions		37.3%	45.2%	48.4%	50.0%
15. Marginal rates					
Total payments less cash transfers: Principal earner		55.6%	54.4%	54.4%	54.4%
Total payments less cash transfers: Spouse		45.7%	54.4%	54.4%	54.4%
Total tax wedge: Principal earner		65.1%	64.2%	64.2%	64.2%
Total tax wedge: Spouse		57.0%	67.7%	64.2%	67.7%

The national currency is the Euro (EUR). In 2021, EUR 0.84 was equal to USD 1. The Secretariat has estimated that in that same year the average worker earned EUR 52 248 (Secretariat estimate).

1. Personal income tax system

1.1. Federal government income tax

1.1.1. Tax unit

Spouses are taxed separately. As from 2004, the principle of separate taxation applies to all categories of income. A non-earning spouse is taxed separately on a notional share of income that can be transferred to him or her (see "non-earning spouse allowance", below). Married couples nonetheless file joint income tax returns.

1.1.1.1. Schedule

Taxable income (EUR)	Marginal rate (%)
0—13 540	25
13 540—23 900	40
23 900—41 360	45
41 360—and above	50

1.1.2. Tax allowances

1.1.2.1. Deduction of social security contributions

Unless stated otherwise, social insurance contributions are deductible from gross income.

1.1.2.2. Work-related expenses

Salaried employees are entitled to a standard deduction for work-related expenses; this is equal to 30% of gross income (less social insurance contributions) and may not exceed EUR 4 920 per spouse.

For self-employed professionals:

Self-employed professionals are entitled to a standard deduction for work-related expenses. This deduction may under no circumstances exceed EUR 4 920 per spouse.

Gross earnings less social insurance contributions (EUR)	Rate (%)
Below 6 250	28.70
Between 6 250 and 12 430	10
Between 12 430 and 20 680	5
Above 20 680	3

Paid company directors are also entitled to a standard deduction for work-related expenses; this is equal to 3% of gross income (less social insurance contributions) and may not exceed EUR 2 590 per spouse.

An additional allowance may be granted to wage-earners if their workplace is more than a certain distance from their home.

Actual expenses incurred in order to acquire or retain earned income are deductible if they exceed the standard deduction. The deductibility of certain categories of work-related expenses (cars, clothing, restaurant meals and business gifts) is limited, however. Taxpayers who report actual expenses may deduct EUR 0.24 per kilometre, up to 100 km per single journey, for travel between their home and their workplace by means other than private car.

1.1.2.3. Non-earning spouse allowance (quotient conjugal)

A notional amount of income can be transferred between spouses if one of them earns no more than 30% of the couple's combined earned income. In this case, the amount transferred is limited to 30% of aggregate net earned income, less the individual income of the spouse to whom the notional share is transferred. This allowance is limited to EUR 11 170.

1.1.2.4. Exempt income

The base amount is: 9 050. These amounts vary with regards to the family situation. Additional exemptions for dependent children (a handicapped child counts as two children):

- 1 child: 1 650
- 2 children: 4 240
- 3 children: 9 500
- 4 children: 15 360
- > 4 children: 5 860 per additional child

Dependent child exemptions in excess of available income give rise to a reimbursable tax credit. This reimbursable tax credit is calculated at the marginal rate for the spouse with the highest income and capped at EUR 470 per dependent child.

Additional special exemptions are also granted for certain household members (in euro):

- Other dependants: 1 650
- Handicapped / handicapped spouse: 1 650
- Other handicapped dependants: 1 650
- Widow(er) with dependent child(ren): 1 650
- Single father or mother: 1 650

These additional exemptions are applied first to the taxable income of the spouse having the most income, with any remainder then being applied to the income of the other spouse.

The basic exemption plus any additional exemptions for dependants and single parents is applied against each bracket from the bottom up; in other words, the lowest brackets are depleted first.

1.1.2.5. Schedule

Basic exemption plus any additional exemption (EUR)	Marginal rate (%)
0—9 520	25
9 520—13 540	30
13 540—22 570	40
22 570—41 360	45
41 360—and above	50

The basic exemption plus any additional exemptions is applied from the bottom up.

1.2. Regional and local government taxes

With the implementation of the sixth state reform, the Flemish Region, the Walloon Region and the Brussels-Capital Region have been delegated several important competences with regard to the individual income tax. As a result of this reform, as from 1 July 2014, the regional competences are:

- the possibility to levy surcharges on the federal PIT (the supplementary regional tax on the personal income tax). The surcharge may be proportional or vary with income but there are limits to ensure that the tax remains progressive);
- to grant (on the result of the surcharges) tax discounts;
- to grant tax reductions, tax increases and tax credits;
- to regulate exclusively some tax reductions.

Under the new tax model, the assumed federal income tax amount must first be calculated. The taxable base is reduced by the exempt income (see 1.1.2.4.), the tax credits for pensions, unemployment, sickness and other social benefits and the tax credit for income taxed abroad. Additionally, it is reduced by the tax due on passive income for which the Federal State remains exclusively competent.

The remaining PIT liability is then split between the federal government and Regions according to a ratio of 24.957% for the regional PIT and 75.043% for the Federal PIT. Expressed as % of the federal PIT, the basic rate of the regional surcharge equals 33.257%. (0.24957/(1-0.24957)). Regions may change the rate of the surcharge. This surcharge may vary per tax bracket, within certain limits

The modelling relies on the parameters that apply in the Brussels-capital Region. The actual regional rate is set at 32.591% (Brussels-Capital rate).

The starting point for the calculation of the municipal (and agglomeration) surcharges is the individual income tax ("impôt total", i.e. the sum of federal PIT and regional PIT), before taking into account the surcharge resulting from insufficient prepayments, the foreign tax credit, federal and regional reimbursable tax credits (among others for children and for low-income workers), advanced payments and withholding taxes. The rate of this local surtax is set by each municipality, and there is no upper limit

The calculation of the regional and local surtax for the average worker study assumes that the worker lives in the Region of Brussels-Capital. The weighted average local surtax of the 19 municipalities which form the Brussels-Capital Region is 6.3%. The additional surcharge of 1% levied in the Brussels-Capital Region, in addition to the municipal surcharge, is abolished as from income year 2016.

1.3. Tax credits

Refundable tax credit for low-income workers

A refundable tax credit is intended for low-income workers and company managers (subject to the employees' social security system) entitled to the employment bonus.

The refundable tax credit amounts to 33.14% as of 1st January 2020 of the "employment bonus" which is actually granted on remunerations earned during the taxable period. It cannot exceed EUR 840 per taxable period.

2. Compulsory social security contributions to schemes operated within the government sector

2.1. Rates and ceiling

a) Payroll deductions

The rates of employer and employee contributions are set by law. The applicable rates (in %) are as follows (for businesses having 20 or more employees) :

The schedule applicable as from 01.01.2021 is as follows:

2021	Employee	Employer	Total
Unemployment	0.87	3.16	4.03
Health insurance indemnities	1.15	2.35	3.5
Health care	3.55	3.8	7.35
Placement services		0.05	0.05
Family allowances		7	7
Pensions	7.50	8.86	16.36
Child care		0.05	0.05
Work-related illnesses		1.01	1.01
Work-related accidents		0.32	0.32
Education leave		0.05	0.05
Business closures		0.31	0.31
Wage restraint		5.23	5.23
Tax shift 2017		-5.04	-5.04
Total	13.07	27.15	40.22

The schedule applicable as from 01.07.2021 is as follows:

2021	Employee	Employer	Total
Unemployment	0.87	3.16	4.03
Health insurance indemnities	1.15	2.35	3.5
Health care	3.55	3.8	7.35
Placement services		0.05	0.05
Family allowances		7	7
Pensions	7.50	8.86	16.36
Child care		0.05	0.05
Work-related illnesses		1.00	1.00
Work-related accidents		0.32	0.32
Education leave		0.05	0.05
Business closures		0.31	0.31
Wage restraint		5.23	5.23
Tax shift 2017		-5.04	-5.04
Total	13.07	27.14	40.21

Vacation pay is not subject to the social security contributions applicable to salaries, but a social security levy of 13.07% is deducted when the money is attributed.

b) Reduction of employer contributions

The schedule applicable as from 01.04.2020 is as follows:

Gross annual earnings (S) in EUR	Fixed amount	Variable amount
0–36 862.80	0	0.140 (36 862.80–S)
36 862.80 and up	0	0

c) Reduction of individual social security contributions

A reduction of individual social security contributions is granted monthly for low-income earners, depending on wage level. The schedule below is restated in annual terms.

The schedule applicable as from 01.03.2020 is as follows:

Gross annual salary (S) in EUR	Reduction in Euros
0 < S < 20 093.76	2 467.80
20 093.76 < S < 31 341.36	Min (2 467.80, (2 467.80–0.2194 (S–20 093.76))
S > 31 341.36	0

d) Special social security contribution

All persons totally or partially subject to the social security scheme for salaried workers are liable for this special contribution. In theory, the amount of the contribution is determined according to aggregate household income. Aggregate household income is equal to combined gross earnings less ordinary social security contributions and work-related expenses. The special social security contribution is not deductible for PIT purposes. The amount of the contribution is as follows:

Taxable income (EUR)	Amount due on the lower limit	% above the lower limit
from 0 to 18 592.02	0	0
from 18 592.02 to 21 070.96	0	9
from 21 070.96 to 60 161.85	223.10	1.3
60 161.85 and above	731.29	0

e) Work accidents

All employers are required to insure their employees against accidents that occur in the workplace or while travelling to or from the workplace. The insurance is written by a private company. The premiums depend on the wage level as well as on sectoral risk indicators. A minimum (+/- 14% of AW in 2018) and maximum (89% of AW) wage applies. The usual premiums are approximately 1% of the capped gross pay for office workers and 3.3% for labourers. Higher rates apply in certain industries in which risks are greater. The premium rate for construction workers, for example, varies between 7% and 8%.

2.2. *Deductions according to family status or gender*

None.

3. Universal cash transfers

With the implementation of the sixth state reform, the Flemish Region, the Walloon Region and the Brussels-Capital Region have been delegated family allowances. We only indicates the changes that have been implemented in the Brussels-capital region. Those apply from 1st January 2020

The previous system (hereafter "the old system") is to a large extend grandfathered. For the children born before 31th December 2019, if the old family allowance system is most advantageous than the new system, the old system still applies if the composition of the family has not been changed. The comparison is made per family and not per child and only takes into account only the basic amounts and not the annual supplements.

The Taxing Wages calculations assume that one child is aged between seven and ten years and that the other child is aged between eleven and twelve years.

3.1. New regional system – Brussels-Capital region

Under the new system, family benefits consist in basic amount, age supplements, an income-related supplement and a single parent supplement.

The basic annual amount per child is set at EUR 1 839.06 (But if the child is born before 1st January 2020, the amount is reduced by EUR 122.60 until 31th December 2025).

Age supplement:

≥ 12 years	122.60
≥ 18 years and an enrolment in higher education	245,20

Number of children and income-related supplement, per child: (S = Gross income, net of deductible social security contributions)

Children under the age of 12	1 child	2 children	3 children or more
S ≤ 31 989.27	490.42	858.23	1348.65
31 989.27< S ≤ 46 436.25	0	306.51	882.75
S > 46 436.25	0	0	0
Children over the age of 11	1 child	2 children	3 children or more
S ≤ 31 989.27	613.02	980.83	1471.25
31 989.27< S ≤ 46 436.25	0	306.51	882.75
S > 46 436.25	0	0	0

Single parent supplement, per child:

	1 child	2 children	3 children or more
S ≤ 31 989.27	0,00	122,60	245.21
S > 31 989.27	0,00	0,00	0,00

Annual supplement, per child

< 3 years	3 – 5 years	6 – 11 years	≥ 12 years
20,40	0,00	30,60	51,00
	But if pre-school education:		But if an enrolment in higher education:
	20,40		81,60

3.2. Old system

Family allowances are granted for children. The annual amounts of these benefits (in euro) are as follows:

	<5 years	5–6 years	7–10 years	11–12 years	12–16 years	17–18 years	>18 years
1st child	1 194.99	1 205.19	1 409.77	1 430.17	1 537.15	1 537.15	1 584.75
2nd child	2 193.74	2 203.94	2 612.02	2 632.42	2 847.82	2 847.82	3 017.06
3rd child	3 265.32	3 275.52	3 683.60	3 704.00	3 919.40	3 919.40	4 088.64

4. Main changes in the tax/benefit system since 2016

The "tax shift" has been decided in 2015 and is shifting the taxation from labour to other bases, including mainly consumption and income from savings. The reform is phased over the 2015-2019 period. The main changes are the following

- Employers' social security contributions will be reduced to 25%. Reductions will be abolished, apart from the reduction for low wage earners that will be gradually increased.

- On the side, the reform increases the standard deduction for work related expenses for wage earners and the zero-rate band. The tax schedule will also be modified: the 25% will be extended to the previous upper limit of the 30% bracket, so that the former 30% bracket will disappear. The tax credit for low wage earners will also be increased.

4.1. Changes to labour taxation due to the COVID pandemic in 2020 and 2021

Although no specific covid-19 measures have a direct impact on labour taxation as modelled in the Taxing Wages publication, some have an impact on payment facilities:

- The covid-19 measures in Belgium include improved deferred social security contribution (SSC) payments plans (Amicable repayment plans).[1] Such repayment plans already existed and are still on demand, but access is made easier and conditions smoother. In principle all companies with covid related financial problems can claim the deferral with respect to 2020 SSC-payments.

- Regarding PIT, no particular measures apply to PIT assessments of employees. However a covid measure provides for a lower rate of the earned income withholding tax (EIWT) for unemployment benefits of temporary unemployed employees. Since the PIT rate schedule itself remains unchanged, the total PIT due is not altered. But lower EIWT paid at source amounts to a partial postponement of payment.[2]

- On top of several cases in which employers must not transmit all collected earned income withholding tax (EIWT) to the Treasury, a new covid measure supporting companies retaining temporary unemployed employees was introduced. There already existed different types and conditions for such wage subsidies (e.g. with respect to night and shift work or for researchers).[3]

5. Memorandum Items

5.1. Identification of AW and valuation of earnings

The Average Wage is based on an annual survey conducted by the Statbel division of the Ministry of Economy. The survey is limited to enterprises with at least 10 employees. A two step approach is applied: first the participating employers are selected, then the surveyed employees (sampling ratio of 5% to 7%). All employees are covered by the survey but the estimate of the Average Wage is restricted to data of full time employees only. The reference period is October but survey data is combined with social insurance registers to obtain annual earnings. If applicable, the earnings of full time employees not employed during the entire year, are uplifted proportionally to obtain annual estimates. Annual earnings include bonuses, vacation and overtime pay, but no fringe benefits.

2021 Parameter values

	Ave_earn	52 248	Secretariat estimate		
Work-related expenses	work_rel_max	4 920			
	work_rel_sch	0	0		
		0	0		
		0.3			
Tax credits (exempt income)	single_cr	9 050			
	Married_cr	9 050			
	Supp_cr_base	0			
	supp_cr_thrsh1	0			
One child	child_cr1	1 650			
Two children	child_cr2	4 240			
Single parents	s_parent_cr	1 650			
Maximum Child Credit Payment	child_cr_max	470			
Basic Credit	basic_cr_base	0			
	basic_cr_thrsh1	5 440			
	basic_cr_thrsh2	7 260			
	basic_cr_thrsh3	18 150			
	basic_cr_thrsh4	23 580			
Basic exemption plus any additional exemption schedule		Ex_rate1			
	Ex_sch	0.25	9 520		
		0.30	13 540		
		0.40	22 570		
		0.45	41 360		
		0.50			
Income tax schedule		tax_rate1			
	tax_sch	0.00	0		
		0.25	13 540		
		0.40	23 900		
		0.45	41 360		
		0.50			
	quote_max	11 170			
	quote_rate	0.3			
Regional tax	red_rate	0.24957			
	reg_tax_rate	0.32591			
Local tax	local_rate	0.063			
	add_local_rate	0.00			
Unemployment	unemp_rate	0.0087			
Medical care	med_rate	0.0115			
Sickness	sickness_rate	0.0355			
Pension	pension_rate	0.0750			
Employee contribution	SSC_rt	0.1307			
	SSC_redn	0	0	2 467.80	0
	(annual)	20 093.76	20 093.76	2 467.80	0.2194
		31 341.36	20 093.76	2 467.80	0.2194
		31 341.36	0	0	0
		99 999 999	0		0
Special annual contribution	SSC_special	0.000	18 592.02		
		0.090	21 070.96		

		0.013	60 161.85			
		0.000				
Employer contributions	SSC_empr_rt	0.27145				
	SSC_empr_red	0		0	0.1400	36 862.80
		36 862.80		0	0	0
		36 862.80		0	0	0
		9 999 999		0		0
Structural reduction on the withholding tax on wages	PrP_redn	0.000				
Low-income credit	LIC_rate	0.3314				
	LIC_max	840.00				
Child benefit (age 7-10) old system	CB_1	1 430.17				
second child (age 7-10) old system	CB_2	2 612.02				
third child (age 7-10) old system	CB_3	3 683.60				
Child benefit (age 6-12) (new sytem)	CB	1 747.06				
Social supplement (children < 12)	Number of children		0	1	2	3
	CS_social	0	0	490.42	858.23	1 348.65
		31 989.27	0	0	306.51	882.75
		46 436.25	0	0	0	0
		99999999	0	0	0	0
Single parent supplement	CS_Single	0	0	0	122.60	245.21
		31 989.27	0	0	0	0
		99999999	0	0	0	0

2021 Tax equations

The equations for the Belgian system in 2021 are mostly calculated on an individual basis. But central government tax for a married couple is calculated on two bases and the lower value is used. One of the bases takes account of the combined income of the couple. Also, tax credits may be used against the tax liability of the secondary earner if the principal earner is unable to use them.

The functions which are used in the equations (Taper, Tax etc.) are described in the technical note about tax equations. Variable names are defined in the table of parameters above or are the standard variables "married" and "children". A reference to a variable with the affix "total" indicates the sum of the relevant variable values for the principal and spouse. And the affixes "princ" and "spouse" indicate the value for the principal and spouse respectively. Equations for a single person are as shown for the principal with "_spouse" values taken as 0.

	Line in country table and intermediate steps	Variable name	Range	Equation
1.	Earnings	earn		
2.	Allowances:	tax_al	B	MIN(work_rel_max, Tax(earn-SSC, work_rel_sch))+SSC
3.	Credits in taxable income	taxbl_cr	B	0
4.	CG taxable income	tax_inc_int	B	earn-tax_al
	Quote part	Q	J	IF(married, Positive(MIN(tax_inc_int_total*quote_rate, quote_max)-tax_inc_int_spouse), 0)
	CG adjusted taxable income - principal	tax_inc_adj_princ	P	Positive(tax_inc_int_princ – Q)
	CG adjusted taxable income - spouse	tax_inc_adj_spouse	S	Positive(tax_inc_int_spouse + Q)
5.	CG tax before credits	CG_tax_excl	J	Tax(tax_inc_adj, tax_sch)
6.	Calculation of credits			
	Child exemption amount	child_ex_inc	P	(children=1)*child_cr1+(children=2)*child_cr2
	Family exemption amount	fam_ex_inc	B	IF(Married,married_cr,single_cr+(Children>0)*s_parent_cr)+IF(tax_inc_adj<=0,0,IF(tax_inc_adj<=supp_cr_thrsh1,supp_cr_base,MAX(0,supp_cr_base+supp_cr_thrsh1-tax_inc_adj)))
	Initial exempt income - principal	ex_inc_int_princ	P	child_ex_inc+fam_ex_inc_princ
	Initial exempt income - spouse	ex_inc_int_spouse	S	fam_ex_inc_spouse
	Transferable amount	ex_inc_tran	J	married*IF(ex_inc_int_princ<tax_inc_adj_princ, MIN(MAX((ex_inc_int_spouse-tax_inc_adj_spouse), 0), tax_inc_adj_princ-ex_inc_int_princ), -(MIN(MAX((ex_inc_int_princ-tax_inc_adj_princ), 0), MAX(0, tax_inc_adj_spouse-ex_inc_int_spouse))))
	Final exempt income - principal	ex_inc_fin_princ	P	ex_inc_int_princ+ex_inc_tran
	Final exempt income - spouse	ex_inc_fin_spouse	S	ex_inc_int_spouse-ex_inc_tran
	Tax credits	tax_credits	J	Tax(ex_inc_fin, Ex_sch)
	Basic Credit	basic_cr	B	basic_cr_base*IF(tax_inc<='basic_cr_thrsh1,' 0, IF(tax_inc<='basic_cr_thrsh2,' (tax_inc-basic_cr_thrsh1)/(basic_cr_thrsh2-basic_cr_thrsh1), IF(tax_inc<='basic_cr_thrsh3,' 1, IF(tax_inc<='basic_cr_thrsh4,' (basic_cr_thrsh4-tax_inc)/(basic_cr_thrsh4-basic_cr_thrsh3), 0))))+IF(tax_inc='0;0;MIN(LIC_rate*(MIN(VLOOKUP(' earn, SSC_redn,3), VLOOKUP(earn, SSC_redn, 3)-VLOOKUP(earn, SSC_redn, 4)*(earn-VLOOKUP(earn, SSC_redn, 2)))));LIC_max))
7.	CG tax			
	Tax prior to non-wasteable credits	CG_tax_init	B	Positive(CG_tax_incl-tax_credits) *(1-red_rate)
	Non-wasteable child credit	child_credit_nw	J	MIN(Tax(MIN((children=1)*child_cr1+(children='2')*child_cr2),' (positive(ex_inc_int-tax_inc_int), tax_sch), children*child_cr_max)
	Final CG tax	CG_tax_final	J	CG_tax_init-basic_cr_total-child_credit_nw

8.	State and local taxes			
	Regional tax	regional_tax	B	CG_tax_init*reg_tax_rate
	Local tax	local_tax	J	(local_rate+add_local_rate)*(CG_tax_init+regional_tax)
9.	Employees' soc security	SSC	B	Positive((earn)*SSC_rt-MIN(VLOOKUP(earn, SSC_redn,3), VLOOKUP(earn, SSC_redn, 3)-VLOOKUP(earn, SSC_redn, 4)*(earn-VLOOKUP(earn, SSC_redn, 2))))
		SSC_special	J	positive(Tax(tax_inc_total, SSC_special)
		SSC_total		SSC+SSC_special
11.	Cash transfers	cash_trans	J	MAX((Children>0)*CB_1+(Children>1)*CB_2,Children*(CB+VLOOKUP(earn-SSC,CS_Social,Children+2)+IF(Married,0,VLOOKUP(earn-SSC,CS_Single,Children+2))))
13.	Employer's soc security	empr_sch	B	Positive(earn*(SSC_empr_rt- PrP_redn)-(VLOOKUP(earn, SSC_empr_redn, 2)-VLOOKUP(earn, SSC_empr_redn, 3)*(earn-VLOOKUP(earn, SSC_empr_redn, 1))))

Key to range of equation B calculated separately for both principal earner and spouse P calculated for principal only (value taken as 0 for spouse calculation) J calculated once only on a joint basis.

Notes

[1] https://www.socialsecurity.be/site_fr/general/coronavirus/index.htm (French, Dutch or German only).

[2] https://finances.belgium.be/fr/particuliers/coronavirus/chomage-et-reprise-du-travail.

[3] https://finances.belgium.be/fr/entreprises/coronavirus/pr%c3%a9compte-professionnel.

Canada

This chapter includes data on the income taxes paid by workers, their social security contributions, the family benefits they receive in the form of cash transfers as well as the social security contributions and payroll taxes paid by their employers. Results reported include the marginal and average tax burden for eight different family types.

Methodological information is available for personal income tax systems, compulsory social security contributions to schemes operated within the government sector, universal cash transfers as well as recent changes in the tax/benefit system. The methodology also includes the parameter values and tax equations underlying the data.

Canada 2021

The tax/benefit position of single persons

Wage level (per cent of average wage)		67	100	167	67
Number of children		none	none	none	2
1. **Gross wage earnings**		49 605	74 037	123 642	49 605
2. **Standard tax allowances**					
Basic allowance					
Married or head of family					
Dependent children					
Deduction for social security contributions and income taxes		231	291	291	231
Work-related expenses					
Other					
	Total	231	291	291	231
3. **Tax credits or cash transfers included in taxable income**		0	0	0	0
4. **Central government taxable income (1 - 2 + 3)**		49 374	73 747	123 352	49 374
5. **Central government income tax liability (exclusive of tax credits)**		7 426	12 422	23 983	7 426
6. **Tax credits**					
Basic credit		2 260	2 260	2 260	2 260
Married or head of family		0	0	0	2 071
Other(CPP & EI)		460	565	565	460
	Total	2 720	2 825	2 825	4 791
7. **Central government income tax finally paid (5-6)**		4 706	9 597	21 159	2 635
8. **State and local taxes**		1 963	4 157	11 383	634
9. **Employees' compulsory social security contributions**					
Gross earnings		3 296	4 056	4 056	3 296
Taxable income (Provincial Health Care Levy)		600	750	750	600
	Total	3 896	4 806	4 806	3 896
10. **Total payments to general government (7 + 8 + 9)**		10 565	18 561	37 347	7 166
11. **Cash transfers from general government**					
For head of family		0	0	0	0
For two children		0	0	0	10 895
	Total	0	0	0	10 895
12. **Take-home pay (1-10+11)**		39 040	55 476	86 295	53 334
13. **Employer's compulsory social security contributions**		5 272	6 892	8 185	5 272
14. **Average rates**					
Income tax		13.4%	18.6%	26.3%	6.6%
Employees' social security contributions		7.9%	6.5%	3.9%	7.9%
Total payments less cash transfers		21.3%	25.1%	30.2%	-7.5%
Total tax wedge including employer's social security contributions		28.9%	31.5%	34.5%	2.8%
15. **Marginal rates**					
Total payments less cash transfers: Principal earner		35.2%	29.7%	43.4%	74.3%
Total payments less cash transfers: Spouse		n.a.	n.a.	n.a.	n.a.
Total tax wedge: Principal earner		41.6%	31.9%	44.5%	76.9%
Total tax wedge: Spouse		n.a.	n.a.	n.a.	n.a.

Canada 2021

The tax/benefit position of married couples

Wage level (per cent of average wage)		100-0	100-67	100-100	100-67
Number of children		2	2	2	none
1.	**Gross wage earnings**	74 037	123 642	148 074	123 642
2.	**Standard tax allowances**				
	Basic allowance				
	Married or head of family				
	Dependent children				
	Deduction for social security contributions and income taxes	291	521	581	521
	Work-related expenses				
	Other				
	Total	291	521	581	521
3.	**Tax credits or cash transfers included in taxable income**	0	0	0	0
4.	**Central government taxable income (1 - 2 + 3)**	73 747	123 121	147 493	123 121
5.	**Central government income tax liability (exclusive of tax credits)**	12 422	19 848	24 844	19 848
6.	**Tax credits**				
	Basic credit	2 260	4 520	4 520	4 520
	Married or head of family	2 071	0	0	0
	Other(CPP & EI)	565	1 025	1 130	1 025
	Total	4 896	5 544	5 649	5 544
7.	**Central government income tax finally paid (5-6)**	7 526	14 303	19 195	14 303
8.	**State and local taxes**	3 691	6 120	8 315	6 120
9.	**Employees' compulsory social security contributions**				
	Gross earnings	4 056	7 352	8 112	7 352
	Taxable income (Provincial Health Care Levy)	750	1 350	1 500	1 350
	Total	4 806	8 702	9 612	8 702
10.	**Total payments to general government (7 + 8 + 9)**	16 023	29 126	37 122	29 126
11.	**Cash transfers from general government**				
	For head of family	0	0	0	0
	For two children	6 373	3 559	2 170	0
	Total	6 373	3 559	2 170	0
12.	**Take-home pay (1-10+11)**	64 387	98 075	113 123	94 516
13.	**Employer's compulsory social security contributions**	6 892	12 164	13 784	12 164
14.	**Average rates**				
	Income tax	15.2%	16.5%	18.6%	16.5%
	Employees' social security contributions	6.5%	7.0%	6.5%	7.0%
	Total payments less cash transfers	13.0%	20.7%	23.6%	23.6%
	Total tax wedge including employer's social security contributions	20.4%	27.8%	30.1%	30.4%
15.	**Marginal rates**				
	Total payments less cash transfers: Principal earner	35.3%	35.3%	35.4%	29.7%
	Total payments less cash transfers: Spouse	32.1%	40.9%	35.4%	35.2%
	Total tax wedge: Principal earner	37.4%	37.4%	37.4%	31.9%
	Total tax wedge: Spouse	38.6%	46.8%	37.4%	41.6%

The national currency is the Canadian dollar (CAD). In 2021, CAD 1.25 was equal to USD 1. In that year, the average worker earned CAD 74 037 (Secretariat estimate).

1. Personal Income Tax Systems

1.1. Central/federal government income taxes

1.1.1. Tax unit

Under the present system, tax is levied on individuals separately; certain tax reliefs depend on family circumstances.

1.1.2. Tax allowances and credits

1.1.2.1. Standard reliefs

- Basic personal amount: Individual taxpayers can claim a non-refundable credit in respect of the Basic Personal Amount (BPA). Starting in 2020, there are two portions to the BPA, the original portion and the increased portion. On December 9, 2019, the government announced gradual increases to the BPA such that it would reach CAD 15 000 by 2023. These increases will implemented over the 2020 to 2023 period through annual increases in excess of inflation. The new, increased portion of the BPA will be subject to an income test beginning at a level of individual net income equivalent to the fourth federal tax bracket threshold (CAD 151 978 in 2021), and be fully phased out by the fifth federal bracket threshold (CAD 216 511 in 2021). Individuals with net income at or exceeding the fifth bracket threshold will continue to receive the BPA, but will not benefit from the supplemental increase. The maximum value of the credit (no reductions) in 2021 is CAD 2 071.20, which is calculated by applying the lowest personal income tax rate (15% in 2021) to the sum of the original BPA (CAD 12 421 in 2021) and the full value of the increase (CAD 1 387 in 2021).

- Credit for Spouse or Eligible Dependant: A taxpayer supporting a spouse or other eligible dependant receives a tax credit, which is set equal to the BPA. The above announcement of December 9, 2019 increased the credit for Spouse or Eligible Dependant in the same way as the BPA. The increased portion of these credits will be subject to the same income-test as the BPA, and will continue to be reduced dollar-for-dollar by the net income of the spouse or eligible dependant. The maximum value of the Credit for Spouse or Eligible Dependant is CAD 2 071.20 in 2021.

- Social security contributions: Starting in 2019, taxpayers were entitled to claim a deduction for the newly enhanced portions of the Canada Pension Plan (CPP) and the Quebec Pension Plan (QPP) (to a maximum amount of CAD 290.50 in 2021) (See Section 2.1.1. for more detail). The original base contributions to the CPP or QPP continue to be eligible for a 15% credit (to a maximum contribution of CAD 2 875.95 for the CPP and CAD 3 137.40 for the QPP). Taxpayers are also entitled to claim a 15% tax credit for their Employment Insurance (EI) premiums to a maximum contribution of CAD 889.54 outside Quebec; the EI premium rate is lower for Quebec residents, who also pay into the Quebec Parental Insurance Plan; the maximum combined credit for a Quebec resident is CAD 1 076.83.

- Canada Workers Benefit[1] (CWB): The CWB was enhanced in 2021 and now provides a non-wastable tax credit equal to 27% of each dollar of earned income in excess of CAD 3 000 to a maximum credit of CAD 1 395 for single individuals without dependents and CAD 2 403 for families (couples and single parents). The credit is reduced by 15% of net family income in excess of CAD

22 944 for single individuals and CAD 26 177 for families. This is the default national design; provinces may choose to propose jurisdiction-specific changes to this design, subject to certain principles. Starting in 2021 the secondary earner exemption was introduced to allow the spouse or common-law partner with the lower working income to exclude up to CAD 14 000 of their working income in the computation of their adjusted net income, for the purpose of the CWB phase-out.

- Canada Employment Tax Credit: A tax credit of up to CAD 188.55 on employment income.

1.1.2.2. Main non-standard tax reliefs applicable to an average worker:

A number of non-standard tax reliefs are available to the average worker in Canada. The main ones are:

- Medical expenses credit: Taxpayers are entitled to a 15% tax credit for an amount of eligible medical expenses that exceeds the lesser of 3% of net income or CAD 2 421.

- Charitable donations credit: The credit is 15% on the first CAD 200 of eligible charitable donations and 29% on eligible donations in excess of CAD 200, with the exception of donors with taxable income exceeding CAD 216 511, who may claim a 33% tax credit on the portion of total annual donations over CAD 200 made from taxable income greater than CAD 216 511. Eligible donations are those made to registered charities, to a maximum of 75% of net income.

- Registered pension plan contributions: Employees who are members of a registered pension plan are entitled to deduct their contributions to the plan. Employee contributions required to fund the actuarial benefit liabilities under a defined benefit registered pension plan are permitted (annual benefit accruals are limited to a maximum of 2% of earnings up to a dollar amount of CAD 3 169). Employee contributions to a defined contribution registered pension plan are limited to 18% of earned income up to a maximum of CAD 28 521.

- Registered retirement savings plan (RRSP) premiums: Individuals can deduct their contributions to an RRSP up to a limit of 18% of the previous year's earned income, to a maximum of CAD 27 830 a year, unless they are also accruing benefits under a registered pension plan or a deferred profit sharing plan. Members of those other plans are limited to RRSP contributions of 18% of the previous year's earned income to a maximum of CAD 27 830, minus a pension adjustment amount based on pension benefits accrued in the previous year.

- Union and professional dues: Individuals with annual dues paid to a trade union or an association of public servants or paying dues required to maintain a professional status recognised by statute are allowed to deduct such fees in computing taxable income.

- Moving expenses: Eligible moving expenses are deductible from income if the taxpayer moves at least 40 kilometres closer to a new place of employment.

- Child care expenses: A portion of child care expenses is deductible if incurred for the purpose of earning business or employment income, studying or taking an occupational training course or carrying on research for which a grant is received. The lower income spouse must generally claim the deduction. The amount of the deduction is limited to the least of:

  1. the expenses incurred for the care of a child;
  2. two thirds of the taxpayer's earned income; and
  3. CAD 8 000 for each child who is under age seven, and CAD 5 000 per child between seven and sixteen years of age (or older if has a mental or physical impairment, but not eligible for the Disability Tax Credit). The amount for a child who is eligible for Disability Tax Credit is CAD 11 000.

1.1.3. Tax schedule

2021 Federal Income Tax Rates

Taxable Income (CAD)	Rate (%)
0—49 020	15
49 020—98 040	20.5
98 040—151 978	26
151 978—216 511	29
216 511 and over	33

1.2. State and local income taxes

1.2.1. General description

All provinces and territories levy their own personal income taxes. All, with the exception of Quebec, have a tax collection agreement with the federal government, and thus use the federal definition of taxable income. They are free to determine their own tax brackets, rates and credits. Quebec collects its own personal income tax and is free to determine all of the tax parameters, including taxable income. In practice, its definition of taxable income is broadly similar to the federal definition.

1.2.2. Tax regime selected for this study

The calculation of provincial tax for the average worker study assumes the worker lives in Ontario, the most populous of the 10 provinces and 3 territories. The main features of the Ontario tax system relevant to this report are summarised below:

Tax Schedule

Income Bracket (CAD)	Rate (%)
0—45 142	5.05
45 142 —90 287	9.15
90 287—150 000	11.16
150 000—220 000	12.16
Over 220 000	13.16

Surtax

Provincial tax after accounting for wastable credits	Surtax Rate
Amounts Exceeding CAD 4 874	20% of the excess amount
Amounts Exceeding CAD 6 237	36% of the excess amount

Wastable tax credits

- A basic tax credit of CAD 549.44.
- A maximum credit of CAD 466.52 for a dependant spouse or eligible dependant that is withdrawn as the income of the spouse or eligible dependant exceeds CAD 924 and is completely withdrawn when the income of the spouse is at least CAD 10 162.
- 5.05% of contributions made to the Canada Pension Plan and of Employment Insurance premiums.
- A maximum credit[2] of the lower of CAD 850 or 5.05% of earned income per filer with earned income that is reduced by 10% of the greater of:
    - Adjusted individual net income over CAD 30 000
    - Adjusted family net income over CAD 60 000.

Tax Reduction

An earner is entitled to claim a tax reduction where the initial entitlement is equal to CAD 251 plus CAD 464 for each dependent child under the age of 19. Where someone has a spouse, only the spouse with the higher net income can claim the dependent child tax reduction. If this amount is greater or equal to the liable provincial tax, then no tax is due. If the amount is less than the liable tax, then the actual tax reduction is equal to twice the initial entitlement amount less the liable tax (if this calculation is zero or negative, the reduction is equal to zero).

2. Compulsory Social Security Contributions to Schemes Operated Within the Government Sector

2.1. Employees' contributions

2.1.1. Pensions

Generally, all employees are eligible for coverage under the CPP or QPP. Starting in 2019, as part of the CPP and QPP enhancements announced in 2016 and 2017 respectively, a 1-percentage point increase in employee and employer contributions will be phased-in over five years. Employee contributions with respect to the enhanced portion of the CPP and QPP (i.e., the additional contributions associated with the higher contribution rate – additional 0.15% of income for 2019, 0.30% for 2020, and 0.50% for 2021) can be claimed as a deduction for federal tax purposes (a deduction for employee contributions to the enhanced portion of the CPP and QPP will also be claimed for Quebec income tax purposes) to a maximum of CAD 290.50 for a total maximum contribution of CAD 3 166.45 (CAD 3 427.90 in Quebec). Employee contributions with respect to the base portion of the CPP at a rate of 4.95% of income (5.40% for the QPP) will continue to be claimed as a wastable tax credit at the rate of 15% (to a maximum contribution of CAD 2 875.95 and CAD 3 137.40 for the CPP and QPP respectively). Income subject to contributions is earnings (wages and salaries) less a CAD 3 500 basic exemption. The maximum base contribution of CAD 2 875.95 is reached at an earnings level of CAD 61 600 (i.e. (CAD 61 600 - CAD 3 500) x 4.95% = CAD 2 875.95). Employers are also required to contribute to the CPP or QPP on behalf of their employees at the same rate and can deduct their contributions from taxable income (refer to Section 2.2.1).

Self-employed persons must also contribute to the CPP or QPP on their own behalf. However, the self-employed are required to contribute at the combined employer/employee rate on their earnings. Self-employed individuals will continue to pay both the employee and employer portion at a rate of 10.9% and 11.8% per cent respectively after the phase-in of increased contributions under the enhanced CPP and QPP. Self-employed individuals will continue to claim a wastable tax credit at the rate of 15% on the employee share of contributions to the base portion of the CPP and QPP (same as employees). For the remaining amounts, the entire enhanced portion and the base employer portion, self-employed individuals will claim a maximum deduction of CAD 3 166.45 (CAD 3 427.90 in Quebec).

2.1.2. Sickness

There is no national sickness benefit plan administered by the federal government. However, all provinces have provincially administered health care insurance plans. Three provinces, Quebec, Ontario, and British Columbia, levy health premiums on individuals separately from the personal income tax to help finance their health programmes.

In the case of Ontario, the premium is determined based on taxable income. Individuals who earn up to CAD 20 000 are exempt. The premium is phased-in with a number of different rates to a maximum of CAD 900 for taxable income levels greater than CAD 200 600. The following table provides further details on the structure that is applicable in 2021.

The Ontario Health Premium		
Taxable Income	Fixed Component (CAD)	Variable Component
0—CAD 20 000	0	
CAD 20 000—CAD 25 000	0	6% of the taxable income in excess of CAD 20 000
CAD 25 000—CAD 36 000	300	
CAD 36 000—CAD 38 500	300	6% of the taxable income in excess of CAD 36 000
CAD 38 500—CAD 48 000	450	
CAD 48 000—CAD 48 600	450	25% of the taxable income in excess of CAD 48 000
CAD 48 600—CAD 72 000	600	
CAD 72 000—CAD 72 600	600	25% of the amount of taxable income in excess of CAD 72 600
CAD 72 600—CAD 200 000	750	
CAD 200 000—CAD 200 600	750	25% of the amount of taxable income in excess of CAD 200 000
Over CAD 200 600	900	

2.1.3. Unemployment

In general, all employees are eligible for Employment Insurance (EI). Eligibility to receive benefits is determined by insurable hours worked (with a minimum entry threshold of 420 to 700 hours, depending on region and the unemployment rate at the time the claim for benefits starts). For 2021, employees outside Quebec are required to contribute at the rate of 1.58% of insurable earnings. Insurable earnings are earnings (wages and salaries) up to a maximum of CAD 56 300 per year. The maximum employee contribution is therefore CAD 889.54 per year. EI contributions give rise to a tax credit equal to 15% of the amount contributed. Employers are also required to contribute to the plan. (See Section 2.23)

Quebec residents contribute to EI at a rate of 1.18%; the same earnings ceiling applies. They also contribute to the Quebec Parental Insurance Plan at a rate of 0.494% of insurable earnings; maximum insurance earnings for 2021 are CAD 83 500. For a Quebec resident, the maximum employee contribution (EI plus Quebec Parental Insurance Plan) is CAD 1 076.83.

2.1.4. Work injury

See section 2.2.4.

2.2. Employers' contributions

2.2.1. Pensions

Employers are required to contribute to the CPP on behalf of their employees an amount equal to their employees' contributions. Thus, employers also contribute at the rate of 5.45% of earnings (less the CAD 3 500 earnings exemption) to a maximum of CAD 3 166.45. For the QPP, the contribution rate is 5.90% of earnings, to a maximum of CAD 3 427.90.[3]

2.2.2. Sickness

There is no national sickness benefit plan administered by the federal government. However, all provinces have provincially administered health care insurance plans. Three provinces levy a special tax on employer payrolls to finance health services (Québec and Ontario) or health services and education (Manitoba). These payroll taxes are deductible from the employer's income subject to tax. In the case of the province of Ontario, employers pay an Employer Health Tax on the value of their payroll, tax rates varying from 0.98% on Ontario payroll less than CAD 200 000, up to 1.95% for payroll that exceeds CAD 400 000. Certain employers are eligible for a higher exemption of CAD 1 000 000.

2.2.3. Unemployment

Employers are required to contribute to the employment insurance scheme. The general employer contribution is 1.4 times the employee contribution, that is, 2.21% of insurable earnings (outside Quebec). Premiums are adjusted for employers who provide sick pay superior to payments provided under the employment insurance regime. All employment insurance contributions are deductible from the employer's income subject to tax.

2.2.4. Work injury

There is no national work injury benefit plan administered by the federal government. However, employers are required to contribute to a provincial workers' compensation plan which pays benefits to workers (or their families in case of death) for work related illness or injury. The employer contribution rates, which vary by industry and province, are related to industry experience of work related illness and injury. Premiums are deductible from the employer's income subject to tax. In the case of Ontario, employers broadly corresponding to industry Sectors B-N inclusive pay, on average, 1.40% of the wages paid to each employee to a maximum of CAD 97 308.

3. Universal Cash Transfers

3.1. Transfers related to marital status

None.

3.2. Transfers for dependent children

3.2.1. Federal

Children's benefits are provided through the Canada Child Benefit (CCB). In the autumn of 2017, the Government announced that the CCB benefit amounts and income thresholds will be indexed to inflation starting with payments in July 2018. Entitlement to the CCB for the July 2021 to June 2022 benefit year is based on 2020 adjusted family net income. The CCB provides a maximum benefit of CAD 6 922 per child under age six and CAD 5 840 per child for those aged six through seventeen. On the portion of adjusted family net income between CAD 32 445 and CAD 70 297, the benefit is phased out at a rate of 7% for a one-child family, 13.5% for a two-child family, 19% for a three-child family and 23% for larger families. Where adjusted family net income exceeds CAD 70 297, remaining benefits are phased out at rates of 3.2% for a one-child family, 5.7% for a two-child family, 8% for a three-child family and 9.5% for larger families, on the portion of income above CAD 70 297. The Goods and Services Tax Credit provides a relief of CAD 302 for each adult 19 years of age or older and CAD 159 for each dependent child under the age of 19. Single tax filers without children and with an employment income higher than CAD 9 812 receive an additional CAD 159 that is phased in at a rate of 2%. Single tax filers with children receive an additional CAD 159 that is not subject to phase-in. The credit received for the first dependent child of a single parent is also increased from CAD 159 to CAD 302. The total amount is reduced at a rate of 5% of net family income over CAD 39 398. The amount is paid directly to families.[4]

3.2.2. Provincial

For each child under eighteen, qualifying families can receive up to CAD 1 493 from the Ontario Child Benefit. The benefit is withdrawn at a rate of 8% of family income that exceeds CAD 22 796.

Ontario has a Sales Tax Credit that provides a relief of up to CAD 320 for each adult and each child. It is reduced by 4% of adjusted family net income over CAD 24 648 for single people and over CAD 30 810 for families. The amount is paid directly to families.

4. Main changes in the Tax/Benefit system since 2009

4.1. Changes to labour taxation due to the COVID pandemic in 2020 and 2021[5]

4.1.1. CCB: extra payments

An extra CAD 300 per child was delivered through the Canada Child Benefit (CCB) to families already receiving the CCB for the 2019-20 benefit year delivered in May 2020.

A temporary support of up to CAD 1 200 delivered to families which have children under the age of 6[6] and are entitled to the CCB:

- CAD 300 per child with family net income equal to or less than CAD 120 000, and
- CAD 150 per child with family net income above CAD 120 000.
- Payment dates are May, July, and October 2021.

4.1.2. GST credit: one-time supplementary payment and extending benefit payments

A one-time special payment through the Goods and Services Tax credit for low- and modest-income families was delivered in April 2020. The amount was calculated based on information from tax filers' 2018 income tax and benefit return. The maximum amounts for the 2019-20 benefit year were effectively doubled increasing from:

- CAD 443 to CAD 886 for singles
- CAD 580 to CAD 1 160 for couples
- CAD 153 to CAD 306 for each child under the age of 19 (excluding the first eligible child of a single parent)
- CAD 290 to CAD 580 for the first eligible child of a single parent.

4.2. Identification of an Average Worker

The earnings data refer to production workers in the industries B to N. To obtain the annual average wage figure, the average weekly earnings for the year for employees (including overtime) are multiplied by 52. [7]

4.3. Employer contributions to private health and pension schemes

These do exist but no information is available on the amounts involved.

242 |

2021 Parameter values

Average earnings/yr	Ave_earn	74 037	Secretariat estimate	
Tax credits BPA - original	BPA_org	12 421		
Tax credits BPA - increased	BPA_ins	1 387		
First threshold	BPA_ins_thrsh1	151 978		
Second threshold	BPA_ins_thrsh2	216 511		
Reduction rate	BPA_ins_redn	0.0215		
withdrawal rate	Sp_crd_wth	0.15		
Threshold	Sp_crd_thrsh	0		
Canada Employment Tax Credit	Empl_crd	188.55		
Canada Child Benefit amount per child under 6	ccb_credit1	6 922		
Canada Child Benefit amount per child aged 6-17	ccb_credit2	5 840		
First threshold	ccb_crd_thrsh1	32 445		
Second threshold	ccb_crd_thrsh2	70 297		
Frist reduction rate – 1 child	ccb_1st_redn1	0.070		
Frist reduction rate – 2 children	ccb_1st_redn2	0.135		
Frist reduction rate – 3 children	ccb_1st_redn3	0.190		
Frist reduction rate – 4+ children	ccb_1st_redn4	0.230		
Second reduction rate – 1 child	ccb_2nd_redn1	0.032		
Second reduction rate – 2 children	ccb_2nd_redn2	0.057		
Second reduction rate – 3 children	ccb_2nd_redn3	0.080		
Second reduction rate – 4+ children	ccb_2nd_redn4	0.095		
Canada Workers Benefit (CWB)				
CWB–Phase-in Threshold	CWB_phzin_thrsh	3 000		
CWB–Phase-in Rate	CWB_phzn_rt	0.27		
CWB–Maximum Credit (per Adult/Equiv.)	CWB_max	1 395		
CWB–Addl. Maximum Credit (Fam.)	CWB_max_fam	1 008		
CWB–Reduction Rate	CWB_phzout_rt	0.15		
CWB–Threshold	CWB_phzout_thrsh	22 944		
CWB–Addl. Threshold (Fam.)	CWB_phzn_thrsh_fam	3 233		
CWB-Secondary Earner Exemption	CWB_see	14 000		
Federal tax schedule	Fed_sch	0.15	49 020	
		0.205	98 040	
		0.26	151 978	
		0.29	216 511	
		0.33		
Canada pension plan rate (creditable)	CPP_rate	0.0495		
Canada pension plan rate – enhanced (deductible)	CPP_ratededuc	0.0050		
exemption	CPP_ex	3 500		
Upper bound	CPP_up	61 600		
max contrib.(creditable portion)	CPP_max	2 875.95		
Unemployment ins.rate	Unemp_rate	0.0158		
max contrib.	Unemp_max	889.54		
Social security tax credit rate	ssc_crd_rate	0.15		
employer contrib. mult.	Unemp_emplr	1.4		
GST adult credit	GST_crd_ad	302		
child credit	GST_crd_ch	159		
threshold	GST_crd_thrsh	39 398		
reduction rate	GST_crd_redn	0.05		
single supplement	GST_crd_sgsp	159		
single supplement eligibility threshold	GST_sgsp_thrsh	9 812		
single supplement phase-in rate	GST_sgsp_rate	0.02		

Province: Ontario				
Tax Credits	P_basic_crd	549.44		
Spouse	P_spouse_crd	466.52		
withdrawal rate	P_sp_crd_wd	0.0505		
threshold	P_sp_crd_thr	924		
Social security tax credit rate	P_ssc_tc_rt	0.0505		
Surtax rate 1	P_sur_rt1	0.20		
threshold	P_sur_thr1	4 874		
rate 2	P_sur_rt2	0.36		
threshold	P_sur_thr2	6 237		
Tax reduction	P_tax_red	251		
amount per dependent	P_tr_chld	464		
Low-income Individuals and Families Tax Credit (LIFT)				
amount	P_LIFT_crd	850		
threshold for singles	P_LIFT_sg_thr	30000		
threshold for couples	P_LIFT_cp_thr	60000		
phase-in rate	P_LIFT_phzn_rt	0.0505		
phase-out rate	P_LIFT_phzout_rt	0.1		
Provincial tax schedule	Prov_sch	0.0505	45 142	
		0.0915	90 287	
		0.1116	150 000	
		0.1216	220 000	
		0.1316		
Ontario Child Benefit				
amount per child	P_ch_amt	1 493		
threshold	P_ch_thresh	22 796		
reduction rate	P_ch_redn_rate	0.08		
Sales tax credits				
sales tax credit adult	P_sales_cred	320		
sales tax credit child	P_salcr_chd	320		
threshold	P_ps_thresh	24 648		
threshold seniors/families	P_ps_thr_sen	30 810		
reduction rate	P_ps_red_rt	0.04		
Ontario Health Premium	P_hlth_sch	20 000	0	0
		25 000	0.06	0
		36 000	0	300
		38 500	0.06	300
		48 000	0	450
		48 600	0.25	450
		72 000	0	600
		72 600	0.25	600
		200 000	0	750
		200 600	0.25	750
maximum	P_hlth_max	900		
Employer Health Tax	emp_healthtax	0.0195		
Employer Workers Compensation Levy	emp_workcomp	0.0140		
Employer Workers Compensation Levy Ceiling	emp_workcomp_ceil	97 308		

2021 Tax equations

The equations for the Canadian system are mostly repeated for each individual of a married couple. But the spouse credit is relevant only to the calculation for the principal earner and the non-wastable credits are calculated only once. This is shown by the Range indicator in the table below.

The functions which are used in the equations (Taper, MIN, Tax etc) are described in the technical note about tax equations. Variable names are defined in the table of parameters above, within the equations table, or are the standard variables "married" and "children". A reference to a variable with the affix "_total" indicates the sum of the relevant variable values for the principal and spouse. And the affixes "_princ" and "_spouse" indicate the value for the principal and spouse, respectively. Equations for a single person are as shown for the principal, with "_spouse" values taken as 0.

	Line in country table and intermediate steps	Variable name	Range	Equation
1.	Earnings	earn		
2.	Allowances	tax_al	B	CPP_deduc
	Enhanced CPP contribution (deductible portion)	CPP_deduc	B	CPP_ratededuc*MINA(Positive(earn-CPP_ex),(CPP_up-CPP_ex))
	Net income	Net_inc	B	Earn - tax_al
3.	Credits in taxable income	taxbl_cr		0
4.	CG taxable income	tax_inc	B	Net_inc - taxbl_cr
5.	CG tax before credits	CG_tax_bc	B	Tax(tax_inc, Fed_sch)
6.	Tax credits :			
	Basic credit	basic_cr	P	BPA_org*0.15 +0.15*Taper(BPA_ins, MINA(earn,BPA_ins_thrsh2),BPA_ins_thrsh1,BPA_ins_redn) + Empl_crd
			S	IF(AND(Married=1, earn_spouse >0),BPA_org*0.15 +0.15*Taper(BPA_ins, MINA(earn_spouse,BPA_ins_thrsh2),BPA_ins_thrsh1,BPA_ins_redn),0) +IF(AND(Married=0, tax_inc_spouse >0),BPA_org*0.15- Taper(BPA_org*0.15, tax_inc_spouse,Sp_crd_thrsh,Sp_crd_wth) +0.15*Taper(BPA_ins, MINA(earn_spouse,BPA_ins_thrsh2),BPA_ins_thrsh1,BPA_ins_redn),0) +(earn_spouse>0)*Empl_crd
	Spouse credit	spouse_cr	P	IF(OR(Married=1,Children>0),Taper(BPA_org*0.15 +0.15*Taper(BPA_ins, MINA(tax_inc_spouse,BPA_ins_thrsh2),BPA_ins_thrsh1,BPA_ins_redn), earn_spouse,Sp_crd_thrsh,Sp_crd_wth),0)
	Social security	ssc_cr	B	ssc_crd_rate*SSC
	Total (wastable) tax credits	tax_cr	B	basic_cr+spouse_cr+ssc_cr
	Canada Workers Benefit	CWB	J	MAX(0,MIN((CWB_max+CWB_max_fam*OR(Married=1,Children>0)),(CWB_phzn_rt*MAX(0,F_EARN-CWB_phzin_thrsh)))- MAX(0,CWB_phzout_rt*MAX(0,(F_NETINC)- MIN(CWB_see,S_EARN,S_NETINC)- (CWB_phzout_thrsh+CWB_phzn_thrsh_fam*OR(Married=1,Children>0)))))
7.	CG tax	CG_tax	B	Positive(CG_tax_bc-tax_cr)- CWB
8.	State and local taxes			
	Liable provincial tax	Prov_tax_sch	B	Tax(tax_inc, Prov_sch)
	Provincial tax credits	Prov_tax_cred	P	P_basic_crd+P_ssc_tc_rt*SSC_princ+IF(AND(Married=0, Children>0), P_spouse_crd, Married*Taper(P_spouse_crd, net_inc_spouse, P_sp_crd_thr, P_sp_crd_wd))
			S	(net_inc_spouse>0)*(P_ssc_tc_rt*SSC_spouse)+ OR(Married=1,Children>0)*P_basic_crd
	Provincial surtax	Prov_surtax	B	P_sur_rt1*Positive(Prov_tax_sch-Prov_tax_cred-

			P_sur_thr1)+P_sur_rt2*Positive(Prov_tax_sch-Prov_tax_cred-P_sur_thr2)
	Provincial tax reduction	Prov_tax_redn	B	MAX(2*(P_tax_red+Children*P_tr_chld)-(Prov_tax_sch-Prov_tax_cred+Prov_surtax), 0)
	Low-income Individuals and Families Tax Credit (LIFT)	Prov_LIFT_crd	J	IF(Married=1,MIN(Taper(MIN(P_LIFT_crd,earn*P_LIFT_phzn_rt), net_inc_total, P_LIFT_cp_thr, P_LIFT_phzout_rt), Taper(MIN(P_LIFT_crd,earn*P_LIFT_phzn_rt),net_inc,P_LIFT_sg_thr,P_ LIFT_phzout_rt)),Taper(MIN(P_LIFT_crd,net_inc*P_LIFT_phzn_rt),net_in c,P_LIFT_sg_thr,P_LIFT_phzout_rt))
	Liable provincial tax	Prov_tax	B	Positive(Prov_tax_sch - Prov_tax_cred + Prov_surtax -Prov_tax_redn – Prov_LIFT_crd)

9.	Employees' soc security:			
	Canada Pension Plan contribution (creditable portion)	CPP_cred	B	CPP_rate*MINA(Positive(earn-CPP_ex),(CPP_up-CPP_ex))
	Canada Pension Plan (total)	CPP	B	CPP_deduc+CPP_cred
	Unemployment insurance	Unemp	B	MIN(Unemp_rate*earn,Unemp_max)
	State health premium	Prov_health	B	MIN(Hstep(tax_inc,P_hlth_sch),P_hlth_max)
	Total Employees' soc security	SSC	B	CPP+Unemp+Prov_health
11.	Cash transfers (nonwastable)			
	Canada Child Benefit	CCB	P	Taper(Taper(Children*ccb_credit2,MINA(net_inc_total, ccb_crd_thrsh2), ccb_crd_thrsh1, IF(children=1, ccb_1st _redn1, IF(children=2, ccb_1st _redn2, IF(children=3, ccb_1st _redn3, IF(children>3, ccb_1st _redn4, 0)))), net_inc_total, ccb_crd_thrsh2, IF(children=1, ccb_2nd _redn1, IF(children=2, ccb_2nd _redn2, IF(children=3, ccb_2nd _redn3, IF(children>3, ccb_2nd _redn4, 0)))))
	GST Credit - Total	GST_cr	P	Taper((GST_crd_ad+(Married=1)*(GST_crd_ad+Children*GST_crd_ch)+(Married=0)*(Children>0)*(GST_crd_ad+GST_crd_sgsp+Positive(Children-1)*GST_crd_ch)+(Married=0)*(Children=0) *Positive(MIN(GST_crd_sgsp, (net_inc_total-GST_sgsp_thrsh)*GST_sgsp_rate))), net_inc_total, GST_crd_thrsh, GST_crd_redn)
	GST Credit - Adult	GST_cr_adult	P	Taper((GST_crd_ad+(Married=1)*(GST_crd_ad)+(Married=0)*Positive(MI N(GST_crd_sgsp, (net_inc_total-GST_sgsp_thrsh) *GST_sgsp_rate))), net_inc_total, GST_crd_thrsh, GST_crd_redn)
	GST Credit - Child	GST_cr_child	P	GST_cr-GST_cr_adult
	Ontario Child Benefit	Prov_child_ben	P	Taper(Children*P_ch_amt,net_inc_total,P_ch_thresh,P_ch_redn_rate)
	Ontario sales tax credit	Prov_sales_cr	P	Taper(IF(Married=1,2,1)*P_sales_cred+Children*P_salcr_chd,net_inc_tot al,IF(Married+Children=0, P_ps_thresh,P_ps_thr_sen), P_ps_red_rt)
	Total Cash Transfers	Cash_tran	P	CCB + GST_cr_child +Prov_child_ben+Prov_sales_cr
13.	Employer's soc security:			
	Canada Pension Plan	CPP_empr	B	CPP
	Unemployment insurance	Unemp_empr	B	Unemp*Unemp_emplr
	Ontario Employers Health Tax	Health_empr	B	earn*emp_healthtax
	Ontario Workers Compensation	Comp_empr	B	MIN(earn, emp_workcomp_ceil)*emp_workcomp
	Total Employer's soc security	SSC_empr	B	CPP_empr+Unemp_empr+Health_empr+Comp_empr

Key to range of equation B calculated separately for both principal earner and spouse P calculated for principal only (value taken as 0 for spouse calculation) J calculated once only on a joint basis.

Notes

[1] The Canada Workers Benefit (CWB) represents a rebranding and enhancement to the previous Working Income Tax Benefit (WITB) effective for the 2019 tax year. In 2021, it was again enhanced with increases to the phase-in rate from 26 per cent to 27 per cent, the phase-out thresholds from CAD 13 194 to CAD 22 944 for single individuals without dependants and from CAD 17 522 to CAD26 177 for families, and the phase-out rate from 12 per cent to 15 per cent. In addition, a secondary earner exemption was added to allow the spouse or common-law partner with the lower working income to exclude up to CAD14,000 of their working income in the computation of their adjusted net income, for the purpose of the CWB phase-out.

[2] Ontario implemented a new low-income credit in 2019 named the Low-income Individuals and Families Tax (LIFT) credit.

[3] Contributions rates will continue to gradually increase until the 2023 tax year as the 1-percentage-point increase is phased-in as part of the enhancements to CPP and QPP.

[4] The payments that relate to income from the 2020 tax year and shown in the 2020 model are payable between July 2021 and June 2022. The amounts shown in this Report assume indexation of 1.9% for the 2020 tax year (and 2021-22 benefit year); the actual indexation parameter will be announced in December 2020.

[5] Notwithstanding note 4, COVID-19 related temporary increases to the CCB and GSTC are captured in the Canada 2020 Taxing Wages model even though the income eligibility for these new COVID-related benefits is actually based on the information from tax filers' 2018 income tax and benefit returns and they were paid in April and May of 2020.

[6] Due that in the OECD Taxing Wages model, any children in the household are assumed to be aged between six and eleven inclusive, this policy does not have impact on the model for Canada.

[7] The average wage is calculated by the Department of Finance using data from Statistics Canada's Survey of Employment, Payrolls and Hours.

Chile

This chapter includes data on the income taxes paid by workers, their social security contributions, the family benefits they receive in the form of cash transfers as well as the social security contributions and payroll taxes paid by their employers. Results reported include the marginal and average tax burden for eight different family types.

Methodological information is available for personal income tax systems, compulsory social security contributions to schemes operated within the government sector, universal cash transfers as well as recent changes in the tax/benefit system. The methodology also includes the parameter values and tax equations underlying the data.

Chile 2021

The tax/benefit position of single persons

Wage level (per cent of average wage)		67	100	167	67
Number of children		none	none	none	2
1.	**Gross wage earnings**	7 220 469	10 776 819	17 997 288	7 220 469
2.	**Standard tax allowances**				
	Basic allowance	0	0	0	0
	Married or head of family				
	Dependent children				
	Deduction for social security contributions and income taxes	505 433	754 377	1 259 810	505 433
	Work-related expenses				
	Other	849 849	1 268 432	2 118 281	849 849
	Total	1 355 282	2 022 809	3 378 091	1 355 282
3.	**Tax credits or cash transfers included in taxable income**	0	0	0	0
4.	**Central government taxable income (1 - 2 + 3)**	5 865 187	8 754 010	14 619 197	5 865 187
5.	**Central government income tax liability (exclusive of tax credits)**	0	0	233 740	0
6.	**Tax credits**				
	Basic credit				
	Married or head of family				
	Children	0	0	0	272 727
	Other				
	Total	0	0	0	272 727
7.	**Central government income tax finally paid (5-6)**	0	0	233 740	0
8.	**State and local taxes**	0	0	0	0
9.	**Employees' compulsory social security contributions**				
	Gross earnings	505 433	754 377	1 259 810	505 433
	Taxable income				
	Total	505 433	754 377	1 259 810	505 433
10.	**Total payments to general government (7 + 8 + 9)**	505 433	754 377	1 493 550	505 433
11.	**Cash transfers from general government**				
	For head of family				
	For two children	973 500	0	0	2 263 720
	Total	973 500	0	0	2 263 720
12.	**Take-home pay (1-10+11)**	7 688 536	10 022 442	16 503 738	8 978 756
13.	**Employer's compulsory social security contributions**	0	0	0	0
14.	**Average rates**				
	Income tax	0.0%	0.0%	1.3%	0.0%
	Employees' social security contributions	7.0%	7.0%	7.0%	7.0%
	Total payments less cash transfers	-6.5%	7.0%	8.3%	-24.4%
	Total tax wedge including employer's social security contributions	-6.5%	7.0%	8.3%	-24.4%
15.	**Marginal rates**				
	Total payments less cash transfers: Principal earner	7.0%	7.0%	10.2%	7.0%
	Total payments less cash transfers: Spouse	n.a.	n.a.	n.a.	n.a.
	Total tax wedge: Principal earner	7.0%	7.0%	10.2%	7.0%
	Total tax wedge: Spouse	n.a.	n.a.	n.a.	n.a.

Chile 2021

The tax/benefit position of married couples

		Wage level (per cent of average wage)	100-0	100-67	100-100	100-67
		Number of children	2	2	2	none
1.	**Gross wage earnings**		10 776 819	17 997 288	21 553 638	17 997 288
2.	**Standard tax allowances**					
	Basic allowance		0	0	0	0
	Married or head of family					
	Dependent children					
	Deduction for social security contributions and income taxes		754 377	1 259 810	1 508 755	1 259 810
	Work-related expenses					
	Other		1 268 432	2 118 281	2 536 863	2 118 281
		Total	2 022 809	3 378 091	4 045 618	3 378 091
3.	**Tax credits or cash transfers included in taxable income**		0	0	0	0
4.	**Central government taxable income (1 - 2 + 3)**		8 754 010	14 619 197	17 508 020	14 619 197
5.	**Central government income tax liability (exclusive of tax credits)**		0	0	0	0
6.	**Tax credits**					
	Basic credit					
	Married or head of family					
	Children		272 727	272 727	272 727	0
	Other					
		Total	272 727	272 727	272 727	0
7.	**Central government income tax finally paid (5-6)**		0	0	0	0
8.	**State and local taxes**		0	0	0	0
9.	**Employees' compulsory social security contributions**					
	Gross earnings		754 377	1 259 810	1 508 755	1 259 810
	Taxable income					
		Total	754 377	1 259 810	1 508 755	1 259 810
10.	**Total payments to general government (7 + 8 + 9)**		754 377	1 259 810	1 508 755	1 259 810
11.	**Cash transfers from general government**					
	For head of family					
	For two children		2 750 000	2 813 720	2 750 000	1 578 500
		Total	2 750 000	2 813 720	2 750 000	1 578 500
12.	**Take-home pay (1-10+11)**		12 772 442	19 551 198	22 794 883	18 315 978
13.	**Employer's compulsory social security contributions**		0	0	0	0
14.	**Average rates**					
	Income tax		0.0%	0.0%	0.0%	0.0%
	Employees' social security contributions		7.0%	7.0%	7.0%	7.0%
	Total payments less cash transfers		-18.5%	-8.6%	-5.8%	-1.8%
	Total tax wedge including employer's social security contributions		-18.5%	-8.6%	-5.8%	-1.8%
15.	**Marginal rates**					
	Total payments less cash transfers: Principal earner		7.0%	7.0%	7.0%	7.0%
	Total payments less cash transfers: Spouse		6.1%	7.0%	7.0%	7.0%
	Total tax wedge: Principal earner		7.0%	7.0%	7.0%	7.0%
	Total tax wedge: Spouse		6.1%	7.0%	7.0%	7.0%

Chile's national currency is the peso (CLP). For 2021, the average exchange rate was CLP 759.27 to USD 1.[1] That same year, the average worker in Chile earned 10 776 819 (country estimate).[2]

Taxes allowances and tax thresholds for the personal income tax system and upper earnings limits for social security contributions are determined using and expressed in CPI-indexed units. As of December 30, 2021, the following currency values applied to these units:

Major revenue items	Unit	CLP	USD
Social security contributions	Unidad de Fomento[1] (UF)	30 991.74	40.82
Monthly tax thresholds	Unidad Tributaria Mensual (UTM)	54 171	71.35
Annual tax thresholds	Unidad Tributaria Anual (UTA)	650 052	856.15

1. This amount is subject to daily adjustment in line with the CPI and is compared with monthly earnings in the assessment of social security contributions

1. Personal income tax system

1.1. Central/federal government income taxes

1.1.1. Tax unit

Each family member declares and pays taxes separately.

1.1.2. Tax allowances and credits

1.1.2.1. Standard tax reliefs

- Education tax credit: Parents with children attending preschool, primary, special or secondary education, with a total annual taxable income (both parents) of up to CLP 24 545 458 (UF 792), are entitled to a tax credit of CLP 136 364 (UF 4.4) per child, for expenses related to education. Children shall have a minimal school attendance of 85% and the school must be recognized by the State. This tax credit can be claimed by both parents, or only by one of them.

- Relief for social security contributions: Employee's compulsory social insurance contributions are deductible for income tax purposes regardless of whether they are paid to government or private health insurers. (See section 2.1 below).

1.1.2.2. Main non-standard tax reliefs

- Voluntary contributions and APV (Voluntary Pension Fund Savings): Voluntary contributions to pension funds and voluntary pension savings fund (APV) may be deducted from taxable income, with an annual upper limit of CLP 18 595 044 (UF 600.)

- Mortgage Interest: Taxpayers whose annual income falls below CLP 58 504 680 (UTA 90) may deduct from their taxable income 100% of interest paid within a year for mortgage loans. This percentage is reduced in the case of taxpayers with higher incomes up to CLP 97 507 800 (UTA 150). This relief cannot be granted along-side the DFL2 Housing Mortgage Loan Payments benefit, and cannot exceed CLP 5 200 416 (UTA 8) per annum.

1.1.3. Tax schedule

Tax rates are applied on monthly income and these taxes are retained and paid by employers. In order to estimate taxes, tax rates are applied on an annual basis, on the annual average income (starting of 1

January 2021, the maximum marginal tax rate was raised from 35% to 40%, and the number of tax brackets was augmented from seven to eight):

Taxable income (UTA)	Taxable income (CLP thousands)	Tax rates
0 -13.5	000 - 8 776	EXEMPT
13.5 - 30	8 776 - 19 502	4.0%
30 - 50	19 502 - 32 503	8.0%
50 - 70	32 503 - 45 504	13.5%
70 - 90	45 504 - 58 505	23.0%
90 - 120	58 505 - 78 006	30.4%
120 - 310	78 006 - 201 516	35.0%
310 and over	201 516 - and more	40.0%

As of 1 January 2017, the President of the Republic, Ministers, Undersecretaries, Senators and Deputies have tax thresholds and rates applicable specifically to their income, if it is higher than 150 UTA:

Taxable income (UTA)	Taxable income (CLP thousands)	Tax rates
0–13.5	000 - 8 776	exempt
13.5–30	8 776 - 19 502	4%
30–50	19 502 - 32 503	8%
50–70	32 503 - 45 504	13.5%
70–90	45 504 - 58 505	23%
90–120	58 505 - 78 006	30.4%
120 – 150	78 006 – 97 507	35%
150 and over	97 507 - and more	40%

1.2. State and local income taxes

No taxes apply to income at state or local government level.

2. Compulsory social security contributions to schemes operated within the government sector

2.1. Employees' contributions

Employees have mandatorily to contribute 7% of their income to a health insurance plan subject to an upper earnings limit of CLP 29 259 790 (UF 979.3). They are free to choose whether to pay into a government-managed plan or alternatively to a private insurer[3] (Isapres). The public insurance is based on a joint system that, in general, operates on an equal basis for all its beneficiaries, irrespective of the risk and the amount of the individual contribution. Its financing is partly covered by the contributions and partly by way of a government subsidy. Premiums paid to the plans offered by Isapres are based on the contributors' individual risk and these plans are exclusively financed with the employees' contributions. Public insurance contributions are included in the modelling as the majority of employees pay into plans managed by the government sector.

Employee social security contributions in respect of pensions and unemployment are not classified as taxes in this report; though they are included in modelling as deductions for income tax.

- The mandatory contributions to pension funds and unemployment insurance plans are not classified as taxes, since the payments are made to private institutions. In 1980, the public social security system was replaced with a privately managed individual capitalisation system. This system is obligatory to all employees who have joined the labour force since 1983 and free-lance workers since 2012, and of a voluntary nature to all contributing to the former system. The contributions to the old government operated pension fund system are not included in the modelling because they relate to a minority of employees and the system will eventually disappear once the contributions and related benefit payments to those individuals remaining in it have ceased.

- The modelling allows that the contributions to pension funds and unemployment insurance managed by private institutions are deducted from gross income. In the case of their pension funds, these payments amount to 10% of their gross income, with an upper earnings limit of 29 259 790 (UF 979.3). Added to that there is an amount that varies depending on the managing company that covers the management of each pension fund account.[4] The monthly unemployment insurance premium is 0.6% of the employee's gross income, with an upper earnings limit of CLP 44 096 522 (UF 1 471.3). Employees do not pay the monthly unemployment insurance premium when they have a fixed-term contract or after 11 years of labour relationship.

- There are also mandatory contributions to managed funds by members of the police force and the army which are classified as taxes but are not included in the modelling as they relate to a minority of the overall workforce.

- If the employee has a high risk job, that person has to make an additional contribution of 2% (heavy work) or 1% (less heavy work) of the gross income with an upper earnings limit of CLP 29 259 790 (UF 979.3) to the pension fund account.

The pension and unemployment contributions are not included in the Taxing Wages calculations, as they are not considered as taxes in the report. However, information on "non-tax compulsory payments" as well as "compulsory payment indicators" is included in the OECD Tax Database, which is accessible at www.oecd.org/ctp/tax-database.htm.

2.2. Employers' contributions

There are five categories of employer social security contribution, none of which are classified as tax revenues in this report.

- Employers make mandatory payments of 0.90% of their employees' gross income for an occupational accident and disease insurance policy subject to an upper earnings limit. For the majority of employees the payments are made to employers' associations of labour security which are private non-profit institutions. Those remaining are made to the Social Security Regularisation Unit (ISL). Although this latter organisation is controlled by the government, the funds are invested on the private institutions market. The employers also pay an additional contribution which depends on the activity and risk associated to the enterprise (it cannot exceed 3.4% of the employees' gross earnings). This additional contribution could be reduced, down to 0%, depending on the safety measures the employer implements in the enterprise. If health and safety conditions at work are not satisfactory, this additional contribution could be applied with a surcharge of up to 100%.

- Employers shall make a mandatory contribution of 0.03% of the employee' gross income to a fund which finances insurance coverage for working parents of children aged 1 to 15, or ages 1-18, whichever applies, that have a serious health condition, so that the parents can take a leave of absence from their work in order to accompany and take care of them; therefore, during this period the parents shall have the right to assistance financed by said fund (in Spanish, "Fondo SANNA") that will replace, in total or partially, their monthly earnings. The collection of this contribution is initially delegated to the ISL and to the employers' association of labour security.

- Employers make payments of 2.4% of each employee's income (0.8% after 11 years of labour relationship and 3% for fixed-term contracts) with an upper earnings limit of CLP 44 096 522 (UF 122.6 monthly) to finance unemployment insurance. These funds are managed privately.

- Employers are required to pay a disability insurance of 2.08% (as from October 1st 2021) of the employees' gross income, with an upper earnings limit of CLP 29 259 790 (UF 979.3), collected by the pension fund manager, and managed by an insurance company.

- If the employee has a high risk job, the employer has to pay 2% (heavy work) or 1% (less heavy work) of the employee's gross income, with an upper earnings limit of CLP 29 259 790 (UF 979.3) to the pension fund account.

- Employers must purchase an individual Covid-19 insurance for private-sector employees working on-site. The estimated average price is CLP 8 683.

3. Universal cash transfers

3.1. Marital status-related transfers

No such transfers are paid.

3.2. Transfers related to dependent children

The "Family Allowance" is paid on a monthly basis to any employee making social security contributions who has dependent children. The definition of dependants includes:
- Adopted children as well as those born to the parents;

- Children up to the age of 18 or 24 years provided they are single and are regular students in an elementary, secondary, technical, specialised or higher education establishment;

- The amount of the payment depends on the number of dependent children and the beneficiary's level of income according to the table below. The modelling assumes that the benefit is assessed on the spouse with the lower earning level where both spouses are working.

2021 Transfer by Dependant	
Annual Income Range (CLP)	Annual Payment (CLP)
0 - 4 196 232	164 260
4 196 232 - 6 129 044	100 800
6 129 044 - 9 559 224	31 860
9 559 224 - and over	0

3.3. Income Tested Transfers

- Middle Class Bonus (*Bono Clase Media*) was paid once during 2021 to workers with a decrease of more than 20% in their incomes (not modelled because most workers don´t meet this requirement) or with an average monthly income between the minimum wage (CLP 337 000) and a threshold of CLP 408 125. The bonus wasof CLP 500 000.

3.4. Universal Transfers

- Emergency Family Income (*Ingreso Familiar de Emergencia*) was an income received by households with less than CLP 800 000 per month per capita incomes. It is received by the head of family and the total amount depends on the number of household members according to the following table:

N° of family members	Monthly IFE	Total IFE
1	177 000	973 500
2	287 000	1 578 500
3	400 000	2 200 000
4	500 000	2 750 000
5	546 000	3 003 000
6	620 000	3 410 000
7	691 000	3 800 500
8	759 000	4 174 500
9	824 000	4 532 000
10	887 000	4 878 500

4. Recent changes in the tax/benefit system

4.1. Changes to labour taxation due to the COVID pandemic in 2020 and 2021

None of the measures taken by the Chilean government due to COVID-19 to date, has a direct impact on labour taxation and taxing wages model. However, it is important to mention the Employment Protection Law No. 21,227/2000, in which the employer, under certain circumstances, puts the contract on hold, keeps paying the SSC, and employees can get part of their wages through the unemployment insurance fund. This measure ended in October 2021.

However, direct cash transfers regarding COVID pandemic mentioned in points 3.3 and 3.4, modified general formulation of Taxing Wages model, as these transfers were not present on 2020 version of TW. These measures were temporary and ended in 2021.

5. Memorandum items

5.1. Identification of an average worker

- The source of information is a survey conducted by the National Statistics Institute (INE) to determine the Salary and Labour Cost Index. This nationwide survey is carried out on a monthly sample and gathers information on salaries and labour costs. It applies to companies with at least 5-worker payrolls grouped in accordance with ISIC4.CL 2012,[5] covering workers in industry sectors B to R.[6]

- The average gross earning was obtained by multiplying the average hourly wage by the average number of hours worked. It covers both full and part-time workers.

5.2. Employers' contribution to private health and pension schemes

- In Chile very few employers make any contributions towards health schemes for their employees, and the relevant information is not available.

2021 Parameter values

Average earnings/yr	Ave_earn	10 776 819	Country estimate
Allowances	Basic_al	0	
Income tax	Tax_sch	0.0%	8 775 702
		4.0%	19 501 560
		8.0%	32 502 600
		13.5%	45 503 640
		23.0%	58 504 680
		30.4%	78 006 240
		35.0%	201 516 120
		40.0%	
Education tax credit	edu_tax_cre	136 364	
	edu_tax_cre_lim	24 545 458	
Employees SSC			
Upper threshold	SSC_sch	7%	29 259 790
		0	
Family Allowance			
Child element	CTR_child	-	164 260
		4 196 232	100 800
		6 129 044	31 860
		9 559 224	-
Non-tax compulsory payments			
	DummyNTC	0	
pensions	NTC_pens	11.17%	29 259 790
		0.00%	
	NTC_pens_er	2.03%	
unemployment	NTC_un	0.6%	44 096 522
		0	
	NTC_un_er	2.4%	
Days in tax year	numdays	365	
COVID Measures	COVID_Insurance		8 683
	BCM_Sch	-	-
		4 044 000	500 000
		4 897 500	-
Universal IFE	IFE_Threeshold		9 600 000
	IFE_Sch	1	973 500
		2	1 578 500
		3	2 200 000
		4	2 750 000
		5	3 003 000
		6	3 410 000
		7	3 800 500
		8	4 174 500
		9	4 532 000
		10	4 878 500

2021 Tax equations

The functions which are used in the equations (Taper, MIN, Tax etc) are described in the technical note about tax equations. Variable names are defined in the table of parameters above, within the equations table, or are the standard variables "married" and "children". A reference to a variable with the affix "_total" indicates the sum of the relevant variable values for the principal and spouse. And the affixes "_princ" and "_spouse" indicate the value for the principal and spouse, respectively. Equations for a single person are as shown for the principal, with "_spouse" values taken as 0.

	Line in country table and intermediate steps	Variable name	Range	Equation
1.	Earnings	earn		
2.	Allowances:	Tax_al	B	Min(Basic_al,earn)
3.	Credits in taxable income	taxbl_cr	B	0
4.	CG taxable income	tax_inc	B	Positive(earn-tax_al)
5.	CG tax before credits	CG_tax_excl	B	Tax(tax_inc, tax_sch)
6.	Tax credits :	tax_cr	P	IF(taxinc_princ+taxinc_spouse<='edu_tax_cre_lim,IF(taxinc_spouse' =0,edu_tax_cre*Children,edu_tax_cre*Children*0.5),0)
			S	IF(AND(taxinc_princ+taxinc_spouse<=edu_tax_cre_lim,taxinc_spouse>0),edu_tax_cre*Children*0.5,0)
7.	CG tax	CG_tax	B	Positive(CG_tax_excl-tax_cr)
8.	State and local taxes	local_tax	B	0
9.	Employees' soc security	SSC	B	Tax(earn, SSC_sch)
11.	Family allowance	cash_trans	P/S	IF(Children=0;0;IF(Gross_earnings_spouse>0;VLOOKUP(Gross_earnings_spouse;CTR_child;2);VLOOKUP(Gross_earnings_principal;CTR_child;2))*Children)+VLOOKUP(Gross_earnings_principal;BCM_Sch;2;TRUE)+IF(SUM(Gross_earnings_principal:Gross_earnings_spouse)/SUM(Married;Children;1)<IFE_Threeshold;VLOOKUP(SUM(Married;Children;1);IFE_Sch;2;FALSE);0)"
13.	Employer's soc security	SSC_empr		DummyNTCP*((NTC_un_er+NTC_pens_er)*gross_earnings)+countif(gross_earnings;">0")*COVID_Insurance

Key to range of equation B calculated separately for both principal earner and spouse P calculated for principal only (value taken as 0 for spouse calculation) J calculated once only on a joint basis.

Notes

[1] https://www.sii.cl/valores_y_fechas/dolar/dolar2021.htm.

[2] Information of monthly earnings available up to November 2021. Earnings of December 2021 are estimated and will be ratified by March 5th 2021.

[3] Enrollment in the private health system during 2019 amounted to 19.41% of all beneficiaries.

[4] Average cost in 2021 was 1.17% of gross income.

[5] ISIC4.CL 2012 is a Chilean classifier of economic activities, based on ISIC Rev.4.

[6] O (8422) "Defense Activities" and O (8423) "Public aorder and safety activities" are not included.

Colombia

This chapter includes data on the income taxes paid by workers, their social security contributions, the family benefits they receive in the form of cash transfers as well as the social security contributions and payroll taxes paid by their employers. Results reported include the marginal and average tax burden for eight different family types.

Methodological information is available for personal income tax systems, compulsory social security contributions to schemes operated within the government sector, universal cash transfers as well as recent changes in the tax/benefit system. The methodology also includes the parameter values and tax equations underlying the data.

COLOMBIA 2021

The tax/benefit position of single persons

Wage level (per cent of average wage)		67	100	167	67
Number of children		none	none	none	2
1.	**Gross wage earnings**		12 891 199	19 240 596	32 131 795	12 891 199
2.	**Standard tax allowances**					
	Basic allowance		2 964 976	4 425 337	7 390 313	2 642 696
	Married or head of family					
	Dependent children		0	0	0	1 289 120
	Deduction for social security contributions and income taxes					
	Work-related expenses					
	Other		1 031 296	1 539 248	2 570 544	1 031 296
		Total	3 996 272	5 964 585	9 960 857	4 963 112
3.	**Tax credits or cash transfers included in taxable income**		0	0	0	0
4.	**Central government taxable income (1 - 2 + 3)**		8 894 928	13 276 011	22 170 939	7 928 088
5.	**Central government income tax liability (exclusive of tax credits)**		0	0	0	0
6.	**Tax credits**					
	Basic credit					
	Married or head of family					
	Children		0	0	0	0
	Other					
		Total	0	0	0	0
7.	**Central government income tax finally paid (5-6)**		0	0	0	0
8.	**State and local taxes**		0	0	0	0
9.	**Employees' compulsory social security contributions**					
	Gross earnings		0	0	0	0
	Taxable income					
		Total	0	0	0	0
10.	**Total payments to general government (7 + 8 + 9)**		0	0	0	0
11.	**Cash transfers from general government**					
	For head of family					
	For two children		0	0	0	956 822
		Total	0	0	0	956 822
12.	**Take-home pay (1-10+11)**		12 891 199	19 240 596	32 131 795	13 848 022
13.	**Employer's compulsory social security contributions**		0	0	0	0
14.	**Average rates**					
	Income tax		0.0%	0.0%	0.0%	0.0%
	Employees' social security contributions		0.0%	0.0%	0.0%	0.0%
	Total payments less cash transfers		0.0%	0.0%	0.0%	-7.4%
	Total tax wedge including employer's social security contributions		0.0%	0.0%	0.0%	-7.4%
15.	**Marginal rates**					
	Total payments less cash transfers: Principal earner		0.0%	0.0%	0.0%	0.0%
	Total payments less cash transfers: Spouse		n.a.	n.a.	n.a.	n.a.
	Total tax wedge: Principal earner		0.0%	0.0%	0.0%	0.0%
	Total tax wedge: Spouse		n.a.	n.a.	n.a.	n.a.

COLOMBIA 2021

The tax/benefit position of married couples

Wage level (per cent of average wage)		100-0	100-67	100-100	100-67
Number of children		2	2	2	none
1. **Gross wage earnings**		19 240 596	32 131 795	38 481 192	32 131 795
2. **Standard tax allowances**					
Basic allowance		3 944 322	6 909 298	8 369 659	7 390 313
Married or head of family					
Dependent children		1 924 060	1 924 060	1 924 060	0
Deduction for social security contributions and income taxes					
Work-related expenses					
Other		1 539 248	2 570 544	3 078 495	2 570 544
	Total	7 407 629	11 403 901	13 372 214	9 960 857
3. **Tax credits or cash transfers included in taxable income**		0	0	0	0
4. **Central government taxable income (1 - 2 + 3)**		11 832 967	20 727 894	25 108 978	22 170 939
5. **Central government income tax liability (exclusive of tax credits)**		0	0	0	0
6. **Tax credits**					
Basic credit					
Married or head of family					
Children		0	0	0	0
Other					
	Total	0	0	0	0
7. **Central government income tax finally paid (5-6)**		0	0	0	0
8. **State and local taxes**		0	0	0	0
9. **Employees' compulsory social security contributions**					
Gross earnings		0	0	0	0
Taxable income					
	Total	0	0	0	0
10. **Total payments to general government (7 + 8 + 9)**		0	0	0	0
11. **Cash transfers from general government**					
For head of family					
For two children		956 822	1 913 645	1 913 645	0
	Total	956 822	1 913 645	1 913 645	0
12. **Take-home pay (1-10+11)**		20 197 418	34 045 440	40 394 837	32 131 795
13. **Employer's compulsory social security contributions**		0	0	0	0
14. **Average rates**					
Income tax		0.0%	0.0%	0.0%	0.0%
Employees' social security contributions		0.0%	0.0%	0.0%	0.0%
Total payments less cash transfers		-5.0%	-6.0%	-5.0%	0.0%
Total tax wedge including employer's social security contributions		-5.0%	-6.0%	-5.0%	0.0%
15. **Marginal rates**					
Total payments less cash transfers: Principal earner		0.0%	0.0%	0.0%	0.0%
Total payments less cash transfers: Spouse		-7.4%	0.0%	0.0%	0.0%
Total tax wedge: Principal earner		0.0%	0.0%	0.0%	0.0%
Total tax wedge: Spouse		-7.4%	0.0%	0.0%	0.0%

Colombia's national currency is the peso (COP). For 2021, the average exchange rate was COP 3 734.94 to USD 1. That same year, the average worker in Colombia earned COP 19 240 596 (Secretariat estimate).

Taxes allowances and tax thresholds for the personal income tax system and upper earnings limits for social security contributions are expressed in SMLMV and UVT units. These indicators take into account the inflation rate. At December 31 of 2021, the following currency values applied to these units are:

Major revenue items	Unit	COP	USD
Social security contributions	Salario mínimo legal mensual vigente (SMLMV)	908 526	247.77
Annual tax thresholds	Unidad de Valor Tributario (UVT)	36 308	9.90

1. Personal income tax system

1.1. Central/federal government income taxes

1.1.1. Tax unit

Each family member declares and pays taxes separately.

1.1.2. Tax allowances and credits

1.1.2.1. Standard tax reliefs

- *Relief for social security contributions:* Employee's compulsory social insurance contributions are non-taxable or excluded income for income tax purposes regardless of whether they are paid to government or private sector (See section 2.1 below).
- 25% of total employment payments, up to a monthly maximum exemption of 240 UVT (annual limit of COP 104 567 040). Pursuant to the 2012 tax reform act, in determining the 25% exempt income, the taxpayer must take into account its employment income, less the amount of excluded items, allowed deductions, and other exempt items of income.
- Dependent deduction, up to a limit that cannot exceed 10% of the employees' monthly income, nor the equivalent to 32 UVT (annual limit of COP 13 942 272).

1.1.2.2 Main non-standard tax reliefs

- Voluntary contributions to pension funds and deposits in the so-called "AFC" bank accounts,[1] made on behalf of employees by their employers up to a limit that cannot exceed 30% of the employees' annual income (taking into account the mandatory payments to the general system on pensions), nor the equivalent to 3 800 UVT (COP 137 970 000). According to tax code, non-compulsory employee´s contributions to voluntary pension funds are considered exempted items.
- The Act 1607 of 2012 (tax reform) allows taxpayers to deduct of their taxable income each one of the next items:
  - Interest paid within a year for mortgage loans, with a monthly limit of 100 UVT (annual limit of COP 43 570 000).
  - Payments made for voluntary health insurance that cover to the employee, spouse and two children or dependent people, up to a monthly limit of 16 UVT (annual limit of COP 6 971 000).

1.1.3. Tax schedule

Because Law 1943 of 2018 was deemed unconstitutional by the Constitutional Court at October 2019, at the end of that year the Congress approved the Law 2010, which kept the income tax regime to individuals in the same way as it was established in the previous tax reform. This tax regime split the individual's income in three "baskets": a general basket, that covers labor, capital and non-labor income; a pension basket, and a dividends basket.

The income received by employees is reported in the general "basket". The taxable income assessed under this basket is the result of summing all earnings realized during the taxable year, minus: (a) all excluded items (refunds, reductions, discounts, and earnings not considered taxable items of income), (b) all allowed deductions (costs, expenses, and other deductions), and (c) all exempt items.

This system keeps the top introduced by Law 1819 of 2016 but now in the general basket, in which the sum of allowed deductions and exempt items should be lower than COP 182 992 320 (5 040 UVT) or 40% of the taxable income (earnings minus excluded items). However, the legislation allows the recognition of costs and expenses related with capital and non-labor income that comply with the requirements for their use into the assessment of the taxable base.

Regarding on the income tax rate, individuals must sum the taxable income that comes from the general basket and the one comes from the pension basket. The income tax rate that applies to this final amount is as provided in the table below:

Taxable income (UVT)		Taxable income (COP)		Marginal rate	Fixed quota	
Lower limit	Upper limit	Lower limit	Upper limit		UVT	COP
0	1 090	0	39 576 000	0%	0	0
> 1 090	1 700	39 576 000	61 724 000	19%	0	0
> 1 700	4 100	61 724 000	148 863 000	28%	116	4 212 000
> 4 100	8 670	148 863 000	314 790 000	33%	788	28 611 000
> 8 670	18 970	314 790 000	688 763 000	35%	2 296	83 363 000
> 18 970	31 000	688 763 000	1 125 548 000	37%	5 901	214 254 000
> 31 000	and over	1 125 548 000	and over	39%	10 352	375 860 000

1.2. State and local income taxes

No taxes apply to income at state or local government level.

2. Compulsory social security contributions to schemes operated within the government sector

The social security system in Colombia comprises three regimes: the general system on pensions ("sistema general de pensiones"), the general social security system on healthcare ("sistema general de seguridad social en salud"), and the general system on employment risks ("sistema general de riesgos laborales"). The first two operate within the government sector.

The general social security system on healthcare, is financed by public and private funds. The private funds belong essentially to the resources of contributions- contributive regime, which are paid by employers and employees, as well as independent workers, retired persons, and copayments of affiliates at the time of receiving healthcare services. The tax reform of 2016 eliminates the Pro Equity Income Tax – CREE, that had a specific destination for healthcare and was another source of resources.[2] However, 9 points of the CIT rate will have a specific destination that replaced both two payroll contributions and the portion of the mandatory contribution made by the employer to the healthcare system, regarding on their employees whose individual earnings up to 10 SMLMV. For the rest of the companies, and for all of the employees, the total contributions are 12.5% of the monthly wage, of which 8.5% is paid by employers on behalf of their employees whose monthly earnings above 10 SMLMV and 4% by employees. In the case of independent workers, the contribution is also 12.5% but the contribution base is 40% of the monthly income. Although the contributions to the contributive regime are mandatory, theyare not classified as taxes but as a NTCP since more than 50% goes to private sector.

The Colombian pension system is a hybrid of two different systems, a defined-contribution and fully-funded pension system and a pay-as-you-go system. The contribution rate is mandatory and the same for both systems. The contributions are 16% of the monthly wage, which are paid 12% by employers and 4% by employees. When the monthly wage is over 4 SMMLV the employee pays an additional rate that goes from 1% up to 2% to Solidarity Fund. Workers can choose between both systems and can switch every 5 years until 10 years before mandatory retirement age. Although these contributions are mandatory, they are not classified as taxes but as a NTCP since more than 50% goes to private sector.

The minimum and maximum base for compulsory contributions is 1 and 25 SMLMV (COP 908 526 and COP 22 713 150) respectively. Voluntary contributions can be made to the general system on pensions, and individuals are free to make contributions to a public or to a private pension fund of their choice.

Social security contributions	Base of contribution	Rate
Pensions	Earnings or employment income	16.0%
Solidarity Fund	Earnings or employment income	1.0 – 2.0%
Health	Earnings or employment income	4.0% or 12.5%
Employment Risks	Employment income	0.348% - 8.7%

2.1. Employees' contributions

- For pensions, 4.0% of the employee's monthly earnings, plus a certain percentage between 1.0% and 2.0% of the amount over 4 SMLMV (over COP 3 634 104). The last is named "contributions to the Solidarity Fund".
- For health, 4.0% of the employee's monthly earnings.
- After the Act 1819 of 2016, both, the employee's contributions to pensions and health are included in the model as non-taxable income for income tax in the Colombian legislation.

2.2. Employers' contributions

- For pensions, 12.0% of the employee's monthly earnings.
- For health, 8.5% of the employee's monthly earnings if individual earnings above 10 SMLMV. Otherwise, 0% of the employee's monthly earnings.
- Payments for employment risks are mandatory only in respect of employment and are the sole responsibility of the employer; the rate of this contribution ranges between 0.348% and 8.7%, depending on the activity. A representative rate of 0.522% is used in the Taxing Wages calculations.

3. Universal cash transfers

3.1. Marital status-related transfers

None.

3.2. Transfers related to dependent children

The "Family Subsidy" is paid on a monthly basis to an employee that works monthly at least 96 hours and receives monthly employment payments that don't excess COP 3 634 104 (4 SMLMV). It is assessed on both principal and spouse when they are working at the same time and one of the requirements to receive this subsidy is that the sum of their gross earnings does not exceed COP 5 451 156 (6 SMLMV). The definition of dependents includes children, stepchildren, orphaned brothers and sisters, and parents over 60 years old, all of them economically dependent on the worker.

The amount of the payment is a constant value during the year; it does not have limit related with the number of beneficiaries and it differs between the regions of the country. The annual average Family Allowance or Subsidy to 2021 was COP 478 411 for one beneficiary.

4. Main Changes in Tax/Benefit Systems Since 2019

4.1. Changes to labour taxation due to the COVID pandemic in 2020 and 2021

Through Decree 558 of 2020, the Government reduced the pension contribution rate, from 16% to 3%, decreasing the payment of both employers and employees for the contributions in April and May 2020, but this Decree was deemed unconstitutional by the Constitutional Court in July 2020. This decision means the full payment of the pension contribution at the normal rate for those months at a later time.

5. Memorandum items

5.1. Identification of an average worker and calculation of earnings

- The source of information is The Great Integrated Household Survey conducted by the National Administrative Department of Statistics (DANE) with the intention of gathering information about employment conditions of people as well as about the general characteristics of the population. This nationwide survey is carried out on a monthly sample.

- The average gross earnings were obtained by multiplying the average hourly wage by the average number of hours worked, according to the quarterly reports and expresses in a monthly frequency. It covers full time workers (taking into account a person who works 40 hours or more in her/his main job in a week).

2021 Parameter values

Average earnings/yr	Ave_earn	19 240 596	Secretariat estimate	
Allowances	Basic_al	0		
	Depend_child	13 942 272		
	Exempt_labor_income_limit	104 567 040		
	Upper_limit_Ex_and_ded	182 992 320		
Income tax	Tax_sch	0	39 576 000	
		0.19	61 724 000	
		0.28	148 863 000	4 212 000
		0.33	314 790 000	28 611 000
		0.35	688 763 000	83 363 000
		0.37	1 125 548 000	214 524 000
		0.39	And more	375 860 000
Family allowance				
Child element	CTR_child	478 411		
	CTR_child_limit1	43 609 248		
	CTR_child_limit2	65 413 872		
Non-tax compulsory payments				
Health-pensions Employee	NTC_hlth_pens	0.08	272 557 800	
		0.00		
	Low_limit_Income_NTC_hlth_pens	10 902 312		
	NTC_solid_fund	0.00	43 609 248	
		0.01	174 436 991	
		0.012	185 339 304	
		0.014	196 241 616	
		0.016	207 143 928	
		0.018	218 046 240	
		0.02		
	Upper_limit_Income_NTC_solid_fund	272 557 800		

2021 Tax equations

The equations for the Colombian system are mostly on an individual basis. But the Family Allowance is assessed on both principal and spouse when they are working at the same time and the sum of their gross earnings doesn't exceed the limit to receive this subsidy, and otherwise on the principal's earnings. This is shown by the Range indicator in the table below.

The functions which are used in the equations (Taper, MIN, Tax etc) are described in the technical note about tax equations. Variable names are defined in the table of parameters above, within the equations table, or are the standard variables "married" and "children". A reference to a variable with the affix "_total" indicates the sum of the relevant variable values for the principal and spouse. And the affixes "_princ" and "_spouse" indicate the value for the principal and spouse, respectively. Equations for a single person are as shown for the principal, with "_spouse" values taken as 0.

Line in country table and intermediate steps	Variable name	Range	Equation
1. Earnings	earn		
2. Total reliefs:	total_rel	B	tax_allow + non_taxable_income
Dependent Children	dependent children	P/S	IF(earn_princ>=earn_spouse;IF((earn_princ*0,1)>depend_child;depend_child;earn_princ*0,1)*(IF(children>0;1;0));0))
Exempt Labor Income	exempt labor income	B	IF((positive(earn_princ-(non taxable income ntcp+dependent children))*0,25)>exempt_labor_income_limit;exempt_labor_income_limit;(positive(earn_princ-(non taxable income ntcp+dependent children))*0,25))
Allowed Allowances	tax_allow	B	IF((40%*(earn_princ-non taxable income ntcp))>='upper_limit_ex_and_ded;' IF((dependent children+exempt labor income)>='upper_limit_ex_and_ded;upper_limit_ex_and_ded;' (dependent children+exempt labor income)); IF((dependent children+exempt labor income)>(40%*(earn_princ-non taxable income ntcp));40%*(earn_princ-non taxable income ntcp);(dependent children+exempt labor income)))
Non taxable income NTCP	non_taxable_income	B	IF(earn_princ<low_limit_income_ntc_hlth_pens;0;tax(earn_princ;ntc_hlth_pens))+(IF(earn_princ>upper_limit_income_ntc_solid_fund;(upper_limit_income_ntc_solid_fund*ntc_solid_fund_r6);IF(earn_princ>ntc_solid_fund_w5;(earn_princ*ntc_solid_fund_r6);IF(earn_princ>ntc_solid_fund_w4;(earn_princ*ntc_solid_fund_r5);IF(earn_princ>ntc_solid_fund_w3;(earn_princ*ntc_solid_fund_r4);IF(earn_princ>ntc_solid_fund_w2;(earn_princ*ntc_solid_fund_r3);IF(earn_princ>ntc_solid_fund_w1;(earn_princ*ntc_solid_fund_r2);IF(earn_princ>ntc_solid_fund_w0;(earn_princ*ntc_solid_fund_r1);(earn_princ*ntc_solid_fund_r0)))))))))
3. Credits in taxable income	taxbl_cr	B	0
4. CG taxable income	tax_inc	B	Positive(earn_princ- Total reliefs+ cred_tx_inc)
5. CG tax before credits	CG_tax_excl	B	Tax(tax_inc, tax_sch)
6. Tax credits	tax_cr	B	0
7. CG tax	CG_tax	B	Positive(CG tax before credits- tax_cr)
8. State and local taxes	local_tax	B	0
9. Employees' soc security	SSC	B	n.a.
11. Cash transfer	cash_trans	J	IF(children=0;0;IF(earn_spouse>0;IF((earn_princ+earn_spouse)>ctr_child_limit2;0;IF((earn_princ+earn_spouse)>=ctr_child_limit1;ctr_child*children;IF((earn_princ+earn_spouse)>0;ctr_child*children*2)));IF(earn_princ>ctr_child_limit1;0;ctr_child*children)))
12. Employer's soc security	SSC_empr	B	n.a.

Key to range of equation B calculated separately for both principal earner and spouse; P/S calculated for principal or spouse only (value taken as 0 for the other earner calculation); J calculated once only on a joint basis. T calculated on a joint basis when both principal and spouse are workers, and otherwise on the principal's earnings.

Notes

[1] The so-called "AFC" bank accounts ("*cuentas de ahorro para el fomento a la construcción - AFC*") are savings bank accounts specially provided for the acquisition of real estate property, so the funds deposited in such accounts can only be used for the acquisition of the aforementioned property.

[2] The 2012 tax reform act introduced this new tax to alleviate the costs of hiring formal labour incurred by private employers. These companies had to be taxpayers into the income tax in order to access to this benefit. In particular, both the companies inside the free trade zones regime and the non-profit entities had to follow with the contribution to the healthcare system, regardless of the earnings of their employees.

Costa Rica

This chapter includes data on the income taxes paid by workers, their social security contributions, the family benefits they receive in the form of cash transfers as well as the social security contributions and payroll taxes paid by their employers. Results reported include the marginal and average tax burden for eight different family types.

Methodological information is available for personal income tax systems, compulsory social security contributions to schemes operated within the government sector, universal cash transfers as well as recent changes in the tax/benefit system. The methodology also includes the parameter values and tax equations underlying the data.

Costa Rica 2021

The tax/benefit position of single persons

Wage level (per cent of average wage)		67	100	167	67
Number of children		none	none	none	2
1.	**Gross wage earnings**	5 870 153	8 761 423	14 631 576	5 870 153
2.	**Standard tax allowances**				
	Basic allowance	0	0	0	0
	Married or head of family	0	0	0	0
	Dependent children	0	0	0	0
	Deduction for social security contributions and income taxes	0	0	0	0
	Work-related expenses				
	Other	482 478	720 117	1 202 595	482 478
	Total	482 478	720 117	1 202 595	482 478
3.	**Tax credits or cash transfers included in taxable income**	0	0	0	0
4.	**Central government taxable income (1 - 2 + 3)**	5 387 675	8 041 306	13 428 980	5 387 675
5.	**Central government income tax liability (exclusive of tax credits)**	0	0	332 498	0
6.	**Tax credits**				
	Basic credit	0	0	0	0
	Married or head of family	0	0	0	0
	Children	0	0	0	37 680
	Other				
	Total	0	0	0	37 680
7.	**Central government income tax finally paid (5-6)**	0	0	332 498	0
8.	**State and local taxes**	0	0	0	0
9.	**Employees' compulsory social security contributions**				
	Gross earnings	616 366	919 949	1 536 315	616 366
	Taxable income				
	Total	616 366	919 949	1 536 315	616 366
10.	**Total payments to general government (7 + 8 + 9)**	616 366	919 949	1 868 813	616 366
11.	**Cash transfers from general government**				
	For head of family				
	For two children	0	0	0	0
	Total	0	0	0	0
12.	**Take-home pay (1-10+11)**	5 253 787	7 841 473	12 762 762	5 253 787
13.	**Employer's compulsory social security contributions**	1 555 591	2 321 777	3 877 368	1 555 591
14.	**Average rates**				
	Income tax	0.0%	0.0%	2.3%	0.0%
	Employees' social security contributions	10.5%	10.5%	10.5%	10.5%
	Total payments less cash transfers	10.5%	10.5%	12.8%	10.5%
	Total tax wedge including employer's social security contributions	29.2%	29.2%	31.0%	29.2%
15.	**Marginal rates**				
	Total payments less cash transfers: Principal earner	10.5%	10.5%	19.7%	10.5%
	Total payments less cash transfers: Spouse	n.a.	n.a.	n.a.	n.a.
	Total tax wedge: Principal earner	29.2%	29.2%	36.5%	29.2%
	Total tax wedge: Spouse	n.a.	n.a.	n.a.	n.a.

Costa Rica 2021

The tax/benefit position of married couples

	Wage level (per cent of average wage)		100-0	100-67	100-100	100-67
	Number of children		2	2	2	none
1.	**Gross wage earnings**		8 761 423	14 631 576	17 522 845	14 631 576
2.	**Standard tax allowances**					
	Basic allowance		0	0	0	0
	Married or head of family		0	0	0	0
	Dependent children		0	0	0	0
	Deduction for social security contributions and income taxes		0	0	0	0
	Work-related expenses					
	Other		720 117	1 202 595	1 440 234	1 202 595
		Total	720 117	1 202 595	1 440 234	1 202 595
3.	**Tax credits or cash transfers included in taxable income**		0	0	0	0
4.	**Central government taxable income (1 - 2 + 3)**		8 041 306	13 428 980	16 082 611	13 428 980
5.	**Central government income tax liability (exclusive of tax credits)**		0	0	0	0
6.	**Tax credits**					
	Basic credit		0	0	0	0
	Married or head of family		28 440	28 440	28 440	28 440
	Children		37 680	37 680	37 680	0
	Other					
		Total	66 120	66 120	66 120	28 440
7.	**Central government income tax finally paid (5-6)**		0	0	0	0
8.	**State and local taxes**		0	0	0	0
9.	**Employees' compulsory social security contributions**					
	Gross earnings		919 949	1 536 315	1 839 899	1 536 315
	Taxable income					
		Total	919 949	1 536 315	1 839 899	1 536 315
10.	**Total payments to general government (7 + 8 + 9)**		919 949	1 536 315	1 839 899	1 536 315
11.	**Cash transfers from general government**					
	For head of family					
	For two children		0	0	0	0
		Total	0	0	0	0
12.	**Take-home pay (1-10+11)**		7 841 473	13 095 260	15 682 946	13 095 260
13.	**Employer's compulsory social security contributions**		2 321 777	3 877 368	4 643 554	3 877 368
14.	**Average rates**					
	Income tax		0.0%	0.0%	0.0%	0.0%
	Employees' social security contributions		10.5%	10.5%	10.5%	10.5%
	Total payments less cash transfers		10.5%	10.5%	10.5%	10.5%
	Total tax wedge including employer's social security contributions		29.2%	29.2%	29.2%	29.2%
15.	**Marginal rates**					
	Total payments less cash transfers: Principal earner		10.5%	10.5%	10.5%	10.5%
	Total payments less cash transfers: Spouse		10.5%	10.5%	10.5%	10.5%
	Total tax wedge: Principal earner		29.2%	29.2%	29.2%	29.2%
	Total tax wedge: Spouse		29.2%	29.2%	29.2%	29.2%

The national currency is the Costa Rican colon. In 2021, in average the CRC 621.86 equalled a 1 US dollar. The average worker earned CRC 8.761.423 on an annual basis.

1. Personal income tax system

The fiscal year begins on January 1st and ends the following December 31th.

1.1. Central government income tax

The Costa Rica Income tax is applied to the income in cash or in kind, continuous or occasional, from any Costa Rican source perceived or accrued by individuals or legal entities domiciled in the country;

Costa Rica's labor legislation provides for payment of an additional salary or "bonus" paid in December of each year, the benefit is determined on the monthly average wage of the worker's other concepts be paid as overtime. This concept is not subject to social security contributions and is not taxed on the income tax.

Exempt income:

The most noteworthy types of exempt income include:

- Inheritances, bequests and other forms of inherited property.
- Lottery prizes
- The annual bonus paid up one twelfth of the annual income.

1.1.1. Tax unit

Domestic natural persons who receive income of Costa Rican source, whether or not they have resided in the country during the respective fiscal period. Resident individuals are also subject to social security contributions to the Costa Rican Social Security Fund (CCSS) and fees to the Popular Bank.

1.1.2. Tax allowances and tax credits

1.1.2.1. Standard tax allowances and tax credits

- CRC 18.840 for each children in the household.
- CRC 28.440 for the spouse, which can only be claimed by one of the spouses.

Those tax credits are wastable.

1.1.2.2. Main non-standard tax allowances and tax credits

None.

1.1.3. Tax schedule

The annual income tax schedule is determined on the taxable income according to the following schedule for 2021:

From	Up to	Rate
0	CRC 10.104.000	0%
CRC 10.104.000	CRC 14.832.000	10%
CRC 14.832.000	CRC 26.028.000	15%
CRC 26.028.000	CRC 52.044.000	20%
CRC 52.044.000	Onwards	25%

1.2. State and local taxes

No state or local taxes are levied on wages.

2. Compulsory social security contributions to schemes operated within the government sector

2.1. Employee contributions

Program	Rate (%)
Oldage, disability and death program (IVM)	4.00
Healthcare and Maternity Insurance (SEM)	5.50
Popular Bank Fee	1.00

2.2. Employer contributions

Employers are required to contribute to the following public programs.

Program	Rate %
Oldage, disability and death program (IVM)	5.25
Healthcare and Maternity Insurance (SEM)	9.25
Popular Bank Fee	0.50
Unemployment insurance	3.00
Family allowances	5.00
Complementary pensions	1.50
Learning National Institute (INA)	1.50
Joint Institute for Social Aid (IMAS)	0.50

3. Universal cash transfers

3.1. Marital status-related transfers

None.

3.2. Transfers related to dependent children

None.

4. Recent changes in the tax/benefit system

4.1. Changes to labour taxation due to the COVID pandemic in 2020 and 2021

None.

5. Memorandum items

5.1. Identification of an average worker

The average worker's wage was calculated according to the official data of the CCSS that represents the official salaries of the formal sector.

2021 Parameter values

Average earnings/yr	Ave_earn	8 761 423	Country estimate
Allowances			
	Basic_al	0	
	Spouse_al	0	
	Child_al	0	
	T_days	365	
	Bonus	30	
Income tax	Tax_sch	0.00	10,104,000
		0.10	14,832,000
		0.15	26,028,000
		0.20	52,044,000
		0.25	
Tax credits	Tax_cr_ch	18,840	
	Tax_cr_sp	28,440	
Employees SSC	SSC_IVM_ee	0.0400	
	SSC_SEM_ee	0.0550	
	SSC_PBF_ee	0.0100	
	SSC_total_ee	0.1050	
	Min_wage	3,814,980	
Employers SSC	SSC_IVM_er	0.0525	
	SSC_SEM_er	0.0925	
	SSC_PBF_er	0.0050	
	SSC_ump_er	0.0300	
	SSC_fam_er	0.0500	
	SSC_com_pen_er	0.0150	
	SSC_INA_er	0.0150	
	SSC_IMAS_er	0.0050	
	SSC_total_er	0.2650	

2021 Tax equations

The functions which are used in the equations (Taper, MIN, Tax etc) are described in the technical note about tax equations. Variable names are defined in the table of parameters above, within the equations table, or are the standard variables "married" and "children". A reference to a variable with the affix "_total" indicates the sum of the relevant variable values for the principal and spouse. And the affixes "_princ" and "_spouse" indicate the value for the principal and spouse, respectively. Equations for a single person are as shown for the principal, with "_spouse" values taken as 0.

	Line in country table and intermediate steps	Variable name	Range	Equation
1.	Earnings	earn		
2.	Allowances:	Tax_al	B	MIN(earn/12,earn/T_days*Bonus)
3.	Credits in taxable income	taxbl_cr		-
4.	CG taxable income	tax_inc	B	Positive(earn-tax_al)
5.	CG tax before credits	CG_tax_excl	B	Tax(tax_inc,tax_sch)
6.	Tax credits :	tax_cr	P	IF(Married=1,Tax_cr_sp,0)+ Tax_cr_ch*Children
7.	CG tax	CG_tax	B	Positive(CG_tax_excl-tax_cr)
8.	State and local taxes	local_tax		-
9.	Employees' soc security	SSC	B	MAX(Min_wage,earn)*SSC_total_ee
11.	Cash transfers	cash_trans		-
13.	Employer's soc security	SSC_empr	B	MAX(Min_wage,earn)*SSC_total_er

Key to range of equation B calculated separately for both principal earner and spouse P calculated for principal only (value taken as 0 for spouse calculation) J calculated once only on a joint basis.

Czech Republic

This chapter includes data on the income taxes paid by workers, their social security contributions, the family benefits they receive in the form of cash transfers as well as the social security contributions and payroll taxes paid by their employers. Results reported include the marginal and average tax burden for eight different family types.

Methodological information is available for personal income tax systems, compulsory social security contributions to schemes operated within the government sector, universal cash transfers as well as recent changes in the tax/benefit system. The methodology also includes the parameter values and tax equations underlying the data.

Czech Republic 2021

The tax/benefit position of single persons

		67	100	167	67
Wage level (per cent of average wage)					
Number of children		none	none	none	2
1.	**Gross wage earnings**	291 659	435 312	726 971	291 659
2.	**Standard tax allowances**				
	Basic allowance				
	Married or head of family				
	Dependent children				
	Deduction for social security contributions and income taxes				
	Work-related expenses				
	Other				
	Total	0	0	0	0
3.	**Tax credits or cash transfers included in taxable income**	0	0	0	0
4.	**Central government taxable income (1 - 2 + 3 + 13)**	291 659	435 312	726 971	291 659
5.	**Central government income tax liability (exclusive of tax credits)**	43 749	65 297	109 046	43 749
6.	**Tax credits**				
	Basic credit				
	Married or head of family				
	Children				
	Other	27 840	27 840	27 840	80 564
	Total	27 840	27 840	27 840	80 564
7.	**Central government income tax finally paid (5-6)**	15 909	37 457	81 206	- 36 815
8.	**State and local taxes**	0	0	0	0
9.	**Employees' compulsory social security contributions**				
	Gross earnings	32 083	47 884	79 967	32 083
	Taxable income				
	Total	32 083	47 884	79 967	32 083
10.	**Total payments to general government (7 + 8 + 9)**	47 991	85 341	161 173	- 4 733
11.	**Cash transfers from general government**				
	For head of family				
	For two children	0	0	0	30 480
	Total	0	0	0	30 480
12.	**Take-home pay (1-10+11)**	243 668	349 971	565 799	326 872
13.	**Employer's compulsory social security contributions**	98 581	147 135	245 716	98 581
14.	**Average rates**				
	Income tax	5.5%	8.6%	11.2%	-12.6%
	Employees' social security contributions	11.0%	11.0%	11.0%	11.0%
	Total payments less cash transfers	16.5%	19.6%	22.2%	-12.1%
	Total tax wedge including employer's social security contributions	37.6%	39.9%	41.8%	16.2%
15.	**Marginal rates**				
	Total payments less cash transfers: Principal earner	26.0%	26.0%	26.0%	26.0%
	Total payments less cash transfers: Spouse	n.a.	n.a.	n.a.	n.a.
	Total tax wedge: Principal earner	44.7%	44.7%	44.7%	44.7%
	Total tax wedge: Spouse	n.a.	n.a.	n.a.	n.a.

Czech Republic 2021

The tax/benefit position of married couples

	Wage level (per cent of average wage)		100-0	100-67	100-100	100-67
	Number of children		2	2	2	none
1.	**Gross wage earnings**		435 312	726 971	870 624	726 971
2.	**Standard tax allowances**					
	Basic allowance					
	Married or head of family					
	Dependent children					
	Deduction for social security contributions and income taxes					
	Work-related expenses					
	Other					
		Total	0	0	0	0
3.	**Tax credits or cash transfers included in taxable income**		0	0	0	0
4.	**Central government taxable income (1 - 2 + 3 + 13)**		435 312	726 971	870 624	726 971
5.	**Central government income tax liability (exclusive of tax credits)**		65 297	109 046	130 594	109 046
6.	**Tax credits**					
	Basic credit					
	Married or head of family					
	Children					
	Other		105 404	80 564	80 564	27 840
		Total	105 404	80 564	80 564	27 840
7.	**Central government income tax finally paid (5-6)**		- 37 524	3 642	25 190	56 366
8.	**State and local taxes**		0	0	0	0
9.	**Employees' compulsory social security contributions**					
	Gross earnings		47 884	79 967	95 769	79 967
	Taxable income					
		Total	47 884	79 967	95 769	79 967
10.	**Total payments to general government (7 + 8 + 9)**		10 360	83 609	120 958	136 333
11.	**Cash transfers from general government**					
	For head of family					
	For two children		30 480	30 480	30 480	0
		Total	30 480	30 480	30 480	0
12.	**Take-home pay (1-10+11)**		455 432	673 843	780 146	590 639
13.	**Employer's compulsory social security contributions**		147 135	245 716	294 271	245 716
14.	**Average rates**					
	Income tax		-8.6%	0.5%	2.9%	7.8%
	Employees' social security contributions		11.0%	11.0%	11.0%	11.0%
	Total payments less cash transfers		-4.6%	7.3%	10.4%	18.8%
	Total tax wedge including employer's social security contributions		21.8%	30.7%	33.0%	39.3%
15.	**Marginal rates**					
	Total payments less cash transfers: Principal earner		11.0%	26.0%	26.0%	26.0%
	Total payments less cash transfers: Spouse		25.1%	26.0%	26.0%	26.0%
	Total tax wedge: Principal earner		33.5%	44.7%	44.7%	44.7%
	Total tax wedge: Spouse		44.0%	44.7%	44.7%	44.7%

The national currency is the Czech koruna (CZK). In 2021, CZK 21.6 were equal to USD 1. In that year, the average worker earned CZK 435 312 (Secretariat estimate).

1. Personal Income Tax System

1.1. Central government income taxes

1.1.1. Tax unit

- The tax unit is the individual.

1.1.2. Tax allowances and tax credits

1.1.2.1. Standard reliefs

- Relief for social and health security contributions. Employees' social security contributions (see Section 2.1.) are not deductible for income tax purposes.

1.1.2.2. Main non-standard tax reliefs applicable to an AW

- Charitable donations allowance: A tax allowance of up to 10% of taxable income is available for donations made to municipalities or legal entities for the financing of social, health, cultural, humanitarian, religious, ecological and sport activities. The minimum limit for donations is the lesser of 2% of taxable income or CZK 1 000. A similar procedure shall apply for gratuitous performance to finance the removal of the consequences of a natural disaster occurring in the territory of an EU Member State, Norway or Iceland. The total deduction may not exceed 15% of the tax base. As gratuitous performance for healthcare purposes, the value of one blood donation from an unpaid donor is valued at a sum of CZK 2 000 and the value of an organ donation from a living donor is valued at a sum of CZK 20 000.
- Interest payments: Taxpayers may claim an allowance of up to CZK 150 000 for mortgage interest payments or other interest payments related to the purchase or the improvement of their house. The total sum of interest by which the tax base is reduced on all credits of payers in the same jointly managed household must not exceed CZK 150 000.
- Supplementary pension scheme contributions: In a period of taxation, the tax base may be reduced by a contribution, in the maximum total amount of CZK 24 000, paid by a taxpayer to their supplementary pension insurance with a State contribution under a contract on supplementary pension insurance with a State contribution entered into between the payer and a pension company; the sum that may be deducted in this manner equals the total amount of contributions paid by the payer for their supplementary pension insurance with a State contribution in the period of taxation, reduced by CZK 24 000.
- Private life insurance premiums: Taxpayers may claim an allowance of up to CZK 24 000 for premiums paid according to a contract between the taxpayer and an insurance company if the benefit (lump sum or recurrent pension) is paid out 60 months after the signature of the contract and in the year in which the taxpayer reaches the age of 60.

1.1.2.3. Tax schedule

Since 2008, the Czech Republic has used a concept of the so-called 'super-gross salary' in determining the personal income tax (PIT) base from employment income. As of 1 January 2021, the Czech Republic is abandoning this concept of the super-gross salary. Instead, the tax base is now determined based on gross income only. For the period 2008-2020, the tax base, reduced by the non-taxable part of the tax base (see 1.1.2.2. - Main non-standard tax reliefs), rounded down to whole hundreds of CZK was subject to tax at the rate of 15%.

As of 2021, the Czech Republic returns to progressive taxation, with the introduction of marginal rate of 23 %, as follows:

- Gross income up to the social security payment cap (the threshold for 2021 is CZK 1 701 168 – the 48 times the average wage for that year) will be subject to a 15% rate
- Gross income exceeding CZK 1 701 168 will be subject to a rate of 23%

As the progressive tax rate will be applicable to all types of income, some passive income, like capital gains or rental income (combined with employment income), may incur a higher tax burden. However, for most individuals with employment income only, this change will lead to effective lower employment taxation.

After that, tax credits (see 1.1.2.4.) can be used to directly reduce a person´s tax liability.

1.1.2.4. Tax credits

- Credit of CZK 27 840 per taxpayer.
- Credit of CZK 24 840 per spouse (husband or wife) living with a taxpayer in a common household provided that the spouse's own income does not exceed CZK 68 000 in the taxable period.
- Credit of CZK 15 204 for first child, credit of CZK 22 320for second child, credit of CZK 27 840 for third and each additional child (irrespective of the child's own income) living with a taxpayer in a common household on the territory of a Member State of the EU, Norway or Iceland, if the child satisfies one or more of the following criteria (in force since July 1, however, with retroactive effect from January 1):
    - age below 18 year of age,
    - age below 26 year of age and receiving full-time education,
    - age below 26 year of age and physically or mentally disabled provided that the child is not in receipt of a state disability payment

    If the child is a "ZTP-P" card holder (the child with a certain type of disabilities), the tax credit is doubled. The taxpayer can claim the tax credit in the form of tax reliefs or tax bonuses or their combination.
- Credit of CZK 2 520 if the taxpayer is in receipt of a partial disability pension or is entitled to both an old-age pension and a partial disability pension
- Credit of CZK 5 040 if the taxpayer is in receipt of a full disability pension, or another type of pension conditional on his full disability pension, or if the taxpayer is entitled to both old-age pension and full disability pension or deemed to be fully disabled under statutory provisions, but his application for a full disability pension was rejected for reasons other than that he was not fully disabled (handicapped).
- Credit of CZK 16 140 if the taxpayer is a "ZTP-P" card holder.
- Credit of CZK 4 020 if the taxpayer takes part in a systematic educational or training programme under statutory provisions in order to prepare for his future vocation (profession) by means of such studies or prescribed training until completion of his/her 26 or 28 years (Ph.D. programme).
- The annual tax credit for placing a child into a preschool child care institution in the amount of the expenditure proven to be incurred for attending the preschool, up to the amount of the minimum wage for each placed child (for the year 2021: MW CZK 15 200)

The non-standard tax are not included in the tax equations underlying the Taxing Wages results.

1.2. State and local income tax

There are no regional or local income taxes.

2. Compulsory Social Security Contributions to Schemes Operated within the Government Sector

The maximum annual earnings used to calculate social security contributions are 48 times the national average monthly wage. The maximum ceiling for social security contributions is CZK 1 701 168 for the year 2021. The maximum ceiling for health insurance has not existed since 2013.

2.1. Employees' contributions

Compulsory contributions of 11% of gross wages and salaries are paid by all employees into government operated schemes. The total is made up as follows (in %):

Health insurance	4.5
Social insurance	6.5

2.2. Employers' contributions

The total contribution for employers is 33.8% of gross earnings.

The contribution consists of the health insurance contribution (9% of gross wages and salaries) and social insurance (24.8 %).

3. Universal Cash Transfers

3.1. Transfers related to marital status

None.

3.2. Transfers for dependent children

Non-taxable child allowances are the basic income-tested benefit provided to a dependent child with the objective to contribute to the coverage of costs incurred in his upbringing and sustenance. Entitlement to the child allowance is bound with certain income criteria. The central government pays this allowance in respect of each dependent child based on the family income level and provided that family's income does not exceed 3.4 times the relevant family's living minimum (LM) and simultaneously fulfils the minimum income condition of CZK 3860/monthly/one of parents. Family income includes the earnings of both parents net of income tax and the employees' social security and health insurance contributions. Child allowances are provided at three levels depending on the age of the child and are paid as follows:

Family Income	up to 3.4 LM
Age of child	Total payment CZK per month
below 6 year of age	1 130
6–15 years	1 270
15–26 years	1 380

The monthly family's LM for the AW-type family with children can be calculated by summing the following amounts (in CZK):

Living minimum	
Basic personal requirement	
Single	3 860
First person in household	3 550
Second and other persons who are not a dependent child	3 200
Child aged below 6	1 970
Child aged between 6 and 15	2 420
Child aged between 15 and 26	2 770
Household expenses	
One person household	3 860
Two person household	6750
Three person household	8 720
Four person household	11 140
Five person household	13 910

The LM is required by law. In case that family income (income of persons assessed together) is not achieved, the amount of family's LM can be put in a request for state social support (housing benefit, family benefits, social assistance and other). The system applies the solidarity principle between the high-income families and low-income families, as well as between the childless families and those with children.

The term "social allowance" was abolished from 1 January 2012. However, this fact has no effect on the tax-benefit system for low-income families. The system of personalized payment was simplified and extended. For examples, in case of loss of income (social allowance) some people may put in a request for increase care allowance up to CZK 2 000. This allowance is addressed for recipients who are dependent children below 18 years of age and parent of dependent children below 18 years of age if the income of the family is under 2.0 family's living minimum. Protection in the housing sector is also addressed in the context of state social support system (housing allowances-benefit) and the system of assistance in material need as additional housing. Also foster care benefits create a separate benefit system; since 1 January 2013 they have ceased to be a component of the state social support system. These allowances (housing, care and foster care) are not included in the Taxing Wages models.

3.3. Additional transfers

Additional allowances (means-tested benefits in material need) are paid by the central government to low income families in adverse social and financial situation. The amount transferred is derived from the LM and varies according to total family income including family allowances and own efforts, opportunities and needs are taken into account. This allowance is not included in the computation.

4. Main Changes in Tax/Benefit Systems since 2021

In 2018, there were two changes that have a significant effect on the current calculation of Taxing Wages.

List of main changes that have impact on the current computation of Taxing Wages:

- Abolition of the super gross wage concept
- Basic tax rate of 15% for gross income up to CZK 1.7 million annually remains
- Marginal rate of 23% for income over CZK 1.7 million annually was introduced
- Increasing the tax credit for the taxpayer from CZK 24 840 to CZK 27 840 (see chapter 1.1.2.4)
- Increasing the tax credit for the second child from CZK 19 404 to CZK 22 320 (see chapter 1.1.2.4)

- Increasing the tax credit for the third and each additional child from CZK 24 204 to CZK 27 840 (see chapter 1.1.2.4)
- The tax credit can be applied in the amount of the expenditure prove to be incurred for attending the preschool, up to the amount of the minimum wage for each child increased to CZK 15 200 for the year 2021. The tax authority only verifies the name of a preschool childcare institution on the list approved by the MEYS. The age of the child does not effect on the entitlement to the tax credit for pre-school children. The children in preschool institutions are normally between 2 and 5 years old, but postponement of school attendance is possible. Introduction of this relief is a part of the Act on provision of childcare in a child society and also the Act on Maternal, Basic, High, Higher Professional, and other Education (see chapter 1.1.2.4.)
- Increasing the child benefit from CZK 900 to CZK 1 270 (see chapter 3.2)
- Increase in the proportion of social benefits paid in relation to the minimum living standards – from 2.7 to 3.4 (see chapter 3.2)

4.1. Changes to labour taxation due to the COVID pandemic in 2020 and 2021

No changes

5. Memorandum Items

5.1. Identification of AW and valuation of earnings

The Ministry of Finance estimates the average earnings of the AW based on the data supplied by the Czech Statistical Office. The calculation of the average earnings is made by CZ-NACE division, which is compatible with ISIC classifications Ver. 4.

5.2. Employers' contributions to private pension, health and related schemes

There are supplementary private pension schemes only, but employers 'contributions vary. Relevant information is not available.

2021 Parameter values

	Ave_earn	435 312	Secretariat's estimate
Income tax rate - base	tax_rate_base	0.15	
Income tax rate – second bracket	Tax_rate_secbracket	0.23	
Social security – social insurance	SSs_rate	0.065	
Social security – health insurance	SSh_rate	0.045	
Employers - social insurance	SSs_empr_rate	0.248	
Employers - health insurance	SSh_empr_rate	0.09	
Child Tax credit - first child	child_cr_1	15 204	
- second child	child_cr_2	22 320	
- third child	child_cr_3	27 840	
Tax credit for individuals	tax_cr_base	27 840	
Tax credit for spouse	tax_cr_spo	24 840	
Tax credit for spouse income ceiling	Tax_cr_spo_inc_ceil	68 000	
Living minimum (LM)			
	basic_adult	3 860	
	basic_household	6 750	
	basic_child	2 420	
	house_exp	1	3 860
		2	6 750
		3	8 720
		4	11 140
		5	13 910
Cash transfers	transf_1	1 270	
Social security, social insurance - ceiling	soc_sec_si_ceil	1 701 168	
Minimum Wage	tax_cr_preschool	15 200	

2021 Tax equations

The equations for the Czech system are on an individual basis. But the spouse tax credit is relevant only to the calculation for the principal earner and cash transfers are calculated only once. This is shown by the Range indicator in the table below.

The functions which are used in the equations (Taper, MIN, Tax etc) are described in the technical note about tax equations. Variable names are defined in the table of parameters above, within the equations table, or are the standard variables "married" and "children". A reference to a variable with the affix "_total" indicates the sum of the relevant variable values for the principal and spouse. And the affixes "_princ" and "_spouse" indicate the value for the principal and spouse, respectively. Equations for a single person are as shown for the principal, with "_spouse" values taken as 0.

		Variable name	Range	Equation
1.	Earnings	earn	B	
2 a	CG taxable income base	tax_inc_princ_base	B	IF(earn<soc_se_si_ceil;earn;IF(earn>soc_se_si_ceil;soc_sec_si_ceil))
2b	CG taxable income second bracket	Tax_inc_princ_sec	B	IF(earn>soc_se_si_ceil;earn-soc_se_si_ceil;0)
	CG tax before credits			
	CG tax before credits principal	CG_tax_excl_princ	B	Tax(tax_inc_princ_base, tax_rate_base)+Tax(tax_inc_princ_se,tax_rate_sec)
4.	Tax credits:			
	Tax credit for children	tax_cr_ch	P	If (number of children>3; (number of children - 3)*child_cr_3+child_cr_1+child_cr_2+child_cr_3; If (number of children>2;child_cr_1 +child_cr_2 + child_cr_3; If (number of children>1;child_cr_1+child_cr_2; If (number of children=0;0)))))
	Tax preschool credit	Tax_cr_preschool	B	tax_cr_preschool*positive(children-1)
	Basic tax credit	tax_cr_bas	B	tax_cr_bas
	Tax credit for spouse	tax_cr_spouse	P	Married*tax_cr_spo
5.	CG tax			
	CG tax principal	CG_tax_princ	B	Max(CG_tax_excl_princ - tax_cr_bas_princ - tax_cr_spo-tax_cr-preschool , 0) - tax_cr_ch
6.	State and local taxes	local_tax	B	0
7.	Employees' social security	SSs	B	MIN(earn,soc_sec_si__ceil)*SSs_rate
		SSh	B	earn*SSh_rate
8.	Cash transfers			
	Net family income	net_inc	J	earn_total-CG_tax_total-SSC_total
9.	Living minimum (monthly)	LM	J	(1-Married)*basic_adult+Married*basic_household +Children*basic_child+ VLOOKUP((1+Married+Children), house_exp, 2, FALSE)
10.	Total cash transfers	cash_trans	J	Children*IF(net_inc<='(3,4)*LM*12,' transf_1*12)
11.	Employer's social security	SSs_empr	B	MIN(earn,soc_sec_sir_ceil)*SSs_empr_rate
		SSh_empr	B	earn*SSh_empr_rate

Key to range of equation: B calculated separately for both principal earner and spouse; P calculated for principal only (value taken as 0 for spouse calculation); J calculated once only on a joint basis.

Denmark

This chapter includes data on the income taxes paid by workers, their social security contributions, the family benefits they receive in the form of cash transfers as well as the social security contributions and payroll taxes paid by their employers. Results reported include the marginal and average tax burden for eight different family types.

Methodological information is available for personal income tax systems, compulsory social security contributions to schemes operated within the government sector, universal cash transfers as well as recent changes in the tax/benefit system. The methodology also includes the parameter values and tax equations underlying the data.

Denmark 2021

The tax/benefit position of single persons

Wage level (per cent of average wage)		67	100	167	67
Number of children		none	none	none	2
1.	**Gross wage earnings**	306 601	457 613	764 214	306 601
2.	**Standard tax allowances**				
	Basic allowance				
	Married or head of family				
	Dependent children				
	Deduction for social security contributions and income taxes	24 528	36 609	61 137	24 528
	Work-related expenses	0	0	0	0
	Other				
	Total	24 528	36 609	61 137	24 528
3.	**Tax credits or cash transfers included in taxable income**	0	0	0	0
	Earnings tax credit deduction	36 931	40 600	40 600	58 707
	Total	- 36 931	- 40 600	- 40 600	- 58 707
4.	**Central government taxable income (1 - 2 + 3)**	245 141	380 404	662 477	223 366
5.	**Central government income tax liability (exclusive of tax credits)**	34 103	50 899	108 743	34 103
6.	**Tax credits**				
	Basic credit	7 548	8 165	9 418	7 548
	Married or head of family				
	Children				
	Other				
	Total	7 548	8 165	9 418	7 548
7.	**Central government income tax finally paid (5-6)**	51 083	79 343	160 463	51 083
8.	**State and local taxes**	49 551	83 326	153 759	44 113
9.	**Employees' compulsory social security contributions**				
	Gross earnings	0	0	0	0
	Taxable income				
	Total	0	0	0	0
10.	**Total payments to general government (7 + 8 + 9)**	100 633	162 669	314 222	95 196
11.	**Cash transfers from general government**				
	For head of family				
	For two children	0	0	0	78 144
	Green check	525	525	0	765
	Total	525	525	0	78 909
12.	**Take-home pay (1-10+11)**	206 492	295 469	449 992	290 314
13.	**Employer's compulsory social security contributions**	0	0	0	0
14.	**Average rates**				
	Income tax	32.8%	35.5%	41.1%	31.0%
	Employees' social security contributions	0.0%	0.0%	0.0%	0.0%
	Total payments less cash transfers	32.7%	35.4%	41.1%	5.3%
	Total tax wedge including employer's social security contributions	32.7%	35.4%	41.1%	5.3%
15.	**Marginal rates**				
	Total payments less cash transfers: Principal earner	38.7%	41.7%	55.5%	36.9%
	Total payments less cash transfers: Spouse	n.a.	n.a.	n.a.	n.a.
	Total tax wedge: Principal earner	38.7%	41.7%	55.5%	36.9%
	Total tax wedge: Spouse	n.a.	n.a.	n.a.	n.a.

Denmark 2021

The tax/benefit position of married couples

Wage level (per cent of average wage)	100-0	100-67	100-100	100-67
Number of children	2	2	2	none
1. Gross wage earnings	457 613	764 214	915 226	764 214
2. Standard tax allowances				
Basic allowance				
Married or head of family				
Dependent children				
Deduction for social security contributions and income taxes	36 609	61 137	73 218	61 137
Work-related expenses	0	0	0	0
Other				
Total	36 609	61 137	73 218	61 137
3. Tax credits or cash transfers included in taxable income	0	0	0	0
Earnings tax credit deduction	40 600	40 600	40 600	40 600
Total	- 40 600	- 40 600	- 40 600	- 40 600
4. Central government taxable income (1 - 2 + 3)	380 404	625 545	760 808	625 545
5. Central government income tax liability (exclusive of tax credits)	50 899	85 002	101 799	85 002
6. Tax credits				
Basic credit	19 457	15 713	16 330	15 713
Married or head of family				
Children				
Other				
Total	19 457	15 713	16 330	15 713
7. Central government income tax finally paid (5-6)	73 697	130 426	158 687	130 426
8. State and local taxes	71 665	132 877	166 652	132 877
9. Employees' compulsory social security contributions				
Gross earnings	0	0	0	0
Taxable income				
Total	0	0	0	0
10. Total payments to general government (7 + 8 + 9)	145 362	263 303	325 339	263 303
11. Cash transfers from general government				
For head of family				
For two children	26 196	26 196	26 196	0
Green check	1 570	1 290	1 290	1 050
Total	27 766	27 486	27 486	1 050
12. Take-home pay (1-10+11)	340 017	528 397	617 374	501 961
13. Employer's compulsory social security contributions	0	0	0	0
14. Average rates				
Income tax	31.8%	34.5%	35.5%	34.5%
Employees' social security contributions	0.0%	0.0%	0.0%	0.0%
Total payments less cash transfers	25.7%	30.9%	32.5%	34.3%
Total tax wedge including employer's social security contributions	25.7%	30.9%	32.5%	34.3%
15. Marginal rates				
Total payments less cash transfers: Principal earner	41.7%	41.7%	41.7%	41.7%
Total payments less cash transfers: Spouse	38.6%	38.7%	41.7%	38.7%
Total tax wedge: Principal earner	41.7%	41.7%	41.7%	41.7%
Total tax wedge: Spouse	38.6%	38.7%	41.7%	38.7%

The national currency is the Kroner (DKK). In 2021, DKK 6.27 were equal to USD 1. In that year, the average worker earned DKK 457 613 (Secretariat estimate).

1. Personal income tax system

In the Danish personal income tax system, the income of the individual taxpayer is split into three categories:

- Personal income, which consists of employment income, business income, pensions, unemployment benefits etc. and with fully deductibility of Labour Market Contributions and pension contributions (except lump sum savings).
- Capital income (e.g. interest income and some capital gains) is calculated as a net amount (the sum of positive and negative capital income net of interest expenses). Dividend income and the property value of owner-occupied dwellings are taxed at different tax rates.
- Taxable income – the aggregate of personal income and capital income less deductions (e.g. work-related expenses etc.).

All three categories are relevant for various tax rates, see Section 1.2.1.

Regarding the tax unit, the earned income of each spouse is taxed separately. However, as is mentioned in Section 1.2.1, some unutilised personal allowances can be transferred between them.

1.1. Tax allowances and tax credits

1.1.1. Standard reliefs

Wage or salary earners can deduct certain expenses with some relation to earning their income (e.g. transport expenses, trade union membership dues, unemployment premiums) from taxable income.

Certain standard tax allowances are automatically issued. Working taxpayers receives an employment allowance of 10.6% of earned income (including pension contributions) to a maximum of DKK 40 600 when calculating taxable income. Single parents get an extra employment allowance of 6.25% in 2021 with a maximum allowance of DKK 23 400. The effective value of the credit is equal to the average municipality tax (24.97%) multiplied by the value of the allowance.

Additionally from 2018, working taxpayers with an income (including pension contributions) of at least DKK 200 300 receives a job allowance of 4.50% on taxable income. The maximum allowance of DKK 2 600 is achieved at an income of DKK 256 822 and the effective value of the credit is equal to about DKK 650 (24.97% x DKK 2 600 = DKK 650).

Pension contributions are deductible in personal income (however not relieved from labor market tax). From 2018, taxpayers receive an extra pension allowance in their taxable income based on pension contributions. Even though pension contributions are an NTCP, the related allowance is considered a standard tax relief. Pension contributions are made to privately managed funds and are annually around 12% of the total wage (i.e. pension contribution formula: gross wage earnings / 0,88 * 0,12) where employees pay 4% and employers pay 8%. The allowance is 12% of the pension contributions for employees with more than 15 years to retirement and 32% for employees with less than 15 years to retirement. The allowance applies only to pension contributions up to DKK 74 700.

1.1.2. Main non-standard tax reliefs applicable to an AW

- Interest payments are fully deductible from capital income.
- The non-standard deduction for wage and salary earners: The work-related expenses are deductible from taxable income, however case law is quite strict in requiring that the expense is necessary for employees' earning of income in the third category ("other costs"). The main items are:
  - The actual costs to contributions to unemployment insurance and trade unions (limit for the latter DKK 6 000);
  - Expenses to transportation to the workplace are deductible at standardised rates: Up to 24 km. per day: no deduction. 25–120 km.: DKK 1.90 per km. Above 120 km.: DKK 0.95 per km. as a standard, but transport from municipalities placed in the outskirts of the country gives a credit of DKK 1.90 per km. also above 120 km. The deduction is only applicable for the days, where the transport is actually performed;
  - Other costs above DKK 6 500, if the costs are necessary in order to earn income.
- Contributions/premiums paid to private pension saving plans except lump sum savings are deductible from personal income. From 1999 onwards, contributions/premiums paid to private pension saving plans with sum payments are no longer deductible from income subject to the top tax bracket rate. From 2013 onwards, contributions/premiums paid to private pension saving plans with sum payments are no longer deductible.
- Other reliefs:
  - Alimonies, if according to contract, are deductible from taxable income;
  - Contributions to certain non-profit institutions are deductible from taxable income (limit DKK 17 000);
  - Losses incurred from unincorporated business in earlier years are, in principle, deductible from personal income.

1.1.3. Tax credits

Each individual is granted a personal allowance, which is converted into a wastable tax credit by applying the marginal tax rate of the first bracket of the income tax schedule. For taxpayers who are 18 years of age or are older, the tax credit amounts to:

For central government income tax	12.09% of DKK 46 700 = DKK 5 646
For municipal income tax	24.97% of DKK 46 700 = DKK 11 661

Special personal allowance for an individual younger than 18: DKK 36 900.

If a married person cannot utilise the personal allowance, the unutilised part is transferred to the spouse.

1.2. Central government income taxes

1.2.1. Tax schedule

Individuals pay an 8% Labour Market Contribution levied on the gross wage or other income from work before the deduction of any allowance.

Before 2008, the revenue was earmarked for certain social security expenditures through the Labour market Fund, but this system was abolished from 2008, and the tax enters the budget in the same way as any other income taxes. From 2011 the last links regarding social security of the tax were removed making all taxpayers working in Denmark pay the labour market contribution. The labour market contribution is thus treated as a PIT in Taxing Wages from 2008.

Low tax bracket to the central government is assessed on the aggregate of personal income and positive net capital income at the rate of 12.11%.

From 2010 and onwards the medium tax bracket was abolished.

Top tax bracket to the central government is assessed on the excess of DKK 544 800 of the aggregate of personal income and positive net capital income in excess of DKK 56 500 at the rate of 15%. If a married individual cannot utilise the total allowance of DKK 544 800, the unutilised part is not transferred to the spouse.

If the marginal tax rate including local tax exceeds 52.06%, the top tax bracket rate is reduced by the difference between the marginal tax rate and 52.06%.

1.3. State and local income taxes

1.3.1. General description

Local income taxes are levied only by the municipalities. The rates vary across jurisdictions.

1.3.2. Tax base

The tax base is taxable income (see Section 1). Tax credit varies with tax rates. The average amount is given below.

1.3.3. Tax rates

- Lowest rate: 22.8% (municipalities);
- Highest rate: 26.3% (municipalities);
- Average rate: 24.97% (municipalities);

The average rate is used in this study. It is applied to the tax base less personal allowances (see Section 1.1).

2. Compulsory Social Security Contributions to Schemes Operated Within the Government Sector

2.1. Employees' contributions

Employees make a contribution of DKK 12 170 for unemployment insurance. From 1999 onwards, the contribution for unemployment insurance is split into two: one part consists of the contribution for unemployment insurance (DKK 4 416) while the other part consists of a voluntary contribution to an early retirement scheme (DKK 6 240). In addition an administration fee of DKK 1 514 on average is added.

Contributions to unemployment funds are not mandatory. Nevertheless, these payments have up until the implementation of ESA 2010 and the major revision of the Danish national accounts in the autumn 2014 been defined as social security contributions and classified as taxes in the Danish national accounts because there is no direct link between what members pay to the schemes and what they receive and the funds are subsidized by the state. The contributions to the unemployment funds and the church tax are no longer classified as taxes in the Danish national accounts.

3. Universal Cash Transfers

The transfers for each dependent child are as follows:

Age group	Quarterly amount (DKK) for each child
0–2	4 629
3–6	3 666
7–17	2 883

The transfer is reduced when the tax base of the top-bracket tax of a parent exceeds DKK 818 300. There are additional special amounts for single parents: the transfer for each dependent child is DKK 5 996 per year and a yearly transfer of DKK 6 112 regardless of the number of children. In addition, there is a state transfer of DKK 17 316 per year for each dependent child in case an 'absent parent' does not contribute (this amount) to the family. This transfer is included in this Report's calculations for single parents.

Individuals older than 18 years receive a 'green check' of DKK 525; this amount is increased with DKK 120 per child for up to two children. Only one partner in a married couple receives the increased 'green check' for children. The 'green check' is nominally fixed and is phased out at a rate of 7.5% for income above DKK 431 700. If the yearly income of the individuals is lower than DKK 247 900 the individuals receive an 'additional green check' of DKK 280.

4. Main Changes in Tax/Benefit Systems

From 2000 to 2002, the low tax bracket rate has been reduced from 7% to 5.5%. The low tax bracket is assessed on the aggregate of personal income and positive net capital income.

After the parliamentary elections in 2001, the Conservative/Liberal government adopted a tax freeze policy, which implied that tax rates could not be increased, either in nominal or relative terms, during that government term. Taxes were therefore not increased during the period 2002-2005. After the parliamentary elections in February 2005, the Conservative/Liberal government and the tax freeze policy were confirmed.

In order to respect the "tax freeze", the low tax bracket has been reduced by 0.36% from 2004 to 2010 as a compensation for increases in local income taxes from 33.31% in 2004 to 33.66% in 2011.

In the spring of 2003, the government agreed with one of the opposition parties to implement a tax package. The aim of this package was to decrease the level of labour taxation in Denmark, and thereby to reduce the distortions in the labour market and to improve the incentives to work. The package contained two main elements: an increase of the threshold for the medium tax bracket of nearly DKK 50 000 and the introduction of a tax credit scheme whereby the taxpayer can deduct 2.5% of earned income to a maximum of DKK 7 500 (in 2007) in the calculation of taxable income.

Before 2004, a compulsory contribution of 1% of employees' gross earnings was paid to an individual Labour Market Supplementary Pension Scheme established for the employee – this contribution is not considered as a social security contribution but rather as savings being made by the individual. However, from 2004 to 2010, this contribution was suspended and finally abolished and the deposits paid out as of April 2010.

In September 2007, the tax cuts from the 2003-package was extended. The threshold for the medium tax bracket was to be raised with DKK 57 900 in 2009 to meet with the top tax bracket threshold. The deductible tax credit was increased to 4.0% of earned income in 2008 and to 4.25% in 2009; thus raising the maximum to 12 300 in 2008 and to 13 600 in 2009. The effective value of the credit and of the personal income allowance is equal to the local income tax rate, the church tax plus the health care tax rate (31.63% on average in 2013) multiplied by the value of the deduction.

From the 1st of January 2007 a Local Government Reform has come into force, which changes the structure of labour taxation. The reform however had only a minimal impact on the overall level of taxation. The number of municipalities has been cut from 270 to 98 and five regions have replaced the 14 counties. The regions will not impose taxes but will be financed through state subsidies and by contributions from the municipalities. The reform implied an increase in the average municipal tax rate from 22.1% in 2006 to 24.577% in 2007. Since then, there has been a further increase in the average municipal tax to 24.907% in 2013. The county tax has been replaced by a new health care tax of 8% which is levied by central government. The health care tax rate is decreased to 6% in 2013. The levels of taxation have thus been reduced from three to two: only the central and local governments now levy taxes.

In the spring of 2009, the government and one of the opposition parties agreed upon a major tax reform to be phased in from 2010 to 2019. The reform aims at reducing the high marginal tax rates on personal income and thus to stimulate labour supply in the medium to long-term. The reform decreases income taxes by DKK 29 billion in 2010. The tax reform is planned to be revenue neutral as a whole, but was underfinanced in the short run (2010-12) in order to stimulate the economy. The main measures taken in 2010 include the reduction of the rate of the bottom tax bracket from 5.26% to 3.67%, abolition of the medium tax bracket with the 6% rate altogether, and increase the top tax bracket threshold by DKK 28 800 to DKK 389 000. The reform will decrease the lowest marginal tax rate from 42.4% to 41.0% and the highest marginal tax rate on labour income from 63.0% to 56.1%. The marginal tax rate on positive net capital income (up to 51.5 after abolition of the middle tax bracket) is further reduced for the vast majority by introduction of an extra allowance of DKK 40 000 (DKK 80 000 for married couples) for positive net capital income in the top bracket tax.

The reform is partly financed by higher energy, transport and environmental taxes to support the energy and climate policy objectives of the government, and also by increases of excise rates on health-related goods (fat, candy, sugary drinks, tobacco). These increases are partly compensated by giving a 'green check' to households (see section 3). The tax reform is also partly financed by base broadening measures. The measures include a gradual reduction from 2012 to 2019 of the tax value (from 33.5% to 25.5%) of assessment oriented deductions and limitations of the tax deductibility of net interest payments over a nominal threshold of DKK 50 000 (DKK 100 000 for married couples). Also the deductibility of payments above DKK 100 000 a year to individual pension insurance schemes with less than life-long coverage has been limited, as well as tightening of the tax treatment of company cars and other fringe benefits. Furthermore, a 6% tax is imposed from 2011 on pension payments exceeding DKK 362 800.

To consolidate the budget, a *Fiscal Consolidation Agreement* was reached in May 2010, somewhat modifying the prescriptions of the Spring Package of 2009.

The specific provisions of the *Fiscal Consolidation Agreement* include:

- The suspension from 2011 until 2013 of automatic adjustments in various tax thresholds (including personal allowances).
- Postponing from 2011 to 2014 the increase of the threshold for the top income tax rate (15%) from DKK 389 900 to 409 100 (EUR 52 316 to 54 892). The increase was an element of the 2009 tax reform.
- The labour union membership fees' tax deductibility is limited to DKK 3 000 (EUR 403) from the year 2011. The threshold is not adjusted.
- From 2011, the annual amount of child allowance is limited to DKK 35 000 (EUR 4 696), irrespective of the number of children. This was abolished by the new government by 2012. Child allowances will be gradually reduced by 5% until 2013.

As part of the Finance Act 2012 it was decided to introduce an 'additional green check' to people beyond 18 years with low income (less than DKK 212 000). The 'additional green check' is DKK 280.

In June 2012 a tax reform was reached. Included in the reform were changes in the earned income tax credit and the top tax bracket. The earned income tax credit is gradually raised from 4.40% in 2012 to 10.65% in 2022 (6.95% in 2013) where the maximum limit of earned income tax credit is raised from DKK 14 100 in 2012 to DKK 34 100 in 2022 (DKK 22 300 in 2013). Furthermore, a special earned income tax credit for single parents was decided from 2014. This will be gradually introduced to the amount of 6.25% in 2022 with a maximum limit of DKK 20 000. In The Tax Reform 2012 it was also decided to gradually raise the top tax bracket from DKK 389 900 in 2012 to DKK 467 000 in 2022 (DKK 421 000 in 2013).

As part of the Finance Act 2013 an agreement, The Excise Duty and Competition Package, was reached. This agreement includes a decrease in the excise duty on electricity, an abolition of the fat tax and a planned expansion in the excise duty on sugar, which will reduce expenses of both consumers and companies. This was financed by an increase in the bottom tax rate of 0.19 percentage points and a reduction in the personal allowance by DKK 900 for all persons (under and over 18 years) introduced from the income year 2013. As a consequence the marginal tax ceiling was increased from 51.5% to 51.7%. It is estimated that the abolished excise duties and the increased income taxes will have similar effects on distribution and labour supply.

Certain elements of the tax reform from 2012 were accelerated in the 2014 Budget. The employment allowance is adjusted upwards to 7.65% (2014), 8.05% (2015), 8.3% (2016) and 8.75% (2017), with a simultaneous increase of the maximum allowance from DKK 25 000 in 2014 to DKK 28 600 in 2018. The extra employment allowance for single parents is increased to 5.40% in 2014 (instead of 2.60%) with a maximum allowance of DKK 17 700.

Growth Plan 2014 contained measures to reduce the public service obligation on electricity and roll back an increase in excise duty on fossil fuel. As part of the financing of Growth Plan 2014 the low tax bracket rate is increased by 0.28 percentage point over the next five years, including 0.25 percentage point in 2015, with a parallel increase in the tax ceiling. Also, the green check and the supplementary green check are reduced over the next five years, starting in 2015.

In the autumn 2014, the new ESA 2010 guidelines (European System of National and Regional Accounts) and a major revision of the Danish national accounts were implemented which changed the classification of a few taxes. For example, the church tax and contributions to the unemployment fund are no longer classified as taxes, but as volunteer contributions (see Section 2.1).

As part of the Finance Act 2015 the tax deductibility of labour union membership fees is increased from DKK 3 000 to DKK 6 000 in 2015.

The Finance Act of 2016 included an abolishment of the so-called PSO-excise duty. To finance the abolishment the tax rate for the bottom tax bracket will be increased with 0.05 percentage point from 2018 increasing to 0.09 percentage point in 2022. Fully phased-in the tax rate for the bottom tax bracket will be 12.20% in 2022. Additionally, the tax ceiling will be increased from 51.95% in 2017 to 52.07% in 2022. The 'green check' will be reduced with 190 DKK from 2018 increasing to 380 DKK in 2022. The 'additional green check' will be lowered proportionally. Low-income earners such as senior citizens and early retirees are exempt from the decrease in the 'green check'.

In February 2018, an agreement on lower tax on labour income and larger deductions for pension payments was made. The agreement will gradually be introduced from 2018 to 2020 and consists of the following elements: 1) Additional tax deductions for pension payments. The deduction will be 12% for persons with more than 15 years until they reach state pension age and 32% if they have 15 years or less - up to DKK 70,000. 2) A new job allowance of 4.5% of labour on income over DKK 187 500 to a maximum of DKK 2 500. 3) Expansion of the basis of the employment allowance to also cover pension payments. 4) Increase of the ceiling for the employment allowance from DKK 37 400 to 38 400. 5) Lowering of the bottom-bracket tax rate with 0.02 percentage points.

In March 2018 it was agreed to gradually abolish the media license towards 2022. The agreement was financed by reducing personal allowance for persons over the age of 18 by DKK 2 900.

The Finance Act of 2019 and 2020 included a reduction of the bottom tax of 0.03 percentage points each as compensation for an increase in the municipal tax.

The Finance Act of 2021 included a reduction of the bottom tax from of 0.02 percentages points relative to baseline in 2021 and 2022 – so the bottom tax went from expected 12,11 and 12,12 percentages respectively to 12,09 and 12,10 percentages respectively – as compensation for an increase in the municipal tax.

4.1. Changes to labour taxation due to the COVID pandemic in 2020 and 2021

By Act No. 871 of 14 June 2020, the Danish Parliament introduced several temporary amendments to the income taxation legislation due the covid-19 pandemic. The aim of the amendments is generally to ensure that extended stays in or outside Denmark due to the covid-19 pandemic do not have severe consequences in terms of tax.

A person who is resident in Denmark or a non-resident who is staying in Denmark more than 180 days within a period of 12 months will be fully liable to taxation in Denmark. One of the amendments entails that a non-resident who was staying in Denmark under the national lock down caused by the covid-19 pandemic may choose not to be fully liable to taxation in Denmark provided that the stay was from 9 March to 30 June 2020. In addition, personal income from work performed in Denmark from 9 March to 30 June 2020 may be taxable to Denmark. The effect of this rule may be limited by Danish agreements for the avoidance of double taxation.

Residents in Denmark who primarily are working abroad may, under certain conditions, be exempted from the payment of income taxation in Denmark. One of the other temporary amendments entails that the resident may stay in Denmark from 9 March to 30 June 2020 without forfeiting the right to the tax exemption.

Finally, some temporary amendments are related to the conditions for applying the Tax Scheme for Foreign Researchers and Highly-paid Employees (27 per cent tax scheme).

5. Memorandum Items

5.1. Identification of an AW

The AW is identified as an average worker employed at firms which are members of the Danish Employers' Confederation.

5.2. Employer and employee's contribution to private schemes

Employees typically participate in a private occupational (labour market) pension scheme to which both the employee and the employer contribute. The employee's contribution is deductible for income tax purposes until payment. The employer's contribution is not included in the gross wage income of the employee.

2021 Parameter values

	Ave_earn	457 613	Secretariat estimate
	Ave_pens	61131	
Central taxes	Health_tax_rate	0	
	Low_rate	0,1209	
	Medium_thrsh	0	
	Medium_rate	0	
	Top_thrsh	544.800	
	Top_rate	0,15	
	Marg_rate_ceil	0,5206	
	Adj_top_rate	0,1500	
	Temp_tax_rate	0	
	Temp_tax_thrsh	0	
	Personal_al	46.700	
	Job_deduc_min	200.300	
	Job_deduc_rate	0,0450	
	Job_deduc_max	2.600	
Pension payments tax credit scheme	Pens_deduc_rate_o_15	0,12	
	Pens_deduc_rate_u_15	0,32	
	Pens_deduc_max	74.700	
The green check	green_check	525	
	1 child	120	
	child max	240	
	Green_check_thrsh	424.700	
	Green_check_taper_rate	0,075	
	Extra_green_check	280	
	Extra_green_check_thrsh	247.900	
Local taxes	gener_rate	0,2497	
	church_rate	0	
total local tax rate	Local_rates	0,24970	
Earned income tax credit scheme	earncredit_rate	0,106	
	earncredit_max	40.600	
for single parents	Sing_par_earncredit_rate	0,0625	
	Sing_par_earncredit_max	23.400	
Child transfers	Child_3to6	14.664	
	Child_7to14	11.532	
	Child_limit	818.300	
	Child_red	0,02	
for single parents	Sing_par_basic	5.996	
	Sing_par_ch	22.976	
Labour Market Contribution	Labour_market_rate	0,08	

2021 Tax equations

The equations for the Danish system in 2020 are mostly on an individual basis but there is an interaction in the calculation of Central Government tax between spouses and the child benefit is calculated only once. This is shown by the Range indicator in the table below.

The functions which are used in the equations (Taper, MIN, Tax etc) are described in the technical note about tax equations. Variable names are defined in the table of parameters above, within the equations table, or are the standard variables "married" and "children". A reference to a variable with the affix "_total" indicates the sum of the relevant variable values for the principal and spouse. And the affixes "_princ" and "_spouse" indicate the value for the principal and spouse, respectively. Equations for a single person are as shown for the principal, with "_spouse" values taken as 0.

	Line in country table and intermediate steps	Variable name	Range	Equation
1.	Earnings	Earn		
2.	Allowances:	tax_al	B	Labour_market_contr
		earncredit	B	Min((earn+((earn/Pension_base_adjust)-earn))*earncredit_rate, earncredit_max)+(Children>0)*(Married=0)*Min((earn+((earn/Pension_base_adjust)-earn))*Sing_par_earncredit_rate; Sing_par_earncredit_max)
3.	Credits in taxable income	taxbl_cr	B	0
4.	CG taxable income	tax_inc	B	Positive(earn-tax_al-earncredit+taxbl_cr)
	Personal income	pers_inc	B	Positive(earn-Labour_market_contr)
5.	CG tax before credits	CG_tax_excl_princ	P	Low_rate*tax_inc_princ+Medium_rate*Positive(tax_inc_princ-Medium_thrsh-Married*Positive(Medium_thrsh-pers_inc_spouse))+Adj_top_rate*Positive(tax_inc_princ-Top_thrsh)
		CG_health_tax_excl_princ	P	Health_tax_rate*tax_inc_princ
		CG_tax_excl_spouse	S	Low_rate*tax_inc_spouse+Medium_rate*Positive(tax_inc_spouse-Medium_thrsh)+Adj_top_rate*Positive(tax_inc_spouse-Top_thrsh)
		CG_health_tax_excl_spouse	S	(Married=1)*Health_tax_rate*tax_inc_spouse
6.	Tax credits :	tax_cr_princ	P	Personal_al*Low_rate+Married*Positive(Personal_al-pers_inc_spouse)*Low_rate+(MIN(Positive((earn_princ+((earn_princ/Pension_base_adjust)-earn_princ))-Job_deduc_min)*Job_deduc_rate,Job_deduc_max)+ +MIN(((earn_princ/ Pension_base_adjust)-earn_princ)*Pens_deduc_rate_o_15,Pens_deduc_max))*(gener_rate+Health_tax_rate)
		health_tax_cr_princ	P	Health_tax_rate*(Personal_al+Married*Positive(Personal_al-tax_inc_spouse))
		tax_cr_spouse	S	Personal_al*Low_rate+(MIN(Positive((earn_spouse+((earn_spouse/Pension_base_adjust)-earn_spouse))-Job_deduc_min)*Job_deduc_rate,Job_deduc_max) +MIN(((earn_spouse/ Pension_base_adjust)-earn_spouse)*Pens_deduc_rate_o_15,Pens_deduc_max))*(gener_rate+Health_tax_rate)
		health_tax_cr_spouse	S	(Married=1)*Health_tax_rate*Personal_al
	Labour Market Contribution	Labour_market_contr	B	Labour_market_rate*earn
7.	CG tax	CG_tax	B	Positive(CG_tax_excl-tax_cr)+Positive(CG_health_tax_excl-health_tax_cr)+Labour_market_contr
8.	State and local taxes	local_tax_princ	P	Positive((Local_rates)*(tax_inc_princ-Personal_al-Married*Positive(Personal_al-tax_inc_spouse)))
		local_tax_spouse	S	(Local_rates)*Positive(tax_inc_spouse-Personal_al)
9.	Employees' soc security	SSC_total	B	0
10.	Total payments	tot_payments	J	Positive(CG_tax_total+local_tax_total+SSC_total)

	Line in country table and intermediate steps	Variable name	Range	Equation
11.	Cash transfers	cash_trans	J	Positive(((Children>0)*(Child_3to6+(Children>1)*(Children-1)*Child_7to17+(Married=0)*(Sing_par_basic+Children*Sing_par_ch)))-(Positive(earn_princ-Child_limit)*Child_red)-(Positive(earn_spouse-Child_limit)*Child_red))+IF(Married=1,(Taper(green_check,pers_inc_princ,Green_check_thrsh,Green_check_taper_rate)+Taper(green_check+MIN(Children*_1_child,child_max),pers_inc_spouse,Green_check_thrsh,Green_check_taper_rate)),Taper(green_check+MIN(Children*_1_child,child_max),pers_inc_princ, Green_check_thrsh,Green_check_taper_rate))+IF(Married=1,(IF(pers_inc_princ<Extra_green_check_thrsh,Extra_green_check,0)+IF(pers_inc_spouse<Extra_green_check_thrsh,Extra_green_check,0)),IF(pers_inc_princ<Extra_green_check_thrsh,Extra_green_check,0))
13.	Employer's soc security	SSC_empr	B	0

Key to range of equation B calculated separately for both principal earner and spouse P calculated for principal only (value taken as 0 for spouse calculation) J calculated once only on a joint basis.

Estonia

This chapter includes data on the income taxes paid by workers, their social security contributions, the family benefits they receive in the form of cash transfers as well as the social security contributions and payroll taxes paid by their employers. Results reported include the marginal and average tax burden for eight different family types.

Methodological information is available for personal income tax systems, compulsory social security contributions to schemes operated within the government sector, universal cash transfers as well as recent changes in the tax/benefit system. The methodology also includes the parameter values and tax equations underlying the data.

Estonia 2021

The tax/benefit position of single persons

	Wage level (per cent of average wage)	67	100	167	67
	Number of children	none	none	none	2
1.	**Gross wage earnings**	12 280	18 329	30 609	12 280
2.	**Standard tax allowances**				
	Basic allowance	6 000	3 817	0	7 848
	Married or head of family				
	Dependent children				
	Deduction for social security contributions and income taxes	196	293	490	196
	Work-related expenses				
	Other				
	Total	6 196	4 111	490	8 044
3.	**Tax credits or cash transfers included in taxable income**	0	0	0	0
4.	**Central government taxable income (1 - 2 + 3)**	6 084	14 218	30 119	4 236
5.	**Central government income tax liability (exclusive of tax credits)**	1 217	2 844	6 024	847
6.	**Tax credits**				
	Basic credit				
	Married or head of family				
	Children	0	0	0	0
	Other				
	Total	0	0	0	0
7.	**Central government income tax finally paid (5-6)**	1 217	2 844	6 024	847
8.	**State and local taxes**	0	0	0	0
9.	**Employees' compulsory social security contributions**				
	Gross earnings	196	293	490	196
	Taxable income				
	Total	196	293	490	196
10.	**Total payments to general government (7 + 8 + 9)**	1 413	3 137	6 514	1 044
11.	**Cash transfers from general government**				
	For head of family				
	For two children	0	0	0	1 900
	Total	0	0	0	1 900
12.	**Take-home pay (1-10+11)**	10 867	15 192	24 095	13 137
13.	**Employer's compulsory social security contributions**	4 151	6 195	10 346	4 151
14.	**Average rates**				
	Income tax	9.9%	15.5%	19.7%	6.9%
	Employees' social security contributions	1.6%	1.6%	1.6%	1.6%
	Total payments less cash transfers	11.5%	17.1%	21.3%	-7.0%
	Total tax wedge including employer's social security contributions	33.9%	38.1%	41.2%	20.0%
15.	**Marginal rates**				
	Total payments less cash transfers: Principal earner	21.3%	32.4%	21.3%	21.3%
	Total payments less cash transfers: Spouse	n.a.	n.a.	n.a.	n.a.
	Total tax wedge: Principal earner	41.2%	49.5%	41.2%	41.2%
	Total tax wedge: Spouse	n.a.	n.a.	n.a.	n.a.

Estonia 2021

The tax/benefit position of married couples

Wage level (per cent of average wage)		100-0	100-67	100-100	100-67
Number of children		2	2	2	none
1. **Gross wage earnings**		18 329	30 609	36 657	30 609
2. **Standard tax allowances**					
Basic allowance		7 825	11 665	9 483	9 817
Married or head of family					
Dependent children					
Deduction for social security contributions and income taxes		293	490	587	490
Work-related expenses					
Other					
	Total	8 119	12 155	10 069	10 307
3. **Tax credits or cash transfers included in taxable income**		0	0	0	0
4. **Central government taxable income (1 - 2 + 3)**		10 210	18 454	26 588	20 302
5. **Central government income tax liability (exclusive of tax credits)**		2 042	3 691	5 318	4 060
6. **Tax credits**					
Basic credit					
Married or head of family					
Children		0	0	0	0
Other					
	Total	0	0	0	0
7. **Central government income tax finally paid (5-6)**		2 042	3 691	5 318	4 060
8. **State and local taxes**		0	0	0	0
9. **Employees' compulsory social security contributions**					
Gross earnings		293	490	587	490
Taxable income					
	Total	293	490	587	490
10. **Total payments to general government (7 + 8 + 9)**		2 335	4 181	5 904	4 550
11. **Cash transfers from general government**					
For head of family					
For two children		1 440	1 440	1 440	0
	Total	1 440	1 440	1 440	0
12. **Take-home pay (1-10+11)**		17 433	27 868	32 193	26 059
13. **Employer's compulsory social security contributions**		6 195	10 346	12 390	10 346
14. **Average rates**					
Income tax		11.1%	12.1%	14.5%	13.3%
Employees' social security contributions		1.6%	1.6%	1.6%	1.6%
Total payments less cash transfers		4.9%	9.0%	12.2%	14.9%
Total tax wedge including employer's social security contributions		28.9%	32.0%	34.4%	36.4%
15. **Marginal rates**					
Total payments less cash transfers: Principal earner		32.4%	32.4%	32.4%	32.4%
Total payments less cash transfers: Spouse		15.0%	21.3%	32.4%	21.3%
Total tax wedge: Principal earner		49.5%	49.5%	49.5%	49.5%
Total tax wedge: Spouse		36.5%	41.2%	49.5%	41.2%

The Estonian currency is the Euro (EUR). In 2021, EUR 0.84 was equal to USD 1. In 2021, the average worker in Estonia earned EUR 18 329 (Secretariat estimate).

1. Personal income tax system

1.1. Central government income tax

1.1.1. Tax unit

The tax unit is the individual since January 1st 2017.

1.1.2. Tax allowances

1.1.2.1. Standard tax reliefs

- A general (basic) allowance of EUR 6000 is deductible from individual income in 2021. It starts declining from income of 14 400 and reaches EUR 0 at EUR 25 200. From 1 January 2017, the supplementary basic allowance for the spouse came into force. The spouse's yearly income must be below EUR 2 160 and the family`s total yearly income must be below EUR 50 400.
- A child allowance of EUR 1 848 is also deductible from income for each of the second and EUR 3 048 for third any subsequent children up to and including the age of 16.
- Relief for social security contributions: Employee's compulsory contributions for unemployment insurance are deductible for income tax purposes.
- Tax credits: was abolished from 2017.

1.1.2.2. Non – standard tax reliefs applicable to income from employment

- II pillar pension contributions: In 2021, these represent compulsory payments to private funds for employees born in 1983 or after and are paid at a rate of 2% of earnings. In December 2020, these payments became wholly voluntary and will remain so until August 31, 2021. Only about 10 thousand employees stopped their payments. In 2021, different opt-out options were introduced, making the II pillar, in effect, voluntary. People have four basic options: 1. Continue as is; 2. The accumulated pension assets will be transferred to a special private investment account, the 2% and 4% payments will continue to that account, people will basically become their own second pillar pension fund investment manager; 3. Stop the payments into the pillar, existing assets remain invested in the fund, the person can opt in with their payments again after 10 years; 4. Stop the payments and take out assets (pay income tax), the person can opt in again after 10 years. New entrants to the labour market are automatically added to the second pillar, but have the same opt-out options. About 153 000 persons younger than pension age chose to leave the scheme from Sept, 2021. Also pension age people are leaving the scheme.
- Housing loan interest, educational costs, gifts and donations are deductible from taxable income within upper limits of EUR 1 200 and 50% of taxable income per year. Housing loan interest deductions upper limit is EUR 300 within that EUR 1 200 from 2017. There are ongoing discussions on the abolishment of the latter in 2022.
- Voluntary pension contributions (III pillar): Contributions paid by a resident to the provider of a pension plan based in Estonia or in another EU Member State according to a pension plan that is approved and entered into a special register in accordance with the pension legislation are deductible from taxable income. In 2021 such deductions are subject to an annual limit of a sum

equal to 15% and maximum of EUR 6 000 of the employee's, public servant`s or members of legal person management or control body income in a calendar year.

1.1.3. Tax schedule

The rate of 20% applies for all levels of taxable income.

1.2. Regional and local income tax

There are no regional or local income taxes.

2. Compulsory social security insurance system

The compulsory social security insurance system consists of three schemes as follows:

- pension insurance;
- health insurance;
- unemployment insurance.

2.1. Employees' contributions

Employees pay 1.6% of their earnings in contributions for unemployment insurance. The taxable base is the total amount of the gross wage or salary including vacation payments, fringe benefits and remuneration of expenses related to work above a certain threshold. The assessment period is the calendar month.

2.2. Employers' contributions

Social security insurance contributions are also paid by employers on behalf of their employees. The taxable base and the assessment period are the same as for employees' contributions. The employers' contribution rates are applied in two parts:

- Unemployment insurance – 0.8% of employee earnings.
- Pension and health insurance – as follows for monthly earnings above EUR 584.

Scheme name	Rate of contribution (%)
Pension insurance	20.00
Health insurance	13.00
Total	33.00

In addition there is a lump sum payment for each employee of EUR 192,72 per month (split between pensions and health insurance on a 20:13 basis).

3. Payroll tax

None.

4. Universal cash transfers

4.1. Transfers related to marital status

None.

4.2. Transfers for dependent children

Estonia's family benefits are designed to provide partial coverage of the costs families incur in caring for, raising and educating their children.

The state pays family benefits to all children until they reach the age of 16. Children enrolled in basic or secondary schools or vocational education institutions operating on the basis of basic education have the right to receive family benefits until the age of 19. Applications for the allowance are made on an annual basis and the payments are not taxable. The values of these benefits in 2021 are shown in the table below. The single parent child allowance is paid for each child. From 1st of July 2017 the parents allowance for families with three to six children was introduced, EUR 300 per month. Parents allowance for families with seven or more children was increased from EUR 168.74 per month to EUR 400 per month from 1st of July 2017.

In addition, there are nine other types of family benefits for which payment depends on either the age of the child(ren) and/ or the status of the person(s) looking of them: parental benefit; additional parental benefit for fathers and 30 days of paternity leave, childbirth allowance and allowance for multiple birth of three or more children; maintenance allowance, conscript's child allowance; adoption allowance (single payment), guardianship allowance, child care allowance. These are not included in the modelling.

Type of benefit	Annual amount of benefit (in EUR)
Child allowance (paid until children turn 16 or until the end of the academic year in which they turn 19 if they continue studying).	
- For the first and second child	720.00
- For the third and any subsequent children	1 200.00
- Single parent's child allowance	230.16
- Parents allowance for families with three to six children	3 600.00
- Parents allowance for families with seven or more children	4 800.00

In addition to existing benefits, from 1st of July, 2013 the need-based child benefits were introduced. Need-based family benefit income threshold was based on Statistical Office relative poverty threshold published by the 1st of March in a year before current budget year. In 2017 the need based threshold was EUR 394 in a month for the first household member. For every other at least 14-years old member the threshold was EUR 197 and for the younger members EUR 118.2 in a month. Need-based family benefit was in 2017 EUR 45 in a month for single child family and EUR 90 for families with two or more children. These need-based benefits were abolished from 2018.

5. Main changes in tax/benefit system since 2005

- The personal income tax rate was steadily reduced from 24% in 2005 to 21% in 2008. In 2015 it was reduced to 20%.

- The child tax allowance applied for the third and subsequent children for 2005 and the second and subsequent children in 2006 and 2007. It applied to all children in 2008 and then returned to the 2007 position in 2009.

- The employee unemployment contribution rate was reduced from 1% to 0.6% in 2006 and then raised in 2 stages to 2.8% at the end of 2009. The corresponding rates for employers were a reduction from 0.5 % to 0.3% in 2006 increasing to 1.4%. In 2013 the employee unemployment contribution rate was reduced from 2.8% to 2.0% and the corresponding rate for employers from 1.4% to 1.0%. In 2015 the employee unemployment contribution rate was reduced from 2.0% to 1.6% and the corresponding rate for employers from 1.0% to 0.8%.

- In addition to existing benefits, from 1st of July, 2013 the need-based child benefits were introduced. Further details in section 4.2 on cash transfers. These were abolished from 2018.

- From 2016, a non-payable tax credit for low-income earners ("madalapalgaliste tagasimakse") was introduced. Further details in section 1.1.2. on tax allowances. It was abolished from 2017.

- From 2017 the possibility to use spouse`s basic tax-free allowance was reformed. From 1st of January 2017, the supplementary basic allowance for the spouse came into force. The spouse's yearly income must be below EUR 2 160 and the family`s total yearly income must be below EUR 50 400.

- From 2020 the additional child allowance for third any subsequent children up to and including the age of 16 was increased to EUR 3 048 per year.

- There are ongoing discussions on the abolishment of the housing loan interest deduction (EUR 300 per year) in 2022.

5.1. Changes to labour taxation due to the COVID pandemic in 2020 and 2021

Labour taxation did not change but there were some measures supporting self-employed, employees and employers:

- The state pays the advance payment of social tax for self-employed persons for the first quarter of 2020.

- Temporary cancellation of social tax minimum for employers for three months. Here social tax minimum is the lump sum payment for each employee of EUR 178.20 per month mentioned above. The employer was released of this obligation for three months (March, April and May 2020) and social tax had to be paid from actual payment to employee. It included the unpaid vacation and part-time work.

- Temporary suspension of contributions to the second pillar pension funds. The state suspended pension payments to the second pillar that are made at the expense of social tax from 1 July 2020 until 31 August 2021. In October 2020, everyone who had joined the mandatory funded pension, was able to decide whether to waive their contribution as well. To do this, an application had to be submitted in October and payments will be stopped from December. There is a compensation mechanism for people who decide to continue their contributions. Only about 10 thousand employees stopped their payments.

- Unemployment Insurance Fund measure for labour market support within 4 months (wage support measure). Wage support measure will help to maintain the income of employees during the emergency situation. It was continued in 2021 for 3 months (from March to May).

- State reimbursement of sick days for workers from the first to the third day of sickness insurance (currently without pay) from March to May 2020. In 2021 state reimburses 6th+ sick day (normally from 9th day).

6. Memorandum items

6.1. Average gross annual wage earnings calculation

In Estonia the gross earnings figures cover wages and salaries paid to individuals in formal employment including payment for overtime. They also include bonus payments and other payments such as pay for annual leave, paid leave up to seven days, public holidays, absences due to sickness for up to 30 days, job training, and slowdown through no fault of the person in formal employment.

The average gross wage earnings figures of all adult workers covering industry sectors B–N by NACE Rev.2 are estimated with average wage growth rate forecast of Estonian Ministry of Finance.

6.2. Employer contributions to private pension and health schemes

Some employer contributions are made to private health and pension schemes but there is no relevant information available on the amounts that are paid.

2021 Parameter values

Average earnings/yr	Ave_earn	18 329	Secretariat estimate
Allowances	Basic_al	6 000	
	Basic_al_thrs_1	14400	
	Basic_al_thrs_2	25200	
	Suppl_al	2160	
	Incoome_lim	50 400	
	Child_al	1 848	
Income tax	Tax_rate	0.20	
Employers SSC	SSC_rate1	0.33	
	Threshold	7 008	
	lump_sum	2 312.6	
	SSC_rate2	0.008	
Employees SSC	SSC_rate3	0.016	
Child allowances			
First & second child	CA_first&second	720	
Other children	CA_others	1 200	
Additional for children of lone parents	CA_onepar	230.16	
Days in tax year	numdays	365	

2021 Tax equations

The equations for the Estonian system are mostly on an individual basis.

The functions which are used in the equations (Taper, MIN, Tax etc) are described in the technical note about tax equations. Variable names are defined in the table of parameters above, within the equations table, or are the standard variables "married" and "children". A reference to a variable with the affix "_total" indicates the sum of the relevant variable values for the principal and spouse. And the affixes "_princ" and "_spouse" indicate the value for the principal and spouse, respectively. Equations for a single person are as shown for the principal, with "_spouse" values taken as 0.

	Line in country table and intermediate steps	Variable name	Range	Equation
1.	Earnings	earn		
2.	Allowances:	tax_al	P	MINA(Positive(Basic_al-(Positive(earn-Basic_al_thrs_1)*(Basic_al/(Basic_al_thrs_2-Basic_al_thrs_1))))+IF(spouse_earn<Suppl_al,IF(AND(household_earn<income_lim,Married>0),Positive(Suppl_al-spouse_earn),0),0)+SSC_empee+(Children>1)*(Child_al*(Children-1)),earn)
			S	MINA(IF(earn>0,Positive(Basic_al-(Positive(earn-Basic_al_thrs_1)*(Basic_al/(Basic_al_thrs_2-Basic_al_thrs_1)))),0)+SSC_empee,earn)
3.	Credits in taxable income	taxbl_cr	B	0
4.	CG taxable income	tax_inc	B	Positive(earn-tax_al)
5.	CG tax before credits	CG_tax_excl	B	Tax_inc*tax_rate
6.	Tax credits :	tax_cr	B	0
7.	CG tax	CG_tax	B	CG_tax_excl
8;	State and local taxes	local_tax	B	0
9.	Employees' soc security	SSC_empee	B	earn*SSC_rate3
11.	Cash transfers	cash_trans	J	IF(Children<3,CA_firstsecond*Children,(2*CA_firstsecond)+(CA_other*(Children-2)))+(Married='0')*Children*CA_onepar
13.	Employer's soc security	SSC_empr	B	IF(earn>0,IF(earn>threshold,earn*SSC_rate1,lump_sum),0)+earn*SSC_rate2

Key to range of equation B calculated separately for both principal earner and spouse P calculated for principal only (value taken as 0 for spouse calculation) J calculated once only on a joint basis.

Finland

This chapter includes data on the income taxes paid by workers, their social security contributions, the family benefits they receive in the form of cash transfers as well as the social security contributions and payroll taxes paid by their employers. Results reported include the marginal and average tax burden for eight different family types.

Methodological information is available for personal income tax systems, compulsory social security contributions to schemes operated within the government sector, universal cash transfers as well as recent changes in the tax/benefit system. The methodology also includes the parameter values and tax equations underlying the data.

Finland 2021

The tax/benefit position of single persons

		Wage level (per cent of average wage)	67	100	167	67
		Number of children	none	none	none	2
1.	**Gross wage earnings**		32 103	47 915	80 018	32 103
2.	**Standard tax allowances**					
	Basic allowance					
	Married or head of family					
	Dependent children					
	Deduction for social security contributions and income taxes		3 181	4 748	7 930	3 181
	Work-related expenses		750	750	750	750
	Other					
		Total	3 931	5 498	8 680	3 931
3.	**Tax credits or cash transfers included in taxable income**		0	0	0	0
4.	**Central government taxable income (1 - 2 + 3)**		28 171	42 416	71 338	28 171
5.	**Central government income tax liability (exclusive of tax credits)**		613	3 070	9 077	613
6.	**Tax credits**					
	Basic credit		1 840	1 572	966	1 840
	Married or head of family					
	Children		0	0	0	0
	Other					
		Total	1 840	1 572	966	1 840
7.	**Central government income tax finally paid (5-6)**		163	1 661	8 274	163
8.	**State and local taxes**		3 895	8 076	14 155	3 895
9.	**Employees' compulsory social security contributions**					
	Gross earnings		3 181	4 748	7 930	3 181
	Taxable income		132	274	481	132
		Total	3 314	5 023	8 411	3 314
10.	**Total payments to general government (7 + 8 + 9)**		7 371	14 759	30 840	7 371
11.	**Cash transfers from general government**					
	For head of family					
	For two children		0	0	0	3 916
		Total	0	0	0	3 916
12.	**Take-home pay (1-10+11)**		24 732	33 155	49 178	28 647
13.	**Employer's compulsory social security contributions**		6 671	9 957	16 628	6 671
14.	**Average rates**					
	Income tax		12.6%	20.3%	28.0%	12.6%
	Employees' social security contributions		10.3%	10.5%	10.5%	10.3%
	Total payments less cash transfers		23.0%	30.8%	38.5%	10.8%
	Total tax wedge including employer's social security contributions		36.2%	42.7%	49.1%	26.1%
15.	**Marginal rates**					
	Total payments less cash transfers: Principal earner		45.0%	46.9%	50.5%	45.0%
	Total payments less cash transfers: Spouse		n.a.	n.a.	n.a.	n.a.
	Total tax wedge: Principal earner		54.5%	56.1%	59.0%	54.5%
	Total tax wedge: Spouse		n.a.	n.a.	n.a.	n.a.

Finland 2021

The tax/benefit position of married couples

	Wage level (per cent of average wage)		100-0	100-67	100-100	100-67
	Number of children		2	2	2	none
1.	**Gross wage earnings**		47 915	80 018	95 829	80 018
2.	**Standard tax allowances**					
	Basic allowance					
	Married or head of family					
	Dependent children					
	Deduction for social security contributions and income taxes		4 748	7 930	9 497	7 930
	Work-related expenses		750	1 500	1 500	1 500
	Other					
		Total	5 498	9 430	10 997	9 430
3.	**Tax credits or cash transfers included in taxable income**		0	0	0	0
4.	**Central government taxable income (1 - 2 + 3)**		42 416	70 588	84 833	70 588
5.	**Central government income tax liability (exclusive of tax credits)**		3 070	3 683	6 140	3 683
6.	**Tax credits**					
	Basic credit		1 572	3 412	3 145	3 412
	Married or head of family					
	Children		0	0	0	0
	Other					
		Total	1 572	3 412	3 145	3 412
7.	**Central government income tax finally paid (5-6)**		1 661	1 824	3 322	1 824
8.	**State and local taxes**		8 076	11 971	16 152	11 971
9.	**Employees' compulsory social security contributions**					
	Gross earnings		4 748	7 930	9 497	7 930
	Taxable income		274	407	549	407
		Total	5 023	8 336	10 045	8 336
10.	**Total payments to general government (7 + 8 + 9)**		14 759	22 131	29 519	22 131
11.	**Cash transfers from general government**					
	For head of family					
	For two children		2 397	2 397	2 397	0
		Total	2 397	2 397	2 397	0
12.	**Take-home pay (1-10+11)**		35 552	60 284	68 708	57 887
13.	**Employer's compulsory social security contributions**		9 957	16 628	19 913	16 628
14.	**Average rates**					
	Income tax		20.3%	17.2%	20.3%	17.2%
	Employees' social security contributions		10.5%	10.4%	10.5%	10.4%
	Total payments less cash transfers		25.8%	24.7%	28.3%	27.7%
	Total tax wedge including employer's social security contributions		38.6%	37.6%	40.6%	40.1%
15.	**Marginal rates**					
	Total payments less cash transfers: Principal earner		46.9%	46.9%	46.9%	46.9%
	Total payments less cash transfers: Spouse		23.0%	45.0%	46.9%	45.0%
	Total tax wedge: Principal earner		56.1%	56.1%	56.1%	56.1%
	Total tax wedge: Spouse		36.2%	54.5%	56.1%	54.5%

The national currency is the Euro (EUR). In 2021, EUR 0.84 was equal to USD 1. In that year, the average worker earned EUR 47 915 (Secretariat estimate).

1. Personal Income Tax System

1.1. Central government income taxes

1.1.1. Tax unit

Spouses are taxed separately for earned income.

1.1.2. Standard tax allowances and tax credits

1.1.2.1. Standard reliefs

- Work-related expenses: A standard deduction for work related expenses equal to the amount of wage or salary, with a maximum amount of EUR 750 is granted.
- Tax credit: An earned income tax credit is granted against the central government income tax. If the credit exceeds the amount of central government income tax, the excess credit is deductible from the municipal income tax and the health insurance contribution for medical care. The credit is calculated on the basis of taxpayers' income from work. The credit amounts to 12,7% of income exceeding EUR 2 500, until it reaches its maximum of EUR 1 840. The amount of the credit is reduced by 1.89% of the earned income minus work related expenses exceeding EUR 33 000. The credit is fully phased out when taxpayers' income is about EUR 130 000.

1.1.2.2. Main non-standard tax reliefs applicable to an AW

- Interest: Interest on loans associated with the earning of taxable income, 10% of the interest on loans for the purchase of owner-occupied dwellings, and student loans guaranteed by the state can be deducted against capital income. Of the excess of interest over capital income, 30% (32% for first-time homebuyers) can be credited against income tax up to a maximum of EUR 1 400.
- Membership fees: Membership fees paid to employees' organisations or trade unions.
- Travelling expenses: Travelling expenses from the place of residence to the place of employment using the cheapest means in excess of EUR 750 up to a maximum deduction of EUR 7 000.
- Double housing expenses: If the place of employment is located too far from home in order to commute (distance > 100km), the taxpayer can deduct the costs of hiring a second dwelling located near the place of work up to EUR 450 per month. This deduction can be claimed only by one person per household.
- Other work-related outlays: Outlays for tools, professional literature, research equipment and scientific literature, and expenses incurred in scientific or artistic work (unless compensated by scholarships).

Travelling expenses and other work related outlays are deductible only to the extent that their total amount exceeds the amount of the standard deduction for work related expenses.

1.1.3. Rate schedule

Central government income tax:

Taxable income (EUR)	Tax on lower limit (EUR)	Tax on excess income in bracket (%)
18 600-27 900	8	6
27 900-45 900	566	17.25
45 900-80 500	3 671	21.25
80 500	11 023.50	31.25

1.2. Local income tax

1.2.1. Tax base and tax rates

The tax base of the local income tax is taxable income as established for the income tax levied by central government.

Municipal tax is levied at flat rates. In 2021 the tax rate varies between 17.00 and 23.50%, the average rate being approximately 20.02%.

Municipal tax is not deductible against central government taxes. Work-related expenses and other non-standard deductions are deductible, as for purposes of the central government income tax.

1.2.2. Tax allowances in municipal income taxation

- An earned income tax allowance is calculated on the basis of taxpayer's income from work. The allowance amounts to 51% of income between EUR 2 500 and EUR 7 230 and 28% of the income exceeding EUR 7 230, until it reaches its maximum of EUR 3 570. The amount of the allowance is reduced by 4.5% on earned income minus work related expenses exceeding EUR 14 000.
- A basic tax allowance is granted on the basis of taxable income remaining after the other allowances have been subtracted. The maximum amount, EUR 3 630, is reduced by 18% on income exceeding the aforementioned amount.

2. Compulsory Social Security Contributions to Schemes Operated within the Government Sector

2.1. Employee contributions

2.1.1. Rate and ceiling

In 2020, the rate of the health insurance contribution for medical care paid by an employee is 0.68%. The tax base for this contribution is net taxable income for municipal income tax purposes.

In addition, there is an employees' pension insurance contribution that amounts to 7.15% of gross salary, an employees' unemployment insurance contribution equal to 1.40% of gross salary and a health insurance contribution for daily allowance equal to 1.36% of gross salary. For employees aged 53 to 62, the pension insurance contribution amounts to 8.65% of gross salary. These contributions are deductible for income tax purposes.

2.1.2. Distinction by marital status or sex

The rates do not differ.

2.2. Employers' contributions

The average rate of the employers' social security contribution in 2021 is 20.78% of gross wage.

	Contribution rates (%)
Health insurance	1,53
Unemployment insurance (avg)	1,43
Earnings-related pension insurance	16,95
Accident insurance (avg)	0,8
Group life insurance (avg)	0,07
Total	20,78

3. Universal Cash Transfers

3.1. Amount for marriage

None.

3.2. Amount for children

The central government pays in 2021 the following allowances (EUR):

For the first child	1 138.56
For the second child	1 258.08
For the third child	1 605.48
For the fourth child	1 958.88
Fifth and subsequent child	2 192.28

The child subsidy for a single parent is increased by an annual amount of EUR 759.6 for each child.

4. Main Changes in the Tax/Benefit System since 2020

Adjustments for inflation and rise of earnings levels were made to the central government tax scale in 2021.

The maximum amount of the basic allowance in municipal taxation was raised from EUR 3 540 to EUR 3 630. The maximum amount of the earned income tax credit in state taxation was raised from EUR 1 770 to EUR 1 840.

Home-loan interest counts at 10%, down from 15%, as deductible/creditable interest.

4.1. Changes to labour taxation due to the COVID pandemic in 2020 and 2021

There are no specific personal income tax measures due to the covid-19 pandemic. Financial support for individuals and households has been granted in the form of direct benefits rather than through tax measures.

The Finnish tax deferral scheme concerning payment arrangements with eased terms was based on a temporary legislative amendment, which allowed for a late-payment interest rate of 2.5% (lowered from the standard 7%) to be applied on all and any taxes (incl. PITs and SSCs) included in a payment arrangement that fell due between 1 March and 31 August 2020 as well as on repaid VAT. In addition, the temporary amendment allowed for the first payment instalment to be postponed until three months after the start of the arrangement. In 2021 the tax deferral scheme was renewed with similar terms as in 2020 to be applied on all and any taxes (incl. PITs and SSCs) included in a payment arrangement that fell due between 1 March and 31 August 2021.

5. Memorandum Items

5.1. Calculation of average gross annual wage

The Finnish figures are generally calculated as follows:

- Gross annual earnings are calculated at an individual level on the basis of the hour's usually worked, average hourly pay for the fourth quarter, and the share of annual periodic bonuses.
- The earnings exclude sickness and unemployment compensations, but include all normal overtime compensations, bonuses, holiday remunerations and remunerations for public holidays.

5.2. Employer contributions to private pension and health schemes

No information is available.

2021 Parameter values

Average earnings	Ave_earn	47 915	Secretariat estimate
Expenses	Work_exp_max	750	
	Work_exp_rate	1	
Allowances	al_SSC_rate	0.0991	
State tax	Tax_min	8	
Tax schedule	Tax_sch	0	18600
		0.06	27900
		0.1725	45900
		0.2125	80500
		0.3125	
Broadcasting tax	brdcst_tax_rate	0.025	
	brdcst_tax_thres	14000	
	brdcst_tax_max	163	
Earned income tax credit	eitc_thrsh	2 500	
	eitc_rate	0.127	
	eitc_redn_thrsh	33 000	
	eitc_redn_rate	0.0189	
	eitc_max	1840	
Child tax credit	child_cr	0	
	child_thres	0	
	child_red	0	
Earned income tax allowance	al_thrsh	2 500	
	al_thrsh2	7 230	
	al_rate	0.51	
	al_rate2	0.28	
	al_redn_thrsh	14 000	
	al_redn_rate	0.045	
	al_max	3 570	
low income	SL_max	3630	
	SL_rate	0.18	
Local intax	Local_rate	0.2002	
	Church_rate	0	
	Local_tot	0.2002	
Soc sec taxpayer	SSC_rate	0,0068	
soc.sec empr	SSC_empr	0.2078	
Cash transfer	ch_1	1138.56	
	ch_2	1258.08	
	ch_3	1605.48	
	ch_4	1958.88	
	ch_5	2192.28	
	ch_small	0	
	ch_lone	759.6	

2020 Tax equations

The equations for the Finnish system are mostly on an individual basis except for the child benefit which is calculated only once. This is shown by the Range indicator in the table below. The functions which are used in the equations (Taper, MIN, Tax etc) are described in the technical note about tax equations. Variable names are defined in the table of parameters above, within the equations table, or are the standard variables "married" and "children". A reference to a variable with the affix "_total" indicates the sum of the relevant variable values for the principal and spouse. And the affixes "_princ" and "_spouse" indicate the value for the principal and spouse, respectively. Equations for a single person are as shown for the principal, with "_spouse" values taken as 0.

	Line in country table and intermediate steps	Variable name	Range	Equation
1.	Earnings	earn		
	Work related expenses	work_rel	B	MIN(Work_exp_max, Work_exp_rate*earn)
	SSC deduction	SSC_al	B	earn*al_SSC_rate
2.	Allowances:	tax_al	B	work_rel+SSC_al
3.	Credits in taxable income	taxbl_cr	B	0
4.	CG taxable income	tax_inc	B	Positive(earn-tax_al)
5.	CG tax before credits	CG_tax_excl	B	='Tax(tax_inc,' Tax_sch)+Tax_min* (tax_inc>Tax_thrsh)
6.	Tax credits :	tax_cr	B	MINA(eitc_max,eitc_rate*Positive(earn-eitc_thrsh))-MINA(eitc_max,eitc_redn_rate*Positive(earn-work_rel-eitc_redn_thrsh))
	Child tax credit	child_cr	P	taper(child_cr*(1+(married=0))*children,earn_p-work_rel,child_thres,child_red)
			S	If(tax_inc_s>0,taper(child_cr*children,earn_s-work_rel,,child_thres,child_red),0)
		broadcasting_tax	B	IF((earn-(work_rel+brdcst_tax_thrsh))*brdcst_tax_rate<0,0,IF((earn--(work_rel+brdcst_tax_thrsh))*brdcst_tax_rate>brdcst_tax_max,brdcst_tax_max,(earn---(work_rel+brdcst_tax_thrsh))*brdcst_tax_rate))
7.	CG tax	CG_tax	B	Positive(CG_tax_excl - tax_cr-child_cr)+broadcasting_tax
	Earned income allowance	earninc_al	B	MIN(al_max, IF(earn>al_thrsh2, al_rate*(al_thrsh2-al_thrsh1)+al_rate2*(earn-al_thrsh2), Positive(earn-al_thrsh)))-MIN(al_max, al_redn_rate* Positive(earn-work_rel-al_redn_thrsh))
	Low income	low_inc	B	Positive(MIN(earn-work_rel-low_al-SSC_al, SL_max)-SL_rate*Positive(earn- work_rel- low_al-SSC_al-SL_max))
	Taxable income (local)	tax_inc_l	B	tax_inc-earninc_al-low_inc
8.	State and local taxes	local_tax	B	Positive(tax_inc_l*Local_tot- (local_tot/(local_tot+SSC_rate))*If((Tax_cr-CG-tax-excl)>0,(Tax_cr-CG-tax-excl)+child_cr,0)
9.	Employees' soc security	SSC	B	Positive(SSC_rate*tax_inc_l -(SSC_rate/(local_tot+SSC_rate))*IF((Tax_cr-CG-tax_excl)>0,(Tax_cr-CG-tax_excl)+child_cr,0)) + SSC_prog_rate* Positive(tax_inc_l-SSC_prog_thrsh)+SSC_al
11.	Cash transfers	cash_trans	J	(Children>0)*ch_1+(Children>1)*ch_2+ (Children>2)*ch_3+ (Children>3)*ch_4+ Positive(Children-4)*ch_4 +(Married=0)*Children*ch_lone
13.	Employer's soc security	SSC_empr	B	earn*SSC_empr

Key to range of equation B calculated separately for both principal earner and spouse P calculated for principal only (value taken as 0 for spouse calculation) J calculated once only on a joint basis

France

This chapter includes data on the income taxes paid by workers, their social security contributions, the family benefits they receive in the form of cash transfers as well as the social security contributions and payroll taxes paid by their employers. Results reported include the marginal and average tax burden for eight different family types.

Methodological information is available for personal income tax systems, compulsory social security contributions to schemes operated within the government sector, universal cash transfers as well as recent changes in the tax/benefit system. The methodology also includes the parameter values and tax equations underlying the data.

France 2021

The tax/benefit position of single persons

	Wage level (per cent of average wage)	67	100	167	67
	Number of children	none	none	none	2
1.	**Gross wage earnings**	26 781	39 971	66 752	26 781
2.	**Standard tax allowances**				
	Basic allowance				
	Married or head of family				
	Dependent children				
	Deduction for social security contributions and income taxes	4 818	7 191	11 797	4 818
	Work-related expenses	2 196	3 278	5 496	2 196
	Other				
	Total	7 014	10 469	17 292	7 014
3.	**Tax credits or cash transfers included in taxable income**	0	0	0	0
4.	**Central government taxable income (1 - 2 + 3)**	19 767	29 502	49 460	19 767
5.	**Central government income tax liability (exclusive of tax credits)**	3 287	6 582	15 122	2 552
6.	**Tax credits**				
	Basic credit				
	Married or head of family				
	Children				
	Other	0	0	0	0
	Total	0	0	0	0
7.	**Central government income tax finally paid (5-6)**	3 287	6 582	15 122	2 552
8.	**State and local taxes**	0	0	0	0
9.	**Employees' compulsory social security contributions**				
	Gross earnings	3 029	4 521	7 337	3 029
	Taxable income				
	Total	3 029	4 521	7 337	3 029
10.	**Total payments to general government (7 + 8 + 9)**	6 316	11 103	22 459	5 581
11.	**Cash transfers from general government**				
	In-work benefit (Gross)	0	0	0	2 021
	For two children (Gross)	0	0	0	4 392
	CRDS Deducted	0	0	0	- 32
	Total	0	0	0	6 381
12.	**Take-home pay (1-10+11)**	20 465	28 869	44 294	27 581
13.	**Employers' compulsory social security contributions**	7 970	14 508	29 578	7 970
14.	**Average rates**				
	Income tax	12.3%	16.5%	22.7%	9.5%
	Employees' social security contributions	11.3%	11.3%	11.0%	11.3%
	Total payments less cash transfers	23.6%	27.8%	33.6%	-3.0%
	Total tax wedge including employer's social security contributions	41.1%	47.0%	54.0%	20.6%
15.	**Marginal rates**				
	Total payments less cash transfers: Principal earner	32.6%	43.0%	42.2%	51.6%
	Total payments less cash transfers: Spouse	n.a.	n.a.	n.a.	n.a.
	Total tax wedge: Principal earner	64.6%	58.2%	60.0%	74.6%
	Total tax wedge: Spouse	n.a.	n.a.	n.a.	n.a.

France 2021

The tax/benefit position of married couples

Wage level (per cent of average wage)		100-0	100-67	100-100	100-67
Number of children		2	2	2	none
1.	**Gross wage earnings**	39 971	66 752	79 943	66 752
2.	**Standard tax allowances**				
	Basic allowance				
	Married or head of family				
	Dependent children				
	Deduction for social security contributions and income taxes	7 191	12 009	14 382	12 009
	Work-related expenses	3 278	5 474	6 556	5 474
	Other				
	Total	10 469	17 483	20 938	17 483
3.	**Tax credits or cash transfers included in taxable income**	0	0	0	0
4.	**Central government taxable income (1 - 2 + 3)**	29 502	49 269	59 005	49 269
5.	**Central government income tax liability (exclusive of tax credits)**	3 809	8 026	11 572	9 532
6.	**Tax credits**				
	Basic credit				
	Married or head of family				
	Children				
	Other	0	0	0	0
	Total	0	0	0	0
7.	**Central government income tax finally paid (5-6)**	3 809	8 026	11 572	9 532
8.	**State and local taxes**	0	0	0	0
9.	**Employees' compulsory social security contributions**				
	Gross earnings	4 521	7 549	9 041	7 549
	Taxable income				
	Total	4 521	7 549	9 041	7 549
10.	**Total payments to general government (7 + 8 + 9)**	8 330	15 575	20 613	17 081
11.	**Cash transfers from general government**				
	In-work benefit (Gross)	0	0	0	0
	For two children (Gross)	1 592	1 592	1 592	0
	CRDS Deducted	- 8	- 8	- 8	0
	Total	1 585	1 585	1 585	0
12.	**Take-home pay (1-10+11)**	33 226	52 762	60 914	49 671
13.	**Employers' compulsory social security contributions**	14 508	22 478	29 016	22 478
14.	**Average rates**				
	Income tax	9.5%	12.0%	14.5%	14.3%
	Employees' social security contributions	11.3%	11.3%	11.3%	11.3%
	Total payments less cash transfers	16.9%	21.0%	23.8%	25.6%
	Total tax wedge including employer's social security contributions	39.0%	40.9%	44.1%	44.3%
15.	**Marginal rates**				
	Total payments less cash transfers: Principal earner	20.8%	32.6%	43.0%	29.0%
	Total payments less cash transfers: Spouse	27.1%	32.6%	43.0%	29.0%
	Total tax wedge: Principal earner	41.9%	50.6%	58.2%	47.9%
	Total tax wedge: Spouse	43.8%	64.6%	58.2%	62.7%

The national currency is the Euro (EUR). In 2021, EUR 0.88 equalled USD 1. In that year, the average worker earned EUR 39 971 (Secretariat estimate).

1. Personal income tax system

1.1. Tax levied by the central government on 2021 income

1.1.1. Tax unit

The tax unit is aggregate family income, but children over 18 are included only if their parents claim them as dependants. Other persons may be fiscally attached on certain conditions: unlike spouses, who are always taxed jointly, children over 18 and other members of the household may opt to be taxed separately. Beginning with the taxation of 2004 income, the law provides for joint taxation of partners in a French civil union (pacte civil de solidarité, or PACS), as soon as the PACS is signed. Reporting obligations for "PACSed" partners are similar to those of married couples.

Earned income is reported net of compulsory employer and employee payroll deductions, except for 2.4 percentage points worth of CSG (contribution sociale généralisée) and the 0.5% CRDS (contribution pour le remboursement de la dette sociale), which are not deductible from the income tax base.

1.1.2. Tax reliefs and tax credits

1.1.2.1. Standard tax reliefs

- Work-related expenses, corresponding to actual amounts or a standard allowance of 10% of net pay (with a minimum of EUR 448 and a ceiling of EUR 12 829 per earner).
- Family status: The "family quotient" (quotient familial) system takes a taxpayer's marital status and family responsibilities into account. It involves dividing net taxable income into a certain number of shares [two shares for a married (or "PACSed") couple, one share for a single person, one half-share for each dependent child, an additional share for the third and each subsequent dependent child, an additional half-share for single parent, and so on]: the total tax due is equal to the amount of tax corresponding to one share multiplied by the total number of shares. The tax benefit for a half-share is limited, however, to EUR 1 592 per half-share in excess of two shares for a couple, or one share for a single person, except for the first two half-shares granted for the first child of a single parent, in which case the maximum benefit is EUR 3 756.

1.1.2.2. Main non-standard reliefs available to the average worker

There are compensatory allowances in case of divorce if paid in a lump sum (25% reduction, capped at EUR 30 500); child care costs for children under six (50% reduction, up to annual expenditure of EUR 2 300); dependent children attending secondary school or in higher education; donations to charities or other organisations assisting those in needs; trade union dues, etc. The exemption of the employer's participation to the collective contracts of supplementary health cover is abolished in the budget act for 2014 (i.e. income earned in 2013).

1.1.3. Tax schedule

	Fraction of taxable income (1 share, in Euros)	Rate (in %)
1st bracket	Up to 10 225	0
2nd bracket	From 10 225 to 26 070	11
3rd bracket	From 26 070 to 74 545	30
4th bracket	From 74 545 to 160 336	41
5th bracket	From 160 336	45

A special rebate for taxpayers with a low tax liability is applied to the amount of tax resulting from the above schedule before reductions and tax credits. To be eligible, the tax on the household's income must be less than EUR 1 746 for single households and less than 2 888 for the couples. The rebate is equal to 45.25 % of the difference between this ceiling and the amount of tax before the rebate.

1.1.4. Exceptional contribution on high revenues

An exceptional contribution on high revenues is based on the reference taxable income ("revenu fiscal de référence"). The tax rates are 3% from EUR 250 000 to EUR 500 0000 (single person), 4% over EUR 500 0000 (single person), 3% from EUR 500 000 to EUR 1 000 000 (married couple or civil union) and 4% over EUR 1 000 000 (married couple or civil unions).

1.2. Taxes levied by decentralised authorities

Local taxes levied on working households are:

- Residency tax (taxe d'habitation), which is set by local authorities;
- Property taxes on developed and undeveloped land;
- There are common rules for each type of tax, to which certain municipalities make certain adjustments.

These local taxes, the rates of which vary widely, depending on the municipality, are not assessed here.

1.3. Universal social contribution (contribution sociale généralisée, or CSG)

The universal social contribution (CSG) was introduced on 1 February 1991. Since 1 January 2018, the rate of CSG has been 9.2%. This rate has been applied to a base of 98.25% as of 1st January 2012. The CSG is deductible against taxable income, but at a lower rate of 6.8%.

1.4. Contribution to the reimbursement of social debt (contribution au remboursement de la dette sociale, or CRDS)

The contribution to the reimbursement of social debt has been in effect since 1 February 1997. Like the universal social contribution, its base has passed to 98.25% of gross pay as of 1st January 2012. The rate is set at 0.5%. Unlike social security contributions, CRDS payments are not deductible from taxable income.

2. Compulsory social security contributions to schemes operated within the government sector

Some contributions are levied on a capped portion of monthly earnings. Since 1997, this ceiling has been adjusted once a year on 1 January. In January 2020, the ceiling was EUR 3 428 (or EUR 41 136 per year). It did not change in January 2021

2.1. Employee contributions

2.1.1. Pension

- 6.9% on earnings up to the ceiling (after 6.9% in 2020).
- 0.4% on total earnings (after 0.4% in 2020).

2.1.2. Illness, pregnancy, disability, death

- 0.0% on total earnings (0,0% in 2020)

2.1.3. Unemployment

- 0.0% on earnings since 1st October 2018.

2.1.4. Others

- Supplemental pension[1] for non-managers and managers: minimum 3.15% up to the ceiling and 8.64% between one and eight times the ceiling.
- The CEG ("Contribution d'Équilibre Général") replaced AGFF and GMP in 2019. The rate of this contribution is, for non-managerial workers and managers, 0.86% of earnings up to the social security ceiling and 1.08% between one and eight times the ceiling.
- The CET ("Contribtion d'Équilibre Technique"): a contribution of 0.14% on total earnings up to eight times the ceiling, for employees who earnings exceed one time the ceiling.

2.2. Employer contributions

2.2.1. Pensions

8.55% (8.55% in 2020) of gross pay, up to the ceiling, plus a 1.90% (1.90% in 2020) levy on total pay.

2.2.2. Illness, pregnancy, disability, death

13.0% of total earnings (after 13.0% in 2020). The rate has been reduced to 7.0% up to 2.5 times the minimum wage since 1st January 2019 with the conversion of the CICE into a permanent cut in social contributions.

An additional contribution of 0.3% (contribution de solidarité autonomie – (CSA) is levied on total salary.

2.2.3. Unemployment

4.05% of earnings (4.05% in 2020) (4.5%, 5.5% or 7% for some temporary contracts), up to four times the ceiling; in addition, 0.15% (0.15% in 2020) up to four times the ceiling to endow the salary guarantee fund (AGS).

2.2.4. Work-related accidents

Contribution rates for work-related accidents vary by line of business and are published annually in the official gazette (Journal officiel de la République française). In 2021, the average rate is 2.24% (after 2.21% in 2020.

2.2.5. Family allowances

5.25% of total pay. The rate has been reduced to 3.45% up to 1.6 times the minimum wage from 2015 with the responsibility pact, up to 3.5 times the minimum wage from April 2016.

2.2.6. Others

- Supplemental pension: for non-managers and managers, 4.72% up to the ceiling and 12.95% between one and eight times the ceiling.
- The CEG ("Contribution d'Équilibre Général") contribution is 1.29% up to the ceiling, 1.62% between one and eight times the ceiling for managers and non-managers. In the table, this is combined with the rates for supplemental pensions.
- The CET ("Contribution d'Equilibre Technique"), a contribution of 0.21% on total earnings up to eight times the ceiling for employees who earnings exceed one time the ceiling.
- Others (construction, housing, apprenticeship, further training): 2.646% of pay (for enterprises with more than 20 employees). The transport tax is not included because it varies geographically. Contributions to finance a fund dedicated to workers exposed to distressing work conditions ("Fonds Pénibilité") vary with the levels of exposure of each worker and are therefore not included.

2.2.7. Reduction of employer-paid social insurance contributions

The reduction of employer-paid social insurance contributions, introduced in 1993, has been gradually extended and strengthened. As of 2021, it includes two types of measures:

(i)   The general reduction of employer-paid social insurance (ex-"Fillon Act", also called today "zero contributions URSSAF") is a decreasing reduction in social security contributions, which eliminates all common law social contributions paid at the minimum wage and whose level decreases with wage to become zero for a gross annual wage equal to 1.6 times the gross annual minimum wage. It applies irrespective of the number of hours worked for workers with contracts of at least three months. Since 1st January 2021, the maximum reduction is at 32.46% for companies with more than 50 employees. For companies with less than 50 employees, it is 32.06% since 1st January 2021.

(ii)   A proportional reduction in health insurance and family allowance contributions, which allow for a reduction of 6 and 1.8 percentage points respectively for gross annual wage below 2.5 and 3.5 times the gross annual minimum wage. The 6 percentage point's reduction replaces since 1st January 2019 the competitive tax credit (CICE – *crédit d'impôt pour la compétitivité et l'emploi*), whereas the 1.8 percentage point reduction was introduced in 2015 by the Responsibility Act (Phase 1).

The gross annual minimum wage (for 1 820 hours) was changed twice in 2021: it was at EUR 18 655 from January 1st 2021, and increased at EUR 19 074 from October 1st 2021.

3. Universal cash transfers

3.1. Main minimum social benefits

The RSA ("Revenu de Solidarité Active") is the minimum income benefit. However, the eight family types studied here earn too high an income to benefit from this benefit.

3.2. Main family benefits (in respect of dependent children)

Family allowances: monthly base for family allowances (BMAF) = EUR 414.40 between 1st January and 1st April 2021, since 1st April, the BMAF is EUR 414.81. The CRDS is levied on family allowances at a rate of 0.5% (no deduction). The amounts in % of BMAF are before CRDS.

- The family allowances, granted to families with two or more children, are subject to revenue conditions since 1 July 2015, and actualised every year:
  - Up to EUR 69 933 (+EUR 5 827 per child after the second child), the rate is 32% for two children and 41% per additional child. An extra amount of 16% of the BMAF is reversed if the child is over 14 years old (the extra amount is not incorporated into the model).
  - Between EUR 69 933 (+EUR 5 827 per child after the second child) and EUR 93 212 (+EUR 5 827 per child after the second child), the above rates are divided by 2.
  - Beyond EUR 93 212 (+EUR 5 827 per child after the second child), the above rates are divided by 4.
- ASF (Allocation de Soutien Familial): extra child benefit for isolated parent is at most 28.13 % of the BMAF per month. It is reduced by the amount of child support paid by the other parent to the family.
- ARS (Allocation de Rentrée Scolaire): The amount payable depends on the age of the child to reflect needs. The allowance is payable to families or persons with children aged 6 to 18 attending school, and whose income is below a certain level (not incorporated into the model).

Age of the child	Percentage of the BMAF in 2021
6–10 years	89.72%
11–14 years	94.67%
15–18 years	97.95%

- Family supplement (Complément Familial): 41.65% of the BMAF. Subject to revenue ceilings, this is paid to families as of the third child aged between 3 and 21. An extra amount (20.83% of BMAF) is reversed for families whose incomes are below a given threshold (not incorporated into the model).
- Early childhood benefit (not incorporated in the model) known as PAJE (Prestation d'Accueil du Jeune Enfant): subject to revenue ceilings. It includes:
  - A birth grant of 229.75% of the BMAF received at the 2nd month following the birth.
  - A grant of 459.5% of the BMAF is received upon the adoption of a child.
  - A benefit ("allocation de base") of 41.65% (or 20.825% depending on the family income) of the BMAF a month from the birth of the child until three years of age.

3.3. Housing benefits

The housing benefits are not included in the model.

3.4. In-work benefit

The November 2014 Supplementary Budget Act eliminated the earned income tax credit (Prime pour l'emploi, PPE) so that it could be merged with the in-work income supplement (RSA Activité) and become a single in-work benefit. The in-work benefit was created by the Act of 17 August 2015 on Labour-Management Dialogue and Employment, and has been in place since 1 January 2016. The in-work benefit is better targeted to promote a return to full-time work for low-paid workers.

The amount of in-work benefit is equal to a targeted income, less the maximum between resources and a lump sum.

The targeted income is determined as the sum of three elements:

- A lump sum of EUR 553.71 (before CRDS) modulated according to the composition of the household. For instance, it is increased by 50% for couple, then 30% for each child until two (EUR) and 40% for each additional child (EUR). The amount may be increased for a temporary period[2] for an isolated parent (128.412% of the basic lump sum for the adult and then 42.804% for each child).
- An individual bonus of 29.101% of the basic lump sum is planned for persons whose net income exceeds around 100% of the net minimum wage; this bonus grows linearly if the net income is between around 50% and 100% of the net minimum wage.[3] An individual bonus which grows linearly, starting at 0 € if the net monthly income is lesser than 59 times the hourly net minimum wage (618.32 €), and reaching 161.14€, or 29.101% of the basic lump sum, for net monthly incomes exceeding 120 times the hourly net minimum wage (1 257.60 €).
- 61% of the net professional income of the household.

Then resources are assessed as the sum of the household income, plus the benefits (family benefits and others, except RSA and housing benefits).[4] A lump sum depending on the composition of the household (12% of the basic lump sum (EUR 553.71) for a single person, 16% for a couple, 16.5% for three persons or plus) is used to take into account the housing benefits.[5]

4. Main changes in the tax system and social benefits regime since the taxation of 2015 income

- Tax system (2020 income)
  - New tax schedule following the personal income tax reform (Budget Act 2020):

    The Budget Act of 2020 (article 2) introduced a reform of the personal income system. The reform provides a significant lowering of income tax rate for an amount of around 5 billion euros. 16.9 million taxpayers are benefitting from this reduction from the 1st January, for an estimated average gain of around EUR 300. The changes are the following:

    - the marginal rate of 14% is reduced at 11%;
    - the tax rebate is reduced from three quarters to 45.25%;
    - the special 20% tax reduction rate is removed.

    If the final tax is less than EUR 61, no tax is payable.

- Increase of 1.7 points of CSG deductible (2018)
- Social benefits regime
  - Increased reduction of employer-paid contributions for family allowance: 3.45% instead of 5.25% for salary up to 3.5 times the minimum wage from April 2016 (1.6 times before).

- o Removal of sickness and unemployment employee contribution
- o Creation of a new cash transfer benefit for low income workers ("prime d'activité") which replace the PPE and the "RSA activité".[6]

4.1. Changes to labour taxation due to the COVID pandemic in 2020 and 2021

The French government has launched several measures **in order to address companies' need for liquidity**:

- **Postponement of social and tax liabilities** for all companies upon request for March, April, May and June 2020 (first lockdown) and from September to December 2020 (second lockdown). This measure was extended to August 2021 and for the whole period of administrative closures for affected businesses. Possibility to spread the payment of social security contributions over a period of up to 36 months. For large companies (or companies that are members of a large group), requests for postponement of tax and social security contributions payments are now conditional to the non-payment of dividends and the non-repurchase of shares between 27 March and 31 December 2020.

- **Tax relief** on a case-by-case basis : Cancellation of social security charges for companies with less than 10 employees that had to close down by administrative decision;

- **Exemption and support for the payment of employer's social security contributions** for SMEs and VSEs during the administrative closure (activity periods from February to May 2020, September 2020 to May 2021), in particular in tourism, hotels, cafés and restaurants, events and cultural sectors. Since June 2021, exemptions from social security contributions for SMEs and VSEs have been interrupted, except for businesses that remained closed by administrative order. Support for social security contribution payments were extended but lowered (15 % of total payroll compared to 20 % previously) until August 2021, except in the confined overseas territories.

The French government has also launched measures for **enhancing labour flexibility and household income support**:

- **Implementation of an exceptional and massive short-time work scheme (Covid STW).** Between March 2020 and June 2021, employees have received an allowance of 70 % of their gross salary (approximately 84 % of their net salary), and 100 % for minimum-wage workers. STW earnings have been exempted from social security contributions and the CSG rate is lower (6.2 % instead of 9.2 %). The employer received full State compensation during lockdown and up to 85 % of the employee's STW allowance, except for businesses that remained closed by administrative order and in the hardest hit sectors (hotels, restaurants, cafes, events, sport, culture, *etc.*). This scheme was in force until April 2021 for all businesses. As of May 2021, the State compensation has been gradually reduced (see table below).

- **As of September 2021 for the hardest hit sectors, and since July 2021 for the other sectors, the exceptional short-time work scheme have been replaced by an Ordinary STW scheme** (APDC, *activité partielle de droit commun*). Employees receive an allowance of 60 % of their gross salary (approximately 72 % of their net salary), and 90 % for minimum-wage workers. Employers contribute up to 40 % of the employees' STW allowance. Businesses operating in the hardest-hit sectors that are still impacted by COVID-19 restrictions such as density limits or that are reporting a drop in revenue of more than 80 % will continue to benefit from a null contribution until the end of 2021.

	May	June	July	August	September to December
Plants closed by administrative decision or plants in priority sectors with a 80% minimum loss of turnover[1]	Covid STW (0 remaining costs to the employer)	Covid STW (0 remaining costs to the employer)	Covid STW (0 remaining costs to the employer)	Covid STW (0 remaining costs to the employer)	Covid STW (0 remaining costs to the employer)
Hardest hit sectors (S1 et S1bis)	Covid STW (0 remaining costs to the employer)	Covid STW (0 remaining costs to the employer)	Covid STW (15% remaining costs to the employer)	Covid STW (25% remaining costs to the employer)	Ordinary STW (40% remaining costs to the employer)
Other sectors	Covid STW (15% remaining costs to the employer)	Covid STW (25% remaining costs to the employer)	Ordinary STW (40% remaining costs to the employer)	Ordinary STW (40% remaining costs to the employer)	Ordinary STW (40% remaining costs to the employer)

1. In 2021, with regard to the same month in 2019 or 2020.

- **Moreover, since July 2020, a Long-Term job retention scheme (*"Activité partielle de longue durée"*, APLD) may cover employees of firms that are durably affected by the Covid crisis.** It offers a more generous protection than the Ordinary STW scheme (only 15 % remaining costs to the employer). Unions and business must reach an agreement at firm, group or sector level on a reduction of working time. The agreement and the company's document must include a diagnosis on the economic situation and activity prospects of the company, group or sector as well as the maximum reduction of working time (capped by law at 40 % of the usual working time per worker) and commitments in terms of jobs and training.

- **Exemption from income tax and social security contributions for overtime worked by employees**, from 16 March until the end of the state of health emergency, up to a maximum of EUR 7 500 per year (currently EUR 5 000);

Removal of the obligation to sign a profit-sharing agreement for the payment of an exceptional bonus exempt from tax and social charges up to a limit of EUR 1 000 in 2020. In the case of a profit-sharing agreement, the amount of the exceptional bonus is up to EUR 2 000.

5. Memorandum items

To assess the degree of comparability between countries, the following additional information should be taken into account:

- Coverage is of the private and semi-public sectors of NACE sections C to K up to 2007 and NACE rev.2 sections B to N from 2008.

- The category "employees" encompasses all full-time dependent employees (excluding apprentices and interns).

- The figures presented are obtained by applying income tax and social contribution scales to gross salaries as listed in annual social data reports (DADS) in NACE.

There is a break in the average wage time-series starting with the year 2016. That year, the National Statistics Office (INSEE) changed their methodology for the calculations of the average wage.

2021 Parameter values

APW earnings	Ave_earn	39 971	Secretariat estimate
Income tax			
Work expenses	work_rel_fl	448	
	work_rel_ceil	12 829	
	work_rel_rate	0,100	
Tax schedule	tax_sch	0,000	10 225
		0,110	26 070
		0,300	74 545
		0,410	160 336
		0,450	
	limit_demipart	1 592	
	limit_sp_demipart1	3 756	
Décote value	decote_sing	1 746	
	decote_mar	2 888	
	decote_pente	0,4525	
Tax reduction	red_taux	0,0000	
	red_seuil_1	0,0000	
	red_seuil_2	0,0000	
	red_seuil_dp	0,0000	
	tax_min	61	
CEHR	cehr_rate1	0,0300	
	cehr_rate2	0,0400	
	cehr_ceil1	250000	
	cehr_ceil2	500000	
CSG+CRDS	CSG_CRDS_abat	0,0175	
	CSG_rat_noded	0,0240	
	CRDS_rat_noded	0,0050	
	CSG_CRDS_rat_noded	0,0290	
	CSG_rat_ded	0,0680	
	CRDS_special	0,0050	
Employee contributions			
	pension_rate	0,0690	
	pension_rate2	0,0040	
Sickness	sickness_rate	0,0000	
Unemployment	unemp_rate	0,0000	
Extra pension (non-cadres) (incl. AGFF)	pens_rate_ex	0,0401	
	pens_rate_ex2	0,0972	
	pens_rate_ex3	0,0014	

Employer contributions			
	pens_empr1	0,0855	
	pens_empr2	0,0190	
Sickness	sickness_empr	0,0700	
	Sickness_emp2	0,1300	
Authonomous Solidarity Contribution	CSA	0,0030	
Unemployment (incl. "garantie de salaire")	unemp_empr	0,0420	
Accidents	accidents_empr	0,0224	
Family Allowance	fam_empr	0,0525	
	fam_empr_2	0,0345	
Extra pension (incl. AGFF)	pens_empr_ex	0,0601	
	pens_empr_ex2	0,1457	
	pens_empr_ex3	0,0021	
Others	others_empr	0,0265	
CS reduction & corporate tax credit			
Employer SSC reduction rate	SSC_empr_redrate2	0,6	
Employer SSC reduction maximum	SSC_empr_red_max	0,3246	
Employer SSC reduction SMIC reference	SSC_empr_SMIC_ref	1,6	
	SSC_empr_SMIC2	3,5	
	SSC_empr_SMIC3	2,5	
Taux de réduction CICE	cice_red	0,0	
	cice_max	2,5	
Social transfers			
Child benefit (second child)	CB_2	1 592,48	
third & subsequent before CRDS	CB_3	2 040,36	
First ceiling for CB	CB_c1	69 933,00	
Second ceiling for CB	CB_c2	93 212,00	

Increase of ceiling per child	CB_ceiling_extra_child	5 827,00	
Extra child benefit for isolated parent	CB_isol	1 399,89	
Prime d'activité	pa_forf	553,71	
	pa_maj1	0,50	
	pa_maj2	0,30	
	pa_maj3	0,40	
	pa_maj_isol1	0,28412	
	pa_maj_isol2	0,42804	
	pa_pct	0,61	
	pa_bonus	0,29101	
	pa_bonus1	=(59*(SMIC_horraire*12))/SMIC	
	pa_bonus2	=(120*(SMIC_horraire*12))/SMIC	
	pa_forf_logement1	0,12	
	pa_forf_logement2	0,16	
	pa_forf_logement3	0,17	
Others			
Social security contributions	SSC_ceil	41 136	
Derivation of minimum income	SMIC_horaire	10,31	
	SMIC_heures	1 820	
	SMIC	18 760	

2021 Tax equations

The equations for the French system are mostly calculated on a family basis. Variable names are defined in the table of parameters above, within the equations table, or are the standard variables "married" and "children". A reference to a variable with the affix "_total" indicates the sum of the relevant variable values for the principal and spouse. And the affixes "_princ" and "_spouse" indicate the value for the principal and spouse, respectively. Equations for a single person are as shown for the principal, with "_spouse" values taken as 0.

	Line in country table and intermediate steps	Variable name	Range	Equation
1.	Earnings	Earn		
	Quotient for tax calculation	Quotient	J	1+Married+IF(Children<3, Children/2, Children-1)+0.5*(Married=0)*(Children>0)
2.	Allowances			
	CSG deductible	CSG_ded	B	CSG_rat_ded*((1-CSG_CRDS_abat)*MIN(earn;4*SSC_ceil)+Positive(earn-4*SSC_ceil))
	Salary net	earn_dec	B	earn-SSC-CSG_ded
	Work related	work_exp	B	MIN(work_rel_ceil, MAX(work_rel_rate* earn_dec, MIN(work_rel_fl, earn_dec)))
	Basic	basic_al	B	0
3.	Credits in taxable income	taxbl_cr	B	0
4.	CG taxable income	tax_inc	J	Positive(earn_dec_total-work_exp)
5.	CG tax before credits			
	Calculation according to schedule	sch_tax	J	MAX(quotient*Tax(tax_inc/quotient, tax_sch), IF(Married, 2*Tax(tax_inc/2, tax_sch)-limit_demipart*(quotient-2), Tax(tax_inc, tax_sch)-(Children>0)* (limit_sp_demipart1+limit_demipart*(quotient-2))))++cehr_rate1* MIN((cehr_ceil2-cehr_ceil1)*(1+Married);MAX(tax_inc-cehr_ceil1*(1+Married);0))+cehr_rate2 * MAX(tax_inc-cehr_ceil2*(1+Married);0)
	Adjusted for decote	adj_tax	J	SI(Married;Positive(MINA(tax_sch; (1+decote_pente)*tax_sch-decote_pente*decote_mar));Positive(MINA(tax_sch;(1+decote_pente)*tax_sch-decote_pente*decote_sing)))
	Tax liable	inc_tax	J	(adj_tax>=tax_min)*adj_tax
	CSG+CRDS (non-deductible)	CSG_CRDS_noded	B	CSG_CRDS_rat_nod*((1-CSG_CRDS_abat)*MIN(earn;4*SSC_ceil)+Positive(earn-4*SSC_ceil))
	CSG deductible	CSG_ded	B	CSG_rat_ded*((1-CSG_CRDS_abat)*MIN(earn;4*SSC_ceil)+Positive(earn-4*SSC_ceil))
6.	Tax credits :	tax_cr	J	adj_tax*SI((tax_inc<=red_seuil_1*(1+Married)+red_seuil_dp*Children);red_taux;SI(tax_inc<='red_seuil_2*(1+Married)+red_seuil_dp*Children;(tax_inc*red_taux'/(red_seuil_1*(1+Married)+red_seuil_dp*Children-(red_seuil_2*(1+Married)+red_seuil_dp*Children)))+(red_taux*(red_seuil_2*(1+Married)+red_seuil_dp*Children))/(red_seuil_2*(1+Married)+red_seuil_dp*Children-(red_seuil_1*(1+Married)+red_seuil_dp*Children));0))
7.	CG tax	CG_tax	J	inc_tax+CSG_CRDS_noded+CSG_ded-tax_cr
8.	State and local taxes	local_tax	J	0
9.	Employees' soc security	SSC	B	((sickness_rate+pension_rate2)*earn + (pension_rate + pens_rate_ex)*MINA(earn;SSC_ceil) + unemp_rate*MINA(earn;4*SSC_ceil) + pens_rate_ex2* MAX(MIN(earn;8*SSC_ceil) - SSC_ceil;0))+SI(earn<SSC_ceil;0;SI(earn>8*SSC_ceil;8*SSC_ceil*pens_rate_ex3;pens_rate_ex3*earn))
11.	Cash transfers	cash_transf_gro	J	SI(Children<2;0;(CB_2+(Children-

		ss		2)*CB_3)*SI(tax_inc<=(CB_c1+CB_ceiling_extra_child*(Children-2));1;SI(tax_inc<=(CB_c2+CB_ceiling_extra_child*(Children-2));0,5;0,25)))+SI(Isolated=1;CB_isol*Children;0)
		in_work_benefit_gross	J	MAX(SI((Isolated='1');' 12*pa_forf*(1+pa_maj_isol1+pa_maj_isol2*Children); 12*pa_forf*(1+SI(Married=1;pa_maj1;0)+pa_maj2*SI(Children<=2;Children;0)+pa_maj3*SI(Children>2;Children-2;0)))+pa_pct*(earn_dec-CSG_CRDS_noded)+pa_bonus*pa_forf/(pa_bonus2-pa_bonus1)*12*SI(ET(pa_bonus1*SMIC<(earn_dec_princ-CSG_CRDS_noded_princ);pa_bonus2*SMIC>(earn_dec_princ-CSG_CRDS_noded_princ));(earn_dec_princ-CSG_CRDS_noded_princ)/SMIC-pa_bonus1;0)+pa_bonus*pa_forf/(pa_bonus2-pa_bonus1)*12*SI(ET(pa_bonus1*SMIC<(earn_dec_spouse-CSG_CRDS_noded_spouse);pa_bonus2*SMIC>(earn_dec_spouse-CSG_CRDS_noded_spouse));(earn_dec_spouse-CSG_CRDS_noded_spouse)/SMIC-pa_bonus1;0)+pa_bonus*pa_forf*12*SI((earn_dec_princ-CSG_CRDS_noded_princ)>=pa_bonus2*SMIC;1;0)+pa_bonus*pa_forf*12*SI((earn_dec_spouse-CSG_CRDS_noded_spouse)>=pa_bonus2*SMIC;1;0)-MAX(earn_dec-CSG_CRDS_noded+(family_benefit_gross-SI(Isolated='1';CB_isol*Children;0)*(1-(22,5%'/28,15%)))+((Married+Children='0')*'pa_forf_logement1*pa_forf*12+(Married+Children='1')*pa_forf_logement2*pa_forf*1,5*12' +(Married+Children>='2')*pa_forf_logement3*pa_forf*1,8*12);'SI(ET((Married='0');(Children>0));'12*pa_forf*(1+pa_maj_isol1+pa_maj_isol2*Children);pa_forf*12*(1+SI(Married=1;pa_maj1;0)+pa_maj2*SI(Children<=2;Children;0)+pa_maj3*SI(Children>2;Children-2;0)))));0)
		crds_cash_transf	J	cash_transf_gross*-1*CRDS_special
		cash_transf_net	J	cash_transf_gross+crds_cash_transf
13.	Employer's soc security	SSC_empr_gross	B	(CSA + pens_empr2 + accidents_empr+others_empr)*earn + pens_empr1*MINA(earn;SSC_ceil) + pens_empr_ex*MINA(earn;SSC_ceil) + pens_empr_ex2* MAX(MIN(earn;8*SSC_ceil) - SSC_ceil;0) + unemp_empr*MIN(earn;4*SSC_ceil) +SI(earn<SSC_empr_SMIC2*SMIC; fam_empr_2*earn; fam_empr*earn)+SI(earn<SSC_ceil;0;SI(earn>8*SSC_ceil;8*SSC_ceil*pens_empr_ex3;pens_empr_ex3*earn))+SI(earn<SSC_empr_SMIC3*SMIC;sickness_empr*earn;sickness_empr2*earn)
		SSC_empr_reduction	B	IF(OR(earn>SSC_empr_SMIC_ref*SMIC,earn='0),0,-MIN'(SSC_empr_red_max*earn,(SSC_empr_red_max/SSC_empr_redrate2)*(SSC_empr_SMIC_ref*SMIC/earn-1)*earn))-IF(earn<cice_max*SMIC;earn*cice_red)
		SSC_empr_final	B	SSC_empr_gross+SSC_empr_reduction

Key to range of equation B calculated separately for both principal earner and spouse P calculated for principal only (value taken as 0 for spouse calculation) J calculated once only on a joint basis.

Notes

[1] The social protection scheme is named ARRCO for non-managers and AGIRC for managers. The two protection schemes have been merged since the 1st January 2019.

[2] During at most 12 months over a 18-months period; or, if there is a child under three in the family, until the child is three.

[3] The boundaries are defined as: minimum of 59 hours paid at gross minimum wage per hour per month and maximum of 120 hours paid at gross minimum wage per hour per month.

[4] Capital income, unemployment benefits, pensions or minimum old-age pensions are not taken into account in this model.

[5] The complete formula uses the minimum of this lump sum tax and the amount of housing benefits, if the family is a tenant. As the model does not include housing benefits, we only use the lump sum in the formula. This method tends to minimize the amount of "prime d'activité" served.

[6] In the previous model, for 2015 revenues, this reform only affects the income tax (no PPE in 2016) but not the benefits, since the "prime d'activité" will be served as from the beginning of 2016.

Germany

This chapter includes data on the income taxes paid by workers, their social security contributions, the family benefits they receive in the form of cash transfers as well as the social security contributions and payroll taxes paid by their employers. Results reported include the marginal and average tax burden for eight different family types.

Methodological information is available for personal income tax systems, compulsory social security contributions to schemes operated within the government sector, universal cash transfers as well as recent changes in the tax/benefit system. The methodology also includes the parameter values and tax equations underlying the data.

Germany 2021

The tax/benefit position of single persons

Wage level (per cent of average wage)		67	100	167	67
Number of children		none	none	none	2.00
1. **Gross wage earnings**		35 212	52 556	87 768	35 212
2. **Standard tax allowances**					
Basic allowance					
Married or head of family		0	0	0	4 248
Dependent children		0	0	0	0
Deduction for social security contributions and income taxes		6 064	9 050	12 117	5 976
Work-related expenses		1 000	1 000	1 000	1 000
Other		36	36	36	36
	Total	7 100	10 086	13 153	11 260
3. **Tax credits or cash transfers included in taxable income**		0	0	0	0
4. **Central government taxable income (1 - 2 + 3)**		28 112	42 470	74 615	23 952
5. **Central government income tax liability (exclusive of tax credits)**		4 525	9 198	22 825	3 332
6. **Tax credits**					
Basic credit					
Married or head of family					
Children		0	0	0	5 556
Other					
	Total	0	0	0	5 556
7. **Central government income tax finally paid (5-6)**		4 525	9 198	22 825	- 2 224
8. **State and local taxes**		0	0	0	0
9. **Employees' compulsory social security contributions**					
Gross earnings		7 122	10 629	14 591	7 034
Taxable income					
	Total	7 122	10 629	14 591	7 034
10. **Total payments to general government (7 + 8 + 9)**		11 647	19 827	37 417	4 810
11. **Cash transfers from general government**					
For head of family					
For two children		0	0	0	0
	Total	0	0	0	0
12. **Take-home pay (1-10+11)**		23 566	32 728	50 351	30 403
13. **Employers' compulsory social security contributions**		7 034	10 498	14 446	7 034
14. **Average rates**					
Income tax		12.85%	17.50%	26.01%	-6.32%
Employees' social security contributions		20.23%	20.23%	16.62%	19.98%
Total payments less cash transfers		33.08%	37.73%	42.63%	13.66%
Total tax wedge including employer's social security contributions		44.22%	48.09%	50.74%	28.03%
15. **Marginal rates**					
Total payments less cash transfers: Principal earner		44.69%	49.65%	47.00%	43.07%
Total payments less cash transfers: Spouse		n.a.	n.a.	n.a.	n.a.
Total tax wedge: Principal earner		53.90%	58.03%	47.00%	52.55%
Total tax wedge: Spouse		n.a.	n.a.	n.a.	n.a.

Germany 2021

The tax/benefit position of married couples

Wage level (per cent of average wage)		100-0	100-67	100-100	100-67
Number of children		2	2	2	none
1. Gross wage earnings		52 556	87 768	105 111	87 768
2. Standard tax allowances					
Basic allowance					
Married or head of family		0	0	0	0
Dependent children		0	0	16 776	0
Deduction for social security contributions and income taxes		8 919	14 894	17 837	15 113
Work-related expenses		1 000	2 000	2 000	2 000
Other		72	72	72	72
	Total	9 991	16 966	36 685	17 185
3. Tax credits or cash transfers included in taxable income		0	0	0	0
4. Central government taxable income (1 - 2 + 3)		42 565	70 802	68 426	70 583
5. Central government income tax liability (exclusive of tax credits)		5 208	13 580	12 812	13 508
6. Tax credits					
Basic credit					
Married or head of family					
Children		5 556	5 556	0	0
Other					
	Total	5 556	5 556	0	0
7. Central government income tax finally paid (5-6)		- 348	8 024	12 812	13 508
8. State and local taxes		0	0	0	0
9. Employees' compulsory social security contributions					
Gross earnings		10 498	17 532	20 996	17 751
Taxable income					
	Total	10 498	17 532	20 996	17 751
10. Total payments to general government (7 + 8 + 9)		10 150	25 556	33 808	31 259
11. Cash transfers from general government					
For head of family					
For two children		0	0	0	0
	Total	0	0	0	0
12. Take-home pay (1-10+11)		42 406	62 212	71 303	56 509
13. Employers' compulsory social security contributions		10 498	17 532	20 996	17 532
14. Average rates					
Income tax		-0.66%	9.14%	12.19%	15.39%
Employees' social security contributions		19.98%	19.98%	19.98%	20.23%
Total payments less cash transfers		19.31%	29.12%	32.16%	35.62%
Total tax wedge including employer's social security contributions		32.75%	40.92%	43.46%	46.34%
15. Marginal rates					
Total payments less cash transfers: Principal earner		42.14%	47.04%	46.63%	47.17%
Total payments less cash transfers: Spouse		43.75%	47.04%	46.63%	47.17%
Total tax wedge: Principal earner		51.78%	55.86%	55.51%	55.97%
Total tax wedge: Spouse		53.11%	55.86%	55.51%	55.97%

The national currency is the Euro (EUR). In 2021, EUR 0.84 was equal to USD 1. The average worker earned EUR 52 556 (Secretariat estimate).

1. Personal Income Tax Systems

1.1. Central/federal government income taxes

1.1.1. Tax unit

Generally, the tax unit is the individual. Spouses may choose between two options: Joint assessment or individual assessment. In the case of joint assessment the tax unit is the married couple. For the vast majority of couples joint assessment is beneficial compared to individual assessment. The income of dependent children is not assessable with that of the parents. Therefore, the calculations in this Report are based on the assumption of joint taxation for spouses.

1.1.2. Tax allowances and tax credits:

1.1.2.1. Standard reliefs and work related expenses

- Basic reliefs: None.
- Standard marital status reliefs: In the case of joint assessment the income tax liability for spouses is computed by the following splitting method:
    - First step: The taxable incomes of the spouses are calculated, summed up (specific allowances are doubled) and the resulting sum is divided by two.
    - Second step: The tax rate is applied to this averaged tax base.
    - Third step: The tax liability is calculated by doubling the result of step 2.

Results: Given the progressive income taxation and different income levels the resulting tax liability for the couple is lower than with individual taxation. That is why the household as an economic unit benefits from this system. The splitting effect is the highest for couples with one zero taxable income and decreases with converging incomes of spouses. The splitting method results in identical average and marginal income tax rates for the principal and second earner, irrespective of the income distribution among them.

- Relief(s) for children: In 2021, there are increased tax credits of EUR 2 628 for the first and the second child, of EUR 2 700 for the third child and of EUR 3 000 for the fourth and subsequent children. There is a tax allowance per parent of EUR 2 730 for the subsistence of a child and an additional EUR 1 464 for minding and education or training needs (EUR 4 194). The amount of these allowances is doubled in case of jointly assessed parents and for lone parents if the other parent does not pay alimony. If the value of the tax credit is less than the relief calculated applying the tax allowances, the tax allowance is applied instead of the tax credit. In the calculations presented in this Report we assume that a lone parent always receives the doubled child allowances.
- In 2021, families with children receive a one-time bonus benefit payment of EUR 150 per child. The bonus will not be offset against basic income support for jobseekers. However, in the case of households with higher incomes, the bonus will be offset against the tax allowance for children. Relief for lone parents: As of 1 January 2015, taxpayers who live alone with at least one child that entitles them to the tax allowances or tax credits for children, receive a standard additional allowance of EUR 1 908 (formerly EUR 1 308). This additional allowance is increased by EUR 240 for each child in case of more than one child living in the household.

In 2020, the standard tax allowance for lone parents has been increased to EUR 4 008. Initially, this has been a temporary measure for the years 2020 and 2021 to mitigate the particular challenges faced by this family type due to the pandemic. Later on, the increase was made permanent from 2022 onwards to further support single parents.

- Reliefs for social security contributions and life insurance contributions: Social security contributions and other expenses incurred in provision for the future (e.g. life insurance) are deductible up to specific ceilings. In 2005, a new calculation scheme came into force:
    - Step 1: all contributions made to pension funds (i.e. both employee's and employer's contributions) are added up. Step 2: the resulting amount is limited to the equivalent of the maximum contribution rate to miners' pension insurance scheme, rounded up to the nearest euro (in 2021: EUR 25 787). Step 3: a certain percentage is applied to this amount (starting from 60% in 2005, this percentage will be increased by 2 percentage points each year; it will reach 100% in 2025). Step 4: the resulting amount, diminished by the (tax-free) contributions of the employer, is deductible from income.
    - The tax treatment of social security expenses (health, unemployment and care insurance) changed as of 1 January 2010. Employees' annual contributions to statutory health insurance excluding sickness benefit (assumed to amount to 96% of statutory health contributions) and employees' contributions to mandatory long-term care insurance are deductible from the tax base. In case these contributions do not exceed EUR 1 900/3 800 (single/married couples), contributions to unemployment insurance and other insurances premiums can be deducted in addition up to this ceiling.
- Work related expenses: EUR 1 000 lump-sum deduction for work related expenses per gainfully employed person. Work related expenses that exceed the lump-sum are fully deductible (no ceiling). In December 2020, a "home office" deduction for the years 2020 and 2021 came into effect. It adds up to EUR 5 per day spent exclusively working at home and is limited to a maximum amount of EUR 600 per year (corresponding to 120 working days). The "home office" deduction is counted against the general lump sum deduction for work-related expenses.
- Special expenses: Lump sum allowance (EUR 36/72 (singles/couples)) for special expenses, e.g. for tax accountancy. The actual expenses will be fully deductible from taxable income if the taxpayer proves that these expenses exceed the lump sum allowance.

1.1.2.2. Main non-standard tax reliefs applicable to an AW

- Contributions to pensions, life insurance, superannuation schemes: Other expenses than the compulsory contributions to social security are deductible as reliefs for (voluntary) social security contributions up to specific ceilings (see section 1.1.2.1.).
- Medical expenses: Partially deductible if not covered by insurance.

1.1.3. Tax schedule

The German tax schedule is formula based. Taxable income is rounded down (to the EUR).

- The basic allowance in 2021 is EUR 9 744.
- X is the taxable income,
- T is the income tax liability,
- As of 1 January 2021 the following definitions are used in the income tax liability formulas:

$$Y = \frac{X - 9\,744}{10\,000}$$

$$Z = \frac{X - 14\,753}{10\,000}$$

The income tax liability (amounts in EUR) is calculated as follows:

1. $T = 0 \; for \; X \leq 9\,744$

2. $T = (995.21\; Y + 1\,400)Y \; for \; 9\,745 \leq X \leq 14\,753$

3. $T = (208.85\; Z + 2\,397)Z + 950.96 \; for \; 14\,754 \leq X \leq 57\,918$

4. $T = 0.42\; X - 9\,136.63 \; for \; 57\,919 \leq X \leq 274\,612$

5. $T = 0.45\; X - 17\,374.99 \; for \; 274\,613 \leq X$

These formulas are used to calculate the income tax for single individuals and married couples too.

If families choose the option of being assessed separately these formulas are applied to the individual taxable income of the principal earner and the spouse. In the case of jointly assessed families these rates are applied to half of the joint taxable income (see point 1.1.2.1. Splitting method).

1.1.4. Solidarity surcharge

As of 1 January 2021, the solidarity surcharge is levied at 5.5% of the income tax liability subject to an exemption limit of EUR 16 956/33 912 (singles/couples). The income tax liability is calculated applying the tax allowance for children. If the income tax liability exceeds the exemption limit, the solidarity surcharge will be phased in at a higher rate of 11.9% of the difference between the income tax liability and the exemption limit until it equals 5.5% of the total liability.

1.2. State and local income taxes

None.

2. Compulsory Social Security Contributions to Schemes Operated Within the Government Sector

The amount of social security contributions depends on the wage level and the insurance contribution rates. All contributions are subject to a contribution ceiling, i.e. the maximum income up to which statutory insurance contributions are calculated. The contribution rates for pension, health, care and unemployment insurances are fixed by the government.

2.1. Employees' contributions

In general, earnings up to EUR 4 800 per year were free of employee social security contributions until 31 December 2012. As of 1 January 2013, some essential changes came into effect concerning minimally paid employment. The earnings limit increased from EUR 400 to EUR 450 per month. Persons whose mini-job started before 2013 and do not exceed the previous earnings limit of EUR 400 stay contribution-free in all classes of social insurance. Otherwise, persons who take up a new mini-job are generally subject to mandatory insurance coverage in the statutory pension scheme with the full pension contribution rate of 18.6% (in 2021). If the earnings are below the amount of EUR 175 (minimum contribution limit), a minimum contribution of EUR 32.55 has to be paid (18.6% of EUR 175). The employer's share amounts to 15% of the whole pay whereas the employee's part adds up to 3.6% (or the difference between minimum contribution and employer share). By applying for an exemption from obligatory insurance coverage the mini-job holder may reduce his/her share to EUR 0.

As of 1 April 2003, there was an additional concession for employees with monthly income between EUR 400.01 and EUR 800 per month (the so-called 'sliding pay scale', EUR 4 800.12 and EUR 9 600 per year). Due to the new regulations in 2013 mentioned above the earnings limits shifted to EUR 450.01 and EUR 850.00 per month (EUR 5 400.12 and EUR 10 200 per year). As of 1 July 2019, provisions for the newly-created so-called 'transition band' extend the upper earnings limit from EUR 850 per month to EUR 1 300 per month (EUR 15 600 per year). If the employee's income falls within this range, part of the income is exempt from social insurance contributions. However, employers are still required to pay the regular contributions on the employee's earnings. The arrangement is purely intended to relieve the financial burden on employees. The employees' contributions to social insurance rise on a straight-line basis over the income band reaching the full rate at EUR 1 300 per month. Within the 'transition band', employees' reduced contribution rates to statutory pension insurance do not reduce their pension entitlements. Details on social security contributions for workers earning more than EUR 15 600 per year are provided below.

2.1.1. Pensions

Employers and employees pay each half of the contribution rate of 18.6% in 2021, that is 9.3% of the employee's gross wage earnings, up to a contribution ceiling of EUR 85 200.

2.1.2. Sickness

As of 1 January 2015, the applicable contribution rate is 14.6% on principle (portion of 7.3% for employers and employees). Depending on the financial situation of each sickness fund, employees only were obliged to pay a supplementary contribution to the sickness fund until December 2018. Since January 2019, employees and employers have to pay one half each of this supplementary contribution which amounts to 1.3% on average in 2021 (portion of 0.65% for employers and employees). Therefore, the contribution rate averages 7.95% for employees and employers in 2021. The contribution ceiling in 2021 is EUR 58 050. While all calculations shown in this Report assume membership in the public health insurance, workers with earnings above the contribution ceiling may opt out of the mandatory public health insurance system and may choose a private insurance provider instead (those opting for a private health insurance provider are required to obtain private long-term care insurance as well).

2.1.3. Unemployment

Employees pay half of the insurance contributions; the employer pays the other half. In 2021, the contribution rate is 2.4% of assessable income. Employee and employer each pay 1.2%. The contribution ceiling in 2021 is EUR 85 200.

2.1.4. Care

A long-term care insurance (a 1% contribution rate) went into effect on 1 January 1995. The rate was raised to 1.7% of the gross wage when home nursing care benefits were added six months later. As of 1 July 2008, the rate was increased to 1.95%. In 2013 and 2014, the contribution rate amounted to 2.05%. In 2015 and 2016, the contribution rate added up to 2.35%. As of 1 January 2017, the contribution rate was augmented to 2.55%. Since January 2019, the contribution rate has amounted to 3.05%. The employers pay half of the contributions for long-term care insurance. In other words, employers and employees both pay a rate of 1.525%. The assessable income is scaled according to the gross wage earnings but there is a contribution ceiling of EUR 58 050 in 2021.

As from 1 January 2005, child-raising is given special recognition in the law relating to statutory long-term care insurance. Childless contribution payers are required to pay a supplement of 0.25%, raising the contribution rate paid by a childless employee from 0.975% to 1.225% as of 1 July 2008. In 2013 and 2014, the contribution rate of a childless employee added up to 1.275%. In 2015 and 2016, the contribution rate amounted to 1.425% for a childless employee. As of 1 January 2017, the contribution rate was raised to 1.525% for a childless employee. Since January 2019, a childless employee has had to pay a contribution rate of 1.775%.

2.1.5. Work injury

Employer only.

2.1.6. Family allowances

None.

2.1.7. Others

None.

2.2. Employers' contributions

See Section 2.1.

2.2.1. Pensions, sickness, unemployment, care:

See Section 2.1.

2.2.2. Work injury

Germany has established a statutory occupational accident insurance. It is provided by industrial, agricultural and public-sector employers' liability insurance funds. This insurance protects employees and their families against the consequences of accidents at work and occupational illnesses. It is funded by contributions paid by employers only. The amount of the employer's contributions depends on the sum total of employee's annual pay and the employer's respective hazard level. As it is not possible to identify a representative contribution rate, these amounts are not considered in this Report.

2.2.3. Family allowances

None.

2.2.4. Others

None.

3. Universal Cash Transfers

3.1. Transfers related to marital status

None.

3.2. Transfers for dependent children

None.

4. Main Changes in Tax/Benefit Systems Since 1997

The following table shows changes in the tax credit and the tax allowance for children since 1997:

Year	Child credit				Child allowance
	First child	Second child	Third child	Fourth and subsequent children	
1997	1 350	1 350	1 841	2 147	3 534
1999	1 534	1 534	1 841	2 147	3 534
2000	1 657	1 657	1 841	2 147	5 080
2002	1 848	1 848	1 848	2 148	5 808
2009[1]	1 968	1 968	2 040	2 340	6 024
2010	2 208	2 208	2 280	2 580	7 008
2015	2 256	2 256	2 328	2 628	7 152
2016	2 280	2 280	2 352	2 652	7 248
2017	2 304	2 304	2 376	2 676	7 356
2018	2 328	2 328	2 400	2 700	7 428
2019	2 388	2 388	2 460	2 760	7 620
2020[2]	2 448	2 448	2 520	2 820	7 812
2021[3]	2 628	2 628	2 700	3 000	8 388

1. plus EUR 100 one-off child credit payment for each child.
2. plus EUR 300 one-time bonus benefit payment per child
3. plus EUR 150 one-time bonus benefit payment per child

Up to 2004, the calculation of the relief for social security contributions and other expenses proceeded in three steps. First, EUR 3 068/6 136 (singles/couples) was deducted. These amounts were, however, lowered by 16% of gross wages (serving as a proxy for employers' social security contributions). This deduction was provided as a partial compensation for the self-employed who do not receive tax-free employers' social security contributions. Second, the remaining expenses were deductible up to EUR 1 334/2 668 (singles/couples). Third, half of the remaining expenses were deductible up to EUR 667/1 334 (singles/couples).

In 2004, the tax rate was reduced and the formula for calculating the income tax was changed. The relief for lone parents was reduced to EUR 1 308, the lump sum allowance for work related expenses was reduced to EUR 920.

As from 1 January 2005, the final stage of the 2000-tax reform came into effect. The bottom and top income tax rates were further reduced to 15% and 42%. Since 1998, both the bottom and top income tax rate have been reduced by about 11 percentage points while the personal allowance has been raised from EUR 6 322 to EUR 7 664. The tax cuts reduce the tax burden for all income taxpayers, affording the greatest relief to employees and families with low and medium incomes as well as to small- and medium-sized unincorporated businesses.

On 1 January 2005, the law regulating the taxation of pensions and pension expenses entered into force. The law provides a gradual transition to ex-post taxation of pensions paid by the statutory pensions insurance. In the long run, the tax treatment of capital-based employee pension schemes based on a contract between employer and employee will be reformed in the same way as the tax treatment in respect of the state pension scheme. In addition to the increased deductibility of contributions to the state and certain private pension schemes, the law contains rules which are intended to increase the attractiveness of private capital-based pension schemes and to encourage individuals to invest privately for their old-age pension.

Up to 30 June of 2005, employees paid half of the sickness insurance contributions; the employer paid the other half. As from 1 July 2005, members of the statutory health insurance scheme also paid an income-linked contribution of 0.9% to which employers do not contributed. In return from 1 July 2005, all statutory health insurance funds have reduced their contribution rates by 0.9 percentage points.

In 2007, a new top income tax rate of 45% was introduced for taxable income above EUR 250 000 (EUR 500 000 for jointly assessed spouses).

In 2009, the bottom income tax rate was reduced to 14%. The basic allowance was increased to EUR 7 834. All thresholds were increased by EUR 400.

Since 1 January 2010, the basic allowance has been augmented to EUR 8 004 and all thresholds have been increased by EUR 330. Furthermore, new legislation improves the tax treatment of expenditure on health insurance and long-term care insurance. As of 1 January 2013, the basic allowance rose to EUR 8 130. As of 1 January 2014, the basic allowance was increased to EUR 8 354. As of 1 January 2015, the basic allowance amounted to EUR 8 472. The standard relief for lone parents adds up to EUR 1 908. Lone parents are entitled to an extra allowance of EUR 240 for the second and each subsequent child.

In 2020, the standard tax allowance for lone parents has been increased to EUR 4 008. Initially, this has been a temporary measure for the years 2020 and 2021 to mitigate the particular challenges faced by this family type due to the pandemic. Later on, the increase was made permanent from 2022 onwards to further support single parents.

Since 1 January 2016, the basic allowance has been risen to EUR 8 652. As of 1 January 2017, the basic allowance was enhanced to EUR 8 820. Since 1 January 2018, the basic allowance has been augmented to EUR 9 000. As of 1 January 2019, the basic allowance was raised to EUR 9 168. In 2020, the basic allowance amounts to EUR 9 408. In 2021, the basic allowance has been increased to EUR 9 744 and the thresholds for tax rates have been increased to account for the impact of inflation (see section 1.1.3.). The steep increase of the thresholds for the solidarity surcharge (see section 1.1.4.) corresponds to an abolishment for around 90% of those who paid it in 2020. For a further 6.5% of taxpayers, the surcharge has been reduced this way.

4.1. Changes to labour taxation due to the COVID pandemic in 2020 and 2021

In 2021, families with children will receive a one-time bonus benefit payment of EUR 150 per child, in 2020 the bonus per child was EUR 300. The bonus will not be offset against basic income support for jobseekers. However, in the case households with higher incomes, the bonus will be offset against the tax allowance for children.

5. Memorandum Items

The standard tax allowance for lone parents has been raised to EUR 4 008 for 2020 and 2021 to mitigate the particular challenges faced by this family type due to the pandemic.

5.1. Average gross annual earnings calculation

* Source of calculation: Federal Statistical Office.
* Excluding sickness and unemployment, including normal overtime and bonuses.

5.2. Employer's contributions to private pension, etc. schemes

No information available, though such schemes do exist.

2021 Parameter values

Average earnings/yr	Ave_earn	52 556	Secretariat estimate
Tax allowances	Child_al	8 388	
Lone Parents, first child	Lone_al	4 008	
Lone parents, subsequent child	Lone_al_add	240	
Work related	Work_rel_al	1 000	
SSC allowance	SSC_dn	0	
	SSC_dn_rt	0.16	
	SSC_dn_lim	1 334	
	SSC_dn_lump_rt	0.2	
Allow. for special expenses	SE_al	36	
Church tax rate	Ch_tax_rt	0	
Tax formula	Tax_rate2	0.42	
	Tax_rate3	0.45	
	Tax_thrsh1	9 744	
	Tax_thrsh2	14 753	
Top Rate Tax Reduction	Reduction	9 136.63	
	Reduction2	17 374.99	
Tax Equation Rates			
tax_eqn_rates	Squared	Single	Constant
Z	208.85	2 397	950.96
Y	995.21	1 400	0
Income tax rate stage	tax_first_stage	9 744	
	tax_second_stage	14 753	
	tax_third_stage	57 918	
	tax_fourth_stage	274 612	
Solidarity Surcharge	surcharge	0.055	
Solidarity Exemption Limit	surcharge_limit	16 956	
Alternative Surcharge Rate	surcharge_alt	0.119	
Child credit	Ch_cred		
	1. ch.	2 628 + 150	
	2. ch.	2 628 + 150	
	3.ch.	2 700 + 150	
	4.ch.	3 000 + 150	

2021 Parameter values

social security	Sickness	Pension	Unemployment	Care	Alternative employer rate	SSC Factor F
period_1	12	12	12	12	12	12
period_2	0	0	0	0		
sum (Month's)	12	12	12	12	12	12
employer_1	0.0795	0.093	0.012	0.01525	0.3	0.7509
employer_2	0	0	0	0		
employee_1	0.0795	0.093	0.012	0.01525	0.036	0.7509
employee_2	0	0	0	0		
childless_1	0.0795	0.093	0.012	0.01775	0.036	0.7509
childless_2	0	0	0	0		
ceil	58 050	85 200	85 200	58 050	2 100	
SSC Floor	SSC_floor	15 600				
Intermediate SSC Ceiling	SSC_floor1	5 400				
SSC miners' pension ceiling	SSC_pension_miners_ceil	104 400				
SSC miners' contribution rate	SSC_pension_miners_rate	0.247				

2021 Tax equations

The equations for the German system in 2021 are mostly calculated on a family basis.

The standard functions which are used in the equations are described in the technical note about tax equations. The function acttax carries out a rounded calculation for the tables but the unrounded version purtax is used in calculating the marginal rates.

For a taxpayer with children, either the child allowance is given in the tax calculation or the cash transfer is given if this is more beneficial. In practice, therefore, it is necessary to make two calculations - with and without the child allowance. Nevertheless, the calculation of solidarity surcharge is always based on the calculation which does assume that the child tax allowance is given.

Variable names are defined in the table of parameters above, within the equations table, or are the standard variables "married" and "children". The affixes "_princ" and "_spouse" on Variable names in functions indicate that the values have to be calculated for the principal and spouse, respectively. The parameter year in function SSC_Allowance is the year for which you calculate the Allowance.

	Line in country table and intermediate steps	Variable name	Range	Equation
1.	Earnings	earn		
	Quotient for tax calculation	quotient	J	1+Married
2.	Allowances:			
	Children	children_al	J	Children*Child_al
	Lone parent	lone_allce	J	Children>0)*(Married=0)*Lone_al+(Children>0)*(Married=0)*(Children-1)*Lone_al_add
	Soc sec contributions	SSC_al	J	Function: SSC_Allowance(earn_princ, earn_spouse , SSC_princ + SSC_spouse , Quotient, SSC_dn, SSC_dn_rt, SSC_dn_lim, SSC_dn_lump_rt, If(Children>0; "employee"; "childless"), year, rounded)
	Work related	work_al	J	Work_rel_al+MIN(earn_spouse,Work_rel_al)
	Allow. for special expenses	SE_al	J	SE_al*quotient
	Total	tax_al	J	children_al+SSC_al+work_al+ lone_allce + SE_al
3.	Credits in taxable income	taxbl_cr	J	0
4.	CG taxable income	tax_inc	J	earn-tax_al
5.	CG tax before credits			
	adjusted taxable income	adj	J	tax_inc/quotient
	Formula based tax schedule	tax_formula	J	Function: acttax(taxinc, rate, reduction, threshold1, threshold2, threshold3, equationrate, tax_first_stage, tax_second_stage, tax_third_stage, tax_fourth_stage, rate2, reduction2)
	Adjust for the quotient	tax_adj	J	Quotient*tax_formula
	Include solidarity surcharge	sol_surch	J	MIN(tax_adj * surcharge, Positive(tax_adj - surcharge_limit*Quotient) * surcharge_alt)
	Tax paid	CG_tax_excl	J	tax_adj+sol_surch
6.	Tax credits :	tax_cr	J	0
7.	CG tax	CG_tax	J	CG_tax_excl
8.	State and local taxes	local_tax	J	0
9.	Employees' soc security	SSC	B	Function: SSC (earn_princ, If(Children>0; "employee"; "childless"), rounded) + SSC (earn_spouse, If(Children>0; "employee"; "childless"), rounded)
11.	Cash transfers	Cash_tran	J	Children*ch_cred
13.	Employer's soc security	SSC_empr	B	Function: SSC (earn_princ, "employer", rounded) + SSC (earn_spouse, "employer", rounded)

Key to range of equation
B calculated separately for both principal earner and spouse
P calculated for principal only (value taken as 0 for spouse calculation)
J calculated once only on a joint basis

Greece

This chapter includes data on the income taxes paid by workers, their social security contributions, the family benefits they receive in the form of cash transfers as well as the social security contributions and payroll taxes paid by their employers. Results reported include the marginal and average tax burden for eight different family types.

Methodological information is available for personal income tax systems, compulsory social security contributions to schemes operated within the government sector, universal cash transfers as well as recent changes in the tax/benefit system. The methodology also includes the parameter values and tax equations underlying the data.

Greece 2021

The tax/benefit position of single persons

	Wage level (per cent of average wage)	67	100	167	67
	Number of children	none	none	none	2
1.	**Gross wage earnings**	12 617	18 831	31 448	12 617
2.	**Standard tax allowances**				
	Basic allowance				
	Married or head of family				
	Dependent children				
	Deduction for social security contributions and income taxes	1 782	2 659	4 440	1 782
	Work-related expenses				
	Other				
	Total	1 782	2 659	4 440	1 782
3.	**Tax credits or cash transfers included in taxable income**	0	0	0	0
4.	**Central government taxable income (1 - 2 + 3)**	10 835	16 172	27 008	10 835
5.	**Central government income tax liability (exclusive of tax credits)**	1 084	2 258	5 062	1 084
6.	**Tax credits**				
	Basic credit	777	694	477	900
	Married or head of family				
	Children				
	Other				
	Total	777	694	477	900
7.	**Central government income tax finally paid (5-6)**	307	1 564	4 585	184
8.	**State and local taxes**	0	0	0	0
9.	**Employees' compulsory social security contributions**				
	Gross earnings	1 782	2 659	4 440	1 782
	Taxable income				
	Total	1 782	2 659	4 440	1 782
10.	**Total payments to general government (7 + 8 + 9)**	2 088	4 223	9 026	1 965
11.	**Cash transfers from general government**				
	For head of family				
	For two children	0	0	0	1 008
	Total	0	0	0	1 008
12.	**Take-home pay (1-10+11)**	10 529	14 608	22 422	11 660
13.	**Employer's compulsory social security contributions**	2 844	4 245	7 088	2 844
14.	**Average rates**				
	Income tax	2.4%	8.3%	14.6%	1.5%
	Employees' social security contributions	14.1%	14.1%	14.1%	14.1%
	Total payments less cash transfers	16.6%	22.4%	28.7%	7.6%
	Total tax wedge including employer's social security contributions	31.9%	36.7%	41.8%	24.6%
15.	**Marginal rates**				
	Total payments less cash transfers: Principal earner	33.0%	34.7%	39.9%	33.0%
	Total payments less cash transfers: Spouse	n.a.	n.a.	n.a.	n.a.
	Total tax wedge: Principal earner	45.3%	46.7%	50.9%	45.3%
	Total tax wedge: Spouse	n.a.	n.a.	n.a.	n.a.

Greece 2021

The tax/benefit position of married couples

Wage level (per cent of average wage)	100-0	100-67	100-100	100-67
Number of children	2	2	2	none
1. Gross wage earnings	20 714	34 593	41 429	34 593
2. Standard tax allowances				
Basic allowance				
Married or head of family				
Dependent children				
Deduction for social security contributions and income taxes	2 925	4 885	5 850	4 885
Work-related expenses				
Other				
Total	2 925	4 885	5 850	4 885
3. Tax credits or cash transfers included in taxable income	0	0	0	0
4. Central government taxable income (1 - 2 + 3)	17 789	29 708	35 579	29 708
5. Central government income tax liability (exclusive of tax credits)	2 614	3 936	5 227	3 936
6. Tax credits				
Basic credit	784	1 684	1 568	1 438
Married or head of family				
Children				
Other				
Total	784	1 684	1 568	1 438
7. Central government income tax finally paid (5-6)	1 829	2 252	3 659	2 498
8. State and local taxes	0	0	0	0
9. Employees' compulsory social security contributions				
Gross earnings	2 925	4 885	5 850	4 885
Taxable income				
Total	2 925	4 885	5 850	4 885
10. Total payments to general government (7 + 8 + 9)	4 754	7 136	9 509	7 382
11. Cash transfers from general government				
For head of family				
For two children	1 008	672	0	0
Total	1 008	672	0	0
12. Take-home pay (1-10+11)	16 968	28 129	31 920	27 211
13. Employer's compulsory social security contributions	4 669	7 797	9 338	7 797
14. Average rates				
Income tax	8.8%	6.5%	8.8%	7.2%
Employees' social security contributions	14.1%	14.1%	14.1%	14.1%
Total payments less cash transfers	18.1%	18.7%	23.0%	21.3%
Total tax wedge including employer's social security contributions	33.2%	33.6%	37.1%	35.8%
15. Marginal rates				
Total payments less cash transfers: Principal earner	34.7%	34.7%	34.7%	34.7%
Total payments less cash transfers: Spouse	18.2%	33.0%	34.7%	33.0%
Total tax wedge: Principal earner	46.7%	46.7%	46.7%	46.7%
Total tax wedge: Spouse	33.3%	45.3%	46.7%	45.3%

The national currency is the Euro (EUR). In 2021, EUR 0.84 was equal to USD 1. In 2021, the estimated gross earnings of the average worker are EUR 18 831 (Secretariat estimate).

1. Personal income tax system

1.1. Central government income tax

1.1.1. Tax unit

Individuals are subject to national income tax.

Individuals who are Greek tax residents are subject to income tax in Greece on their worldwide income earned in a certain tax year, whereas non-residents are subject to tax in Greece only on income sourced in Greece irrespective of his/her nationality, place of domicile. Moreover, an individual whose domicile in Greece exceeds183 days cumulatively in a twelve month period is considered as a tax resident in Greece and is subject to tax on his/her worldwide income irrespective of the individual's nationality. Due consideration is given to bilateral conventions, for the elimination of double taxation, their provisions superseding domestic law.

Individuals who have completed 18 years of age are obliged to file an income tax return regardless of having taxable income or not. Regarding income derived by minor children, the parent who has the custody is liable for filing a tax return. The income of minor children is added to the income of the parent who has the custody and is taxed in the name of the parent who is in principle liable for tax filing. This provision does not apply to the following types of income, in respect of which the minor child has a personal tax obligation: a) employment income and b) pensions due to the death of his father or mother.

Spouses file a joint income tax return but each spouse is liable for the tax payable on his or her share of the joint income. Persons who have entered into a civil union – partnership can also file a joint income tax return. In this case, civil union partners have the same tax treatment as married couples. The tax return can be filed separately, if at least one of the spouses opts for it, with an irrevocable declaration for each tax year until 28 February of the year of submission of the return. This option is binding for the concerned tax year and also applies to the other spouse. Especially for tax year 2020, the deadline for submitting the irrevocable declaration was set at 6 May 2021.

Losses incurred by a spouse or civil union partner cannot be set off against the income of the other spouse or partner. Spouses or civil union partners file a return separately if a) they have been divorced or have terminated the civil partnership at the time of the tax filing or b) one of the spouses or civil union partners is bankrupt or has been subject to guardianship. The taxpayer's spouse can be considered as a dependent member, provided that he/she does not have any taxable income.

As dependent members, related to the taxpayer, are regarded single children under the age of 18, adult children up to 25 years old studying at the university or serving their military service or registered as unemployed to the Manpower Employment Organisation (OAED); taxpayers are deem to be in charge for their ascendants and/or their spouses' relatives (up to the 3rd degree) who are orphans provided that they live with them and their annual taxable income does not exceed the amount of EUR 3 000 (alimony and disability benefits and similar allowances are not included). Single disabled children (>=67%) or spouses' disabled siblings (>=67%) are also considered as dependent members, except if their annual income exceeds the amount of EUR 6 000 (alimony and disability benefits and similar allowances are not included).

1.1.2. *Tax allowances and tax credits*

1.1.2.1. Standard tax reliefs

- Social security contributions: all compulsory social security contributions and optional contributions to legally constituted funds are fully deductible from taxable gross income.
- Tax is reduced for employees and pensioners, for each tax bracket, as follows:
  - by EUR 777 for annual income up to EUR 12 000, for taxpayers with no dependent children;
  - by EUR 810 for annual income up to EUR 12 000 for taxpayers with one dependent child;
  - by EUR 900 for annual income up to EUR 12 000 for taxpayers with two dependent children;
  - by EUR 1 120 for annual income up to EUR 12 000 for taxpayers with 3 dependent children;
  - by EUR 1 340 for annual income up to EUR 12 000 for taxpayers with 4 dependent children;
  - for taxpayers with more than 4 dependent children, the above mentioned tax credit is increased by EUR 220 per child;
  - for income exceeding EUR 12 000, the aforementioned tax credit is reduced by EUR 20 for every EUR 1 000 of taxable income.

In order to maintain the above tax reduction under this, the taxpayer is required to make payments of acquiring goods and receiving services within the country or in Member States of the European Union or EEA, which have been paid through electronic payments, the minimum amount of which is 30% of taxable income, and up to EUR 20 000. If this amount of electronic payments is not reached, a penalty of 22% is imposed to the remaining amount.

Especially for tax year 2020, taxpayers who were affected from Covid-19 pandemic consequences (i.e., taxpayers deriving income from an affected business activity, as specified by code number, employees whose employment contract was suspended, and property owners that had reduced rental income due to Covid-19 pandemic) are subject to a reduced penalty.

The amount of tax, as calculated for each tax bracket, is reduced further by EUR 200 for the taxpayer himself as well as for each dependent member, provided that the taxpayer or his dependents are disabled (over 67%) or disabled soldiers or military personnel injured in the course of their duties or war victims or victims of terrorist attacks or in case they receive pension by the State as war victims or as disabled.

Note: Foreign tax residents are not eligible to tax deductions, unless they are tax resident in an EU/EEA member State and a) derive at least 90% of their total income from sources in Greece or b) prove that their taxable income is so low that they would be entitled to tax reduction under the tax legislation of the State of their tax residency.

1.1.2.2. Non-Standard tax credits

The payable amount of tax is reduced by 20% on the donations to certain bodies, as well as to political parties, party alliances and candidates for the National Parliament and the European Parliament, if donations exceed the amount of EUR 100 during the tax year. The total amount of donations cannot exceed 5% of the taxable income.

1.1.2.3. Exemptions

Certain types of income, as specified in the legislation (Income Tax Code) are exempt from the tax.

Examples:

- income earned in the performance of their duties by foreign diplomatic representatives or consulate agents, employees of embassies and consulates that have the nationality of the represented State as well as by individuals working in the EU Institutions or other International Organizations that have been installed under an international treaty applied by Greece.;

- alimony received by the beneficiary according to the Court adjudication or notary Document;
- all forms of pensions provided to war victims and their families, as well as to soldiers and military personnel injured in the course of their duties in times of peace;
- benefits and similar allowances provided to special categories of disabled persons;
- salaries, pensions etc. paid to disabled persons (over 80%);
- unemployment benefits granted by the National Employment Organisation (OAED) provided that the total annual income of the beneficiary does not exceed the amount of EUR 10 000;
- financial aid to recognized political refugees, to personsresiding temporarily in Greece for humanitarian reasons and to persons that have submitted the relevant application to the competent Greek authorities, paid by bodies carrying out refugee aid schemes financed by the UN and the EU;
- the benefit for hazardous labour provided to employees working in the armed forces, the police, the fire and port departments as well as the special allowance to medical, nursing and ambulance staff up to 65%;
- the fees paid by the World Association of Disabled Artists (VDM.FK) to the members of foot and mouth painters, who are tax residents of Greece, exclusively for the work of painting paid by the Union with exchange;
- pensioners' social solidarity allowance (EFKA);
- income from employment obtained by foreign officers and low crew members of merchant ships, who are foreign tax residents, on merchant ships with Greek flag, which perform exclusively international trips.

1.1.2.4. Tax calculation

Taxable income is derived from the following sources:

a) income from employment and pensions;
b) income from business activity ;investment income which includes income from dividends, interest, royalties and income from immovable property (rental income);
c) income from capital gains, which includes income deriving on transfer of real estate or securities.

Net income is computed separately within each category with tax rules that vary across income categories.

Taxpayer is subject to an alternative minimum tax when his/her imputed income is higher than his/her total declared income. In this case, the difference between imputed and actual income is added to the taxable income. Imputed income is calculated on the basis of the taxpayer's and his/her dependents' living expenses.

Income from employment is subject to withholding tax. The tax is withheld by the employer and is calculated by applying the taxpayer's progressive income tax schedule. The employer calculates the withholding tax on the basis of the taxpayer's annual net salary (net of social security contributions). The resulting tax is the annual tax due, 1/14 of which constitutes the monthly withholding tax for the private sector's employees (every employee in the private sector receives 14 monthly salaries per year, i.e., 12 monthly salaries plus one salary as Christmas bonus, ½ salary as Easter bonus and ½ salary as summer vacation bonus). For the employees of the public sector, the monthly withholding tax is calculated as 1/12 of the annual tax due, because of the fact that bonuses in the public sector have been eliminated. If the taxpayer's final tax liability (derived from the annual declared income) exceeds the aggregate of the amounts already withheld or prepaid, the remaining tax is generally payable in three equal bimonthly instalments. Any excess tax paid or withheld will be refunded.

1.1.3. Rate schedule

Depending on the income category the following tax schedules apply:

Income from employment and pensions is pooled together with income from business activity and is taxed at the following rates:

Income bracket (EUR)	Tax rate (%)	Tax bracket (EUR)	Total amount	
			Income (EUR)	Tax (EUR)
10 000	9%	900	10 000	900
10 000	22%	2 200	20 000	3 100
10 000	28%	2 800	30 000	5 900
10 000	36%	3 600	40 000	9 500
Excess	44%			

The above tax scale does not apply for employment income acquired by:

- Officers working in merchant ships, whose income is taxed at a 15% flat rate.
- Low- crew members working in merchant ships, whose income is taxed at a 10% flat rate.
- Pilots, co-pilots and aircraft engineers who are tax residents in Greece for their monthly compensation, which is taxed at a tax flat rate of 15% and whose air company has a tax residency or permanent establishment in Greece,
- Members of the Independent Board of Refugees Appeal for their monthly compensation, which is taxed at a tax flat rate of 15%.

The aforementioned categories of employment income are taxed independently, with exhaustion of the tax liability of their beneficiaries.

For deductions see above section 1.1.2.1.

Income from agricultural business is taxed independently but with the same tax schedule. The previously described tax credit is granted to farmers as well. In the case where a farmer is earning income from employment / pension, only one tax credit is given.

Income from dividends is taxed at a 5% flat rate, income from interest is taxed at a 15% flat rate and income from royalties is taxed at a 20% flat rate.

Income from immovable property (Rental Income) is taxed at the following rates:

Income	Tax Rate
0-12.000	15%
12.001 – 35.000	35%
35.001-	45%

From 1 January 2017, income derived from short term rentals of sharing economy (if it is not considered as income from business activity) is taxed with the above tax scale.

Income from capital gains is taxed at a 15% flat rate.

In the total taxable income, the Special Solidarity Contribution is additionally imposed. Income up to EUR 12 000 is not subject to the solidarity contribution. For income exceeding EUR 12 000, the solidarity contribution applies with the following marginal rates:

Solidarity Contribution Marginal Tax Rates

Income	Tax Rate
0 – 12.000	0%
12.001 - 20.000	2.2%
20.001 - 30.000	5.00%
30.001 - 40.000	6.50%
40.001 - 65.000	7.50%
65.001 - 220.000	9.00%
>220.000	10.00%

Due to the Covid-19 pandemic, the solidarity contribution for private sector employees has been suspended for tax years 2021 and 2022. The suspension also applies forincome from business activity, investment and capital gains for tax years 2020 and 2021.

1.1.4 Income tax return submission and tax payment for tax year 2020

- Income tax returns are timely submitted by 27 August 2021 and the tax is paid in eight (8) equal, monthly installments, of which the first two (2) are paid due until the last working day of August 2021 and each of the following within the last working day of six (6) next months,

- For the income tax returns that will be submitted by 28 July 2021 and the tax due is paid in the lump sum by the last working day of July 2021, a three per cent (3%) discount is provided on the total amount of tax due. The one-off payment until 31 July 2021 concerns all income categories.

1.2. State and local income taxes

There are no local income taxes in Greece. Municipalities (the local authorities) receive 20% of the national income tax revenues.

2. Mandatory Social Security Contributions to schemes operated within the Government Sector

The great majority of individuals who are employed in the public and private sector and render dependent personal services are subject to a mandatory principal and direct insurance at the Electronic National Social Security Fund (e-EFKA) for their main pension and health care.

Apart from the main contribution, e-EFKA compulsorily collects contributions for other minor Funds created for the employee's benefit (Unemployment Benefits Funds, etc.).

Since 1 March 2020 the subsidiary Unified Supplementary Insurance and Lump-Sum Fund (ETEAEP) was integrated into the National Social Security Fund (EFKA) which is renamed as "Electronic National Social Security Fund" (e-EFKA), (Law 4670/2020), the Supplementary Insurance and Lump-Sum Benefits sections of former ETEAEP forming now the respective sections of e-EFKA.

The average rates of contributions payable by white-collar employees as a percentage of gross earnings are as follows (%):

From January 1st 2021 to 31 December 2021

For work in private sector (full time)

	Employer	Employee	Total
1. National Social Security Fund (e- EFKA) – Main Pension	13.33	6.67	20.00
2. e-EFKA- Supplementary Pension (exETEAEP)	3.25	3.25	6.50
3. National Social Security Fund (e- EFKA) - Healthcare Coverage	4.55	2.55	7.10
4. Other Funds	1.41	1.65	3.06
Total	22.54	14.12	36.66

For blue-collar workers engaged in heavy work (unhealthy, dangerous etc.), higher contributions are due (17,57% paid by the employee and 24,69% paid by the employer), so that such individuals become entitled to pension five years earlier than other workers (2.20% for e-EFKA- Main Pension and 1.25% for e- EFKA - Supplementary Pension, paid by the employee, and 1.40% for e-EFKA- Main Pension and 0.75% for e-EFKA -Supplementary Pension, paid by the employer). In the industrial sector, a contribution at a rate of 1% is added as an occupational risk contribution which is paid by the employer, since these workers because of their difficult employment conditions are vulnerable to an increased risk of labour accidents and occupational diseases.

For work in private sector (part time)

	Employer	Employee	Total
1. National Social Security Fund (e- EFKA) – Main Pension	13.33	6.67	20.00
2. e-EFKA- Supplementary Pension (exETEAEP)	3.25	3.25	6.50
3. National Social Security Fund (e- EFKA) - Healthcare Coverage	4.55	2.55	7.10
4. Other Funds	1.89	2.07	3.96
Total	23.02	14.54	37.56

For work in public sector (full time)

	Employer	Employee	Total
1. National Social Security Fund (e- EFKA) – Main Pension	13.33	6.67	20.00
2. e-EFKA- Supplementary Pension (exETEAEP)	3.25	3.25	6.50
3. National Social Security Fund (e- EFKA) - Healthcare Coverage	4.55	2.55	7.10
4. Other Funds	3.20	2.86	6.06
Total	24.33	15.33	39.66

For work in public sector (part time)

	Employer	Employee	Total
1. National Social Security Fund (e- EFKA) – Main Pension	13.33	6.67	20.00
2. e-EFKA- Supplementary Pension (exETEAEP)	3.25	3.25	6.50
3. National Social Security Fund (e- EFKA) - Healthcare Coverage	4.55	2.55	7.10
4. Other Funds	3.68	3.28	6.96
Total	24.81	15.75	40.56

It should be noted that the amount of the maximum insurable earnings for calculating the monthly insurance contribution of employees and employers is set to EUR 6 500.

The 6.50% (3.25+3.25) rate is valid until 31 May 2022. From 1 June 2022 onwards the rate decreases to 6.00% (3.00+3.00).

The contribution for lawyers and engineers providing dependent services (Law 4756/2020, art. 35) of the Supplementary Insurance Branch of the former ETEAEP from 1 January 2020 until 31 May 2022 is a fixed sum of EUR 42, EUR 51 or EUR 61 per month, depending on the respective insurance class level. The insured persons are subject, from 1 January 2020, to the first insurance class, with the obligation to contribute EUR 42 per month, while from 1 July 2020 onwards they are entitled to opt for their insurance class. This contribution is shared between the lawyer or engineer and their employer.

For the former Lump Sum section of ETEAEP, the contribution and the monthly basis on which the contribution is calculated, for employees first insured before 1992, is determined by the social security body which was integrated into ETEAEP. The contribution for employees first insured after 1992, for the former Lump Sum of ETEAEP is set at 4%. The monthly basis, on which the contribution is calculated, is the same basis amount as for e-EFKA.

Insurance contribution for the engineers, lawyers and doctors providing dependent services and insured at the former Lump-sum section of ETEAEP is calculated from 1 January 2020 as a fixed amount of EUR 26, EUR 31 or EUR 37 per month, depending on the respective insurance class. The insured persons are subject from 1 January 2020 to the first insurance class, with the obligation to contribute EUR 26 per month and from 1 July 2020 onwards they are entitled to opt for their insurance class. The contribution for lawyers is shared between the lawyer and his/her employer.

All these social security contributions are fully deductible for income tax purposes.

3. Universal Cash Transfers

3.1. Transfers related to marital status

According to the National General Collective Labour Agreement, a marriage allowance, which is set at a rate of 10% of the gross salary, is granted only to workers employed by employers that belong to the contracting employer organisations.[1] For public servants no marriage benefit is granted.

3.2. Transfers for dependent children

According to the Law 4512/2018, the "Single children support allowance" is calculated according to the number of dependent children as well as the household equivalent income category.

The equivalence scale assigns a value of 1 to the first household member, of 1/2 to the spouse and of 1/4 to each dependent child. Especially, for single parent families, a value of ½ is assigned to the first dependent child and a value of ¼ to each additional child.

Households that are entitled to the allowance are divided into three income categories according to their income:

   a) Household equivalent income of < EUR 6 000: monthly allowance of EUR 70 for the first child, EUR 70 for the second child and EUR 140 for every additional child.
   b) Household equivalent income of EUR 6 001 − 10 000: monthly allowance of EUR 42 for the first child, EUR 42 for the second child and EUR 84 for every additional child.
   c) Household equivalent income of EUR 10 001 − 15 000: monthly allowance of EUR 28 for the first child, EUR 28 for the second child and EUR 56 for every additional child.

4. Main Changes in the Tax/benefit System since 2016

No significant changes in the tax and benefit system have taken place since 2016.

4.1. Changes to labour taxation due to the COVID pandemic in 2020 and 2021

A monthly special tax − free allowance has been granted to employees of enterprises affected by the coronavirus crisis, whose labour contracts have been suspended based on specific NACE codes.

5. Memorandum items

5.1. Identification of an AW and method of calculations used

Methodological note for the estimation of the average annual earnings per employee, for the period 2000 – 2018

Terminology and coverage

The average annual earnings below refer to full time employees for Sectors C to N of ISIC Rev.3.1, before 2008, and for Sectors B to N including Division 95 and excluding Divisions 37, 39 and 75 of ISIC Rev. 4, for 2008 onwards.

Data sources

In the estimation procedure of the average annual earnings per employee, for the period 2000-2018 the following data are taken into account:

- Annual earnings and number of employees, as derived from the Structure of Earnings Survey (SES), of the years 2002, 2006, 2010, and 2014.
- Hours worked and annual average number of employees, as derived from the Labour Force Survey (LFS), of the years 2000 – 2018.
- Average annual earnings indices, as derived from the Indices on Quarterly Labour Cost Survey, of the years 2000 – 2018.

Annual Gross earnings per full time employee 2000-2020 Greece

Year	NACE Rev 2 classification
2000	15.459
2001	15.715
2002	17.359
2003	19.240
2004	21.446
2005	22.012
2006	23.800
2007	23.936
2008	23.823
2009	24.569
2010	24.156
2011	23.929
2012	23.309
2013	21.101
2014	21.322
2015	20.494
2016	20.033
2017	19.913
2018	19.924
2019	20.243
2020	18.834

Source: ELSTAT

The Average gross Annual Earnings per full time employee for the period 2000 to 2020 includes:

- The special payments for shift and night work, as well as work during weekends and holidays;

- The total annual bonuses as well as those that are regularly paid on a monthly basis, the 13th salary (Christmas salary, where applicable) and 14th salary (Easter and vacation payments, where applicable)
- The annual bonuses based on productivity;
- The education and working time allowance;
- The marriage and children allowance

and excludes:

- The annual payments in kind: foods, drinks, footwear, clothes, accommodation, business cars provided, mobile phones, etc.;
- The annual premiums related to profit-sharing schemes.

The data for 2019 and onwards will be revised when the final results of the SES 2022 will be available.

Data in bold refer to data from SES 2002, 2006, 2010 and 2014 and 2018.

It should be noted that the data with reference years 2000 - 2005 are different from those of the succeeding years with regard to the source that was used for the calculation of the LCIWages For the years 2000 - 2005 the index was calculated on the basis of data from National Accounts deriving from administrative sources, while for the years 2006 – 2020 the calculation of LCIWages was based on the quarterly Labour Cost Survey.

Finally, we would like to inform you that the data refer to the mean yearly gross income for full-time paid employees, regardless of:

- Marital status
- Number of children
- Employer's contributions
- Taxes paid

5.2. Main employers' contributions to private pension, health, and related schemes

Contributions to private pension and sickness schemes made by employers are not added to employees' gross earnings for tax purposes (but they are subject to special taxation entailing extinction of tax liability). Since these contributions are not obligatory for employers, no data is provided by the National Statistical Service of Greece. Very few employers have adopted such additional insurance schemes.

2021 Parameter values

Average earnings/yr	Ave_earn	18 831	Secretariat estimate
Tax credit	Child_cred	0	
Rates of family subsidies			
paid by employers	Wife_sub	01	
children (up to 3)	Child_sub	0	
Income tax schedule	Tax_sch	0.09	10 000
		0.22	20 000
		0.28	30 000
		0.36	40 000
		0.44	
Tax deduction	Tax_cred	777	
	Tax_cred_1dc	810	
	Tax_cred_2dc	900	
	Tax_cred_3dc	1 120	
	Tax_cred_4dc	1 340	
	num_ch_over4	1	
	tax_cred_over4	220	
	tax_cred_5dc	1 560	
	Tax_cred_thrsh	12 000	
	Tax_red	0.02	
Solidarity contribution (suspended – COVID-19 related measure)	Solidarity_sch	0	12 000
		0	20 000
		0	30 000
		0	40 000
		0	65 000
		0	220 000
		0	
Social security contributions	SSC_rate	0.1412	
	SSC_rate_empr	0.22254	
	SSC_ceil	91 000	
	SSC_ceil_use	1	
Single children support allowance	Child_all	0	840
		6 000	504
		10 000	336
		15 000	0
	Spouse_weight	0.50	
	Child_weight	0.25	

2021 Tax equations

The equations for the Greek system in 2021 are mostly on an individual basis. The level of gross earnings for the principal earner is increased by the spouse and child subsidy paid by the employer.

The functions which are used in the equations (Taper, MIN, Tax etc) are described in the technical note about tax equations Variable names are defined in the table of parameters above, within the equations table, or are the standard variables "married" and "children" A reference to a variable with the affix "_total" indicates the sum of the relevant variable values for the principal and spouse And the affixes "_princ" and "_spouse" indicate the value for the principal and spouse, respectively Equations for a single person are as shown for the principal, with "_spouse" values taken as 0.

	Line in country table and intermediate steps	Variable name	Range	Equation
1	Earnings	earn_princ	P	Ave_earn*(1+Married*Wife_sub+ MIN(Children,3)*Child_sub)
		earn_spouse	S	Ave_earn*(1+Married*Wife_sub+ MIN(Children,3)*Child_sub)
2	Allowances:	tax_al	B	SSC
3	Credits in taxable income	taxbl_cr		0
4	CG taxable income	tax_inc	B	Positive(earn-tax_al)
5	CG tax before credits	CG_tax_excl	B	Tax(tax_inc,tax_sch)-Low_rate *Positive(MIN(Effect_low_band-Low_thrsh,tax_inc-Low_thrsh))
	Solidarity contribution	sol_contr	B	=Solidarity(earn-SSC,Solidarity_sch)
6	Tax credits :	tax_cr	**B**	Positive(IF(Children>0, tax_cred_1dc*(Children=1)+tax_cred_2dc*(Children='2)+tax_cred_3 dc*(Children>2), tax_cred)-(INT(Positive(earn-tax_cred_thrsh)'/1000)*tax_cred_red))
7	CG tax	CG_tax	B	Positive(CG_tax_excl-tax_cr)+sol_contr
8	State and local taxes	local_tax	B	0
9	Employees' soc security	SSC	B	IF(SSC_ceil_use=1,SSC_rate*MIN(earn,SSC_ceil),SSC_rate*earn)
11	Cash transfers			
		fam_netinc	B	(earn – CG_tax – SSC)/(1+IF(Married>0,(Married*Spouse_weight)+(Children*Child_w eight),min(children,1) *Spouse_weight+positive(children-1)*Child_weight))
		cash_trans	B	VLOOKUP(fam_netinc,Child_all,2)*Children
13	Employer's soc security	SSC_empr	B	IF(SSC_ceil_use=1,SSC_rate_empr*MIN(earn,SSC_ceil),SSC_rate _empr*earn)

Key to range of equation B calculated separately for both principal earner and spouse P calculated for principal only (value taken as 0 for spouse calculation) J calculated once only on a joint basis.

Notes

[1] Namely the Hellenic Federation of Enterprises, the Hellenic Confederation of Professionals, Craftsmen & Merchants, the National Confederation of Hellenic Commerce and the Association of Greek Tourism Enterprises.

Hungary

This chapter includes data on the income taxes paid by workers, their social security contributions, the family benefits they receive in the form of cash transfers as well as the social security contributions and payroll taxes paid by their employers. Results reported include the marginal and average tax burden for eight different family types.

Methodological information is available for personal income tax systems, compulsory social security contributions to schemes operated within the government sector, universal cash transfers as well as recent changes in the tax/benefit system. The methodology also includes the parameter values and tax equations underlying the data.

Hungary 2021

The tax/benefit position of single persons

	Wage level (per cent of average wage)		67	100	167	67
	Number of children		none	none	none	2
1.	**Gross wage earnings**		3 618 281	5 400 419	9 018 699	3 618 281
2.	**Standard tax allowances**					
	Basic allowance					
	Married or head of family					
	Dependent children		0	0	0	3 199 920
	Deduction for social security contributions and income taxes					
	Work-related expenses					
	Other					
		Total	0	0	0	3 199 920
3.	**Tax credits or cash transfers included in taxable income**		0	0	0	0
4.	**Central government taxable income (1 - 2 + 3)**		3 618 281	5 400 419	9 018 699	418 361
5.	**Central government income tax liability (exclusive of tax credits)**					
	Central government income tax liability (exclusive of tax credits)		542 742	810 063	1 352 805	62 754
		Total	542 742	810 063	1 352 805	62 754
6.	**Tax credits**					
	Basic credit		0	0	0	0
	Married or head of family					
	Children					
	Other					
		Total	0	0	0	0
7.	**Central government income tax finally paid (5-6)**		542 742	810 063	1 352 805	62 754
8.	**State and local taxes**		0	0	0	0
9.	**Employees' compulsory social security contributions**					
	Gross earnings		669 382	999 077	1 668 459	669 382
	Taxable income					
		Total	669 382	999 077	1 668 459	669 382
10.	**Total payments to general government (7 + 8 + 9)**		1 212 124	1 809 140	3 021 264	732 136
11.	**Cash transfers from general government**					
	For head of family					
	For two children		0	0	0	355 200
		Total	0	0	0	355 200
12.	**Take-home pay (1-10+11)**		2 406 157	3 591 278	5 997 435	3 241 345
13.	**Employer's wage dependent contributions and taxes**					
	Employer's compulsory social security contributions		560 833	837 065	1 397 898	560 833
	Payroll taxes		54 274	81 006	135 280	54 274
		Total	615 108	918 071	1 533 179	615 108
14.	**Average rates**					
	Income tax		15.0%	15.0%	15.0%	1.7%
	Employees' social security contributions		18.5%	18.5%	18.5%	18.5%
	Total payments less cash transfers		33.5%	33.5%	33.5%	10.4%
	Total tax wedge including employer's social security contributions		43.2%	43.2%	43.2%	23.4%
15.	**Marginal rates**					
	Total payments less cash transfers: Principal earner		33.5%	33.5%	33.5%	33.5%
	Total payments less cash transfers: Spouse		n.a.	n.a.	n.a.	n.a.
	Total tax wedge: Principal earner		43.2%	43.2%	43.2%	43.2%
	Total tax wedge: Spouse		n.a.	n.a.	n.a.	n.a.

Hungary 2021

The tax/benefit position of married couples

Wage level (per cent of average wage)		100-0	100-67	100-100	100-67
Number of children		2	2	2	none
1. **Gross wage earnings**		5 400 419	9 018 699	10 800 837	9 018 699
2. **Standard tax allowances**					
Basic allowance					
Married or head of family					
Dependent children		3 199 920	3 199 920	3 199 920	0
Deduction for social security contributions and income taxes					
Work-related expenses					
Other					
	Total	3 199 920	3 199 920	3 199 920	0
3. **Tax credits or cash transfers included in taxable income**		0	0	0	0
4. **Central government taxable income (1 - 2 + 3)**		2 200 499	5 818 779	7 600 917	9 018 699
5. **Central government income tax liability (exclusive of tax credits)**					
Central government income tax liability (exclusive of tax credits)		330 075	872 817	1 140 138	1 352 805
	Total	330 075	872 817	1 140 138	1 352 805
6. **Tax credits**					
Basic credit		0	0	0	0
Married or head of family					
Children					
Other					
	Total	0	0	0	0
7. **Central government income tax finally paid (5-6)**		330 075	872 817	1 140 138	1 352 805
8. **State and local taxes**		0	0	0	0
9. **Employees' compulsory social security contributions**					
Gross earnings		999 077	1 668 459	1 998 155	1 668 459
Taxable income					
	Total	999 077	1 668 459	1 998 155	1 668 459
10. **Total payments to general government (7 + 8 + 9)**		1 329 152	2 541 276	3 138 293	3 021 264
11. **Cash transfers from general government**					
For head of family					
For two children		319 200	319 200	319 200	0
	Total	319 200	319 200	319 200	0
12. **Take-home pay (1-10+11)**		4 390 466	6 796 623	7 981 745	5 997 435
13. **Employer's wage dependent contributions and taxes**					
Employer's compulsory social security contributions		837 065	1 397 898	1 674 130	1 397 898
Payroll taxes		81 006	135 280	162 013	135 280
	Total	918 071	1 533 179	1 836 142	1 533 179
14. **Average rates**					
Income tax		6.1%	9.7%	10.6%	15.0%
Employees' social security contributions		18.5%	18.5%	18.5%	18.5%
Total payments less cash transfers		18.7%	24.6%	26.1%	33.5%
Total tax wedge including employer's social security contributions		30.5%	35.6%	36.8%	43.2%
15. **Marginal rates**					
Total payments less cash transfers: Principal earner		33.5%	33.5%	33.5%	33.5%
Total payments less cash transfers: Spouse		33.5%	33.5%	33.5%	33.5%
Total tax wedge: Principal earner		43.2%	43.2%	43.2%	43.2%
Total tax wedge: Spouse		43.2%	43.2%	43.2%	43.2%

The national currency is the Forint (HUF). In 2021, HUF 301.34 were equal to USD 1. In 2021, the average worker earned HUF 5 400 419 (Secretariat estimate).

1. Personal Income Tax Systems

1.1. Central/federal government income taxes

1.1.1. Tax unit

The tax unit is, in all cases, the separate individual. In exceptional cases, the employer can become subject to personal income tax, for instance in the case of benefits in kind.

1.1.2. Tax allowances and tax credits

1.1.2.1. Standard reliefs

- Basic reliefs: None.
- Standard marital status reliefs: None.
- Employee Tax credit: Since 1st January 2012 there is no employee tax credit.
- Family tax allowance: For families having children, the basis of income tax can be reduced by the family tax allowance, which amounts to HUF 66 670 per month (for families having one child), HUF 133 330 per month/each dependent (for families having two children) or HUF 220 000 per month/each dependent (for families having at least three children). This tax allowance can be applied by a pregnant woman (or her husband) as from the 91st day after conception until birth of the child. The tax allowance may be claimed by one spouse or be split between the spouses. As of 1st January 2014, the family tax allowance was extended: families whose combined PIT base is not sufficient to claim the maximum amount of the family tax allowance can deduct the remaining sum from the 7% health insurance contribution and the 10% pension contribution. This measure does not affect the eligibility for social security benefits (pensions, healthcare, transfers, etc.).
- From 1st January 2020, mothers who raise or have raised at least four children are exempt from paying personal income tax on their income received from an employer or gained by self-employment.
- From 1st July 2020 the regulation of social security contributions have been integrated in a general law. The change has a positive outcome for families with children: the remaining sum of the family tax allowance will be deductible from the entire 18.5% of the new social security contribution of the employees (formerly the 1.5% labour market contribution was not taken into account in the regulation of family tax allowance).

1.1.2.2. Main non-standard tax reliefs

- Trade Union membership dues: Membership dues and contributions paid to trade unions and other corporate bodies of employees are deductible without any restriction.
- Tax credits are made available for physical disability or agricultural activities. Tax deduction is available for those having income from abroad.
- From 1st January 2015 for newly married couples (where it is the first marriage for at least one of the parties) the basis of income tax can be reduced by HUF 33 335 per month for one person of the couple for 24 months.

1.1.3. Tax schedule

The rate of personal income tax amounts to 15%.

1.2. State and local income taxes

In Hungary there is no local personal income tax system supplementing the central one.

2. Compulsory Social Security Contributions to Schemes Operated within the Government Sector

2.1. Employees' contributions

2.1.1. Pensions

The rate of pension contribution amounts to 10% of gross earnings.

From 1st January 2019 retired workers (old age pension) does not have to pay 10% pension contribution on their wage income.

From 1st July 2020 employees' social security contributions – currently consisting of separate pension, sickness and labour market contribution items – have been integrated into the single social security contribution. The new regulation includes the extension of the social contribution exemption of retired individuals to all the other gainful activities (previously employment contracts only).

2.1.2. Sickness

The rate of health security contribution amounts to 7% of gross earnings.

From 1st January 2019 retired workers (old age pension) does not have to pay 4% sickness contribution on their wage income. (Previously they had to pay only 4% out of the 7%).

The new regulation from 1st July 2020 (2.1.1.) applies for sickness contributions as well.

2.1.3. Unemployment

The worker must pay, as employees' contribution, 1.5% of gross earnings.

From 1st January 2019 retired workers (old age pension) are not charged 1.5% labour market contribution on their wage income.

The new regulation from 1st July 2020 (2.1.1.) applies for labour market contribution as well.

2.1.4. Others

None. The average worker does not have any obligation to pay other contributions than the above mentioned. However, the contribution rates may be different for certain types of income or for certain groups of income recipients (e.g. employees with pensioner status). None of these exceptions are applicable to the workers taken into consideration in this report.

2.2. Employers' contributions

2.2.1. Pensions

None.

2.2.2. Sickness

None.

2.2.3. Unemployment

None.

2.2.4. Others

From 2012, the employers' social security contributions were merged into the new payroll tax, called social contribution tax. This change is of legal nature, the combined rate remains 27% while the revenue is divided among the pension, health care and labour-market funds. In 2017, the social contribution tax decreased to 22%, and in January 2018, the rate was lowered to 19.5%. In July 2019, the rate was lowered to 17.5% and will decrease by 2 percentage points to 15.5% from 1st July 2020.

The employer contributions also include a payroll tax: the training levy amounts to 1.5% of gross earnings.

From 1st January 2013, the Job Protection Act (JPA) introduced new targeted reliefs in the employers' contributions (social contribution tax and training levy) to incentivise the employment of the most disadvantageous groups on the labour market. This measure reduces the standard rate of the employers' contributions up to a cap of HUF 100 000 per month. From 2017, the JPA introduced a permanent reduction of the employers' tax rate by 50% of the current tax rate for:

- employees under 25 years of age,
- employees over 55 years of age,
- employees working in elementary occupations,
- employees working in agricultural occupations.

It also introduced temporary reductions (0% tax rate in the first two years of employment, and 50% of the current tax rate in the third year) for:

- long term unemployed re-entering the labour market,
- people returning to work after child-care leave,
- career-starters.

From 1st January 2015, the budgetary institutions are not eligible for the JPA tax allowances anymore.

From 1st January 2019, the JPA is being phased out and new better targeting reliefs were introduced. The new reliefs reduce the standard rate of the employers' contributions up to the cap of the minimum wage.

The minimum wage was HUF 161 000 per month in 2020, raised to HUF 167 400 per month from 1st February 2021.

The new reliefs reduce the employers' tax rate by 50% of the current tax rate for:

- employees working in elementary and in agricultural occupations,

In addition, there is a temporary reduction (0% tax rate in the first two years of employment, and 50% of the current tax rate in the third year) for:

- employees returning to labour market (those who had been out of work for at least 6 months out of the preceding 9 months became entitled for a new type of tax allowance)

In addition, there is a temporary reduction (0% tax tare in the first three years of employment, and 50% of the current tax rate in the fourth and fifth year) for:

- mothers with 3 or more children

From 1st January 2019, the wage income of retired workers (old age pension) is exempt from social contribution tax.

The new regulation from 1st July 2020 (2.1.1.) applies for the social contribution tax of retired workers as well.

The targeted reliefs in the employers' contributions are not considered in the Taxing Wages model.

Social security contributions will have to be paid on other benefits than gross earnings (e.g., grants in kind) and payments (e.g., certain kind of contracts).

3. Universal cash transfers

3.1. Transfers related to marital status

None.

3.2. Transfers for dependent children

Effective from 1 January 2008:

Type of family	HUF per month
For a couple with one child	12 200
For a single earner with one child	13 700
For a couple with two children, per child	13 300
For a single earner with two children, per child	14 800
For a couple with 3 or more children, per child	16 000
For a single earner with 3 or more children, per child	17 000
For a couple with permanently sick and disabled child	23 300
For a single earner with permanently sick and disabled child	25 900

4. Main Changes in the Tax/benefit System Since 2010

- The tax base correction was phased out in two steps.
- The employee tax credit was abolished.
- The employees' health care contribution was increased.
- The employers' social security contributions were merged into the social contribution tax (legal change only, rates and base remained unchanged).
- Health contributions on benefits in kind were increased.
- As a temporary measure, a wage compensation scheme was in effect in the form of an employers' SSC credit.
- Targeted employment incentives to boost the employment levels of groups at the margin of the labour force.

- The child tax allowance was extended in 2014 by allowing the deduction of the allowance from employees' SSC.
- The rate of the PIT decreased by 1 percentage point in 2016.
- The rate of family tax benefit for families with two children is gradually increased from 2016 so that it will be doubled by 2019.
- From 2017 the social contribution tax decreased to 22% and from 2018 subsequently to 19.5%.
- From 1st of July, 2019 social contribution tax decreased to 17.5%.
- From 1st January 2019 retired workers (old age pension workers) doesn't have to pay 10% pension contribution, 4% sickness contribution, employers' social security contributions (social contribution tax and training levy) after their wage income.
- From 1st July 2020 employers' social contribution tax decreased by further 2 percentage points to 15.5%.
- From 1st July 2020 employees' social security contributions have been integrated into a general regulation. The new regulation includes the extension of the social contribution exemption of retired individuals to all the other gainful activities (previously employment contracts only).

4.1. Changes to labour taxation due to the COVID pandemic in 2020 and 2021

- Sectors that were severely hit by the pandemic (e.g. tourism, restaurants, entertainment venues, sports, cultural services, transportation, agriculture, aviation industry) were temporarily exempted from paying social security contributions, payroll taxes and kiva (small business tax). The employee contribution is lowered to the legal minimum of HUF 7 710 per month until 30 June.
- Employer's social security contribution tax rate decreased by 2 percentage points from 17.5% to 15.5% from 1st July 2020, regardless of the real wage growth precondition included in the wage and tax agreement between the Government of Hungary and private sector representatives. Although the measure results a permanent change in labour taxation, the timing is closely linked to the extraordinary situation caused by the economic crisis.
- Sectors that were severely hit by the second wave of the pandemic (tourism, catering, leisure and cultural services) were temporarily exempted from paying social security contributions, payroll taxes and kiva (small business tax) from November 2020 to May 2021. This measure was further extended to the retail sector and other services during the stricter lockdown regulations in March and April 2021.

5. Memorandum Items

5.1. Employer contributions to private social security arrangements

In Hungary the law dealing with the voluntary mutual insurance funds (like pension funds) was enacted on 6 December 1993. From 2019 employers' contributions to these funds are taxed as wages, but employees can apply a 20% tax credit with a limit of HUF 150 000 per year on. The tax authority pays the tax credit directly to a voluntary fund.

From 2019 voluntary insurance contributions paid by the employer are taxable as wages and the employees can apply a 20% tax credit with a limit of HUF 150 000 per year. Insurance contracts signed before 2019 have one-year transitional provision, in case of these contracts contributions paid by the employer are tax exempt till 30% of the minimal wage, above that it's taxable according to an effective personal income tax rate of 17.7% and an effective health contribution of 21.83%.

As from 2008, employer pension institutions can be established. Based on the rules for 2017, the monthly contribution paid to an employer pension institution by the employer of a private worker is not limited and it is taxable according to an effective personal income tax rate of 17.7% and an effective health contribution of 25.96%. From 2018, the effective health contribution is 23.01%. From 2019, voluntary contributions to these funds are taxed as wages.

2021 Parameter values

Average earnings/yr	Ave_earn	5 400 419	Secretariat's estimate		
Child allowance (per child)	child_al	1	800 040		
		2	1 599 960		
		3	2 640 000		
		4	2 640 000		
Income tax schedule	tax_sch	0.15			
Social security contributions	SSC_emp	0.185			
Payroll taxes *	SSC_empr	0.155			
	payroll_rate	0.015			
		# of children	1	2	3+
Transfers for children	CB_rates	0	12 200	13 300	16 000
(monthly)		1	13 700	14 800	17 000

2021 Tax equations

The equations for the Hungarian system in 2021 are mostly on an individual basis. But the child allowance can be split between the spouses and cash transfers are calculated only once. This is shown by the Range indicator in the table below.

The functions which are used in the equations (Taper, MIN, Tax etc) are described in the technical note about tax equations. Variable names are defined in the table of parameters above, within the equations table, or are the standard variables "married" and "children". A reference to a variable with the affix "_total" indicates the sum of the relevant variable values for the principal and spouse. And the affixes "_princ" and "_spouse" indicate the value for the principal and spouse, respectively. Equations for a single person are as shown for the principal, with "_spouse" values taken as 0.

	Line in country table and intermediate steps	Variable name	Range	Equation
1.	Earnings	earn		
2.	Allowances:			
	Children	child_al	P	IF(Children>0, Children*VLOOKUP(Children, child_al, 2), 0)
	Total	tax_al	B	child_al
3.	Credits in taxable income	taxbl_cr	B	0
4.	CG taxable income	tax_inc	P	MAX(0,earn -tax_al)
	CG taxable income	tax_inc	S	Positive(earn_spouse-Positive(tax_al-earn_spouse-SSC_deduction_princ/tax_sch))
5.	CG tax before credits	CG_tax_excl	B	tax_inc*tax_sch
7.	CG tax	CG_tax	B	CG_tax_excl-tax_cr
8.	State and local taxes	local_tax	B	0
	Child tax allowance (Employees' SSC)	SSC_child_cr	P	=MIN(earn_princ*SSC_emp,Positive(tax_al-earn_princ)*tax_sch)
	Child tax allowance (Employees' SSC)		S	=MIN(earn_spouse*SSC_emp,Positive(-earn_princ)*tax_sch)
9.	Employees' soc security	SSC	B	earn*SSC_emp-SSC_child_cr
11.	Cash transfers	cash_trans	J	Children*(VLOOKUP((1-Married), CB_rates, MIN(Children, 3)+1)*12)
13.	Employer's soc security	SSC_empr	B	earn*SSC_empr
	Employer's payroll taxes	Payroll	B	earn*payroll_rate

Key to range of equation B calculated separately for both principal earner and spouse P calculated for principal only (value taken as 0 for spouse calculation) J calculated once only.

Iceland

This chapter includes data on the income taxes paid by workers, their social security contributions, the family benefits they receive in the form of cash transfers as well as the social security contributions and payroll taxes paid by their employers. Results reported include the marginal and average tax burden for eight different family types.

Methodological information is available for personal income tax systems, compulsory social security contributions to schemes operated within the government sector, universal cash transfers as well as recent changes in the tax/benefit system. The methodology also includes the parameter values and tax equations underlying the data.

Iceland 2021

The tax/benefit position of single persons

Wage level (per cent of average wage)		67	100	167	67
Number of children		none	none	none	2
1.	**Gross wage earnings**	6 769 255	10 103 366	16 872 621	6 769 255
2.	**Standard tax allowances**				
	Basic allowance				
	Married or head of family				
	Dependent children				
	Deduction for social security contributions and income taxes	270 770	404 135	674 905	270 770
	Work-related expenses				
	Other				
	Total	270 770	404 135	674 905	270 770
3.	**Tax credits or cash transfers included in taxable income**	0	0	0	0
4.	**Central government taxable income (1 - 2 + 3)**	6 498 485	9 699 231	16 197 716	6 498 485
5.	**Central government income tax liability (exclusive of tax credits)**	1 254 910	2 007 085	3 902 712	1 254 910
6.	**Tax credits**				
	Basic credit	609 509	609 509	609 509	609 509
	Married or head of family				
	Children				
	Other				
	Total	609 509	609 509	609 509	609 509
7.	**Central government income tax finally paid (5-6)**	664 201	1 416 376	3 312 003	664 201
8.	**State and local taxes**	939 031	1 401 539	2 340 570	939 031
9.	**Employees' compulsory social security contributions**				
	Gross earnings	12 334	12 334	12 334	12 334
	Taxable income				
	Total	12 334	12 334	12 334	12 334
10.	**Total payments to general government (7 + 8 + 9)**	1 615 566	2 830 249	5 664 907	1 615 566
11.	**Cash transfers from general government**				
	For head of family				
	For two children	0	0	0	843 974
	Total	0	0	0	843 974
12.	**Take-home pay (1-10+11)**	5 153 689	7 273 117	11 207 714	5 997 663
13.	**Employer's compulsory social security contributions**	412 925	616 305	1 029 230	412 925
14.	**Average rates**				
	Income tax	23.7%	27.9%	33.5%	23.7%
	Employees' social security contributions	0.2%	0.1%	0.1%	0.2%
	Total payments less cash transfers	23.9%	28.0%	33.6%	11.4%
	Total tax wedge including employer's social security contributions	28.2%	32.2%	37.4%	16.5%
15.	**Marginal rates**				
	Total payments less cash transfers: Principal earner	36.4%	36.4%	44.4%	47.5%
	Total payments less cash transfers: Spouse	n.a.	n.a.	n.a.	n.a.
	Total tax wedge: Principal earner	40.1%	40.1%	47.6%	50.5%
	Total tax wedge: Spouse	n.a.	n.a.	n.a.	n.a.

Iceland 2021

The tax/benefit position of married couples

Wage level (per cent of average wage)		100-0	100-67	100-100	100-67
Number of children		2	2	2	none
1. **Gross wage earnings**		10 103 366	16 872 621	20 206 731	16 872 621
2. **Standard tax allowances**					
Basic allowance					
Married or head of family					
Dependent children					
Deduction for social security contributions and income taxes		404 135	674 905	808 269	674 905
Work-related expenses					
Other					
	Total	404 135	674 905	808 269	674 905
3. **Tax credits or cash transfers included in taxable income**		0	0	0	0
4. **Central government taxable income (1 - 2 + 3)**		9 699 231	16 197 716	19 398 462	16 197 716
5. **Central government income tax liability (exclusive of tax credits)**		2 007 085	3 261 995	4 014 171	3 261 995
6. **Tax credits**					
Basic credit		1 219 018	1 219 018	1 219 018	1 219 018
Married or head of family					
Children					
Other					
	Total	1 219 018	1 219 018	1 219 018	1 219 018
7. **Central government income tax finally paid (5-6)**		806 867	2 080 577	2 832 753	2 080 577
8. **State and local taxes**		1 401 539	2 340 570	2 803 078	2 340 570
9. **Employees' compulsory social security contributions**					
Gross earnings		12 334	24 668	24 668	24 668
Taxable income					
	Total	12 334	24 668	24 668	24 668
10. **Total payments to general government (7 + 8 + 9)**		2 220 740	4 445 815	5 660 498	4 445 815
11. **Cash transfers from general government**					
For head of family					
For two children		690 877	118 851	0	0
	Total	690 877	118 851	0	0
12. **Take-home pay (1-10+11)**		8 573 502	12 545 657	14 546 233	12 426 806
13. **Employer's compulsory social security contributions**		616 305	1 029 230	1 232 611	1 029 230
14. **Average rates**					
Income tax		21.9%	26.2%	27.9%	26.2%
Employees' social security contributions		0.1%	0.1%	0.1%	0.1%
Total payments less cash transfers		15.1%	25.6%	28.0%	26.3%
Total tax wedge including employer's social security contributions		20.0%	29.9%	32.2%	30.6%
15. **Marginal rates**					
Total payments less cash transfers: Principal earner		46.0%	43.6%	36.4%	36.4%
Total payments less cash transfers: Spouse		41.3%	43.6%	36.4%	36.4%
Total tax wedge: Principal earner		49.1%	46.9%	40.1%	40.1%
Total tax wedge: Spouse		44.7%	46.9%	40.1%	40.1%

The national currency is the Króna (plural: Krónur) (ISK). In 2021, ISK 126.9 were equal to USD 1. That year, the average worker is expected to earn ISK 10 103 366 (Secretariat estimate).[1]

1. Personal Income Tax System

1.1. Central government income taxes

1.1.1. Tax unit

Income is taxed on an individual basis, except for capital income of married couples which is taxed jointly.

1.1.2. Tax allowances and credits

1.1.2.1. Standard reliefs

- Basic tax credit: A fixed tax credit, amounting to ISK 609 509 in 2021, is granted to all individuals 16 years and older, regardless of their marital status. The tax credit is deducted from levied central and local government taxes. Unutilised tax credits or portions thereof are wastable, i.e. non-refundable and non-transferable between tax years.

- Standard marital status relief: Married couples and civil partners may utilise up to 100% of each spouses' unutilised portion of his/her basic tax credit. Joint taxation also allows for bracket sharing between partners. If one partner has income in the highest tax bracket while the other's income falls below the top bracket, one-half of the latter's unused second bracket amount can be transferred to the high-income partner, up to a limit equal to half the second bracket. This transfer is then taxed at a rate lower than the top tax rate.

- Relief(s) for children: None.

- Relief(s) for compulsory pension contributions: The compulsory payment to pension funds amounts to 4% of wages and is deductible. In addition, an optional payment of up to 4% of wages may also be deducted. As the additional 4% contribution is optional, it is viewed as a non-standard relief in this Report.

1.1.2.2. Main non-standard tax reliefs applicable to an AW

- Interest payment relief: A fully refundable tax credit is granted to purchasers of personal dwellings (homes) to recuperate a part of mortgage-related interest expenses. The maximum tax related interest credit in 2021 is ISK 420 000 for a single person, ISK 525 000 for a single parent and ISK 630 000 for a married couple. The following constraints apply to interest rebates: (1) they cannot exceed 7.0% of the remaining debt balance incurred in buying a home for one's own use. (2) The maximum amount of interest payments that qualify for an interest rebate calculation is ISK 840 000 for an individual, ISK 1 050 000 for a single parent and ISK 1 260 000 for a couple. (3) 8.5% of taxable income is subtracted from the interest expense. (4) The rebates begin to be curtailed at a net worth threshold of ISK 5 000 000 for a single individual and a single parent and ISK 8 000 000 for a couple and are eliminated altogether at a 60% higher amount, or ISK 8 000 000 and 12 800 000, respectively. (These amounts are based on income in the year 2021 but are paid out in 2022).

1.1.3. Tax schedule

The income tax base is composed of personal income (e.g. wages, salaries, fringe benefits, pensions, etc.), which is taxed on an individual basis, and capital income which is taxed jointly for married couples.

The tax on personal income is triple-rated. The central government income tax rate in 2021 is 17.0% for income up to ISK 349 018 per month. The tax rate is 23.5% for income ISK 349 018 to ISK 979 847. For income exceeding ISK 979 847 the tax rate is 31.8%. Tax relief is provided by the basic credit described in Section 1.1.2.1. As a result of the basic credit, personal income is free of income tax for personal income up to ISK 168 230 per month (ISK 2 018 775 per year), when accounting for the deductible, compulsory pension payments.

The tax on capital income is 22%. It is levied on all capital income of individuals, such as interest, dividends, rents etc. Interest income up to ISK 300 000 per year and 50% of income from long-term rent of a maximum of two residential properties is tax free.

Fee to the broadcast media: 16 to 70 year-old individuals with taxable income over ISK 1 938 025 for the year are subject to a fixed tax of ISK 18 800 in 2021, which will be collected in 2022.

1.2. Local government income tax

The local government income tax base is the same as the central government's personal income tax base.

The local governments' income tax is single rated, but the rate varies between 12.44% and 14.52% between municipalities. The weighted average rate in 2020 is 14.45%.

2. Compulsory Social Security Contributions to Schemes Operated Within the Government Sector

2.1. Employees' contributions

Fee to the Retiree Investment Fund: 16 to 70 year-old individuals are subject to a fixed tax of ISK 12 334 in 2021, provided the individual's taxable income is at least ISK 1 938 025 for the year. This tax will be collected in 2022.

2.2. Employers' contributions

Employers pay a social security tax on total wages of 6.0%. In addition, 0.65% is levied on the wages of fishermen as a premium for their government accident insurance. Other taxes, levied on the social security tax base, but based on other legislation, are the 0.05% Wage Guarantee Fund Fee and a payroll tax, the Promote Iceland Market Fee, also 0,05%. Furthermore, a new financial activities tax was introduced in 2012, which requires financial and insurance companies to pay an additional 5.5% payroll tax.

3. Universal Cash Transfers

3.1. Marital status related transfers

None.

3.2. Transfers for dependent children

Child benefits are granted for each child, subject to income thresholds. In 2021 they are as follows (in ISK per year):

- For each child under the age of seven: 148 000
- Children under the age of eighteen at the end of 2021:

- First child: 248 000
- Each additional child: 295 000

- Benefits for single parents:
  - First child: 413 000
  - Each additional child: 423 000

- Income threshold for benefit curtailment:
  - For couples: 9 098 000
  - For a single parent: 4 549 000

- Curtailment of benefits (children under the age of seven only):
  - For each child: 4%

- Curtailment of benefits (all children under the age of eighteen):
  - For one child: 4%
  - For two children: 6%
  - For three children or more: 8%
  - An additional 1.5% is deducted for income above a threshold of 6 160 000 for single parents and 12 320 000 for couples (not applicable for the curtailment of supplemental benefit for children under the age of seven).

A special child benefit supplement was added in 2020 in response to the Covid crisis and extended in the year 2021, although changed from previous year. Benefits are granted for each child but only to households where other child benefits are not fully curtailed by income thresholds. This special child benefit supplement will not be extended past 2021 (see also section 4.7).

- For each child:
  - If households receive other child benefits: 30 000

Note that child benefits in this Report are based on income in the year 2021 but are paid out in 2022 (see also section 4.4).

4. Main Changes in the Tax/Benefit System Since 1998

4.1. The deductibility of the payment to pension funds

All employees are required to participate in pension funds. The employee contribution is generally 4% of wages and the employer contribution was 6%, and increased to 8% as of beginning 2007. On July 1st 2016 the employer contribution increased to 8.5% and one year later it increased again to 10%. The employer contribution increased once again on July 1st, 2018 to 11.5%. Both contributions are deductible from income before tax. In some cases, the contributions of employees and employers are higher. An optional, additional payment from employees of up to 4% of wages is also deductible and goes into an individual retirement account. However, from 2012 to mid-2014, this additional payment was temporarily set at 2%.

This voluntary pension savings option was first introduced in 1999 in order to encourage personal saving. At the time the contribution rate was 2% for employees and 0.2% for employers. In May 2000 these rates were doubled to 4 and 0.4%, respectively, as noted above. In addition, some employers, such as the central government, have increased their employer counter-contribution by agreement with employees. The central government contributed 1% against a voluntary employee contribution of 4% in 2001 and 2% as of the beginning of 2002. All such contributions are tax-deductible, both with the employer and the employee at the time the contribution is made. The actual pension is taxed as personal income when it is drawn. As of the beginning of 2004, the employer option of deducting the above 0.4% against the social security tax was abolished. Since such employer counter-contributions had become part of wage agreements in most cases, it was no longer felt that such a tax incentive was needed.

4.2. Central and local income tax rates in 1997-2020

In 1997–2007, the Government pursued a policy of reducing the marginal tax rate, as can be seen in the table below. This development was reversed in 2009 when income tax was raised by 1.35 percentage points in response to the Treasury's rising debt burden brought on by the economic crisis. At the beginning of 2010, the tax system was changed from single rated to triple rated. The tax rate was set at 24.1% for the first monthly ISK 200 000 but it was raised by 2.9% for the next ISK 450 000 and again by 6% for income in excess of ISK 650 000. In 2017, the tax system was changed to double rated and in 2020 another tax bracket was added, changing it back to triple rated. The rates in 2021 are 17.0% for income up to ISK 349 018 per month, 23.5% for income exceeding that up to ISK 979 847 and 31.8% for income higher than ISK 979 847; see section 1.13 for further details. From 1998 onwards, the central government and average local government personal income tax rates have been as follows:

	Central government general tax rate (%)	Municipal tax rate (%)	Total tax rate (%)	Central government surtax (%)
1998	27.41	11.61	39.02	7.00
1999	26.41	11.93	38.34	7.00
2000	26.41	11.96	38.37	7.00
2001	26.08	12.68	38.76	7.00
2002	25.75	12.79	38.54	7.00
2003	25.75	12.80	38.55	5.00
2004	25.75	12.83	38.58	4.00
2005	24.75	12.98	37.73	2.00
2006	23.75	12.97	36.72	0
2007	22.75	12.97	35.72	0
2008	22.75	12.97	35.72	0
2009	24.10	13.10	37.20	0
2010	24.10	13.12	37.32	2.90/6.00
2011	22.90	14.41	37.31	2.90/6.00
2012	22.90	14.44	37.34	2.90/6.00
2013	22.90	14.42	37.32	2.90/6.00
2014	22.86	14.44	37.30	2.44/6.50
2015	22.86	14.44	37.30	2.44/6.50
2016	22.68	14.45	37.13	1.22/7.90
2017	22.5	14.44	36.94	9.3
2018	22.5	14.44	36.94	9.3
2019	22.5	14.44	36.94	9.3
2020	20.6	14.44	35,04	2.15/9,05
2021	17.0	14.45	31.45	6.5/8.3

4.3. A special tax on higher income

In 1998, the special tax on higher income was raised by 2 percentage points, from 5 to 7%. For 2003-income, it was reduced back to 5%. It was reduced to 4% for 2004 income and to 2% for 2005-income. In the fiscal year 2006, the tax was abolished. In the latter half of 2009 the special tax on higher income was introduced again at 8%. In 2010 the tax system changed to triple-rated and in 2017 it was changed to double rated. In 2020 a triple-rated tax system was reintroduced; see sections 4.2 and 1.1.3.

4.4. A revision of child benefit system

Child benefits are granted for each child, subject to income thresholds. The amendments to tax legislation that came into effect in 2004 included a schedule for raising child benefits. As from 2007, the child benefits will be paid for children up to 18 years old instead of 16 years old. For 2012–2021, benefits are as follows (in ISK per year):

	2012	2013	2014	2015	2016	2017	2018	2019	2020	2021
For all children under the age of seven	100 000	100 000	115 825	119 300	122 879	133 300	140 000	140 000	140 000	148 000
Children under the age of eighteen:										
First child	167 564	167 564	194 081	199 839	205 834	223 300	234 500	234 500	234 500	248 000
Each additional child	199 455	199 455	231 019	237 949	245 087	265 900	279 200	279 200	279 200	295 000
Benefits for single parents:										
First child	279 087	279 087	323 253	332 950	342 939	372 100	390 700	390 700	390 700	413 000
Each additional child	286 288	286 288	331 593	341 541	351 787	381 700	400 800	400 800	400 800	423 000
Income threshold for benefit curtailment:										
For couples	4 800 000	4 800 000	4 800 000	4 800 000	5 400 000	5 800 000	7 200 000 / 11 000 000	7 800 000 / 11 000 000	8 424 000 / 11 000 000	9 098 000 / 12 320 000
For a single parent	2 400 000	2 400 000	2 400 000	2 400 000	2 700 000	2 900 000	3 600 000 / 5 500 000	3 900 000 / 5 500 000	4 212 000 / 5 500 000	4 549 000 / 6 160 000
Curtailment of benefits under the age of seven:										
For each child	3%	3%	4%	4%	4%	4%	4%	4%	4%	4%
Curtailment of benefits under the age of eighteen:										
For one child	3%	3%	4%	4%	4%	4%	4% / 5.5%	4% / 5.5%	4% / 5.5%	4% / 5.5%
For two children	5%	5%	6%	6%	6%	6%	6% / 7.5%	6% / 7.5%	6% / 7.5%	6& / 7.5%
For three children or more	7%	7%	8%	8%	8%	8%	8% / 9.5%	8% / 9.5%	8% / 9.5%	8% / 9.5%

4.5. A revision of interest rebates

In 2004, the interest rebate was cut by 10%, effective for that year only. The ceiling on interest payments that qualify for the interest rebate was reduced from 7% to 5.5% in 2005 and the interest rate cut was reduced from 10% to 5%. As of the beginning of 2006, the ceiling was further reduced to 5%. In 2005 and again in 2007 the net worth ceiling was lifted considerably in reaction to the increase in net worth due to the house price boom in 2005–2007. In 2008, as mortgage-related interest expenses surged, the ceiling on interest payments was raised back to 7% and the maximum rebate amount increased by 37%. These measures stayed in effect in 2009. In 2010 the maximum rebate amount increased by 47–62% and the net worth ceiling was reduced significantly. The rate of taxable income which is subtracted from the interest expense was increased from 6% to 8% and further to 8.5% in 2014. In addition to the ordinary interest payment relief, a temporary interest cost rebate was in effect in 2010–2011; see section 1.1.2.2.

4.6. Transferability of basic tax credit between spouses

The basic tax credit was made transferable between spouses in stages; see section 1.1.2.1. above. In fiscal year 2001, 90% of the credit became transferable, rising to 95% in 2002 and 100% in 2003.

4.7. Changes to labour taxation due to the COVID pandemic in 2020 and 2021

Changes in 2020

A special child benefit supplement was added in 2020 in response to the Covid crisis. Benefits are granted for each child, but the amount is subject to whether other child benefits were fully curtailed by income thresholds. This special child benefit supplement will only be paid out in 2020.

- For each child:
    - If households receive other child benefits: ISK 42 000
    - If other child benefits are fully curtailed: ISK 30 000

Note that as regular child benefits in this Report, this one-off special child benefit supplement is based on income in the year 2019 but paid out in 2020.

A payment deferral scheme was introduced for monthly pay-as-you-go payments of withheld central and local PIT and social security contributions on previous month wages. Employers may defer 50% of the payable amount in March 2020. Employers hard-hit by COVID-19 may also defer 100% of the monthly payable amount up to three times in the nine-month period April-December 2020. Deferred amounts are due for payment in January 2021.

Changes in 2021

The special child benefit supplement was extended to 2021, although amended. In 2021 benefits are only granted to households already receiving other child benefits and are granted for each child. This special child benefit supplement will only be paid out in 2021.

- For each child:
    - If households receive other child benefits: ISK 30 000

Note that as regular child benefits in this Report, this one-off special child benefit supplement is based on income in the year 2020 but paid out in 2021.

A payment deferral scheme was also introduced in 2021 for monthly pay-as-you-go payments of withheld central and local PIT and social security contributions on previous month wages. Employers who postponed payments in 2020 and suffered significant loss of income in 2020 compared to earlier operating years, can request further postponement of the payments previously postponed until June, July and August

2021. Employers meeting the same criteria may also defer 100% of the monthly payable amount up to two times in 2021. Deferred amounts are due for payment in January 2022.

5. Memorandum Items

5.1. Identification of AW (only eight categories) and valuation of earnings

The data on average earnings refers to average workers in eight categories according to the NACE rev. 2 classification which corresponds to the ISIC rev.4 system. The categories are C – Manufacturing, D – Electricity, gas, steam and air conditioning supply (from 2008), E – Water supply; sewerage, waste management and remediation activities (from 2008) F – Construction, G – Wholesale and retail trade, repair of motor vehicles, motorcycles, H – Transport, storage, and J – Information and communication K - Financial and insurance activities. Public sector employees are not included. Together, these categories comprise approximately 80% of Iceland's private sector labour force.

The original data are obtained from a monthly survey among Icelandic firms with 10 or more employees.

5.2. Employer contributions to private pension funds, health and related schemes

By law, all employees and employers must contribute to pension funds. These funds are private, and form the second pillar pension protection. The private pension funds are not part of the basic, first pillar, government-run social security system, to which a social security tax is paid as described under section 2.2 above. Compulsory and voluntary payments to such funds are described in section 4.1 above.

2021 Parameter values

Average earnings/yr	Ave_earn	10 103 366	Secretariat estimate
Pension rate for tax allowance	pension_rate	0.04	
Tax credit	Basic_crd	609 509	
	Married_propn	1	
Central income tax	tax_sch	0.17	4 188 216
		0.235	11 758 164
		0.3180	
Broadcast fee	broadcast_fee	18 800	
Special tax	special_rate		
threshold	special_thrsh		
Local tax	local_rate	0.1445	
Church tax	church_tax	0	
Social Security Contr.	SSC_fixed	12334	
	SSC_thrsh	1 870 828	
Employer SSC	SSC_empr	0.061	
General child allowance:			
child allowance	CA	140 000	
Maximum number of children under 7	max_child_under7	1	
Supplement child allowance:			
Married couple case			
first child	SA_first_m	248 00	
other children	SA_others_m	295 000	
income threshold	SA_tresh_m	9 9 098 000	
	SA_thresh_m_2	12 320 000	
Single parent case			
first child	SA_first_s	413 000	
other children	SA_others_s	423 000	
income threshold	SA_tresh_s	4 549 000	
	SA_thresh_s_2	6 160 000	
reduction rate (one child)	SA_redn_1	0.04	
reduction rate (two children)	SA_redn_2	0.06	
reduction rate (tree or more children)	SA_redn_3	0.08	
additional reduction rate (for higher income)	SA_redn_4	0.015	
Special child benefit supplement:			
Households receiving other child benefits	SCBS_high	30 000	
Households not receiving other child benefits	SCBS_low	0	

2021 Tax equations

The equations for the Iceland system are mostly on an individual basis. But the tax credit for married couples is relevant only to the calculation for the principal earner and child benefit is calculated only once. This is shown by the Range indicator in the table below. The functions which are used in the equations (Taper, MIN, Tax etc) are described in the technical note about tax equations. Variable names are defined in the table of parameters above, within the equations table, or are the standard variables "married" and "children". A reference to a variable with the affix "_total" indicates the sum of the relevant variable values for the principal and spouse. And the affixes "_princ" and "_spouse" indicate the value for the principal and spouse, respectively. Equations for a single person are as shown for the principal, with "_spouse" values taken as 0.

	Line in country table and intermediate steps	Variable name	Range	Equation
1.	Earnings	earn		
2.	Allowances:	tax_al	B	earn*pension_rate
3.	Credits in taxable income	taxbl_cr	B	0
4.	CG taxable income	tax_inc	B	earn-tax_al
5.	CG tax before credits	CG_tax_excl	B	tax(tax_inc, tax_sch)
6.	Tax credits :	tax_cr	P	MIN(CG_tax_excl_princ,Basic_crd+MAX(Married*Basic_crd-CG_tax_excl_spouse-(tax_inc_spouse*local_rate),0))
			S	MIN(Married*Basic_crd, CG_tax_excl_spouse)
	Broadcast fee		B	broadcast_fee*(earn>SSC_thrsh)
		special_tax	J	0
7.	CG tax	CG_tax	B	CG_tax_excl-tax_cr+special_tax+Broadcast fee
8.	State and local taxes	local_tax	P	MAX(tax_inc_princ*local_rate-MAX(Basic_crd+
			S	Max(Married*Basic_crd-CG_tax_excl_spouse-(tax_inc_spouse*local_rate),0)-CG_tax_excl_princ,0),0) MAX(tax_inc_spouse*local_rate-MAX(Married*Basic_crd-CG_tax_excl_spouse,0),0)
9.	Employees' soc security	SSC	B	SSC_fixed*(earn>SSC_thrsh)
11.	Cash transfers:			
	Total family income	inc_tot	J	earn_total
	Child allowance	cash_trans	J	IF(Children = 0, 0, IF(AND(Married = 1, Children = 1),SA_first_m - MAX(0, (EARN*(1-pension_rate)) - SA_thresh_m) * SA_redn_1 - (MAX(0, (EARN*(1-pension_rate)) - SA_thresh_m_2) * SA_redn_4 + ((CA * max_child_under7) - MAX(0, (EARN*(1-pension_rate)) - SA_thresh_m) * SA_redn_1), IF(AND(Married = 1, Children = 2), (SA_first_m + SA_others_m) - (MAX(0, (EARN*(1-pension_rate)) - SA_thresh_m) * SA_redn_2) - (MAX(0, (EARN*(1-pension_rate)) - SA_thresh_m_2) * SA_redn_4) + MAX(0, ((CA *max_child_under7) - MAX(0, (EARN * (1 - pension_rate)) - SA_thresh_m) *SA_redn_1), IF(AND(Married = 0, Children =1), SA_first_s - MAX(0, (EARN*(1-pension_rate)) - SA_thresh_s) * SA_redn_1 - (MAX(0, (EARN*(1-pension_rate)) - SA_thresh_s_2) * SA_redn_4 + ((CA * max_child_under7) - MAX(0, (EARN*(1-pension_rate)) - SA_thresh_s) * SA_redn_1), IF(AND(Married = 0, Children = 2), (SA_first_s + SA_others_s) - (MAX(0, (EARN*(1-pension_rate)) - SA_thresh_s) * SA_redn_2) - (MAX(0, (EARN*(1-pension_rate)) - SA_thresh_s_2) * SA_redn_4) + MAX(0, ((CA * max_child_under7) - MAX(0, (EARN * (1 - pension_rate)) - SA_thresh_s) * SA_redn_1)), 0)))))
12.	Special child benefit supplement	SCBS	J	IF(Children>0;IF(AY10>0;SCBS_high*Children;SCBS_low*Children);0)
13.	Employer's soc security	SSC_empr	B	earn*SSC_empr_rate

Key to range of equation B calculated separately for both principal earner and spouse P calculated for principal only (value taken as 0 for spouse calculation) J calculated once only on a joint basis.

Note

[1] The definition of average worker in Iceland includes workers in five categories. See section 5.1.

Ireland

This chapter includes data on the income taxes paid by workers, their social security contributions, the family benefits they receive in the form of cash transfers as well as the social security contributions and payroll taxes paid by their employers. Results reported include the marginal and average tax burden for eight different family types.

Methodological information is available for personal income tax systems, compulsory social security contributions to schemes operated within the government sector, universal cash transfers as well as recent changes in the tax/benefit system. The methodology also includes the parameter values and tax equations underlying the data.

Ireland 2021

The tax/benefit position of single persons

	Wage level (per cent of average wage)	67	100	167	67
	Number of children	none	none	none	2
1.	Gross wage earnings	33 926	50 636	84 562	33 926
2.	Standard tax allowances	0	0	0	0
3.	Tax credits or cash transfers included in taxable income	0	0	0	0
4.	Central government taxable income (1 - 2 + 3)	33 926	50 636	84 562	33 926
5.	Central government income tax liability (exclusive of tax credits)	6 785	13 194	26 765	6 785
6.	Tax credits				
	Basic credit	1 650	1 650	1 650	1 650
	Single, head of family	0	0	0	1 650
	Children				
	Other	1 650	1 650	1 650	1 650
	Total	3 300	3 300	3 300	4 950
7.	Central government income tax finally paid (5-6)	4 315	11 476	27 081	2 665
8.	State and local taxes	0	0	0	0
9.	Employees' compulsory social security contributions				
	Gross earnings	1 357	2 025	3 382	1 357
	Taxable income				
	Total	1 357	2 025	3 382	1 357
10.	Total payments to general government (7 + 8 + 9)	5 672	13 501	30 463	4 022
11.	Cash transfers from general government				
	For head of family	0	0	0	2 088
	For two children	0	0	0	3 360
	Total	0	0	0	5 448
12.	Take-home pay (1-10+11)	28 255	37 135	54 099	35 352
13.	Employer's compulsory social security contributions	3 749	5 595	9 344	3 749
14.	Average rates				
	Income tax	12.7%	22.7%	32.0%	7.9%
	Employees' social security contributions	4.0%	4.0%	4.0%	4.0%
	Total payments less cash transfers	16.7%	26.7%	36.0%	-4.2%
	Total tax wedge including employer's social security contributions	25.0%	34.0%	42.4%	6.2%
15.	Marginal rates				
	Total payments less cash transfers: Principal earner	28.5%	48.5%	52.0%	71.4%
	Total payments less cash transfers: Spouse	n.a.	n.a.	n.a.	n.a.
	Total tax wedge: Principal earner	35.6%	53.6%	56.8%	74.2%
	Total tax wedge: Spouse	n.a.	n.a.	n.a.	n.a.

Ireland 2021

The tax/benefit position of married couples

	Wage level (per cent of average wage)	100-0	100-67	100-100	100-67
	Number of children	2	2	2	none
1.	Gross wage earnings	50 636	84 562	101 272	84 562
2.	Standard tax allowances	0	0	0	0
3.	Tax credits or cash transfers included in taxable income	0	0	0	0
4.	Central government taxable income (1 - 2 + 3)	50 636	84 562	101 272	84 562
5.	Central government income tax liability (exclusive of tax credits)	11 394	19 705	26 389	19 705
6.	Tax credits				
	Basic credit	3 300	3 300	3 300	3 300
	Single, head of family	0	0	0	0
	Children				
	Other	3 250	3 300	3 300	3 300
	Total	6 550	6 600	6 600	6 600
7.	Central government income tax finally paid (5-6)	6 426	15 515	22 951	15 515
8.	State and local taxes	0	0	0	0
9.	Employees' compulsory social security contributions				
	Gross earnings	2 025	3 382	4 051	3 382
	Taxable income				
	Total	2 025	3 382	4 051	3 382
10.	Total payments to general government (7 + 8 + 9)	8 451	18 898	27 002	18 898
11.	Cash transfers from general government				
	For head of family	0	0	0	0
	For two children	3 360	3 360	3 360	0
	Total	3 360	3 360	3 360	0
12.	Take-home pay (1-10+11)	45 545	69 024	77 630	65 664
13.	Employer's compulsory social security contributions	5 595	9 344	11 191	9 344
14.	Average rates				
	Income tax	12.7%	18.3%	22.7%	18.3%
	Employees' social security contributions	4.0%	4.0%	4.0%	4.0%
	Total payments less cash transfers	10.1%	18.4%	23.3%	22.3%
	Total tax wedge including employer's social security contributions	19.0%	26.5%	31.0%	30.1%
15.	Marginal rates				
	Total payments less cash transfers: Principal earner	48.5%	48.5%	48.5%	48.5%
	Total payments less cash transfers: Spouse	30.8%	48.5%	48.5%	48.5%
	Total tax wedge: Principal earner	53.6%	53.6%	53.6%	53.6%
	Total tax wedge: Spouse	37.7%	53.6%	53.6%	53.6%

The national currency is the Euro (EUR). In 2021, EUR 0.84 was equal to USD 1. In that year, the average worker earned EUR 50 636. (Secretariat estimate).

1. Personal income tax systems

1.1. Central/ federal government income taxes

1.1.1. Tax unit

Tax is levied on the combined income of both spouses. Either spouse may, however, opt for separate assessment, in which case the tax payable by both spouses must be the same as would be payable under joint taxation. A further option allows either spouse to opt for assessment as single persons in which case they are treated as separate units. The calculations presented in this Report are based on family taxation.

1.1.2. Tax credits

1.1.2.1. Standard reliefs:

- Basic reliefs: The single person's credit is EUR 1 650 per year.
- Standard marital status reliefs: The married person's credit is EUR 3 300 per year (i.e. twice the basic credit of EUR 1 650).
- Employee credit: With the exception of certain company directors and their spouses and the spouses of partners in partnership cases, all employees, including (subject to certain conditions) children who are full-time employees in the business of their parents, are entitled to an employee credit of EUR 1 650.
- Earned Income credit: Individuals in receipt of earned income are entitled to an earned income credit of EUR 1 500 for 2020et seq. Note: The combined employee credit and earned income credit is limited to EUR 1 650.
- One-Parent Family credit: The single parent family credit is EUR 1 650.

1.1.2.2. Main non-standard tax reliefs applicable to an AW

- Interest on qualifying loans: No relief will be available from 1 January 2021 onward This relief can no longer be claimed by new applicants but those who had claimed prior to 2012 are still eligible for relief up to 2020 inclusive. The relief varies between 25% and 15% of the following limits for 2020

	First Time Mortgage Holders	Other Mortgage Holders
Married Couple	EUR 5,000	EUR 1 500
Widowed Person	EUR 5 000	EUR 1 500
Single Person	EUR 2 500	EUR 750

- Medical Insurance: Relief at the taxpayer's standard rate of tax is available for taxpayers who make a payment to an authorised insurer under a contract which provides for the payment of medical expenses resulting from sickness of the person, his wife, child or other dependants. The maximum relief is EUR 1 000 in respect of an adult and EUR 500 in respect of a child. This relief is now granted at source and is paid to the insurance provider.
- Work related Expenses: These are relieved to the extent that they are wholly, exclusively and necessarily incurred in the performance of the duties of an employment.

- Home Carers Allowance: This is a tax credit of EUR 1 600 for families where one spouse works at home to care for children, the aged or incapacitated persons, where the carer spouse's income does not exceed EUR 7 199. A reduced measure of relief is granted for income between EUR 7 200 and EUR 10 400: if the income exceeds EUR 7 200 the tax credit is reduced by one half of the income of the Home Carer that exceeds this limit. This credit and the increased standard rate tax band for two income couples (see tax schedule below) are mutually exclusive but the person may opt for whichever is the more beneficial. If the Home Carer earns income of up to EUR 7 200 in his/her own right for the tax year, the full tax credit may be claimed. For the purposes of this tax credit, income means any taxable income such as income from a part-time job, dividends, etc. but does not include the Carer's Allowance payable by the Department of Social Protection.

1.1.3. Tax schedule

Band of taxable Income (EUR)				Rate (%)
Single/ Widow(er)	Married Couple (One Income)	Married Couple (Two Incomes)	One-Parent Families	
Up to 35 300	Up to 44 300	Up to the lesser of 70 600 - 44 300 plus the amount of the lowest income	39 300	20
Balance	Balance	Balance	Balance	40

1.1.4. Low income exemption and marginal relief tax

Where total income of an individual aged 65 and over is less than or equal to the income exemption limit that income is exempt from tax.

Exemption limits:

- Single / Widowed: EUR 18 000
- Married: EUR 36 000

The exemption limits may be increased in respect of children, as follows:

- One or two children (each): EUR 575
- Subsequent children: EUR 830

The marginal relief rate of tax applies where liability to tax at the marginal relief rate is less than that which would be chargeable under the normal tax schedule and where total income is less than twice the relevant exemption limit, otherwise tax is charged under the normal tax schedule.

Marginal relief tax is charged, where applicable, at a rate of 40% on the difference between total income and the relevant exemption limit.

1.1.5. Universal Social Charge (USC)

The USC is charged on an individualised basis on gross income at 0.5% on income up to and including EUR 12 012, at 2% for income in excess of EUR 12 012 but not greater than EUR 20 687, at 4.5% for income in excess of EUR 20 687 but not greater than EUR 70 044, and at 8% above that level. The lower exemption threshold is EUR 13 000.The USC does not apply to social welfare payments, including contributory and non-contributory social welfare State pensions.

USC rates for individuals whose total income does not exceed EUR 60 000 and who are (a) aged 70 years and over or (b) who hold full medical cards: The 2% rate applies to all income over EUR 12 012.

There is a surcharge of 3% on individuals who have income from self-employment that exceeds EUR 100 000 in a year.

1.2. State and local income taxes

No State or local income taxes exist in Ireland.

2. Compulsory Social Security Contributions to Schemes Operated within the Government Sector.

2.1. Employees' contributions

Contributions are payable at a rate of 4 percent of an employee's gross earnings less allowable superannuation contributions. No distinction is made by marital status or sex. Those earning less than EUR 352 per week are exempt. The following is a breakdown of the 2021 rate of contribution together with ceilings where applicable:

Description	Rate	Threshold (EUR)	Ceiling (EUR)
Pension and social insurance	4.00	352 per week	

A PRSI credit was introduced in 2016 which reduces the amount of PRSI payable for people earning between EUR 352.01 and EUR 424 per week. The credit is tapered and the amount of the credit depends on your earnings. The maximum credit is EUR 12. If you earn between EUR 352.01 and EUR 424 per week, the maximum credit of EUR 12 is reduced by one-sixth of the amount of your weekly earnings over EUR 352.01.

2.2. Employers' contributions

Like employees' contributions, employers' contributions are payable as a percentage of gross employee earnings less allowable superannuation contributions. The following is a breakdown of the 2021 rate of contribution:

Description	Rate %
Occupational injuries	0.50
Redundancy contribution	0.40
Pension and social insurance(*)	10.05

*An incremental annual increase of 0.1% in the National Training Fund levy that is collected through the Pay Related Social Insurance (PRSI) system, is increasing the levy rate from 0.7% to 1% in the three year period from 2018 to 2020.

In 2021, the total employers' contribution is 11.05% and is reduced to 8.8% in respect of employees earning less than EUR 398 per week.

3. Universal Cash Transfers

3.1. Transfers related to marital status

None.

3.2. Transfers for dependent children

These are payable to all children under the age of 16 (or under 18 years, if the child is undergoing full time education by day or is incapacitated and likely to remain so for a prolonged period). These payments do not depend on any insurance or on the means of the claimant. Entitlements to higher rate for the third and subsequent child are being phased out over two years. The amounts payable in 2021 are as follows:

If you have twins, you get one-and-a-half times the normal monthly rate of Child Benefit for each child. For triplets and other multiple births, Child Benefit is paid at double the normal monthly rate for each child, provided at least 3 of the children meet the conditions (such as being under 16).

Period	Monthly rate per child	
January 2021 to December 2021	First to second child: EUR 140.00	Subsequent children: EUR 140.00

3.3. Transfers for low income families

A non-taxable family income supplement is payable to low income families where either the principal earner and/or the spouse are in full-time employment. Full-time employment is defined as working nineteen hours per week or more. The hours worked by the principal and the spouse can be aggregated for the purposes of this definition. When calculating income for the purposes of the relief superannuation payments, social welfare payments, tax payments, health and employment and training levies are all subtracted to arrive at disposable income.

The level of payment is dependent on the amount of family income and the number of children. The supplement payable is 60% of the difference between the family income and the income limit applicable to the family. A minimum of EUR 20 per week is payable to eligible families. No supplement is payable to families with income in excess of the relevant income limit.

The income limit for a family with two children in 2021 is EUR 642 per week.

One Parent Family Payment: This payment is available for men and women who for a variety of reasons are bringing up a child or children without the support of a partner. The payment which is means tested is payable in full where the person's earnings does not exceed EUR 165 per week). Where earnings are between EUR 165 per week and EUR 425.00 per week a reduced payment is received. From April 2021 working lone parents will no longer lose their One-Parent Family Payment (OFP) when their employment income exceeds the current EUR 425 weekly limit. The amount of the full payment for 2021 is EUR 203 per week (plus EUR 38 per week for each child).

4. Other Main Changes in Tax/Benefit System Since 2016

4.1. Earned Income credit

Individuals in receipt of earned income are entitled to an earned income credit of EUR 1 600 for 2020 and 2021 et seq. Note: The combined employee credit and earned income credit is limited to EUR 1 650.

4.2. Changes to labour taxation due to the COVID pandemic in 2020 and 2021

There are a few measures operating in Ireland at present in response to the COVID-19 pandemic these are the Temporary Wage Subsidy Scheme (TWSS) operated by Revenue. The Pandemic Unemployment Payment (PUP) by Social Welfare along with Enhanced Illness Benefit and short term changes to Rent Supplement as outlined below.

The following measures do not impact on the Taxing of Wages results.

Employment Wage Subsidy Scheme

EWSS is an economy-wide enterprise support that focuses primarily on business eligibility. The scheme provides a flat-rate subsidy to qualifying employers based on the numbers of eligible employees on the employer's payroll and gross pay to employees.

The EWSS replaced the Temporary Wage Subsidy Scheme (TWSS) from 1 September 2020. It is expected to continue until the end of 2021.

Key features

- Employers must possess valid tax clearance to enter the EWSS and continue to maintain tax clearance for the duration of the scheme.
- A reduced rate of employer's PRSI of 0.5% is charged on wages paid which are eligible for the subsidy payment.
- Seasonal and new hires are eligible for the EWSS. Claims could have been backdated to 1 July 2020 (subject to limited exceptions).
- Subsidy is based on an employee's gross weekly wage, including notional pay, before deductions, and excluding non-taxable benefits.

The subsidy amount paid to you will depend on the gross income of each employee. The EWSS will give a flat-rate subsidy to you, based on the number of qualifying employees on your payroll.

No subsidy is paid for employees paid less than EUR 151.50 or more than EUR 1 462 gross per week.

Pay dates 20 October 2020 to 30 June 2021 (inclusive)

For every employee paid between:
- EUR 400 and EUR 1 462 gross per week, the subsidy is EUR 350
- EUR 300 and EUR 399.99 gross per week, the subsidy is EUR 300
- EUR 203 and EUR 299.99 gross per week, the subsidy is EUR 250
- EUR 151.50 and EUR 202.99 gross per week, the subsidy is EUR 203.

Pay dates before 20 October 2020

For every employee paid between:
- EUR 203 and EUR 1 462 gross per week, the subsidy is EUR 203
- EUR 151.50 and EUR 202.99 gross per week, the subsidy is EUR 151.50.

Temporary Wage Subsidy Scheme

This scheme run by Revenue, enabled employees, whose employers were affected by the pandemic, to receive significant supports directly from their employer through the payroll system. To qualify for the scheme, employers must have

- be experiencing significant negative economic disruption due to Covid-19
- be able to demonstrate, to the satisfaction of Revenue, a minimum of a 25% decline in turnover *
- be unable to pay normal wages and normal outgoings fully and
- retain their employees on the payroll.

*TWSS turnover drop relates to the period Q2 2020 the employer is free to calculate drop with respect to Q1 2020 or Q2 2019).

The wage subsidy payments to employees are liable to income tax and USC; however, the subsidy is not taxable in real-time through our PAYE system during the period of the Subsidy scheme. Instead the employee will be liable for tax and USC on the subsidy amount paid to them by their employer by way of review at the end of the year.

The scheme was introduced in 26 March 2020 and was extended until the 31 August 2020.

On 4 May 2020 Revenue informed all eligible employers of the maximum personal subsidy amount in respect of each individual employee on its payroll based on the employee's Average Revenue Net Weekly Pay. See below table

Income thresholds	Level of subsidy payment
Previous average take home pay **below EUR 412** per week	85% of the weekly average take home pay
Previous average take home pay **between EUR 412 and EUR 500** per week	Flat rate subsidy of EUR 350 per week
Previous average take home pay **between EUR 500 and EUR 586** per week	70% of the weekly average take home pay, up to a maximum of EUR 410
Previous average take home pay **between EUR 586 and EUR 960** per week	Subsidy is subject to 'tapering'. That means the level of subsidy is calculated by reference to the amount of any additional ('top up') payments made by the employer and its effect on the weekly average take home pay. Subsidy levels are as follows: Flat rate subsidy of EUR 350 per week, where the employer pays a top up payment up to 60% of the employee's previous weekly take home pay Flat rate subsidy of EUR 205 per week, where the employer pays a top up payment between 60% and 80% of the employee's previous weekly take home pay No subsidy is payable, where the employer pays a top up payment above 80% of the employee's previous weekly take home pay Tapering is calculated by subtracting the gross 'top up' paid by the employer from the employee's previous average take home pay.
Previous average take home pay **above EUR 960** per week	Employee's whose average take home pay has fallen below EUR 960 can now avail of the scheme, subject to the tapering rules (see above). No subsidy applies for employee's whose current pay is more than EUR 960. This is the case regardless of the level of any reduction in pay.

Pandemic Unemployment Payment

The COVID-19 Pandemic Unemployment Payment is available to employees and the self-employed who have lost their job on (or after) March 13 due to the COVID-19 (Coronavirus) pandemic. The COVID-19 Pandemic Unemployment Payment will be extended beyond 30th June 2021 until February 2022 for existing claimants.

PUP will close to new entrants from 1st July 2021 onwards

You can apply for the COVID-19 Pandemic Unemployment Payment if you:

- are aged between 18 and 66 years old and
- currently living in the Republic of Ireland and
- have lost your job due to the COVID-19 pandemic or
- have been temporarily laid off due to the COVID-19 pandemic and
- worked in the Republic of Ireland or were a cross border frontier worker and
- are not in receipt of any employment income

The payment also applies if you are:

- self-employed and your trading income has ceased due to COVID-19
- a non EU/EEA worker who has lost employment due to the COVID-19 pandemic
- a student (or a non-EU/EEA student) who has lost employment due to the COVID-19 pandemic (Payments to Students will cease once they return to full time education – the last payment will be made on 7th September)
- part-time worker

- The current rates of payment above the rate of €203 will remain in place until 7th September at which point they will begin to be gradually reduced on a phased basis in increments of €50.
- The first reduction is planned to take effect in payments on 14th September, with subsequent reductions taking effect in mid-November and early February.

    People currently receiving the €203 rate and those who reach the €203 rate in each phase, will then transition to standard jobseeker terms. This will be done over a period of time and with advance notice.

From 16 October 2020 until 30 June 2021 the COVID-19 Pandemic Unemployment Payment will be paid at 4 rates.

The rate you receive will depend on the amount you used to get paid:

- if you earned less than EUR 200 per week - the rate of the COVID-19 Pandemic Unemployment Payment will be EUR 203 per week
- if you earned between EUR 200 and EUR 299.99 per week - the rate of the COVID-19 Pandemic Unemployment Payment will be EUR 250 per week
- if you earned between EUR 300 and EUR 399.99 per week - the rate of the COVID-19 Pandemic Unemployment Payment will be EUR 300 per week
- if you earned EUR 400 or more - you will receive EUR 350

If you were working and were also in receipt of any social welfare payment such as a Carer's Payment, Working Family Payment (WFP) or One-Parent Family Payment, you can, provided you have lost your job due to COVID-19, also claim the COVID-19 emergency payment, in addition to retaining your existing welfare payment. The COVID-19 Payment Unemployment Payment will replace your employment income and will be regarded by the department as equivalent to employment income.

This payment is subject to income tax but is not liable to either the universal social charge or PRSI (pay-related social insurance).

In contrast to the year 2020, PUP is taxable in real-time during 2021. (This means you are taxed when you are paid.) PUP payments earned in 2021 are treated like other Department of Social Protection (DSP) taxable payments.

The DSP informs Revenue on a weekly basis of the amount of taxable PUP paid to each recipient. Then: any tax due is collected by reducing the person's tax credits and rate band. To do this, Revenue 'annualises' the weekly amount of PUP. This is calculated by multiplying the weekly amount by 52. The annual tax credits and rate band are reduced by this amount.

Enhanced Illness Benefit

This payment is for workers and the self-employed who cannot work in the short term because they have been medically certified to self-isolate or are ill due to COVID-19. COVID-19 Enhanced Illness Benefit will continue after the end of June 2021.

The personal rate of Illness Benefit will increase from EUR 203 per week to EUR 350 per week for a maximum of 2 weeks where you are medically-required to self-isolate or a maximum of 10 weeks following a confirmed diagnosis of COVID-19.

COVID-19 and Rent Supplement

Legislation was introduced to prevent both the termination of residential tenancies and any rent increases for the duration of the COVID-19 pandemic.

While tenants are expected to pay rent during the COVID-19 pandemic, Rent Supplement is available to you if you are struggling to pay.

There are new Rent Supplement rules for applicants who apply on or after 13 March 2020. These rules will be in place until 30 June 2021:

- You can qualify for Rent Supplement if you or your partner are working more than 30 hours per week and you have had a reduction in your income from work due to the COVID-19 public health emergency.
- You must have been in your current tenancy for more than 4 weeks and could have continued to paid your rent from your own resources, but for the COVID-19 public health emergency.
- If you are diagnosed with COVID-19 or are suspected of having COVID-19 and are medically required to self-isolate, your Rent Supplement can be processed and paid immediately.
- You will be assessed for Rent Supplement using a higher Supplementary Welfare Allowance rate.

The basic Supplementary Welfare Allowance rate is normally EUR 201 – you will get a higher rate if you have dependents. However, if you are a new Rent Supplement applicant and applied on or after 13 March 2020, you will be assessed for Rent Supplement using the following Supplementary Welfare Allowance rates:

- EUR 350 for a single person
- EUR 700 for a couple
- EUR 40 for each child.

5. Memorandum Items

5.1. *Employer contributions to private social security arrangements*

Information not available, although such schemes do exist.

2021 Parameter values

Average earnings/yr	Ave_earn	50 636	Secretariat estimate
Tax allowances			
Tax Credits	Basic_al_at_standardrate	1650	
	Married_al_at_standardrate	1650	
	Empl_al_at_standardrate	1650	
	Singleparent_at_standardrate	1650	
	Carers_allow	1600	
	Carers_thrsh1	7200	
	Carers_thrsh2	10400	
	Carers_taper_rt	0.5	
Exemption amount	Single_ex	0	
	Married_ex	0	
	Child_ex	0	
	Child_ex_3	0	
Marginal relief limit	Single_MR	0	
	Married_MR	0	
	Child_MR	0	
	Child_MR_3	0	
Marginal relief	marg_rel_rate	0.4	
Income tax	Single_sch	0.2	35 300
		0.4	
	Single_sch_child	0.2	39 300
		0.4	
	Married_sch_oneinc	0.2	44 300
		0.4	
	Married_sch_twoinc	0.2	70 600
		0.4	
Universal Social Charge	USC	0.005	12 012
		0.02	20687
		0.045	70 044
		0.08	
	USC_sch_med_card	0.005	12 012
		0. 02	
	USC threshold	13 000	
Maximum increase in first band	Band_increase_lim	26 300	
Social security contributions	SSC_thresh	18 304	
Employees	pension_rate	0.04	
	SSC_cred_max	624	
	SSC_cred_red	0.166666667	
	pension_ceil	Limit Abolished	
	Non_cum_Allc	0	
Employers	Empr_rate	0.1105	
	Empr_lower_rate	0.088	
	Empr_thrsh	20696	
Child benefit	Empr_ceil	Limit Abolished	
	Ch_ben	1680	
Family income supplement	Ch_ben_3	1680	
	FIS_pay_limit	33384	
	FIS_min	1040	
Medical card	FIS_rate	0.6	
	single_med_card	9568	
	married_med_card	13 858	

	Child_add_med_card	1976	
One-Parent Family	opf_basic	10556	
	opf_inclim_1	8580	
	opf_inclim_2	22 100	
	opf_inclim_3	10795.2	
	opf_dis	0.5	
	opf_thrsh	395.2	
	opf_red	130	
	opf_childincr	1976	

2020 Tax equations

The equations for the Irish system in 2020 are mostly on a family basis using mainly a tax credit system for the first time. But social security contributions are calculated separately for each spouse. This is shown by the Range indicator in the table below.

The functions which are used in the equations (Taper, MIN, Tax etc) are described in the technical note about tax equations. Variable names are defined in the table of parameters above, within the equations table, or are the standard variables "married" and "children". A reference to a variable with the affix "_total" indicates the sum of the relevant variable values for the principal and spouse. And the affixes "_princ" and "_spouse" indicate the value for the principal and spouse, respectively. Equations for a single person are as shown for the principal, with "_spouse" values taken as 0.

	Line in country table and intermediate steps	Variable name	Range	Equation
1.	Earnings	earn		
2.	Allowances:			(provided at standard rate (tax credit equivalent))
3.	Credits in taxable income	taxbl_cr	J	0
4.	Taxable income	tax_inc	J	Earn+OPF_total
	New carers allowance (provided as a tax credit)	career_allow		IF((Married*Children)>0, IF(earn_spouse<=Carers_thrsh1, Carers_allow, IF(earn_spouse>Carers_thrsh2, 0, Positive (Carers_allow-Carers_taper_rt*(earn_spouse-Carers_thrsh1)))), 0)
	Preliminary Tax Liable (including carers allowance)	tax_prel	J	IF(Married='0,' IF(Children='0,' Tax(tax_inc, Single_sch), Tax(tax_inc, Single_sch_child)), IF(AB7='0,' Tax(tax_inc, Married_sch_oneinc)-AG7, Tax(earn_principal+Positive(earn_spouse-Band_increase_lim), Married_sch_oneinc)+Tax(MIN(earn_spouse, Band_increase_lim), Married_sch_oneinc)))
5.	Tax before credits (but including carers allowance)	_tax_excl	J	IF((Married*earn_spouse)>0, MINA(tax_prel, (Tax(tax_inc, Married_sch_oneinc)-career_allow)), tax_prel)
	Universal social charge	USG	J	IF(earn>USC_threshold,IF(med_crd_fac=1,Tax(earn,USC_sch),Tax(earn,USC_sch_med_card)),0)
6.	Tax credits :	basic_cr	J	Basic_al_at_standardrate+(Married*Married_al_at_standardrate)
		single_par_cr		IF(Married='0,' IF(Children>0, Singleparent_at_standardrate, 0), 0)
		other_cr		Empl_al_at_standardrate+ (IF(earn_spouse>0, Empl_al_at_standardrate, 0))
		tax_cr		basic_cr+single_par_cr+other_cr
	Exemption amount	exemp_amt	J	Single_ex+Married*Married_ex+Child_ex*MIN(2, Children)+ (Children>2)*(Children-2)*Child_ex_3
	Marginal relief limit	MRL	J	Single_MR+Married*Married_MR+Child_MR*MIN(2, Children)+ (Children>2)*(Children-2)*Child_MR_3
7.	Net tax	CG_tax	J	If(earn_total<='MRL,' MIN(marg_rel_rate*positive(earn_total-exem_amt), positive(_tax_excl-tax_cr)), positive(_tax_excl-tax_cr))+USG
8.	State and local taxes	local_tax	J	0
	Employees' soc security			
	weekly allowance	weekly_allce	B	IF(earn=0,0,MINA(Non_cum_Allc,earn))
	Medical card factor	Med_crd_fac	J	(single_med_card+Married*(married_med_card-single_med_card) +child_add_med_card*Children<earn_princ+earn_spouse)
	employees' soc security	SSC	B	=IF(earn>SSC_thresh,(pension_rate*earn)-Positive(SSC_cred_max-((earn-SSC_thresh)*SSC_cred_red)))
11.	Cash transfers			
		Child_benefit	J	Children*Ch_ben+(Children>2)*(Children-2)*(Ch_ben_3-Ch_ben)
		FIS	J	(Children>0)*IF((earn-_tax-SSC+OPF_total)<='FIS_pay_limit' , MAXA((FIS_pay_limit-(earn-_tax-SSC+OPF_total))*FIS_rate, FIS_min), 0)

		OPF_basic	P	=IF((earn-opf_inclim_1)*opf_dis<opf_thrsh,opf_basic,IF((earn-opf_inclim_1)*opf_dis>opf_inclim_3,0,Positive(opf_basic- (opf_red+ (opf_red*TRUNC((((earn-opf_inclim_1)*opf_dis)-opf_thrsh)/opf_red)))))*((Married=0)*(Children>0)))*(earn<opf_inclim_2)
		OPF_total		=IF(OPF_basic>0,OPF_basic+(opf_childincr*Children))
	Total cash transfers	cash_trans		Child_benefit+FIS+OPF_total
13.	Employer's soc security	SSC_empr	B	IF(earn<='Empr_thrsh,' Empr_lower_rate, Empr_rate)* MIN(earn, Empr_ceil)

Key to range of equation:

B calculated separately for both principal earner and spouse

P calculated for principal only (value taken as 0 for spouse calculation)

J calculated once only on a joint basis

Israel

This chapter includes data on the income taxes paid by workers, their social security contributions, the family benefits they receive in the form of cash transfers as well as the social security contributions and payroll taxes paid by their employers. Results reported include the marginal and average tax burden for eight different family types.

Methodological information is available for personal income tax systems, compulsory social security contributions to schemes operated within the government sector, universal cash transfers as well as recent changes in the tax/benefit system. The methodology also includes the parameter values and tax equations underlying the data.

ISRAEL 2021

The tax/benefit position of single persons

Wage level (per cent of average wage)		67	100	167	67
Number of children		none	none	none	2
1. Gross wage earnings		117 940	176 029	293 969	117 940
2. Standard tax allowances					
Basic allowance		0	0	0	0
Married or head of family					
Dependent children					
Deduction for social security contributions and income taxes					
Work-related expenses		0	0	0	0
Other					
	Total	0	0	0	0
3. Tax credits or cash transfers included in taxable income		0	0	0	0
4. Central government taxable income (1 - 2 + 3)		117 940	176 029	293 969	117 940
5. Central government income tax liability (exclusive of tax credits)		14 067	25 921	64 574	14 067
6. Tax credits					
Basic credit		5 886	5 886	5 886	7 194
Married or head of family		0	0	0	2 616
Children		0	0	0	5 232
EITC		0	0	0	0
Unused wastable tax credits		0	0	0	975
	Total	5 886	5 886	5 886	15 042
7. Central government income tax finally paid (5-6)		8 181	20 035	58 688	0
8. State and local taxes		0	0	0	0
9. Employees' compulsory social security contributions					
Gross earnings		7 695	14 666	28 819	7 695
Taxable income					
	Total	7 695	14 666	28 819	7 695
10. Total payments to general government (7 + 8 + 9)		15 876	34 701	87 507	7 695
11. Cash transfers from general government					
For head of family					
For two children		0	0	0	6 170
	Total	0	0	0	6 170
12. Take-home pay (1-10+11)		102 063	141 328	206 462	116 414
13. Employer's compulsory social security contributions		5 887	10 301	19 265	5 887
14. Average rates					
Income tax		6.9%	11.4%	20.0%	0.0%
Employees' social security contributions		6.5%	8.3%	9.8%	6.5%
Total payments less cash transfers		13.5%	19.7%	29.8%	1.3%
Total tax wedge including employer's social security contributions		17.6%	24.2%	34.1%	6.0%
15. Marginal rates					
Total payments less cash transfers: Principal earner		32.0%	43.0%	47.0%	12.0%
Total payments less cash transfers: Spouse		n.a.	n.a.	n.a.	n.a.
Total tax wedge: Principal earner		36.8%	47.0%	50.7%	18.2%
Total tax wedge: Spouse		n.a.	n.a.	n.a.	n.a.

ISRAEL 2021

The tax/benefit position of married couples

Wage level (per cent of average wage)		100-0	100-67	100-100	100-67
Number of children		2	2	2	none
1.	**Gross wage earnings**	176 029	293 969	352 058	293 969
2.	**Standard tax allowances**				
	Basic allowance	0	0	0	0
	Married or head of family				
	Dependent children				
	Deduction for social security contributions and income taxes				
	Work-related expenses	0	0	0	0
	Other				
	Total	0	0	0	0
3.	**Tax credits or cash transfers included in taxable income**	0	0	0	0
4.	**Central government taxable income (1 - 2 + 3)**	176 029	293 969	352 058	293 969
5.	**Central government income tax liability (exclusive of tax credits)**	25 921	39 989	51 843	39 989
6.	**Tax credits**				
	Basic credit	5 886	13 080	13 080	13 080
	Married or head of family	0	0	0	0
	Children	0	5 232	5 232	0
	EITC	0	0	0	0
	Unused wastable tax credits	0	0	0	0
	Total	5 886	18 312	18 312	13 080
7.	**Central government income tax finally paid (5-6)**	20 035	21 677	33 531	26 909
8.	**State and local taxes**	0	0	0	0
9.	**Employees' compulsory social security contributions**				
	Gross earnings	14 666	22 361	29 332	22 361
	Taxable income				
	Total	14 666	22 361	29 332	22 361
10.	**Total payments to general government (7 + 8 + 9)**	34 701	44 038	62 863	49 270
11.	**Cash transfers from general government**				
	For head of family				
	For two children	4 128	4 128	4 128	0
	Total	4 128	4 128	4 128	0
12.	**Take-home pay (1-10+11)**	145 456	254 059	293 324	244 699
13.	**Employer's compulsory social security contributions**	10 301	16 188	20 603	16 188
14.	**Average rates**				
	Income tax	11.4%	7.4%	9.5%	9.2%
	Employees' social security contributions	8.3%	7.6%	8.3%	7.6%
	Total payments less cash transfers	17.4%	13.6%	16.7%	16.8%
	Total tax wedge including employer's social security contributions	21.9%	18.1%	21.3%	21.1%
15.	**Marginal rates**				
	Total payments less cash transfers: Principal earner	43.0%	43.0%	43.0%	43.0%
	Total payments less cash transfers: Spouse	7.9%	32.0%	43.0%	32.0%
	Total tax wedge: Principal earner	47.0%	47.0%	47.0%	47.0%
	Total tax wedge: Spouse	12.3%	36.8%	47.0%	36.8%

The Israeli currency is the Israeli Shekel (ILS). In 2021, ILS 3.2266 was equal to USD 1. In that year, the average worker in Israel earned ILS 176 029 (Secretariat's estimate).

1. Personal income tax system

1.1. Central government income tax

1.1.1. Tax unit

In general, spouses are taxed separately on their earned income, subject to the condition that its sources are independent. The household is taxed jointly if their earned income is deemed to be interdependent. Until 2014, the conditions for interdependence involved situations where one spouse worked in a business that the other spouse either owned or had certain levels of capital or management/voting rights. Since 2014, spouses could still be taxed separately, even in cases where their earned income is deemed to be interdependent, if the labour of both spouses is needed to run the business and their income is commensurate to their effort.

1.1.2. Tax allowances and credits

1.1.2.1 Standard tax credits

The standard tax credits are given in the form of credit points subtracted from the tax liability. Each point is worth ILS 2 616 in 2021.

- *Basic credit*: Every resident taxpayer is entitled to 2.25 credit points (ILS 5 886 in 2021).
- *Additional credit for women*: Women are entitled to a further half credit point (ILS 1 308 in 2021).
- *Child credit*: Working mothers (and fathers in one parent families) with children aged under 18 are entitled to one additional credit point per child (ILS 2 616 in 2021). In 2012 this credit was increased to 2 credit points per child aged under 5. Since 2012, married working fathers with children aged under 2 are also entitled to 2 credit points per child. In 2017, the credit for both parents was increased to 2.5 credit points per child aged under 5. Since, according to the Taxing Wages methodology, the children in the model are between 6 and 11 inclusive, this change was not included in the model.
- *Single parent credit:* Single parents (male or female) are entitled to one additional credit point.

1.1.2.2 Non – standard tax credits applicable to income from employment

- Tax credits are awarded for contributions to approved pension schemes, up to a ceiling that varies according to the employee's circumstances.
- Employees living in certain development areas or in conflict zones receive credits as a percentage of their income up to ceiling. In 2016, a comprehensive reform was implemented, where the average credit was decreased but the number of beneficiaries more than doubled. In 2021 the credits range from 7 % in the lowest category to 20% in the highest category with ceilings between ILS 131 640 and 251 280. About 20% of the population lives in these areas.
- New immigrants are entitled to three additional credit points in their first eighteen months in Israel, two additional credit points in the following year, and one credit point in the year after.
- Discharged soldiers receive 2 credit points for three years after the completion of at least 23 months of service or 1 credit point for a shorter service.

- Graduates of academic studies receive 1 credit point for one year after the completion of a B.A. degree (or after the completion of 1 700 study hours that led to a professional certificate) and 0.5 credit point for one year after the completion of a M.A. degree.

1.1.3. Tax schedule

The tax schedule for earned income in 2021 is as follows:

Taxable income	Tax rate
(ILS per year)	(%)
0 - 75480	10
75480 - 108360	14
108360 - 173880	20
173880 - 241680	31
241680 - 502920	35
502920 - 647640	47
Above 6476400	50

1.2. Regional and local income tax

There are no regional or local income taxes.

2. Compulsory social security insurance system

Social security contributions consist of a combination of social security contributions and health insurance. The tax rates paid by employees and employers are applied in two brackets:

- A reduced rate for income up to a level of 60% of the average wage per employee post (ILS 6 331 per month in 2021).
- A full rate for income exceeding 60% of the average wage per employee post and up to ILS 44 020 per month (in 2021).

2.1. Employees' contributions

The taxable base for social security insurance contributions paid by employees is the total amount of the gross wage or salary including fringe benefits. The assessment period is the calendar month. The effective employees' contribution rates in 2021 are as follows:

Insurance branch	Full rate contribution (%)	Reduced rate contribution (%)
Total for National Insurance branches	7.00	0.40
Health	5.00	3.10
Total contributions	12.00	3.50

2.2. Employers' contributions

Employers on behalf of their employees also pay social security insurance contributions. These relate to National Insurance only - employers do not pay any contributions for health insurance.

The employers' contribution rates in 2021 are as follows:

Insurance branch	Full rate contribution (%)	Reduced rate contribution (%)
Total for National Insurance branches	7.60	3.55
Health	--	--
Total contributions	7.60	3.55

3. Payroll taxes

The following payroll taxes exist in Israel but neither of them is included in the modelling as they have limited coverage:

- Wage tax on the non-profit institutions: the VAT law imposes a 7.5% on the wage-bill on the non-profit sector including Government,
- Wage tax on the financial institutions: the VAT law also imposes a 17.0% tax on the wage-bill of the financial institutions.

4. Universal cash transfers

4.1. Transfers related to marital status

None.

4.2. Transfers for dependent children

A monthly child allowance is paid to the parent (usually the mother) of unmarried children aged up to 18. The amount of the entitlement for each child depends on the date of birth of the child. Between August 2003 and June 2009, all children born after 1 June 2003 received the same benefit as the first child. But, according to the Coalition agreement signed in March 2009, the benefits for the second, third and fourth child (including those born after June 2003) were increased gradually over a period of four years (i.e. from 2009 to 2012). In August 2013 the allowance for all children born after June 2003 were decreased to ILS 140 per month per child.

In December 2015 (retroactively from May 2015) the allowance for all children were increased.

Moreover, the government deposits ILS 50 per child per month, starting with May 2015 (for the period May 2015-December 2016, the actual deposit was only delivered, in 36 equal instalments, between January 2017-December 2019). The savings are liquid only when the child turns 18. Considering this delay of cash payments, they do not benefit the household, but rather the child and therefore are not included in the Taxing Wages modelling for 2021.

	Children born before 1 June 2003	Children born on or after 1 June 2003
First child	152	152
Second child	192	192
Third child	192	192
Fourth child	340	192
Fifth child and above	359	152

In addition, a Study Grant is paid to lone parents with children aged 6 to 18. The grant is paid in one instalment, usually in September at the beginning of the school year. In 2021, the grant per child was ILS 1 021.

5. Main changes in the tax and benefit systems since 2002

- There has been a policy of gradually reducing the level of personal income taxes since 2003. This policy was expected to continue till 2016 but came to an end in 2012 with the top tax bracket increasing from 45% to 48% although the rate of one middle income tax bracket was further decreased from 23% to 21%. In 2013 a surtax of 2% was imposed on total income above ILS 811 560, effectively increasing the top marginal rate to 50%. In 2017 the surtax was increased to 3% on total income above ILS 640 000, while the top marginal rate remained unchanged at 50%. In 2013, the value of some tax brackets were not fully indexed to the CPI and even suffered a nominal decrease. In 2014, the value of all tax brackets and of the "credit point" were not indexed to the CPI. In 2017, some tax rates and the width of some tax brackets were changed, effectively decreasing the tax burden for low and mid income while increasing the burden for higher incomes.

- The full contribution rate for employee social security contributions increased gradually from 9.7% in 2002 to 12% in 2006. The reduced contribution rate decreased from 5.76% in 2002 to 3.5% in 2006. The upper threshold for contributions was removed in July 2002 but re-instated one year later. In August 2009, as a temporary measure until December 2011, it was increased to 10 times the average wage per employee post until December 2010 and to 9 times the average wage per employed post until December 2011.

- Prior to July 2005, there was only one contribution rate for employer social security contributions, set at 5.93% between July 2002 and June 2005. The upper threshold for contributions was removed in July 2002 but was re-instated one year later. The current system of two tax brackets was introduced in July 2005 with a reduced contribution rate of 5.33% and a full rate of 5.68%. There has been a lowering of rates in each year between 2006 and 2009. In August 2009, as a temporary measure until March 2011, the reduced rate was increased from 3.45% to 3.85%. In April 2011 the regular rate was increased to 5.9%. It was increased again to 6.5% in January 2013, 6.75% in January 2014, 7.25% in January 2015, 7.5% in January 2016 and 7.6% in January 2019.

- The Employers tax on wage bill of the non-profit sector excluding Government was abolished in 2008.

- In the period between August 2003 and June 2009, all children that were born on or after 1 June 2003 received the same level of benefit payment as the first child. The 2009 Coalition agreement introduced a gradual increase in the benefit payments for the second, third and fourth children in all families (including those where children were born after June 2003) over a period of four years from July 2009 to Apr 2012. In August 2013, the allowance for all children born after June 2003 was decreased to ILS 140 per month per child. In December 2015 (retroactively from May 2015) the allowance for all children were increased.

- In 2017, the tax credit for both parents was increased to 2.5 credit points per child aged under five.

5.1. Changes to labour taxation due to the covid-19 pandemic

People entitled to the EITC and who worked during the pandemic in April-December 2020 got a special bonus (see details in paragraph 6.3).

6. Memorandum items

6.1. Average gross annual wage earnings calculation

The average wage figures represent the amount earned for a full time post by employees working 35 hours per week or more. Until 2011, the AW data came from a combination of two sources - the income and expenditure survey and the labour force survey. Since 2012, the data come exclusively from the income and expenditure survey as the labour force survey has no more data on income. The Central Bureau of Statistics has now computed a new AW series based exclusively on the income and expenditure survey back from 2000.

As to the economic classification, until 2012, Israel used a modified version of ISIC 3 where the B-I industries (see Table below) are a very close equivalent of C-K industries in ISIC 3.1. Israel's Central Bureau of Statistics adopted ISIC 4 in 2012 and the Average Wage used in the modelling is based on ISIC 4 since 2013.

A	Agriculture.
B	Manufacturing.
C	Electricity and water supply.
D	Construction (building and civil engineering projects).
E	Wholesale and retail trade and repairs.
F	Accommodation services and restaurants
G	Transport, storage and communication.
H	Banking, insurance and other financial institutions.
I	Business activities.
J	Public administration.
K	Education.
L	Health, welfare and social work services.
M	Community, social, personal and other services.

6.2. *Employer contributions to private pension*

Until 2007, employers were not legally obliged to pay into a pension plan for their employees. Pension rights were guaranteed in collective agreements that covered less than half of the labour force. About one million employees in Israel had no pension arrangement (mainly those earning a relatively low wage, temporary workers and those working for subcontractors).

In 2008, a compulsory employment pension was introduced for employees with a period of employment of at least 6 months. The minimum rate of contributions in January 2021 was 18.5 per cent of the employee's salary (up to the level of the average wage of ILS 10 551 per month), about one third to be paid by the employee and two thirds by the employer.

6.3. *Earned income tax credit*

A non-wastable earned income tax credit was introduced in 2008 in selected geographical areas of Israel covering 15 % of the population. Entitlement to this credit is established based on earnings in the previous year. The tax credit was extended to all areas of Israel in 2012 (based on the earnings in 2011 and therefore we already included it in the 2011 version of the model). For mothers of children up to the age of two and for single parents the full coverage started in 2011 (based on earnings in 2010).

By law, workers aged 23 and over who are the parents of one or two children under the age of 18 (or workers aged 55 and over even without children), and earn at least ILS 2 110 per month (about 40% of the minimum wage) but not more than ILS 6 370 per month are entitled to a monthly supplement of up to 340 ILS. The corresponding figure for a family with three or more children is ILS 490.

Since 2016, single parents are eligible for the EITC for a wider income range – from ILS 1 300 per month to ILS 9 640 per month (for a single parents of 1-2 children) or ILS 11 770 per month (for a single parent of three or more children).

Since 2013 (based on earnings in 2012), these sums were increased by 50% for working mothers (and fathers in one-parent family).

A temporary measure (for earnings in 2018 only), expanded the 50% bonus to all working fathers and furthermore added a bonus of 30% for families where both parents work. This measure is no longer in effect and is not included in the Taxing Wages modelling for 2021.

To help workers specially hurt by the COVID-19 pandemic, a temporary measure (for earnings in 2020 only), added a 62% bonus to the EITC for April-December 2020 (but not less than ILS 990). Therefore, an equivalent annual 46.5% bonus was included in the 2020 Taxing Wages model but not in the 2021 Taxing Wages model.

Families in which both parents work, and their joint income does not exceed ILS 12 240, are entitled to these benefits for each wage-earner. The grant is paid four times a year directly into the account of the eligible persons.

2021 Parameter values

Average earnings/yr	Ave_earn	176 029	Secretariat estimate
Income tax	Tax_sch	0.10	75 480
		0.14	108 660
		0.20	173 880
		0.31	241 680
		0.35	502 920
		0.47	647 640
		0.50	
Employees SSC	SSC_sch	0.035	75 972
		0.12	528 240
		0	
Employers SSC	SSC_rate2	0.0355	75 972
		0.0760	528 240
		0.0000	
Child benefit	CB_firstchild	1 824	
	CB_secondchild	2 304	
	Studygrant_rate	1 021	
Wastable tax credits			
Basic element	WTC_Basic	5 886	
Lone parent	WTC_lone	2 616	
Parents/per child	WTC_Child	2 616	
Women	WTC_woman	1 308	
Negative Income tax			
Married with 1 or	NIT_sch1	0	25 320
2 children		0.161	43 954
		0	44 040
		0	58 800
		-0.23	76 440
Married with 3 or	NIT_sch2	0	25 320
more children		0.235	44 028
		3.635	44 040
		0	58 800
		-0.235	83 760
Single with 1 or	NIT_sch3	0	15 600
2 children		0.108	43 378
		0	44 040
		0	82 800
		-0.116	115 680
Single with 3 or	NIT_sch4	0	15 600
		0.155	44 028
		2.805	44 040
		0	92 400
		-0.116	141 240
	NIT_basic1	1080	
	NIT_basic2	1440	
	NIT_min	240	
	NIT_MinIncome1	25 320	
	NIT_MinIncome2	15 600	
	Nit_AddIncome1	17 640	
	Nit_AddIncome2	58 800	
	Nit_MaxIncome	146 880	

	NIT_Bonus1	1.5	
	NIT_Bonus2	1	
	NIT_Bonus3	1	
	NIT_PartnerIncome	0	
	NIT_MinCovid	0	
Days in tax year	numdays	366	

2021 Tax equations

	Line in country table and intermediate steps	Variable name	Range	Equation
1.	Earnings	earn		
2.	Allowances:	Tax_al	B	0
3.	Credits in taxable income	taxbl_cr	B	0
4.	CG taxable income	tax_inc	B	Earn
5.	CG tax before credits	CG_tax_excl	B	Tax(tax_inc, tax_sch)
6.	Tax credits (nonwastable):			
	Principal	tax_cr_princ	B	(earn>0)*(wtc_basic+(IF(married=0)*(children>0),wtc_woman+wtc_lone+(wtc_child*children))
	Spouse	tax_cr_spouse	B	(earn>0)*(wtc_basic+wtc_woman+(wtc_child*children))
	Tax credits (nonwastable)	NIT_princ	B	NIT=MAX(0,IF(Children=0,0,IF(Married=1,IF(Children<=2,NIT_basic1*(Princ_earnings>NIT_MinIncome1)+Tax(Princ_earnings,NIT_sch1),NIT_basic2*(Princ_earnings>NIT_MinIncome1)+Tax(Princ_earnings,NIT_sch2)),(IF(Children<=2,NIT_basic1*(Princ_earnings >NIT_MinIncome2)+Tax(Princ_earnings,NIT_sch3),NIT_basic2*(Princ_earnings >NIT_MinIncome2)+Tax(Princ_earnings,NIT_sch4)))))) NIT=+MAX(0,NIT+IF(Children=0,0,IF(Children<=2,-0.23,-0.235))*MAX(0,+(Princ_earnings +Spouse_earnings)-NIT_MaxIncome-MIN(MAX(0, Princ_earnings -NIT_Addincome2),NIT_AddIncome1)-MIN(MAX(0,Spouse_earnings-NIT_Addincome2),NIT_AddIncome1))) NIT=IF(NIT<NIT_min,0,NIT)*if(Married=1,1,NIT_Bonus1)*IF(Spouse_earnings>NIT_PartnerIncome,NIT_Bonus2,1) +MAX(NIT_MinCovid*(NIT>=NIT_min) ,(NIT_Bonus3-1)*IF(NIT<NIT_min,0,NIT)*IF(Married=1,NIT_Bonus1)*IF(Spouse_earnings >NIT_PartnerIncome,NIT_Bonus2,1)
		NIT_spouse	B	NIT=MAX(0,IF(Children=0,0,IF(Married=1,IF(Children<=2,NIT_basic1*(Spouse_earnings>NIT_MinIncome1)+Tax(Spouse_earnings,NIT_sch1),NIT_basic2*(Spouse_earnings>NIT_MinIncome1)+Tax(Spouse_earnings,NIT_sch2)),(IF(Children<=2,NIT_basic1*(Spouse_earnings>NIT_MinIncome2)+Tax(Spouse_earnings,NIT_sch3),NIT_basic2*(Spouse_earnings>NIT_MinIncome2)+Tax(Spouse_earnings,NIT_sch4)))))) NIT=+MAX(0,NIT+IF(Children=0,0,IF(Children<=2,-0.23,-0.235))*MAX(0,+(Princ_earnings +Spouse_earnings)-NIT_MaxIncome-MIN(MAX(0, Princ_earnings -NIT_Addincome2),NIT_AddIncome1)-MIN(MAX(0,Spouse_earnings-NIT_Addincome2),NIT_AddIncome1))) NIT=IF(NIT<NIT_min,0,NIT)*NIT_Bonus1*IF(Princ_earnings>NIT_PartnerIncome,NIT_Bonus2,1) +MAX(NIT_MinCovid*(NIT>=NIT_min) ,(NIT_Bonus3-1)*IF(NIT<NIT_min,0,NIT)*IF(Married=1,NIT_Bonus1)*IF(Spouse_earnings >NIT_PartnerIncome,NIT_Bonus2,1)
7.	CG tax	CG_tax	B	Positive(CG_tax_excl-tax_cr)-NIT
8.	State and local taxes	local_tax	B	0
9.	Employees' soc security	SSC	B	Tax(earn, SSC_sch)
11.	Cash transfers	cash_trans	J	IF(children=1,CB_firstchild,IF(Children=2,CB_firstchild+CB_secondchild)+(IF(married=0)*(children>0),Studygrant_rate*children)
13.	Employer's soc security	SSC_empr	B	Tax(earn, SSC_rate2)

Key to range of equation B calculated separately for both principal earner and spouse P calculated for principal only (value taken as 0 for spouse calculation) J calculated once only on a joint basis

Italy

This chapter includes data on the income taxes paid by workers, their social security contributions, the family benefits they receive in the form of cash transfers as well as the social security contributions and payroll taxes paid by their employers. Results reported include the marginal and average tax burden for eight different family types.

Methodological information is available for personal income tax systems, compulsory social security contributions to schemes operated within the government sector, universal cash transfers as well as recent changes in the tax/benefit system. The methodology also includes the parameter values and tax equations underlying the data.

Italy 2021

The tax/benefit position of single persons

	Wage level (per cent of average wage)	67	100	167	67
	Number of children	none	none	none	2
1.	**Gross wage earnings**	22 801	34 032	56 833	22 801
2.	**Standard tax allowances**				
	Basic allowance				
	Married or head of family				
	Dependent children				
	Deduction for social security contributions and income taxes	2 164	3 230	5 488	2 164
	Work-related expenses				
	Other				
	Total	2 164	3 230	5 488	2 164
3.	**Tax credits or cash transfers included in taxable income**	0	0	0	0
4.	**Central government taxable income (1 - 2 + 3)**	20 638	30 802	51 345	20 638
5.	**Central government income tax liability (exclusive of tax credits)**	4 972	8 025	15 831	4 972
6.	**Tax credits**				
	Basic credit	1 310	1 980	132	1 310
	Married or head of family	0	0	0	0
	Children	0	0	0	1 544
	Other	1 200	0	0	1 200
	Total	2 510	1 980	132	4 054
7.	**Central government income tax finally paid (5-6)**	2 462	6 044	15 699	919
8.	**State and local taxes**	543	810	1 761	543
9.	**Employees' compulsory social security contributions**				
	Gross earnings	2 164	3 230	5 488	2 164
	Taxable income				
	Total	2 164	3 230	5 488	2 164
10.	**Total payments to general government (7 + 8 + 9)**	5 169	10 084	22 947	3 625
11.	**Cash transfers from general government**				
	For head of family				
	For two children	0	0	0	2 900
	Total	0	0	0	2 900
12.	**Take-home pay (1-10+11)**	17 633	23 948	33 886	22 076
13.	**Employer's compulsory social security contributions**	7 201	10 747	17 948	7 201
14.	**Average rates**				
	Income tax	13.2%	20.1%	30.7%	6.4%
	Employees' social security contributions	9.5%	9.5%	9.7%	9.5%
	Total payments less cash transfers	22.7%	29.6%	40.4%	3.2%
	Total tax wedge including employer's social security contributions	41.2%	46.5%	54.7%	26.4%
15.	**Marginal rates**				
	Total payments less cash transfers: Principal earner	40.4%	52.6%	51.2%	42.0%
	Total payments less cash transfers: Spouse	n.a.	n.a.	n.a.	n.a.
	Total tax wedge: Principal earner	54.7%	64.0%	62.9%	55.9%
	Total tax wedge: Spouse	n.a.	n.a.	n.a.	n.a.

Italy 2021

The tax/benefit position of married couples

Wage level (per cent of average wage)		100-0	100-67	100-100	100-67
Number of children		2	2	2	none
1.	**Gross wage earnings**	34 032	56 833	68 064	56 833
2.	**Standard tax allowances**				
	Basic allowance				
	Married or head of family				
	Dependent children				
	Deduction for social security contributions and income taxes	3 230	5 393	6 459	5 393
	Work-related expenses				
	Other				
	Total	3 230	5 393	6 459	5 393
3.	**Tax credits or cash transfers included in taxable income**	0	0	0	0
4.	**Central government taxable income (1 - 2 + 3)**	30 802	51 440	61 605	51 440
5.	**Central government income tax liability (exclusive of tax credits)**	8 025	12 997	16 050	12 997
6.	**Tax credits**				
	Basic credit	1 980	3 290	3 961	3 290
	Married or head of family	710	0	0	0
	Children	1 368	1 456	1 368	0
	Other	0	1 200	0	1 200
	Total	4 058	5 946	5 329	4 490
7.	**Central government income tax finally paid (5-6)**	3 967	7 051	10 721	8 507
8.	**State and local taxes**	810	1 353	1 620	1 353
9.	**Employees' compulsory social security contributions**				
	Gross earnings	3 230	5 393	6 459	5 393
	Taxable income				
	Total	3 230	5 393	6 459	5 393
10.	**Total payments to general government (7 + 8 + 9)**	8 006	13 797	18 800	15 253
11.	**Cash transfers from general government**				
	For head of family				
	For two children	1 782	1 194	928	0
	Total	1 782	1 194	928	0
12.	**Take-home pay (1-10+11)**	27 808	44 231	50 191	41 580
13.	**Employer's compulsory social security contributions**	10 747	17 948	21 495	17 948
14.	**Average rates**				
	Income tax	14.0%	14.8%	18.1%	17.3%
	Employees' social security contributions	9.5%	9.5%	9.5%	9.5%
	Total payments less cash transfers	18.3%	22.2%	26.3%	26.8%
	Total tax wedge including employer's social security contributions	37.9%	40.9%	44.0%	44.4%
15.	**Marginal rates**				
	Total payments less cash transfers: Principal earner	54.2%	53.4%	53.4%	52.6%
	Total payments less cash transfers: Spouse	28.0%	41.2%	53.4%	40.4%
	Total tax wedge: Principal earner	65.2%	64.6%	64.6%	64.0%
	Total tax wedge: Spouse	45.3%	55.3%	64.6%	54.7%

The national currency is the Euro (EUR). In 2021, EUR 0.84 was equal to USD 1. In that year the average worker earned EUR 34 032 (Secretariat estimate).

1. Personal Income Tax

1.1. Central government income tax

1.1.1. Tax unit

Spouses are taxed separately.

1.1.2. Tax allowances and tax credits

1.1.2.1 Tax allowances

- Social security contributions due by law.

1.1.2.2 Tax credits

Italy increased the basic employee tax credit from EUR 1 840 to EUR 1 880 and as from 2014 introduced an additional refundable tax credit of EUR 960 for employees with income between EUR 8 146 and EUR 24 600, with a phase-out for income between EUR 24 600 and EUR 26 600. As from 01/07/2020 the EUR 960 fiscal bonus is not in force and has been replaced by a EUR 1 200 payable tax credit for net income under EUR 28 000.

The payable tax credits amount for 2021 has to be estimated as follows:

Taxable income (EUR)	Fiscal bonus (EUR)
Up to 8 145	0
From 8 146 to 28 000	1200
More than 28 000	0

- Standard tax credits (not refundable)

The PAYE tax credit is defined as a function of net income:

Taxable income (EUR)	PAYE tax credit (EUR)
Up to 8 000	1 880
From 8 001 to 28 000	Maximum tax credit + 902*(28 000 – taxable income)/20 000
From 28 001 to 55 000	Maximum tax credit*(55 000 – taxable income)/27 000
More than 55 000	0

The maximum value for the tax credit depends on the level of taxable income:

Level of taxable income (EUR)	Maximum tax credit (EUR)
From 8 001 to 15 000	978
From 15 001 to 23 000	978
From 23 001 to 24 000	978
From 24 001 to 25 000	978
From 24 001 to 26 000	978
From 26 001 to 27 700	978
From 27 701 to 28 000	978
From 28 001 to 55 000	978

As from 01/01/2021 the additional non refundable tax credit, previously temporary, has become permanent for employees with PIT income level over 28,000 euros, starting from an amount of 1200 euros and decreasing gradually to 960 euros at 35,000 euros of PIT income level. Above 35,000 the tax credit amount decreases gradually, down to 0 at 40,000 euros of PIT income level.

Taxable income (EUR)	PAYE tax credit (EUR)
Up to 28 000	0
From 28 001 to 35 000	960+240*(35 000 – taxable income)/7 000
From 35 001 to 40 000	960*(40 000 – taxable income)/5 000
More than 40 000	0

- Tax credits for family dependents (not refundable)

The tax credits for family dependants, which have replaced the former tax allowances, are as follows:

Family tax credit (EUR)[1]	Amount (EUR)
Spouse	800 decreasing to 0 for net income over 80 000
Children	
Under three years of age	1 220 decreasing to 0 for net income over 95 000
Over three years of age	950 decreasing to 0 for net income over 95 000
Other dependent relatives	750 decreasing to 0 for net income over 80 000

1. Tax credits are granted for family dependents earning less than EUR 2 840.51

The spouse tax credit is calculated as a function of net income:

Level of taxable income (EUR)	Amount of tax credit (EUR)
Up to 15 000	800–110*taxable income/15 000
From 15 001 to 29 000	690
From 29 001 to 29 200	700
From 29 201 to 34 700	710
From 34 701 to 35 000	720
From 35 001 to 35 100	710
From 35 101 to 35 200	700
From 35 201 to 40 000	690
From 40 001 to 80 000	690*(80 000–taxable income)/40 000
More than 80 000	0

The child tax credit is calculated as a function of net income:

- for families with only one child: 950*(95 000-taxable income)/95 000;
- for families with more than one child the amount of 95 000 is increased by 15 000 for each child other than the first, for every children (including the first one).

Families with more than 3 children receive an additional tax credit of EUR 200 per child.

Families with more than 3 children receive a refundable tax credit of EUR 1 200 (per family).

A lone parent receives an actual tax credit for the first child equal to the maximum of the spouse tax credit and the child tax credit.

Tax credits for children have to be equally shared between the parents; different shares are no longer allowed.

If the spouse's tax liable net of the PAYE tax credit is less than his/her share (50%) in the child tax credit, the entire child tax credit is provided to the principal earner.

1.1.2.3 Main non-standard tax allowances and tax credits

- Other compulsory contributions;
- Periodical benefits allowed to the spouse fixed by judicial authority;
- Charitable donations to certain religious institutions (up to EUR 1 032.91);
- Medical and assistance expenses incurred by handicapped persons;
- Expenses to restore one's own residence at 50% for 2020 of full expenses up to EUR 96 000, apportioned into 10 annual allowances of the same amount;
- Expenses for energy requalification of buildings at 65% for 2020 of full expenses apportioned into 10 annual allowances of the same amount;
- Expenses for the replacement of covers, windows and shutters and for the installation of solar panels (only for hot water production) at 50% of full expenses.

For the following expenses, a tax credit of 19% of each incurred expense is allowed:

- Mortgage loan interest (up to EUR 4 000);
- Most medical expenses that exceed EUR 129.11;
- Payments to insurance funds up to EUR 1 291.14;
- Expenses to attend secondary school and university courses; in case such courses are private, the expenses allowed cannot exceed those foreseen for State courses;
- Expenses for nursery school (up to EUR 632 for each child);
- Rents paid by out of town students (up to EUR 2 633);
- Funeral charges up to EUR 1 549.37;
- Expenses for disabled persons;
- Payments to foundations (up to EUR 2 065.83);
- Expenses related to sport activities for children between 5 and 18 years of age (up to EUR 210 per child).
- Personal assistance for non-self-sufficient people (up to EUR 2 100);
- Most veterinary expenses that exceed EUR 129.11 (up to EUR 387.34).

For the following expenses, a tax credit of 26% of each incurred expense is allowed:

- Donations to political parties (ranging from EUR 30.00 to EUR 30 000.00);
- Donations to non-profit organizations of social utility - ONLUS - (up to EUR 30 000.00).

1.1.3. Tax schedule

The following tax schedule is applied to taxable income:

Bracket (EUR)	Rate (%)
up to 15 000	23
over 15 000 up to 28 000	27
over 28 000 up to 55 000	38
over 55 000 up to 75 000	41
over 75 000	43

Decree-Law n. 138 of 13th August 2011 introduced the "Contributo di Solidarietà" for the 2011-2013, (extended up to 2016), tax periods, that is a 3% "solidarity contribution" on the portion of income higher than EUR 300 000 (the amount paid is deductible from PIT base)". As from 2017 the "Contributo di solidarietà" measure is not in force.

1.2. State and local taxes

These surcharges are due only by taxpayers who pay individual income tax IRPEF (imposta sul reddito delle persone fisiche).

Regional surcharge tax

This surcharge tax has been introduced in 1997. The tax is levied by each region on resident taxpayers' total taxable income at a discretionary rate, which must fall within an established range. As from the year 2000 this range is 0.9% − 1.4%.

In December 2011, with the DL 201/2011, the minimum state rate has been increased from 0.9% to 1.23%.

The figure given in the 2016 parameter values table under the heading "Regional and local tax" includes the regional surcharge tax paid in the most representative city which is Rome (Lazio); the rate is 3.33% for taxable income bracket over EUR 15 000 and 1.73% for income under EUR 15 000. As from 2017 a progressive tax schedule is applied to taxable income:

Bracket (EUR)	Rate (%)
up to 15 000	1,73
over 15 000 up to 28 000	2,73
over 28 000 up to 55 000	2,93
over 55 000 up to 75 000	3,23
over 75 000	3,33

Nevertheless, if the taxable income is under the threshold of EUR 35 000 the rate applicable to the total amount of taxable income is 1.73%.

Local surcharge tax

This surcharge tax has been introduced in 1999. The tax may be levied by each local government at an initial rate that cannot exceed 0.2%. If the tax is levied, the local government can increase the initial rate, on a yearly basis, up to a maximum of 0.5%. Each yearly increase cannot exceed 0.2%. As from 2012, municipalities can increase the rate up to 0.8. A 0.9 special rate can be introduced by Roma Capitale Local Government.

The figure given in the 2015 parameter values table under the heading "Regional and local tax" includes the local surcharge tax paid in the most representative city which is Rome; the rate is 0.9% as from 2015.

Starting from 2011, exemption is provided to taxpayers whose total income consists of retirement income not exceeding EUR 7 500, income from land not exceeding EUR 185.92, and income from primary residence. As from 2015 the rate is not applied to taxpayers with income under EUR 12 000. The ordinary rate is applied if any one of these limits is passed.

The surcharge rates can be adjusted above the fixed roof because of the health care losses.

2. Compulsory Social Security

2.1. Employee contributions

- Rate and ceiling
    - The average rate is 9.49% on earnings up to EUR 47 379;
    - The average rate is 10.49% on earnings over EUR 47 379 and up to EUR 103 055;
    - For earnings exceeding EUR 103 055, the employee pays a fixed amount given by (0.0949 x 47 379) + 0.1049 x (103 055–47 379).

- Distinction by marital status or sex
  - None.

2.2. *Employer contributions*

- Contributions equal 31.58% on earnings up to EUR 103 055. For earnings exceeding EUR 103 055, the employer pays a fixed amount given by 0.3158 x 103 055.
- A General Government employer work-related accident insurance exists in Italy. It is compulsory for employers with employees and contract workers in activities involving the use of machinery and in risky activities as defined by the law. The standard premium to be paid is calculated by applying to remuneration the rates linked to the activity in which the employee works. The rates that vary between 0 to about 13% are provided by a special classification that takes into account the different categories of risk between the various activities. It is not possible to provide a representative or average rate since the contribution rates vary depending on the industrial activities and also other factors of risk. Those contributions are not included in the Report.

3. Universal Cash Transfers

3.1. *Amount for spouse and for dependent children*

Cash transfers are granted for family income that is:

- composed of at least 70% wage and / or pension income;
- below a given threshold set by law each year.

Family income is the sum of the incomes of all individuals comprising the family.

Cash transfers are determined each year by INPS (Istituto Nazionale di Previdenza Sociale), the public body that collects and manages the social security contributions for dependent workers for the period beginning in July of that year (t) to June in the following year (t+1) and relate to family income earned in the previous year (t-1).

As such, the transfers granted in any given year t are determined by the family income in the previous two years. The following table provides a description of the calculations.

Transfer granted in year t	Relevant amounts as given in INPS tables
January–June	The amount of cash transfers is that given in the INPS table published in July t-1. The transfers are granted with reference to family income earned in year t-2.
July–December	The amount of cash transfers is that given in the INPS table published in July t. The transfers are granted with reference to family income earned in year t-1.

For the purposes of *Taxing Wages*, the cash transfers that are calculated represent those amounts that would be received by the family based on their incomes for that year even though these amounts would only begin to be paid in July of the following year.

The amounts provided for the period July – December 2021, (on the basis of 2020 family income), have been temporary increased in the extent of 37,50 euros for each child in case of a family with less than 3 children and 55 euros for families with 3 or more children.

4. Main Changes

The temporary additional PAYE tax credit introduced from 01/07/2020 until 31/12/2020 has become permanent as from 2021.

4.1. Changes to labour taxation due to the COVID pandemic in 2020 and 2021

The changes above do not concern the COVID-19 pandemic. As concerns COVID-19 measures, a suspension of SSCs and withholding PIT payments due by December 2020 has been introduced. The allowance is applied to employers with a revenues level under 50 million euros in 2019, if revenues in November 2020 decreased of at least 33% compared to November 2019. The suspension holds independently from size for tax-payers operating in the most hit sectors as well as activities started after November 2019. Payments are due by March 2021.The same measure is applied to March and April payments, (due by January 2021).

5. Memorandum Item

5.1. Identification of an AW

The data refer to the annual earnings of average workers.

5.2. Contributions by employers to private pension, health, etc. schemes

In addition to the mandatory social security contributions employers may pay contributions to private pension schemes (currently about forty pension funds). Employer's contributions are included in the taxable income of the employee.

Employees may also choose to contribute to the pension funds with all or part of the retirement allowance that is otherwise withheld by the employers. In this case the employee can deduct from his taxable income an amount equal to twice the amount of the contribution paid to fund.

Employer's contributions to private health insurance schemes are not included in the taxable income of the employee up to the limit of EUR 3 615.20.

2021 Parameter values

Average earnings/yr	Ave_earn	34 032	Secretary estimate
Tax schedule	tax_sch	0.23	15 000.00
		0.27	28 000.00
		0.38	55 000.00
		0.41	75 000.00
		0.43	999 999 999.99
Tax credits			
Fiscal bonus 100 euro	new_thre_min	8146	
	new_thre_max	28000	
	new_f_bonus	1200	
Employment			
	emp_add	0	1 880.00
		8 000	978.00
		15 000	978.00
		23 000	978.00
		24 000	978.00
		25 000	978.00
		26 000	978.00
		27 700	978.00
		28 000	978.00
		55 000	0.00
Additional Tax Credit Employment	emp_add_2	960	
	emp_add_3	1200	
Spouse	Spouse_cred	0	800.00
		15 000	690.00
		29 000	700.00
		29 200	710.00
		34 700	720.00
		35 000	710.00
		35 100	700.00
		35 200	690.00
		40 000	690.00
		80 000	0
Limit	Sp_crd_lim	2 840.51	
Child credit	Child_credit	950	
Additional child credit	add_child	200	
Regional and local tax	reg_rt_sch	0.0173	15 000.00
		0.0273	28 000.00
		0.0293	55 000.00
		0.0323	75 000.00
		0.0333	999999999.99
	reg_rt	0.0173	
	Local_rt	0.009	
Social security contributions	SSC_sch	0.0949	47 379
		0.1049	103 055
		0.00	999 999 999.99
Employer contributions	Empr_sch	0.3158	103 055

		0.00	999 999 999.99
Cash transfers:			
family allowance schedule (t)			
married couple	trans_sch	Table is too long to be included	
single parent	Trans_sch_sp	Table is too long to be included	

2021 Tax equations

The equations for the Italian system in 2020 are mostly repeated for each individual of a married couple. But the spouse credit is relevant only to the calculation for the principal earner and any child credit which the spouse is unable to use is transferred to the principal. This is shown by the Range indicator in the table below.

The functions which are used in the equations (Taper, MIN, Tax etc) are described in the technical note about tax equations. Variable names are defined in the table of parameters above, within the equations table, or are the standard variables "married" and "children". A reference to a variable with the affix "_total" indicates the sum of the relevant variable values for the principal and spouse. And the affixes "_princ" and "_spouse" indicate the value for the principal and spouse, respectively. Equations for a single person are as shown for the principal, with "_spouse" values taken as 0.

	Line in country table and intermediate steps	Variable name	Range	Equation
1.	Earnings	Earn		
2.	Allowances:	tax_al	B	SSC
3.	Credits in taxable income	taxbl_cr	B	0
4.	CG taxable income	tax_inc	B	earn-tax_al1
5.	CG tax before credits	CG_tax_excl	B	Tax(tax_inc, tax_sch)
6.	Tax credits :			
	Employment credit	emp_cr_max	P	VLOOKUP(tax_inc, emp_add, 2))
		emp_cr_max_spouse	S	IF(tax_inc_spouse=0,0,(VLOOKUP(tax_inc_spouse,emp_add,2)))
		emp_cr	P	MIN(CG_tax_excl, IF(tax_inc<=thre_1,emp_cr_max, IF(tax_inc<=thre_2,emp_cr_max+902*(thre_2-tax_inc)/20000, IF(tax_inc>thre_3,emp_cr_max,emp_cr_max*(thre_3-tax_inc)/27000)))+IF(tax_inc<=thre_2;0;IF(tax_inc<=thre_6;emp_add_2+(emp_add_3-emp_add_2)*(thre_6-tax_inc)/(thre_6-thre_2);IF(tax_inc<=thre_7;emp_add_2*(thre_7-tax_inc)/(thre_7-thre_6);0))))
		emp_cr	S	MIN(CG_tax_excl_spouse, IF(tax_in_spousec<=thre_1,emp_cr_max_spouse, IF(tax_inc_spouse<=thre_2,emp_cr_max_spouse+902*(thre_2-tax_inc_spouse)/20000, IF(tax_inc_spouse>thre_3,emp_cr_max_spouse,emp_cr_max_spouse*(thre_3-tax_inc_spouse)/27000)))+SE(tax_inc_spouse<=thre_2;0;SE(tax_inc_spouse<=thre_6;emp_add_2+(emp_add_3-emp_add_2)*(thre_6-tax_inc_spouse)/(thre_6-thre_2);SE(tax_inc_spouse<=thre_7;emp_add_2*(thre_7-tax_inc_spouse)/(thre_7-thre_6);0)))))
	Fiscal bonus	fiscal_b	B	IF(tax_inc<new_thre_min;0;IF(tax_inc<=new_thre_max;new_f_bonus;0))
	Spouse credit	spouse_cr	P	IF(Married='1,' IF(tax_inc_spouse>Sp_crd_lim,0, IF(tax_inc>80000,0, IF(tax_inc<15000,800-110*tax_inc/15000, IF(tax_inc>40000,690*(80000-tax_inc)/40000,VLOOKUP(tax_inc,Spouse_cred,2))))),0)
	Child credit	child_cr_princ	P	IF(Children=0,0,IF(Married=1,(950*(110000-tax_inc)/110000)*(1-child_crpct_spouse), MAX(950*(95000-tax_inc)/95000, IF(tax_inc>80000,0,IF(tax_inc<15000,800-110*tax_inc/15000, IF(tax_inc>40000,690*(80000-tax_inc)/40000, VLOOKUP(tax_inc,Spouse_cred,2)))))+950*(110000-tax_inc)/110000))
		child_crfull_spouse	S	IF(Children=0,0,(spouse_cr=0)*Married*(950*(95000-tax_inc_spouse)/95000+(Children-1)*950*(110000-tax_inc_spouse)/110000))
		child_crpct_spouse	S	IF(child_crfull_spouse>0,IF((CG_tax_excl_spouse-emp_cr_spouse)/child_crfull_spouse<0.5,0,0.5),0)
		child_cr_spouse	S	child_crfull_spouse*child_crpct_spouse

	Total	tax_cr	B	MIN(emp_cr+spouse_cr+child_cr, CG_tax_excl)
7.	CG tax	CG_tax	B	Positive(CG_tax_excl-tax_cr)
8.	State and local taxes	reg_rt	B	=IF(CG tax=0;0;IF(tax_inc<12000;0;tax_inc*local_rt))+IF(CG tax=0;0;IF(tax_inc<35000;tax_inc*reg_rt;tax(tax_inc;reg_rt_sch)))
9.	Employees' soc security	SSC	B	Tax(earn, SSC_sch)
11.	Cash transfers		J	IF(Children='0,0,12*VLOOKUP(earn_total,' IF(Married,trans_sch,trans_sch_sp),1+Children)) + Children*6*(IF(Children<3;37,50;55)
13.	Employer's soc security	SSC_empr	B	Tax(earn, Empr_sch)

Key to range of equation B calculated separately for both principal earner and spouse P calculated for principal only (value taken as 0 for spouse calculation) J calculated once only on a joint basis.

Japan

This chapter includes data on the income taxes paid by workers, their social security contributions, the family benefits they receive in the form of cash transfers as well as the social security contributions and payroll taxes paid by their employers. Results reported include the marginal and average tax burden for eight different family types.

Methodological information is available for personal income tax systems, compulsory social security contributions to schemes operated within the government sector, universal cash transfers as well as recent changes in the tax/benefit system. The methodology also includes the parameter values and tax equations underlying the data.

Japan 2021

The tax/benefit position of single persons

Wage level (per cent of average wage)		67	100	167	67
Number of children		none	none	none	2
1.	**Gross wage earnings**	3 448 409	5 146 879	8 595 289	3 448 409
2.	**Standard tax allowances:**				
	Basic allowance	480 000	480 000	480 000	480 000
	Married or head of family	0	0	0	0
	Dependent children	0	0	0	0
	Deduction for social security contributions and income taxes	498 295	743 724	1 169 250	498 295
	Work-related expenses	1 114 523	1 469 376	1 950 000	1 114 523
	Other				
	Total	2 092 818	2 693 100	3 599 250	2 092 818
3.	**Tax credits or cash transfers included in taxable income**	0	0	0	0
4.	**Central government taxable income (1 - 2 + 3)**	1 355 591	2 453 779	4 996 038	1 355 591
5.	**Central government income tax liability (exclusive of tax credits)**	69 203	150 983	583 714	69 203
6.	**Tax credits**				
	Basic credit				
	Married or head of family				
	Children				
	Other				
	Total	0	0	0	0
7.	**Central government income tax finally paid (5-6)**	69 203	150 983	583 714	69 203
8.	**State and local taxes**	143 059	252 878	507 104	143 059
9.	**Employees' compulsory social security contributions**				
	Gross earnings	498 295	743 724	1 169 250	498 295
	Taxable income				
	Total	498 295	743 724	1 169 250	498 295
10.	**Total payments to general government (7 + 8 + 9)**	710 557	1 147 585	2 260 068	710 557
11.	**Cash transfers from general government**				
	For head of family				
	For two children	0	0	0	559 419
	Total	0	0	0	559 419
12.	**Take-home pay (1-10+11)**	2 737 852	3 999 294	6 335 221	3 297 271
13.	**Employer's compulsory social security contributions**	529 676	790 561	1 247 467	529 676
14.	**Average rates**				
	Income tax	6.2%	7.8%	12.7%	6.2%
	Employees' social security contributions	14.5%	14.5%	13.6%	14.5%
	Total payments less cash transfers	20.6%	22.3%	26.3%	4.4%
	Total tax wedge including employer's social security contributions	31.2%	32.6%	35.6%	17.1%
15.	**Marginal rates**				
	Total payments less cash transfers: Principal earner	22.8%	27.7%	34.1%	45.2%
	Total payments less cash transfers: Spouse	n.a.	n.a.	n.a.	n.a.
	Total tax wedge: Principal earner	33.1%	37.3%	38.0%	52.5%
	Total tax wedge: Spouse	n.a.	n.a.	n.a.	n.a.

Japan 2021

The tax/benefit position of married couples

	Wage level (per cent of average wage)	100-0	100-67	100-100	100-67
	Number of children	2	2	2	none
1.	**Gross wage earnings**	5 146 879	8 595 289	10 293 759	8 595 289
2.	**Standard tax allowances**				
	Basic allowance	480 000	960 000	960 000	960 000
	Married or head of family	380 000	0	0	0
	Dependent children	0	0	0	0
	Deduction for social security contributions and income taxes	743 724	1 242 019	1 487 448	1 242 019
	Work-related expenses	1 469 376	2 583 899	2 938 752	2 583 899
	Other				
	Total	3 073 100	4 785 918	5 386 200	4 785 918
3.	**Tax credits or cash transfers included in taxable income**	0	0	0	0
4.	**Central government taxable income (1 - 2 + 3)**	2 073 779	3 809 371	4 907 559	3 809 371
5.	**Central government income tax liability (exclusive of tax credits)**	112 185	220 186	301 967	220 186
6.	**Tax credits**				
	Basic credit				
	Married or head of family				
	Children				
	Other				
	Total	0	0	0	0
7.	**Central government income tax finally paid (5-6)**	112 185	220 186	301 967	220 186
8.	**State and local taxes**	219 878	395 937	505 756	395 937
9.	**Employees' compulsory social security contributions**				
	Gross earnings	743 724	1 242 019	1 487 448	1 242 019
	Taxable income				
	Total	743 724	1 242 019	1 487 448	1 242 019
10.	**Total payments to general government (7 + 8 + 9)**	1 075 787	1 858 143	2 295 171	1 858 143
11.	**Cash transfers from general government**				
	For head of family				
	For two children	240 000	240 000	240 000	0
	Total	240 000	240 000	240 000	0
12.	**Take-home pay (1-10+11)**	4 311 092	6 977 146	8 238 588	6 737 146
13.	**Employer's compulsory social security contributions**	790 561	1 320 236	1 581 121	1 320 236
14.	**Average rates**				
	Income tax	6.5%	7.2%	7.8%	7.2%
	Employees' social security contributions	14.5%	14.5%	14.5%	14.5%
	Total payments less cash transfers	16.2%	18.8%	20.0%	21.6%
	Total tax wedge including employer's social security contributions	27.4%	29.6%	30.6%	32.1%
15.	**Marginal rates**				
	Total payments less cash transfers: Principal earner	27.7%	27.7%	27.7%	27.7%
	Total payments less cash transfers: Spouse	23.6%	25.9%	29.7%	25.9%
	Total tax wedge: Principal earner	37.3%	37.3%	37.3%	37.3%
	Total tax wedge: Spouse	33.8%	35.7%	39.1%	35.7%

The national currency is the Yen (JPY). In 2021, JPY 109.7 were equal to USD 1. In that year, the average worker is assumed to earn JPY 5 146 879 (Secretariat estimate). In Japan, the central government income tax year is a calendar year and the local government income tax year is from April to March. The calculations in this report are based on the tax rules and rates, which are applicable the April 1st.

1. Personal Income Tax Systems

1.1. Central government income tax

1.1.1. Tax unit

Each individual is taxed separately.

1.1.2. Allowances and tax credits

1.1.2.1. Standard reliefs

First step deduction:

- *Employment income deduction:* first, the following amounts may be deducted from gross employment income:
  - If gross employment income does not exceed JPY 1 800 000, the deduction is 40 per cent of gross employment income less JPY 100 000. The minimum amount deductible is JPY 550 000, even if the amount of income is very small.
  - If gross employment income exceeds JPY 1 800 000, but not JPY 3 600 000, the deduction is JPY 80 000 plus 30 per cent of gross employment income.
  - If gross employment income exceeds JPY 3 600 000, but not JPY 6 600 000, the deduction is JPY 440 000 plus 20 per cent of gross employment income.
  - If gross employment income exceeds JPY 6 600 000, but not JPY 8 500 000, the deduction is JPY 1 100 000 plus 10 per cent of gross employment income.
  - As of 2020, if gross employment income exceeds JPY 8 500 000, the deduction is fixed at JPY 1 950 000. However, in consideration of child-care and long-term care, measures will be taken to avoid increase in tax burden for taxpayers on care,[1] households with a dependent relative(s) under 23 years of age and households with a member(s) dependent on care.

Second step deduction:

Second step deductions are calculated using as a "reference income" the earnings from employment *less* the employment income deductions described above. The second step deductions are:

- Basic allowance (Personal deduction): allowance up to JPY 480 000 is given to a resident taxpayer whose reference income does not exceed JPY 25 000 000. The amount of tax allowance gradually decreases once the income exceeds JPY 24 000 000. Specifically, the allowance is JPY 320 000 for a taxpayer with income from JPY 24 000 001 to JPY 24 500 000, JP 160 000 for those from JPY 24 500 001 to JPY 25 000 000, and zero for those above JPY 25 000 000.

- Allowance for spouse(*): a tax allowance up to JPY 380 000 is given to a resident taxpayer whose reference income does not exceed JPY10 000 000 and who lives with a spouse whose reference income does not exceed JPY 480 000.

- Allowance for elderly spouse(*): a tax allowance up to JPY 480 000 is given to a resident taxpayer:
  - Whose reference income does not exceed JPY 10 000 000 and
  - who lives with a spouse aged 70 or older, whose income does not exceed JPY 480 000,
  - instead of the allowance for spouse mentioned above.

- Special allowance for spouse(*): a tax allowance up to the amount shown in the following table is given to a resident taxpayer whose reference income does not exceed JPY 10 000 000 and who lives with a spouse whose reference income exceeds JPY 480 000 but does not exceed JPY 1 330 000:

Spouse's income JPY	Amount
0–480 000	0
480 001–950 000	380 000
950 001–1 000 000	360 000
1 000 001–1 050 000	310 000
1 050 001–1 100 000	260 000
1 100 001–1 150 000	210 000
1 150 001–1 200 000	160 000
1 200 001–1 250 000	110 000
1 250 001–1 300 000	60 000
1 300 001–1 330 000	30 000
1 330 001 or more	0

(*) The amounts of the Allowance for spouse, of the allowance for elderly spouse, and of the Special allowance for spouse, decrease gradually when the reference income (as defined above) of the taxpayer is from JPY 9 000 001 to JPY 10 000 000, then they become zero. Specifically, the amounts of the allowances is as follows:

- Reference income not more than JPY 9 000 000: full amount;
- Reference income from JPY 9 000 001 to JPY 9 500 000: full amount*2/3;
- Reference income from JPY 9 500 001 to JPY 10 000 000: full amount*1/3
- Reference income above JPY 10 000 000: no allowance.

Allowance amounts are rounded up to the closest multiple of JPY 10 000. For instance, an amount of JPY 73 333 is rounded to JPY 80 000.

- Allowance for dependents: if a resident taxpayer has dependent children or other dependent relatives who are aged 16 o r older, whose reference income does not exceed JPY 480 000, a tax allowance of JPY 380 000 per each is given for each dependent. Two taxpayers cannot receive the allowance for the same dependent.

- Special allowance for dependents: if a resident taxpayer has dependents whose reference income does not exceed JPY 480 000 and who are aged 19 to 22, an allowance of JPY 630 000 is given for each dependent, instead of the allowances for dependents mentioned above. Two taxpayers cannot receive the allowance for the same dependent.

- Allowance for elderly dependent: if a resident taxpayer has dependents who are aged 70 or older whose reference income does not exceed JPY 480 000, there is a tax allowance of JPY 480 000 per each dependent, instead of the allowances for dependents mentioned above. If the dependents are direct ascendants of the taxpayer or their spouse and permanently live with the taxpayer or their spouse, a tax allowance of JPY 580 000 per each dependent is given to the taxpayer.

- Deduction for social insurance contributions: the amount of social insurance contributions for a resident taxpayer or their dependents are deducted from their income without any limit.

1.1.2.2. Main non-standard tax reliefs applicable to an AW

- Deduction for life insurance premiums: If a resident taxpayer pays insurance premiums on life insurance contracts and the beneficiary is the taxpayer, his/her spouse or other relatives, the portion of these insurance premiums which does not exceed the limit described below, is deductible from ordinary income, retirement income or timber income.

- In addition, if a resident taxpayer pays insurance premiums for "qualified private pension plan (insurance type)", and the recipient of the pension payment is the taxpayer or his/her spouse or relatives living with the taxpayer, the portion of such premiums which does not exceed the limit described below, is deductible from ordinary income, retirement income, or timber income.

Annual Premium Paid (JPY)		Deduction
Over	Not over	
	20 000	Total amount of premiums paid (1)
20 000	40 000	(1) x 1/2 + JPY 10 000
40 000	80 000	(1) x 1/4 + JPY 20 000
80 000	--	JPY 40 000

- Furthermore, if a resident taxpayer pays insurance premiums on nursing and medical insurance contacts and part of the nursing/medical care which the taxpayer receives is financed by the insurance, the portion of such premiums which does not exceed the limit described below, is deductible from ordinary income, retirement income, or timber income.

- Deduction for medical expenses: If a resident taxpayer pays bills for medical or dental care for himself/herself or for his/her dependent spouse or other dependent relatives living with him/her and the amount of such expenses (excluding those covered by insurance) exceeds JPY 100 000 or 5% of the total of his/her ordinary income, retirement income, timber income and so on, the excess amount is deductible from his/her ordinary income, retirement income or timber income. The maximum deduction is JPY 2 million.

- Deduction for earthquake insurance premiums: Earthquake insurance premiums up to JPY 50 000 can be deducted from income. Although the income deduction for casualty insurance premiums are basically abolished, the deduction for long-term casualty insurance premiums remains available if contracted before 31 December, 2006. The maximum deduction for long-term casualty insurance premiums is JPY 15 000. If an individual applies for a deduction for both earthquake insurance premiums and long-term casualty premiums, the maximum deductible amount is JPY 50 000 in total.

- Taxpayers can also apply other tax reliefs established by Act on Special Measures Concerning Taxation (such as self-medication taxation system and credit for housing loans).

1.1.3. Tax schedule

Taxable Income (JPY) (*)		Tax Rate (%)	Deductible Amounts for Each Bracket (JPY
Equal to or over	Less than	(A)	(B)
	1 950 000	5	--
1 950 000	3 300 000	10	97 500
3 300 000	6 950 000	20	427 500
6 950 000	9 000 000	23	636 000
9 000 000	18 000 000	33	1 536 000
18 000 000	40 000 000	40	2796 000
40 000 000		45	4 796 000

(*) The fraction of taxable income that is less than JPY 1 000 is rounded down

Tax liability is obtained by multiplying the taxable income by tax rate (A) and deducting the amount (B). For example, income tax due on taxable income of JPY 7 million is:

7 000 000 x 0.23 (A) — 636 000 (B) = JPY 974 000.

Finally, the tax amount is increased by 2.1%. This provision will apply in each year from 2013 until 2037.

1.2. Local taxes (personal inhabitant's taxes)

1.2.1. General description of the system

Local taxes in Japan (personal inhabitant's taxes) consist of prefectural inhabitant's tax levied by prefectures and municipal inhabitant's tax levied by cities, towns and villages. The prefectural inhabitant's tax is collected together with the municipal inhabitant's tax by cities, towns and villages.

1.2.2. Tax base

Basically, personal inhabitant's taxes (prefectural and municipal inhabitant's taxes) consist of two parts; one is income based tax and the other is a fixed per capita amount. The taxable income of personal inhabitant's taxes is computed on the basis of the previous year's income. The main difference from state tax (income tax) is the amount of income reliefs (tax deductions). For example, the amount of personal deduction is JPY 430 000, tax deduction for dependents is JPY 330 000, and tax allowance for spouse is up to JPY 330 000, the amount of specified allowance for dependents is JPY 450 000, etc.

1.2.3. Tax rate

- The standard fixed (annual) per-capita amount of Prefectural inhabitant's tax is JPY 1 500;
- The standard fixed (annual) per-capita amount of Municipal inhabitant's tax is JPY 3 500;
- The standard rate of the income based tax is 10% (Prefectural inhabitant's tax: 4%, Municipal inhabitant's tax: 6%, for ordinance-designated cities, Prefectural inhabitant's tax: 2%, for Municipal inhabitant's tax: 8%).

The personal inhabitant's taxes rate and the income tax rate were changed in the FY 2006 tax reform. Adjusted credit (a form of tax credit) was introduced in order to alleviate the tax burden increase arising from the changes in the tax rates and from the difference between the personal allowances (basic tax allowance, tax allowance for spouse, tax allowance for dependents, special tax allowance for dependents, etc.) for national income tax purposes and for inhabitant tax purposes.

Adjusted credit is applied if the total amount of income is JPY 25 000 000 or less. Amounts of the credit are as follows:

Taxable income for local income tax purposes	The tax credit
JPY 2 000 000 or less	5% of the lesser of: - total amount of differences in personal reliefs between those for income tax purposes and for personal inhabitant's taxes purposes; or - taxable income amount for personal inhabitant's taxes purposes
More than JPY 2 000 000	((total amount of differences in personal reliefs between those for income tax purposes and for personal inhabitant's taxes purposes) – (taxable income amount for personal inhabitant's taxes purposes – JPY 2 000 000)) * 5%. Note: The minimum credit is JPY 2 500

Notes: Local authorities do not levy the per-capita rate and the income based tax on a taxpayer whose previous year's income does not exceed a certain amount. For example, in special wards of Tokyo, this threshold is calculated as follows:
- per-capita rate: (1 + number of spouse and dependent(s) qualified for the allowance for spouse/dependents) * 350 000 + 100 000 (+ 210 000 in case the taxpayer has a qualified spouse or dependent(s)))
- income based tax: (1 + number of spouse and dependent(s) qualified for the allowance for spouse/dependents) * 350 000 + 100 000 (+ 320 000 in case the taxpayer has a qualified spouse or dependent(s)))

1.2.4. Tax rate selected for this study

State tax (income tax) rates as aforementioned. The local tax (personal inhabitant's taxes) rates chosen for the purpose of this Report represent the standard rate.

2. Compulsory Social Security Contribution to Schemes Operated Within the Government Sector

2.1. Employees' contributions

2.1.1. Pension

9.15% of total remuneration (standard remuneration and bonuses). The insurable ceiling of the monthly amount of pensionable remuneration is JPY 650 000 and the insurable ceiling of the standard amount of bonus is JPY 1 500 000.

2.1.2. Sickness

As from April 2012 about 5.00%, (about 4.75% before March 2012), of total remuneration, (standard remuneration and bonuses). The insurable ceiling of the monthly amount of standard remuneration is JPY 1 390 000 and the insurable ceiling of the yearly amount of standard bonus is JPY 5 730 000.

2.1.3. Unemployment

0.3% of total remuneration for Commerce and industry in general except for Business of agriculture, forestry and fisheries, and the rice wine brewing business, and Construction business. It is 0.4% for those exceptions.

2.1.4. Work injury and children

None.

2.2. Employers' contributions

2.2.1. Pensions

9.15% of total remuneration (standard remuneration and bonuses). The insurable ceiling of the monthly amount of pensionable remuneration is JPY 650 000 and the insurable ceiling of the standard amount of bonus is JPY 1 500 000.

2.2.2. Sickness

As from April 2012, about 5.00% (about 4.75% before March 2012) of total remuneration. The insurable ceiling of the monthly amount of standard remuneration is JPY 1 390 000 and the insurable ceiling of the yearly amount of standard bonus is JPY 5 730 000.

2.2.3. Unemployment

0.6% of total remuneration for Commerce and industry in general except for Business of agriculture, forestry and fisheries, and the rice wine brewing business, and Construction business. It is 0.7% for Business of agriculture, forestry and fisheries, and the rice wine brewing business, and 0.8% for Construction business.

2.2.4. Work injury

0.25% to 8.8% of total remuneration, the contribution rate depending on each industry's accident rate over the last three years and other factors. There are twenty-eight rates for fifty-four industrial categories at present.

2.2.5. Children

0.36% of total remuneration (Child and Childcare contribution). This contribution is used for child-rearing support measures such as child allowance.

3. Cash Benefits

3.1. Benefits related to marital status

Not available.

3.2. Benefits for dependent children

From April 2012 (Income caps are applied beginning from June 2012 payments):

a) For persons earning incomes below the income cap
   - JPY 15 000 (per month) is paid to parents/guardians for each child who is under 3 years old or for the third or subsequent child from 3 years old until he/she graduates from elementary school.
   - JPY 10 000 (per month) is paid to parents/guardians for each child who is for the first or second child from 3 years old until he/she graduates from elementary school or who is a junior high school student.

b) For persons earning incomes not less than the income cap
   - JPY 5 000 (per month) is paid to parents/guardians for each child until he/she graduates from junior high school as the Special Interim Allowances.

The income cap is set at JPY 6 220 000 (the principal's gross earnings net of certain deductions (a casualty loss deduction , a medical expenses deduction, deduction for small enterprise-based mutual aid premiums and similar payments, disability deduction, widow (or widower) deduction and working student deduction), plus JPY 380 000 per dependent).

3.3. Child rearing allowance

The benefit is available to single mothers who take care of and provide protection to a child. The benefit is available also to single fathers who take care of and provides living expenses, supervision and protection to the child.

It is available until March 31 after the child's 18th birthday or until age 20 for those with specific disabilities. The benefit is not taxable.

Claimants can receive either a full benefit or a partial benefit depending on their income. Amounts for the full benefit over time are as follows:

	Benefit amount (in JPY per month) One child	Additional amount for the second child	Additional amount for the third child and after
2000/1	42 370		
2003/10	42 000		
2004/4	41 880		
2006/4	41 720		
2011/4	41 550	5 000	3 000
2012/4	41 430		
2013/10	41 140		
2014/4	41 020		
2015/4	42 000		
2016/4	42 330		
2016/8	42 330	10 000	6 000
2017/4	42 290	9 990	5 990
2018/4	42 500	10 040	6 020
2019/4	42 910	10 140	6 080
2020/4	43 160	10 190	6 110

The rates and withdrawal rates for the partial payment over time are as follows:

	One child		Additional amount for the second child		Additional amount for the third child and after	
Legislative change	The case of partial payment	coefficient	The case of partial payment	coefficient	The case of partial payment	coefficient
2000/1	28 350	-				
2002/8	42 360	0.0187052				
2003/10	41 990	0.0185434				
2004/4	41 870	0.0184913				
2006/4	41 710	0.0184162				
2011/4	41 540	0.0183410	5 000	-	3 000	-
2012/4	41 420	0.0182890				
2013/10	41 130	0.0181618				
2014/4	41 010	0.0181098				
2015/4	41 990	0.0185434				
2016/4	42 320	0.0186879				
2016/8	42 320	0.0186879	9 990	0.0028844	5 990	0.0017283
2017/4	42 280	0.0186705	9 980	0.0028786	5 980	0.0017225
2018/4	42 490	0.0187630	10 030	0.0028960	6 010	0.0017341
2018/8	42 490	0.0226993	10 030	0.0035035	6 010	0.0020979
2019/4	42 900	0.0229231	10 130	0.0035385	6 070	0.0021189
2020/4	43 150	0.0230559-	10 180	0.0035524	6 100	0.0021259

The benefit is means-tested.

Those with incomes above the threshold for the full benefit receive a partial benefit, and those with incomes above the threshold for the partial benefit receive nothing.

The income measure used is gross annual income minus the employment income deduction minus JPY 80 000 - the amount paid towards public and private insurance premiums.

Income thresholds are based on the number of dependents (see the following table):

Number of dependants	Applicant	
	Income-tested threshold of full benefit	Income-tested threshold of partial benefit
0	490 000	1 920 000
1	870 000	2 300 000
2	1 250 000	2 680 000
3	1 630 000	3 060 000
4	2 010 000	3 440 000
5	2 390 000	3 820 000

The amount of partial benefit is calculated as follows:

For families with one child:

- Benefit amount = 43 160 −{(Amount of income − "Income–tested threshold of full benefit") ×0.0230559 +10}

The additional amount for the second child is calculated as follows:

- Benefit amount = 10 190 −{Amount of income − "Income–tested threshold of full benefit") ×0.0035524 +10}

And the additional amount for the third and subsequent children as follows:

- Benefit amount = 6 110 −{(Amount of income − "Income–tested threshold of full benefit") ×0.0021259 +10}

4. Main changes in the Tax/benefit Systems since 1998

As part of the Fiscal Year 1999 tax reform, the highest marginal rate of the personal income tax imposed by the central government was reduced from 50% to 37%. The top rate of the local inhabitant's tax was reduced from 15% to 13%. A proportional tax reduction was granted with respect to the national income tax and the local inhabitant's tax. The amount is equal to the lesser of 20% (local inhabitant's tax: 15%) of the amount of tax before reduction or JPY 250 000 (local inhabitant's tax: JPY 40 000).

As part of the FY 2005 tax reform, the rate of proportional tax reduction was reduced from 20% to 10% (local inhabitant's tax: from 15% to 7.5%) and the ceiling was reduced from JPY 250 000 to JPY 125 000 (local inhabitant's tax from JPY 40 000 to JPY 20 000) as from 2006 (local inhabitant's tax: FY 2006). In the FY 2006 tax reform, the proportional tax reduction was abolished as from 2007 (local inhabitant's tax: FY 2007).

As part of the FY 2006 tax reform, the progressive rate structure of national income tax was reformed into a 6 brackets structure with tax rates ranging from 5% to 40%, and the rate of local inhabitant's tax became proportional at a single rate of 10%.

As part of the FY 2012 tax reform, the upper limit on employment income deduction (JPY 2 450 000) was set for those who earn employment income of more than JPY 15 000 000 as from 2013 (personal inhabitant's tax: FY 2014).

As part of the FY 2013 tax reform, the tax rate of 45% was set for the income beyond JPY 40 000 000 from 2015 creating a 7 brackets structure.

As part of the FY 2014 tax reform, the upper limit on employment income deduction was determined to be gradually reduced. In 2016 (as for personal inhabitant's taxes, in FY2017), the limit became JPY 2 300 000 for salary income more than JPY 12 000 000. Moreover, in 2017 (as for personal inhabitant's taxes, in FY2018), the limit became JPY 2 200 000 for salary income more than JPY 10 000 000.

As part of the FY 2017 tax reform, as regards allowance for spouse and special allowance for spouse, the maximum spousal income qualifying for the tax allowance (maximum JPY 380 000) were raised from JPY 380 000 to JPY 850 000. At the same time, an upper income limit was introduced as a requirement for taxpayers to qualify for allowance for spouse and special allowance for spouse. The reform goes into effect in 2018. (As for personal inhabitant's taxes, allowance for spouse and special allowance for spouse will be revised similarly. This reform will go into effect in FY2019.)

As part of the FY 2018 tax reform, following tax systems will be revised. The reform will go into effect in 2020 (as for personal inhabitant's taxes, in FY2021):

- The amount of employment income deduction and pension income deduction will be reduced uniformly by JPY 100 000 while the amount of personal deduction will be raised uniformly by JPY 100 000.

- The amount of employment income deduction from income exceeding JPY 8 500 000 will be reduced to JPY 1 950 000. However, in consideration of child care and long-term care, measures will be taken to avoid increase in burden on households with a dependent relative(s) under 23 years of age and households with a member(s) dependent on care (*).

  * Relatives receiving "special deduction for persons with disabilities"

- A cap of JPY 1 955 000 will be put on pension income deduction for pension income exceeding JPY 10 000 000. The deduction will be reduced for pensioners with income other than pension exceeding JPY 10 000 000 after deductions.

- Personal deduction will be diminished for people with total income exceeding JPY 24 000 000 after deductions, and the amount will be further reduced gradually to zero when total income exceeds JPY 25 000 000.

Eligible age for cash benefits for dependent children was raised from three to six as from 1 June 2000, from six to nine as from 1 April 2004 and from nine to twelve as from 1 April 2006. Benefit amount has been doubled to JPY 10 000 for the first and second child under the age of three as from 1 April, 2007.

As from 2010, JPY 13 000 per month is paid to parents/guardians regardless of their income for each child until he/she graduates from junior high school.

As from April 2012 (Income caps are applied beginning from June 2012 payments):

- a) For persons earning incomes below the income cap
    - JPY 15 000 (per month) is paid to parents/guardians for each child who is under 3 years old or for the third or subsequent child from 3 years old until he/she graduates from elementary school.
    - JPY 10 000 (per month) is paid to parents/guardians for each child who is for the first or second child from 3 years old until he/she graduates from elementary school or who is a junior high school student.
- b) For persons earning incomes not less than the income cap
    - JPY 5 000 (per month) is paid to parents/guardians for each child until he/she graduates from junior high school as the Special Interim Allowances.

4.1. Changes to labour taxation due to the COVID pandemic in 2020 and 2021

4.1.1. Non-taxable benefit payments

No income tax shall be imposed on the following benefits provided by a municipality or special ward, and the right to receive such benefits may not be seized by disposition of the national tax delinquency;

- Certain benefits provided in order to support households in view of the impact of COVID-19 and measures to prevent its spread.
- Certain benefits provided in order to mitigate the economic impact on households which children belong to as a result of COVID-19 and measures to prevent its spread.

4.1.2. Special provision for deferral of tax payment

If a taxpayer has a considerable decrease in business income due to the impact of COVID-19 and is deemed to have difficulties to pay tax (only the state tax for which payment is due from 1 February 2020 to 1 February 2021), the tax payment may be deferred for one year without collateral or delinquency tax. Similar special provision is also established for individual inhabitant tax which enables to defer tax collection.

4.1.3. Special provision of deduction for charitable contribution by individuals in relation to the cancellation of cultural, arts or sports events cancelled because of the COVID-19 pandemic.

If individuals waive the right to claim a refund of the amount paid for admissions to cultural, arts or sports events cancelled because of the government's request in order to prevent the spread of COVID-19, the deduction for charitable contribution (income or tax deduction) shall be applied for the waived amount (up to JPY 200 000).

Similar special provision is also established for individual inhabitant tax.

4.1.4. Flexible treatment of the requirements for application of the special tax deduction available for housing loans

If individuals cannot start to use the house by 31 December 2020 or by 6 month after the day of purchase due to the delay in housing construction caused by COVID-19, and if they use the house by 31 December 2021, under certain conditions, more flexibility is added to the application requirements of the tax deduction for housing loan so that they can be entitled to the deduction for 13 years.

The application requirements are also made more flexible for individual inhabitant tax.

5. Memorandum Item

5.1. Average gross annual wage earnings calculation

The source of calculation is the Basic Survey on Wage Structure, published by the Ministry of Health, Labour and Welfare. This survey covers establishments with ten or more regular employees over the whole country, and contains statistical figures for monthly contractual cash earnings in June and annual special cash earnings (such as bonuses) received by various categories of workers. Male and female workers in manufacturing, mining and quarrying, construction, wholesale and retail trade, transportation and storage, accommodation and food service activities, information and communication, financial and insurance activities, real estate activities, professional, scientific and technical activities are surveyed in the statistics. Their gross annual earnings are calculated by multiplying monthly contractual cash earnings by 12 and adding any annual special cash earnings. In the Basic Survey, various allowances such as overtime, sickness and leave allowances are included in cash earnings.

The survey covers the whole country, and no special assumption is made regarding the place of residence of the workers surveyed. The calculation method has been changed to adjust weighs taking into account the response rate since 2020.

5.2. *Employer contributions to private pension and health schemes*

DB: JPY 2 836 billion (FY 2018)

Employees' Pension Funds (EPFs): JPY 87 billion (FY 2019)

DC: JPY 1 096 billion (FY2019)

Data of DB and EPFs are the total amount of employers' contribution and employees' one and there is no data of those which indicates only employers' contribution. Under DC schemes, as from January 2012, matching contribution which enables employee to pay additional contribution to employer's one became available. The amount of DC does not include the amount of matching contribution. It is regulated by law that employers' contribution must be higher than employees' one.

2021 Parameter values

Average earnings/yr	Ave_earn	5 146 879	Secretariat estimate		
Allowances for central tax	basic_al	480 000			
	basic_al_lim	0	1		
		24000001	2/3		
		24500001	1/3		
		25000001	0		
	spouse_al	380 000			
	Spouse_al_sp	0	0		
		480001	380000		
		950001	360000		
		1000001	310000		
		1050001	260000		
		1100001	210000		
		1150001	160000		
		1200001	110000		
		1250001	60000		
		1300001	30000		
		1330001	0		
	taxpayer_lim	0	1		
		9000001	2/3		
		9500001	1/3		
		10000001	0		
	spouse_al_ceil	480 000			
	child_al	0			
Employment income deduction	emp_inc_min	550 000			
	emp_inc_sch		0.4	-100000	
		1800001	0.3	80000	
		3600001	0.2	440000	
		6600001	0.1	1100000	
		8500001	0	1950000	
Central gov't tax schedule	tax_sch	0.05	1 950 000		
		0.10	3 300 000		
		0.20	6 950 000		
		0.23	9 000 000		
		0.33	18 000 000		
		0.40	40 000 000		
		0.45			
	surtax	1.021			
Allowances for state/local tax	s_basic_al	430 000			
	s_spouse_al	330 000			
	s_spouse_al_sp	0	0		
		480 001	330 000		
		1000001	310000		
		1050001	260000		
		1100001	210000		
		1150001	160000		
		1200001	110000		
		1250001	60000		
		1300001	30000		
		1330001	0		

	S_spouse_al_ceil	480 000			
	s_child_al	0			
Prefectural tax	pref_per_cap	1 500			
Municipal tax	mun_per_cap	3 500			
	local_sch	0.1			
Social security contributions	SSC_pens	0.0915			
	pens_ceil	7 800 000			
	SSC_sick	0.05			
	sick_ceil	16 680 000			
	SSC_unemp	0.003			
Employer contribution proportion	SSC_empr_unemp	0.006			
	SSC_empr_oth	0.0061			
Child transfer	Child_transfer	120 000			
	Child_transfer2	60 000			
	Child_transfer_lim	6 220 000			
	Child_transfer_lim_incr	380 000			
Child rearing allowance	Child_rear_sch	43160	870000	2300000	0.023056
		10190	1250000	2680000	0.003552
		6110	1630000	3060000	0.002126
	Child_rear_c	80000			

2021 Tax equations

The equations for the Japanese system are mostly on an individual basis. But the tax allowances for the spouse and for children are relevant only to the calculation for the principal earner. This is shown by the Range indicator in the table below.

The functions which are used in the equations (Taper, MIN, Tax etc) are described in the technical note about tax equations. Variable names are defined in the table of parameters above, within the equations table, or are the standard variables "married" and "children". A reference to a variable with the affix "_total" indicates the sum of the relevant variable values for the principal and spouse. And the affixes "_princ" and "_spouse" indicate the value for the principal and spouse, respectively. Equations for a single person are as shown for the principal, with "_spouse" values taken as 0.

	Line in country table and intermediate steps	Variable name	Range	Equation
1.	Earnings	earn		
2.	Allowances:			
		tax_al	P	IF(earn_princ<basic_al_lim1,basic_al*basic_al_rate1,IF(earn_princ<basic_al_lim2,basic_al* basic_al_rate2,IF(earn_princ<basic_al_lim3,basic_al* basic_al_rate3,basic_al* basic_al_rate4)))+ ROUNDUP(Married*(earn_spouse-MIN(emp_inc_max,MAX(emp_inc_min,Tax(earn_spouse,emp_inc_sch)))<=spouse_al_ceil)*spouse_al*VLOOKUP(positive(earn_princ-MIN(emp_inc_max,MAX(emp_inc_min,Tax(earn_princ,emp_inc_sch)))),taxpayer_lim,2,TRUE),-4)) + ROUNDUP(Married*VLOOKUP(Positive(earn_spouse-MIN(emp_inc_max,MAX(emp_inc_min,Tax(earn_spouse,emp_inc_sch)))),spouse_al_sp,2,TRUE)*VLOOKUP(positive(earn_princ-MIN(emp_inc_max,MAX(emp_inc_min,Tax(earn_princ,emp_inc_sch)))),taxpayer_lim,2,TRUE),-4)+ Children*child_al +MAX((earn_princ*VLOOKUP(earn_princ,emp_inc_sch,2,TRUE)+VLOOKUP(earn_princ,emp_inc_sch,3,TRUE)),emp_inc_min) + SSC_princ
			S	MIN(earn_spouse, IF(earn_spouse<basic_al_lim1,basic_al*basic_al_rate1,IF(earn_spouse<basic_al_lim2,basic_al* basic_al_rate2,IF(earn_spouse<basic_al_lim3,basic_al* basic_al_rate3,basic_al* basic_al_rate4)))+ MAX((earn_spouse*VLOOKUP(earn_spouse,emp_inc_sch,2,TRUE)+VLOOKUP(earn_spouse,emp_inc_sch,3,TRUE)),emp_inc_min) + SSC_spouse)
3.	Credits in taxable income	taxbl_cr	B	0
4.	CG taxable income	tax_inc	B	Positive(earn-tax_al)
5.	CG tax before credits	CG_tax_excl	B	Positive(Tax(tax_inc, tax_sch))
6.	Tax credits :	tax_cr	B	0
7.	CG tax	CG_tax	B	CG_tax_excl*surtax
8.	State and local taxes			
	Local taxable income	local_tax_inc	P	Positive(earn_princ- (s_basic_al+ ROUNDUP(VLOOKUP(positive(earn_princ-MIN(emp_inc_max,MAX(emp_inc_min,Tax(earn_princ,emp_inc_sch)))),taxpayer_lim,2,TRUE)*Married*((earn_spouse-(earn_spouse>0)*MAX(emp_inc_min,Tax(earn_spouse,emp_inc_sch))<=s_spouse_al_ceil)*s_spouse_al+VLOOKUP(Positive(earn_spouse-(earn_spouse>0)*MAX(emp_inc_min,Tax(earn_spouse,emp_inc_sch))),s_spouse_al_sp,2,TRUE))+Children*s_child_al+ MAX((earn_princ*VLOOKUP(earn_princ,emp_inc_sch,2,TRUE)+VLOOKUP(earn_princ,emp_inc_sch,3,TRUE)),emp_inc_min) +SSC_princ))
			S	Positive(earn_spouse-(s_basic_al+(earn_spouse>0)* MAX((earn_spouse*VLOOKUP(earn_spouse,emp_inc_sch,2,TRUE)+VLOOKUP(earn_spouse,emp_inc_sch,3,TRUE)),emp_inc_min) +SSC_spouse))
	Local tax	local_tax	P	(earn_princ-MAX(emp_inc_min,Tax(earn_princ,emp_inc_sch)))>350000+(Married*(earn_princ - (earn_princ>0)*MAX(emp_inc_min,Tax(earn_princ, emp_inc_sch))<='s_spouse_al_ceil)+Children>0)*((Married*(earn_princ' -

			(earn_princ>0)*MAX(emp_inc_min,Tax(earn_princ, emp_inc_sch))<='s_spouse_al_ceil)+Children)*350000+100000+210000))*(pref_per_cap+mun_per_cap)+(earn_princ-MAX(emp_inc_min,Tax(earn_princ,emp_inc_sch))>350000+(Married*(earn_princ' - (earn_princ>0)*MAX(emp_inc_min,Tax(earn_princ, emp_inc_sch))<='s_spouse_al_ceil)+Children>0)*((Married*(earn_princ' - (earn_princ>0)*MAX(emp_inc_min,Tax(earn_princ, emp_inc_sch))<=s_spouse_al_ceil)+Children)*350000+100000+320000))*Positive (Tax(Positive(earn_spouse-tax_al_spouse),local_sch)-IF(Positive(earn_spouse-tax_al_spouse)>2000000,MAXA(2500,((Positive(earn_spouse-tax_al_spouse)-MAX(emp_inc_min,Tax(earn_princ,emp_inc_sch)))-(Positive(earn_spouse-tax_al_spouse)-2000000))*5%),MINA((Positive(earn_spouse-tax_al_spouse)-MAX(emp_inc_min,Tax(earn_princ,emp_inc_sch))),Positive(earn_spouse-tax_al_spouse))*5%))
		S	(earn_spouse - (earn_spouse>0)*MAX(emp_inc_min,Tax(earn_spouse, emp_inc_sch))>350000)*(pref_per_cap+mun_per_cap+Positive(Tax(local_tax_inc_spouse,local_sch)-IF(local_tax_inc_spouse>2000000,MAXA(2500,((local_tax_inc_spouse-tax_inc_spouse)-(local_tax_inc_spouse-2000000))*5%),MINA((local_tax_inc_spouse-tax_inc_spouse),local_tax_inc_spouse)*5%)))
9.	Employees' soc security	SSC	B	SSC_pens*MIN(earn, pens_ceil)+SSC_sick*MIN(earn, sick_ceil)+SSC_unemp*earn
11.	Cash transfers	cash_trans	B	IF(Children>0,IF(Positive(princ_inc - princ_empl_inc)<Child_transfer_lim+(Child_transfer_lim_incr*Children), Child_transfer,Child_transfer2)*Children,0) +Child_rear(Married, princ_inc - princ_empl_inc -Child_rear_c,Children,child_rear_sch)
13.	Employer's social security	SSC_empr	B	SSC_pens*MIN(earn, pens_ceil)+SSC_sick*MIN(earn, sick_ceil)+(SSC_empr_unemp+SSC_empr_oth)*earn

Key to range of equation B calculated separately for both principal earner and spouse P calculated for principal only (value taken as 0 for spouse calculation).

Note

[1] Relatives receiving "special deduction for persons with disabilities".

Korea

This chapter includes data on the income taxes paid by workers, their social security contributions, the family benefits they receive in the form of cash transfers as well as the social security contributions and payroll taxes paid by their employers. Results reported include the marginal and average tax burden for eight different family types.

Methodological information is available for personal income tax systems, compulsory social security contributions to schemes operated within the government sector, universal cash transfers as well as recent changes in the tax/benefit system. The methodology also includes the parameter values and tax equations underlying the data.

Korea 2021

The tax/benefit position of single persons

	Wage level (per cent of average wage)		67	100	167	67
	Number of children		none	none	none	2
1.	**Gross wage earnings**		31 504 188	47 021 176	78 525 365	31 504 188
2.	**Standard tax allowances**					
	Basic allowance		1 500 000	1 500 000	1 500 000	1 500 000
	Married or head of family		0	0	0	0
	Dependent children		0	0	0	3 000 000
	Deduction for social security contributions and income taxes		1 417 688	2 115 953	2 772 900	1 417 688
	Work-related expenses					
	Other		11 432 740	14 275 852	17 308 173	12 432 740
		Total	14 350 428	17 891 805	21 581 073	18 350 428
3.	**Tax credits or cash transfers included in taxable income**		0	0	0	0
4.	**Central government taxable income (1 - 2 + 3)**		17 153 760	29 129 371	56 944 292	13 153 760
5.	**Central government income tax liability (exclusive of tax credits)**		1 493 064	3 289 406	8 446 630	893 064
6.	**Tax credits**					
	Basic credit		740 000	660 000	500 000	491 185
	Married or head of family					
	Children		0	0	0	150 000
	Other					
		Total	740 000	660 000	500 000	641 185
7.	**Central government income tax finally paid (5-6)**		753 064	2 629 406	7 946 630	251 879
8.	**State and local taxes**		75 306	262 941	794 663	25 188
9.	**Employees' compulsory social security contributions**					
	Gross earnings		2 874 800	4 290 746	6 404 805	2 874 800
	Taxable income					
		Total	2 874 800	4 290 746	6 404 805	2 874 800
10.	**Total payments to general government (7 + 8 + 9)**		3 703 170	7 183 093	15 146 098	3 151 867
11.	**Cash transfers from general government**					
	For head of family		0	0	0	0
	For two children		0	0	0	1 200 000
		Total	0	0	0	1 200 000
12.	**Take-home pay (1-10+11)**		27 801 018	39 838 084	63 379 267	29 552 322
13.	**Employer's compulsory social security contributions**		3 435 575	5 127 723	7 802 556	3 435 575
14.	**Average rates**					
	Income tax		2.6%	6.2%	11.1%	0.9%
	Employees' social security contributions		9.1%	9.1%	8.2%	9.1%
	Total payments less cash transfers		11.8%	15.3%	19.3%	6.2%
	Total tax wedge including employer's social security contributions		20.4%	23.6%	26.6%	15.4%
15.	**Marginal rates**					
	Total payments less cash transfers: Principal earner		21.6%	23.3%	28.5%	14.8%
	Total payments less cash transfers: Spouse		n.a.	n.a.	n.a.	n.a.
	Total tax wedge: Principal earner		29.3%	30.8%	32.8%	23.1%
	Total tax wedge: Spouse		n.a.	n.a.	n.a.	n.a.

Korea 2021

The tax/benefit position of married couples

Wage level (per cent of average wage)		100-0	100-67	100-100	100-67
Number of children		2	2	2	none
1.	**Gross wage earnings**	47 021 176	78 525 365	94 042 353	78 525 365
2.	**Standard tax allowances**				
	Basic allowance	1 500 000	3 000 000	3 000 000	3 000 000
	Married or head of family	1 500 000	0	0	0
	Dependent children	3 000 000	3 000 000	3 000 000	0
	Deduction for social security contributions and income taxes	2 115 953	3 533 641	4 231 906	3 533 641
	Work-related expenses				
	Other	14 275 852	25 708 592	28 551 704	25 708 592
	Total	22 391 805	35 242 233	38 783 610	32 242 233
3.	**Tax credits or cash transfers included in taxable income**	0	0	0	0
4.	**Central government taxable income (1 - 2 + 3)**	24 629 371	43 283 131	55 258 743	46 283 131
5.	**Central government income tax liability (exclusive of tax credits)**	2 614 406	4 332 470	6 128 811	4 782 470
6.	**Tax credits**				
	Basic credit	660 000	1 400 000	1 320 000	1 400 000
	Married or head of family				
	Children	150 000	150 000	150 000	0
	Other				
	Total	810 000	1 550 000	1 470 000	1 400 000
7.	**Central government income tax finally paid (5-6)**	1 804 406	2 782 470	4 658 811	3 382 470
8.	**State and local taxes**	180 441	278 247	465 881	338 247
9.	**Employees' compulsory social security contributions**				
	Gross earnings	4 290 746	7 165 546	8 581 493	7 165 546
	Taxable income				
	Total	4 290 746	7 165 546	8 581 493	7 165 546
10.	**Total payments to general government (7 + 8 + 9)**	6 275 593	10 226 263	13 706 185	10 886 263
11.	**Cash transfers from general government**				
	For head of family	0	0	0	0
	For two children	1 200 000	1 200 000	1 200 000	0
	Total	1 200 000	1 200 000	1 200 000	0
12.	**Take-home pay (1-10+11)**	41 945 584	69 499 102	81 536 168	67 639 102
13.	**Employers' compulsory social security contributions**	5 127 723	8 563 298	10 255 446	8 563 298
14.	**Average rates**				
	Income tax	4.2%	3.9%	5.4%	4.7%
	Employees' social security contributions	9.1%	9.1%	9.1%	9.1%
	Total payments less cash transfers	10.8%	11.5%	13.3%	13.9%
	Total tax wedge including employer's social security contributions	19.6%	20.2%	21.8%	22.3%
15.	**Marginal rates**				
	Total payments less cash transfers: Principal earner	23.3%	23.3%	23.3%	23.3%
	Total payments less cash transfers: Spouse	12.5%	21.6%	23.3%	21.6%
	Total tax wedge: Principal earner	30.8%	30.8%	30.8%	30.8%
	Total tax wedge: Spouse	21.1%	29.3%	30.8%	29.3%

The national currency is the Won (KRW). In 2021, KRW 1 144.56 were equal to USD 1. In that year, the average worker was expected to earn KRW 47 021 176 (Secretariat estimate).

1. Personal Income Tax System

1.1. Central government income tax system

1.1.1. Tax unit

Each individual is taxed on his/her own income.

Non-taxable wage income includes the:

- National pension, National health insurance, Employment insurance and Workers' compensation insurance that are borne by employer;

- Overtime payment to productive workers: up to KRW 2 400 000 of overwork payment of productive workers in manufacturing and mining sectors whose monthly wage is less than KRW 2 100 000 and whose yearly wage is less than KRW 30 000 000.

1.1.2. Allowances and tax credits

1.1.2.1. Standard reliefs

- Employment income deduction: the following deduction (up to KRW 20 000 000) from gross income is provided to wage and salary income earners:

Salary	Deduction
Up to KRW 5 000 000	70%
KRW 5 000 000 to KRW 15 000 000	KRW 3 500 000 plus 40% of the salary over KRW 5 000 000
KRW 15 000 000 to KRW 45 000 000	KRW 7 500 000 plus 15% of the salary over KRW 15 000 000
KRW 45 000 000 to KRW 100 000 000	KRW 12 000 000 plus 5% of the salary over KRW 45 000 000
Over KRW 100 000 000	KRW 14 750 000 plus 2% of the salary over KRW 100 000 000

- Basic allowance: a taxpayer can deduct KRW 1 500 000 from his/her income for each person who meets one of following conditions:

  - the taxpayer him/herself;
  - the taxpayer's spouse whose taxable income (gross earnings net of employment income deduction) is less than KRW 1 000 000 (Spouse only have a salary earned income is less than KRW 5 000 000);
  - the taxpayer's (including the spouse's) dependents (parents, siblings, children) within the same household whose income after accounting for the employment income deduction is less than KRW 1 000 000 (Dependent only have a salary earned income is less than KRW 5 000 000) and whose age is:
    1. parents: 60 years or older;
    2. brother/sister: 60 years or older or 20 years or younger;
    3. children: 20 years or younger (if both partners in the household earn wage-income, this Report assumes that the principal wage earner will claim the allowance).

- Additional allowance: a taxpayer can deduct KRW 1 000 000 (500 000 in the case of (c), KRW 2 000 000 in the case of(b))from his/her gross income when the taxpayer or his/her dependents fall into one of the following categories (for this report, only cases (c) and (f) are modelled):

  - a person aged 70 years or older(a)
  - a handicapped person (b)

- – a female wage earner who is the head of a household with dependents (but without spouse) or a female wage earner with spouse when her taxable income is not more than KRW 30 million(c)
- – a single parent with descendants including adoptees*(f)
- – * Overlapping of deductions for (c) and (f) is not allowed. So a taxpayer should select only one.

- National pension deduction: employees can deduct 100% of their National Pension contributions

- Insurance premiums: the National health insurance premium and the Employment insurance premium can be entirely (100%) deducted from taxable income.

- Working Tax credit: wage and salary income earners obtain the following tax credit:

Calculated tax	Amount of tax credit
Up to KRW 1 300 000	55% of calculated tax
Over KRW 1 300 000	KRW 715 000 plus 30% of the calculated tax over KRW 1 300 000

Total wage and salary income	Ceiling on credit amount
Not more than KRW 33 million	KRW 740 000
Not more than KRW 70 million	The greater of KRW 660 000 and KRW 740 000- [(total wage and salary income -KRW 33 million)* 0.8%]
Exceeding KRW 70 million	The greater of KRW 500 000 and KRW 660 000- [(total wage and salary income- KRW 70 million)* 50%]

1.1.2.2. Main non-standard tax reliefs

Wage and salary income earners may deduct from gross income the expenses for the following items during the tax year:

- Saving/Payment for housing: 40% of deposits of an account for purchasing a house, which is held by a person who does not own a house, and 40% of repayments of loans including interest borrowed in order to lease a house smaller than 85 square meters in size by a person owning no house may be deducted up to three million won per year.

- Credit card purchases: Employees may deduct 15% of their credit card (30% of their debit card, prepaid card or cash receipt) purchases that exceed 25% of their total income up to the lesser of KRW 3 000 000 or 20% of their total income in the case of the total income not over KRW 7 000 000 (up to the lesser of KRW 2 500 000 or 20% of their total income in the case of the total income from over KRW 70 000 000 to KRW 120 000 000 and up to the lesser of KRW 2 000 000 or 20% of their total income in the case of the total income over KRW 120 000 000) However, for expenditures spent for traditional markets and public transportation the allowed deduction is equivalent to 40% (30% for the expenditures of books, performances, and museums) of the expenditure and the ceiling is raised by an additional KRW 1 000 000 respectively.

1.1.2.3. Child tax credit

- Where a resident with taxable income has dependent children from 7 years old including adoptee, he/she gets annual tax credit of KRW 150 000 for having a child, KRW 300 000 for having two children and KRW 300 000 plus KRW 300 000 per an excess child over two children in case of having more than three children.

- Resident gets tax credit of KRW 300 000 for the first child, KRW 500 000 for the second Child, andKRW 700 000 for the third child or more for birth and adoption of the year.

1.1.2.4. Credit for Pension Insurance Premiums

- A resident who paid pension contributions to a pension account may deduct the amount equal to 12% of the premiums paid from his/her global income tax amount, only up to KRW 4 million for pension savings account as well as KRW 7 million for sum of the pension savings account and retirement pension account.
- A resident whose labour income is not exceeding KRW 55 million when he has labour income only or whose global income is not exceeding KRW 40 million would deduct 15% of the premium.

1.1.2.5. Special tax credit

Wage and salary income earners may obtain following tax credit during the tax year:

- Insurance premiums (a): 12% of the general insurance premium up to KRW 1 000 000 can be deducted from his/her income tax amount.
- Medical expenses (b): 15% of the medical expenses exceeding 3% of taxable income can be deducted from his/her income tax amount. The medical expenses for taxpayer's dependents who are eligible for the basic deduction are limited to KRW 7 000 000 and the medical expenses for the taxpayer himself, taxpayer's dependents who are aged 65 years or older and handicapped persons are not limited.
  - In addition, 20% of medical expenses for the treatment of infertility can be deducted from his/her income tax amount. There is no deduction limitation.
- Educational expenses (c): 15% of tuition fees for pre-school, elementary, middle school and college (but the graduate school fee deduction is allowed only for the taxpayer himself), either for the taxpayer himself or his/her dependents (including the taxpayer's spouse, children, and siblings), can be deducted from his/her income tax amount. The tuition fee for the taxpayer himself is not limited. For the taxpayer's dependents, the limits of tuition fees are as follows:
  - For pre-school: up to KRW 3 000 000 per child;
  - For elementary, middle and high school: up to KRW 3 000 000 per student;
  - For college/university: up to KRW 9 000 000 per student.
- Charities (d): 15% of the amount of donation (in case of the donation exceeding KRW 10 000 000, 30% of the excess amount over KRW 10 million) is deducted from income tax amount. The limits of donations are as follows:
  - donations to a government body, donations for national defence, natural disaster, and certain charitable associations: up to gross income;
  - donations to public welfare or religious associations: up to 30% of gross income.
- Standard Credits: Alternatively, a taxpayer may choose an annual standard credit of KRW 70 000 (KRW 130 000 for wage and salary earners and KRW 120 000 for business owners meeting certain requirements), if he or she fails to claim deductions for insurance premium, saving/payment for housing and special tax credit.

Tax schedule

Over (KRW)	Not more than (KRW)	Marginal tax rate (%)
0	12 000 000	6
12 000 000	46 000 000	15
46 000 000	88 000 000	24
88 000 000	150 000 000	35
150 000 000	300 000 000	38
300 000 000	500 000 000	40
500 000 000	1 000 000 000	42
1 000 000 000		45

1.2. Local income tax

1.2.1. Tax base

The local income tax base is the income tax paid to the central government.

1.2.2. Tax rate

A uniform rate of 10% is applied. However, the local government can adjust the rate between the lower limit of 5% and the upper limit of 15%.

1.2.3. Tax rate (selected for this study)

A country-wide rate of 10% is used in this Report.

2. Compulsory Social Security Contribution to Schemes Operated Within the Government Sector

2.1. Employees' contribution

2.1.1. National pension

The National pension contribution rate is 4.5% of the standardised average monthly wage income as of 2020.

The scope of the standardised average monthly wage income is from KRW 330 000 to KRW 5 240 000 as of 1 July 2021.

If the average monthly wage income of a person is less than KRW 330 000, the average monthly wage income of the person is regarded as KRW 330 000 and the rate (0.045) is applied. If the average monthly wage income of a person is more than KRW 5 240 000, the average monthly wage income of the person is regarded as KRW 5 240 000 and the rate (0.045) is applied; so the minimum of the national pension contribution per year is KRW 178 200 (KRW 330 000 x 0.045 x 12 months), and the maximum of the national pension contribution per year is KRW 2 829 600 (=KRW 5 240 000 x 0.045 x 12 months).

2.1.2. National health insurance

The National health insurance premium, which has a rate of 3.825136 % (National health insurance: 3.43 %, Long term care insurance 11.52 % of National Health insurance premium rate), is levied on average monthly wage income as of 1 January 2021.

The scope of the monthly National health insurance premium (excluding Long term care insurance premium) is from KRW 9 570 to KRW 3 523950. To include Long term care insurance, we should multiply 1.1152. Thus, the scope of the total monthly premium is from KRW 10 672 to 3 929 909. If the calculated premium is less than KRW 10 672, the worker should pay KRW 10 672. Likewise, if the calculated premium is more than KRW 3 929 909, the worker only pays KRW 3 929 909.

2.1.3. Employment insurance

0.8% of gross income as of 1 October 2019.

2.1.4. Workers' compensation insurance

Compulsory application, premiums paid only by employers.

2.2. Employers' contribution

2.2.1. National pension

The national pension contribution rate is 4.5% of the standardised average monthly wage income as of 2020.

The scope of the standardised average monthly wage income is from KRW 330 000 to KRW 5 240000 as of 1 July, 2021.

If the average monthly wage income of a person is less than KRW 330 000, the average monthly wage income of the person is regarded as KRW 330 000 and the rate (0.045) is applied. If the average monthly wage income of a person is more than KRW 5 240 000, the average monthly wage income of the person is regarded as KRW 5 240 000 and the rate (0.045) is applied; so the minimum of the national pension contribution per year is KRW 178 200 (KRW 330 000 x 0.045 x 12 months), and the maximum of the national pension contribution per year is KRW 2 829 600 (=KRW 5 240 000 x 0.045 x 12 months).

2.2.2. National health insurance

The National health insurance premium, which has a rate of 3.825136 % (National health insurance 3.43 %, Long term care insurance: 11.52 % of National health insurance premium rate), is levied on average monthly wage income as of 1 January, 2021.

The scope of the monthly National health insurance premium (excluding Long term care insurance premium) is from KRW 9 570 to KRW 3 523 950. To include Long term care insurance, we should multiply 1.1152. Thus, the scope of the total monthly premium is from KRW 10 672 to 3 929 909. If the calculated premium is less than KRW 10 672, the employer should pay KRW 10 672. Likewise, if the calculated premium is more than KRW 3 929 909, the employer only pays KRW 3 929 909.

2.2.3. Employment insurance

- the insurance premium is between 1.05% and 1.65% of total wage as of 1 October 2019;
- the insurance premium selected for this study is 1.05%.

2.2.4. Workers' compensation insurance

- the insurance premium consists of an industry-specific rate which is set by the Ministry of Employment and Labor multiplied by total wage;

- the average rate of all industries (announced by the Ministry of Employment and Labor and selected for this study) is 1.53 %.

3. Universal Cash Transfers

- Child Benefit

Child home care allowance is granted every month to those who have children aged 6 years or younger: KRW 200 000 for a child aged 12 months or younger, KRW 150 000 for a child aged 1 to 2 years and KRW 100 000 for a child aged 2 to 6 years.

If a child attends a nursery or pre-school, monthly childcare service voucher is provided instead of the child home care allowance. The amount of the benefit differs by the age of the child, type of nursery, class of nursery etc.

On top of those two benefits, universal child benefit of KRW 100 000 is paid monthly to those who have children if the child is under the age of 7.

4. Main Changes in Tax/Benefit System since 2000

2000	Contribution to National Pension are to be deductible from 2001, upper cap of employment income deduction limit (KRW 12 000 000) is abolished from 2001
2001	Personal income tax rates are lowered by 10% (10, 20 ,30, 40% were reduced to 9, 18, 27, 36%, respectively) from 2002
2002	Limits of deduction for education fees are expanded from 2003. For pre-school: from KRW 1 000 000 to KRW 1 500 000. For elementary, middle school and high school: from KRW 1 500 000 to KRW 2 000 000. For college and university: from KRW 3 000 000 to KRW 5 000 000. Limit of deduction for interest of long-term mortgage loan for housing is expanded from KRW 3 000 000 to KRW 6 000 000 from 2003
2003	Employment income deduction and tax credit applicable to low income are increased. The deduction rate for the taxable wage income range of KRW 5 000 000 to KRW 15 000 000 is increased from 45% to 47.5%. The tax credit rate for calculated tax below KRW 500 000 is increased from 45% to 50% and the maximum tax credit is increased from KRW 400 000 to KRW 450 000.
2004	Limits of deduction for education fees are expanded. For pre-school: from KRW 1 500 000 to KRW 2 000 000. For college and university: from KRW 5 000 000 to KRW 7 000 000. Limit of deduction for interest on long-term mortgage loan for housing is expanded from KRW 6 000 000 to KRW 10 000 000. The marginal deduction rate for the taxable wage income range from KRW 5 000 000 to KRW 15 000 000 is increased from 47.5% to 50%. The tax credit rate for tax amounts below KRW 500 000 is increased from 50% to 55% and the maximum permitted tax credit goes up from KRW 450 000 to KRW 500 000.
2005	Personal income tax rates are lowered by 1% point (9, 18, 27, 36% were reduced to 8, 17, 26, 35%, respectively). Lump-sum tax relief are expanded from KRW 600 000 to KRW 1 000 000.
2007	Eligibility for the extra allowance amount has been changed. Previously, an income earner with a small number of dependents (e.g. spouse, child) eligible for basic allowance was eligible for an allowance of up to KRW 1 000 000 depending on the number of dependents. As from 2007, however, an income earner with two or more dependent children eligible for basic allowance is eligible for an allowance equivalent to KRW 500000 if there are 2 children plus an additional KRW 1 000 000 for every additional child (e.g. 2 children: KRW 500 000; 3 children: KRW 1 500 000; 4 children: KRW 2 500 000, etc.).
2008	Tax schedule has been changed : from KRW 10 000 000, KRW 40 000 000 , KRW 80 000 000 to KRW 12 000 000, KRW 46 000 000, KRW 88 000 000; New items have been added to the additional allowance with respect to lineal descendants who are born or adopted during the concerned taxable year; Credit card purchase deduction has been changed : Employees may deduct 20% (previously 15%) of their credit/debit card purchases that exceed 20% (previously 15%) of their total income; Deduction for donations to public welfare or religious associations has been increased up to 15% of gross income. Previously, the limit was 10% of gross income.
2009	Personal income tax rates have been changed: from 8%, 17%, 26%, 35% to6%, 16%, 25%, and 35%. Employment income deduction has been changed: from 100%, 50%, 15%, and 10% 5% to 80%, 50%, 15%, and 10%. 5%
2010	Personal income tax rates have been changed: from 6%, 16%, 25%, 35% to6%, 15%, 24%, and 35%.

2012	Personal income tax rates have been changed: from6%, 15%, 24%, and 35% to 6%, 15%, 24%, 35% and 38%
2013	A new additional allowance is added: a single parent with lineal descendants or adopted children who are eligible for basic exemption can deduct KRW 1 000 000.
	Insurance premiums, medical expenses, education expenses, loans for house, designated donations, saving deposits for housing subscription, investment in employee stock ownership associations or in associations for investment in start-ups, and credit cards are allowed income deduction with a ceiling at KRW 25 000 000 in total. However, for the amount of designated donations exceeding the ceiling, deduction can be carried forward for 5 years.
2014	Tax schedule has been changed : KRW 300 000 000 to KRW 150 000 000
	Personal and special income deductions(e.g. medical expenses, educational expenses) have been shifted toward tax credit
	Employment income deduction has been changed: 80% to 70%, 50% to 40%.
	The ceiling amount of earned income tax credit has been changed : KRW 500 000 to KRW 740 000(the salary <33 000 000), KRW 660 000(the salary < 70 000 000)
2015	Refundable CTC(Child Tax Credit) has established
2017	Personal income tax rate 40% is newly created over KRW 500 000 000
2018	Tax schedule has been changed: Tax base over KRW 150 000 000 up to KRW 500 000 000 divided into over KRW 150 000 000 up to KRW 300 000 000 and over KRW 300 000 000 up to KRW 500 000 000
	The Highest income tax rate has been changed: 40%->42%
2019	Charities tax credit's deduction rate has been adjusted.
	Regarding non-taxable overtime payment to productive workers, the upper limit of monthly wage for recipient of tax exemption has been increased to KRW 2 100 000.
2020	Regarding non-taxable overtime payment to productive workers, the upper limit of yearly wage for recipient of tax exemption has been increased to KRW 30 000 000.
	The employment income deduction's limitation of KRW 20 000 000 has been newly set up.
2021	Tax schedule has been changed: tax base over KRW 500 000 000 is divided into over KRW 500 000 000 to KRW 1 000 000 000 and over KRW 1 000 000 000. Tax rate to be applied is 42% and 45% respectively.

4.1. Changes to labour taxation due to the COVID pandemic in 2020 and 2021

- Due date of payment for 2019's income tax has been deferred from 1 June 2020 to 31 August 2020.

- Deduction rate for credit card purchases has been increased temporarily. On March, the deduction rate of the credit card purchases is 30%, the deduction rate of the debit card, prepaid card and cash receipt purchases is 60%, the deduction rate of the expenditures for books, performances and museums is also 60%, and the deduction rate of the expenditures for traditional markets and public transportation is 80%. From April to July, all of the deduction rates are increased to 80% respectively. On top of that, limitation of deduction has been raised. The limitation of deduction is the lesser of KRW 3 300 000 (originally 3 000 000) or 20% of their total income in the case of the total income not over KRW 70 000 000 (the lesser of KRW 2 800 000 (originally 2 500 000) or 20% of their total income in the case of the total income from over KRW 70 000 000 to KRW 120 000 000, and the lesser of KRW 2 300 000 (originally 2 000 000 for 2020) or 20% of their total income in the case of the total income over KRW 120 000 000). Moreover, if the size of purchase has been increased over 5% in 2021 compared to 2020, 10% of such excess can also be deducted, up to KRW 1 000 000.

- Monthly payment of the National pension can be exempted for 3 times between Mar 2020 and Jun 2020 and 9 times between Jan 2021 to Sep 2021, when he/she meets specific conditions(e.g. the income has been decreased).

- The National health insurance premium is reduced from Mar 2020 to May 2020 for some workers. Criterions such as the size of income and the place where he/she works are considered when deciding the rate of reduction (30% or 50%),

- Monthly payment of the Employment insurance premium and Workers' compensation insurance premium for Mar 2020 to May 2020, Jan 2021 to Mar 2021, Apr 2021 to Jun 2021 and Jul 2021 to Sep 2021 is deferred for 3 months respectively, when the employee works for the company that employed workers less than 30.

- A company that employed workers less than 30 can also get a 30% relief of Workers' compensation insurance premium from Mar 2020 to Aug 2020 and from Jan 2021 to Mar 2021.
- On March 2020, additional 'childcare coupons' that worth KRW 400 000 are provided per child to households with children aged less than 7 years as of Mar 2020, to help address challenges caused by the COVID-19 outbreak.

5. Memorandum Item

5.1. Identification of the Average Worker (AW)

- Sectors used: industry Sectors B-N with reference to the International Standard Industrial Classification of All Economic Activities, Revision 4 (ISIC Rev.4).

Geographical coverage: whole country.

Type of workers: wage workers (male and female).

5.2. Method to calculate wages

Establishment Labor Force Survey (ELFS) by the Ministry of Employment and Labor is used to calculate the AW. The statistics were obtained through a sample survey of approximately 13 000 firms with one or more permanent employees throughout the whole country.

Basic method of calculation used: average monthly wages multiplied by 12.

5.3. Employer's reserve for employee's retirement payment

An employer should pay to a retiree the retirement payment which is not less than 30 days' wage and salary per one year of service (about 8.3% of gross income or more). An employer can contribute to the Retirement Payment Reserve Fund established within the company or Retirement Insurance Fund established outside the company to prepare for the retirement payment. Such contribution is treated as business expense under certain constraints. Because contribution to the Retirement Fund is not compulsory, this survey does not include such contribution except the contribution converted to employer's contribution to the national pension plan (see Section 2.2.1).

2021 Parameter values

Average earnings/yr	Ave_earn	47 021 176	Secretariat estimate
Tax allowances	basic_al	1 500 000	
spouse	spouse_al	1 500 000	
	spouse_al_lim	1 000 000	
dependents including children	dep_al	1 500 000	
additional allowance	add_all	500 000	
	add_all_lim	30 000 000	
additional allowance 2	add2_all	1 000 000	
Employment income deduction	empdedsch	0	0.7
		5000000	0.4
		15 000 000	0.15
		45 000 000	0.05
		100 000 000	0.02
	Max_empded	20000000	
Earned income special credit threshold	earntaxcred	0.55	
		0.3	1 300 000
credit limit	credlimit	740 000	Ave_earn<33 000 000
		660 000	Ave_earn< 70 000 000
		500 000	Ave_earn> 70 000 000
Child tax credit	child_cred	150 000	
Lump sum tax credit	lump_cred	130 000	
	lump_thresh	866 667	
Tax schedule	tax_sch	0.06	12 000 000
		0.15	46 000 000
		0.24	88 000 000
		0.35	150 000 000
		0.38	300 000 000
		0.4	500 000 000
		0.42	1 000 000 000
		0.45	
Local tax rate	local_rate	0.1	
Cash Transfer for kids under 7 age	cash_child	1 200 000	
max number of kids permitted to be under 7	child_und7_max	1	
Social security contributions	SSC_pens	0.045	
	SSC_pens_max	2772900	
	SSC_pens_min	175500	
	SSC_sick	0.03825136	
	SSC_sick_max	47158908.48	
	SSC_sick_min	128069.568	
	SSC_unemp	0.008	
Employer contributions	emp_pens	0.045	
	emp_sick	0.03825136	
	emp_unemp	0.0105	
	emp_inj	0.0153	

2021 Tax equations

The equations for the Korean system are independent between spouses except that the principal earner has tax allowances for the spouse and for any children.

The functions which are used in the equations (Taper, MIN, Tax etc) are described in the technical note about tax equations. Variable names are defined in the table of parameters above, within the equations table, or are the standard variables married and children. A reference to a variable with the affix total indicates the sum of the relevant variable values for the principal and spouse. And the affixes "_princ" and "_spouse" indicate the value for the principal and spouse, respectively. Equations for a single person are as shown for the principal, with spouse values taken as 0.

	Line in country table and intermediate steps	Variable name	Range	Equation
1.	Earnings	earn		
2.	Allowances:			
	employment income	emp_al	B	MIN(Empincded(earn, empincdedsch),max_empded)
	basic	bas_al	B	basic_al
	spouse	sp_al	P	Married*spouse_al*(earn_spouse-emp_al_spouse<=spouse_al_lim)
	dependents	dp_al	P	Children*dep_al
	additional allowances	add_al_princ	P	IF(AND(Married='0,Children>0),' add2_all,0)
	additional allowances	add_al_spouse	S	IF(AND(earn_spouse>0,earn_spouse<=add_all_lim),add_all,0)
	national pension deduction	np_de	B	Min(earn*SSC_pens, SSC_pens_max)
	Main non-standard tax relief	non-std_al	B	IF(earn*(SSC_sick+SSC_unemp)>lump_thresh,earn*(SSC_sick+SSC_unemp),0)
	Total	tax_al	B	emp_al+bas_al+sp_al+dp_al+add_al+np_al
3.	Credits in taxable income	taxbl_cr	B	0
4.	CG taxable income	tax_inc	B	Positive(earn-tax_al)
5.	CG tax before credits	CG_tax_excl	B	Tax(tax_inc, tax_sch)
6.	Tax credits : earned income special tax credit child tax credit lump-sum tax credit Total	earn_cr child_cr lump_cr tax_cr	B P B B	MIN(earntaxcred(CG_tax_excl), credlimit(earn)) child_cred*(children-(cash_trans>0)) IF(non-std_al='0,' lump_cred, 0) earn_cr+child_cr+lump_cr
7.	CG tax	CG_tax	B	CG_tax_excl-tax_cr
8.	State and local taxes	local_tax	B	local_rate*CG_tax
9.	Employees' soc security	SSC	B	MAX(SSC_pens_min,MIN(earn*(SSC_pens),SSC_pens_max))+MAX(SSC_sick_min,MIN(earn*(SSC_sick),SSC_sick_max))+earn*(SSC_unemp)
11.	Cash transfers	cash_trans	J	=cash_child*child_und7_max*(Children>0)
13.	Employer's soc security	SSC_empr	B	MAX(SSC_pens_min,MIN(earn*(SSC_pens),SSC_pens_max))+MAX(SSC_sick_min,MIN(earn*(emp_sick),SSC_sick_max))+earn*(emp_unemp+emp_inj)

Key to range of equation:
B calculated separately for both principal earner and spouse
P calculated for principal only (value taken as 0 for spouse calculation)
S calculated for spouse only
J calculated once only on a joint basis

Latvia

This chapter includes data on the income taxes paid by workers, their social security contributions, the family benefits they receive in the form of cash transfers as well as the social security contributions and payroll taxes paid by their employers. Results reported include the marginal and average tax burden for eight different family types.

Methodological information is available for personal income tax systems, compulsory social security contributions to schemes operated within the government sector, universal cash transfers as well as recent changes in the tax/benefit system. The methodology also includes the parameter values and tax equations underlying the data.

Latvia 2021

The tax/benefit position of single persons

	Wage level (per cent of average wage)		67	100	167	67
	Number of children		none	none	none	2
1.	**Gross wage earnings**		10 231	15 270	25 501	10 231
2.	**Standard tax allowances**					
	Basic allowance		2 624	1 461	0	2 624
	Married or head of family					
	Dependent children		0	0	0	6 000
	Deduction for social security contributions and income taxes		1 074	1 603	2 678	1 074
	Work-related expenses					
	Other					
		Total	3 698	3 064	2 678	9 698
3.	**Tax credits or cash transfers included in taxable income**		0	0	0	0
4.	**Central government taxable income (1 - 2 + 3)**		6 533	12 206	22 823	533
5.	**Central government income tax liability (exclusive of tax credits)**		1 307	2 441	4 730	107
6.	**Tax credits**					
	Basic credit					
	Married or head of family					
	Children					
	Other					
		Total	0	0	0	0
7.	**Central government income tax finally paid (5-6)**		1 307	2 441	4 730	107
8.	**State and local taxes**		0	0	0	0
9.	**Employees' compulsory social security contributions**					
	Gross earnings		1 074	1 603	2 678	1 074
	Taxable income					
		Total	1 074	1 603	2 678	1 074
10.	**Total payments to general government (7 + 8 + 9)**		2 381	4 045	7 407	1 181
11.	**Cash transfers from general government**					
	For head of family					
	For two children		0	0	0	530
		Total	0	0	0	530
12.	**Take-home pay (1-10+11)**		7 850	11 225	18 094	9 580
13.	**Employer's compulsory contributions**					
	Employer's compulsory social security contributions		2 413	3 602	6 016	2 413
	Payroll taxes		4	4	4	4
		Total	2 418	3 607	6 020	2 418
14.	**Average rates**					
	Income tax		12.8%	16.0%	18.5%	1.0%
	Employees' social security contributions		10.5%	10.5%	10.5%	10.5%
	Total payments less cash transfers		23.3%	26.5%	29.0%	6.4%
	Total tax wedge including employer's social security contributions		37.9%	40.5%	42.6%	24.3%
15.	**Marginal rates**					
	Total payments less cash transfers: Principal earner		33.0%	33.0%	31.4%	33.0%
	Total payments less cash transfers: Spouse		n.a.	n.a.	n.a.	n.a.
	Total tax wedge: Principal earner		45.8%	45.8%	44.5%	45.8%
	Total tax wedge: Spouse		n.a.	n.a.	n.a.	n.a.

Latvia 2021

The tax/benefit position of married couples

Wage level (per cent of average wage)		100-0	100-67	100-100	100-67
Number of children		2	2	2	none
1.	**Gross wage earnings**	15 270	25 501	30 540	25 501
2.	**Standard tax allowances**				
	Basic allowance	1 461	4 084	2 922	4 084
	Married or head of family				
	Dependent children	6 000	6 000	6 000	0
	Deduction for social security contributions and income taxes	1 603	2 678	3 207	2 678
	Work-related expenses				
	Other				
	Total	9 064	12 762	12 128	6 762
3.	**Tax credits or cash transfers included in taxable income**	0	0	0	0
4.	**Central government taxable income (1 - 2 + 3)**	6 206	12 739	18 412	18 739
5.	**Central government income tax liability (exclusive of tax credits)**	1 241	2 548	3 682	3 748
6.	**Tax credits**				
	Basic credit				
	Married or head of family				
	Children				
	Other				
	Total	0	0	0	0
7.	**Central government income tax finally paid (5-6)**	1 241	2 548	3 682	3 748
8.	**State and local taxes**	0	0	0	0
9.	**Employees' compulsory social security contributions**				
	Gross earnings	1 603	2 678	3 207	2 678
	Taxable income				
	Total	1 603	2 678	3 207	2 678
10.	**Total payments to general government (7 + 8 + 9)**	2 845	5 225	6 889	6 425
11.	**Cash transfers from general government**				
	For head of family				
	For two children	530	530	530	0
	Total	530	530	530	0
12.	**Take-home pay (1-10+11)**	12 955	20 805	24 181	19 076
13.	**Employer's compulsory contributions**				
	Employer's compulsory social security contributions	3 602	6 016	7 204	6 016
	Payroll taxes	4	9	9	9
	Total	3 607	6 024	7 213	6 024
14.	**Average rates**				
	Income tax	8.1%	10.0%	12.1%	14.7%
	Employees' social security contributions	10.5%	10.5%	10.5%	10.5%
	Total payments less cash transfers	15.2%	18.4%	20.8%	25.2%
	Total tax wedge including employer's social security contributions	31.4%	34.0%	36.0%	39.5%
15.	**Marginal rates**				
	Total payments less cash transfers: Principal earner	33.0%	33.0%	33.0%	33.0%
	Total payments less cash transfers: Spouse	23.3%	33.0%	33.0%	33.0%
	Total tax wedge: Principal earner	45.8%	45.8%	45.8%	45.8%
	Total tax wedge: Spouse	37.9%	45.8%	45.8%	45.8%

Since 2014, the Latvian currency is the Euro (EUR). In 2021, EUR 0.84 was equal to USD 1. That year, the average worker in Latvia earned EUR 15 270 annually (Secretariat estimate).

1. Personal income tax system

From 1st January 2018, Latvia has introduced an ambitious tax reform. One of the main goals of this reform is to reach Latvian government as well as international expert's expectations – to reduce the tax wedge, especially for low-wage earners.

1.1. Central government income tax

In 2018 with the labour tax reform the progressive income tax system was introduced for the first time, as well as the differential non-taxable minimum, the allowance for dependents and the non-taxable minimum for pensioners is increased, and the minimum monthly wage is raised.

1.1.1. Tax unit

The tax unit are individuals.

1.1.2. The main tax allowance

1.1.2.1. Standard tax reliefs

- A general (basic) allowance:

Since 2016, the differentiated non-taxable minimum is introduced.

The differentiated non-taxable minimum varies depending on the person's income level: higher for lower wages, but lower or zero for higher wages. The differentiated non-taxable minimum is gradually raised.

In 2019 the differentiated non-taxable minimum varies from EUR 0 to 230 per month, but in 2020 and in 2021 - from EUR 0 to 300 per month (see table below).

Differentiated non-taxable minimum criteria's:

	2017	2018	2019	2020	2021
Maximum non-taxable minimum, *EUR per month*	115	200	230	300	300
Minimum non-taxable minimum, *EUR per month*	60	0	0	0	0
Taxable income[1] minimum threshold up to which the maximum annual non-taxable minimum is applied, *EUR per month*	400	440	440	500	500
Taxable income[1] maximum threshold up to which the annual non-taxable minimum is applied, *EUR per month*	1 100	1 000	1 100	1 200	1 800

1. Calculating the taxable income not only the salary is taken into account, but also other income (such as dividends and income from real estate etc.). Similarly, if a person works in several jobs, the salaries are summed up and the non-taxable minimum is applied to the total revenue

For example, in 2021, the maximum tax allowance amount is EUR 300 per month and it is applied to the taxable income below EUR 500 per month. If the taxable income is between EUR 500 per month and EUR 1 800 per month, the differentiated annual non-taxable minimum is calculated according to a specific formula. The allowance gradually decreases until it reaches zero and is not applied. It is important to note that from 2018, the differentiated non-taxable minimum in full amount is applied already during the tax year. It is based on the State Revenue Service (SRS) forecast which takes into account the taxpayer's annual income of the previous year. In 2017 the non-taxable minimum was applied only in the minimum amount for all taxpayers (EUR 60) and only in the next taxation year, when the taxpayer submitted the annual tax return, it was applied on the basis of the annual taxable income data of a person.

- The allowance for dependents

The allowance for dependents is also deductible from the income before taxes.

The tax allowance for each dependant (which in most cases are children) is gradually raised - in 2018 to EUR 200 per month or EUR 2 400 per year, in 2019 to EUR 230 per month or EUR 2 760 per year and in 2020 to EUR 250 per month or EUR 3 000 per year. In 2017, it was EUR 175 per month or EUR 2 100 per year. In 2021 this allowance remains in the same amount as in the preceding year.

- The taxpayer can apply the allowance for a child aged 18 years and younger and for a child while he or she continues the acquisition of the general, professional, higher or special education, but not longer than until reaching 24 years of age. The allowance for dependents is applicable for a taxpayer's child and in certain cases and under certain conditions for sisters, brothers, grandchildren, spouses, parents and grandparents with disability as well as persons under guardianship.

As of 2016, the rule of law narrowed, removing allowances for unemployed spouse, parents or grandparents, except if these persons are with disabilities.

From 2017, the tax allowance for dependents was expanded by non-working spouse, who is taking care of a minor child with a disability, if the non-working spouse does not receive taxable income or State pension.

In addition, as of July 1, 2018, the allowance is applicable for unemployed spouse who is taking care of:

- one child below 3 years of age;
- three or more children below 18 years or below 24 years of age (if he/she studies), of which at least one is below 7 years of age;
- five children below 18 years of age or below 24 years of age (if he/she studies).

To support youth employment during the summer (from June 1st to August 31st), parents can still receive tax allowance for dependents (children while they are employed).

Relief for compulsory social security contributions: Employee's state social security contributions are deductible from the income before taxes.

Tax credits: none for employees.

1.1.2.2. The main exemptions:

- income from rural tourism and agricultural production, as well as of mushrooming, berry-picking or the collection of wild medicinal plants and flowers or an uncultivated species or individuals of non-game species - edible snails (Helix pomatia), if it does not exceed EUR 3 000 per taxation year, including the sums of State aid for agriculture or of the European Union aid for agriculture and rural development, in amount of EUR 3 000 per taxation year;
- insurance compensations, except such insurance compensations paid on the basis of a life, health and accident insurance contract entered into by the employer and a life-long pension insurance

contract (with accrued funded pension assets in accordance with the Law on State Funded Pensions);

- insurance compensations which have been disbursed upon the occurrence of an insurable event in relation to the life and health of the insured person due to an accident or illness, in accordance with the life insurance policy (including with accumulation of funds) regardless of who has entered into the insurance contract;

- the supplementary pension capital, which has been formed from contributions of private individuals or their spouse or a person related to their relatives up to the third stage within the meaning of the Civil Law into private pension funds according to licensed pension plans and paid to participants in pension plans;

- income from Latvian or other EU Member State or EEA State and local government bonds;

- capital gains on immovable property, if the ownership of the payer has been for more than 60 months (5 years) and it has been the declared as place of residence of the person for at least 12 months (1 year);

- capital gains on immovable property, if the ownership of the payer has been for more than 60 months (5 years) and the last 60 months (5 years) this immovable property has been the only real estate of the payer;

- capital gains on immovable property which has occurred in relation to the division of property in the case of dissolution of marriage, if it has been the declared place of residence of both spouses at least 12 months until the day of entering into the alienation contract;

- capital gains on immovable property (the relevant immovable property is registered in the Land Register as only immovable property of the payer), if this income is invested a new in a functionally similar immovable property within 12 months following the alienation of the immovable property or before alienation of the immovable property;

- income from the alienation of personal property (movable objects such as furniture, clothing and other movable objects belonging to an individual intended for personal use) except income from the sale of items (tangible or intangible) prepared for sale or purchased, the capital gains and other income from capital and scrap sales;

- scholarships paid from the budget, association or foundation resources;

- scholarships up to 280 euros per month paid by an entrepreneur in accordance with the procedure set out by the Cabinet of Ministers for the organization and implementation of work environment training shall be paid by the merchant, institution, association, foundation, natural person registered as a performer of economic activity, as well as individual enterprise, including farmer or fishermen's farm, and other economic operators;

- grants paid to a student who attends a medical education program to promote the acquisition of an educational program and which is paid out from the institution of health care institution;

- income obtained as a result of inheritance except author's fees (royalty) which is paid to the inheritors of the copyright and for the State funded pension capital which is inherited in case of the death of a participant of a State funded pension scheme;

- allowance (alimony);

- prizes of lotteries and gambling if the amount (total amount) of the prize (value thereof) does not exceed EUR 3 000 per taxation year;

- goods and services lottery prizes;

- material and monetary prizes (premiums) received at competitions and contests, the total value of which in the taxation year does not exceed EUR 143, and the prizes and premiums acquired at international contests the total value of which does not exceed EUR 1 423 a year, as well as the financial incentive paid out to the laureates of the prizes of the Baltic Assembly and prizes of the Cabinet;

- revenues from gifts up to EUR 1 425 from natural person, other than a close relative;
- revenues from gifts in full amount from natural persons, if the giver is connected to the payer by marriage or kinship to the third degree;
- dividends, income equal to dividends or notional dividends if the enterprise income tax has been paid etc.

1.1.3. Tax schedule

From 2018, the personal income tax (PIT) system is progressive (in 2017 the PIT rate was a flat tax rate of 23%).

In 2021, the PIT rates are set:

- 20% - for income up to EUR 20 004 per year;
- 23% - for income exceeding EUR 20 004 but not exceeding EUR 62 800 per year (in 2018 not exceeding EUR 55 000 per year);
- 31 % - for income exceeding EUR 62 800 per year (in 2018 exceeding EUR 55 000 per year).

The tax rate 20% and 23% (depending on the level of income) is applicable monthly in the workplace where a payroll tax book is submitted. In the workplace where a payroll tax book is not submitted, only the 23% rate should be applied.

The rate 31% is calculated only in the annual tax return. During the year, the tax is paid as Solidarity tax for an employee whose revenue exceeds EUR 62 800 per year. The Solidarity tax part of 10.0% is transformed into the Personal income tax rate of 31%. The compulsory social security contributions from income above EUR 62 800 per year shall not be paid.

1.2. Regional and local income tax

There are no regional and local income taxes.

2. Compulsory social security contributions to schemes operated within the government sector

In 2018, the compulsory social security contribution rate was increased by one percentage point from 34.09% to 35.09% to ensure financing of the health sector (0.5% paid by the employee and 0.5% paid by the employer). From 2021 the social security contribution rate has been reduced by 1 percentage point to the same rate level as it was in force before 2018, i.e. from 35.09% to 34.09% (for employers from 24.09% to 23.59%, for employees from 11% to 10.5%)

The social security contributions covers:
- state pension insurance;
- social insurance in case of unemployment;
- social insurance in respect of accidents at work and occupational diseases;
- disability insurance;
- maternity and sickness insurance;
- parental insurance;
- health insurance.

In 2021, the maximum object of mandatory social payments is EUR 62 800 per year.

2.1. Employees' contributions

Employees pay 10.5% of their earnings in social security contributions. The taxable base is the total amount of the gross wage or salary including vacation payments, fringe benefits and remuneration of expenses related to work above a certain threshold. The assessment period is the calendar month.

2.2. Employers' contributions

Social security contributions are also paid by employers at a rate of 23.59% on behalf of their employees. The taxable base and the assessment period are the same as for employees' contributions.

The total contribution rates paid by employees and employers in 2021 are divided:

Scheme name	Rate of contribution (%)
Pension insurance	23.91
Unemployment insurance	1.6
Insurance of accidents at work and occupational diseases	0.66
Disability insurance	2.29
Maternity and sickness insurance	3.47
Parental insurance	1.16
Health insurance	1.00
Total	34.09

2.3. Solidarity tax

From 2016 the Solidarity tax was introduced.

From 2019 the Solidarity tax rate has been reduced from 35.09% (2018) to 25.50%, and from 2021 to 25%. See more in the table below on the distribution of Solidarity tax rate from 2017 to 2021.

The difference between 2018 and onwards is that:

- in 2018 the Solidarity tax rate is set at the same level as the current social security contributions rates (11% and 24.09%). Solidarity tax is applied during the tax year to the same rate as the social security contributions.

- in 2019 and 2020 Solidarity tax was set at 25.5%, which was less than the current social security contributions rate of 35.09% (11% and 24.09%). In 2021 the Solidarity tax is reduced to 25%. Like in 2019 and 2020, in 2021 Solidarity tax is applied during the tax year at the same rate as the social security contributions (34.09% in 2021, 35.09% in 2019 and 2020). Therefore, the overpaid solidarity tax is refunded to the employer in the next taxation year.

The tax is paid for the income exceeding the amount of the maximum social security contribution object. From 2019 the social security contribution ceiling was raised to EUR 62 800 per year (in 2018 was EUR 55 000 per year). The taxation period is the calendar year.

The purpose of the Solidarity tax is to eliminate the existing regressivity in the labour tax system and to equalize the tax burden on labour between low-wage earners and high wage earners. This problem appeared when the social contribution ceiling was re-introduced in 2014.

The Solidarity tax applies to all socially insured individuals – employees, self-employed, if their income during the calendar year exceeds the amount of the maximum mandatory social security contributions. Employers are also subject to solidarity tax (in the same way, as they are liable for paying employer social insurance contributions).

Solidarity tax rate distribution

		2018	2019-2020	2021
Solidarity tax rate		**35.09%**	**25.50%**	**25%**
Employer's rate distribution:		**24.09%**	**14.50%**	**14.50%**
	State budget (not tied to social)			
	Funded pension (2nd pillar pension scheme)[1]	6.00%		
	Private pension in the Fund's Pension Plan (3nd pillar pension scheme)[1]	4.00%		
	State Pension	13.59%		
	Pension insurance		14.00%[3]	14.00%[3]
	Health care	0.50%	0.50%	0.50%
Employee's rate distribution:		**11.00%**	**11.00%**	**10.50%**
	State budget (not tied to social			
	Personal income tax[2]	10.50%	10.50%	10.00%
	Health care	0.50%	0.50%	0.50%

1. If a person is not a member of a funded pension scheme, a private pension fund is transferred 10%.
2. The Solidarity tax (paid by employee for income above EUR 62 800 per year in 2019 - 2021) part of 10.0% (before 2021 10.5%) is transformed into a Personal income tax rate of 31% (before 2021 31.4%). It means that, by submitting the annual income declaration and performing the conversion of the PIT into three PIT rates (the third rate of 31%), the share of paid Solidarity Tax is equal to PIT rate 31% (before 2021 31.4%).
3. From 2019 to 2020, 14% of the paid solidarity tax was transferred to the State pension special budget and registered in the personal account of the taxpayer in accordance with the law On State Pensions (in 2018 13.59% were transferred to the State pension special budget). As of 2021, 14% of the paid solidarity tax are transferred to the State pension special budget unpersonalised.

2.3.1. Payroll tax

The Business risk fee is paid in the state basic budget, and then transferred to the Employee claim guarantee fund, which is administrated by the state agency "Insolvency administration". The Insolvency administration is a public institution controlled by the Ministry of Justice.

If an enterprise is insolvent, the Insolvency Administration satisfies employee claims for their unpaid salaries, compensations for the paid annual leaves and compensations for dismissal in case of the end of the employment relationships.

The Business risk fee does not confer entitlement to any kind of social benefits.

The Business risk fee is a constant payment for a person EUR 0.36 per employee per month.

3. Universal cash transfers

3.1. Transfers related to marital status

None.

3.2. Transfers for dependent children

From 2015, support for families has been introduced through differentiated family state benefits:

- EUR 11.38 per month for the first child,

- EUR 22.76 per month for the second child,
- EUR 34.14 per month for the third child,
- EUR 50.07 per month for the fourth and each subsequent child (only from 2017).

From March 1, 2018 a supplement to the state benefit for families is paid:

- EUR 10 per month for 2 children;
- EUR 66 per month for 3 children,
- additionally EUR 50 per month for each subsequent child

For example, for family with six children the supplement payment is EUR 216 per month (EUR 66 (for 3) + EUR 50 + EUR 50 + EUR 50).

The state pays family benefits to all children until they reach the age of 15. Children enrolled in basic or secondary schools or vocational education institutions operating on the basis of basic education have the right to receive family benefits until the age of 20.

In addition there are four other types of family benefits for which the payment depends on either the age of the child(ren) and/ or the status of the person(s) looking after them: maternity and paternity benefit; childbirth benefit; parental benefit; child care benefit (additional benefit for child with disabilities). These are not included in the modelling.

4. Main changes in tax/benefit system in 2021

- The social security contribution rate has been reduced by 1 percentage point, i.e. from 35.09% to 34.09% (for employers from 24.09% to 23.59%, for employees from 11% to 10.5%.
- The income threshold, up to which the personal income tax non-taxable minimum is not applicable, has been raised from EUR 1 200 to EUR 1 800 per month.
- The personal income tax upper rate has been decreased from 31.4 to 31%.
- The non-taxable minimum for pensioners has been increased from EUR 300 to EUR 330.
- The solidarity tax rate has been decreased from 25.5% to 25%.
- The minimum wage has been raised from EUR 430 to EUR 500 per month.

4.1. Changes to labour taxation due to the COVID pandemic in 2020 and 2021

No specific changes to labour taxation were made due to the COVID pandemic.

5. Memorandum items

5.1. Average gross annual wage earnings

In Latvia the gross earnings figures cover wages and salaries paid to individuals in formal employment including payment for overtime. They also include additional bonuses and payments and other payments such as for the annual and supplementary vacations, public holidays, sick pay (sick-leave certificate A), payment for public holidays and other days not worked, social security compulsory contributions paid by the employees and personal income tax, as well as labour remuneration subsidies.

5.2. Employer contributions to private pension and health schemes

Some employer contributions are made to private health and pension schemes but there is no relevant information available on the amounts that are paid.

2021 Parameter values

Average earnings/yr	Ave_earn	15 270	Secretariat estimate
Basic allowance	Basic_al		
Minimum non-taxable minimum	MIN_non_taxable	0	
Maximum non-taxable minimum	MAX_non_taxable	3,600	
Taxable income maximum threshold up to which the annual non-taxable minimum will be applied	Income_for_MIN_non_taxable	21,600	
Taxable income minimum threshold up to which the maximum annual non-taxable minimum will be applied	Income_for_MAX_non_taxable	6,000	
Coefficient	Coefficient	0,23077	
Allowance for dependants	Child_al	3,000	
Income tax schedule	Tax_sch	0.20	20 004
	Tax_rate_2	0.23	62 800
	Tax_rate_3	0.31	
Payroll tax - Business risk fee	payroll	4.32	
Income ceiling	Ceiling	62,800	
Employers SSC	SSC_rate1	0.2359	
Employers Solidarity Tax	Sol_tax_rate_1	0.145	
Employees SSC (without health ins.)	SSC_rate2	0.10	
Employees health insurance	Health_ins2	0.005	
Employees Solidarity tax (without health ins.)	Sol_tax_rate_2	0.10	
Child allowances	CA_first	136.56	
	CA_second	273.12	
	CA_third	409.68	
	CA_fourth and each next	600.84	
Additional child allowance	ACA_2ch	120	
	ACA_3ch	792	
	ACA_each next	600	
Days in tax year	numdays	365	

Note: Calculating taxable income not only the salary is taken into account, but also other income (such as economic activity, pension etc.). Similarly, if a person works in several jobs, the salaries are summed up and the non-taxable minimum is applied to the total revenue.

2021 Tax equations

The equations for the Latvian system are mostly on an individual basis.

The functions which are used in the equations (Taper, MIN, Tax etc) are described in the technical note about tax equations. Variable names are defined in the table of parameters above, within the equations table, or are the standard variables "married" and "children". A reference to a variable with the affix "_total" indicates the sum of the relevant variable values for the principal and spouse. And the affixes "_princ" and "_spouse" indicate the value for the principal and spouse, respectively. Equations for a single person are as shown for the principal, with "_spouse" values taken as 0.

	Line in country table and intermediate steps	Variable name	Range	Equation
1.	Earnings	earn		
2.	Allowances:	tax_al	P	=MINA(Basic_al+ SSC_empee_princ+ Health ins2 _empee_princ +(Children>0)*(Child_al*Children);earn_princ)
			S	=MINA(Basic_al+ SSC_empee _spouse+ Health ins2 _empee_spouse,earn_spouse)
	Non-taxable minimum	Basic_al	B	=IF(earn<=0;0;(IF(earn-Income_for_MAX_non_taxable<0; MAX_non_taxable;(IF((MAX_non_taxable-Coefficient*(earn-Income_for_MAX_non_taxable))> MIN_non_taxable; (MAX_non_taxable-Coefficient*(earn-Income_for_MAX_non_taxable)); MIN_non_taxable)))))
3.	Credits in taxable income	taxbl_cr	B	0
4.	CG taxable income	tax_inc	B	=Positive(earn-tax_al)
5.	CG tax before credits	CG_tax_excl	B	=IF((earn- tax_al)<0,0,IF(tax_al>inc_thresh_1,0,IF(earn> inc_thresh_1,(inc_thresh_1- tax_al)*Tax_rate_1,(earn-tax_al)* Tax_rate_1))+IF((earn-tax_al)<0,0,IF(tax_al>inc_thresh_2,0,IF(earn> inc_thresh_2,(inc_thresh_2-IF(tax_al> inc_thresh_1, tax_al, inc_thresh_1))*, Tax_rate_2,IF(earn> inc_thresh_1,(earn-IF(tax_al> inc_thresh_1, tax_al, inc_thresh_1))*Tax_rate_2,0))))+IF((earn- tax_al)<0, 0,IF(tax_al>inc_thresh_2,IF(earn> inc_thresh_2,(earn- tax_al)* Tax_rate_3,0),IF(earn> inc_thresh_2, (earn- inc_thresh_2)* Tax_rate_3,0))))
6.	Tax credits :	tax_cr	B	0
7.	CG tax	CG_tax	B	=IF(CG_tax_excl-tax_cr>0; CG_tax_excl-tax_cr;""")- tax_cr_non_waste
8.	State and local taxes	local_tax	B	0
9.	Employees' soc security	SSC_empee	B	= MIN(Ceiling;earn)*SSC_rate2
10.	Employees health insurance	Health_ins2		= earn* Health_ins2
11.	Employees' Solidarity tax	Sol_tax_ee	B	=IF(earn<Ceiling,0,(earn-Ceiling)*Sol_tax_rate_2)
12.	Cash transfers	cash_trans	J	=IF(Children<1;0;IF(Children=1;CA_first;IF(Children=2;CA_first+CA_second;IF(Children=3;CA_first+CA_second+CA_third;IF(Children=4;CA_first+CA_second+CA_third+CA_fourth_and_each_next;IF(Children>4;CA_first+CA_second+CA_third+CA_fourth_and_each_next*(Children-3)))))))
13.	Additional child allowances		J	=IF(Children<2;0;IF(Children=2;ACA_2ch;IF(Children=3;ACA_3ch;IF(Children>3;ACA_3ch+ACA_each_next*(Children-3)))))
14.	Employer's soc security	SSC_empr	B	= MIN(Ceiling;earn)*SSC_rate1
		Payroll taxes	B	=payroll
15.	Employer's Solidarity tax	Sol_tax_er	B	=IF(earn<Ceiling,0,(earn-Ceiling)*Sol_tax_rate_1)

Key to range of equation B calculated separately for both principal earner and spouse P calculated for principal only (value taken as 0 for spouse calculation) J calculated once only on a joint basis.

Lithuania

This chapter includes data on the income taxes paid by workers, their social security contributions, the family benefits they receive in the form of cash transfers as well as the social security contributions and payroll taxes paid by their employers. Results reported include the marginal and average tax burden for eight different family types.

Methodological information is available for personal income tax systems, compulsory social security contributions to schemes operated within the government sector, universal cash transfers as well as recent changes in the tax/benefit system. The methodology also includes the parameter values and tax equations underlying the data.

LITHUANIA 2021

The tax/benefit position of single persons

	Wage level (per cent of average wage)	67	100	167	67
	Number of children	none	none	none	2
1.	**Gross wage earnings**	12 536	18 711	31 247	12 536
2.	**Standard tax allowances**				
	Basic allowance	3 930	2 819	562	3 930
	Married or head of family				
	Dependent children				
	Deduction for social security contributions and income taxes				
	Work-related expenses				
	Other				
	Total	3 930	2 819	562	3 930
3.	**Tax credits or cash transfers included in taxable income**	0	0	0	0
4.	**Central government taxable income (1 - 2 + 3)**	8 606	15 892	30 685	8 606
5.	**Central government income tax liability (exclusive of tax credits)**	1 721	3 178	6 137	1 721
6.	**Tax credits**				
	Basic credit				
	Married or head of family				
	Children				
	Other				
	Total	0	0	0	0
7.	**Central government income tax finally paid (5-6)**	1 721	3 178	6 137	1 721
8.	**State and local taxes**	0	0	0	0
9.	**Employees' compulsory social security contributions**				
	Gross earnings	2 445	3 649	6 093	2 445
	Taxable income				
	Total	2 445	3 649	6 093	2 445
10.	**Total payments to general government (7 + 8 + 9)**	4 166	6 827	12 230	4 166
11.	**Cash transfers from general government**				
	For head of family				
	For two children	0	0	0	2 669
	Total	0	0	0	2 669
12.	**Take-home pay (1-10+11)**	8 371	11 884	19 017	11 039
13.	**Employer's wage dependent contributions and taxes**				
	Employer's compulsory social security contributions	184	275	459	184
	Payroll taxes	40	60	100	40
	Total	224	335	559	224
14.	**Average rates**				
	Income tax	13.7%	17.0%	19.6%	13.7%
	Employees' social security contributions	19.5%	19.5%	19.5%	19.5%
	Total payments less cash transfers	33.2%	36.5%	39.1%	11.9%
	Total tax wedge including employer's social security contributions	34.4%	37.6%	40.2%	13.5%
15.	**Marginal rates**				
	Total payments less cash transfers: Principal earner	43.1%	43.1%	43.1%	43.1%
	Total payments less cash transfers: Spouse	n.a.	n.a.	n.a.	n.a.
	Total tax wedge: Principal earner	44.1%	44.1%	44.1%	44.1%
	Total tax wedge: Spouse	n.a.	n.a.	n.a.	n.a.

LITHUANIA 2021

The tax/benefit position of married couples

Wage level (per cent of average wage)		100-0	100-67	100-100	100-67
Number of children		2	2	2	none
1.	**Gross wage earnings**	18 711	31 247	37 422	31 247
2.	**Standard tax allowances**				
	Basic allowance	2 819	6 749	5 637	6 749
	Married or head of family				
	Dependent children				
	Deduction for social security contributions and income taxes				
	Work-related expenses				
	Other				
	Total	2 819	6 749	5 637	6 749
3.	**Tax credits or cash transfers included in taxable income**	0	0	0	0
4.	**Central government taxable income (1 - 2 + 3)**	15 892	24 498	31 784	24 498
5.	**Central government income tax liability (exclusive of tax credits)**	3 178	4 900	6 357	4 900
6.	**Tax credits**				
	Basic credit				
	Married or head of family				
	Children				
	Other				
	Total	0	0	0	0
7.	**Central government income tax finally paid (5-6)**	3 178	4 900	6 357	4 900
8.	**State and local taxes**	0	0	0	0
9.	**Employees' compulsory social security contributions**				
	Gross earnings	3 649	6 093	7 297	6 093
	Taxable income				
	Total	3 649	6 093	7 297	6 093
10.	**Total payments to general government (7 + 8 + 9)**	6 827	10 993	13 654	10 993
11.	**Cash transfers from general government**				
	For head of family				
	For two children	2 669	1 680	1 680	0
	Total	2 669	1 680	1 680	0
12.	**Take-home pay (1-10+11)**	14 553	21 934	25 448	20 254
13.	**Employer's wage dependent contributions and taxes**				
	Employer's compulsory social security contributions	275	459	550	459
	Payroll taxes	60	100	120	100
	Total	335	559	670	559
14.	**Average rates**				
	Income tax	17.0%	15.7%	17.0%	15.7%
	Employees' social security contributions	19.5%	19.5%	19.5%	19.5%
	Total payments less cash transfers	22.2%	29.8%	32.0%	35.2%
	Total tax wedge including employer's social security contributions	23.6%	31.0%	33.2%	36.3%
15.	**Marginal rates**				
	Total payments less cash transfers: Principal earner	43.1%	43.1%	43.1%	43.1%
	Total payments less cash transfers: Spouse	41.1%	43.1%	43.1%	43.1%
	Total tax wedge: Principal earner	44.1%	44.1%	44.1%	44.1%
	Total tax wedge: Spouse	42.2%	44.1%	44.1%	44.1%

The Lithuanian currency is the Euro (EUR). In 2021, EUR 0.84 was equal to USD 1. In 2021, the average worker in Lithuania was expected to earn EUR 18 711 (Secretariat estimate).

1. Personal income tax system

1.1. Central government income tax

1.1.1. Tax unit

The tax unit is an individual.

1.1.2. Tax allowances

1.1.2.1. Standard tax reliefs

- *A general (basic) allowance (tax-exempt amount)* is applied in calculating the taxable income of residents to the extent the income is derived from employment or similar relationships. However, the size of the annual tax-exempt amount depends on the total amount of annual taxable income before taxes and all allowances (hereinafter – annual income). In 2021 the annual tax-exempt amount is EUR 4 800 for individuals whose annual income does not exceed twelve minimum monthly wages effective on 1 January of a respective calendar year (EUR 7 704 in 2021). For others, the annual tax-exempt amount is estimated using the following formula:
- 4 800– 0.18 x (annual income – twelve minimum monthly wages effective on 1 January of a respective calendar year).
- If according to this formula a negative amount is calculated, then the tax-exempt amount is not applied. As such, no basic personal allowance applies if annual income exceeds EUR 34 368.
- *An allowance for disadvantaged* is applied as follows: in 2021 the annual tax-exempt amount applicable to individuals with a working capacity level of 0-25% or individuals who have reached the retirement age and have an officially recognized high level of special needs, or individuals with high-level disability, is EUR 7 740. The annual tax-exempt amount applicable to individuals who have a working capacity level of 30-55% or individuals who have reached retirement age and have an officially recognized level of medium or low special needs, or individuals with medium or low-level disability, is EUR 7 200. The tax allowance for disadvantaged is not included in the Taxing Wages calculations.

1.1.2.2. Non – standard tax reliefs applicable to income from employment

- Contributions to 3rd pillar pension funds, as well as additional voluntary health insurance contributions paid by the employer on behalf of an employee, are treated as non-taxable income (when such contributions combined do not exceed 25% of the gross wage).
- The following expenses incurred by a resident of Lithuania during the tax period may be deducted from his annual income (a total no more than 25% of annual income worth of expenses):
- Life insurance contributions paid for his own benefit or for the benefit of his spouse or minor children (adopted children) under life insurance contracts which provide for an insurance benefit not only upon the occurrence of an insurance event, but also upon the expiry of the term of the insurance contract.
- 2nd pillar pension contributions, paid by employees, exceeding 3% of taxable wage related income.
- Voluntary 3rd pillar pension contributions paid for his own benefit or for the benefit of his spouse or minor children (adopted children) to pension funds.

- Payments for studies (for vocational training under a formal vocational training programme, when appropriate qualification is obtained, a module of the formal vocational training programme leading to the acquisition of an appropriate competence (competences) and/or for studies when a higher education qualification is obtained) made by studying residents of Lithuania. If the resident does not have annual income, the deduction of expenses from the income can be made by parents and/or spouse. If payments for studies are made with borrowed funds (a loan is taken out from a credit institution for that purpose), the repaid amount of the loan during the tax period may be deducted from income.

- Payments for repairs of housing (except renovation of multi-apartments), repairs of passenger cars and childcare services (made for one's own benefit or for the benefit of one's spouse).

- The deduction of expenses described above on life insurance and pension contributions applies only to expenses of up to a total of EUR 1 500 per year. The deduction of expenses for studies is unlimited, while expenses for services on housing / passenger car repairs and child care services are limited to EUR 2 000 per year.

1.1.3. Tax schedule

- A two-bracket progressive personal income tax rate system is applied on taxable wage related income: 20% applies for income equal to or below the threshold of 60 average wages per year (EUR 81 162 in 2021), 32% applies for income above the threshold. The tax is withheld by the employer at 20% rate from employee's wage and paid up to two times a month. The 32% rate is applied and the difference between 20% rate and 32% rate is paid by the employee once per year, when filing the annual income tax return.

1.2. Regional and local income tax

There are no regional or local income taxes.

2. Compulsory social security insurance system

The compulsory social security insurance system consists of the following types of social security contributions:

- pension insurance;
- health insurance;
- sickness insurance;
- maternity insurance;
- unemployment insurance;
- insurance from accidents at work and occupational diseases.

The share of the wage above the "ceiling" is not subject to social security contributions (except Health insurance contributions). In 2021, the ceiling is set at 60 average wages per year (AW).

The AW applied to calculate the social security contribution base is approved by the law of Approval on Budget Indicators of the State Social Insurance Fund for the relevant year. It is the average gross monthly earnings (including salary data for the sole proprietorships) published by the Statistics of Lithuania of Q3 and Q4 for the year before the previous year and Q1 and Q2 for the previous year.

2.1. Employees' contributions

Since 1 January 2021, the rate of the employee's social security contributions is 19.5%, as follows:

- pension insurance – 8.72%;
- health insurance – 6.98%;
- sickness insurance – 2.09%;
- maternity insurance – 1.71%.

Employees pay social security contributions from their gross wage (including basic wage, bonuses, premiums, additional pays, severance pays, compensations calculated for annual and special leave as well as the monetary compensations calculated for unused annual leave, allowances and other benefits). The assessment period is the calendar month.

2.2. Employers' contributions

Since 1 January 2021, the overall rate of the social security contributions of the employer's is 1.47%, as follows:

- unemployment insurance – 1.31% for termless employment contracts and 2.03% for fixed-term employment contracts;
- insurance from accidents at work and occupational diseases – the overall rate is 0.16% (this is the rate that is modelled). In practice four categories of employers are set according to their history of accidents at work and occupational diseases. The tariffs for each of these categories are:

Category	Rate of contribution (%)
Category I	0.14
Category II	0.47
Category III	0.70
Category IV	1.40

A minimum amount ("floor") of social security contributions is applied. Employers must calculate and pay employer's and employee's share of social security contributions from a base not lower than minimum monthly wage, which in 2021 is EUR 642. Exceptions apply in cases where:

- The person has more than one insurer in Lithuania during the respective period or is insured by the State for pension insurance;
- The person receives social insurance pension from the State Social Insurance Fund;
- The person is not older than 24 years;
- The person is disabled;
- The person receives allowance for maternity or paternity leave.

2.3. Payroll tax

Employers pay 0.16% of the gross wage to the Guarantee fund.

If a company goes bankrupt the Guarantee fund is used to satisfy employees' claims for the amount of his creditor's claim, but not more than 6 minimal monthly wages.

Employers pay 0.16 % of the gross wage to the Long-term employment benefit fund.

The Long-term employment benefit fund is used for paying severance payments to long-tenure employees having lost jobs.

The ceiling for employer contributions will no longer apply from 2021. Some employers are exempt from these taxes (0.16% to the Guarantee Fund and 0.16% to the Long-term employment benefit fund), namely the Lithuanian Central bank and budget institutions (exempt from both Guarantee and Long-term employment benefit funds contributions), political parties, trade unions, religious communities and societies (exempt from Guarantee fund contributions). Given that the model covers the private sector only (sectors B to N by ISIC Rev.4) and that the Guarantee fund and Long-term employment benefit fund contributions are paid by the majority of employers within those sectors, these contributions are included in the model.

3. Universal cash transfers

3.1. Transfers related to marital status

None.

3.2. Transfers for dependent children

Child benefits in Lithuania depend on the age and number of children as well as the size of income of the family. In 2018 a non means-tested universal child benefit was introduced for all families raising children up to 18 years of age and over, if he / she is studying under the general education curriculum, but not longer, until he / she reaches the age of 21. In 2021, the size of the universal child benefit is EUR 840 per child per year. An additional child benefit (EUR 494.4 per child per year, which is paid on top of the universal benefit) is granted if family's income per person per year did not exceed EUR 3 072 for families with up to two children. For families with three or more children and disabled children the additional child benefit is paid regardless of the amount of family income.

4. Main changes in tax/benefit system since 2000

4.1. Tax system

- In 2000 the 3rd pillar private pension funds were introduced, allowing employees to voluntarily choose to accumulate for additional pension by taking part in the 3rd pillar private pension funds or negotiate it with employer as part of employment contract. Contributions to such funds are financed by employees themselves, if they chose to take part in pension scheme voluntarily or by the employer on behalf of the employee.
- In 2003 a possibility to deduct certain expenses from taxable annual income incurred by a resident of Lithuania was introduced.
- In 2004 the 2nd pillar pension system was introduced, allowing voluntary participation in the pension accumulation system which consists of a share of social security contributions paid by the employer, transferred to the pension fund on behalf of the employee.
- The personal income tax rate was lowered gradually from 33% to 27% as of 1 July 2006, then further to 24% in 2008 and again to 15% in 2009.
- In 2009 employee health insurance contributions were introduced together with a lower personal income tax rate.
- In 2009 a flat tax-exempt amount was replaced with a regressive tax exempt formula, gradually diminishing the tax-exempt amount at some level of income, therefore introducing an element of progressivity into taxation of wages.

- In 2014 the 2nd pillar pension system was modified. A possibility to increase the size of the private pension contribution was introduced by allowing employees to contribute additionally from their own gross wage with an additional contribution from the State.

- In 2017 the deduction of expenses described in *1.122.* on life insurance and voluntary 3rd pillar pension funds savings tax reliefs were given a "ceiling" and apply only to insurance premium of up to a total of EUR 2 000 per year.

- In 2018 the additional tax exempt amount (child allowance) was replaced by direct child benefits, which are paid without testing for family income.

- In 2018 a minimum amount ("floor") of social security contributions was established. Employers calculate and pay employer's share of social security contributions from a base not lower than minimum monthly wage. As of 1 July 2018 employers must pay not only the employer's share, but also the employee's share of social security contributions from a base not lower than minimum monthly wage.

- In 2019 a labour taxation reform was introduced. Most of the employer's SSC (a total of 28.9 p.p.) were shifted to the employee. The overall employer's SSC rate in 2018 was 30.5%, an aggregated of:
  - pension insurance – 22.3%;
  - health insurance – 3%;
  - sickness insurance – 1.4%;
  - maternity insurance – 2.2%;
  - unemployment insurance – 1.4%;
  - insurance from accidents at work and occupational diseases – 0,2%

- Starting from 1 January 2019 pension insurance, health insurance, sickness insurance and maternity insurance were shifted to the employee side (22.3%+3%+1.4%+2.2%=28.9%)

- This resulted in a gross salary increase by 28.9% (enforced by law), as well as recalculation of SSC, personal income tax and payroll tax rates accordingly to neutralize the shift. Moreover, a share of SSC, covering the general part of pension, was shifted to personal income tax to ensure a sustainable financing source for financing the general part of pension from the State budget. Finally, personal income tax and SSC rates were reduced by a total of 1.55 p.p. (in the new taxation system) to ensure that take home pay does not decrease in case a person decides to participate in the 2nd pillar pension system after the 2019 reform (which includes employee's contribution).

- In 2019, a two-bracket progressive taxation for labour income was introduced. The first bracket is taxed at 20%, while the second bracket – at 27% personal income tax rate (above the threshold of 120 average wages per year).

- In 2019, the ceiling for both employee's and employer's SSC (excluding health insurance contributions) and payroll taxes (contributions to the Guarantee fund and Long-term employment benefit fund) was introduced. It is applicable for the annual income above 120 average wages

- In 2020, the tax rate for second bracket was increased from 27% to 32% personal income tax rate and the threshold above which 32% rate is applied was reduced from 120 to 84 average wages per year.

- In 2020, the ceiling for both employee's and employer's SSC (excluding health insurance contributions) and payroll taxes was reduced from 120 to 84 average wages per year.

- From 2021 the ceiling is applied only for the employee's overall employment income (combined from all employers, as opposed to each employer individually, as was applied previously), except for health insurance contributions. The ceiling is no longer applied for the SSC paid by the employer.

- In 2021 the ceiling for employee's SSC (excluding health insurance contributions) was reduced from 84 to 60 average wages per year.
- In 2021 the personal income tax threshold above which 32% rate is applied was reduced from 84 to 60 average wages per year.

4.2. Benefit system

- Between 2000 and June 2004, the child benefits were paid for all children up to 3 years of age, provided that none of the parents received maternity (paternity) benefits. Families with three or more children, below a set threshold of income per family member, were given more generous benefits for children up to 3 years of age, as well as benefits for children from 3 years to 16 years of age.
- Between July 2004 and 2008, the child benefits were paid without testing family income. The range of the age of children for which the benefits were paid depended on the size of the family. Different age ranges were applied for families with three or more children (the top of the range remained 18 years throughout the period) and families with up to two children (the top of the age range was gradually increased from 7 years to 9 years in 2006, from 9 years to 12 years in 2007 and from 12 years to 18 years in 2008).
- In 2009, testing of family income was introduced for families with up to two children above 3 years of age.
- In 2010, the testing for the fact and the size of the maternity (paternity) benefit was introduced for children up to 2 years of age and testing of family income was extended to all children above 2 years of age.
- Between 2012 and 2016, testing of family income applied to all children and only in families with three or more children the child benefit was paid for children over 7 years of age.
- In 2017, testing of family income was abolished for families with three or more children regarding child benefits. Moreover, families with up to two children under 7 years of age were included in the means-tested child benefit scheme.
- In 2018, a universal child benefit replaced the abolished tax exempt amount for children. The universal child benefit is paid for every child from birth to the age of 18 years and over, if he / she is studying under the general education curriculum, but not longer, until he / she reaches the age of 21. The size of the universal child benefit is EUR 30.02 per child per month. Large and low-income families receive the additional child benefit (on top of the universal child benefit): to children from birth to the age of 2 years amounting to EUR 28.5 per child per month and to children from 2 to 18 years of age amounting to EUR 15.2.
- In 2019, the universal child benefit is paid for every child from birth to the age of 18 years and over, if he / she is studying under the general education curriculum, but not longer, until he / she reaches the age of 21. The size of the universal child benefit increased from EUR 30.02 to EUR 50.16 per child per month, while for the disabled children – to EUR 69.92. Large and low-income families receive the additional child benefit (on top of the universal child benefit) amounting to EUR 20.14 per child per month.
- In 2020, the universal child benefit is paid for every child from birth to the age of 18 years and over, if he / she is studying under the general education curriculum, but not longer, until he / she reaches the age of 21. The size of the universal child benefit increased from EUR 50.16 to EUR 60.06 per child per month. The size of the additional child benefit (on top of the universal child benefit) for large and low-income families increased from EUR 20.14 to EUR 40.17 per child per month, the additional child benefit of the same amount has been established for disabled children.

- In 2021, the universal child benefit is paid for every child from birth to the age of 18 years and over, if he / she is studying under the general education curriculum, but not longer, until he / she reaches the age of 21. The size of the universal child benefit increased from EUR 60.06 to EUR 70 per child per month. Large and low-income families and disabled children receive the additional child benefit (on top of the universal child benefit) amounting to EUR 41.2 per child per month.

4.3. Changes to labour taxation and benefit system due to the covid-19 pandemic

In relation to the COVID-19 pandemic, the Lithuanian Government and the tax authorities decided to apply certain personal income tax and social security contribution related measures to assist tax payers with their ongoing obligations.

Related measures by the PIT administrator - State Tax Inspectorate under the Ministry of Finance of the Republic of Lithuania (hereinafter - STI):

- STI published a list of tax payers which were directly hit and experienced adverse effects of COVID-19 pandemic. These tax payers are automatically subject to certain reliefs, applicable for tax debts incurred before 31 August 2021, and the following fiscal measures apply to the listed entrepreneurs:

  – **Recovery of unpaid taxes is suspended**. Interest on late payment are not to be calculated.

  – **Accumulated unpaid taxes have can be paid without interest until 31 December 2022.** In order to conclude a tax loan agreement without interest, taxpayers have to submit an application to the STI by 31 August 2021, and the agreement must be concluded by 31 December 2021. Otherwise, all accumulated unpaid taxes should be paid by 31 October 2021.

  – **Possibility to pay accumulated unpaid taxes exists beyond 31 December 2022.** Companies that cannot pay accumulated taxes within the set deadline can apply to STI for postponement of tax payment. Interest will be charged only on subsequent installments.

Taxpayers not on the COVID-19 list, but which have also experienced negative consequences of COVID-19, may apply to the tax authorities for the reliefs, as well as for conclusion of a tax credit agreement.

Related measures by the SSC administrator (State Social Insurance Fund Board):

- Aid measures apply to adversely affected insurers. An adversely affected insurer is an insurer whose activities are restricted because the quarantine has been announced in the territory of the Republic of Lithuania or the quarantine has been announced in the territory of the municipality, and if an insurer specifies in the prescribed application that he operates in this territory of the municipality, and:

  - who is automatically listed on the list "Legal entities that are subject to tax aid measures due to COVID-19 without submitting an application" that is published by the STI; or

  - whose application for tax aid measures due to COVID-19 has been approved by the STI.

Insurers, having not found themselves among the published taxpayers, but having suffered adverse effects due to COVID-19, may apply to STI for the said aid measures by submitting an application for the application of selected aid measures.

Recovery of unpaid taxes is suspended. State Social Insurance Fund Board would not start tax recovery if these companies have social security debts arising from a declaration filed from 16th March 2020 till 16th of June 2020 and from 7th of November 2020 (in local quarantines from 26th of October 2020) till the end of quarantine.

- The annual tax-exempt amount for the fiscal year 2020 was increased from EUR 4200 (as budgeted for 2020 before COVID-19) to EUR 4800 for individuals whose annual income does not exceed twelve minimum monthly wages effective on 1 January 2020 (EUR 7 284 in 2020). For others, the annual tax-exempt amount is estimated using the following formula:

4 800– 0.19 x (annual income – twelve minimum monthly wages effective on 1 January of a respective calendar year).

- One-off child benefit to reduce the effects related with the COVID-19 pandemics was paid out in 2020. Low-income families with up to two children and families with three or more children, as well as families raising children with disabilities, are entitled to one-off payment of 200 euros per child. Other families with children are entitled to one-off payment of 120 euros per child.

5. Memorandum items

5.1. Average gross annual wage earnings calculation

The average gross wage is estimated by the Statistics Lithuania. For the purpose of this exercise the average annual earnings equal twelve average monthly gross wages in the industry sectors B–N by ISIC Rev.4 (private sector, including individual enterprises). The gross wage is monetary remuneration, which includes the basic wage, additional pays, overtime, compensations calculated for annual and special leave and payment for idle time.

5.2. Employer contributions to private pension and health schemes

2nd pillar private pension funds. Between 2004 and 2018, employees could voluntarily choose to participate in the pension accumulation system which in 2018 consisted of three types of contributions to the pension fund: (1) a share of social security contributions paid by the employer was transferred to the pension fund on behalf of the employee (2 p.p. from the total contribution paid by the employer); (2) an additional contribution of 2% deducted from the employee's gross wage to the pension fund; (3) another 2% of the Lithuanian average gross wage was transferred by the State. In total, if an employee chooses to participate in the pension accumulation system, roughly 6% (2+2+2) of gross wage was accumulated in the pension fund. However, the supplementary part of a social insurance pension will decrease for the period of participation in the accumulation of pensions depending on the amount of contributions paid. From 2019 all persons at age below 40, insured by social insurance, are enrolled in the 2nd pillar system with a possibility to opt-out. The procedure of auto-enrolment will be repeated every 3 years until the person reaches the age of 40. Pension accumulation system consists of two types of contributions to the private pension fund: (1) employee's contribution – 3% deducted from the employee's gross wage; (2) State's contribution – 1.5% of the Lithuanian average gross wage is transferred by the State on behalf of the employee. Therefore, the overall contribution to the private 2nd pillar pension funds is 4.5%, which corresponds to 6% (2+2+2) applicable before the tax reform of 2019.

3rd pillar private pension funds. Employees can voluntarily choose to accumulate for additional pension by taking part in the 3rd pillar private pension funds or negotiate it with employer as part of employment contract. Contributions to such funds are financed by employees themselves, if they chose to take part in pension scheme voluntarily or by the employer on behalf of the employee. Personal income tax relief related to the 3rd pillar contributions are applied (see section 1.1.2.2).

Additional voluntary health insurance. Employees can voluntarily choose to additionally insure their health for services and medicines that are not covered under the mandatory health insurance scheme. Contributions to such insurance schemes are financed by employees themselves and / or third parties on behalf of the employee (employer, family members, etc.). Personal income tax relief related to the contributions paid by the employers are applied (see section 1.1.2.2).

2021 Parameter values

Average earnings/yr	Ave_earn	18 711	Secretariat estimate
Threshold for SSC ceilings	Threshold_SSC_ceilings	81162	
Allowances	Max_basic_al	4 800	
	Threshold_max_basic_al	7704	
	Reduction_coeficient	0.18	
Income tax schedule	Tax_sch	0.20	81162
		0.32	
Tax credit	tax_cred	0	
Minimum threshold for employer SSC and payroll tax	SSC_employer_min	7704	
Employer's SSC	SSC_rate_empr1	0.0147	
	SSC_rate_empr2	0.2097	
Employer's payroll tax	PRT_rate_empr	0.0032	
Employee's SSC	SSC_rate_empee1	0.1252	
	SSC_rate_empee2	0.0698	
Universal Child benefits			
For each child	UCB	840	
Need-based child benefits			
for each child	CB	494.40	
Need-based family threshold			
each member	F_thrsh	3072	
Days in tax year	numdays	365	

2021 Tax equations

The equations for the Lithuanian system are mostly on an individual basis. But child benefit is only calculated once.

The functions which are used in the equations (Positive, MIN, etc) are described in the technical note about tax equations. Variable names are defined in the table of parameters above, within the equations table, or are the standard variables "married" and "children". A reference to a variable with the affix "_total" indicates the sum of the relevant variable values for the principal and spouse.

	Line in country table and intermediate steps	Variable name	Range	Equation
1	Earnings	earn		=Ave_earn
		earn_net	J	=earn_total-CG_tax_total-SSC_empee_total
2	Allowances	basic_al	B	=Positive(IF(earn<Max_basic_al;earn;IF(earn<Threshold_max_basic_al;Max_basic_al;Max_basic_al-Reduction_coefficient*(earn-Threshold_max_basic_al))))
3	Credits in taxable income	taxbl_cr	B	0
4	CG taxable income	tax_inc	B	=earn-basic_al
5	CG tax before credits	CG_tax_excl	B	=Tax(tax_inc,Tax_sch)
6	Tax credits (wastable)	tax_cr		0
7	CG tax	CG_tax	B	=Positive(CG_tax_excl-tax_cr)
8	State and local taxes	local_tax	B	0
9	Employees' soc security	SSC_empee	B	=IF(earn<Threshold_SSC_ceilings;earn*(SSC_rate_empee1+SSC_rate_empee2);(Threshold_SSC_ceilings*SSC_rate_empee1+earn*SSC_rate_empee2
10	Cash transfers	cash_trans	J	=Children*UCB+IF(earn_net<F_thrsh*(Married+1)+F_thrsh*Children;CB*Children;0)
11	Employer's wage dependent contributions and taxes			
12	Employer's soc security	SSC_empr	B	=IF(AND(earn>0, earn<SSC_employer_min), earn * SSC_rate_empr1 + (SSC_employer_min- earn)*SSC_rate_empr2, earn *SSC_rate_empr1)
13	Employer's payroll	PRT_empr	B	=IF(AND(earn >0, earn <SSC_employer_min), SSC_employer_min*PRT_rate_empr, earn *PRT_rate_empr)
14	Total	Cont_empr	B	=SSC_empr+PRT_empr

Key to range of equation B calculated separately for both principal earner and spouse P calculated for principal S calculated on the spouse J calculated once only on a joint basis.

Luxembourg

This chapter includes data on the income taxes paid by workers, their social security contributions, the family benefits they receive in the form of cash transfers as well as the social security contributions and payroll taxes paid by their employers. Results reported include the marginal and average tax burden for eight different family types.

Methodological information is available for personal income tax systems, compulsory social security contributions to schemes operated within the government sector, universal cash transfers as well as recent changes in the tax/benefit system. The methodology also includes the parameter values and tax equations underlying the data.

Luxembourg 2021

The tax/benefit position of single persons

	Wage level (per cent of average wage)		67	100	167	67
	Number of children		none	none	none	2
1.	**Gross wage earnings**		45 066	67 263	112 330	45 066
2.	**Standard tax allowances**					
	Basic allowance		480	480	480	480
	Married or head of family					
	Dependent children					
	Deduction for social security contributions and income taxes		4 980	7 433	12 412	4 980
	Work-related expenses		540	540	540	540
	Other		0	0	0	0
		Total	6 000	8 453	13 432	6 000
3.	**Tax credits or cash transfers included in taxable income**		0	0	0	0
4.	**Central government rounded taxable income (1 - 2 + 3)**		39 050	58 800	98 850	39 050
5.	**Central government income tax liability (exclusive of tax credits)**		5 438	13 417	30 129	4 457
6.	**Tax credits**					
	Basic credit		608	222	0	608
	Married or head of family					
	Children					
	Other		0	0	0	1 392
		Total	608	222	0	2 000
7.	**Central government income tax finally paid (5-6)**		4 830	13 195	30 129	2 457
8.	**State and local taxes**		0	0	0	0
9.	**Employees' compulsory social security contributions**					
	Gross earnings		5 518	8 282	13 893	5 518
	Taxable income					
		Total	5 518	8 282	13 893	5 518
10.	**Total payments to general government (7 + 8 + 9)**		10 349	21 477	44 022	7 975
11.	**Cash transfers from general government**					
	For head of family					
	For two children		0	0	0	7 614
		Total	0	0	0	7 614
12.	**Take-home pay (1-10+11)**		34 718	45 787	68 308	44 705
13.	**Employer's compulsory social security contributions**		6 237	9 309	15 546	6 237
14.	**Average rates**					
	Income tax		10.7%	19.6%	26.8%	5.5%
	Employees' social security contributions		12.2%	12.3%	12.4%	12.2%
	Total payments less cash transfers		23.0%	31.9%	39.2%	0.8%
	Total tax wedge including employer's social security contributions		32.3%	40.2%	46.6%	12.9%
15.	**Marginal rates**					
	Total payments less cash transfers: Principal earner		44.6%	51.3%	49.6%	55.2%
	Total payments less cash transfers: Spouse		n.a.	n.a.	n.a.	n.a.
	Total tax wedge: Principal earner		51.4%	57.2%	55.7%	60.7%
	Total tax wedge: Spouse		n.a.	n.a.	n.a.	n.a.

Luxembourg 2021

The tax/benefit position of married couples

Wage level (per cent of average wage)		100-0	100-67	100-100	100-67
Number of children		2	2	2	none
1.	**Gross wage earnings**	67 263	112 330	134 527	112 330
2.	**Standard tax allowances**				
	Basic allowance	480	960	960	960
	Married or head of family				
	Dependent children				
	Deduction for social security contributions and income taxes	7 433	12 412	14 865	12 412
	Work-related expenses	540	1 080	1 080	1 080
	Other	0	4 500	4 500	4 500
	Total	8 453	18 952	21 405	18 952
3.	**Tax credits or cash transfers included in taxable income**	0	0	0	0
4.	**Central government rounded taxable income (1 - 2 + 3)**	58 800	93 350	113 100	93 350
5.	**Central government income tax liability (exclusive of tax credits)**	5 302	16 714	24 955	16 714
6.	**Tax credits**				
	Basic credit	222	829	443	829
	Married or head of family				
	Children				
	Other	0	0	0	0
	Total	222	829	443	829
7.	**Central government income tax finally paid (5-6)**	5 081	15 884	24 512	15 884
8.	**State and local taxes**	0	0	0	0
9.	**Employees' compulsory social security contributions**				
	Gross earnings	8 282	13 800	16 564	13 800
	Taxable income				
	Total	8 282	13 800	16 564	13 800
10.	**Total payments to general government (7 + 8 + 9)**	13 362	29 684	41 076	29 684
11.	**Cash transfers from general government**				
	For head of family				
	For two children	7 614	7 614	7 614	0
	Total	7 614	7 614	7 614	0
12.	**Take-home pay (1-10+11)**	61 515	90 259	101 065	82 646
13.	**Employer's compulsory social security contributions**	9 309	15 546	18 619	15 546
14.	**Average rates**				
	Income tax	7.6%	14.1%	18.2%	14.1%
	Employees' social security contributions	12.3%	12.3%	12.3%	12.3%
	Total payments less cash transfers	8.5%	19.6%	24.9%	26.4%
	Total tax wedge including employer's social security contributions	19.7%	29.4%	34.0%	35.4%
15.	**Marginal rates**				
	Total payments less cash transfers: Principal earner	35.1%	51.3%	51.3%	51.3%
	Total payments less cash transfers: Spouse	36.2%	51.3%	51.3%	51.3%
	Total tax wedge: Principal earner	43.0%	57.2%	57.2%	57.2%
	Total tax wedge: Spouse	44.0%	57.2%	57.2%	57.2%

The national currency is the Euro (EUR). In 2021, EUR 0.84 equalled USD 1. The Secretariat has estimated that in that same year the average worker earned EUR 67 263 (Secretariat estimate).

1. Personal income tax system

1.1. Taxes levied by central government

1.1.1. Tax unit

Spouses and partners are taxed jointly on their income. The income of minor children is included in determining the couple's taxable income. However, any earned income that children may derive from work is excluded from joint taxation.

From 2018 onwards, there is the option to file separate tax returns for married couples and civil partners.

1.1.2. Tax reliefs and tax credits

1.1.2.1. Standard reliefs in the form of deductions from income

- Wage-earners are entitled to a standard minimum deduction of EUR 540 for work-related expenses other than travel, unless their actual deductible expenses are higher. This deduction is doubled for spouses taxed jointly.
- The first 4 distance units (i.e. 4 * 99 = EUR 396 per year) of the lump sum deduction for travel expenses between a taxpayer's home and his working places are abolished. The maximum deduction will be limited to EUR 2 574 per year.
- Like other taxpayers, wage-earners having no special expenses (interest charges, insurance premiums or contributions other than for social security) may take a standard deduction of EUR 480 for special expenses. Actual insurance premiums are deductible up to the limit set by law.
- If both spouses have earned income and are taxed jointly, they qualify for an earned income allowance of EUR 4 500.
- Social security contributions: contributions paid to compulsory health insurance and pension schemes are deductible in full.
- Dependency insurance: the dependency contribution is not deductible for income tax purposes.

1.1.2.2. Standard reliefs in the form of tax credits

- Wage-earners and pensioners receive a refundable tax credit. The tax credit will increase progressively until it is capped at EUR 696 per year for taxpayers earning between EUR 11 265 and EUR 40 000. Between EUR 40 000 and EUR 80 000, the tax credit will decline progressively. Over EUR 80 000, the tax credit is 0.
- Single-parents receive a refundable tax credit. The tax credit will be increased to EUR 1 500 per year for taxpayers earning up to EUR 35 000. Between EUR 35 000 and EUR 105 000, the tax credit will decline progressively. Over EUR 105 000 the tax credit is EUR 750 like in the past.
- A new tax credit for social minimum wage earners was introduced in January 2019. The tax credit is fixed to EUR 70 per month for employees earning a monthly gross wage between EUR 1 500 and EUR 2 500. For employees with monthly gross wages between EUR 2 500 and EUR 3 000, the tax credit declines progressively. Employees with monthly gross wages higher than EUR 3 000 will not benefit anymore from the tax credit. This tax credit come on top of the already existing tax credit for employees.

1.1.2.3. Non-standard allowances deductible from taxable income

- Interest charges are deductible insofar as they are not considered operating expenses or acquisition expenses, and provided they are unrelated economically to the exempt income.

- Taxpayers may deduct premiums paid to insurers licensed in an EU country in respect of life, death, accident, disability, illness or liability insurance, as well as dues paid to recognised mutual assistance companies.

- From 2017 onwards, the deductibility of interest charges and for insurance and legal responsibility is aggregated under one category and limited to EUR 672.

- Payments to an insurance company or credit institution in respect of an individual retirement scheme are deductible. These payments are capped at EUR 3 200 and must meet certain investment policy constraints.

- Contributions to building society savings are deductible up to the limit of EUR 672. If the taxpayer is under 40 years old, this limit will be doubled to EUR 1 344.

- Interest charges in respect of the rental value of owner-occupied housing are deductible only up to an annual ceiling. During the first five years, the ceiling is EUR 2 000; for the following five years it is EUR 1 500; thereafter it is EUR 1 000. These ceilings are increased by an equal amount for the taxpayer's spouse/partner, and for each qualifying child.

- As from 1 January 2009, the maximal deduction of premium related to the mortgage life insurance on the taxpayer's principal residence is EUR 6 000. This ceiling is increased by an equal amount for the taxpayer's spouse/partner and by 1 200 for each qualifying child. For taxpayers over the age of 30, the allowable deduction of EUR 6 000 is increased by 8% (e.g. EUR 480) for each year over 30, with a ceiling of 160%.

- Upon request, taxpayers may be granted exemptions for extraordinary expenses that are unavoidable, and that considerably reduce their ability to pay taxes (e.g. uninsured health care costs, support for needy relatives, uninsured funeral costs beyond the taxpayer's means, domestic or childcare expenses, expenses for children outside the taxpayer's household, or expenses for children in a single-parent household).

- The deductibility for domestic costs is set at EUR 5 400.

- From 2019 onwards, self-employed have the possibility to deduct premiums paid into a supplementary pension scheme for the self-employed as special expenses, as well as a flat-rate and final discharge. The financing of supplementary pension schemes is deductible up to 20% of annual income.

1.1.3. Tax schedule reliefs

Income tax is determined on the basis of the following schedule (amounts in Euros):

0% for the portion of income up to 11 265
8% for the portion of income between 11 265 and 13 137
9% for the portion of income between 13 137 and 15 009
10% for the portion of income between 15 009 and 16 881
11% for the portion of income between 16 881 and 18 753
12% for the portion of income between 18 753 and 20 625
14% for the portion of income between 20 625 and 22 569
16% for the portion of income between 22 569 and 24 513
18% for the portion of income between 24 513 and 26 457
20% for the portion of income between 26 457 and 28 401
22% for the portion of income between 28 401 and 30 345
24% for the portion of income between 30 345 and 32 289
26% for the portion of income between 32 289 and 34 233
28% for the portion of income between 34 233 and 36 177
30% for the portion of income between 36 177 and 38 121
32% for the portion of income between 38 121 and 40 065
34% for the portion of income between 40 065 and 42 009
36% for the portion of income between 42 009 and 43 953
38% for the portion of income between 43 953 and 45 897
39% for the portion of income between 45 897 and 100 002
40% for the portion of income between 100 002 and 150 000
41% for the portion of income between 150 000 and 200 004
42% for the portion of income exceeding 200 004

The income tax liability of single taxpayers is determined by applying the above schedule to taxable income.

The income tax liability of married taxpayers and partners corresponds to double the amount obtained if the above schedule is applied to half of their income (class 2).

For widow(er)s, taxpayers with a dependent child allowance and persons over 64 years of age (class 1a), tax is calculated as follows: the schedule is applied to adjusted taxable income reduced by half of the difference between that amount and EUR 45 060, with the marginal tax rate capped at 39% for the portion of income between EUR 37 842 and EUR 100 002, 40% for the portion of income between EUR 100 002 and EUR 150 000, 41% for the portion of income between EUR 150 000 and EUR 200 004, and 42% for the portion of income exceeding EUR 200 004.

Income tax as determined by the applicable schedules is subject to a 7% "solidarity" surtax to finance the employment fund. The rate is 9% for the taxable income exceeding EUR 150 000 (tax classes 1 and 1a), respectively EUR 300 000 (tax class 2).

1.1.4. Income exemptions

A taxpayer may claim a deduction for a dependent child under 21 years of age who is not part of the household. This deduction is allowed for expenses actually incurred but may not exceed EUR 4 020.

1.2. Local (municipal) taxes

No particular income tax is levied by municipalities, which receive a direct share of the income tax revenue collected by the State. This share is equal to 18% of tax revenue.

2. Compulsory social security contributions to schemes operated within the government sector

	Employer's share (%)	Employee's share (%)	Ceiling on contributions (in euros)
a) Pension and disability insurance	8	8	132 115.80
b) Health insurance	3.05	3.05	132 115.80
c) Dependency insurance		1.4	Monthly allowance 535.50[1]
d) Health in the workplace	0.14		
e) Accident insurance	0.75		

1. (Monthly allowance: EUR 550.48 = 0.25* social minimum salary / 12). The social minimum salary in 2021 is equal to EUR 26 423.16.

No distinction is made according to family status or gender.

As from 1 January 2009 the differences in social security contributions between workers and employees are abolished.

The temporary budget balancing tax, the "impôt d'équilibrage budgétaire temporaire" (IEBT), introduced in 2015, is abolished from 1 January 2017.

Employers must make payments to the Employers' Mutual Insurance Scheme. This scheme provides insurance for employers against the financial cost of continued payment of salaries or wages to workers who become incapacitated. Employers are required to pay the remuneration of an employee who is unable to work until the end of the month in which the seventy-seventh day of incapacitation occurs within a reference period of twelve successive calendar months. The Scheme is administered by a Board of Directors which is mainly composed of employer representatives (Chamber of Commerce, Chamber of Trade, Chamber of Agriculture and Federation of Independent Intellectual Workers). Employer contributions depend on the rate of "financial absenteeism" within the company, and range from 0.53 % to 2.88 %. A representative rate of 1.90 % is used in the Taxing Wages calculations.

3. Universal cash transfers

3.1. For married persons

None.

3.2. For dependent children

Every child raised in the Grand Duchy entitles the person on whom the child is dependent to a monthly family allowance. Family allowances are adjusted regularly for the cost of living.

There has been a reform of the family allowance system in 2016.

For families that are eligible for family allowance before 1 August 2016, the old system remains, and the amounts for 2021 are:

Effective date	As of 1 July 2006
1 eligible child	EUR 185.60
2 eligible children	EUR 440.72
3 eligible children	EUR 802.74

Starting with the fourth eligible child, the allowance is raised by EUR 361.82 per child.

Additionally, a child bonus amounting to EUR 76.88 per child per month is paid in cash irrespective of the taxable income of the parents as from 1 January 2009. This amount is paid by the National Family Benefits Administration.

For children born on or after 1 August 2016, the child bonus amounting to EUR 76.88 per child per month has been abolished and incorporated in the new higher amounts:

Effective date	As of 1 August 2016
1 eligible child	EUR 265
2 eligible children	EUR 530
3 eligible children	EUR 795

The amounts indicated above (under the old regime as well as under the new regime) are increased by EUR 20 for children aged 6 to 11 and by EUR 50 for those aged 12 years or older. These new additional amounts, depending on the children's age, are applicable for all children and are replacing the amounts of EUR 16.17 respectively EUR 48.52 from 1 August 2016 onwards.

4. Main changes since 2008

4.1. Partnerships

The Act of 9 July 2004 introduced the notion of partnerships into tax law. The Act construes the term "partnership" as a relationship between two persons, called "partners", of opposite sex or the same sex, who live together as a couple and declare themselves as such.

As from 1 January 2008, the fiscal treatment of the partnerships is modified. The deduction for extraordinary expenses is replaced by the joint taxation of partners as it already exists for spouses.

4.2. Introduction of tax credits

The following changes were made as of 1 January 2017:

- The existing tax credit of EUR 300 for employees, self-employed people and pensioners will be increased progressively until it is capped at EUR 600 per year for taxpayers earning between EUR 11 265 and EUR 40 000. For taxpayers earning between EUR 40 000 and 80 000, the tax credit will decline progressively. Taxpayers earning more than EUR 80 000 will not benefit anymore from the tax credit. From 2021 onwards, the amount of EUR 600 is increased to EUR 696.
- The existing tax credit of EUR 750 for single parents with children will be increased to EUR 1 500 per year for taxpayers earning up to EUR 35 000. For taxpayers earning between EUR 35 000 and EUR 105 000, the tax credit will decline progressively. For taxpayers earning more than EUR 105 000, the tax credit will remain at its current level of EUR 750.

The following changes were made as of 1 January 2019:

- A new tax credit for social minimum wage earners was introduced. The tax credit is fixed to EUR 70 per month for employees earning a monthly gross wage between EUR 1 500 and EUR 2 500. For employees with monthly gross wages between EUR 2 500 and EUR 3 000, the tax credit declines progressively. Employees with monthly gross wages higher than EUR 3 000 will not benefit anymore from the tax credit.

This tax credit come on top of the already existing tax credit for employees.

4.3. Changes to labour taxation due to the COVID pandemic in 2020 and 2021

In order to mitigate the negative impact of the covid-19 pandemic on the economy, the Luxembourg government introduced several measures to support taxpayers financially. Concerning labour taxation, the following measures were introduced:

- The date for submitting PIT tax returns is postponed from 31 March 2020 to 30 June 2020.
- The deductibility for domestic costs is increased from EUR 5 400 to EUR 6 750 for the period of 1 April 2020 to 31 December 2020, for taxpayers who employ a housekeeper for domestic tasks.
- Cross-border workers living in France, Germany and Belgium are allowed to work from home (e.g. teleworking) during the crisis without their wage being taxed in their country of residence.

With regards to measures not directly effecting labour taxation but from which the majority of taxpayers can benefit:

- Short-time working in the event « force majeure » in relation with the current COVID-19 crisis is possible from 18 March 2020 to 30 June 2020. The short-time working scheme is an accelerated procedure that is intended to protect jobs in companies that had to completely or partially cease their activities due to the crisis. The scheme applies to employees that can no longer be employed on a full-time basis. The state will pay a compensation up to 80% of the employee's wage, and the reimbursement is limited to 250% of the social minimum wage for unskilled workers aged 18 or over. Any difference between the amount of the compensation paid and the social minimum wage will be borne by the Unemployment Fund.
- A specific procedure has been set up to allow parents to take leave for family reasons if they have to look after their children.
- Possibility to cancel the first two quarterly advance tax payments for 2020, tax types concerned: corporate income tax, communal business tax and personal income tax (only if profit from commercial or craft activities, from agricultural or forestry activities or from exercising a liberal profession).
- Possibility to postpone for 4 months the payment of PIT based on tax returns (concerns only tax returns with a payment deadline after 29 February 2020). Tax types concerned: corporate income tax, communal business tax, net wealth tax and personal income tax (only if profit from commercial or craft activities, from agricultural or forestry activities or from exercising a liberal profession). This does not affect e.g. the withholding of PIT for employees.
- The deadline for submitting a claim or a formal hierarchical appeal has been suspended until 30 June 2020.

For 2021, the following measures were introduced or extended:

- For physical persons, the deadline for submitting the 2019 tax returns is postponed to 31 March 2021. The deadline for submitting the 2020 tax returns is postponed to 30 June 2021.
- Extension of the short-time working scheme until 30 June 2021.
- Extension of scheme allowing cross-border workers living in France, Germany and Belgium to work from home (e.g. teleworking) during the crisis without their wage being taxed in their country of residence.

With regards to measures not directly affecting labour taxation but from which some categories of physical persons can benefit:

- Possibility, for physical persons exercising a liberal profession, and active in the HORECA sector, to cancel the last two quarterly advance tax payments for 2020, and the first two quarterly advance tax payments for 2021. This measures targets personal income taxes, but only if profit derives from a commercial activity.

- Tax allowance in favor of owners who reduce or give up part of the rents to be due by companies in 2021. The tax allowance is double the amount of the reduction granted and limited to EUR 15 000.

5. Memorandum item

5.1. Identification of the average worker

Average gross hourly wages by industry and by gender are determined on the basis of biannual surveys on industry wages and working hours. These surveys cover gross compensation for regular hours (working hours + leave time) plus overtime pay. Hourly wages include bonuses and allowances such as premiums for output, production or productivity. In contrast, non-periodic compensation (bonuses, profit-sharing) that is not paid systematically in each pay period is not included. Nevertheless, in order to allow for comparisons between countries, gross annual pay is adjusted on the basis of average non-periodic compensation as calculated from triennial surveys of labour costs.

Regarding working hours, the time taken into account is the time effectively offered, including regular working hours, overtime, night shifts and work on Sunday.

2021 Parameter values

Average earnings/yr	Ave_earn	67 263	Secretariat estimate
Tax allowances: general	gen_dedn	480	
professional expenses	prof_exp	540	
travel expenses	travel_exp	0	
extra if both spouses earning	extra_dedn	4 500	
Low earner allowance	allow_1		
Low earner allowance (couples)	allow_2		
Class 1a limit	cl_1a_lim	45 060	
Tax schedule	tax_sch	0	11 265
		0.08	13 137
		0.09	15 009
		0.10	16 881
		0.11	18 753
		0.12	20 625
		0.14	22 569
		0.16	24 513
		0.18	26 457
		0.20	28 401
		0.22	30 345
		0.24	32 289
		0.26	34 233
		0.28	36 177
		0.30	38 121
		0.32	40 065
		0.34	42 009
		0.36	43 953
		0.38	45 897
		0.39	100 002
		0.40	150 000
		0.41	200 004
		0.42	
Child credit maximum	ch_cred	0	
Social Minimum Salary	min_salary	26 423.16	
Multiplier for unemployment	unemp_rate_1	1.07	
	Unemp_rate_2	1.09	
	Unemp_lim	150 000	
Social security contributions	SSC_rate	0.1105	
	SSC_ceil	132 115.80	
	infirm	0.014	
	infirm_abatement	0.25	
Employer contributions	workhealth	0.0014	
	SSC_empr	0.1105	
	SSC_acc	0.0075	
	empr_mutual	0.0190	
Child benefit (1 child)	CB_1	185.6	
2 children	CB_2	440.72	
extra age 6-11	CB_ex	20	
extra age above 11		50	
Child bonus	ch_bonus	922.50	
Worker tax credit	wtc_basic_1	396	
	wtc_basic_2	696	
	wtc_incomelim_1	936	

	wtc_incomelim_2	11 265	
	wtc_incomelim_3	40 000	
	wtc_incomelim_4	80 000	
	wtc_incr_rate	0.029044438	
	wtc_decr_rate	0.0174	
Single parent tax credit	sptc_basic_1	1500	
	sptc_basic_2	750	
	sptc_incomelim_1	35 000	
	sptc_incomelim_2	105 000	
	sptc_decr_rate	0.010714286	
Minimum wage tax credit	smwtc_basic	840	
	smwtc_incomelim_1	18 000	
	smwtc_incomelim_2	30 000	
	smwtc_incomelim_3	36 000	
	smwtc_decr_rate	0.14	
Class 1a Discount	discount	0.50	
Maximum Marginal Rate	max_rate	0.42	

2021 Tax equations

The equations for the Luxembourg system are on a joint basis except for social security contributions. The functions which are used in the equations (Taper, MIN, Tax etc.) are described in the technical note about tax equations. Variable names are defined in the table of parameters above, within the equations table, or are the standard variables "married" and "children". A reference to a variable with the affix "_total" indicates the sum of the relevant variable values for the principal and spouse. And the affixes "_princ" and "_spouse" indicate the value for the principal and spouse, respectively. Equations for a single person are as shown for the principal, with "_spouse" values taken as 0.

	Line in country table and intermediate steps	Variable name	Range	Equation
1.	Earnings	earn		
2.	Allowances:			
	Basic	basic	J	IF(earn_spouse='0,' 1, 2)*gen_dedn
	work-related	work_rel	J	IF(earn_spouse='0,' 1, 2)*(prof_exp)
	Other	other_al	J	(earn_spouse>0)*extra_dedn
	Total	tax_al	J	min(basic+work_rel+other_al+SSC_ded_total, earn)
3.	Credits in taxable income	taxbl_cr	J	0
	family quotient	quotient	J	1+Married
4.	CG taxable income unadjusted taxable income	tax_inc	J	earn-tax_al
5.	CG tax before credits	tax_excl	J	((Children=0)*IF(Married='0,'Tax(tax_inc,' tax_sch), quotient*Tax(tax_inc/quotient, tax_sch)) + (Children>0)*IF(Married='0,' Taxclass1a(tax_inc, tax_sch, discount, cl_1a_lim, max_rate), quotient*Tax(tax_inc/quotient, tax_sch)))*IF(tax_inc>unemp_lim*(1+Married,unemp_rate_2,unemp_rate_1)
6.	Tax credits :	worker_cr	J	Positive(IF(earn_princ>wtc_incomelim_1,wtc_basic_1+(Positive(MIN(earn_princ, wtc_incomelim_2)-wtc_incomelim_1)*wtc_incr_rate)-(Positive(earn_princ-wtc_incomelim_3*wtc_decr_rate),0))+ Positive(IF(earn_spouse>wtc_incomelim_1,wtc_basic_1+(Positive(MIN(earn_spouse,wtc_incomelim_2)-wtc_incomelim_1)*wtc_incr_rate)-(Positive(earn_spouse-wtc_incomelim_3*wtc_decr_rate),0))
		monoparent_cr	J	IF(AND(Married=0,Children>0),IF(earn<sptc_incomelim_1,sptc_basic_1,sptc_basic_1-((MIN(earn,sptc_incomelim_2)-sptc_incomelim_1)*sptc_decr_rate)),0)
		Minimum wage credit	J	if (earn_p> smwtc_incomelim_1,if (earn_p< smwtc_incomelim_2,smwtc_basic,Positive(smwtc_incomelim_3 -earn_p)*smwtc_decr_rate),0) + if (earn_s> smwtc_incomelim_1,if (earn_s< smwtc_incomelim_2,smwtc_basic,Positive(smwtc_incomelim_3 -earn_s)*smwtc_decr_rate),0)
		tax_cr	J	worker_cr+monoparent_cr+minimum wage credit
7.	CG tax	CG_tax	J	tax_excl-tax_cr
8.	State and local taxes	local_tax	J	0
9.	Employees' soc security	SSC	B	SSC_rate*MIN(earn, SSC_ceil)+infirm*Positive(earn-infirm_abatement*min_salary)+()
	deductible portion	SSC_ded	B	SSC_rate*MIN(earn, SSC_ceil)
11.	Cash transfers	cash_trans	J	((Children='1)*(CB_1+CB_ex)+' (Children=2)*(CB_2+2*CB_ex))*12+Children*ch_bonus
13.	Employer's soc security	SSC_empr	B	(SSC_empr+workhealth)*MIN(earn, SSC_ceil)+SSC_acc*MIN(earn,SSC_ceil)+empr_mutual*MIN(AA7,SSC_ceil)

Key to range of equation B calculated separately for both principal earner and spouse P calculated for principal only (value taken as 0 for spouse calculation) J calculated once only on a joint basis.

Mexico

This chapter includes data on the income taxes paid by workers, their social security contributions, the family benefits they receive in the form of cash transfers as well as the social security contributions and payroll taxes paid by their employers. Results reported include the marginal and average tax burden for eight different family types.

Methodological information is available for personal income tax systems, compulsory social security contributions to schemes operated within the government sector, universal cash transfers as well as recent changes in the tax/benefit system. The methodology also includes the parameter values and tax equations underlying the data.

Mexico 2021

The tax/benefit position of single persons

	Wage level (per cent of average wage)	67	100	167	67
	Number of children	none	none	none	2
1.	**Gross wage earnings**	91 234	136 170	227 404	91 234
2.	**Standard tax allowances**				
	Basic allowance	3 064	3 248	3 623	3 064
	Married or head of family				
	Dependent children				
	Deduction for social security contributions and income taxes				
	Work-related expenses				
	Other				
	Total	3 064	3 248	3 623	3 064
3.	**Tax credits or cash transfers included in taxable income**	0	0	0	0
4.	**Central government taxable income (1 - 2 + 3)**	88 171	132 922	223 781	88 171
5.	**Central government income tax liability (exclusive of tax credits)**	6 305	12 073	30 506	6 305
6.	**Tax credits**				
	Basic credit	2 611	0	0	2 611
	Married or head of family				
	Children				
	Other	0	0	0	0
	Total	2 611	0	0	2 611
7.	**Central government income tax finally paid (5-6)**	3 694	12 073	30 506	3 694
8.	**State and local taxes**	0	0	0	0
9.	**Employees' compulsory social security contributions**				
	Gross earnings	1 140	1 854	3 360	1 140
	Taxable income				
	Total	1 140	1 854	3 360	1 140
10.	**Total payments to general government (7 + 8 + 9)**	4 834	13 927	33 866	4 834
11.	**Cash transfers from general government**				
	For head of family				
	For two children	0	0	0	0
	Total	0	0	0	0
12.	**Take-home pay (1-10+11)**	86 400	122 243	193 539	86 400
13.	**Employers' compulsory social security contributions**	12 588	15 922	22 844	12 588
14.	**Average rates**				
	Income tax	4.0%	8.9%	13.4%	4.0%
	Employees' social security contributions	1.3%	1.4%	1.5%	1.3%
	Total payments less cash transfers	5.3%	10.2%	14.9%	5.3%
	Total tax wedge including employer's social security contributions	16.8%	19.6%	22.7%	16.8%
15.	**Marginal rates**				
	Total payments less cash transfers: Principal earner	12.1%	17.6%	22.9%	12.1%
	Total payments less cash transfers: Spouse	n.a.	n.a.	n.a.	n.a.
	Total tax wedge: Principal earner	17.4%	23.4%	28.4%	17.4%
	Total tax wedge: Spouse	n.a.	n.a.	n.a.	n.a.

Mexico 2021

The tax/benefit position of married couples

Wage level (per cent of average wage)		100-0	100-67	100-100	100-67
Number of children		2	2	2	none
1.	**Gross wage earnings**	136 170	227 404	272 341	227 404
2.	**Standard tax allowances**				
	Basic allowance	3 248	6 312	6 496	6 312
	Married or head of family				
	Dependent children				
	Deduction for social security contributions and income taxes				
	Work-related expenses				
	Other				
	Total	3 248	6 312	6 496	6 312
3.	**Tax credits or cash transfers included in taxable income**	0	0	0	0
4.	**Central government taxable income (1 - 2 + 3)**	132 922	221 093	265 844	221 093
5.	**Central government income tax liability (exclusive of tax credits)**	12 073	18 378	24 145	18 378
6.	**Tax credits**				
	Basic credit	0	2 611	0	2 611
	Married or head of family				
	Children				
	Other	0	0	0	0
	Total	0	2 611	0	2 611
7.	**Central government income tax finally paid (5-6)**	12 073	15 767	24 145	15 767
8.	**State and local taxes**	0	0	0	0
9.	**Employees' compulsory social security contributions**				
	Gross earnings	1 854	2 995	3 709	2 995
	Taxable income				
	Total	1 854	2 995	3 709	2 995
10.	**Total payments to general government (7 + 8 + 9)**	13 927	18 761	27 854	18 761
11.	**Cash transfers from general government**				
	For head of family				
	For two children	0	0	0	0
	Total	0	0	0	0
12.	**Take-home pay (1-10+11)**	122 243	208 643	244 486	208 643
13.	**Employers' compulsory social security contributions**	15 922	28 510	31 844	28 510
14.	**Average rates**				
	Income tax	8.9%	6.9%	8.9%	6.9%
	Employees' social security contributions	1.4%	1.3%	1.4%	1.3%
	Total payments less cash transfers	10.2%	8.3%	10.2%	8.3%
	Total tax wedge including employer's social security contributions	19.6%	18.5%	19.6%	18.5%
15.	**Marginal rates**				
	Total payments less cash transfers: Principal earner	17.6%	17.6%	17.6%	17.6%
	Total payments less cash transfers: Spouse	5.3%	12.1%	17.6%	12.1%
	Total tax wedge: Principal earner	23.4%	23.4%	23.4%	23.4%
	Total tax wedge: Spouse	16.8%	17.4%	23.4%	17.4%

The national currency is the peso (MXN). In 2021, MXN 20.14 were equal to USD 1. That year, the estimated earnings of the average worker are MXN 136 170 (Secretariat estimate).

1. Personal Income Tax

1.1. Central government income tax

1.1.1. Tax unit

Each person is taxed separately.

1.1.2. Tax allowances and tax credits

1.1.2.1. Standard tax reliefs

There are two basic allowances, a yearly holiday bonus and an end-of-year bonus.

- Holiday Bonus: Mexico's Labour Law stipulates a minimum holiday bonus of 25% of six days of the worker's wage. The maximum exemption according to the Tax Law is equivalent to 15 UMAs.[1]
- End-of-year bonus: The minimum end-of-year bonus established in the Labour Law is 15 days of the worker's wage. The Tax Law exempts end-of-year-bonuses up to 30 UMAs.

1.1.2.2. Main non-standard tax reliefs

Deductions:

- Compulsory school transportation costs.
- Medical expenses (doctor, dental, psychology and nutrition fees and hospital expenses): For expenses made by the taxpayer on behalf of his or her spouse and straight line relatives, the deduction is allowed only if the taxpayer´s relative earns less than the minimum annual wage.
- Complementary contributions of certain retirement accounts are considered eligible as long as they do not exceed 10% of taxable income and MXN 163 467 (5 annual UMAs).
- Funeral expenses: for the spouse and straight-line relatives up to 1 annual UMA.
- Charitable donations made to institutions such as:
    - Federal, state, and municipal governments.
    - Non-profit organisations involved in the fields of social beneficence, education, culture, and research and technology.
- Deposits on special savings accounts, payments of insurance premium of pension plans, and for the acquisition of shares of investment societies as long as they do not exceed MXN 152 000.
- Health insurance premiums for individuals, if the beneficiary is the taxpayer, and/or his family.
- Real interest expenditure of mortgage loans if the value of the property does not exceed MXN 5 052 581. Real interest expenditure is defined as the excess of interest expense over the inflation rate.
- Deduction of taxpayer's educational expenditures for himself, on behalf of his/her spouse, parents or children, among others, for the following educational levels.

Educational Level	Maximum Annual Deduction (MXN)
Kinder Garden	14 200
Primary Education	12 900
Secondary Education	19 900
Technical Profession	17 100
High School	24 500

Since 2016, the limit amount for personal deductions was increased. The new limit is the minimum between 15% of taxpayer's gross income and an amount equivalent to 5 annual UMAs (MXN 163 467 in 2021). The limit does not apply to private school´s tuition, charity donations, complementary contributions to retirement´s personal accounts, professional fees, and medical expenses in the event of incapacity or disability.

1.1.2.3. Employment subsidy credit

The employment subsidy credit is decreasing on workers´ income and is assigned based on a table of income brackets. For monthly income higher than MXN 7 382 no employment subsidy credit is given. Employees with an income tax lower than the credit receive in cash the difference along with their salary. The rest of the workers that receive the credit are entitled to a reduction in their tax burden. The employment subsidy credit is paid by the employers who may credit it against their tax liabilities; the credit therefore represents a fiscal cost for the government.

1.1.3. Tax schedule and other tables

1.1.3.1. Tax schedule

Taxable income (MXN)		Fixed quota (MXN)	Tax on the amount in excess of the lower limit (%)
Lower Limit	Upper Limit		
0.01	7 735.00	0.00	1.92
7 735.01	65 651.07	148.51	6.40
65 651.08	115 375.90	3 855.14	10.88
115 375.91	134 119.41	9 265.20	16.00
134 119.42	160 577.65	12 264.16	17.92
160 577.66	323 862.00	17 005.47	21.36
323 862.01	510 451.00	51 883.01	23.52
510 451.01	974 535.03	95 768.74	30.00
974 535.04	1 299 380.04	234 993.95	32.00
1 299 380.05	3 898 140.12	338 944.34	34.00
3 898 140.13	And over	1 222 522.76	35.00

The income tax schedule is updated in 2021, because the accumulated inflation reached 10% since the last update in 2018.

1.1.3.2. Employment subsidy credit table

For annual taxable income in a certain income range, the employment subsidy credit is given in the third column of the following table:

Lower limit (MXN)	Upper limit (MXN)	Tax credit (MXN)
0.0	21 227.52	4 884.24
21 227.53	31 840.56	4 881.96
31 840.57	41 674.08	4 879.44
41 674.09	42 454.44	4 713.24
42 454.45	53 353.80	4 589.52
53 353.81	56 606.16	4 250.76
56 606.17	64 025.04	3 898.44
64 025.05	74 696.04	3 535.56
74 696.05	85 366.80	3 042.48
85 366.81	88 587.96	2 611.32
88 587.97	And Over	0.00

1.2. State and local income taxes

States do not levy taxes on income.

1.3. Payroll taxes

Mexico does not have a Federal pay-roll tax. However, most States apply a state pay-roll tax with an average rate of 2.57%. These taxes are not considered in this Report since there are a wide range of practices with respect to the definition of the tax base that does not allow obtaining a reliable estimation.

2. Compulsory Social Security Contributions to Schemes Operated within the Government Sector

2.1. Employees' contributions

Social security contributions are divided as follows:

For sickness and maternity insurance, 0.625% of the workers monthly wage, plus 0.40% of the amount in excess of 3 UMAs. For disability and life insurance, 0.625% of the monthly wage.

In 2021, a ceiling of 25 UMAs applies to the salary that is used to calculate the social security contributions.

2.2. Employers' contributions

- For sickness and maternity 20.40% of the UMA, plus 1.10% of the amount in excess of 3 UMAs, plus 1.75% of the monthly wage.
- For disability and life insurance, 1.75% of worker's monthly wage.
- For social services and nursery, 1% of worker's monthly wage.
- For insurance for work injuries of employees, 1.987% of worker's monthly wage.[2]

In 2021, a ceiling of 25 UMAs applies to the salary that is used to calculate the social security contributions.

3. Universal Cash Transfers

3.1. Transfers related to marital status

None.

3.2. Transfers for dependent children

None.

4. Main Changes in the Tax/Benefit System since 1995

The Social Security Law enacted in July 1997 changed fundamentally the financing of non-government employees' social security, which shifted from a pay-as-you-go scheme to funded individual accounts. The government does not manage these accounts; new private financial institutions were created specifically for this purpose. However, the contractual obligation is between the workers and the government, not with the private administrator of the funds, because legally they are still considered as contributions to social security, independently of who manages the funds. It should be noted that the federal government also contributes to each pension account, and guarantees a minimum pension to every beneficiary of the social security system, independently of the administration of the funds as well.

4.1. Changes to labour taxation due to the COVID pandemic in 2020 and 2021

Federal Government.

- The Tax Administration Service extended the deadline for filing the individual 2020 annual tax return until May 31st, 2021 (originally April 30).
- The Tax Administration Service extended the deadline for filing the individual 2019 annual tax return until June 30, 2020 (originally April 30).

Examples of tax measures at Subnational Governments.

- Waiver of the Payroll Tax corresponding to the month of January 2021 for taxpayers of sectors affected by the pandemic in the historic downtown area of Mexico City & for all the restaurants in Mexico City.
- The Mexico City Government suspended tax inspection acts from December 17th, 2020 to January 6th, 2021.
- The Mexico City Government extended the deadline to obtain a discount on the payment of the Tax on Vehicle Ownership from the end of March to the end of July. The City Government also announced the deferral of tax returns and payments obligations included in the Mexico City Tax Code, extending the deadline to the end of the month. Tax inspection acts were suspended from March 23rd to May 29th.
- Individuals and companies were exempted of surcharges, fines and other expenses generated during the first three bimesters of 2020 for non-compliance with the payment of the property tax. Additionally, a 5% discount was granted on the payment of this tax for the fourth bimester, as well as for advance payments of the tax corresponding to the fifth and sixth bimesters.
- The State of Mexico also extended the deadline for the payment of the Tax on Vehicle Ownership to the end of July. The Government also granted a 100% discount in the tax on lodging for the months of April, May, June and July and a 50% discount for the payment of payroll tax for companies with up to 50 employees for April and May.
- The Government of the State of Sonora announced for March and April a 50% discount for the payment of payroll tax for companies with up to 50 employees and a 100% discount for the Tax on Lodging. The State Government also announced the deferral for the payment of permits for the sale of alcoholic beverages and for the revalidation of vehicles permits, and also the suspension of tax inspection acts. The measures were extended until June.

5. Memorandum Items

5.1. Method used to identify an average worker and to calculate his gross earnings

The income data refer to average workers. It should be noted that in the sample used for this survey, medium and large size firms are over-represented. In Mexico, there are no state or local government income taxes. Information on non-standard tax reliefs is not available.

Figures for 1999 and subsequent years cannot be compared with preliminary figures from previous editions of this publication for two reasons: first, the wage level of the average worker is now based on observed data instead of being estimated; second, social security contributions taken into account no longer include contributions made by employers and employees to privately managed individual accounts. Contributions no longer included in the calculation of social security contributions are specified in the table below.

5.2. Main employees' and employers' contributions to private pension, health, etc. schemes

	Account	% of workers' monthly wage
Employers' contributions	Retirement	2.00
	Discharge and old age insurance	3.15
	Housing Fund (INFONAVIT)	5.00
Employees' contributions	Discharge and old age insurance	1.125

2021 Parameter values

Average earnings/yr	Ave_earn	136 170	Secretariat estimate	
Unit of Measure and Update	UMA	89.62		
Income tax	tax_table	0.00	0	0.0192
		7 735.01	148.51	0.0640
		65 651.08	3 855.14	0.1088
		115 375.91	9 265.20	0.1600
		134 119.42	12 264.16	0.1792
		160 577.66	17 005.47	0.2136
		323 862.01	51 883.01	0.2352
		510 451.01	95 768.74	0.3000
		974 535.04	234 993.95	0.3200
		1 299 380.05	338 944.34	0.3400
		3 898 140.13	1 222 522.76	0.3500
Tax credit basic	Basic_crd	0.0	4 884.24	
		21 227.53	4 881.96	
		31 840.57	4 879.44	
		41 674.09	4 713.24	
		42 454.45	4 589.52	
		53 353.81	4 250.76	
		56 606.17	3 898.44	
		64 025.05	3 535.56	
		74 696.05	3 042.48	
		85 366.81	2 611.32	
		88 587.97	0.00	
Employees SSC	SSC_rate	0.0125		
	SSC_rate_sur	0.0040		
Employers SSC	SSC_empr	0.06487		
	SSC_empr_min	0.2040		
	SSC_empr_sur	0.0110		

2021 Tax equations

The equations for the Mexican system in 2021 are on an individual basis.

The functions which are used in the equations (Taper, MIN, Tax etc) are described in the technical note about tax equations. Variable names are defined in the table of parameters above, within the equations table, or are the standard variables "married" and "children". A reference to a variable with the affix "_total" indicates the sum of the relevant variable values for the principal and spouse. And the affixes "_princ" and "_spouse" indicate the value for the principal and spouse, respectively. Equations for a single person are as shown for the principal, with "_spouse" values taken as 0.

	Line in country table and intermediate steps	Variable name	Range	Equation
1.	Earnings	earn		
2.	Allowances	tax_al	B	MIN(earn, MIN(earn*(6/365)*0.25, UMA*15)+ MIN(earn*(15/365), UMA*30))
3.	Credits in taxable income	taxbl_cr	B	0
4.	CG taxable income	tax_inc	B	Positive(earn-tax_al)
5.	CG tax before credits	CG_tax_excl	B	Tax(tax_inc, Tax_sch)
6.	Tax credits	tax_cr	B	VLOOKUP(tax_inc, Basic_crd, 2)
7.	CG tax	CG_tax	B	CG_tax_excl-tax_cr
8.	State and local taxes	local_tax	B	0
9.	Employees' soc security	SSC	B	MIN(earn*ssc_rate, UMA*25*30.4*12*ssc_rate)+MIN(Positive(earn-(3*30.4*12*UMA))*ssc_rate_sur, UMA*(25-3)*30.4*12*ssc_rate_sur)
11.	Cash transfers	cash_trans	B	0
13.	Employer's soc security	SSC_empr	B	MIN(earn*ssc_empr, UMA*25*30.4*12*ssc_empr)+30.4*12*UMA*ssc_empr_min +MIN(Positive(earn-(3*30.4*12*UMA))*ssc_empr_sur, UMA*(25-3)*30.4*12*ssc_empr_sur)
	Memorandum item: Non-wastable tax credit			
	tax expenditure component	taxexp	B	tax_cr-transfer
	cash transfer component	transfer	B	IF(CG_tax<0, -CG_tax, 0)

Key to range of equation B calculated separately for both principal earner and spouse P calculated for principal only (value taken as 0 for spouse calculation).

Notes

[1] For 2021, the value of the UMA is 89.62, mean while the general minimum wage is 141.70 and 213.39 in the northern border region. The municipalities constituting the northern border region are as follows: Ensenada, Playas de Rosarito, Tijuana, Tecate and Mexicali in the state of Baja California; San Luis Río Colorado, Puerto Peñasco, General Plutarco Elías Calles, Caborca, Altar, Sáric, Nogales, Santa Cruz, Cananea, Naco and Agua Prieta in the state of Sonora; Janos, Ascensión, Juárez, Praxedis G. Guerrero, Guadalupe, Coyame del Sotol, Ojinaga and Manuel Benavides in the state of Chihuahua; Ocampo, Acuña, Zaragoza, Jiménez, Piedras Negras, Nava, Guerrero and Hidalgo in the state of Coahuila de Zaragoza; Anáhuac in the state of Nuevo León, and Nuevo Laredo; Guerrero, Mier, Miguel Alemán, Camargo, Gustavo Díaz Ordaz, Reynosa, Río Bravo, Valle Hermoso and Matamoros in the state of Tamaulipas.

[2] The amount of the work injury fee depends on the risk level in which the company is classified. The Mexican Institute of Social Security provided a weighted average rate that considers the economic activities from C to K of the International Standard Classification.

Netherlands

This chapter includes data on the income taxes paid by workers, their social security contributions, the family benefits they receive in the form of cash transfers as well as the social security contributions and payroll taxes paid by their employers. Results reported include the marginal and average tax burden for eight different family types.

Methodological information is available for personal income tax systems, compulsory social security contributions to schemes operated within the government sector, universal cash transfers as well as recent changes in the tax/benefit system. The methodology also includes the parameter values and tax equations underlying the data.

Netherlands 2021

The tax/benefit position of single persons

Wage level (per cent of average wage)		67	100	167	67
Number of children		none	none	none	2
1. Gross wage earnings		37 077	55 339	92 416	37 077
2. Standard tax allowances:					
Basic allowance					
Married or head of family					
Dependent children					
Deduction for social security contributions and income taxes		0	0	0	0
Work-related expenses					
Other		1 717	3 076	5 834	1 717
	Total	1 717	3 076	5 834	1 717
3. Tax credits or cash transfers included in taxable income		0	0	0	0
4. Central government taxable income (1 - 2 + 3)		35 360	52 263	86 582	35 360
5. Central government income tax liability (exclusive of tax credits)		3 405	9 676	24 650	3 405
6. Tax credits :					
Basic credit					
Married or head of family					
Children					
Other					
	Total	1 574	1 065	293	2 291
7. Central government income tax finally paid (5-6)		1 832	8 612	24 357	1 115
8. State and local taxes		0	0	0	0
9. Employees' compulsory social security contributions					
Gross earnings		0	0	0	0
Taxable income (net of credits)		5 108	6 598	8 857	3 010
	Total	5 108	6 598	8 857	3 010
10. Total payments to general government (7 + 8 + 9)		6 940	15 210	33 214	4 125
11. Cash transfers from general government					
For head of family					
For two children		0	0	0	6 741
	Total	0	0	0	6 741
12. Take-home pay (1-10+11)		30 137	40 128	59 202	39 693
13. Employers' compulsory social security contributions		4 540	6 711	7 487	4 540
14. Average rates					
Income tax		4.9%	15.6%	26.4%	3.0%
Employees' social security contributions		13.8%	11.9%	9.6%	8.1%
Total payments less cash transfers		18.7%	27.5%	35.9%	-7.1%
Total tax wedge including employer's social security contributions		27.6%	35.3%	40.7%	4.6%
15. Marginal rates					
Total payments less cash transfers: Principal earner		37.4%	45.4%	51.4%	43.7%
Total payments less cash transfers: Spouse		n.a.	n.a.	n.a.	n.a.
Total tax wedge: Principal earner		44.1%	51.2%	51.4%	49.6%
Total tax wedge: Spouse		n.a.	n.a.	n.a.	n.a.

Netherlands 2021

The tax/benefit position of married couples

	Wage level (per cent of average wage)		100-0	100-67	100-100	100-67
	Number of children		2	2	2	none
1.	**Gross wage earnings**		55 339	92 416	110 678	92 416
2.	**Standard tax allowances:**					
	Basic allowance					
	Married or head of family					
	Dependent children					
	Deduction for social security contributions and income taxes		0	0	0	0
	Work-related expenses					
	Other		3 076	4 793	6 151	4 793
		Total	3 076	4 793	6 151	4 793
3.	**Tax credits or cash transfers included in taxable income**		0	0	0	0
4.	**Central government taxable income (1 - 2 + 3)**		52 263	87 623	104 526	87 623
5.	**Central government income tax liability (exclusive of tax credits)**		9 676	13 082	19 353	13 082
6.	**Tax credits :**					
	Basic credit					
	Married or head of family					
	Children					
	Other					
		Total	1 161	3 355	2 846	2 638
7.	**Central government income tax finally paid (5-6)**		8 516	9 726	16 507	10 444
8.	**State and local taxes**		0	0	0	0
9.	**Employees' compulsory social security contributions**					
	Gross earnings		0	0	0	0
	Taxable income (net of credits)		6 316	9 609	11 099	11 707
		Total	6 316	9 609	11 099	11 707
10.	**Total payments to general government (7 + 8 + 9)**		14 832	19 335	27 606	22 150
11.	**Cash transfers from general government**					
	For head of family					
	For two children		3 507	2 186	2 186	0
		Total	3 507	2 186	2 186	0
12.	**Take-home pay (1-10+11)**		44 013	75 266	85 258	70 265
13.	**Employers' compulsory social security contributions**		6 711	11 251	13 421	11 251
14.	**Average rates**					
	Income tax		15.4%	10.5%	14.9%	11.3%
	Employees' social security contributions		11.4%	10.4%	10.0%	12.7%
	Total payments less cash transfers		20.5%	18.6%	23.0%	24.0%
	Total tax wedge including employer's social security contributions		29.1%	27.4%	31.3%	32.2%
15.	**Marginal rates**					
	Total payments less cash transfers: Principal earner		51.7%	45.4%	45.4%	45.4%
	Total payments less cash transfers: Spouse		15.7%	37.4%	45.4%	37.4%
	Total tax wedge: Principal earner		56.8%	51.2%	51.2%	51.2%
	Total tax wedge: Spouse		24.9%	44.1%	51.2%	44.1%

The national currency is the Euro (EUR). In 2021, EUR 0.84 was equal to USD 1. In that year, the average worker earned EUR 55 339 (Secretariat estimate).[1]

1. Personal Income Tax System (Central Government)

1.1. Central government income tax

There are three categories ('boxes') of taxable income:

- Taxable income from work and owner-occupied housing;
- Taxable income from a substantial interest in a limited liability company;
- Taxable income from savings and investments.

This description is limited to the most relevant aspects of taxable income from the first category, 'taxable income from work and owner-occupied housing', because of its relevance for the AW.

1.1.1. Tax unit

Husbands and wives are taxed separately on their personal income, which includes income from business, profession and employment, pensions and social security benefits. Certain parts of income may be freely split between husbands and wives, such as the net-income from owner occupied housing and the income from savings and investments.

1.1.2. Tax allowances

1.1.2.1. Standard allowances

1.1.2.2. Non-standard allowances applicable to AW

Related to wage earnings:

- For distances of more than 10 km between home and work, fixed amounts for travel expenses with public transportation are deductible. The maximum deduction for employees who travel by public transport is EUR 2 185 for distances of more than 80 km. If the travel expenses are reimbursed or the employer provides transport, there is no deduction; the reimbursement is untaxed (also for employees who travel by car) if it is below certain specified amounts.
- Employee contributions to private (company provided) pension schemes.
- Related to owner occupied housing:
  - Excess of mortgage interest over net imputed rent.
- Related to personal circumstances:
  - Medical expenses and other exceptional expenses: Fiscal deduction of exceptional health expenses is reduced to the specific costs as a result of a chronic illness. As specific costs are seen medical treatment (not paid for by insurance company), diet costs, special medicine described by a doctor, extra domestic care, special expenses for clothing and transportation costs. Visual tools and insurance premiums are not seen as specific costs and are therefore not deductible. Expenses for wheelchairs, scooters for the disabled and home adjustments made because of a chronic illness are not deductible.
- All expenses except for medical treatment expenses may be increased by a factor. This factor is income and age dependent. The factor amounts to 1.4 if the person is below the legal pension age and has an income on or below EUR 35 941. The factor amounts to 2.13 if the person is on or

above the legal pension age and has an income on or below EUR 35 941. People with an income above EUR 35 941 cannot apply the factor.

- For a single person: the specific expenses (after multiplication with the factor) in excess of 1.65% of income are deductible if income exceeds EUR 7 989 and is below EUR 42 434. If income is lower than or equal to EUR 7 989, the non-deductible limit is EUR 139. For a person with a partner: the joint income is used to determine the non-deductible amounts and the non-deductible limit is EUR 278.

- If income exceeds EUR 42 434 the specific expenses in excess of 1.65% of EUR 42 434 increased with 5.75% of income above EUR 42 434 are deductible.

- Some educational expenses: in direct connection with vocational education. Expenses above the threshold of EUR 250 are deductible. Expenses above EUR 15 000 are not deductible.

- Donations to certain institutions (charity) that serve the public good are deductible if in excess of 1% of the income and in excess of EUR 60. No more than 10% of the income may be deducted in this way.

1.1.3. Tax schedule

The tax schedule for income from work and owner-occupied housing is as follows:

Taxable Income (EUR)	Tax Rate (%)	Social security contributions	
		< 66 years and 4 months	> 66 years and 4 months
0–35 129	9.45	27.65	9.75
35 129–68 507	37.10	-	-
68 507 and over	49.50		-

The contributions for the general social security schemes are levied on income from work and owner-occupied housing in the first and second income tax bracket. These social security contributions are not deductible for income tax purposes. Individuals above the pension age pay 9.75% (for widows and orphans pensions, and exceptional medical expenses). Individuals below the pension age pay 27.65%, (for widows and orphans pensions, exceptional medical expenses, and old age income provision). For further information see Section 2.1.

1.1.4. Tax credits

1.1.4.1. Standard tax credits

The tax credits are deducted partly from the income tax liability and partly from the contributions that are made to the general social security schemes (see Section 1.13). For most families, the share of the credit attributed to tax is related to the ratio of the tax rate to the sum of the tax rate and the social security contributions rate in the first bracket of the tax schedule. In 2021, this ratio was 25.47% (= 9.45% / (9.45% + 27.65%)), implying that 25.47% of the (tax) credit is attributed to the personal income tax and the remaining 74.53% to social security contributions.

Division of credits for tax and social security contributions is essential in the OECD publications. In the Netherlands no division is made in the general tax scheme between tax and SSC.

Note that the tax/benefit position tables show the total amount of social security contributions net of the credits that are claimed.

- General tax credit: The general tax credit is dependent on income since 2014, meaning that higher incomes receive less general tax credit. Since 2016, the general tax credit is fully phased out, meaning that higher incomes receive no general tax credit. In 2021, the maximum of the general tax credit is EUR 2 837 when no reduction is applicable (people who are on or above the legal pension age receive less general tax credit, because they do not pay social contributions for the state pension) and taxable income is below or equal to EUR 21 043. For incomes above this threshold, the general tax credit is fully phased out at a rate of 5.977% (per euro). So incomes above EUR 68 507 receive no general tax credit.

- Work credit: The amount of work credit depends on taxable income from work and is phased in on three trajectories; the first one runs from EUR 0 to EUR 10 108. On this first trajectory, work credit equals 4.581% of taxable income from work. On the second trajectory, which runs from EUR 10 108 to EUR 21 835, the work credit equals EUR 463 plus 28.771% of the part of income that is above EUR 10 108. On the third trajectory, which runs from EUR 21 835 to EUR 35 652, the work credit equals EUR 3 837 plus 2.663% of the part of income that is above EUR 21 835. So at an income of EUR 35 652, the maximum of EUR 4 205 is reached. Above this income of EUR 35 652, the work credit is fully phased out at a rate of 6.0% (per euro) so that incomes above EUR 105 736 receive no work credit.

- Income dependant combination credit: A taxpayer who is either a single parent and working or the working partner with the lowest income, and who has children below the age of 12 and has his/her taxable income from work exceeding EUR 5 153, is entitled to an income dependent combination credit of 11.45% of taxable income from work above EUR 5 153. The maximum total combination credit is EUR 2 815 and reached at an income level of EUR 29 738.

- Single parent credit: abolished since 2015.

- Additional single parent credit: abolished since 2015.

- Elderly tax credit: individuals above the pension age receive a tax credit of EUR 1 703 if their income is below EUR 37 970. This tax credit is gradually phased out to 0 at a rate of 15.0% for incomes above EUR 37 970. Individuals above the pension age who do not have a partner receive an additional tax credit of EUR 443 that is not income dependent.

The amount of the tax credit is limited to the amount of tax and premiums payable (non-refundable tax credit). If, however, a taxpayer with insufficient income to fully exploit his/her tax credit has a partner with a surplus of tax and premiums payable over his/her own tax credit, the tax credit of the former taxpayer is increased by (at most) the surplus tax and premiums payable by his/her fiscal partner. The cap for this increase is at 13.33% of sum of the general tax credit, the work credit and the income dependent combination credit. As a consequence, the tax credit of the former taxpayer will exceed tax and premiums payable, resulting in a payout of the residual tax credit to the taxpayer by the tax authority.

1.2. State and local income taxes

None.

2. Compulsory Social Security Contributions to Schemes Operated Within the Government Sector

2.1. Employees' contributions

General schemes (for everyone earning income from (former) employment)

- Old age pension: The age is adjusted such that elderly will receive Old Age (state) pension at the age of 66 years and 4 months old in 2021 and at 67 years old in 2024. The Old age premium percentage is 17.9% of taxable income in the first tax bracket. This scheme does not apply to individuals above the current pension age.

- Widows and orphans pension: 0.10% of taxable income in the first tax bracket.
- Long-term care: 9.65% of taxable income in the first tax bracket.

Schemes for employees:

- Unemployment: 0% of the gross earnings below EUR 58 311 (this contribution is only for the general unemployment fund); employees do not have to pay an unemployment premium in order to reduce administration costs. Employers pay both an unemployment premium and a premium for invalidity for their employees (see par.2.2).
- For basic health insurance each adult pays an average amount of EUR 1 478 a year to a self-chosen private health insurance company. This premium is a non-tax compulsory payment and it is not included in the Taxing Wages calculations but only in the NTCP calculations.
- Employees might obtain compensation for the nominal contribution of on average EUR 1 478 for the basic health insurance, depending on the household's personal situation and taxable income. This is called the health care benefit. This benefit is included in the NTCP calculations as it compensates for the basic health insurance premium of on average EUR 1 478 (see https://oe.cd/taxing-wages for more details on non-tax compulsory payments as well as the Special Feature in the 2009 edition of the *Taxing Wages* Report). The care benefit is calculated as follows:
  - Single parent households: 1705 − 1.915% * 21 835 − 13.58% * (taxable income − 21 835)
  - Married couples: number of adults * 1705 − 4.225% * 21 835 − 13.58% * (taxable income principal and spouse − 21 835).

2.2. Employers' contributions

Schemes for employers:

- Unemployment: 3.95% of gross earnings below EUR 58 311 for the general unemployment fund and a contribution of 0% of gross earnings below EUR 58 311 for the industrial insurance associations redundancy payments fund;
- Invalidity: 8.89% of gross earnings below EUR 58 311;
- For medical care employers contribute 7.0% of gross earnings net of employees' pension premiums and unemployment social security contributions until a maximum of gross earnings of EUR 58 311. This contribution is modelled as a NTCP from the employer to the Health Care Fund. The spending of this fund mainly compensates private insurance companies for their (public) obligation to insure individuals with a high health risk.

3. Universal Cash Transfers

3.1. Transfers related to marital status

None.

3.2. Transfers for dependent children

Families with children receive a tax free benefit, depending on the number and age of the children. For a family with two children in the age group of 6 to 12 years, the total benefit amounts to EUR 2 185.79 a year.

An additional income dependent child benefit exists (kindgebonden budget). This benefit also depends on the number of children per family. A family can only claim the extra child benefit when it has children under the age of 18 years old for whom it also receives the tax free and income independent child benefit. The maximum value is EUR 1 204 per year for families with one child in 2021. The maximum value is EUR 2 226 a year for families with two children. The benefit is reduced at a rate of 6.75% per euro when the family's yearly taxable income exceeds a threshold. Since 2020 this threshold is different for single parents and couples. For single parents the threshold equals EUR 21 835, for couples it equals EUR 38 853. As from 2015 an extra benefit for single parents is introduced (independent of the number of children and the age of the children) which amounts to EUR 3 242 per   in 2021. This amount is also phased out at a rate of 6.75% from the threshold. Therefore this total benefit is completely phased out for families with two children when the taxable income exceeds EUR 102842 for single parents and EUR 71 831 for couples.

4. Main Changes in the Tax/Benefit Systems Since 2000

In 2001, the tax system was changed thoroughly. The tax rates have been lowered; the basic allowance and its supplements have been transformed into tax credits. The deduction for labour costs has also been replaced by a tax credit. Certain other deductions have been reduced or abolished. Extra tax credits for households with children were introduced.

In 2002 and 2003 the tax system was only slightly changed. The additional combination credit was introduced in 2004. The various child credits were integrated and streamlined in 2006.

Public insurance for medical care has been reformed in 2006. A new standard health insurance system was introduced. Until 2005, no public health insurance contributions were levied on income in excess of EUR 33 000. However, taxpayers earning more than EUR 33 000 were obliged to take a private insurance. These private health insurance contributions were not included in the Taxing Wages calculations because they were made to a privately-managed fund (and are therefore not taxes). Since 2006, every individual contributes a nominal contribution to a privately-managed fund (on average EUR 1 064, depending on the competition between insurance companies, a year in 2009) and, in addition for employees, a percentage of gross income (6.9%) net of employees' pension premiums and unemployment social security contributions until a maximum of gross income of EUR 32 369 (in 2009). For this last contribution, the employee receives mandatory compensation of his employer for the same amount. The premium itself, however, is not modelled (either as an employee or employer SSC) in Taxing Wages. Instead it is modelled as a non-tax compulsory payment from the employer to a public-managed health insurance fund. The spending of this fund mainly compensates private insurance companies for their (public) obligation to insure individuals with a high health risk. Taxpayers might obtain compensation for the nominal contribution to the private insurance company of on average EUR 1 064 in 2009, depending on the households personal situation and taxable income. This is called the health care benefit and is part of the NTCP (see Section 2.1).

In 2007, the tax system has not been changed, except for some parameter updates. In 2008, the child credit has been replaced by an extra child benefit.

In 2009, the general tax credit will be reduced for non-working spouses in order to cut down the capitalization of this tax credit in 2024. A non-working spouse can in 2024 capitalise the general tax credit only against his/her own earned income. In 2009 the employment credit is extended for income exceeding EUR 42 509. This credit will be reduced by maximum EUR 24, whereas the employment credit is increased for lower incomes. The income dependant combination credit is introduced in order to promote the labour participation of single parents or partners of married workers. The income-dependent combination credit has been increased considerably. The extra child benefit depends on the total income of the family and the number of children per family. The income-dependent child benefit is higher when more children under the age of 18 years are member of the family. As from 2009 onwards, employees do not have to pay an unemployment premium mainly to reduce administration costs for employers. Employers pay now both an unemployment premium and a premium for invalidity for their employees (see also par. 2.2).

In 2013, the income base for SSC and Income-Tax is harmonised. Standardising or harmonisation of the income tax base for levying SSC and Taxes is introduces in 2013 and is called the Law "WUL" i.e. Harmonising the income base for SSC and Taxes (see publication CPB the Netherlands). So, the income tax base is since 2013 exclusive the income dependant health care contribution and employees will no longer have to pay taxes over income dependant health care contributions, instead they pay a higher tax rate in the first tax bracket and mainly Work credit is adjusted. The tax rate in the first tax bracket has been increased from 1.95% to 5.85% and the Work credit is reduced for employees with a higher income such that the effect of this harmonisation is budgetary neutral.

The main adjustment in 2014 is the General tax credit which is made income dependent. Higher income will receive less general credit and the reduction is 2% per euro of income between EURO 56 495 and EURO 19 645 per year. See also par 1.141.

In 2015, the child arrangements are reduced from 10 items to 4 items. For that reason Single parent credits have stopped. Cash transfers for parents with children and low income increase. And for single parents with children an extra cash benefit of EUR 3 050 is introduced to compensate the loss of single parent credits.

Not all child arrangements are part of the TW model because these are quite specific arrangements for disabled children and parents with low income with children.

Long term health care is modernised. The SSC rate for (AWBZ Dutch) reduced with 3% to 9.65% of taxable income. The tax rates in the first two brackets are raised with 3% because Social spending is still used but now for other general social purposes.

In 2016, as part of a EUR 5 billion package of tax reductions on work, the general tax credit and the work credit were phased out fully, meaning that higher incomes no longer receive the general tax credit and the work credit.

Multiple tax credits were increased and made more income dependent in 2019. The working credit is increased, but phased out at a faster rate of 6% (instead of 3.6%). The combination credit starts at EUR 0 instead of EUR 1 052, but increases with 11.45% instead of 6.159%. The elderly tax credit has been increased and is now gradually phased out at a rate of 15%, instead of a sudden drop of more than EUR 1 300 above a threshold income. Also, a first step has been made to unify the tax rates in the first three brackets.

In 2020, the number of tax brackets has been reduced from four to three. For people below the retirement age there are effectively only two different brackets, since their combined rate of tax and social security contributions is the same in the first and second bracket. Secondly, a new phase in trajectory has been introduced for the work credit. Thirdly, the threshold after which the income dependent child benefit is phased out is now higher for couples than for single parents.

4.1. Changes to labour taxation due to the COVID pandemic in 2020 and 2021

The covid-19 pandemic has not led to changes in labour taxation for employees. Employers and self-employed do have the option to postpone payment of labour taxes. Also, some of the requirements for self-employed to qualify for certain deductibles (e.g. a minimum number of hours to qualify for a self-employed deduction) have been temporarily loosened.

5. Memorandum Items

5.1. Identification of the AW and calculation of the AW's gross earnings

The calculation of the annual gross earnings of an AW is based upon data on gross earnings of full time workers in industry C-K. These data have been obtained through a yearly sample survey carried out by the Central Bureau of Statistics. Included in the AW annual salary are irregular payments, such as holiday allowances, loyalty payments and bonuses. Payments for working overtime are not included. However, the CBS has stopped carrying out the 'employment and wages' survey in July 2006 due to new legislation. On Inquiry at the Central Bureau of Statistics (CBS) the information from the wage declarations by employers, delivered nowadays at the tax department, will be implemented by the CBS for the new survey about employment and wages. These changes produced a delay in delivery of the information on wages and employment for 2006.

On the base of new information on wages per industry sector, the AW is delivered to EUROSTAT in November 2009 by the CBS for years 2006 and 2007. The standard classification NACE Rev. 1 for industrial sectors C-K is used.

The new classification NACE Revision 2 (sectors B-N) will be applicable as from 2008 onwards. The estimation of the AW for 2008 according to the new classification is applicable at the beginning of May 2010. The AW for 2009 is available since November 2010. For 2008 the average annual gross earnings (full-time NACE REV 2) comes to EUR 43 146, for 2009 EUR 44 412, and EUR 45 215 in 2010. The latest information according to EUROSTAT is an AW in 2011 of EUR 46 287 (NACE Rev 2).

The average wages from 2012 onwards include the private and the public sectors, since values on the private sectors only (sectors B to N) are not available. The values were provided by Statistics Netherlands.

5.2. Main employers' contributions to private pension, health and related schemes

In addition to the obligatory contributions of employees to private insurance companies, all employers pay contributions to a public-managed health fund. More information is included in the Special Feature where the contributions to the public-managed health funds are also presented.

Employers have to pay at least 70% of the gross wage of their sick employees for two years. Many employers have insured themselves privately for the risks of their employees being sick. This insurance for illness of their employees is not compulsory.

2021 Parameter values

Average earnings/yr	Ave_earn	55 339	Secretariat estimate
minimum wage	min_wage	21940	
Social security contributions	SSC_ceil	58311	
Employees' schemes	Unemp_rate1	0	
	Unemp_franchise1	0	
Medical care	Med_rate	0.07	
	Med_limit	999999	
	Med_ceil	58311	
	Med_adult	1478	
	Med_child	0	
	Med_compensation1	0.01915	
	Med_compensation2	0.13580	
	Med_compenation 3	0.04225	
	Med_compensation 4	0.13580	
	Med_key	21834.96	
	Med_adult for care benefit	1700.00467	
General schemes	Old_rate	0.179	
	Wid_rate	0.001	
	Ex_med_rate	0.0965	
	Gen_Schemes_thrsh	35129	
	Unemp_empr1	0.0395	
	Unemp_empr2	0	
	Unemp_unempr_franchise1	0	
	Unemp_unempr_franchise2	0	
	Inv_empr_rate	0.0889	
	Inv_empr_franchise	0	
	Med_empr	0.07	
	Med_franchise	0	
Payroll tax	Extra_wage_tax	0	
	EWT_threshold	0	
Tax schedule	Tax_sch	0.0945	21043
	"tax_sch_lowest"	0.0945	35129
	"tax_thrsh_1"	0.371	68507
	"tax_sch_2"	0.495	
Tax credits	Gen_credit_1	2837	
	Gen_credit_2	0	
	Gen_credit1_thr	21043	
	Gen_credit2_thr	68507	
	Gen_credit_per	0.05977	
	Red_gen_credit	378.266667	
	Emp_credit1	463	
	Emp_credit2	3374	
	Emp_credit3	368	
	Emp_credit4	0	
	Emp_credit1_thr	10108	
	Emp_credit2_thr	21834	

	Emp_credit3_thr	35652
	Emp_credit4_thr	105735.333
	Comb_credit	0
	Comb_credit_franchise	5153
	add_comb_credit	0
	income_dependant_comb_credit1	0
	income_dependant_comb_credit_max	2815
Family cash transfers	income_dependant_comb_par_credit_per	0.1145
	Sing_par_credit	0
	Ex_sing_par_credit_per	0
	Ex_sing_par_credit_max	0
	Ch1_trans	1093
	Ch2_trans	2185.792
	Child_ben_1child	1204
	Child_ben_2children	2226
	Extra_cash_sing_par	3242
	Child_ben_redn	0.0675
	Child_ben_ceil	21834.96
	Child_ben_incr_ceil_couple	17018
Non-tax compulsory payments	dummyNTCP	0
	NTCP_pension_ee	0.0744
	NTCP_pension_er	0.1116
	NTCP_pension_franchise	13999
	NTCP_pension_max	112189

2021 Tax equations

The equations for the tax system in the Netherlands in 2021 are repeated for each individual of a married couple. Tax credits, except a part of the general credit of the spouse, depend also on the tax paid by the principal if the spouse's income is zero or very low, and the cash transfers are calculated only once. The functions which are used in the equations (Taper, MIN, Tax etc) are described in the technical note on the tax equations. Due to adjustments of the work credit in 2016 and 2020, the function Emp_credit(Value) was altered in those years. Variable names are defined in the table of parameters above, within the equations table, or are the standard variables "married" and "children". A reference to a variable with the affix "_total" indicates the sum of the relevant variable values for the principal and spouse. And the affix "_spouse" indicates the value for the spouse. No affix is used for the principal values. Equations for a single person are as shown for the principal, with "_spouse" values taken as 0.

	Line in country table and intermediate steps	Variable name	Range	Equation
1.	Earnings (gross)	gr_earn		
	Earnings (net)	earn	B	gr_earn
2.	Social security contributions	SSC_al	B	SSC_f(earn,Unemp_rate1,SSC_ceil,Unemp_franchise1)
3.	Credits in taxable income	taxbl_cr	B	MIN(earn-SSC_al, Med_ceil)*Med_rate
4.	CG taxable income	tax_inc	B	earn-SSC_al
5.	CG tax before credits	CG_tax_excl / tax_liable	B	Tax(tax_inc,Tax_sch)
6.	Tax credits	tax_cr	P	MIN(CG_tax_excl+SSC_taxinc,IF((tax_inc<Gen_credit1_thr),Gen_credit_1,(Gen_credit_1-MIN(Gen_credit_per*(Gen_credit2_thr-Gen_credit1_thr),Gen_credit_per*(tax_inc-Gen_credit1_thr))))+Emp_credit(tax_inc)+IF(AND(Children>0,tax_inc>Comb_credit_franchise),IF(Married='0,income_dependant_comb_credit1+MIN(income_dependant_comb_credit_max-income_dependant_comb_credit1,income_dependant_comb_par_credit_per*(tax_inc' - Comb_credit_franchise)),0)
		tax_cr_spouse	S	IF(Married>0,MIN(CG_tax_excl_spouse+SSC_taxinc_spouse+CG_tax_excl+SSC_taxinc-tax_cr,IF(tax_inc_spouse>0,IF((tax_inc_spouse<Gen_credit1_thr),Gen_credit_1,(Gen_credit_1-MIN(Gen_credit_per*(Gen_credit2_thr-Gen_credit1_thr),Gen_credit_per*(tax_inc_spouse-Gen_credit1_thr)))),Red_gen_credit)+Emp_credit(tax_inc_spouse)+IF(AND(Children>0,tax_inc_spouse>Comb_credit_franchise),income_dependant_comb_credit1+MIN(income_dependant_comb_credit_max-income_dependant_comb_credit1,income_dependant_comb_par_credit_per*(tax_inc_spouse - Comb_credit_franchise)),0)),0)
		tax_cr_inc	B	=tax_sch_lowest/SUM(Old_rate+Wid_rate+Ex_med_rate+tax_sch_lowest)*tax_cr_spouse
7.	CG tax	CG_tax	B	tax_liable-tax_cr_inc
8.	State and local taxes	local_tax	B	0
9.	Employees' soc security' based on earnings	SSC_earn	P	SSC_f(earn,Unemp_rate1,SSC_ceil,Unemp_franchise1)
		SSC_earn_spouse	S	SSC_f(earn_spouse,Unemp_rate1,SSC_ceil,Unemp_franchise1)
	Based on taxable income	SSC_taxinc	B	(Old_rate+Wid_rate+Ex_med_rate)*MINA(tax_inc,Gen_Schemes_thrsh)
	Total employees' soc security	SSC_liable	J	SSC_earn+SSC_taxinc+SSC_earn_spouse+SSC_taxinc_spouse
		tax_cr_SSC	B	=SUM(Old_rate+Wid_rate+Ex_med_rate)/SUM(Old_rate+Wid_rate+Ex_med_rate+tax_sch_lowest)*tax_cr_spouse

	Total	SSC	J	SSC_liable-tax_cr_SSC
10.	Total payments	total_payments	J	CG_tax+local_tax+SSC
11.	Cash transfers	cash_trans	J	IF(Children=1,Ch1_trans,IF(Children=2,Ch2_trans,0))+ IF(Children=2;1;0)*MAX(0;(Child_ben_2children+IF(Married='0;1;0)* Extra_cash_sing_par- IF((tax)inc+tax_inc_spouse)>Child_ben_ceil+IF(Married=1;1;0)*Chil d_ben_incr_ceil_couple;1;0)*Child_ben_redn*(tax_inc+tax_inc_spo use- (Child_ben_ceil+IF(Married=1;1;0)*Child_ben_incr_ceil_couple))))
13.	Employer's soc security	SSC_empr	B	SSC_f(earn-(positive(earn- NTCP_franchise*MIN(earn/min_wage,1))*NTCP_pension_ee),Une mp_empr1,SSC_ceil,Unemp_unempr_franchise1)+SSC_f(earn- (positive(earn- NTCP_franchise*MIN(earn/min_wage,1))*NTCP_pension_ee),Une mp_empr2,SSC_ceil,Unemp_unempr_franchise2)+SSC_f(earn- (positive(earn- NTCP_franchise*MIN(earn/min_wage,1))*NTCP_pension_ee),Inv_e mpr_rate,SSC_ceil,Inv_empr_franchise)
				Function Emp_credit(Value) If Value <= 0 Then Emp_credit = 0 ElseIf Value <= Range("Emp_credit1_thr").Value Then Emp_credit = (Value / Range("Emp_credit1_thr").Value) * Range("Emp_credit1").Value ElseIf Value <= Range("Emp_credit2_thr").Value Then Emp_credit = Range("Emp_credit1").Value + ((Value - Range("Emp_credit1_thr").Value) / (Range("Emp_credit2_thr").Value - Range("Emp_credit1_thr").Value)) * Range("Emp_credit2").Value ElseIf Value <= Range("Emp_credit3_thr").Value Then Emp_credit = Range("Emp_credit1").Value + Range("Emp_credit2").Value + ((Value - Range("Emp_credit2_thr").Value) / (Range("Emp_credit3_thr").Value - Range("Emp_credit2_thr").Value)) * Range("Emp_credit3").Value ElseIf Value <= Range("Emp_credit4_thr").Value Then Emp_credit = Range("Emp_credit1").Value + Range("Emp_credit2").Value + Range("Emp_credit3").Value - ((Value - Range("Emp_credit3_thr").Value) / (Range("Emp_credit4_thr").Value - Range("Emp_credit3_thr").Value)) * (Range("Emp_credit1").Value + Range("Emp_credit2").Value + Range("Emp_credit3").Value - Range("Emp_credit4").Value) Else Emp_credit = 0 End If End Function

Key to range of equations B calculated separately for both principal earner and spouse P calculated for principal only (value taken as 0 for spouse calculation) J calculated once only on a joint basis.

Note

[1] The Dutch labour market is characterized by a substantial share of part-time employees. As explained in the methodological section of this volume, the average wage measure used in the tax burden calculations refer to full-time employees only. If the wages of part-timers were taken into account, the average wage would be substantially lower.

New Zealand
(2021-2022 Income tax year)

(

This chapter includes data on the income taxes paid by workers, their social security contributions, the family benefits they receive in the form of cash transfers as well as the social security contributions and payroll taxes paid by their employers. Results reported include the marginal and average tax burden for eight different family types.

Methodological information is available for personal income tax systems, compulsory social security contributions to schemes operated within the government sector, universal cash transfers as well as recent changes in the tax/benefit system. The methodology also includes the parameter values and tax equations underlying the data.

New Zealand 2021

The tax/benefit position of single persons

	Wage level (per cent of average wage)		67	100	167	67
	Number of children		none	none	none	2
1.	**Gross wage earnings**		44 272	66 077	110 349	44 272
2.	**Standard tax allowances:**					
	Basic allowance					
	Married or head of family					
	Dependent children					
	Deduction for social security contributions and income taxes					
	Work-related expenses					
	Other					
		Total	0	0	0	0
3.	**Tax credits or cash transfers included in taxable income**		0	0	0	0
4.	**Central government taxable income (1 - 2 + 3)**		44 272	66 077	110 349	44 272
5.	**Central government income tax liability (exclusive of tax credits)**		6 768	12 843	27 335	6 768
6.	**Tax credits :**					
	Basic credit		485	0	0	0
	Married or head of family					
	Children					
	Other					
		Total	485	0	0	0
7.	**Central government income tax finally paid (5-6)**		6 283	12 843	27 335	6 768
8.	**State and local taxes**		0	0	0	0
9.	**Employees' compulsory social security contributions**					
	Gross earnings		0	0	0	0
	Taxable income					
		Total	0	0	0	0
10.	**Total payments to general government (7 + 8 + 9)**		6 283	12 843	27 335	6 768
11.	**Cash transfers from general government**					
	For head of family					
	For two children		0	0	0	14 000
		Total	0	0	0	14 000
12.	**Take-home pay (1-10+11)**		37 989	53 234	83 014	51 504
13.	**Employer's compulsory social security contributions**		0	0	0	0
14.	**Average rates**					
	Income tax		14.2%	19.4%	24.8%	15.3%
	Employees' social security contributions		0.0%	0.0%	0.0%	0.0%
	Total payments less cash transfers		14.2%	19.4%	24.8%	-16.3%
	Total tax wedge including employer's social security contributions		14.2%	19.4%	24.8%	-16.3%
15.	**Marginal rates**					
	Total payments less cash transfers: Principal earner		30.5%	30.0%	33.0%	42.5%
	Total payments less cash transfers: Spouse		n.a.	n.a.	n.a.	n.a.
	Total tax wedge: Principal earner		30.5%	30.0%	33.0%	42.5%
	Total tax wedge: Spouse		n.a.	n.a.	n.a.	n.a.

New Zealand 2021

The tax/benefit position of married couples

		100-0	100-67	100-100	100-67
Wage level (per cent of average wage)					
Number of children		2	2	2	none
1. Gross wage earnings		66 077	110 349	132 155	110 349
2. Standard tax allowances:					
Basic allowance					
Married or head of family					
Dependent children					
Deduction for social security contributions and income taxes					
Work-related expenses					
Other					
	Total	0	0	0	0
3. Tax credits or cash transfers included in taxable income		0	0	0	0
4. Central government taxable income (1 - 2 + 3)		66 077	110 349	132 155	110 349
5. Central government income tax liability (exclusive of tax credits)		12 843	19 611	25 686	19 611
6. Tax credits :					
Basic credit		0	485	0	485
Married or head of family					
Children					
Other					
	Total	0	485	0	485
7. Central government income tax finally paid (5-6)		12 843	19 126	25 686	19 126
8. State and local taxes		0	0	0	0
9. Employees' compulsory social security contributions					
Gross earnings					
Taxable income					
	Total	0	0	0	0
10. Total payments to general government (7 + 8 + 9)		12 843	19 126	25 686	19 126
11. Cash transfers from general government					
For head of family					
For two children		8 549	0	0	0
	Total	8 549	0	0	0
12. Take-home pay (1-10+11)		61 783	91 223	106 468	91 223
13. Employer's compulsory social security contributions		0	0	0	0
14. Average rates					
Income tax		19.4%	17.3%	19.4%	17.3%
Employees' social security contributions		0.0%	0.0%	0.0%	0.0%
Total payments less cash transfers		6.5%	17.3%	19.4%	17.3%
Total tax wedge including employer's social security contributions		6.5%	17.3%	19.4%	17.3%
15. Marginal rates					
Total payments less cash transfers: Principal earner		55.0%	30.0%	30.0%	30.0%
Total payments less cash transfers: Spouse		33.5%	30.5%	30.0%	30.5%
Total tax wedge: Principal earner		55.0%	30.0%	30.0%	30.0%
Total tax wedge: Spouse		33.5%	30.5%	30.0%	30.5%

The national currency is the New Zealand dollar (NZD). In the year to March 2021, NZD 1.40 was equal to USD 1 on average. The average worker earned NZD 66 077 (Country estimate). [1]

1. Personal Income Tax System

In New Zealand, the tax year starts April 1st and ends March 31st.

1.1. Central/federal government income taxes

1.1.1. Tax unit

Members of the family are taxed separately.

1.1.2. Tax allowances and tax credits

1.1.2.1. Standard reliefs

Refer to section 3.

1.1.2.2. Main non-standard tax reliefs applicable to an average wage

Refer to section 3.

1.1.3. Schedule

Rates of income tax for individuals:

- On so much of the income as does not exceed NZD 14 000: 10.5%;
- On so much of the income as exceeds NZD 14 000 but does not exceed NZD 48 000: 17.5%;
- On so much of the income as exceeds NZD 48 000 but does not exceed NZD 70 000: 30%;
- On so much of the income as exceeds NZD 70 000 but does not exceed NZD 180 000: 33%;

On so much of the income as exceeds NZD 180 000:

- 39%.

1.2. State and local income taxes

New Zealand has no state or local income tax.

2. Compulsory Social Security Contributions to Schemes Operated Within the Government Sector

New Zealand has no compulsory social security contributions to schemes operated within the Government sector.

It should be noted that there is an accident compensation scheme administered by the Accident Compensation Corporation for residents and temporary visitors to New Zealand. This scheme is funded in part by premiums paid by employees and employers. For employees, the premium represents 1.21% of their gross earnings. For employers and the self-employed, the premiums are based on a percentage of the total payroll and the applicable rate varies depending upon the associated accident risk (the average rate is 0.72%). This scheme is not considered as a compulsory social security contribution for the purposes of the Report.

3. Universal Cash Transfers

The main entitlements in New Zealand are targeted at families under the blanket title 'Working for Families' ('WFF'). There are four main payments that constitute WFF, which are described in 3.2 – 3.5 below.

3.1. Amount for marriage

None.

3.2. Amount for children

For all families with children born, or due to be born, on or after 1 July 2018, the Best Start payment provides NZD 60 per week (3 120 per year) for the first year of the child's life. There is no income limit for receiving the Best Start payment in the first year of the child's life. The Best Start payment continues to provide NZD 3 120 per year for the second and third year of a child's life, but abates at 21.00 cents in the dollar for every dollar by which a family's income exceeds the abatement threshold of NZD 79 000. For families receiving paid parental leave, the Best Start payment begins after paid parental leave ends.

3.3. Family Tax Credit

From 1 July 2018, for an eldest child, the rate of the Family Tax Credit is NZD 5 878 per year. For subsequent children the rate is NZD 4 745. The total credit is abated by 25.00 cents on each dollar earned over NZD 42 700. The abatement is based on the combined income of the parents.

3.4. In Work Tax Credit

The In Work Tax Credit is available to families with dependent children who are in paid employment and not receiving an income-tested benefit or student allowance. The level of assistance it provides is NZD 3 770 per family per year (or NZD 72.50 a week for up to three children), plus an additional NZD 780 per year for fourth and subsequent children. It is also uses the same abatement regime used with the Family Tax Credit, although it does not begin to abate until the latter has been abated to zero.

Prior to 1 July 2020, it was only available to couple families working a total of 30 hours or more per week, or to sole parents working 20 hours or more per week. From 1 July 2020 these hours-tests are removed to allow payment to a wider group of people who may have had a reduction in work hours over 2020 and 2021 (see further explanation below). The removal of the hours-tests is permanent.

From 1 April 2021, the in-work tax credit is available for up to two weeks when taking an unpaid break from work. This is intended to provide support for those transitioning between jobs or who are unpaid for a period.

3.5. Minimum Family Tax Credit

The Minimum Family Tax Credit is a scheme that ensures a guaranteed minimum family after-tax income for all full-time earners with dependent children. The minimum family tax credit ("MFTC"), provides a top-up to after-tax income for eligible working families and ensures families do not face a reduction in after-tax income when they move off a welfare benefit and into paid employment.

The household income threshold (the level to which after-tax income is topped up to) for the MFTC rose from NZD 27 768 to NZD 30 576 per year, on 1 April 2021. It was further increased to NZD 31 096, on 1 July 2021.

3.6. Independent Earner Tax Credit

The Independent Earner Tax Credit of NZD 520 is available to individuals with annual net income between NZD 24 000 and NZD 48 000 that do not receive other forms of tax credits or benefits. It is abated by 13 cents on each dollar earned over NZD 44 000.

4. Main Changes in Personal Tax/Benefit Systems since 2019/20

4.1. Changes to labour taxation and benefits due to the COVID pandemic in 2020 and 2021

The Government's initial response to the COVID-19 pandemic was announced on 17 March 2020. Throughout 2020 some of the policies were adjusted in response to the re-emergence of COVID-19 in Auckland. These adjustments are noted where applicable.

4.1.1. Main benefits increased by NZD 25 per week

Main benefits increased on 1 April 2020 in line with wage growth (indexation) and then by an additional NZD 25 per week. This is a permanent increase.

4.1.2. Doubling of Winter Energy Payment

Since 1 July 2018, the Winter Energy Payment (WEP) supports those in receipt of a main benefit, New Zealand Superannuation or a Veteran's Pension to heat their homes in winter by increasing the amount of money available to them over the winter months (1 May to 1 October). Recipients can choose to opt out. The WEP is a payment of NZD 450 a year for single people, and NZD 700 for couples or those with dependent children.

WEP rates were temporarily doubled for 2020 only in response to the COVID-19 pandemic. The payment is made either weekly or fortnightly between 1 May and 1 October. The 2020 rates were:

- NZD 40.91 per week (NZD 900 for 2020) for single people with no dependent children;
- NZD 63.64 for couples (NZD 1 400 for 2020), and people with dependent children. Couples are paid NZD 63.64 whether they live together or separately;
- Approximately 1 million people will be eligible for the WEP.

(Main benefits include Jobseeker Support, Supported Living Payment, Sole Parent Support, Youth Payment, and Young Parent Payment).

4.1.3. Removal of hours test from the In-Work Tax Credit

The requirement to work a minimum number of hours in order to receive the In-Work Tax Credit has been permanently removed. This allows families that work variable hours or less than 20 (sole parent) or 30 (couple) hours per week to receive the In-Work Tax Credit. The remaining eligibility criteria for the In-Work Tax Credit remain unchanged. Therefore, recipient families must still be deriving income from work and cannot be receiving an income-tested benefit or student allowance.

4.1.4. Working for Families (WFF) tax credits for emergency benefit recipients

Previously, emergency benefit recipients with dependent children and who were on a temporary visa, did not qualify for WFF tax credits. This is because they do not meet the residency criteria for WFF. This resulted in a difference in the financial support that these families could access, compared with other main benefit recipients with children.

In general, to receive a main benefit (including an emergency benefit) a person must be a New Zealand citizen or permanent resident and have resided in New Zealand for at least two years since becoming a citizen or resident. However, the Ministry of Social Development has discretion to grant an emergency benefit in other circumstances when those residency criteria are not met. These circumstances can include not being eligible for another benefit, that they are in hardship and unable to earn a sufficient livelihood.

The amendment ensures that families on a temporary visa who are granted an emergency benefit are able to access some WFF payments (Family Tax Credit and Best Start Tax Credit) from 1 April 2021.

COVID-19 restrictions has meant some temporary visa holders are unable to work or to return to their home country. A temporary change to Emergency Benefit eligibility was made to also allow Emergency Benefit and WFF payments to migrants on temporary visas who are in financial hardship, while they make arrangements to return to their home country. This change applies from 1 December 2020 until 31 August 2021.

4.1.5. Wage Subsidy, Wage Subsidy Extension, Resurgence Wage Subsidy and Wage Subsidy August 2021

The original wage subsidy was implemented to support firms that might otherwise be unable to keep their workforce employed. The goal was to maintain workforce attachment throughout the COVID-19 pandemic and was paid at a flat rate of:

- NZD 585.80 for people working 20 hours or more per week (full-time rate);
- NZD 350.00 for people working less than 20 hours per week (part-time rate).

The subsidy was paid as a lump sum and covered 12 weeks per employee from the date of application. Businesses were eligible to apply for the Wage Subsidy provided that they:

- experienced a minimum 30% decline in actual or predicted revenue, which was related to COVID- 19;
- took active steps to mitigate the effects of COVID-19;
- retained the employees named in the application for the period of the subsidy. This included a best endeavours clause to continue to pay at least 80% of each employees' usual wage;
- applied between 17 March and 9 June 2020.

The Wage Subsidy was extended for the period 10 June to 1 September 2020. The extension provided an additional 8 weeks subsidy provided that employers:

- experienced a minimum 40% decline in revenue for a continuous 30-day period within the 40 days before the date of application, which was related to COVID-19;
- took active steps to mitigate the effects of COVID-19;
- retained the employees named in the application for the period of the subsidy. This included a best endeavours clause to continue to pay at least 80% of each employees' usual wage.

The Resurgence Wage Subsidy opened on 21 August when COVID-19 re-emerged in Auckland and closed on 3 September 2020. The Resurgence Wage Subsidy criteria were:

- experienced or predicted revenue decline of at least 40% for any consecutive period of at least 14 days within 12 August and 10 September 2020 compared to 2019;
- took active steps to mitigate the effects of COVID-19;
- retained the employees named in the application for the period of the subsidy. This included a best endeavours clause to continue to pay at least 80% of each employees' usual wage.were not receiving the Wage Subsidy Extension for the same employee at the same time.

The Wage Subsidy August 2021 opened on 20 August 2021 when COVID-19 re-emerged in Auckland and New Zealand went into a new nationwide lockdown. At the time of writing there have been three rounds of the Wage Subsidy August 2021. Each round is a two-week lump-sum at the rate of NZD 600 a week for each full-time employee and NZD 359 a week for each part-time employee. Further rounds may be announced if parts of New Zealand remain at Alert Levels 3 or 4. The Wage Subsidy August 2021 criteria were:

- round #1 was open for applications for two weeks from 9am, Friday 20 August until, 11.59pm Thursday 2 September;
- round #2 was open for applications for two weeks from 9am, Friday 3 September until, 11.59pm Thursday 16 September;
- round #3 opened for applications for two weeks from 9am, Friday 17 September until 11:59pm Thursday 30 September;
- applications are accepted only two weeks after a business's previous application. Applications can be made for Round #2 even if they did not make an application for Round #1;
- the revenue test is a decrease of at least 40%. This means businesses need to have had (or predict to have) a minimum 40% decline in revenue in the 14 days:
  - between 17 – 31 August for the initial Wage Subsidy payment.
  - between 31 August – 13 September for Wage Subsidy #2.
  - between 14 – 27 September for Wage Subsidy #3.
    when compared with their revenue during a typical 14-day period in the six weeks immediately before the initial Alert Level escalation on 17 August 2021.
  - Businesses with highly seasonal revenue can compare their revenue to the same period in 2020 or 2019, if they can show that the seasonal nature of their business makes it harder for them to meet the revenue test using the default comparison period.
  - The decline in revenue must be caused by the effect the continuation of Alert Levels 3 or 4 from 17 August 2021 has had on their businesses.
  - The criteria changed when all of New Zealand outside of Auckland moved down to Alert Level 2 on 7 September: Businesses that experience the 40% revenue drop due to a combination of Alert Levels 3, 4 and 2 effects (but not the effect of Alert Level 2 alone) were eligible to apply for the second payment. However, for the third round of the wage subsidy, businesses in Alert Level 2 regions will only be eligible if they can attribute their 40% revenue decline solely to the ongoing Alert Level 3 or 4 restrictions elsewhere.
- businesses must have active steps to mitigate the effects of COVID-19;
- retained the employees named in the application for the period of the subsidy. This included a best endeavours clause to continue to pay at least 80% of each employees' usual wage; and
- at the time of application, businesses must not be receiving a payment under a COVID-19 Wage Subsidy 2021 scheme, the COVID-19 Short-term Absence Payment, COVID-19 Leave Support schemes or COVID-19 Essential Workers Support Scheme in respect of any of the named employees.

4.1.6. *Goods and Services Tax (GST) on COVID-19 related social assistance payments*

Legislation was passed that ensures that COVID-19 Leave Payments and the COVID-19 Wage Subsidy are not subject to GST. The relevant legislation is the Goods and Services Tax (Grants and Subsidies) Amendment Order 2020 and section 89 of the Goods and Services Tax Act 1985.

4.1.7. *The COVID-19 Income Relief Payment*

The COVID-19 Income Relief Payment (CIRP) was a non-taxable temporary payment made to those who had lost their job between 1 March and 30 October 2020. It was available for 12 weeks and paid NZD 490 per week to those who lost full-time work and NZD 250 per week for those who lost part-time work. First applications opened 8 June. It was available while a person was out of paid work and not receiving a main benefit payment, had not received a redundancy payment of NZD 30 000 or more, and who did not have a partner who earned more than NZD 2 000 a week in wages or salary. People who qualified and who were already receiving a main benefit could transfer to the CIRP.

4.1.8. *The Leave Support Scheme*

The Leave Support Scheme was originally announced on 17 March 2020. It provided employers NZD 585.80 per week for full time and NZD 350 per week for part time workers, who were unable to work due to self-isolation or COVID-19 infection. Employers are required to pass on the payment to the affected employee(s). This scheme was folded into the Wage Subsidy on 27 March 2020, to prevent double payments, and then alternative leave schemes were created (such as for Essential Workers in businesses that did not qualify for a wage subsidy). Eventually a Leave Support Scheme was created that was available for all employers to pay employees who were required to stay home due to COVID-19 infection or otherwise required to self-isolate, and could not work from home. An employer could not receive a wage subsidy at the same time as a Leave Support payment for the same employee.

On 22 September 2020 the Leave Support Scheme was expanded to cover:

- People who have COVID-19 like symptoms and meet the Ministry of Health's criteria, and need to self-isolate while awaiting the results of a COVID-19 test.
- People who are directed to self-isolate by a Medical Officer of Health or their delegate or on advice of their Health Practitioner, even if they do not have symptoms or have returned a negative test.
- Some healthcare and social workers who work in high-risk areas such as retirement villages while they are at home awaiting the results of a COVID-19 test (subsequently replaced by the STAP payment from 9 February 2021).
- The parent or caregiver of a dependant who is directed to self-isolate and needs support to do so safely.

The period of the Scheme was matched to the two-week self-isolation requirement. Employers are able to apply for a further two week payment if a longer period of self-isolation is required.

4.1.9. *The Short-Term Absence Payment*

The Short-Term Absence Payment (STAP) applied from 9 February 2021. It provides a one-off payment of NZD 350 for employers whose employees cannot work from home while awaiting a COVID-19 test result. It also covers household contacts (or secondary contacts) who are staying at home in line with public health guidance, while waiting for a close contact to get a test result.

4.2. General changes to the tax/benefit system in 2021

4.2.1. A number of changes have been made to the tax and benefit system in 2021 that are unrelated to the COVID-19 pandemic. New top tax rate

A new top tax rate of 39 percent on income earned over NZD 180 000 has applied since 1 April 2021. Prior to this change the top tax rate was 33 percent on income earned over NZD 70 000.

5. Memorandum Items

5.1. Method used to identify AW and to calculate the AW's gross earnings

The Annual Earnings figure is derived from the Quarterly Employment Survey (QES) for those employees in the B-N industry groups. The annual earnings figure for the average worker is the sum of the four quarterly earnings figures, with each quarterly figure calculated by taking the average total weekly earnings and multiplying it by 13 weeks per quarter. In 2021 the QES has been redesigned, which means that the average wage data for 2021 may not be directly comparable to previous years.[2]

5.2. Employer's contributions to private pension, health schemes, etc.

No information available.

2021 Parameter values

		Ave_earn	66 077	Country estimate
Income tax schedule		Tax_sch	0.105	14 000
			0.175	48 000
			0.3	70 000
			0.33	180 000
			0.39	
Family tax credit		Fam_sup_eld	5 878	
		Fam_sup_oth	4 745	
		Fam_sup_thrsh	42 700	
		Fam_sup_rate	0.25	
In-work tax credit		In_work_children123	3 770	
		In_work_children4plus	780	
Minimum Family Tax Credit		Min_inc	30 966[1]	
Independent Earner Tax Credit		IETC	520	
		IETC_thrsh1	24 000	
		IETC_thrsh2	44 000	
		IETC_rate	0.13	

1. The Minimum Family tax credit is NZD 30 576 from 1 April 2021 to 30 June 2021, then rate increases to NZD 31 096 from 1 July 2021 to 31 March 2022.

2021 Tax equations

The equations for the New Zealand system in 2021 are mostly repeated for each individual of a couple. But the cash transfer is calculated only once. This is shown by the Range indicator in the table below. The functions which are used in the equations (Taper, MIN, Tax etc) are described in the technical note about tax equations. Variable names are defined in the table of parameters above, within the equations table, or are the standard variables "married" and "children". A reference to a variable with the affix "_total" indicates the sum of the relevant variable values for the principal and spouse. And the affixes "_princ" and "_spouse" indicate the value for the principal and spouse, respectively. Equations for a single person are as shown for the principal, with "_spouse" values taken as 0.

	Line in country table and intermediate steps	Variable name	Range	Equation
1.	Earnings	earn		
2.	Allowances	tax_al	B	0
3.	Credits in taxable income	taxbl_cr	B	0
4.	CG taxable income	tax_inc	B	earn
5.	CG tax before credits	CG_tax_excl	B	Tax(tax_inc, Tax_sch)
6.	Tax credits :			
	Guaranteed minimum income	GMI	J	(Children>0)*Min_inc
	Independent Earner Tax Credit	IETC_rebate	B	=AND(cash_trans=0,earn>IETC_thrsh1)*Taper(IETC,earn,IETC_thrsh2,IETC_rate)
6.	Tax credits:	tax_cr	B	IETC_rebate
7.	CG tax	CG_tax	B	CG_tax_excl-tax_cr
8.	Local tax	local_tax	B	0
9.	Employees' soc security	SSC	B	0
11.	Cash transfers:			
	Family tax credit (unabated)	fam_tax_cr	J	Fam_sup_eld*(Children>0)+ Fam_sup_oth*Positive(Children-1)
	In-work tax credit (unabated)	in_work_tax_cr	J	(Children>0)*(In_work_children123+Positive(Children-3)*In_work_children4plus)
	Tax credits abated	tax_cr_ab	J	Taper(fam_tax_cr+in_work_tax_cr, earn_total, Fam_sup_thrsh1, Fam_sup_rate1)
	Minimum Family tax credit	min_fam_tax_cr	J	Positive(GMI-(earn_total-CG_tax_excl_totall))
	Cash transfers	cash_trans	J	tax_cr_ab + min_fam_tax_cr
13.	Employer's soc security	SSC_empr	B	0

Key to range of equation B calculated separately for both principal earner and spouse P calculated for principal only (value taken as 0 for spouse calculation) J calculated once only on a joint basis.

Notes

[1] In the year to March 2021.

[2] https://www.stats.govt.nz/methods/effects-of-the-qes-redesign-on-the-march-2021-quarter-statistics.

Norway

This chapter includes data on the income taxes paid by workers, their social security contributions, the family benefits they receive in the form of cash transfers as well as the social security contributions and payroll taxes paid by their employers. Results reported include the marginal and average tax burden for eight different family types.

Methodological information is available for personal income tax systems, compulsory social security contributions to schemes operated within the government sector, universal cash transfers as well as recent changes in the tax/benefit system. The methodology also includes the parameter values and tax equations underlying the data.

Norway 2021

The tax/benefit position of single persons

Wage level (per cent of average wage)		67	100	167	67
	Number of children	none	none	none	2
1.	**Gross wage earnings**	442 135	659 902	1 102 037	442 135
2.	**Standard tax allowances**				
	Basic allowance				
	Married or head of family				
	Dependent children				
	Deduction for social security contributions and income taxes				
	Work-related expenses				
	Other				
	Total	159 200	159 200	159 200	211 004
3.	**Tax credits or cash transfers included in taxable income**	0	0	0	0
4.	**Central government taxable (ordinary) income (1 - 2 + 3)**	282 935	500 702	942 837	231 131
5.	**Central government income tax liability (ordinary + personal)**	28 791	53 868	146 257	25 087
6.	**Tax credits (applicable against local tax)**				
	Basic credit				
	Married or head of family				
	Children	0	0	0	0
	Other				
	Total	0	0	0	0
7.	**Central government income tax finally paid (5-6)**	28 791	53 868	146 257	25 087
8.	**State and local taxes (net of tax credits)**	42 016	74 354	140 011	34 323
9.	**Employees' compulsory social security contributions**				
	Gross earnings	36 255	54 112	90 367	36 255
	Taxable income				
	Total	36 255	54 112	90 367	36 255
10.	**Total payments to general government (7 + 8 + 9)**	107 062	182 335	376 636	95 665
11.	**Cash transfers from general government**				
	For head of family				
	For two children	0	0	0	37 944
	Total	0	0	0	37 944
12.	**Take-home pay (1-10+11)**	335 072	477 568	725 401	384 413
13.	**Employer's compulsory social security contributions**	57 477	85 787	143 265	57 477
14.	**Average rates**				
	Income tax	16.0%	19.4%	26.0%	13.4%
	Employees' social security contributions	8.2%	8.2%	8.2%	8.2%
	Total payments less cash transfers	24.2%	27.6%	34.2%	13.1%
	Total tax wedge including employer's social security contributions	32.9%	36.0%	41.7%	23.1%
15.	**Marginal rates**				
	Total payments less cash transfers: Principal earner	34.2%	43.4%	46.4%	34.2%
	Total payments less cash transfers: Spouse	n.a.	n.a.	n.a.	n.a.
	Total tax wedge: Principal earner	41.8%	49.9%	52.6%	41.8%
	Total tax wedge: Spouse	n.a.	n.a.	n.a.	n.a.

Norway 2021

The tax/benefit position of married couples

Wage level (per cent of average wage)		100-0	100-67	100-100	100-67
Number of children		2	2	2	none
1. **Gross wage earnings**		659 902	1 102 037	1 319 805	1 102 037
2. **Standard tax allowances**					
Basic allowance					
Married or head of family					
Dependent children					
Deduction for social security contributions and income taxes					
Work-related expenses					
Other					
	Total	159 200	318 400	318 400	318 400
3. **Tax credits or cash transfers included in taxable income**		0	0	0	0
4. **Central government taxable (ordinary) income (1 - 2 + 3)**		500 702	783 637	1 001 405	783 637
5. **Central government income tax liability (ordinary + personal)**		53 868	82 660	107 737	82 660
6. **Tax credits (applicable against local tax)**					
Basic credit					
Married or head of family					
Children		0	0	0	0
Other					
	Total	0	0	0	0
7. **Central government income tax finally paid (5-6)**		53 868	82 660	107 737	82 660
8. **State and local taxes (net of tax credits)**		74 354	116 370	148 709	116 370
9. **Employees' compulsory social security contributions**					
Gross earnings		54 112	90 367	108 224	90 367
Taxable income					
	Total	54 112	90 367	108 224	90 367
10. **Total payments to general government (7 + 8 + 9)**		182 335	289 397	364 669	289 397
11. **Cash transfers from general government**					
For head of family					
For two children		25 296	25 296	25 296	0
	Total	25 296	25 296	25 296	0
12. **Take-home pay (1-10+11)**		502 864	837 936	980 431	812 640
13. **Employer's compulsory social security contributions**		85 787	143 265	171 575	143 265
14. **Average rates**					
Income tax		19.4%	18.1%	19.4%	18.1%
Employees' social security contributions		8.2%	8.2%	8.2%	8.2%
Total payments less cash transfers		23.8%	24.0%	25.7%	26.3%
Total tax wedge including employer's social security contributions		32.6%	32.7%	34.3%	34.7%
15. **Marginal rates**					
Total payments less cash transfers: Principal earner		43.4%	43.4%	43.4%	43.4%
Total payments less cash transfers: Spouse		24.2%	34.2%	43.4%	34.2%
Total tax wedge: Principal earner		49.9%	49.9%	49.9%	49.9%
Total tax wedge: Spouse		32.9%	41.8%	49.9%	41.8%

The national currency is the Kroner (NOK). In 2021, NOK 8.54 were equal to 1 USD. In that year the average worker earned NOK 659 902 (Secretariat estimate).

1. Personal Income Tax System

The personal income tax has two tax bases: personal income and ordinary income. Personal income is defined as income from labour and pensions. Personal income is a gross income base from which no deductions are made. Ordinary income includes all types of taxable income from labour, pensions, business and capital. Certain costs and expenses, including interest paid on debt, are deductible in the computation of ordinary income.

1.1. Central government income tax

1.1.1. Tax unit

The tax unit is in most cases the individual. Children aged below 17 are generally taxed together with their parents, but they may be taxed individually. All other income earners are taxed on an individual basis.

1.1.2. Tax allowances applicable to an AW

There are no tax allowances applicable to an AW under the central government income bracket tax. The tax base is personal income from which no deductions are allowed. As part of the overall tax rate of 22% on ordinary income, 7.15% is considered to be the central government income tax.

1.1.3. Rate schedule of the bracket tax

Rate (%)	NOK
0	0–184 800
1.7	184 800–260 100
4.0	260 100–651 250
13.2	651 250–1 021 550
16.2	1 021 550 and over

1.2. Local government income tax

The overall tax rate on ordinary income is 22%. The local government (municipal and county) income tax is 14.85% points of the overall rate. Tax on ordinary income is levied after taking into account a standard allowance of NOK 52 450. Single parents are eligible to an additional special tax allowance of NOK 51 804. The deductions in the computation of ordinary income are:

1.2.1. Standard reliefs

- Basic allowance: each individual receives a minimum allowance equal to 46% of personal income, with a minimum of NOK 4 000 and a maximum of NOK 106 750. For wage income each individual can choose a separate allowance of NOK 31 800 instead of the basic allowance. Hence, wage earners would opt to choose this separate allowance as long as it exceeds the basic allowance to which they are entitled.

1.2.2. Non-standard reliefs

The main non-standard allowances deductible from ordinary income are:

- Parent allowance: Documented expenses for child care limited to:
  - maximum NOK 25 000 for one child;
  - plus NOK 15 000 for each subsequent child.

The allowance applies in general to the spouse who has the highest income. Unused parent allowance may be transferred to the other spouse. The allowance is also applicable to single parents.

- Travel expenses related to work exceeding NOK 23 900;
- Labour union fees up to NOK 3 850;
- Donations to voluntary organisations up to NOK 50 000;
- Contributions to individual pension agreement schemes, maximum NOK 40 000;
- Premiums and contributions to occupational pension schemes in the private and public sector, unlimited;
- Unlimited deduction for interest payments.

The main non-standard tax credits are:

- Home savings scheme (BSU): The BSU scheme aims to encourage young people (under 34 years old) to save for a future home purchase. A wastable tax credit of 20% of annual savings up to NOK 27500 in special accounts is granted. Total savings may not exceed NOK 300 000.

2. Social Security Contributions

2.1. Contributions to the national insurance scheme

2.1.1. Employees' contributions

Employees' contributions to the National Insurance Scheme generally amount to 8.2% of personal wage income. Employees do not make contributions if their wage income is less than NOK 59 650. Once wage income exceeds this floor, an alternative calculation is made where the contributions equal 25% of the wage income in excess of the floor. The actual contributions made would represent the minimum between the alternative calculation and 8.2% of the total wage income.

Contributions from the self-employed are 11.4% of personal income attributable to labour.

2.1.2. Employers' contributions

Employer's social security contributions are due for all employees in both the private and the public sector. The contribution is geographically differentiated according to the municipality where the work-place is. The standard rates are 14.1%, 10.6%, 7.9%, 6.4%, 5.1% or 0% of gross wages. The highest rate applies to central parts of southern Norway. Lower rates may apply under certain circumstances. The weighted average rate is approximately 13%.

3. Universal Cash Transfers

3.1. Transfers related to marital status

None.

3.2. Transfers for dependent children (child support)

The following transfers are available:

NOK 16 248 per child aged 0–5 years (NOK 1 354 per month).

NOK 12 648 per child aged 6–18 years (NOK 1 054 per month).

Single parents receive transfers for one more child (NOK 12 648) than their actual number of children.

4. Main Changes in Tax/Benefit Systems Since 2002

- Most important changes related to wage taxation in 2021:
    - Rates in bracket 1 and 2 in the central government bracket tax were reduced from 1.9% and 4.2% to 1.7% and 4.0%, respectively.
    - The minimum allowance rate for personal income was increased from 45% to 46%.

- Most important changes related to wage taxation in 2020:
    - The standard allowance was reduced from NOK 56 550 to NOK 51 300 to accompany the NRK financing reform. Until 2019, the public broadcaster NRK was financed by a fee levied on households owning a TV. From 2020, direct transfers from the central government replace the broadcasting fee. The tax increase implied by the standard allowance reduction intends to pay for the NRK transfers. If the broadcasting fee is regarded as a tax, the overall effect of the NRK financing reform is reduced taxation for households with two or less tax paying members.

- Most important changes related to wage taxation in 2019:
    - The general tax rate on ordinary income was reduced from 23% to 22%.
    - The progressive bracket tax increased in all four brackets, less than the reduction in the rate of ordinary income so as the marginal tax was reduced for all income levels.
    - Employers are required to report, withhold taxes and pay employer's social security contributions on wages in the form of tax-exempted employee discounts with a market value exceeding NOK 8 000. Gifts received from the employer are tax free when the value exceeds NOK 2 000.
    - Employers are required to report, withhold taxes and pay employer's social security contributions on tip/gratuities received from customers (previously tip was to be reported by the employers).
    - A withholding tax on the gross income for foreign employees at 25% was introduced.

- Most important changes related to wage taxation in 2018:
    - The general tax rate on ordinary income was reduced from 24% to 23%.
    - The progressive bracket tax increased in all four brackets, less than the reduction in the rate of ordinary income so as the marginal tax was reduced at all income levels.
    - The upper limit of the basic allowance for wage income/social security benefits was increased by NOK 2 860 and the rate was increased to 44%.
    - The standard allowance for class 2 was abolished, tax exemptions for employees on hire in shipping vessels was abolished, and the rules for commuters expenses were tighten.

- Most important changes related to wage taxation in 2017:
    - The general tax rate on ordinary income was reduced from 25% to 24%.
    - The rates under the bracket tax was increased with 0.71-0.82 percentage points, which is less than the reduction in the rate of ordinary income.

- – The upper limit of the basic allowance for wage income/social security benefits was increased by NOK 3 300 and the rate was increased to 44%.
- – The lower threshold for the payment of employee's social security contributions was increased from NOK 49 650 to NOK 54 650.

- Most important changes related to wage taxation in 2016:
  - – The general tax rate on ordinary income was reduced from 27% to 25%.
  - – A bracket tax with on personal income with 4 tax brackets was introduced and replaced the former surtax on personal income.

- Most important changes related to wage taxation in 2015:
  - – The threshold in surtax bracket 1 was increased by NOK 5 750.
  - – The upper limit of the basic allowance for wage income/social security benefits was increased by NOK 2 100.
  - – The lower threshold for the payment of employee's social security contributions was increased from NOK 39 600 to NOK 49 650.

- Most important changes related to wage taxation in 2014:
  - – The general tax rate on ordinary income was reduced from 28% to 27%.
  - – The employee's social security contributions were increased by 0.4 percentage points.
  - – The rate in the basic allowance against wage income was increased to 43%.
  - – Tax class 2 for married couples was reduced.

- Most important changes in 2013:
  - – The personal allowance for labour income was increased for low income earners (below NOK 213 950) by 2 percentage points from 38% to 40% of their labour income.
  - – The taxable value of second homes and commercial property for the purposes of net wealth tax was increased from 40% to 50% of estimated market value.
  - – The basic allowance in the net wealth tax was increased from NOK 750 000 to NOK 870 000. Married couples will thus have a total basic allowance of NOK 1 740 000.
  - – The current class 2 for sole providers was replaced by a special allowance for ordinary income which provides an equivalent tax benefit.
  - – The ma ximum deduction for labour union fees was increased from NOK 3 750 to NOK 3 850.

- Most important changes in 2012:
  - – The personal allowance for labour income was increased for low income earners (below NOK 217 000) by 2 percentage points from 36% to 38% of their labour income.
  - – For self-employed the wage allowance was abolished to eliminate residual discrimination between sole proprietorships with employees and limited companies.
  - – In the deduction for travel expenses for travels between home and work the deduction rate per kilometre was increased for tax payers travelling between 35 000 km and 50 000 km per year.
  - – The maximum deduction for labour union fees was increased by NOK 90 to NOK 3 750.

- In 2011 changes to the tax system was made to provide better incentives for people to work when drawing a pension. The tax limitation rule for early-retirement and old-age pensioners was replaced by a new tax allowance for pension income. The allowance ensures that people who only receive the minimum pension will continue not to pay income tax. The allowance is scaled down against pension income, so that the marginal tax on earned income is reduced to the same level as for wage earners. The marginal tax on capital for low-income pensioners is also reduced to the same level as for other taxpayers. The new tax allowance is determined regardless of the spouse's income and married early-retirement and old-age pensioners will each have their own allowance.

In addition, the pension income social security contribution is increased and the special allowance for age is discontinued.

- In 2010 a new formula-based system for determining the tax-assessed value of homes was introduced. The new tax-assessed value will be determined by multiplying the floor space of the dwelling by a square metre price based on the geographical location (neighbourhood, municipality, sparsely populated vs. densely populated area), size, age and type (detached, semi-detached, terraced, flat) of the property. For primary homes (owner-occupied), the per square metre rate will be set at 25% of the estimated sale price per square metre, whereas the rate for second homes, i.e. any other dwellings in addition to the primary home that are not defined as business or recreational properties, will be set at 40% of the estimated sale price per square metre. The current "safety valve" system is being continued so that taxpayers can appeal and have the tax-assessed value reduced to 30% of the documented fair market value (60% for second homes). In addition, the tax-assessed values of recreational properties are increased by 10%.

- Most important changes in 2009 were the abolition of the 80% rule, which primarily reduced the wealth tax of the richest. The wealth tax on equities for those who fall within the scope of the 80% rule has been more than doubled since 2005.

- The home savings scheme (BSU) was expanded in 2009 by increasing the annual savings amount to NOK 20 000 and the maximum aggregate savings amount to NOK 150 000.

- The rates of the inheritance tax were reduced and the exempted amount was increased in 2009. The instalment scheme for family businesses was expanded through the abolition of the upper limit, and the payment period was increased from 7 to 12 years.

- Other changes in the personal tax base in 2009:
  - The fishermen's allowance was increased from NOK 115 000 to NOK 150 000.
  - The reindeer husbandry allowance was increased to the same level as the agriculture allowance.
  - The allowance for labour union fees was increased by NOK 450 to NOK 3 600.
  - The rate of the travel allowance was increased from NOK 1.40 per km to NOK 1.50 per km.

- The tax-free net income thresholds under the tax limitation rule were increased such as to ensure that singles and couples who receive the minimum state pension will still not be paying tax following the favourable social security settlement they benefited from in 2008.

- A tax favoured contributions to individual pension agreement schemes was reintroduced as of 2008.

- From 1 January, 2008 the employees' SSC rate for self-employed was increased from 10.7% to 11.0%.

- The upper threshold in the surtax schedule was substantially reduced from 2006 to 2007.

- The surtax rates were reduced in 2005 and 2006, as part of a reform of the dual income tax system. The basic allowance has been substantially increased.

- From 1 January, 2006 the supplementary employer's social security contribution at 12.5% for gross wage income that exceeds 16 times "G" (average "G" is estimated to be NOK 74 721 in 2010) was removed.

- From 1 January, 2006 the class 2 in the surtax was removed.

- From 1 January, 2005 the ceiling in the parent allowance for two and more children was removed, and the maximum allowance was increased with NOK 5 000 for each child after the first. From 2008 the maximum allowance will be increased with NOK 15 000 for each child after the first.

- The additional child support of NOK 7 884 for children aged 1 and 2 years was abolished as of 1 August 2003.

- An allowance of maximum NOK 6 000 for donations to voluntary organisations was introduced as of 1 January, 2003. Previously this allowance was coordinated with the allowance for labour union fees (with a combined maximum allowance). The allowance was increased to NOK 12 000 as of 1 January, 2005.
- As of 1 July, 2002 the employer's social security contribution rates for employees aged 62 years or older were reduced by 4 percentage points, although not below 0%. From 2007 the reduction was abolished.

4.1. Changes to labour taxation due to the COVID pandemic in 2020 and 2021

- Payment of the second and third instalments (there are 6 instalments annually) employer's social security contribution in 2020 was postponed from May 15th and July 15th to August 15th and October 15th, respectively.
- For the third instalment of the employer's social security contribution in 2020, the rate was reduced by 4 percentage points. In municipalities were the employer's social security contribution rate is 0%, a subsidy equating to 4% of gross wages is paid to employers.
- Payment of the first and second instalment (there are 4 instalments annually) of the advance tax of self-employed in 2020 was postponed from March 15th and May 15th to May 1st and July 15th, respectively.

5. Memorandum Items

5.1. Identification of an AW and calculation of earnings

The wage series used refers to full time employees in the B-N industry group (ISIC rev.4).

The calculation of annual wage earnings is as follows:

- Weighted average monthly wage plus overtime times 12.

The average monthly wage is agreed payment for a wage earner working a normal agreed working-year. It includes bonus payments and other allowances, but not payments for overtime, sick leave, and an establishment's indirect wage costs. The sum is weighted with the number of persons employed in the different industry groups.

5.2. Employers' contributions to private health and pension schemes

No information available.

2021 Parameter values

Average earnings/yr	Ave_earn	659 902	Secretariat estimate
Central rate (pers)	Tax_sch	0	184 800
		0.017	260 100
		0.04	651 250
		0.132	1 021 550
		0.162	
Central rate (ord)	Cent_rate_ord	0.0715	
Local rate (ord)	Local_rate	0.1485	
Allowances	Class_al	52 450	
	Special_al	51 804	
Basic relief	Basic_min	4 000	
	Basic_max	106 750	
	Basic_rel_rate	0.46	
	Basic_min_wage	31 800	
Soc security contribs	SSC_rate	0.082	
Employer	SSC_empr	0.13	
Trygd. low.lim	SSC_low_lim	59 650	
pct.rate	SSC_low_rate	0.25	
Ref. Income "G"	SSC_G	104 716	
"G" Multiple	SSC_Gmult	16	
Supplemental Rate	SSC_rate_sup	0	
Child cash transfer	Child_sup	12 648	

2021 Tax equations

The equations for the system for Norway in 2021 may be calculated on an individual or joint basis for married couples. Social security contributions are calculated on an individual basis. The calculation for Class 2 is chosen for married couples whenever this gives a lower value of tax than the corresponding Class 1 calculations. The functions which are used in the equations (Taper, MIN, Tax etc) are described in the technical note about tax equations. Variable names are defined in the table of parameters above, within the equations table, or are the standard variables "married" and "children". A reference to a variable with the affix "_total" indicates the sum of the relevant variable values for the principal and spouse. And the affixes "_princ" and "_spouse" indicate the value for the principal and spouse, respectively. Equations for a single person are as shown for the principal, with "_spouse" values taken as 0.

	Line in country table and intermediate steps	Variable name	Range	Equation
1.	Earnings	earn		
2.	Allowances:			
	tax allowance (ordinary)	tax_al_princ	P	MIN(MAX(Basic_min_wage, MIN(earn_princ*Basic_rel_rate, Basic_max)) +Class_al+IF(AND(Married='0,Children>0),Special_al,o),' earn_princ)
	tax allowance (ordinary)	tax_al_spouse	S	MIN(MAX(Basic_min_wage, MIN(earn_spouse*Basic_rel_rate, Basic_max)) +Class_al, earn_spouse)
3.	Credits in taxable income	taxbl_cr	J	0
4.	CG taxable income (ordinary)	tax_inc	B	Positive(earn-tax_al)
5.	CG tax (personal+ordinary)	CG_tax	B	Tax(earn, Tax_sch)+Cent_rate_ord*tax1_inc
6.	Tax credits :	tax_cr	P	0
7.	CG tax	CG_tax	B	CG_tax
8.	State and local taxes	local_tax	B	(Local_rate*(tax_inc_princ+tax_inc_spouse))-tax_cr
9.	Employees' soc security	SSC	B	MIN(earn*SSC_rate, Positive(SSC_low_rate*(earn-SSC_low_lim)))
11.	Cash transfers	cash_trans	J	(children>0)*Child_sup
13.	Employer's soc security	SSC_empr	B	earn*SSC_empr

Key to range of equation B calculated separately for both principal earner and spouse P calculated for principal only (value taken as 0 for spouse calculation) J calculated once only on a joint basis.

Poland

This chapter includes data on the income taxes paid by workers, their social security contributions, the family benefits they receive in the form of cash transfers as well as the social security contributions and payroll taxes paid by their employers. Results reported include the marginal and average tax burden for eight different family types.

Methodological information is available for personal income tax systems, compulsory social security contributions to schemes operated within the government sector, universal cash transfers as well as recent changes in the tax/benefit system. The methodology also includes the parameter values and tax equations underlying the data.

Poland 2021

The tax/benefit position of single persons

Wage level (per cent of average wage)		67	100	167	67
Number of children		none	none	none	2
1. **Gross wage earnings**		42 942	64 093	107 035	42 942
2. **Standard tax allowances**					
Basic allowance					
Married or head of family					
Dependent children					
Deduction for social security contributions and income taxes		5 887	8 787	14 675	5 887
Work-related expenses		3 000	3 000	3 000	3 000
Other					
	Total	8 887	11 787	17 675	8 887
3. **Tax credits or cash transfers included in taxable income**		0	0	0	0
4. **Central government taxable income (1 - 2 + 3)**		34 055	52 306	89 361	34 055
5. **Central government income tax liability (exclusive of tax credits)**		5 789	8 892	15 766	5 789
6. **Tax credits**					
Basic credit		525	525	477	1 050
Married or head of family					
Children		0	0	0	2 224
Other (health insurance)		2 872	4 286	7 158	2 872
	Total	3 397	4 811	7 635	6 146
7. **Central government income tax finally paid (5-6)**		2 392	4 081	8 132	- 357
8. **State and local taxes**		0	0	0	0
9. **Employees' compulsory social security contributions**					
Gross earnings		4 320	6 448	10 767	4 320
Taxable income		3 335	4 978	8 312	3 335
	Total	7 655	11 425	19 080	7 655
10. **Total payments to general government (7 + 8 + 9)**		10 047	15 506	27 212	7 298
11. **Cash transfers from general government**					
For head of family					
For two children		0	0	0	13 595
	Total	0	0	0	13 595
12. **Take-home pay (1-10+11)**		32 895	48 587	79 824	49 239
13. **Employer's wage dependent contributions and taxes**					
Employer's compulsory social security contributions		5 930	8 851	14 781	5 930
payroll taxes		1 095	1 634	2 729	1 095
	Total	7 025	10 485	17 511	7 025
14. **Average rates**					
Income tax		5.6%	6.4%	7.6%	-0.8%
Employees' social security contributions		17.8%	17.8%	17.8%	17.8%
Total payments less cash transfers		23.4%	24.2%	25.4%	-14.7%
Total tax wedge including employer's social security contributions		34.2%	34.9%	35.9%	1.5%
15. **Marginal rates**					
Total payments less cash transfers: Principal earner		25.8%	25.8%	39.8%	96.3%
Total payments less cash transfers: Spouse		n.a.	n.a.	n.a.	n.a.
Total tax wedge: Principal earner		36.2%	36.2%	48.3%	96.9%
Total tax wedge: Spouse		n.a.	n.a.	n.a.	n.a.

Poland 2021

The tax/benefit position of married couples

Wage level (per cent of average wage)		100-0	100-67	100-100	100-67
Number of children		2	2	2	none
1.	**Gross wage earnings**	64 093	107 035	128 186	107 035
2.	**Standard tax allowances**				
	Basic allowance				
	Married or head of family				
	Dependent children				
	Deduction for social security contributions and income taxes	8 787	14 675	17 574	14 675
	Work-related expenses	3 000	6 000	6 000	6 000
	Other				
	Total	11 787	20 675	23 574	20 675
3.	**Tax credits or cash transfers included in taxable income**	0	0	0	0
4.	**Central government taxable income (1 - 2 + 3)**	52 306	86 361	104 612	86 361
5.	**Central government income tax liability (exclusive of tax credits)**	8 892	14 681	17 784	14 681
6.	**Tax credits**				
	Basic credit	1 050	1 050	1 050	1 050
	Married or head of family				
	Children	2 224	2 224	2 224	0
	Other (health insurance)	4 286	7 158	8 572	7 158
	Total	7 561	10 432	11 847	8 208
7.	**Central government income tax finally paid (5-6)**	1 331	4 249	5 937	6 473
8.	**State and local taxes**	0	0	0	0
9.	**Employees' compulsory social security contributions**				
	Gross earnings	6 448	10 767	12 895	10 767
	Taxable income	4 978	8 312	9 955	8 312
	Total	11 425	19 080	22 850	19 080
10.	**Total payments to general government (7 + 8 + 9)**	12 757	23 329	28 788	25 553
11.	**Cash transfers from general government**				
	For head of family				
	For two children	12 600	12 600	12 600	0
	Total	12 600	12 600	12 600	0
12.	**Take-home pay (1-10+11)**	63 936	96 306	111 998	81 482
13.	**Employer's wage dependent contributions and taxes**				
	Employer's compulsory social security contributions	8 851	14 781	17 702	14 781
	payroll taxes	1 634	2 729	3 269	2 729
	Total	10 485	17 511	20 971	17 511
14.	**Average rates**				
	Income tax	2.1%	4.0%	4.6%	6.0%
	Employees' social security contributions	17.8%	17.8%	17.8%	17.8%
	Total payments less cash transfers	0.2%	10.0%	12.6%	23.9%
	Total tax wedge including employer's social security contributions	14.3%	22.7%	24.9%	34.6%
15.	**Marginal rates**				
	Total payments less cash transfers: Principal earner	25.8%	25.8%	25.8%	25.8%
	Total payments less cash transfers: Spouse	24.6%	25.8%	25.8%	25.8%
	Total tax wedge: Principal earner	36.2%	36.2%	36.2%	36.2%
	Total tax wedge: Spouse	35.2%	36.2%	36.2%	36.2%

The national currency is the Zloty (PLN). In 2021, PLN 3.84 were equal to USD 1. In that year, the average worker earned PLN 64 093 (Secretariat Estimate).

1. Personal income tax system

An individual being a tax resident in Poland is liable to tax on the basis of world-wide income, irrespective of the source and origin of that income. (The term "residency" is understood similarly to Article 4 paragraph 2 point a) of the OECD Model Tax Convention on Income and Capital).

1.1. Central government income tax

1.1.1. Tax unit

Individuals are taxed on their own income, but couples married during the whole calendar year[1] can opt to be taxed on their joint income. In the latter case, the 'splitting' system applies: the tax bill for a couple is twice the income tax due on half of joint income, provided the joint income does not include capital income taxed at the flat 19% rate. Single individuals with dependent children are also entitled to use the splitting system (their family quotient is two). For the purpose of this report, it is assumed that married couples are taxed on joint income.

1.1.1.1. Tax base

1.1.1.1.1. Gross employment income

For taxation purposes, taxable gross employment income in Poland includes both cash income and the value of benefits in kind. More specifically, gross employment income includes base salary, overtime payments, bonuses, awards, compensation for unused holidays, and costs that are paid in full or in part by the employer on behalf of the employee.

1.1.2. Tax allowances and tax credits

1.1.2.1. Standard reliefs

- Basic relief (since 1st October 2019): A non-refundable tax credit of:[2]
    - PLN 1 360 – for the tax base not higher than PLN 8 000;
    - PLN 1 360 minus the amount resulting from the following formula: PLN 834.88 × (tax base PLN 8 000) ÷ PLN 5 000, for the tax base higher than PLN 8 000 and not higher than PLN 13 000;
    - PLN 525.12 - for the tax base higher than PLN 13 000 and not higher than PLN 85 528;
    - PLN 525.12 minus the amount resulting from the following formula: PLN 525.12 × (tax base– PLN 85 528) ÷ PLN 41 472, for the tax base higher than PLN 85 528 and not higher than PLN 127 000.
- Marital status relief: None.
- Relief for children: Yes.[3]

A taxpayer can deduct from the due tax decreased by the amount of health contributions specified in the PIT Act, the amount, which is equal for each month of raising a child:

- PLN 92.67 (annually PLN 1 112.04) for the first child, if the income received by parents (married or single parent, who meets special requirements) does not exceed in the tax year the amount of PLN 112 000. For other parent the threshold of income is PLN 56 000;
- PLN 92.67 (annually PLN 1 112.04) for the second child;
- PLN 166.67 (annually PLN 2 000.04) for the third child;
- PLN 225.00 (annually PLN 2 700.00) for the fourth and every next child.

Since 1st of January 2015 taxpayers whose due tax is lower than the amount of relief for children, may claim for cash refund for amount of relief which has not been utilized. However, such cash refund cannot exceed the amount of deductible social security and health insurance contributions paid by taxpayer (with some exceptions).

- Relief for health insurance contributions: A tax credit is almost equal to health insurance contribution paid to the National Health Fund. The contribution is 9% of the calculation basis whereas the tax credit is 7.75% of this basis.
- Relief for other social security contributions: An allowance is provided for all social insurance contributions paid by the taxpayer.
- Relief for selected work-related expenses: Standard deductions depend on the number of workplaces and on whether place of residence and workplace are within the same town/city or not. The annual amounts in PLN (deductible from income) are:

	One workplace	Two/more workplaces
Workplace in the same town/city as place of residence	3 000 since 1st October 2019[4]	(4 500 since 1st October 2019
Workplace in different town/city as place of residence	3 600 since 1st October 2019	5 400 since 1st October 2019

Note: If the actual commuting expenses exceed standard deduction, relief can be determined by the actual expenses incurred solely on personal season tickets.

1.1.2.2. Main non-standard tax reliefs

Allowances:

- Expenses for the purpose of rehabilitation incurred by a taxpayer who is a disabled person, or a taxpayer, who supports the disabled;
- Equivalent of blood donations, donations made for the purposes of public benefit activity and of religious practice – in the amount of donation, no more than 6% of income;
- Donations made for charity church care - in the amount of the donation;
- Expenses incurred for the use of the Internet – a taxpayer is entitled to deduct the Internet tax allowance within the next two years, providing that during the phase preceded this period he did not deduct expenses for the use of the Internet (up to PLN 760);
- Expenses incurred during undertaking of thermo-modernization project for single-family residential building up to PLN 53 000;
- Abolished allowance (since 2007 continued on the acquired right basis) for interests payments on mortgage loans raised no later than in 2006 on acquisition of housing property on the primary market – up to the amount of interests related to the part of loan not exceeding PLN 325 990 for investments finished in 2017.

Tax credits:

- Donation made to public benefit organizations – up to 1% of due tax.[5]

- Abolished tax credits (continued on the acquired rights basis), i.e. expenses for saving with the aim of buying a house or flat, the amount of social contributions paid on income of an unemployed person hired by a taxpayer in order to take care of their children and/or house.

Exemptions:

- Gross wages up to PLN 85 528 for people under 26 years old are exempted from PIT.

1.1.3. Tax schedule

The tax schedule is as follows:

Tax base (in PLN)		Tax amount	
Over	Below		less a basic tax credit
0	85 528	17% since 1st October 2019	
85 528		PLN 14 539.76+ 32% of surplus over PLN 85 528 (since 1st October 2019)	

1.2. State and local income tax

There are no regional or local income taxes.

1.3. Wealth tax

There is no wealth tax.

1.4. Solidarity surcharge

The act on the Solidarity Support Fund for Disabled Persons entered into force on 1 January 2019. The purpose of a legislative proposal was to introduce a new institution in a form of fund, managed by the Minister of Family, Labour and Social Policy, which would be focused on social support for people with disabilities. In 2020 the Fund was renamed to Solidarity Fund. The source of the Fund's revenues are primarily a compulsory contribution to the Fund representing 0.15% in 2019, 0.45% in 2020 and since 2021 1.45% of the base of the contribution rate to the Labour Fund (the compulsory contribution to the Labour Fund has decreased from 2.3% of the basis for the calculation of contributions to pension and disability insurance to 2% in 2020 and to 1% since 2021), as well as the solidarity contribution on the income of individuals - in the amount of 4% from a surplus of income (gross income minus SSC of employee) over PLN 1 million for a tax year.

2. Social Security Contributions

2.1. Employees' contributions

Employees pay 13.71% of the gross wage. This contribution includes:

- Pension insurance contribution – 9.76% of the gross wage.[6] 3.65 percentage points of the pension contribution are treated as non-tax compulsory payments because these payments are either made to the OPF (1.46%) and to personal sub-account in ZUS (2.19%) or only to sub-account in ZUS (3.65%),
- Disability insurance contribution – 1.5% of the gross wage,
- Sickness/maternity insurance contribution – 2.45% of the gross wage,
- In case of pension and disability insurance, contributions are not paid on the part of the wage that exceeds PLN 157 770.[7]

2.2. Employers' contributions

In respect of income paid under an employment contract with a Polish entity, employers have an obligation to pay social security contributions and payroll taxes equal to 20.01% of gross wage. This value consists of:

A) Social security contributions:

- 9.76 % are aimed for pension insurance.[8] 3.65 % of the pension contribution are treated as non-tax compulsory payments because these payments are either made to the OPF (1.46%) and to personal sub-account in ZUS (2.19%) or only to sub-account in ZUS (3.65%),
- 6.5 % are aimed for disability insurance,
- 1.20 % (on average) accident insurance,
- In case of pension and disability insurance, contributions are not paid on the part of the wage that exceeds PLN 157 770.

B) Payroll taxes:

- 1 % for Labour Found,
- 1,45% for Solidarity Fund,
- and 0.1% for the Guaranteed Employee Benefit Fund.

3. Universal Cash Transfers

3.1. Transfers related to marital status

None.

3.2. Transfers for dependent children

From 1st of November 2012 families where the average monthly income per household member for the previous period is no greater than PLN 539 or PLN 623 when there are one or more disabled children in the household) are entitled to family allowances. From 1st of November 2015 the income criteria will be as high as PLN 674 and PLN 764. Families receive PLN 89 (from 1st of November 2016 – PLN 95) monthly for a child no older than 5 years, PLN 118 (from 1st of November 2016 – PLN 124) monthly for a child of 5 up to 18 years old, and PLN 129 (from 1st of November 2016 – PLN 135) monthly for a child of 18 up to 24 years old. The calculations in this Report are based on the assumption that the children are aged between 6 and 11 years inclusive.

Single parents are entitled to a supplement of PLN 185 (from 1st of November 2016 – PLN 193) for each child up to a maximum of PLN 370 (from 1st of November 2016 – PLN 386) for all children (and PLN 265 (from 1st of November 2016 – PLN 273) for a disabled child up to a maximum of PLN 530 (from 1st of November 2016 – PLN 546) for all children).

There are several supplements to family allowances:

- for large families – PLN 90 (from 1st of November 2016 – PLN 95) monthly for the 3rd and next children in the family;
- for education of disabled children – PLN 80 (from 1st of November 2016 – PLN 90) monthly for children not older than 5 years and PLN 100 (from 1st of November 2016 – PLN 110) for children older than 5 years.

3.2.1. Parental benefit

On 1 January 2016 a parental benefit was introduced, aside from the already existing family and care benefits. The parental benefit is provided to families to which a child is born but whose members had not been eligible to a parental or maternity leave: students, the unemployed (regardless of registration with a labour office), people employed on the basis of civil law contracts, employees and people pursuing non-agricultural economic activity if they are not collecting maternity benefit. The parental benefit is granted regardless of income in the amount of PLN 1 000 a month for 52 weeks (after giving birth to one child in one labour), 65 weeks (after giving birth to two children in one labour), 67 weeks (after giving birth to three or four children in one labour) and for 71 weeks (after giving birth to five or more children in one labour).

3.2.2. Family 500 Plus Programme

Financial support for families with children

1 April 2016 (Act on state support for upbringing children entered into force 1 April 2016)

The Act on state support for upbringing children introduced new benefits- in amount of PLN 500 monthly per child until the child turns 18, which would be means-tested for the first child and available for all families for every additional child. The new benefit of PLN 500 a month (untaxed) is available for parents, actual guardian or legal guardian of a child until the child turns 18. The benefit will also be paid for the second child and any subsequent child without application of any income criteria. It will be paid for the first child if income of the family per one member does not exceed PLN 800 a month (PLN 1 200 if there is a disabled child in the family)[9]. Eligibility to this benefit is established for a year (from 1 October to 30 September).

Since 1st July 2019 the extension of 500+ programme came into force: there is no income testing hence every child is eligible for the benefit so the transfer has become universal.

3.2.3. Good Start Programme

Since 2019 a new benefit of PLN 300 was introduced. Every child that is attending school until it turns 20 is eligible for this benefit which is paid once a year at the start of the school year. There is no income test.

4. Main Changes in Tax/benefit Systems Since 2012

Since January 2017, the tax schedule has been changed by introduction of degressive basic tax credit. The work-related expenses, tax allowances, relieves are the same as in previous years.

Since 2012, there were also changes in Social Security Contribution. Since February 2014, 14.96% of the old-age insurance contribution (2.92 percentage points) are transferred by ZUS to a privately-managed fund (OPF) but since July 2014 this part of contribution will be transferred only if insured persons decides to – otherwise all 7.3 percentage points of the contributions will be passed to subaccount in ZUS.

On 1st January 2019 as the solidarity contribution on the income of individuals - in the amount of 4% from a surplus of income (gross income minus SSC of employee) over PLN 1 million for a tax year was introduced.

Since August 2019 gross wages up to PLN 85 528 for people under 26 years old are exempted from PIT. Since October 2019 the first marginal tax rate has been lowered from 18% to 17%.and work-related expenses were more than doubled.

4.1. Changes to labour taxation due to the COVID pandemic in 2020 and 2021

Exemption from social security contributions (employee's and employer's part) for up to 3 months period for enterprises registered before February 2020:

- exemption of 50% from SSC in enterprises that have reported to Social Security Fund from 10 to 49 people
- exemption of 100% from SSC in enterprises that have reported to Social Security Fund from 1 to 9 people,

Since less than half of the full-time workers within sectors B to N are affected by the temporary exemption of social security contributions, the measure is not considered in the Taxing Wages calculations.

Subsidies for employee remuneration costs and social security contributions up to three months period:

- a subsidy to downtime pay in the amount of 50% of minimum wage plus social security contributions
- a subsidy up to half of the salary of employees, but no more than 40% of the average monthly salary from the previous quarter plus social security contributions

The subsidy can be granted if the decline in sales revenues amounted to:

- not less than 15% - calculated as the ratio of total sales revenues in the following two months period after Jan 2020, to the total sales revenues from the corresponding 2 months of the previous year (i.e. 2019); or
- not less than 25% - calculated as the ratio of total sales revenues in any given month in the period after Jan 2020 compared to the turnover from the previous month.

Subsidies for employee remuneration costs and social security contributions for micro, small and medium-sized enterprises for up to 3 month period in the amount of:

- 50% of minimum wage plus social security contributions per employee, if the decline in sales revenues amounted to 30%,
- 70% of minimum wage plus social security contributions per employee, if the decline in sales revenues amounted to 50%,
- 90% of minimum wage plus social security contributions per employee, if the decline in sales revenues amounted to 80%.

A decline in total sales revenues is calculated based on the following two months of 2020 compared to the total sales revenues from the corresponding 2 months of 2019.

5. Memorandum Items

5.1. Identification of AW and valuation of earnings

The Polish Central Statistical Office calculates average monthly wages and salaries for employees on the basis of reports of enterprises. The figures include overtime and bonus payments and also include information for part-time employees converted to full-time equivalents. Male and female workers are included. The information, which includes estimates for different sectors, is published in the monthly *Statistical Bulletin*.

5.2. Employers' contributions to private pension, health and related schemes

No information provided.

2021 Parameter values

Average earnings/yr	Ave_earn	64 093	Secretariat Estimate
Work expenses	work_exp	3 000[10]	
Income tax schedule	tax_sch		
		0.17	85 528
		0.32	
Tax credits			
Basic credit	basic_cr1	1 360	
	basic_cr2	525.12	
	basic_cr_lim1	8 000	
	basic_cr_lim2	13 000	
	basic_cr_lim3	85 528	
	basic_cr_lim4	127 000	
	red_rate_1	0.166976	
	red_rate_2	0.012662037	
Health insurance	health_ins	0.09	
	health_ins_credit	0.0775	
Children	Child_cr	1 112.04	
	Child_cr_lim	112 000	
Social security contributions			
Employers	SSC_empr	0.2008	
old-age pension and disability pension insurance	SSC_old	0,0976	
	SSC_old_ZUS	0.0611	
	SSC_old_ZUSII	0.0365	
	SSC_old_OPF	0	
	SSC_dis	0.065	
other insurances	SSC_a	0.012	
Payroll_tax	Payroll_tax	0.0255	
Employees	SSC	0.1371	
old-age pension and disability pension insurance	SSC_old_e	0.0976	
	SSC_old_e_ZUS	0.0611	
	SSC_old_e_ZUSII	0.0365	
	SSC_old_e_OPF	0	
	SSC_dis_e	0.015	
sickness insurance	SSC_s	0.0245	
Contribution ceiling	SSC_c	157770	
Family benefit	fam_ben	1 588	
single parent additional family benefit	fam_ben_Spsup	2 316	
single parent additional family benefit ceiling	fam_ben_Spsup_lim	4 632	
income limit	fam_ben_lim	8 088	
income limit for single parent	fam_ben_lim_sp	8 088	
Family 500 Plus Programme	plus_ben	6 000	
"Good start" benefit	gs_ben	300	
Solidarity surcharge rate	solid_sur_rate	0.04	
Solidarity surcharge threshold	solid _thr	1 000 000	

2021 Tax equations

The equations for the Polish system are mostly calculated on a family basis.

The standard functions which are used in the equations (Taper, MIN, Tax etc) are described in the technical note about tax equations. Two additional functions (Tax93 and ftax) have been incorporated to carry out an iterative calculation for central government tax. These allow for the fact that the church tax is calculated as 9% of Central Government tax and is also allowed as a deduction when calculating taxable income. Variable names are defined in the table of parameters above, within the equations table, or are the standard variables "married" and "children". A reference to a variable with the affix "_total" indicates the sum of the relevant variable values for the principal and spouse. And the affixes "_princ" and "_spouse" indicate the value for the principal and spouse, respectively. Equations for a single person are as shown for the principal, with "_spouse" values taken as 0.

	Line in country table and intermediate steps	Variable name	Range	Equation
1.	Earnings	earn		
	Quotient for tax calculation	quotient	J	1+MAX(Married,(Children>0))
2.	Allowances:	tax_al	J	work_exp+MIN(earn_spouse,work_exp)+SSC+SSC_old_e_OPF*MIN(earn, SSC_c)
3.	Credits in taxable income	taxbl_cr	J	0
4.	CG taxable income	tax_inc	J	Positive(earn-tax_al)
5.	CG tax before credits	CG_tax_excl	J	quotient*Tax(tax_inc/quotient,tax_sch)
6.	Tax credits :			
	Basic credit	basic_cr	J	=IF(quotient=1,Positive(IF(TAX_INC>basic_cr_lim1,basic_cr1-(Positive(MIN(TAX_INC,basic_cr_lim2)-basic_cr_lim1)*red_rate_1)-(Positive(TAX_INC-basic_cr_lim3)*red_rate_2),basic_cr1))*quotient,Positive(IF((TAX_INC/2)>basic_cr_lim1,basic_cr1-(Positive(MIN((TAX_INC/2),basic_cr_lim2)-basic_cr_lim1)*red_rate_1)-(Positive((TAX_INC/2)-basic_cr_lim3)*red_rate_2),basic_cr1))*quotient)
	Health insurance	health_ins_cr	B	health_ins_credit*(earn-SSC-SSC_old_e_OPF*MIN(earn, SSC_c))
	Child credit	child_cr	J	If(earn_total<Child_cr_lim,children*child_cr,0)
	Total tax credits	tax_cr	J	basic_cr+health_ins_cr+child_cr
7.	CG tax	CG_tax	J	MAX(0,Positive(CG_tax_excl-basic_cr-health_ins)-child_cr)-(child_cr>Positive(CG_tax_excl-basic_cr-health_ins))*MIN(SSC_al+health_ins,child_cr-Positive(CG_tax_excl-basic_cr-health_ins))
8.	State and local taxes	local_tax	J	0
9.	Employees' soc security	health_ins	B	(earn-(MIN(earn, SSC_c)*(SSC_old_e+SSC_dis_e)+earn*SSC_s))*health_ins
.		SSC	B	(SSC_old_e_ZUS+SSC_dis_e)*MIN(earn,SSC_c)+SSC_s*earn
11.	Cash transfers	cash_tran	J	='MAX(0,(fam_net_inc<fam_ben_lim*(1+Married+Children)-240+(Children*fam_ben+(1-Married)*(Children>0)*MIN(fam_ben_Spsup*Children,fam_ben_Spsup_lim)))*(Children*fam_ben+(1-Married)*(Children>0)*MIN(fam_ben_Spsup*Children,fam_ben_Spsup_lim))-IF(fam_net_inc>fam_ben_lim*(1+Married+Children),fam_net_inc-fam_ben_lim*(1+Married+Children),0))+(Children*plus_ben)+(gs_ben*Children)
		fam_net_inc	J	=Positive(earn-SSC_al-health_ins-CG_tax-work_exp)
13.	Employer's soc security	SSC_empr	B	(SSC_old_ZUS+SSC_dis)*MIN(earn,SSC_c)+SSC_a*earn
		Payroll tax	B	Earn*Payroll_tax

Key to range of equation:
B calculated separately for both principal earner and spouse,
P calculated for principal only (value taken as 0 for spouse calculation),
J calculated once only on a joint basis.

Notes

[1] However, a widowed spouse is entitled to apply the joint income taxation.

[2] Applicable only in a tax return.

[3] It concerns a child of 18 years old or younger or a child up to 25 years old provided they are students or a disabled child irrespective of their age. The actual description in section 4.

[4] For the purpose of the calculations in this publication, it is assumed that the worker has the same town/city as place of residence.

[5] This relief is distinct from an allowance for donations deducted from income.

[6] Since July 2014 out of total 19.52% of social contributions 7.3% goes to subaccount in ZUS either – if voluntarily stated by insured person – 2.92% goes to account in open ended funds and 4.38% to subaccount in ZUS.

[7] The contribution ceiling of pension and disability insurance funds for a given calendar year may not exceed thirty times the amount of the projected average monthly remuneration in the national economy for that year, as set forth in the Budgetary Act.

[8] Since July 2014 out of total 19.52% of social contributions 7.3% goes to subaccount in ZUS either – if voluntarily stated by insured person – 2.92% goes to account in open ended funds and 4.38% to subaccount in ZUS.

[9] Some of the features (namely, joint taxation and child tax credit) of the Polish tax system are optional and therefore can influence eligibility to "500+" family, and in a consequence tax wedge, in a non-linear way. As they both determine "net income for income test" and because of no tapering of "500+" sometimes it may be preferable not to use joint taxation or child tax credit (or to use it partially) in order to get the most appropriate net income to maximize the family benefit payments. As for now model treats both joint taxation and child tax credit as obligatory. With the parameters in the excel file (average wage etc.) it does not alter the results. However, if any of the parameters change, the previous statement may not hold.

[10] Lump-sum annual work expenses for an employee having one workplace and living in the place (town, city) where the workplace is; employees living outside the city (town) where their workplace is may deduct 3 600 PLN annually.

Portugal

This chapter includes data on the income taxes paid by workers, their social security contributions, the family benefits they receive in the form of cash transfers as well as the social security contributions and payroll taxes paid by their employers. Results reported include the marginal and average tax burden for eight different family types.

Methodological information is available for personal income tax systems, compulsory social security contributions to schemes operated within the government sector, universal cash transfers as well as recent changes in the tax/benefit system. The methodology also includes the parameter values and tax equations underlying the data.

Portugal 2021

The tax/benefit position of single persons

Wage level (per cent of average wage)		67	100	167	67
Number of children		none	none	none	2
1.	**Gross wage earnings**	13 803	20 602	34 405	13 803
2.	**Standard tax allowances**				
	Basic allowance	4 104	4 104	4 104	4 104
	Married or head of family				
	Dependent children				
	Deduction for social security contributions and income taxes				
	Work-related expenses	0	0	0	0
	Other				
	Total	4 104	4 104	4 104	4 104
3.	**Tax credits or cash transfers included in taxable income**	0	0	0	0
4.	**Central government taxable income (1 - 2 + 3)**	9 699	16 498	30 301	9 699
5.	**Central government income tax liability (exclusive of tax credits)**	1 626	3 507	8 194	1 626
6.	**Tax credits**				
	Basic credit	0	0	0	0
	Married or head of family				
	Children	0	0	0	1 200
	Other				
	Total	0	0	0	1 200
7.	**Central government income tax finally paid (5-6)**	1 626	3 507	8 194	426
8.	**State and local taxes**	0	0	0	0
9.	**Employees' compulsory social security contributions**				
	Gross earnings	1 518	2 266	3 785	1 518
	Taxable income				
	Total	1 518	2 266	3 785	1 518
10.	**Total payments to general government (7 + 8 + 9)**	3 145	5 773	11 979	1 945
11.	**Cash transfers from general government**				
	For head of family				
	For two children	0	0	0	1 002
	Total	0	0	0	1 002
12.	**Take-home pay (1-10+11)**	10 658	14 828	22 426	12 861
13.	**Employer's compulsory social security contributions**	3 278	4 893	8 171	3 278
14.	**Average rates**				
	Income tax	11.8%	17.0%	23.8%	3.1%
	Employees' social security contributions	11.0%	11.0%	11.0%	11.0%
	Total payments less cash transfers	22.8%	28.0%	34.8%	6.8%
	Total tax wedge including employer's social security contributions	37.6%	41.8%	47.3%	24.7%
15.	**Marginal rates**				
	Total payments less cash transfers: Principal earner	34.0%	39.5%	48.0%	34.0%
	Total payments less cash transfers: Spouse	n.a.	n.a.	n.a.	n.a.
	Total tax wedge: Principal earner	46.7%	51.1%	58.0%	46.7%
	Total tax wedge: Spouse	n.a.	n.a.	n.a.	n.a.

Portugal 2021

The tax/benefit position of married couples

Wage level (per cent of average wage)	100-0	100-67	100-100	100-67
Number of children	2	2	2	none
1. **Gross wage earnings**	20 602	34 405	41 203	34 405
2. **Standard tax allowances**				
Basic allowance	4 104	8 208	8 208	8 208
Married or head of family				
Dependent children				
Deduction for social security contributions and income taxes				
Work-related expenses	0	0	0	0
Other				
Total	4 104	8 208	8 208	8 208
3. **Tax credits or cash transfers included in taxable income**	0	0	0	0
4. **Central government taxable income (1 - 2 + 3)**	16 498	26 197	32 995	26 197
5. **Central government income tax liability (exclusive of tax credits)**	2 585	5 076	7 014	5 076
6. **Tax credits**				
Basic credit	0	0	0	0
Married or head of family				
Children	1 200	1 200	1 200	0
Other				
Total	1 200	1 200	1 200	0
7. **Central government income tax finally paid (5-6)**	1 385	3 876	5 814	5 076
8. **State and local taxes**	0	0	0	0
9. **Employees' compulsory social security contributions**				
Gross earnings	2 266	3 785	4 532	3 785
Taxable income				
Total	2 266	3 785	4 532	3 785
10. **Total payments to general government (7 + 8 + 9)**	3 652	7 661	10 346	8 861
11. **Cash transfers from general government**				
For head of family				
For two children	672	0	0	0
Total	672	0	0	0
12. **Take-home pay (1-10+11)**	17 622	26 744	30 857	25 544
13. **Employer's compulsory social security contributions**	4 893	8 171	9 786	8 171
14. **Average rates**				
Income tax	6.7%	11.3%	14.1%	14.8%
Employees' social security contributions	11.0%	11.0%	11.0%	11.0%
Total payments less cash transfers	14.5%	22.3%	25.1%	25.8%
Total tax wedge including employer's social security contributions	30.9%	37.2%	39.5%	40.0%
15. **Marginal rates**				
Total payments less cash transfers: Principal earner	34.0%	39.5%	39.5%	39.5%
Total payments less cash transfers: Spouse	33.9%	39.5%	39.5%	39.5%
Total tax wedge: Principal earner	46.7%	51.1%	51.1%	51.1%
Total tax wedge: Spouse	46.6%	51.1%	51.1%	51.1%

The national currency is the Euro (EUR). In 2021, EUR 0.84 equalled USD 1. The Secretariat has estimated that in that same year the average worker earned EUR 20 602 (Secretariat estimate).

1. Personal income tax system

1.1. Taxes levied by central government

1.1.1. Tax unit

The standard rule is separate taxation. However, families may opt for joint taxation. Income includes the income of any dependent children. Tax is computed on aggregate net income in the various categories of income, i.e. after the deductions specific to each category and standard and non-standard reliefs.

1.1.2. Standard and non-standard reliefs and tax credits

1.1.2.1. Standard reliefs

Standard deduction of EUR 4 104. If compulsory contributions to social protection schemes and statutory sub-schemes for health care exceed that limit, the deduction will equal the amount of those contributions.

1.1.2.2. Non-standard reliefs

For income received from 1 January 1999 onwards, the majority of the standard reliefs have been replaced by tax credits (see Section 1.1.4.).

Non-standard reliefs still in effect:

A deduction is provided for the portion of trade union dues not constituting consideration for benefits in the realm of health care, education, assistance for the elderly, housing, insurance or social security, up to 1% of the taxpayer's gross income, increased by 50%. These dues are not taken into account in the calculations underlying this Report.

1.1.3. Social security contributions

Social security contributions are totally deductible if they exceed EUR 4 104.00 per taxpayer, in which case the deduction for the contributions replaces the standard earned income deduction (see Section 1.1.2.1.).

1.1.4. Tax credits

Basic credits

- EUR 600 for each dependent child. This tax credit is increased by EUR 126 for dependent children whose age does not exceed 3 years old. The value is increased to EUR 300 and EUR 150 for the second and third dependent whose age does not exceed 3 years old.
- EUR 525 for each ascendant whose income does not exceed the minimum pension benefit. When there is only one ascendant, the tax credit increases by EUR 110.

Other tax credits

- 35% of household general expenses up to a limit of EUR 250, per taxpayer; this limit is increased to 45% and EUR 335, respectively, for single parents.
- Non-reimbursed health care costs, not covered by Social Security: 15% of health care costs, with a limit of EUR 1 000.
- Expenditures for educating the taxpayer or the taxpayer's dependants: 30% of outlays, up to EUR 800.

- Costs for sanatoria or retirement homes for taxpayers, their ascendants and collaterals up to the third degree whose income does not exceed the national minimum wage: 25% of expenses up to EUR 403.75.

- 15% of the amount spent (up to EUR 296.00) on interest regarding the acquisition, construction or improvement of the taxpayer's primary residence, or leasing contracts (applicable to contracts up to 31/12/2011); 30% of the amount spent (up to EUR 300) on rents paid by students under 25 years old, studying more than 50km away from home; and 15% of the amount spent (up to EUR 502,00) on rents paid by a tenant for his permanent residence under an agreement typified by the law. These limits are also increased for taxpayers in the first tax rate bracket and for taxpayers with income above the first rate bracket upper limit and below EUR 30.000, according to the formula below.

$$296 + \left[(450 - 296) * \left(\frac{30000 - liable\ income}{30000 - 7112}\right)\right]$$

- 20% of alimony payments compulsory under court order or court-approved agreement.

- 30% of education expenditures and 25% of life insurance premiums, up to a limit of 15% of the tax liability, for handicapped taxpayers or dependents.

- 15% of VAT paid for certain services (restaurants, lodging, hairdressers, and auto-repair), 22.5% of VAT paid for veterinarian medicines an 100% of VAT paid for public transport use up to a limit of EUR 250. This benefit is not included on the limits referred to on the next page.

Tax credits from tax benefits

- Individual Retirement Savings Plans (PPRs): 20% of amounts invested, for unmarried taxpayers or for each spouse, up to:
    - EUR 400 for taxpayers under 35;
    - EUR 350 for taxpayers over 35 and under 50;
    - EUR 300 for taxpayers over 50.
- Social Security Individual Accounts: 20% of amounts invested, for unmarried taxpayers or for each spouse, up to a limit of EUR 350.

Donations granted on the conditions stated in the statutes governing charities (grants to central, regional or local government, special "social solidarity institutions", museums, libraries, schools, institutes, educational or research associations, public administrative bodies, etc.): 25% of donations, limited in certain cases to 15% of the donor's tax liability. However the total of tax credits related to health care costs, education and training, alimony, retirement homes, VAT paid, house expenses and tax benefits cannot exceed the values of the following amounts:

Taxable income (EUR) (R)	Limit
Up to 7 112	Without limit
Between 7 112 and 80 882	$1000 + \left[(2500 - 1000) * \left(\frac{80882 - liable\ income}{80882 - 7112}\right)\right]$
Over 80 882	EUR 1 000

Limits are increased in 5% for each dependent.

1.1.5. Family status- determination of taxable income

The default status is individual taxation. Couples can opt for joint taxation based on the income-splitting system as it is described below. In the Taxing Wages calculations, the most favourable system is chosen.

1.1.6. Tax rate schedule (applicable to 2021 income)

Taxable income (EUR) (R)	Marginal tax rate (%) (T)	Amount to deduct (EUR) (K)
Up to 7 112	14.50	---
Over 7 112 up to 10 732	23.00	604.52
Over 10 732 up to 20322	28.50	1194.79
Over 20 322 up to 25 075	35.00	2515.66
Over 25 075 up to 36 967	37.00	3017.27
Over 36 967 up to 80 882	45.00	5974.61
Over 80 882	48.00	8401.21

In the case of taxpayers whose income stems primarily from dependent employment (earned income), disposable income after application of the tax rates to taxable income may not be less than, EUR 9 215.01 that was 1.5 times the annual value of the Social Benefits Index per taxpayer in 2021.

For residents in the Autonomous Regions of the Azores, reduced tax rates are applicable. Tax calculation formula (I = Income tax due):

Unmarried taxpayers: I = R x T - K - C

Married taxpayers can opt for joint taxation based on the income splitting method (with one or two earned incomes/see Section 1.1.5):

- I ={[(R : 2) x T - K] x 2 } – C

Where:

R =   Taxable income, after deduction of standard and non-standard reliefs (see Sections 1.1.2)

T =   Tax rate corresponding to the taxable income bracket

K =   Amount to be deducted from each bracket

C =   Tax credits (see Section 1.1.4)

Surtax:

An additional surtax, solidarity tax rate, was introduced by the 2012 State Budget and is applicable on highest income bracket. The surtax tax rate is now 2.5% applicable to taxable income between EUR 80 882 and EUR 250 000 and 5% for taxable income above EUR 250 000.

1.1.7. Special family situations

1.1.7.1. Handicapped taxpayer/spouse, with a disability rating of 60% or more:

A tax credit corresponding to 4 times the 2010 minimum wage (EUR 1 900) is granted for each taxpayer or spouse.

1.1.7.2. Handicapped dependent children, with a disability rating of 60% or more:

A tax credit corresponding to 2.5 times the social benefits index[1] (EUR 1 187.50) is granted for each dependent child.

1.1.7.3. Handicapped taxpayer/spouse or dependent children, with a disability rating of 90% or more:

An additional tax credit corresponding to 4 times the 2010 minimum wage (EUR 1 900) is granted for each taxpayer or spouse or dependent child.

1.1.8. Non liable income

- Lawfully granted family allowances;
- Living expenses per diem, up to the limits established for national civil servants;
- Meal allowances, up to the amount established for national civil servants, increased by 20% or 60% in the event of a meal allowance in the form of meal vouchers.

2. Compulsory social security contributions to schemes operated within the government sector

Rates and ceilings: social security contributions are levied on gross pay and are not subject to any ceiling.

2.1. Employee contributions

As a rule, the rate of employee contributions is 11% of gross pay, with no ceiling.

2.2. Employer contributions

The employer's rate of social security contributions is 23.75% of gross pay, with no ceiling.

2.3. Areas of social protection

- Health (sickness, disability, work accidents, work-related illness);
- Old age, survival;
- Maternity;
- Family (family allowances);
- Unemployment.

3. Universal cash benefits

3.1. Benefits for dependent children

The basic principle is to grant higher monthly social benefits to lower-income households.

There are six different levels of monthly allowances for dependent children, depending on the family's reference income. This reference income is determined by dividing the family's annual gross income, including vacation and Christmas allowances, by the number of dependent children plus one:

- Level 1: Families whose reference income is under 50% of 14 times the reference value (i.e. under EUR 3 071.67);
- Level 2: Families whose reference income is over 50% and under 100% of 14 times the reference value(i.e. over EUR 3 071.67 and under EUR 6 143.34);
- Level 3: Families whose reference income is over 100% and under 150% of 14 times the reference value (i.e. over EUR 6 143.34 and under EUR 9 215.01);
- Level 4: Families whose reference income is over 150% (i.e. over EUR 9 215.01).

Each level is also divided according to the age of the dependent child. Benefits are higher during the first 12 months of a child's life.

Monthly social benefits per child are as follows:

	Child under 36 months	Benefit per child under 36 months in a family with 2 children	Benefit per child under 36 months in a family with 3 or more children	Child over 36 months and under 72 months old	Child over 72 months old
Level 1	149.85	187.31	224.77	49.95	37.46
Level 2	123.69	154.62	185.55	41.23	30.93
Level 3	97.31	125.31	153.31	32.44	28.00
Level 4	48.35	72.99	87.59	19.46	-

Monthly social benefits per child in a single-parent family are increased by 35%.

In September, families with dependent school children aged between 6 and 16 years receiving child benefits in level 1 receive an additional amount equal to the regular monthly benefit.

An amount equal to the cash benefits for dependent children under 12 months is attributed for each unborn child after the first month following that of the 13th week of gestation.

3.2. Benefits for handicapped dependent children

There is also a special family allowance scheme for handicapped children.

The above cash benefits (in Sections 3.1 and 3.2) are not taxable.

4. Main changes in the tax/benefit system since 2006

- The relief for disabled taxpayers was restructured. Former partial exemptions and allowances were replaced by tax credits.
- Tax credits for higher income households were limited or abolished.
- The fiscal autonomy of local authorities (municipalities) increased. They may set the level of their share in the revenue from personal income tax, up to 5% of their resident taxpayers' tax liability. If this rate is set below 5%, the difference will be credited against the taxpayers' tax liability.
- Tax credits for handicapped taxpayers and dependants were increased.
- Social benefits for dependent children were increased for low income families, single-parent families and families with 2 or more children.
- Introduction of social benefits for unborn children.
- A family coefficient was introduced in 2015 and abolished in 2016.
- From 2016, the tax unit is the individual. However, couples can opt for joint taxation.

4.1. Changes to labour taxation due to the COVID pandemic in 2020 and 2021

2/3 of remuneration, min. EUR 635 and max. EUR 1 905, supported equally by the Social Security (a group of seven institutions under the Ministry of Labour, Solidarity and Social[2]) and the employer, for employees that have to quarantine at home with their dependent children, under 12 years old, during the school period. For self-employed it is 1/3 of contributions, with a min. of EUR 438.81 and a max. of EUR 1 097.03.

Several measures for loss of activity, depending on employment status.

5. Memorandum items

5.1. Method used to identify and compute gross wages of the average worker

The operative concept of monthly compensation is that of amounts paid to full time staff before deductions for tax and compulsory contributions. It therefore includes wages and basic salaries of staff paid by the hour, by the job, or by tasks; benefits in kind or housing, if they are considered an integral part of compensation; cash subsidies for meals, housing or transport; bonuses for regular night shifts and seniority, as well as incentive pay and rewards for diligence and productivity; family allowances, compensation for overtime and work on holidays. Benefits, subsidies and bonuses are taken into account only if paid regularly at each pay period.

Payments in kind are incorporated into the concept of compensation. The statistics record such advantages in kind at their taxable value.

All managerial and supervisory workers are included in the computations.

Average annual pay is based on the average of monthly earnings for April and October multiplied by an adjustment coefficient representing the share of annual bonuses and allowances (including vacation subsidies and the Christmas allowance), which is provided by the labour cost survey.

The following formula is applied:

- Average annual pay = Average monthly pay adjusted by the coefficient x 12.

5.2. Description of the employer's main contributions to private retirement, health insurance schemes, etc.

Outside the social security system, employers are required to insure their employees against work-related accidents (with private insurance companies). They may also provide their employees with life insurance, although this is optional.

2021 Parameter values

Average earnings/yr	Ave_earn	20 602	Secretariat estimate	
Tax allowances	perc	1		
	max_al	4 104		
Tax credits				
Married (basic)	married_cred	0		
Single (basic)	single_cred	0		
Single parent	singlepar_cred	0		
Each child credit	child_cred	600		
Tax schedule	tax_sch	0.145	7 112	
		0.23	10 732	
		0.285	20 322	
		0.35	25 075	
		0.37	36 967	
		0.45	80 882	
		0.48		
	tax_floor	na		
Surtax	surtax_rate	0.025		
	surtax_rate2	0.05		
	surtax_thrs	250 000		
Social security contributions	SSC_rate	0.11		
ceiling	SSC_empr	0.2375		
Child benefit - Schedule	ch_ben_sch	0	449.52	1st echelon
		3071.67	371.16	2nd echelon
		6143.34	336.00	3rd echelon
		9215.09	0	4th echelon
Extra child benefit for lone parents	ch_ben_lone	0.35		
Minimum Wage	MW	9310		
Minimum Disposable Income	MinDispY	9215.01		

2021 Tax equations

The equations for the Portuguese system in 2020 are calculated on individual basis. Couples can opt for joint taxation based on the income-splitting system. In the Taxing Wages calculations, the two systems are modelled and the most favourable system is chosen.

The functions which are used in the equations (Taper, MIN, Tax etc) are described in the technical note about tax equations. Variable names are defined in the table of parameters above, within the equations table, or are the standard variables "married" and "children". A reference to a variable with the affix "_total" indicates the sum of the relevant variable values for the principal and spouse. And the affixes "_princ" and "_spouse" indicate the value for the principal and spouse, respectively. Equations for a single person are as shown for the principal, with "_spouse" values taken as 0.

	Line in country table and intermediate steps	Variable name	Range	Equation
1.	Earnings	earn		
2.	Allowances:	tax_al	B	MAX(MIN(perc*earn, max_al), SSC)
			J	MAX((MIN(perc*earn_princ, max_al)+MIN(perc* earn_spouse, max_al)), SSC_princ+SSC_spouse)
3.	Credits in taxable income	taxbl_cr		0
4.	CG taxable income	tax_inc	B	earn-tax_al
	Adjusted taxable income	tax_inc_adj	J	tax_inc/(1+Married)
5.	CG tax before credits	CG_tax_excl	B	IF(tax_inc>tax_floor,Tax(tax_inc,tax_sch),0)
			J	IF(tax_inc_adj>tax_floor,Tax(tax_inc_adj,tax_sch)*(1+Married),0)
6.	Tax credits :			
	Basic credit	basic_cr	B/J	0
	Child credit	child_cr	B	IF(AND(Married>0,earn_spouse>0),Children*child_cred/2,Children*child_cred)
			J	Children*child_cred
	Total	tax_cr	B/J	basic_cr+child_cr
	Surtax	surtax	B	IF(tax_inc>surtax_thrs,(surtax_rate*(surtax_thrs-TopIncBracket)+surtax_rate2*(tax_inc-surtax_thrs)),surtax_rate*Positive(tax_inc-TopIncBracket))
			J	IF(tax_inc_adj>surtax_thrs,(surtax_rate*(surtax_thrs-TopIncBracket)+surtax_rate2*(tax_inc_adj-surtax_thrs))*(1+Married),surtax_rate*Positive(tax_inc_adj-TopIncBracket)*(1+Married))
7.	CG tax	CG_tax	B	IF(earn-CG-tax-excl> MinDispY,Positive(CG_tax_excl-tax_cr),0)+surtax
				IF(earn-CG-tax-excl> MinDispY*(1+(Married*earn_spouse>0)),Positive(CG_tax_excl-tax_cr),0)+surtax
8.	State and local taxes	local_tax	B/J	0
9.	Employees' soc security	SSC	B	earn*SSC_rt
11.	Cash transfers	cash_trans	J	=IF(Married='0,' VLOOKUP(earn/(Children+1),ch_ben_sch,2,1)*Children*(1+ch_ben_lone), VLOOKUP(earn/(Children+1),ch_ben_sch,2,1)*Children) +IF(earn/(Children+1)<inc_level1,IF(married>0,(ben_level1/12)* children,(ben_level1/12)*(children*(1+ch_ben_lone)),0)
13.	13. Employer's soc security	SSC_empr	B	earn*SSC_empr

Key to range of equation B calculated separately for both principal earner and spouse P calculated for principal only (value taken as 0 for spouse calculation) J calculated once only on a joint basis.

Notes

[1] The 2010 minimum wage (EUR 475) until de SBI reaches that value.

[2] Direção Geral da Segurança Social, Instituto de Gestão de fundos de capitalização da Segurança Social, Instituto de Gestão Financeira da Segurança Social, Instituto de Informática, Instituto de Segurança Social, Instituto de Segurança Social da Madeira and Instituto de Segurança Social dos Açores.

Slovak Republic

This chapter includes data on the income taxes paid by workers, their social security contributions, the family benefits they receive in the form of cash transfers as well as the social security contributions and payroll taxes paid by their employers. Results reported include the marginal and average tax burden for eight different family types.

Methodological information is available for personal income tax systems, compulsory social security contributions to schemes operated within the government sector, universal cash transfers as well as recent changes in the tax/benefit system. The methodology also includes the parameter values and tax equations underlying the data.

Slovak Republic 2021

The tax/benefit position of single persons

Wage level (per cent of average wage)		67	100	167	67
Number of children		none	none	none	2
1.	**Gross wage earnings**	9 430	14 075	23 505	9 430
2.	**Standard tax allowances**				
	Basic allowance	4 511	4 511	4 407	4 511
	Married or head of family	0	0	0	0
	Dependent children	0	0	0	0
	Deduction for social security contributions and income taxes	1 264	1 886	3 150	1 264
	Work-related expenses				
	Other				
	Total	5 775	6 397	7 556	5 775
3.	**Tax credits or cash transfers included in taxable income**	0	0	0	0
4.	**Central government taxable income (1 - 2 + 3)**	3 655	7 677	15 948	3 655
5.	**Central government income tax liability (exclusive of tax credits)**	694	1 459	3 030	694
6.	**Tax credits**				
	Basic credit	0	0	0	0
	Married or head of family	0	0	0	0
	Children	0	0	0	752
	Other (ETC)	0	0	0	0
	Total	0	0	0	752
7.	**Central government income tax finally paid (5-6)**	694	1 459	3 030	- 58
8.	**State and local taxes**	0	0	0	0
9.	**Employees' compulsory social security contributions**				
	Gross earnings	1 264	1 886	3 150	1 264
	Taxable income				
	Total	1 264	1 886	3 150	1 264
10.	**Total payments to general government (7 + 8 + 9)**	1 958	3 345	6 180	1 206
11.	**Cash transfers from general government**				
	For head of family				
	For two children	0	0	0	612
	Total	0	0	0	612
12.	**Take-home pay (1-10+11)**	7 472	10 730	17 325	8 836
13.	**Employers' compulsory social security contributions**	2 824	4 215	7 040	2 824
14.	**Average rates**				
	Income tax	7.4%	10.4%	12.9%	-0.6%
	Employees' social security contributions	13.4%	13.4%	13.4%	13.4%
	Total payments less cash transfers	20.8%	23.8%	26.3%	6.3%
	Total tax wedge including employer's social security contributions	39.0%	41.3%	43.3%	27.9%
15.	**Marginal rates**				
	Total payments less cash transfers: Principal earner	29.9%	29.9%	34.0%	29.9%
	Total payments less cash transfers: Spouse	n.a.	n.a.	n.a.	n.a.
	Total tax wedge: Principal earner	46.0%	46.0%	49.2%	46.0%
	Total tax wedge: Spouse	n.a.	n.a.	n.a.	n.a.

Slovak Republic 2021

The tax/benefit position of married couples

Wage level (per cent of average wage)		100-0	100-67	100-100	100-67
Number of children		2	2	2	none
1.	**Gross wage earnings**	14 075	23 505	28 149	23 505
2.	**Standard tax allowances**				
	Basic allowance	4 511	9 023	9 023	9 023
	Married or head of family	4 125	0	0	0
	Dependent children	0	0	0	0
	Deduction for social security contributions and income taxes	1 886	3 150	3 772	3 150
	Work-related expenses				
	Other				
	Total	10 522	12 173	12 795	12 173
3.	**Tax credits or cash transfers included in taxable income**	0	0	0	0
4.	**Central government taxable income (1 - 2 + 3)**	3 553	11 332	15 355	11 332
5.	**Central government income tax liability (exclusive of tax credits)**	675	2 153	2 917	2 153
6.	**Tax credits**				
	Basic credit	0	0	0	0
	Married or head of family	0	0	0	0
	Children	752	752	752	0
	Other (ETC)	0	0	0	0
	Total	752	752	752	0
7.	**Central government income tax finally paid (5-6)**	- 77	1 401	2 165	2 153
8.	**State and local taxes**	0	0	0	0
9.	**Employees' compulsory social security contributions**				
	Gross earnings	1 886	3 150	3 772	3 150
	Taxable income				
	Total	1 886	3 150	3 772	3 150
10.	**Total payments to general government (7 + 8 + 9)**	1 809	4 550	5 937	5 303
11.	**Cash transfers from general government**				
	For head of family				
	For two children	612	612	612	0
	Total	612	612	612	0
12.	**Take-home pay (1-10+11)**	12 878	19 566	22 824	18 202
13.	**Employers' compulsory social security contributions**	4 215	7 040	8 431	7 040
14.	**Average rates**				
	Income tax	-0.5%	6.0%	7.7%	9.2%
	Employees' social security contributions	13.4%	13.4%	13.4%	13.4%
	Total payments less cash transfers	8.5%	16.8%	18.9%	22.6%
	Total tax wedge including employer's social security contributions	29.6%	35.9%	37.6%	40.4%
15.	**Marginal rates**				
	Total payments less cash transfers: Principal earner	29.9%	29.9%	29.9%	29.9%
	Total payments less cash transfers: Spouse	29.1%	29.9%	29.9%	29.9%
	Total tax wedge: Principal earner	46.0%	46.0%	46.0%	46.0%
	Total tax wedge: Spouse	45.4%	46.0%	46.0%	46.0%

On 1 January 2009 Slovakia joined the Euro zone; the national currency became the Euro (EUR). In 2021, EUR 0.84 was equal to USD 1. In that year, the average worker earned EUR 14 075 (Secretariat estimate).

1. Personal Income Tax System

1.1. Central government income taxes

1.1.1. Tax unit

The tax unit is the individual.

1.1.2. Tax allowances and tax credits

1.1.2.1. Standard reliefs

- Basic relief: An allowance for all taxpayers is set at 21 times the minimum living standard (MLS) for a basic adult as of January 1 2021 (EUR 4 511.43). In 2021, the basic personal allowance for taxpayers with gross earnings net of employee social security contributions in excess of the threshold of EUR 19 936.22 per year (19 936.22 = 92.8 x MLS, which is approximately equal to an employee's monthly gross wage of EUR 1 918) is gradually withdrawn. If gross earnings net of employee social security contributions exceed EUR 19 936.22, the personal allowance is calculated as 44.2 times the minimum living standard minus 0.25 times gross earnings net of employee social security contributions. The basic personal allowance reaches 0 if the gross earnings net of employee social security contributions amount to EUR 37 981.94 per year (employee's monthly gross wage of approximately EUR 3 655). The value of the basic tax allowance cannot become negative.
- The regressive tax allowance is taken into account only once a year (when the tax return is filed or when the annual clearing is performed). Monthly tax prepayments during the year are therefore not affected.
- Marital status relief: An additional allowance is given to the principal earner in respect of a spouse living in a common household if the spouse earns no more than EUR 4 124.74. As from January 1, 2008 the value of the spouse allowance depends on the gross earnings net of employee social security contributions of both the principal and the spouse. As of 2013, to be entitled to the spouse allowance one of the following conditions should be met:
    - spouse is taking care of (not necessarily personally) children up to 3 years (or up to 6 years if the child is disabled) or
    - spouse is unemployed or
    - spouse is receiving nursing allowance or
    - spouse is disabled.

If the principal's gross earnings net of employee social security contributions in 2021 are lower or equal to EUR 37 981.94 (= 176.8 times MLS) and the spouse's gross earnings net of employee social security contributions are lower than EUR 4 124.74, the spouse allowance is calculated as the difference between 19.2 times MLS and the spouse's gross earnings net of employee social security contributions. If the gross earnings net of employee social security contributions of the spouse exceed EUR 4 124.74, the spouse allowance is 0. If the principal's gross earnings net of employee social security contributions exceed EUR 37 981.94 (= 176.8 times MLS), the spouse allowance is calculated as 63.4 times MLS minus 0.25 times the principal's gross earnings net of employee social security contributions. This amount is reduced by the spouse's gross earnings net of employee social security contributions. The value of the spouse allowance cannot become negative.

The digressive tax allowance is taken into account only once a year (when the tax return is filed or when the annual clearing is performed). Monthly tax prepayments during the year are therefore not affected.

For the purposes of this Report, only families with an unemployed spouse are entitled to the spouse allowance (spouse income does not influence any equations of the spouse allowance as of 2013). Child care up to 3 years does not affect the calculation of tax wedges as according to the *Taxing wages* methodology any children in the household are assumed to be aged between six and eleven inclusive.

- Relief for children: The prior allowance for children has been replaced by a non-wastable tax credit as from January 2004. As from July 2007, the monthly tax credit is automatically indexed by MLS growth as of 1st July when also the new amount of MLS comes into force. Since 2015 the monthly tax credit is automatically indexed on January 1 by the MLS growth from the previous year. Monthly tax credit in 2021 is EUR 23.22 per child for the whole year. The annual amount will be EUR 278.64. The tax credit for each dependent child is deducted from the tax liability; if the credit exceeds the tax liability, the excess will be paid to the taxpayer. In order to receive this credit, the parent must annually earn at least 6 times the minimum monthly wage, which for 2021 is set at EUR 623.0 (the total annual earnings must therefore be at least EUR 3 738.0). The credit can be taken only by one partner. It can be taken by one partner for a part of the tax period (year) and by the other partner for the rest of the tax period (year); this choice will have to hold for all dependent children. (For the purposes of this Report, it is assumed that the credit is claimed by the principal wage earner). Since 2019, the tax credit on dependent children is doubled for each child below the age of 6 years. Since July 2021, 1.7-times the basic value of the tax credit is provided for children aged 6 to 15 years (1.7*23.22 = EUR 39.47 in 2021). As per the *Taxing Wages* methodology, the amount used in the model in 2021 reflects the average tax credit over the year (6*23.22 + 6*39.47 = EUR 376.14).
- Relief for social and health security contributions: Employee's social security contributions (see Section 2.1.) are deductible for income tax purposes.

1.1.2.2. Main non-standard tax reliefs applicable to an average wage worker

Supplementary pension insurance, special-purpose savings and life insurances was repealed as from January 2011. As of 2014 an allowance for supplementary pension insurance has been reintroduced. Supplementary pension contributions are tax-deductible up to the maximum limit of EUR 180 per year.

In 2018, a tax allowance for spa treatment was introduced. Each taxpayer can deduct up to EUR 50 per year per each member of the family (the principal earner, the spouse and their children) for expenses on domestic spa services. The allowance was abolished in 2021.

1.1.2.3. Non-wastable tax credit: employee tax credit (ETC / zamestnanecká prémia)

Prior to 2015 low-income workers were eligible for employee tax credit. The employee tax credit was effective since 2009 and depended on the employee's earnings and the number of months worked. In order to receive the employee tax credit, earnings should be at least 6 times of the minimum wage. The credit was then calculated as 19% of the difference between the basic allowance and the tax base (gross earnings net of employee SSC) calculated from 12 times the minimum wage or from the actual income (whichever is higher). In 2021 the tax base at the level of the minimum wage (EUR 6 474.22) is higher than the basic allowance (EUR 4 511.43). The tax credit is therefore automatically zero (so effectively nobody can be eligible).

1.1.3. Tax schedule

As from 2013 the previous flat tax rate of 19% was replaced by a new tax schedule with two tax brackets. The ceiling for the first bracket is set out as 176.8 times MLS (equal to EUR 37 981.94), which secures its automatic indexation. The tax schedule is as follows:

Annual taxable income (EUR)*	Rate (%)
0–37 981.94	19
37 981.94 and over	25

* Employee's social security contributions (see 1.12.) are deductible for income tax purposes.

1.2. State and local income tax

Personal income tax (PIT) is redirected solely to the local governments. The share of PIT yield which is transferred to municipalities is 70%. The share of PIT yield transferred to self-governing regions is 30%.

2. Compulsory Social Security Contributions to Schemes Operated within the Government Sector

2.1. Employees' contributions

Compulsory contributions of 13.4% of gross wages and salaries are paid by all employees into government operated schemes. The total is made up as follows:

-- Health Insurance		4.0%
-- Social Insurance		9.4%
of which:		
-- Sickness	1.4%	
-- Retirement	4.0%	
-- Disability	3.0%	
-- Unemployment	1.0%	

There are maximum assessment bases MSSAB (maximum threshold for contributions to apply) that apply to social security contributions. From 2004 these MSSAB are no longer fixed values but depend upon the average wages (AW). As of 2013 formulae for calculation of all maximum assessment bases has been unified. Since 2017, the MSSAB for health insurance contributions are abolished. As of 2017, the monthly MSSAB for social insurance contributions are calculated as: 7 x AW(t-2), where AW(t-2) is the average wage two years ago (previous equation for calculating the MSSAB was 5 x AW(t-2)). The average wage (AW) is determined by the Statistical Office of the Slovak Republic – for 2019 it was EUR 1092 per month.

In 2015, the health insurance contribution (HIC) allowance was introduced. The allowance decreases the employee's and employer's assessment base for the health insurance. It amounts to EUR 380 per month (EUR 4 560 annually) and decreases with rising income up to EUR 570 (EUR 6 840 annually) when it reaches zero. With EUR 1 rise in the monthly income the monthly allowance is reduced by EUR 2. The HIC allowance is applicable only on standard employment income (not self-employed income or income based on temporary contracts). However, to determine the amount of allowance all types of incomes are assessed, to target only low income workers. In 2018, the HIC allowance for employers was abolished.

2.2. Employers' contributions

The total contribution for employers is 35.2% of gross wages and salaries. The contribution comprises the health insurance contribution (10% of gross wages and salaries) and the social insurance contribution (25.2%). The social insurance rate reflects contributions to sickness insurance (1.4%), disability insurance (3%), retirement insurance (14%), the Guaranteed Fund (0.25%), accident insurance (0.8%), for unemployment (1%) and to the Reserve Fund (4.75%). All contributions are rounded down to two decimal places.

Since January 2005, Slovakia has introduced the privately managed fully funded pillar. This means that a given proportion (9 percentage points) of social contributions paid by the employer for retirement insurance flew directly to the private pension funds and not to the Social Insurance Agency as in the previous years. As from September 2012 pension sharing scheme has been changed. Employer's retirement contribution rate to the fully funded pillar has been reduced from 9% to 4% (for more see pension contribution sharing scheme table below). As from 2017 contribution rate to the II. pillar automatically increases by 0.25 p.p. per year (i.e. contribution rate to the I. pillar decreases in the same volume), stopping at 6% to the II. pillar and 8% to the I. pillar in 2024. Private pension funds are treated outside of the general government; these contributions are therefore not taken into account in the calculations of average and marginal tax rates. For the purposes of this Report, the total contribution rate for employers in 2021 is 29.95% with contributions to the second pension pillar not included in the rate.

In 2015 the health insurance contribution (HIC) allowance was introduced and in 2018 it was abolished for employers, while for employees it remains unchanged (for more see 2.1).

The MSSAB also applies to the employer's SSC. The next table presents the annual values of MSSAB:

	Formula for MSSAB	Value of MSSAB
Health insurance		No limit
Social insurance		
of which		
-- sickness, retirement, unemployment, disability, Guarantee fund, Reserve fund	7.0 x AW (t-2)	91 728. 00
-- accident		No limit

Social security contributions: Pension – contribution sharing in case of II. Pillar participation

Period	Percentage of gross earnings		
	I Pillar	II Pillar	Total
System up to September 2012	9% (5% employer + 4% employee contribution)	9% (employer contribution)	18%
System up to December 2016	14% (10% employer + 4% employee contribution)	4% (employer contribution)	18%
System up to December 2017	13.75% (9.75% employer + 4% employee contribution)	4.25% (employer contribution)	18%
System up to December 2018	13.5% (9.5% employer + 4% employee contribution)	4.5% (employer contribution)	18%
System up to December 2019	13.25% (9.25% employer + 4% employee contribution)	4.75% (employer contribution)	18%
System up to December 2020	13% (9% employer + 4% employee contribution)	5% (employer contribution)	18%
Current system from January 2021	12.75% (8.75% employer + 4% employee contribution)	5.25% (employer contribution)	18%

3. Universal Cash Transfers

3.1. Transfers related to marital status

None.

3.2. Transfers for dependent children

The central government pays a benefit for each dependent child in the amount of EUR 25.50 per month in 2021. In January 2008 allowance surcharge for dependent children whose parents are not eligible for the non-wastable child tax credit was introduced. The monthly amount of this benefit is EUR 11.96 in 2021. For the purpose of the tax wedge calculations this benefit is not relevant, as only non-workers and taxpayers with annual earnings lower than six times the minimum monthly wage (which is the condition for eligibility for the non-wastable child tax credit) are entitled to the surcharge.

The non-wastable tax credit mentioned in Section 1.1.2.1 is part of the social support for families with dependent children. However, it is not considered as a transfer for the purposes of this Report.

3.3. Transfers related to social status

To determine the claim to state social benefits (for example the allowance for housing costs), the minimum living standard amounts are relevant as they form the basis of the income test. The MLS amounts are indexed on 1 July. For 2021, these amounts are:

	MLS monthly (1.7.2020 – 30.06.2021)	MLS monthly (1.7.2021 – 30.06.2022)
First adult	214.83	218.06
Second adult	149.87	152.12
Child	98.08	99.56

A family is entitled to a social allowance if the total combined monthly disposable income of the family is less than the calculated MLS for this family. In the calculation of the benefit eligibility, only 75% of net income from employment is taken into account. The allowance varies with the family type.

The benefits available to a family in material need (valid for 2021) are:

- EUR 67.80 per month for an individual.
- EUR 129.00 per month for an individual with between one and four children.
- EUR 117.80 per month for a couple without children.
- EUR 176.40 per month for a couple with between one and four children.
- EUR 188.40 per month for an individual with more than four children.
- EUR 237.70 per month for a couple with more than four children.
- activation allowance: EUR 69.40 per month – for people who become active either by accepting qualifying employment opportunities or participating in retraining courses.
- housing allowance: EUR 58.50 per month for individual in material need, EUR 93.40 for a household in material need (if household has more than 1 person).
- protection allowance: EUR 69.40 per month for an individual in material need where employment is not possible due to such circumstances as a disability or old age, EUR 38.10 per month for individual on sick leave for at least 30 consecutive days and EUR 14.90 for a pregnant woman from 4th month of the pregnancy and lasts until the child's age of 1 year (for the purpose of this Report, protection allowance is assumed to be EUR 69.40 for each individual).

- specific allowance: EUR 69.40 per month - entitlement arise for long-term unemployed individuals who move into work for 6 months (does not affect the calculations in this Report).
- dependent child allowance: EUR 19.00 per month for a child who properly fulfils compulsory school attendance.

The amounts are indexed on January 1 in line with the growth of the MLS on July 1 in the previous year.

4. Main Changes in Tax/Benefit Systems since 2017

Automatic growth of the contribution rate to the II. pension pillar by 0.25 p.p. per year was introduced in 2017. The contribution rate to the I. pillar decreases by the same amount. In 2021 the contribution rate to the II. pillar is 5.25 % and contribution to the I. Pillar is 8.75% (see Section 2.2). Moreover, the MLS value was revised up in July 2017 after 4 years of no change, which led to changes in the tax system allowances, credits and brackets from January 2018. Since 2018 the HIC allowance for employers was abolished.

In 2018, there were also legislative changes which do not directly affect calculations of the tax wedge used in this Report. The first is a new spa tax allowance for the PIT. Each taxpayer is allowed to reduce their tax base by up to EUR 50 each for themselves, their spouse and children if they spent money on domestic spa services. The allowance was abolished in 2021.

The second change is related to support for housing mortgage interest payments for young people. Since 2018 taxpayers are allowed to deduct mortgage interest payment (maximum amount is EUR 400 per year) from their own tax liability. Previously, support for housing was in the form of a public subsidy.

Third, pensioners who earn income from special short term labour contracts (*dohoda o vykonaní práce*) benefit from an SIC allowance of EUR 200 per month from July 2018.

New exemptions of the 13th and 14th salaries were introduced in 2018. This measure has a negative impact on revenues, which is increasing with gradual phasing of exemptions from health insurance contributions, the PIT, and from 2019 onwards also from social insurance contributions. Maximum exemption is EUR 500 per additional salary. Since 2021, the exemptions of the 13th and 14th salary are abolished.

Overview and timing of PIT and SSC exemptions of 13th and 14th salary (Y = exemption)									
	2018			2019			2020		
	SIC	HIC	PIT	SIC	HIC	PIT	SIC	HIC	PIT
13th salary (June)		Y			Y	Y		Y	Y
14th salary (December)		Y	Y	Y	Y	Y	Y	Y	Y

Since 2019, the tax credit on dependent children is doubled for each child below the age of 6 years (Section 1.1.2.1). In addition, an exemption for recreational vouchers was introduced. Employers can provide maximum EUR 275 per year as a cash benefit exempted from social security contributions and the PIT to employees who spent at least EUR 500 on recreation in the Slovak Republic. Provision of this benefit is compulsory for employers who have at least 50 employees.

The amount of the basic allowance was increased in 2020 from 19.2 times the MLS to 21 times the MLS. The threshold when the basic allowance is gradually withdrawn was adjusted accordingly from 100 times the MLS to 92.8 times the MLS.

Since July 2021, the child tax credit has been increased to 1.7-times the basic value for children aged 6 to 15 years. The multiple is set to increase to 1.85-times the basic value from January 2022.

4.1. Changes to labour taxation due to the COVID pandemic in 2020 and 2021

The deadline for the annual tax clearing and filing of tax returns for the year 2019 was moved from the end of March 2020 to the end of October 2020. Any outstanding tax liability is payable by the new deadline as well. In addition, payment of employer contributions for certain months was deferred if the business suffered at least 40% loss of revenue in that month. Moreover, businesses that were compulsorily closed by the order of the government do not have to pay employer social insurance contributions (including the II. Pillar contributions if applicable) for April 2020. This one-off abatement is not modelled for the purpose of this Report because it affected only about 15% of the workforce.

5. Memorandum items

5.1. Identification of AW and valuation of earnings

The average earnings of the AW are estimated by the Ministry of Finance of the Slovak Republic based on the data provided by the Statistical Office of the Slovak Republic. The source of the information is the quarterly survey of employers which covers:

- all financial corporations and public sector organizations,
- around 50% of firms with at least 20 employees or firms with annual revenue at least EUR 5 mil. regardless of the number of employees, and
- around 7% of firms with less than 20 employees

The average earnings are calculated as the mean of the monthly average wages in industry sectors B-N according to the SK NACE Rev. 2 classification, weighted by the number of employed in the given sector. The earnings data are not adjusted to full-time equivalents, but part-time workers are included only if they have a standard employment contract. Workers with non-standard temporary contracts[1] are excluded completely. Managerial workers are also included only if they have a standard employment contract. The self-employed are not included in the earnings data, but they are included in the sectoral employment figures.

2021 Parameter values

Average earnings/yr	Ave_earn	14 075	Secretariat estimate
Minimum living standard (MLS)	basic_adult	214.83	
	basic_adult1	149.87	
	basic_child	98.08	
	ave_basic_adult	216.445	
	ave_basic_adult1	150.995	
	ave_basic_child	98.82	
Basic allowance	basic_al_mult	21.0	
	basic_al	4511.43	
	basic_al_mult1	92.8	
	basic_al_mult2	44.2	
	basic_al_redn	0.25	
Spouse allowance	spouse_al_limit	4124.74	
	spouse_al_mult	19.2	
	spouse_al_mult1	176.8	
	spouse_al_mult2	63.4	
	spouse_al_redn	0.25	
Income tax rate	tax_sch/tax_rate	0.19	37981.94
		0.25	
Tax credits - nonwastable	tax_cr	376.14	
	min_wage	623	
	minwage_mult	6	
	etc_thresh	6474.22	
Employee social security contributions	SSC_rate	0.094	
	SSC_sick	0.014	
	SSC_ret	0.04	
	SSC_dis	0.03	
	SSC_unemp	0.01	
	SSC_health	0.04	
Employer social security contributions	SSC_empr	0.1915	
	SSC_empsick	0.014	
	SSC_empret	0.0875	
	SSC_empdis	0.03	
	SSC_empunemp	0.01	
	SSC_emphealth	0.1	
	SSC_gua	0.0025	
	SSC_acc	0.008	
	SSC_fund	0.0475	
Health Insurance Contribution allowance	HIC_treshold	4560	
	HIC_rate	2	
Maximum assessment base	MSSAB	91728	
Cash transfers	transf_1	306.00	
	transf_indiv	813.6	
	transf_indiv_child	1548	
	transf_couple	1413.6	
	transf_couple_child	2116.8	
	transf_hous_indiv	702	
	transf_hous_couple	1120.8	
	transf_dep	228	

2021 Tax equations

The functions which are used in the equations (Taper, MIN, Tax etc) are described in the technical note about tax equations. Variable names are defined in the table of parameters above, within the equations table, or are the standard variables "married" and "children". A reference to a variable with the affix "_total" indicates the sum of the relevant variable values for the principal and spouse. And the affixes "_princ" and "_sp" indicate the value for the principal and spouse, respectively. Equations for a single person are as shown for the principal, with "_sp" values taken as 0.

	Line in country table and intermediate steps	Variable name	Range	Equation
1.	Earnings	earn		
2.	Allowances:			
	Basic	basic_allce	B	IF(earn-SSC<=basic_al_mult1*basic_adult, basic_al,MAXA(basic_al_mult2*basic_adult-basic_al_redn*(earn-SSC),0))
	Spouse	spouse_allce	P	IF(earn_spouse=0,1,0)*Married*Positive(IF(earn_princ-SSC_princ<=spouse_al_mult1*basic_adult, spouse_al_mult*basic_adult,spouse_al_mult2*basic_adult-spouse_al_redn*(earn_princ-SSC_princ)))
	Social security contributions	SSC_al	B	SSC
	Total	tax_al	B	basic_allce+spouse_allce+SSC_al
3.	Credits in taxable income	taxbl_cr	B	0
4.	CG taxable income	tax_inc	B	Positive(earn-tax_al)
5.	CG tax before credits	CG_tax_excl	B	Tax(tax_inc,tax_sch)
6.	Tax credits:			
	Employee tax credit	etc_cr	B	IF(earn>=min_wage*minwage_mult, tax_rate*Positive(basic_al-MAX(etc_thresh, earn-SSC)), 0)
	Children	child_cr	P	(earn>=min_wage*minwage_mult)*Children*tax_cr
	Total	tax_cr	B	etc_cr+child_cr
7.	CG tax	CG_tax	B	CG_tax_excl-tax_cr
8.	State and local taxes	local_tax	B	0
9.	Employees' soc security	SSC	B	MINA(earn,MSSAB)*SSC_rate+ MAX(0;(earn-MAX(0;HIC_treshold-MAX(0;(earn-HIC_treshold)*HIC_rate))))*SSC_health
11.	Cash transfers	cash_trans	J	Children*transf_1+Positive(IF(0,75*((earn-SSC-CG_tax_excl)/12)<(ave_basic_adult+Married*ave_basic_adult1+ Children*ave_basic_child); ((1-Married)* (IF(Children>0;transf_indiv_child;transf_indiv))+ Married*(IF(Children>0;transf_couple_child;transf_couple))+IF((Married+Children)>0;transf_hous_couple;transf_hous_indiv)+(Children*transf_dep)-0,75*(earn-SSC-CG_tax_excl));0))
13.	Employer's soc security	SSC_empr	B	MINA(earn,MSSAB)*SSC_empr+earn*SSC_acc+earn*SSC_emphealth

Key to range of equation B calculated separately for both principal earner and spouse P calculated for principal only (value taken as 0 for spouse calculation) J calculated once only on a joint basis.

Notes

[1] Agreements on work performed outside employment relationship - *Dohody o prácach vykonávaných mimo pracovného pomeru*

Slovenia

This chapter includes data on the income taxes paid by workers, their social security contributions, the family benefits they receive in the form of cash transfers as well as the social security contributions and payroll taxes paid by their employers. Results reported include the marginal and average tax burden for eight different family types.

Methodological information is available for personal income tax systems, compulsory social security contributions to schemes operated within the government sector, universal cash transfers as well as recent changes in the tax/benefit system. The methodology also includes the parameter values and tax equations underlying the data.

Slovenia 2021

The tax/benefit position of single persons

	Wage level (per cent of average wage)	67	100	167	67
	Number of children	none	none	none	2
1.	**Gross wage earnings**	15 065	22 485	37 551	15 065
2.	**Standard tax allowances**				
	Basic allowance	3 500	3 500	3 500	3 500
	Married or head of family				
	Dependent children				5 086
	Deduction for social security contributions and income taxes	3 329	4 969	8 299	3 329
	Work-related expenses	0	0	0	0
	Other				
	Total	6 829	8 469	11 799	11 916
3.	**Tax credits or cash transfers included in taxable income**	0	0	0	0
4.	**Central government taxable income (1 - 2 + 3)**	8 236	14 016	25 752	3 150
5.	**Central government income tax liability (exclusive of tax credits)**	1 318	2 794	5 898	504
6.	**Tax credits**				
	Basic credit				
	Married or head of family				
	Children	0	0	0	0
	Other				
	Total	0	0	0	0
7.	**Central government income tax finally paid (5-6)**	1 318	2 794	5 898	504
8.	**State and local taxes**	0	0	0	0
9.	**Employees' compulsory social security contributions**				
	Gross earnings	3 329	4 969	8 299	3 329
	Taxable income				
	Total	3 329	4 969	8 299	3 329
10.	**Total payments to general government (7 + 8 + 9)**	4 647	7 763	14 197	3 833
11.	**Cash transfers from general government**				
	For head of family				
	For two children	0	0	0	3 287
	Total	0	0	0	3 287
12.	**Take-home pay (1-10+11)**	10 418	14 722	23 354	14 519
13.	**Employer's wage dependent contributions and taxes**	2 426	3 620	6 046	2 426
	Employer's compulsory social security contributions	2 426	3 620	6 046	2 426
	Payroll taxes	0	0	0	0
14.	**Average rates**				
	Income tax	8.7%	12.4%	15.7%	3.3%
	Employees' social security contributions	22.1%	22.1%	22.1%	22.1%
	Total payments less cash transfers	30.8%	34.5%	37.8%	3.6%
	Total tax wedge including employer's social security contributions	40.4%	43.6%	46.4%	17.0%
15.	**Marginal rates**				
	Total payments less cash transfers: Principal earner	34.6%	42.4%	47.8%	34.6%
	Total payments less cash transfers: Spouse	n.a.	n.a.	n.a.	n.a.
	Total tax wedge: Principal earner	43.6%	50.3%	55.0%	43.6%
	Total tax wedge: Spouse	n.a.	n.a.	n.a.	n.a.

Slovenia 2021

The tax/benefit position of married couples

Wage level (per cent of average wage)		100-0	100-67	100-100	100-67
Number of children		2	2	2	none
1.	**Gross wage earnings**	22 485	37 551	44 971	37 551
2.	**Standard tax allowances**				
	Basic allowance	3 500	7 000	7 000	7 000
	Married or head of family				
	Dependent children	5 086	5 086	5 086	
	Other dependent family member	2 437			
	Deduction for social security contributions and income taxes	4 969	8 299	9 939	8 299
	Work-related expenses	0	0	0	0
	Total	15 992	20 385	22 025	15 299
3.	**Tax credits or cash transfers included in taxable income**	0	0	0	0
4.	**Central government taxable income (1 - 2 + 3)**	6 493	17 166	22 946	22 252
5.	**Central government income tax liability (exclusive of tax credits)**	1 039	2 790	4 266	4 112
6.	**Tax credits**				
	Basic credit				
	Married or head of family				
	Children	0	0	0	0
	Other				
	Total	0	0	0	0
7.	**Central government income tax finally paid (5-6)**	1 039	2 790	4 266	4 112
8.	**State and local taxes**	0	0	0	0
9.	**Employees' compulsory social security contributions**				
	Gross earnings	4 969	8 299	9 939	8 299
	Taxable income				
	Total	4 969	8 299	9 939	8 299
10.	**Total payments to general government (7 + 8 + 9)**	6 008	11 088	14 205	12 411
11.	**Cash transfers from general government**				
	For head of family				
	For two children	1 938	1 279	842	0
	Total	1 938	1 279	842	0
12.	**Take-home pay (1-10+11)**	18 416	27 742	31 609	25 140
13.	**Employer's wage dependent contributions and taxes**	3 620	6 046	7 240	6 046
	Employer's compulsory social security contributions	3 620	6 046	7 240	6 046
	Payroll taxes	0	0	0	0
14.	**Average rates**				
	Income tax	4.6%	7.4%	9.5%	11.0%
	Employees' social security contributions	22.1%	22.1%	22.1%	22.1%
	Total payments less cash transfers	18.1%	26.1%	29.7%	33.1%
	Total tax wedge including employer's social security contributions	29.5%	36.4%	39.5%	42.3%
15.	**Marginal rates**				
	Total payments less cash transfers: Principal earner	34.6%	42.4%	42.4%	42.4%
	Total payments less cash transfers: Spouse	38.1%	34.6%	42.4%	34.6%
	Total tax wedge: Principal earner	43.6%	50.3%	50.3%	50.3%
	Total tax wedge: Spouse	46.7%	43.6%	50.3%	43.6%

The Slovenian currency is the euro (EUR). In 2021, EUR 0.84 was equal to USD 1. In that year, the average worker in Slovenia earned EUR 22 485 (Secretariat estimate).

1. Personal income tax system

1.1. Central government income tax

1.1.1. Tax unit

The tax unit is the individual.

1.1.2. Tax allowances

1.1.2.1. Standard tax reliefs

- A general (basic) allowance of EUR 3 500.00 is deductible from income in 2021. For lower income groups whose taxable income equals up to EUR 13 316.83 an additional general allowance is determined linearly by the following equation: $18\,700.38 - 1.40427 \times \text{total income}$.
- Family allowances are also deductible from the tax base in the same way as for the general allowance. The allowances for 2021 are as follows:
    - EUR 2 436.92 for the first dependent child;
    - EUR 2 649.24 for the second child;
    - EUR 4 418.54 for the third child;
    - EUR 6 187.85 for the fourth child;
    - EUR 7 957.14 for the fifth child;
    - for the sixth and all additional dependent children the allowance is higher by EUR 1 769.30 relating to the amount of allowance for the preceding maintained children;
    - EUR 8 830.00 for a dependent child who requires special care;
    - EUR 2 436.92 for any other dependent family member.
- Relief for social security contributions: Employee's compulsory contributions for the social insurance system are deductible for income tax purposes.
- Tax credits: None for employees.

1.1.2.2. Non-standard tax reliefs applicable to income from employment

- Additional voluntary pension insurance premiums: Premiums paid by a resident to the provider of a pension plan based in Slovenia or in another EU Member State according to a pension plan that is approved and entered into a special register in accordance with the pension legislation are deductible from taxable income. In 2021 such deductions are subject to an annual limit of EUR 2 819.09 or a sum equal to 24% of the employee's contribution for compulsory pension and disability insurance if that is a lower figure.
- Reimbursement of expenses associated with work, such as in-work meals, transport to and from work, in-the-field supplements (per diem when an employee works outside his or her working place) and compensation for being away from home are exempt subject to statutory conditions and upper limits.

- Reimbursement of expenses associated with business travel such as: per diem allowances, transport costs (including the use of the employee's private vehicle for work purposes), and the costs of overnight accommodation, are exempt subject to statutory conditions and upper limits.
- The cost of purchasing and maintaining uniforms and personal protection work equipment defined in special regulations is exempt from income tax.
- Compensation for the use of an employee's own tools and other equipment (except private vehicles) necessary for the performance of work at the work place, is exempt up to a level of 2% of the monthly wage or salary of the employee, subject to an upper limit of 2% of the average gross monthly wage (AGMW).
- Long service bonuses, severance pay upon retirement and payments related to accidents, long term sickness and other unexpected events are exempt subject to statutory conditions and upper limits.
- Severance pay on redundancy is exempt subject to an upper limit of ten times the AGMW.
- Compensation for the use of an employee's own possessions and property when working at home in accordance with statutory regulations is exempt up to a level of 5% of the monthly wage or salary of the employee, subject to an upper limit of 5% of the AGMW.
- The reduction of PIT on the part of a salary paid on the basis of business performance. The income paid on the basis of business performance is exempt from the taxable base of employment income (but not from social security contributions) up to amount corresponding to 100% of the last published average monthly salary in the Republic of Slovenia. 'The part of a salary paid on the basis of business performance' is defined as income which should be paid once in a calendar year to all eligible employees at the same time, and under the condition that the right to receive such income is provided:
    - in the employer's general legal acts, with the same eligibility conditions for all employees; or
    - in the collective labour agreement including or serving as basis for eligibility criteria for receiving such income.
- The exemption of PIT on the payment for holiday leave up to 100% of the latest known average monthly wage in the Republic of Slovenia.

1.1.3. Tax schedule

The tax schedule for 2021 is as follows:

Taxable income (EUR)	Tax rate (in %)
Up to 8 500.00	16
8 500.00–25 000.00	26
25 000.00–50 000.00	33
50 000.00–72 000.00	39
Above 72.000.00	50

1.2. Regional and local income tax

There are no regional or local income taxes.

2. Compulsory social security insurance system

The compulsory social security insurance system consists of four schemes as follows:

- pension and disability insurance;
- health insurance;
- unemployment insurance;
- parental leave insurance.

2.1. Employees' contributions

The taxable base for social security insurance contributions paid by employees is the total amount of the gross wage or salary including vacation payments, fringe benefits and remuneration of expenses related to work above a certain threshold. The assessment period is the calendar month. Employees contribute an amount as a percentage of their remuneration as follows:

Scheme name	Rate of contribution (%)
Pension insurance	15.50
Health insurance	6.36
Unemployment insurance	0.14
Parental leave insurance	0.10
Total	22.10

2.2. Employers' contributions

Social security insurance contributions are also paid by employers on behalf of their employees. The taxable base and the assessment period are the same as for employees' contributions. The employers' contribution rates are as follows:

Scheme name	Rate of contribution (%)
Pension insurance	8.85
Health insurance	7.09
Unemployment insurance	0.06
Parental leave insurance	0.1
Total	16.1

The only change to these rates since 1996 has been the 0.2 percentage points increase in the employers' contribution rates for health insurance in 2002.

Slovenia implements a minimum SSC base for workers earning less than a minimum income threshold. For gross earnings below the minimum income threshold, SSCs are calculated on the basis of the minimum SSC base and not on actual gross wage earnings. Employees are liable to pay employee SSCs on their actual gross earnings, however, the employers are liable to pay (in addition to the employer SSC on gross earnings) the employee *and* employer SSC rate on the gross wage earnings below the minimum income threshold.

3. Payroll tax

None.

4. Universal cash transfers

4.1. Transfers related to marital status

None.

4.2. Transfers for dependent children

On 1 January 2012 the Exercise of Rights to Public Funds Act (ZUPJS-A) entered into force. Regarding to a new act child allowance is a supplementary benefit for maintenance, care and education of children when the family income per family member does not exceed statutorily defined percentage of the average net wage in the previous year.

The new legislation changed relevant family income which is the basis for the income classes from gross family income to net family income. Income includes taxable income and non-taxable income defined by the Personal Income Tax Act as for instance social benefits. Income is defined as gross income plus social benefits received but excluding the normalized cost and actual cost recognized under the law governing income tax, taxes and mandatory social security contributions levied on such income.

The new legislation also reduced the age of a child's entitlement. The right to a child benefit is held only until the child reaches 18 years. Besides, the child benefit is higher for eligible students included in higher secondary education (aged less than 18 years and with an income per family member below the average net wage).

Applications for the benefit are made on an annual basis and the payments are not taxable.

- The amount of the benefit is calculated for each child separately according to the level of net family income per family member and the ranking of the child in the family. Each family is assigned to one of 8 income brackets. From 1 January 2018 the thresholds between brackets are defined in nominal terms whereas before that date the brackets were defined according to some percentage of the previous year average net wage.

- Each child is allocated in one of three ranking levels (the level of payments increases with the ranking level - the lowest for the first child, higher for the second child and the highest for the third and any subsequent child). When a child lives in a one-parent family, the amount of the allowance is increased by 30%. When a pre-school child does not attend kindergarten, the amount of the allowance is increased by 20%.

- The details for the calculation of the net income per family member have been prescribed by the Minister, as follows:

  o All income and receipts, namely net disposable income (after deduction of the normalized cost and actual cost recognized under the law governing income tax, taxes and mandatory social security contributions levied on such income) are taken into account, except those that are designed to cover the specific needs (such as allowance and attendance allowance, a large family, etc.). Property is also taken into account like immovable property, cars and other vehicles, watercraft, etc. Property is assigned a value and then it is calculated the amount of interest that would be received within one year from the value of assets deposited in a bank account in the form of time deposits.

- The monthly amounts of transfers for a child from birth to the end of primary school in a two-parent family according to the Exercise of Rights to Public Funds Act and Public Finance Balance Act for the year 2021 are as follows:

Number of income bracket	Net family income per family member (above – to)	1st Child	2nd Child	3rd and subsequent Child
		Monthly (EUR)	Monthly (EUR)	Monthly (EUR)
1	Up to 2 296.80	117.05	128.75	140.47
2	2 296.00 – 3 828.12	100.08	110.63	121.12
3	3 828.12 – 4 593.84	76.27	85.25	94.19
4	4 593.84 – 5 359.44	60.16	68.64	77.28
5	5 359.44 – 6 763.20	49.19	57.41	65.57
6	6 763.20 – 8 166.72	31.17	39.01	46.81
7	8 166.72 – 10 463.76	23.38	31.17	39.01
8	10 463.76 – 12 633.00	20.36	28.16	35.95

- The monthly amounts of child benefit for a child included in the secondary school (but only for the child younger than 18) in the income brackets 7 and 8 are different than those in the table above and are as follows:

Number of income bracket	Net family income per family member (above – to)	Monthly (EUR)	Monthly (EUR)	Monthly (EUR)
7	8 166.72 – 10 463.76	29.52	37.31	50.84
8	10 463.76 – 12 633.00	23.43	31.23	40.85

In 2021, the maximum annual benefit levels for children in a two-parent family till the end of primary school are set by:

- EUR 1 404.60 for the first child;
- EUR 1 545.00 for the second child;
- EUR 1 685.64 for the third or subsequent child.

The amounts decline as the level of income per family member increases.

5. Main changes in tax/benefit system since 2005

- In 2006 the taxation of income of individuals changed from global tax to a kind of a dual income tax system. Active income (from employment, business, basic agriculture and forestry, rents, royalties and other income) is taxed aggregated at progressive rates and taking into account the allowances and deductions; capital income (interest, dividends and capital gains) is taxed at proportionate rates on a scheduler basis.

- In 2007 the number of income tax brackets was reduced from five to three. At the same time, some non-standard tax reliefs for certain expenses and for interest paid on loans for housing were abolished.

- In 2008 additional general allowances were introduced for people on low incomes.

- The payroll tax was phased out at the start of 2009.

- The Exercise of Rights to Public Funds Act entered into force on 1 January 2012 changes family income which is the basis for the income classes from gross family income to net family income, which also includes social benefits received.

- Regarding to the Public Finance Balance Act which entered into force on 1 June 2012, the amounts of transfers for children in fifth and sixth income classes are reduced for 10%. Transfers for children in the seventh and eighth income classes are abolished.

- In 2013 the second bracket in the PIT schedule was broadened according to the Public Finance Balance Act. For the years 2013 and 2014 also the threshold for the third bracket (with the rate 41%) was increased and a new, top bracket with a rate of 50% was introduced for incomes above EUR 70 907.20.

- For the year 2013 the special relief for students was reduced by 25% compared to the tax relief in 2012 (the tax relief for 2014 amounts to EUR 2 477.03).

- Concerning rental income deriving renting of immovable and movable property a new scheduler principle of taxation was introduced in the year 2013 with proportional rate of 25%. The standardised costs were reduced from 40% to 10% of the rental income.

- The main and most important substantive change for the year 2014 and beyond eliminates the automatic adjustment of tax credits and net annual tax basis in the scale for assessing personal income tax with the growth in consumer prices.

- For the year 2014 another amendments were also introduced to the personal income tax, that is the abolishment of the tax benefits to certain groups of taxpayers (special relief for daily migrants, relief for the residents over 65 years of age).

- In 2014, the amendments to the Law on Parenthood and Family Incomes increased child benefit for each child who lives in a single-parent family. Namely, the uplift of child benefit was increased from 10 to 30%. In this year were also introduced the different amounts of transfers for children included in the secondary school in the sixth income bracket.

- The scale of assessment for income tax as a temporary measure that applies to 2013 and 2014, with the addition of a fourth class tax rate of 50% was extended for the year 2015.

- In 2015 the annual threshold between 2nd and 3rd tax bracket (above which the income tax is paid at the rate of 41%) was increased to EUR 20 400 (from EUR 18 960) for the years 2016 and 2017. The corresponding tax rate remained unchanged (i.e. 27%). The validity of the tax rate of 50% for the fourth tax bracket (for incomes above EUR 70 907) is extended also for tax years 2016 and 2017.

- In 2016 for the year 2017 the additional tax bracket between previous second and third tax brackets with the rate of 34% has been introduced, and the second highest tax rate has been lowered from 41% to 39%. The highest rate of 50 %, which used to be a temporary measure, has been maintained. The threshold for the additional basic allowance has been increased from EUR 10 866 to EUR 11 166.

- In 2016 and valid from 2017 the reduced taxation on performance bonuses (13th salary) was introduced meaning that salary paid on the basis of business performance is exempt from the income tax up to 70% of the average wage.

- From 2018 the additional general tax allowance for incomes between EUR 11 166.67 and EUR 13 316.83 is determined linearly.

- From 2018 the PIT exemption for the income paid as a reward for the business performance was increased from 70% to 100% of the latest known average monthly wage in the Republic of Slovenia.

- From 2018 the thresholds of the income brackets used for the calculation of child benefits are defined nominally; before that the thresholds were defined as percentage of the previous year average net wage. In addition, child benefits have been re-introduced also for income brackets 7 and 8.

- From 2019 the payment for holiday leave is tax and SSCs free up to 100% of the latest known average monthly wage in the Republic of Slovenia. Before 2019 it was burdened only by PIT while the SSCs exemption was only up to 70 % of the latest average monthly wage.

- The amendments to the personal income tax legislation valid from 1 January 2020 include increase of tax brackets thresholds (in first bracket to EUR 8 500, in second to EUR 25 000, in third to

EUR 50 000 and in fourth bracket to EUR 72 000), reduction of tax rates in second (from 27% to 26%) and third (from 34% to 33%) tax bracket, increase of the general tax allowance (to EUR 3 500) and introduction of additional linear general tax allowance for the whole income interval up to EUR 13 316.83. The linear function was updated accordingly.

5.1. Changes to labour taxation due to the COVID pandemic in 2020 and 2021

The following measures were implemented to lowering the burden on labour for the time of Covid-19 pandemic.

- For temporarily "inactive" but still employed workers and for the workers who were unable to work due to force majeure (i.e. caring for children, their own inability to come to work and due to other epidemic-related reasons) the state budget financed social security contributions, i.e. contributions for pension and disability insurance as well as health insurance. The measure was valid only in 2020.

- Also in 2020, the state budget covered the contributions for pension and disability insurance of the insured persons and the employer's contributions for all employees receiving wages. According to the data published by the Statistical Office of the Republic of Slovenia, in 2018 there were app. 200,000 natural or legal persons in Slovenia that reported some revenue or employees. Among them app. 147,000 worked within sectors B to N. The data from the Financial Administration of the Republic of Slovenia show that app. 49 000 firms used the benefit of State budget coverage of the employee's and employer's pension and disability insurance contributions from 3 April 2020 till 31 May 2020. Among those 49 000 firms there were 45 000 (90%) firms from sectors B to N but overall, only little more than 30 % of all firms benefited from the measure. Taking into account the data, this measure was not considered in the Taxing Wages model for 2020.

- In 2021 no such measure that would affect the Taxing Wages model has been implemented.

6. Memorandum items

6.1. Average gross annual wage earnings calculation

In Slovenia the gross earnings figures cover wages and salaries paid to individuals in formal employment including payment for overtime. They also include bonus payments and other payments such as pay for annual leave, paid leave up to seven days, public holidays, absences due to sickness for up to 30 days, job training, and slowdown through no fault of the person in formal employment.

The average gross wage earnings figures of all adult workers covering industry sectors B–N are provided by the Statistical Office of the Republic of Slovenia.

6.2. Employer contributions to private pension and health schemes

Some employer contributions are made to private health and pension schemes but there is no relevant information available on the amounts that are paid.

2021 Parameter values

Ave_earn	22 485	Secretariat estimate					
Ave_earn_1	21 054						
Ave_net_earnfam							
Ave_gross_earnSSC	22 274.40						
Basic_al1	3 500						
Basic_al2							
Income_lim							
Add_al	18 700,38						
Red_rate	1.40427						
Child_al1	2 436.92						
Child_al2	5 086.16						
Child_al3	9 504.70						
Child_al4	15 692.55						
Child_al5	23 649.69						
Depend_al	2 436.92						
Tax_sch	0.16	8 500					
	0.26	25 000					
	0.33	50 000					
	0.39	72 000					
	0.50						
SSC_rate1	0.221						
SSC_minbase	13 364.64						
SSC_rate2	0.161						

		Ist child	2nd child	3rd child	1 child-total	2 children-total	3 children-total
		monthly	monthly	monthly	annual	annual	annual
Fam_allow_mc	0	117.05	128.75	140.47	1404.60	2949.60	4635.24
	2 296.80	100.08	110.63	121.12	1200.96	2528.52	3981.96
	3 828.12	76.27	85.25	94.19	915.24	1938.24	3068.52
	4 593.84	60.16	68.64	77.28	721.92	1545.60	2472.96
	5359.44	49.19	57.41	65.57	590.28	1279.20	2066.04
	6 763.20	31.17	39.01	46.81	374.04	842.16	1403.88
	8 166.72	23.38	31.17	39.01	280.56	654.60	1122.72
	10 463.76	20.36	28.16	35.95	244.32	582.24	1013.64
	12 633.00	0.00	0.00	0.00	0.00	0.00	0.00
Fam_allow_spup	0.3						

		Ist child	2nd child	3rd child	1 child-total	2 children-total	3 children-total
		monthly	monthly	monthly	annual	annual	annual
Fam_allow_sp	0	152.17	167.38	182.61	1825.98	3834.48	6025.81
	2 296.8	130.10	143.82	157.46	1561.25	3287.08	5176.55
	3 828.12	99.15	110.83	122.45	1189.81	2519.71	3989.08
	4 593.84	78.21	89.23	100.46	938.50	2009.28	3214.85
	5 359.44	63.95	74.63	85.24	767.36	1662.96	2685.85
	6 763.2	40.52	50.71	60.85	486.25	1094.81	1825.04
	8 166.72	30.39	40.52	50.71	364.73	850.98	1459.54
	10 463.76	26.47	36.61	46.74	317.62	756.91	1317.73
	12 633.0	0.00	0.00	0.00	0.00	0.00	0.00
numdays	365						

2021 Tax equations

The functions which are used in the equations (Taper, MIN, Tax etc) are described in the technical note about tax equations. Variable names are defined in the table of parameters above, within the equations table, or are the standard variables "married" and "children". A reference to a variable with the affix "_total" indicates the sum of the relevant variable values for the principal and spouse. And the affixes "_princ" and "_sp" indicate the value for the principal and spouse, respectively. Equations for a single person are as shown for the principal, with "_sp" values taken as 0.

	Line in country table and intermediate steps	Variable name	Range	Equation
1.	Earnings			
	Current year	earn		
	Net earnings Year-1	net_earn_1		
2.	Allowances:			
	Principal	tax_al_princ	P	Basic_al1+Positive(add_al-red_rate*earn)+SSC+IF(children=0,0,IF(children=1,child_al1,IF(children=2,child_al2,child_al3))+IF(Married=0,0,IF(S_earn=0,Depend_al,0))
	Spouse	Tax_al_ spouse	S	MINA(Basic_al1+Positive(add_al-red_rate*AD7)+SSC, earn)
3.	Credits in taxable income	taxbl_cr	B	0
4.	CG taxable income	tax_inc	B	Positive(earn-tax_al)
5.	CG tax before credits	CG_tax_excl	B	Tax(tax_inc, tax_sch)
6.	Tax credits (nonwastable)	Tax_cr	B	0
7.	CG tax	CG_tax	B	CG_tax_excl
8.	State and local taxes	local_tax	B	0
9.	Employees' soc security	SSC	B	earn* SSC_rate1
11.	Cash transfers	cash_trans	J	IF(Children='0,0;VLOOKUP((net_earn_1)'/(1+married+children),IF(Married=0;Fam_allow_sp,Fam_allow_mc),IF(Children=1,5,IF(Children=2,6,7))))
13.	Employer's wage dependent			
	contributions and taxes			
	Employer's soc security	SSC_empr	B	earn*SSC_rate2++IF(earn<SSC_minbase,(SSC_rate2*(SSC_minbase-earn))+(SSC_rate1*(SSC_minbase-earn)),0)

Key to range of equation B calculated separately for both principal earner and spouse P calculated for principal only (value taken as 0 for spouse calculation) J calculated once only on a joint basis.

Spain

This chapter includes data on the income taxes paid by workers, their social security contributions, the family benefits they receive in the form of cash transfers as well as the social security contributions and payroll taxes paid by their employers. Results reported include the marginal and average tax burden for eight different family types.

Methodological information is available for personal income tax systems, compulsory social security contributions to schemes operated within the government sector, universal cash transfers as well as recent changes in the tax/benefit system. The methodology also includes the parameter values and tax equations underlying the data.

Spain 2021

The tax/benefit position of a single persons

	Wage level (per cent of average wage)	67	100	167	67
	Number of children	none	none	none	2
1.	**Gross wage earnings**	17 978	26 832	44 810	17 978
2.	**Standard tax allowances:**				
	Basic allowance				
	Married or head of family	0	0	0	2 150
	Dependent children				
	Deduction for social security contributions and income taxes	1 142	1 704	2 845	1 142
	Work-related expenses	2 000	2 000	2 000	2 000
	Other				
	Total	3 142	3 704	4 845	5 292
3.	**Tax credits or cash transfers included in taxable income**	0	0	0	0
4.	**Central and state government taxable income (1 - 2 + 3)**	14 836	23 128	39 964	12 686
5.	**Central and state government income tax liability (exclusive of tax credit**	2 857	4 982	10 234	2 358
6.	**Central and state government tax credits**				
	Basic credit	1 027	1 027	1 027	3 170
	Married or head of family				
	Children				
	Other				
	Total	1 027	1 027	1 027	3 170
7.	**Central government income tax finally paid (5-6)**	942	2 025	4 717	- 1 001
8.	**State and local taxes**	888	1 931	4 490	188
9.	**Employees' compulsory social security contributions**				
	Gross earnings	1 142	1 704	2 845	1 142
	Taxable income				
	Total	1 142	1 704	2 845	1 142
10.	**Total payments to general government (7 + 8 + 9)**	2 972	5 659	12 052	329
11.	**Cash transfers from general government**				
	For head of family				
	For two children	0	0	0	0
	Total	0	0	0	0
12.	**Take-home pay (1-10+11)**	15 006	21 173	32 757	17 648
13.	**Employer's compulsory social security contributions**	5 375	8 023	13 398	5 375
14.	**Average rates**				
	Income tax	10.2%	14.7%	20.5%	-4.5%
	Employees' social security contributions	6.35%	6.35%	6.35%	6.35%
	Total payments less cash transfers	16.5%	21.1%	26.9%	1.8%
	Total tax wedge including employer's social security contributions	35.7%	39.3%	43.7%	24.4%
15.	**Marginal rates**				
	Total payments less cash transfers: Principal earner	28.1%	32.9%	40.4%	28.1%
	Total payments less cash transfers: Spouse	n.a.	n.a.	n.a.	n.a.
	Total tax wedge: Principal earner	44.6%	48.3%	54.1%	44.6%
	Total tax wedge: Spouse	n.a.	n.a.	n.a.	n.a.

Spain 2021

The tax/benefit position of married couples

Wage level (per cent of average wage)		100-0	100-67	100-100	100-67
Number of children		2	2	2	none
1.	**Gross wage earnings**	26 832	44 810	53 665	44 810
2.	**Standard tax allowances**				
	Basic allowance				
	Married or head of family	3 400	0	0	0
	Dependent children				
	Deduction for social security contributions and income taxes	1 704	2 845	3 408	2 845
	Work-related expenses	2 000	4 000	4 000	4 000
	Other				
	Total	7 104	6 845	7 408	6 845
3.	**Tax credits or cash transfers included in taxable income**	0	0	0	0
4.	**Central and state government taxable income (1 - 2 + 3)**	19 728	37 964	46 257	37 964
5.	**Central and state government income tax liability (exclusive of tax credit**	4 034	7 839	9 965	7 839
6.	**Central and state government tax credits**				
	Basic credit	1 970	2 997	2 997	2 054
	Married or head of family				
	Children				
	Other				
	Total	1 970	2 997	2 997	2 054
7.	**Central government income tax finally paid (5-6)**	1 044	2 482	3 565	2 967
8.	**State and local taxes**	1 020	2 360	3 403	2 819
9.	**Employees' compulsory social security contributions**				
	Gross earnings	1 704	2 845	3 408	2 845
	Taxable income				
	Total	1 704	2 845	3 408	2 845
10.	**Total payments to general government (7 + 8 + 9)**	3 768	7 688	10 375	8 631
11.	**Cash transfers from general government**				
	For head of family				
	For two children	0	0	0	0
	Total	0	0	0	0
12.	**Take-home pay (1-10+11)**	23 064	37 122	43 289	36 179
13.	**Employer's compulsory social security contributions**	8 023	13 398	16 046	13 398
14.	**Average rates**				
	Income tax	7.7%	10.8%	13.0%	12.9%
	Employees' social security contributions	6.35%	6.35%	6.35%	6.35%
	Total payments less cash transfers	14.0%	17.2%	19.3%	19.3%
	Total tax wedge including employer's social security contributions	33.8%	36.2%	37.9%	37.8%
15.	**Marginal rates**				
	Total payments less cash transfers: Principal earner	30.0%	32.9%	32.9%	32.9%
	Total payments less cash transfers: Spouse	21.8%	28.1%	32.9%	28.1%
	Total tax wedge: Principal earner	46.1%	48.3%	48.3%	48.3%
	Total tax wedge: Spouse	39.8%	44.6%	48.3%	44.6%

The national currency is the Euro (EUR). In 2021, EUR 0.84 was equal to USD 1. In that year the average worker earned EUR 26 832 (Secretariat estimate).

1. Personal Income Tax System

1.1. Central government income tax

1.1.1. Tax unit

As a general rule, the tax unit is the individual. Nevertheless, families have the options of being taxed:

- As married couples filing jointly on the combined income of both spouses and dependents.
- As heads of households (only unmarried or separated individuals with dependents).

1.1.2. Tax allowances and tax credits

1.1.2.1. Standard reliefs

- Basic reliefs: Married couples filing jointly may claim an allowance of EUR 3 400. This figure amounts to EUR 2 150 for heads of single-parent households.
- Maternity tax credit: a non-wastable tax credit addressed to working females with children under 3 years of age up to EUR 1 200, which may be increased up to EUR 1 000 where the taxpayer has incurred qualifying expenses related to nursery schools/kindergartens
- Large families (3 or more children) or dependent family members with disabilities tax credits: this additional non-wastable tax credit (up to EUR 1 200, in general, or EUR 2 400 for special large families, with 5 or more children) has been raised by EUR 600 for each child exceeding the minimum number of children required for both large family types listed above. It also may be claimed (within the Taxing Wages framework) by single-parent households with two children.
- Relief for social security contributions: All social security payments are fully deductible.
- Other expenses allowance: up to EUR 2 000, which may be increased by the same amount in case of an unemployed accepting a job in a different location implying a change of residence.
- Employment related allowance: Net employment income (gross income - employee social security contributions) may be reduced according to the following rules:
  - Taxpayers with net employment income equal or less than EUR 13 115: EUR 5 565.
  - Taxpayers with a net employment income between EUR 13 115 and EUR 16 825: EUR 5 565 less the result of multiplying by 1.5 the difference between net employment income and EUR 13 115.
- Disabled workers allowance: an additional allowance of EUR 3 500 for disabled salary earners. Those with reduced mobility may claim an augmented allowance of EUR 7 750.

As a result of the application of the above rules, net income cannot become negative.

1.1.2.2. Main non-standard reliefs applicable to an average wage

- Contributions to Pension Plans. Contributions made by each member of the household may reduce taxable income up to the lower of the following amounts:
  - 30% of the sum of labour and economic activities net incomes;
  - EUR 2 000.

Moreover, those households whose second earner has net labour income below EUR 8 000 may reduce taxable income up to a maximum of EUR 1 000 on a yearly basis if the principal earner contributes to a Pension Fund for the spouse.

- Relief for subscriptions paid in respect of membership of a trade union and business or professional associations (last item is limited to mandatory membership) up to EUR 500.
- Relief for expenses made for the legal defence of the taxpayer for labour-related conflicts up to a maximum limit of EUR 300.

Other non-standard reliefs provided as deductions are:

- Investment in the acquisition and rehabilitation of own-housing: With effect from 1 January 2013, the tax credit has been abolished. Nevertheless, grandfathering rules apply for those taxpayers who before 1 January 2013 had acquired their main residence; had made some payments for it to be built; had made some payments for restoration/enlargement of their main residence or had made some payments to carry out the adaptation of the main residence of disabled people. However, in the latter two cases the works performed should be completed before 1 January 2017.
  - Gifts: 80% of the amounts (below EUR 150) donated to non-profit entities, public administration, public universities and other qualifying institutions. For larger gifts, 35% on the excess, which may be increased to 40% when meeting certain conditions (for fidelity cases) and 10% of the amount donated non-qualifying foundations or associations.
- Investments and expenses in goods of cultural interest: 15% of the amounts granted to the importation, restoration, exhibition, etc., of certain goods listed in the General Register of Goods of Cultural Interest.

Each of these last two amounts cannot exceed 10% of taxable income.

1.1.2.3. Exempt Income

- The base amount is EUR 5 550 per taxpayer. The same amount is granted for family units filing jointly. Taxpayers aged over 65 years may add EUR 1 150 to the former amount. Those aged over 75 years may claim additionally EUR 1 400.
- Dependent children (under 25 years, in general; for each age, in case of disability): EUR 2 400 for the first dependent child; EUR 2 700 for the second one; EUR 4 000 for the third, and EUR 4 500 for any additional child.
- Childcare allowance: an additional allowance of EUR 2 800 for each of the above dependent children under 3 years of age.
- In case of disabled workers and additional amount of EUR 3 000 also applies. In case of great disability prior amount reaches EUR 9 000.

Child allowances have to be shared equally between spouses when they file separately.

1.1.3. Tax schedule

General rates of tax – resident individuals:

Taxable income (EUR)	Tax at the lower limit (EUR)	Tax rate on taxable income in excess of the lower limit (%)
0–12 450	0	9.50
12 450–20 200	1 182.75	12.00
20 200–35 200	2 112.75	15.00
35 200–60 000	4 362.75	18.50
60 000-300 000	8 950.75	22.50
Over 300 000	62 950.75	24.50

1.2. State and local income taxes

The Autonomous Communities (Regional Governments) are liable to set up their own personal income tax schedule to tax the general income tax base. For 2021, those tax rate schedules vary from five to ten brackets and their marginal rates from 9.0 to 29.5%. Up to 2009, the tax autonomous share (regional share of the tax) on the general tax base was determined by applying a progressive tax ladder with default values laid down by the Law regulating this tax, and fixed by Government. However, the Autonomous Communities (Regional Governments) were competent to modify these values under certain limitations. The complementary tax scale, fixed by the Central Government and applied in default as explained, was removed in 2010, which leaves a State-level ladder and each Autonomous Community determining their own tax scale, subject only to the progressivity requirement. From that moment on, by exercising their legislative competences, the Autonomous Community have been approving their tax scales that, although identical to the State-level tax scale in the beginning, as time elapsed they became increasingly different. These differences have grown since 2015, coinciding with the entry into force of the reform of this tax, up to the point that in 2016 and 2017 each Autonomous Community applies a different tax scale, with currently only one matching the Central Government tax scale.

Therefore, instead of taking into account a tax rate determined by an Autonomous Community equal to that applied by the Central Government, as past years, the new criteria followed since 2017 is to consider that of the Autonomous Community of Madrid (Madrid Region), which is thought as the most representative tax scale on different grounds, among which it is worth mentioning that this Autonomous Community comprises the Spain capital city and its relative significance as regards this tax, both in terms of number of taxpayers, income level and income tax roughly amounting to one quarter of the total revenues. All these make of it a potential stable criteria over time.

Madrid Schedule for general tax base in 2021

Taxable income (EUR)	Tax at the lower limit (EUR)	Tax rate on taxable income in excess of the lower limit (%)
0–12 450	0	9.00
12 450–17 707.20	1 120.50	11.20
17 707.20–33 007.20	1 709.31	13.30
33 007.20-53 407.20	3 744.21	17.90
Over 53 407.20	7 395.81	21.00

Now, there is not any local tax rate or schedule in the Spanish PIT. However, some Local Governments (the bigger and province capital cities) receive a fixed percentage of the PIT revenues.

2. Compulsory Social Security Contributions to Schemes Operated within the Government Sector

Social Security contributions are assessed on the basis of employees' gross earnings taking into account certain ceilings of gross employment income. In 2021, these ceilings are:

- Lower ceiling: EUR 12 600.00
- Upper Ceiling: EUR 48 841.20

These ceilings are based on a full-time job. For part-time workers, ceilings are proportional to the real hours worked (the tax equations used for this Report do not take into account the lower ceiling).

2.1. Employees' contributions

- Old age pension/sickness and disability: 4.7%
- Unemployment: 1.55%
- Professional Training: 0.1%

2.2. Employers' contributions

- Old age pension/sickness and disability: 23.6%
- Unemployment/Work injuries: 5.50%
- Wages fund: 0.2%
- Professional Training: 0.6%

3. Universal Cash Transfers

3.1. Transfers related to marital status

None.

3.2. Transfers for dependent children

As of the 1st of June 2020, the means-tested allowance (*prestaciones familiars por hijo a cargo*) has been subsumed in the new national Minimum Income Benefit Scheme (*Ingreso Mínimo Vital)*. However, grandfathering rules apply in 2021. EUR 341 for 1-child families with annual gross earnings below EUR 12 424.00; the child transfer decreases with income between EUR 12 424.00 and EUR 12 765.00; the value is 0 for gross earnings exceeding EUR 12 765.00. EUR 682 for families with 2 children with annual gross earnings below EUR 14 287.60; the child transfer decreases with income between EUR 14 287.60 and EUR 14 969.60; the value is 0 for gross earnings exceeding EUR 14 969.60.

4. Main Changes in Tax/Benefit Systems in 2017

None

4.1. Changes to labour taxation due to the COVID pandemic in 2020 and 2021

--

5. Memorandum Items

5.1. Identification of an AW and calculation of earnings

Refer to the information provided in the Annex of this Report.

2021 Parameter values

Average earnings/yr	Ave_earn	26 832	Secretariat estimate	
Work related allowance	wr_rate	1.5		
	wr_lim_max	16 825		
	wr_lim_min	13 115		
	wr_allow_max	5 565		
Other deductible expenses	oth_ded_exp	2 000		
Personal & family exempt income	Per_fam_exempt_inc	5 550		
Joint taxation allowance	Joint_tax_allow_fam1	3 400		
	Joint_tax_allow_fam2	2 150		
Dependent children	dep_child	2 400		
	dep_child2	2 700		
	dep_child3	4 000		
	dep_child4	4 500		
Single parent tax credit (chld>=2)	SP_tax_credit	1 200		
Tax Schedule	tax_sch_sg	0	0	9.50%
		12 450	1 182.75	12.00%
		20 200	2 112.75	15.00%
		35 200	4 362.75	18.50%
		60 000	8 950.75	22.50%
		300 000	62 950.75	24.50%
	tax_sch_sa (Madrid)	0	0	9.00%
		12 450	1 120.50	11.20%
		17 707.20	1 709.31	13.30%
		33 007.20	3 744.21	17.90%
		53 407.20	7 395.81	21.00%
Social security contributions				
Employee:				
Pension	pension_rate	0.047		
Unemployment	unemp_rate	0.0155		
Other	oth_rate	0.001		
Employer				
Pension	pension_empr	0.236		
Unemployment	unemp_empr	0.055		
Other	oth_empr	0.008		
Ceiling and Floor	min_lim	0	12 600	
	top_lim	48 841.2		
Child benefit	SS_child_benefit	341		
	SS_child_table	1	12 424.00	12 765.00
		2	14 287.60	14 969.60
		3	18 699.00	19 722.00
		4	21 728.00	23 092.00
		5	24 757.00	26 462.00

2021 Tax equations

The functions which are used in the equations (Taper, MIN, Tax etc) are described in the technical note about tax equations. Variable names are defined in the table of parameters above, within the equations table, or are the standard variables "married" and "children". A reference to a variable with the affix "_total" indicates the sum of the relevant variable values for the principal and spouse. And the affixes "_princ" and "_sp" indicate the value for the principal and spouse, respectively. Equations for a single person are as shown for the principal, with "_sp" values taken as 0.

	Line in country table and intermediate steps	Variable name	Range	Equation
1.	Earnings	earn	B	for individual taxation: earn=earn_princ, or earn='earn_sp' for joint (family) taxation: earn=earn_princ+earn_sp
2.	Allowances:			
	Work related, individual	work_ind	B	IF(earn-SSC<=wr_lim_min,wr_allow_max+oth_ded_exp,IF(earn-SSC<=wr_lim_max,wr_allow_max-wr_rate*((earn-SSC)-(wr_lim_min))+oth_ded_exp,oth_ded_exp))
	Work related, family	work_fam	J	IF(AND(earn_sp=0,married=0,children=0),0,IF(earn_total-SSC_fam<=wr_lim_min,wr_allow_max+oth_ded_exp,IF(earn_total-SSC_fam=wr_lim_max,wr_allow_max-wr_rate*((earn_total-SSC_fam)-(wr_lim_min))+oth_ded_exp,oth_ded_exp)))
	Joint taxation allowance	joint_allow_fam	J	IF(AND(Married=0,Children=0),0,IF(AND(Married=0,Children>0),joint_tax_allow_fam2,joint_tax_allow_fam1))
	Personal and family exempt income, individual	ex_inc_ind	B	per_fam_exempt_inc
	Personal and family exempt income, family	ex_inc_fam	J	IF(AND(Married=0,Children=0),0,per_fam_exempt_inc)
	Children exempt income, individual	child_ex_inc_ind	P	IF(earn_sp='0,' (children>0)*(dep_child+(children>1)*dep_child2+(children>2)*dep_child3+(children>3)*(children-3)*dep_child4), (children>0)*(dep_child+(children>1)*dep_child2+(children>2)*dep_child3+(children>3)*(children-3)*dep_child4)/2)
			S	IF(earn_sp='0,' 0, (children>0)*(dep_child+(children>1)*dep_child2+(children>2)*dep_child3+(children>3)*(children-3)*dep_child4)/2)
	Children exempt income, family	child_ex_inc_fam	J	(children>0)*(dep_child+(children>1)*dep_child2+(children>2)*dep_child3+(children>3)*(children-3)*dep_child4)
3.	Credits in taxable income	taxbl_cr	B, J	0
4.	CG taxable income	tax_inc	B, J	IF(AND(Married='0,' Children='0),' tax_inc_princ, MINA(tax_inc_princ+tax_inc_sp, tax_inc_fam))
		tax_inc_ind	B	Positive(earn-(work_ind+SSC))
		tax_inc_fam	J	IF(AND(Married='0,' Children), 0, Positive(earn-(work_fam+joint_allow_fam+SSC_princ+SSC_sp)))
5.	CG tax before credits	CG_tax_ind_excl	B	MAXA(0, VLOOKUP(tax_inc_ind, tax_sch_sg, 2)+(tax_inc_ind-VLOOKUP(tax_inc_ind, tax_sch_sg, 1))*VLOOKUP(tax_inc_ind, tax_sch_sg, 3))
		CG_tax_fam_excl	J	MAXA(0, VLOOKUP(tax_inc_fam, tax_sch_sg, 2)+(tax_inc_fam-VLOOKUP(tax_inc_fam, tax_sch_sg, 1))*VLOOKUP(tax_inc_fam, tax_sch_sg, 3))
6.	CG tax credits :	CG_tax_cr_ind	B	MAXA(0,VLOOKUP(ex_inc_ind+child_ex_inc_ind,tax_sch_sg,2)+((ex_inc_ind+child_ex_inc_ind)-VLOOKUP(ex_inc_ind+child_ex_inc_ind,tax_sch_sg,1))*VLOOKUP(ex_inc_ind+child_ex_inc_ind,tax_sch_sg,3)+IF(AND(earn>0,married=0,children>=2),MIN(SP_tax_credit,(SSC+SSC_empr)),0)
		CG_tax_cr_fam	J	MAXA(0,VLOOKUP(ex_inc_fam+child_ex_inc_fam,tax_sch_sg,2)+((ex_inc_fam+child_ex_inc_fam)-VLOOKUP(ex_inc_fam+child_ex_inc_fam,tax_sch_sg,1))*

	Line in country table and intermediate steps	Variable name	Range	Equation
				VLOOKUP(ex_inc_fam+child_ex_inc_fam,tax_sch_sg,3)+IF(AND(earn_total>0,married=0,children>=2),MIN(SP_tax_credit,(SSC_fam+SSC_empr_fam)),0)
7.	CG tax	CG_tax_ind	B	CG_tax_ind_excl-CG_tax_cr_ind
		CG_tax_fam	J	CG_tax_fam_excl-CG_tax_cr_fam
8.	State and local tax before credits	local_tax_ind_excl	B	MAXA(0, VLOOKUP(tax_inc_ind, tax_sch_sa, 2)+(tax_inc_ind-VLOOKUP(tax_inc_ind, tax_sch_sa, 1))*VLOOKUP(tax_inc_ind, tax_sch_sa, 3))
		local_tax_fam_excl	J	MAXA(0, VLOOKUP(tax_inc_fam, tax_sch_sa, 2)+(tax_inc_fam-VLOOKUP(tax_inc_fam, tax_sch_sa, 1))*VLOOKUP(tax_inc_fam, tax_sch_sa, 3))
	local tax credits	local_tax_cr_ind	B	MAXA(0,VLOOKUP(ex_inc_ind+child_ex_inc_ind,tax_sch_sa,2)+((ex_inc_ind+child_ex_inc_ind)-VLOOKUP(ex_inc_ind+child_ex_inc_ind,tax_sch_sa,1))*VLOOKUP(ex_inc_ind+child_ex_inc_ind,tax_sch_sa,3))
		local_tax_cr_fam	J	MAXA(0,VLOOKUP(ex_inc_fam+child_ex_inc_fam,tax_sch_sa,2)+((ex_inc_fam+child_ex_inc_fam)-VLOOKUP(ex_inc_fam+child_ex_inc_fam,tax_sch_sa,1))*VLOOKUP(ex_inc_fam+child_ex_inc_fam,tax_sch_sa,3))
	State and local tax	local_tax_ind	B	Positive(local_tax_ind_excl-local_tax_cr_ind)
		local_tax_fam	J	Positive(local_tax_fam_excl-local_tax_cr_fam)
9.	Employees' soc security	SSC	B	IF(AND(earn>0, earn<='min_lim),' min_lim*(pension_rate+unemp_rate+oth_rate), IF(earn>='top_lim,' top_lim*(pension_rate+unemp_rate+oth_rate), earn*(pension_rate+unemp_rate+oth_rate)))
		SSC_fam	J	SSC_princ+SSC_sp
11.	Cash transfers	Child_transf		IF(Children=0,0,IF(earn<='VLOOKUP(Children,' SS_child_table,2),SS_child_benefit*Children, IF(earn<='VLOOKUP(Children,' SS_child_table, 3), VLOOKUP(Children, SS_child_table, 3)-earn, 0)))
13.	Employer's SSC	SSC_empr		IF(AND(earn>0, earn<='min_lim),' min_lim*(pension_empr+unemp_empr+ oth_umpr), IF(earn>='top_lim,' top_lim*(pension_empr+unemp_empr+oth_empr), earn*(pension_empr+unemp_empr+oth_empr)))

Key to range of equation B calculated separately for both principal earner and spouse P calculated for principal only S calculated for spouse only J calculated once only on a joint basis.

Sweden

This chapter includes data on the income taxes paid by workers, their social security contributions, the family benefits they receive in the form of cash transfers as well as the social security contributions and payroll taxes paid by their employers. Results reported include the marginal and average tax burden for eight different family types.

Methodological information is available for personal income tax systems, compulsory social security contributions to schemes operated within the government sector, universal cash transfers as well as recent changes in the tax/benefit system. The methodology also includes the parameter values and tax equations underlying the data.

Sweden 2021

The tax/benefit position of single persons

	Wage level (per cent of average wage)		67	100	167	67
	Number of children		none	none	none	2
1.	**Gross wage earnings**		323 541	482 897	806 437	323 541
2.	**Standard tax allowances**					
	Basic allowance		19 200	14 000	14 000	19 200
	Married or head of family					
	Dependent children					
	Deduction for social security contributions and income taxes		0	0	0	0
	Work-related expenses					
	Other					
		Total	19 200	14 000	14 000	19 200
3.	**Tax credits or cash transfers included in taxable income**		0	0	0	0
4.	**Central government taxable income (1 - 2 + 3)**		304 300	468 800	792 400	304 300
5.	**Central government income tax liability (exclusive of tax credits)**		0	0	53 840	0
6.	**Tax credits**					
	Basic credit					
	Married or head of family					
	Children					
	Other		53 040	66 657	66 307	53 040
		Total	53 040	66 657	66 307	53 040
7.	**Central government income tax finally paid (5-6)**		- 53 040	- 66 657	- 12 467	- 53 040
8.	**State and local taxes**		98 197	151 281	255 707	98 197
9.	**Employees' compulsory social security contributions**					
	Gross earnings		22 600	33 800	38 500	22 600
	Taxable income					
		Total	22 600	33 800	38 500	22 600
10.	**Total payments to general government (7 + 8 + 9)**		67 757	118 424	281 740	67 757
11.	**Cash transfers from general government**					
	For head of family					
	For two children		0	0	0	31 800
		Total	0	0	0	31 800
12.	**Take-home pay (1-10+11)**		255 784	364 473	524 697	287 584
13.	**Employer's wage dependent contributions and taxes**					
	Employer's compulsory social security contributions		64 061	95 614	159 674	64 061
	payroll taxes		37 595	56 112	93 708	37 595
		Total	101 656	151 726	253 382	101 656
14.	**Average rates**					
	Income tax		14.0%	17.5%	30.2%	14.0%
	Employees' social security contributions		7.0%	7.0%	4.8%	7.0%
	Total payments less cash transfers		20.9%	24.5%	34.9%	11.1%
	Total tax wedge including employer's social security contributions		39.8%	42.6%	50.5%	32.4%
15.	**Marginal rates**					
	Total payments less cash transfers: Principal earner		29.3%	33.4%	55.3%	29.3%
	Total payments less cash transfers: Spouse		n.a.	n.a.	n.a.	n.a.
	Total tax wedge: Principal earner		46.2%	49.3%	66.0%	46.2%
	Total tax wedge: Spouse		n.a.	n.a.	n.a.	n.a.

Sweden 2021

The tax/benefit position of married couples

	Wage level (per cent of average wage)		100-0	100-67	100-100	100-67
	Number of children		2	2	2	none
1.	**Gross wage earnings**		482 897	806 437	965 793	806 437
2.	**Standard tax allowances:**					
	Basic allowance		14 000	33 200	28 000	33 200
	Married or head of family					
	Dependent children					
	Deduction for social security contributions and income taxes		0	0	0	0
	Work-related expenses					
	Other					
		Total	14 000	33 200	28 000	33 200
3.	**Tax credits or cash transfers included in taxable income**		0	0	0	0
4.	**Central government taxable income (1 - 2 + 3)**		468 800	773 100	937 600	773 100
5.	**Central government income tax liability (exclusive of tax credits)**		0	0	0	0
6.	**Tax credits**					
	Basic credit					
	Married or head of family					
	Children					
	Other		66 657	119 697	133 314	119 697
		Total	66 657	119 697	133 314	119 697
7.	**Central government income tax finally paid (5-6)**		- 66 657	- 119 697	- 133 314	- 119 697
8.	**State and local taxes**		151 281	249 478	302 562	249 478
9.	**Employees' compulsory social security contributions**					
	Gross earnings		33 800	56 400	67 600	56 400
	Taxable income					
		Total	33 800	56 400	67 600	56 400
10.	**Total payments to general government (7 + 8 + 9)**		118 424	186 181	236 848	186 181
11.	**Cash transfers from general government**					
	For head of family					
	For two children		31 800	31 800	31 800	0
		Total	31 800	31 800	31 800	0
12.	**Take-home pay (1-10+11)**		396 273	652 056	760 745	620 256
13.	**Employer's wage dependent contributions and taxes**					
	Employer's compulsory social security contributions		95 614	159 675	191 228	159 675
	payroll taxes		56 112	93 707	112 224	93 707
		Total	151 726	253 382	303 452	253 382
14.	**Average rates**					
	Income tax		17.5%	16.1%	17.5%	16.1%
	Employees' social security contributions		7.0%	7.0%	7.0%	7.0%
	Total payments less cash transfers		17.9%	19.1%	21.2%	23.1%
	Total tax wedge including employer's social security contributions		37.6%	38.5%	40.1%	41.5%
15.	**Marginal rates**					
	Total payments less cash transfers: Principal earner		33.4%	33.4%	33.4%	33.4%
	Total payments less cash transfers: Spouse		20.9%	29.3%	33.4%	29.3%
	Total tax wedge: Principal earner		49.3%	49.3%	49.3%	49.3%
	Total tax wedge: Spouse		39.8%	46.2%	49.3%	46.2%

The national currency is the Swedish Kronor (SEK). In 2021, SEK 8.52 were equal to USD 1. In that year, the average worker earned SEK 482 897 (Secretariat estimate).

1. Personal Income Tax Systems

1.1. Central government income taxes

1.1.1. Tax unit

Spouses are taxed separately.

1.1.2. Tax allowances and tax credits

1.1.2.1. Standard reliefs

- Basic reliefs: A basic allowance is given for assessed earned income and varies between SEK 14 000 and SEK 36 700, depending on income. When individuals pay central government income tax, the basic allowance is at its lowest level, which equals SEK 14 000. The basic allowance depends on the assessed earned income and the basic amount, which equals SEK 47 600 in 2021.

Assessed-Earned- Income (SEK) Relative to Basic Amount (BA)	Share of BA at lower bracket	For exceeding income
—0.99	0.423	
0.99—2.72	0.423	+0.2
2.72—3.11	0.77	
3.11—7.88	0.77	-0.1
7.88—	0.293	

For taxpayers older than 65, the basic relief is calculated differently:

Assessed-Earned- Income (SEK) Relative to Basic Amount (BA)	Share of BA at lower bracket	For exceeding income
—1.11	1.11	
1.11—2.72	1.11	+0.257
2.72—3.21	1.526	+0.34
3.21-8.08	1.699	+0.128
8.08-11.28	2.322	
11.28-12.53	2.322	-0,62
12.53-13.54	1.546	
13.54-35.36	1.546	-0.0574
35.36—	0.293	

- Standard marital status reliefs: None.
- Relief(s) for children: None.
- Work-related expenses: None.
- Other: None.

1.1.2.2. Main non-standard tax reliefs applicable to an AW

- Interest on qualifying loans: Interest payments are offset against capital income. The resulting net capital income is the tax base. A tax credit is given in the case of negative capital income;

- Medical expenses: None. Other allowances are given for: the amount of commuting expenses exceeding SEK 11 000;
- other types of work-related expenses exceeding SEK 5 000; examples are the costs of tools, work-related phone calls using the taxpayer's private telephone;
- increased living expenses while on business trips, e.g. such as the use of a private car if these costs are not reimbursed by the employer;
- double housing expenses due to temporary work at other geographical locations (too far from home for commuting), or if the family for some reason can't move, even if the job is of a permanent nature;
- travelling expenses for travelling home if the taxpayer works in another place than his/her place of residence.

1.1.3. Tax schedule

Taxable Income (SEK)	Tax (SEK) at lower bracket	For exceeding income, %
0—523 200	0	0
Over 523 200	0	20

1.1.4. Tax credits

A tax credit equal to 100% of the compulsory social security contributions paid by the employee is granted.

For a person aged 65 or less, an annual Earned Income Tax Credit (EITC) worth up to approximately SEK 31 200 at the average local tax rate is granted on labour income. The EITC is connected to the basic allowance (BAL), the basic amount (BA) and the local tax rate (LTR). The Basic Allowance is determined in Section 1.121; the local tax rate is discussed in Section 1.2. The Basic Amount (BA) in 2021 is SEK 47 600. For those older than 65 a simplified EITC (not connected to the local tax rate, the basic allowance or the basic amount) worth up to SEK 30 000 is granted. The EITC is phased-out for those with incomes above around SEK 600 000 a year.

The tax credits are wastable in the sense that they cannot reduce the individual's tax payments to less than zero. The EITC is deducted from the local government income tax, whereas the tax credit for the social security contributions is deducted from other taxes as well. However, the central government covers the expenses for the tax credits.

For taxpayers younger than 65, the EITC is calculated as follows:

Earned Income (EI)	EITC
—0.91 BA	(EI—BAL)*LTR
0.91 BA—3.24 BA	(0.91 BA + 0.3405 * (EI—0.91 BA)—BAL)*LTR
3.24 BA—8.08 BA	(1.703 BA + 0.128 * (EI—3.24 BA)—BAL)*LTR
8.08 BA—13.54 BA	(2.323 BA—BAL)*LTR
13.54 BA-	(2.323BA—BAL)*LTR—0.03*(EI—13.54 BA)

For taxpayers older than 65, the EITC is calculated differently:

Earned Income (EI)	EITC
– 100 000 SEK	0.2*EI
100 001—300 000 SEK	15 000 SEK + 0.05*EI
300 001—600 000 SEK	30 000 SEK
600 001— 1 600 000 SEK	30 000 –0,03*(EI-600 000)
1 600 001 SEK -	0

During 2021 and 2022 there is also a temporary earned income tax credit. For earned income between SEK 60 000 and SEK 240 000 per year the tax credit is 1.25 percent of the income exceeding SEK 60 000.

For earned income between SEK 240 000 and SEK 300 000 the tax credit is SEK 2 250. For earned income between SEK 300 000 and SEK 500 000 the tax credit is SEK 2 250 minus 1.125 percent of the income exceeding SEK 300 000. This tax credit is non-refundable and it is a temporary measure due to the pandemic.

Since 1st of January 2021 a wastable general tax credit applies to taxable income exceeding SEK 40 000 per year. The tax credit is 0.75 percent of exceeding income up to a maximum tax credit of SEK 1 500.

1.2. Local government income taxes

1.2.1. General description of the systems

Sweden has both a central government and a local government personal income tax. They are completely coordinated in the assessment process and refer to the same period, i.e. the income year coincides with the calendar year.

1.2.2. Tax base

The tax base is the same as for the central government income tax. The basic allowance for individuals paying local government tax varies between SEK 14 000 and SEK 36 700; it depends on the taxpayer's income. For a taxpayer earning the AW, this basic allowance amounts to SEK 14 000.

1.2.3. Tax rates

The local government personal income tax is proportional and differs between municipalities. The average rate amounts to 32.27% in 2021, with the maximum and minimum rates being 35.15% and 29.08%, respectively.

2. Compulsory Social Security Contributions to Schemes Operated within the Government Sector

2.1. Employees' contributions

A general pension contribution of 7% of personal income is paid by employees and the self-employed when income is equal to or greater than 42.3% of the basic amount underlying the basic allowance (see Section 1.121). The contribution cannot exceed SEK 38 500 since the general pension contributions are not paid for income over SEK 550 400 (=8.07*68 200). The employees' contribution is offset with a tax credit.

2.2. Employers' contributions

The employers' contributions are calculated as a percentage of the total sum of salaries and benefits in a year. For the self-employed, the base is net business income. The rates for 2021 are listed below.

Program	Employer (%)	Self-employed (%)
Retirement pension	10.21	10.21
Survivor's pension	0.60	0.60
Parental insurance	2.60	2.60
Health insurance	3.55	3.64
Labour market	2.64	0.10
Occupational health	0.20	0.20

| General wage tax | 11.62 | 11.62 |
| Total | 31.42 | 28.97 |

In certain regions, a reduction of 10% of the base, maximum SEK 7 100 per month, is granted (SEK 18 000 per year for self-employed) (it is not included in the calculations underlying this Report). For employees who are over 65 years old and born after 1937 only the retirement pension contribution (10.21%) is applicable. For persons born in 1937 or earlier no employers' social security contributions, is applied.

There is a reduction of the employers' contributions for employees between the ages of 15 and 17 (by the beginning of the year). For salaries and benefits less than SEK 25 000 per month the employers' contributions are reduced to the retirement pension fee.

On premiums for occupational pensions paid by the employer a special wage tax (24.26%) is applied.

For self-employed a general reduction of 7.5% on the SSC is applicable if the income exceeds SEK 40 000 per year. The maximal reduction is SEK 15 000 per year.

There is a temporary reduction of the employers' contributions for employees between the ages of 18 and 23 (by the beginning of the year) during the period 1st of January 2021 to 31st of March 2023. For salaries and benefits less than SEK 25 000 per month the employers' contributions are reduced to the retirement pension fee and 45 percent of other social security contributions. During the period 1st of June to 31st of August 2021 the employers' contributions are reduced to the retirement pension fee.

3. Universal Cash Transfers

3.1. Transfers related to marital status

None.

3.2. Transfers for dependent children

The transfers are tax exempt and independent of the parents' income. The transfers for each child are as follows:

	2021
First child	15 000
Second child	16 800
Third child	21 960
Fourth child	27 120
Fifth and subsequent child	30 000

4. Main Changes in Tax/Benefit Systems Since 1998

A tax credit of SEK 1 320 was introduced for low- and average income earners in 1999. The credit is reduced by 1.2% of taxable income above SEK 135 000. This reduction was abolished in 2003 and was replaced by an increase in the basic allowance.

A tax credit of 25% of the social security contribution paid by employees and the self-employed was introduced in 2000. The tax credit has been gradually increased to 100% in 2006.

In 2004, a special tax credit equal to SEK 200 was provided for the statutory minimum local income tax. The special tax credit was abolished in 2005 as was the statutory minimum state income tax (a lump sum tax) of SEK 200.

In 2021 a general tax credit was introduced. The tax credit is 0.75% of taxable income exceeding SEK 40 000 per year up to a maximum tax credit of SEK 1 500.

The central government income tax bracket is indexed with the consumer price index plus 2%. However, some restrictions to the increases were applied in 2004, 2005, 2006, 2016 and 2017. Additional increases were applied in 2009 and 2019. In 2020 the additional central government income tax over the upper bracket was abolished.

The child allowance was increased in 2000, 2001, 2006, 2010, 2017 and 2018.

The basic allowance has been increased in 2001, 2002, 2003, 2005 and 2006. For persons 65 years or older the basic allowance was increased in 2009, 2010, 2011, 2013, 2014, 2016, 2018, 2019, 2020 and 2021.

An earned income tax credit was introduced in 2007 with the purpose of making work economically more rewarding relative to unemployment or inactivity. The earned income tax credit was increased in 2008, 2009, 2010, 2014 and 2019. In 2016 a phase-out of the EITC was introduced for persons with incomes above around SEK 600 000.

In 2018 a tax credit for income from sickness and activity compensation (corresponding to disability pension) was introduced.

In 2007, the social security contributions for 18-24-year-old employees and self-employed were reduced. In 2009 the reduction was increased and expanded to include all aged under 26. From 1st August 2015 the reduction was reduced by half and the 1st of June 2016 the reduction was abolished. A reduction of the SSC was reintroduced for 15-17-year-old employees from 1st August 2019.

A special wage tax for persons older than 65 was abolished in 2007 for persons born after 1937 and in 2008 for persons born in 1937 or earlier. In 2016 the special wage tax for older persons was reintroduced at a rate of 6.15%. This was abolished as of 1st July 2019.

A general reduction on the SSC for self-employed was introduced in 2010 and increased in 2014.

The deduction for premiums paid to private pension arrangements was lowered in 2015 from SEK 12 000 to SEK 1 800 and abolished in 2016.

4.1. Changes to labour taxation due to the COVID pandemic in 2020 and 2021

A temporary reduction of the employers' social security contributions was in place between 1st of March to the 30th of June 2020. For salaries and benefits less than SEK 25 000 per month, for up to 30 employees per firm, the employers' contributions were reduced to the retirement pension fee (10.21%). The temporary measure did not affect the majority of full-time workers within sectors B to N in ISIC rev.4. Therefore, it was not included in the Taxing Wages model for 2020.

For self-employed there was a temporary reduction of the social security contributions to only the retirement pension fee for income below SEK 100 000 for 2020.

There is a temporary reduction of the employers' contributions for employees between the ages of 18 and 23 (by the beginning of the year) during the period 1st of January 2021 to 31st of March 2023. For salaries and benefits less than SEK 25 000 per month the employers' contributions are reduced to the retirement pension fee and 45 percent of other social security contributions. During the period 1st of June to 31st of August 2021 the employers' contributions are reduced to the retirement pension fee.

During 2021 and 2022 there is a temporary earned income tax credit to compensate for increased costs during the pandemic. For earned income between SEK 60 000 and SEK 240 000 per year the tax credit is 1.25 percent of the income exceeding SEK 60 000. For earned income between SEK 240 000 and SEK 300 000 the tax credit is SEK 2 250. For earned income between SEK 300 000 and SEK 500 000 the tax credit is SEK 2 250 minus 1.125 percent of the income exceeding SEK 300 000. Short-term layoffs entered into force in April 2020 but could be applied for retroactively from 16th of March. The short-term layoffs give employers with temporary economic difficulties the possibility to have their labour costs reduced by up to 52.5% while the central government covers a large share of the employee's wage bill. Working hours can be reduced by up to 60% while employees keep 92.5% or more of their regular salary. During May–July 2020 and January through September 2021 the program is temporarily reinforced and employers' labour costs can be reduced by up to 72%. During these periods working hours can be reduced by up to 80%, while employees keep 88% of their regular salary.

Companies can defer a maximum of seven months payment of employers' social security contributions, preliminary tax on salaries and six months of value-added tax that are reported monthly or quarterly and a year of value-added tax that are reported yearly. The deferral can last up to two years and can be retroactively applied from 1st of January 2020.

5. Memorandum Items

5.1. Identification of an AW and calculation of earnings

Basic data for gross earnings are taken from the series Official Statistics of Sweden, published by Statistics Sweden. The calculation is based upon total average monthly or hourly earnings, primarily in September of the calendar year. To arrive at the annual earnings, data have been multiplied by the normal amount of hours worked during the year or the stipulated monthly salary has been multiplied by a factor of 12.2. The figures are representative for the country as a whole. The branch classification is NACE Rev.2 B-N according to the OECD recommendation.

5.2. Employer contributions to private health, pension, etc. schemes

There are a handful of widespread private social security schemes. The employers' contributions to these systems for the blue-collar workers in the private sector equalled to 6.3% of wage earnings in 2007. For white-collar workers in the private sector the employers' contributions to private social security schemes were 14% in 2007. These figures are based on the statistics of labour costs in the private sector, published by Statistics Sweden.

2021 Parameter values

Average earnings/yr	Ave_earn	482 897	Secretariat estimate
Central income tax			
	tax_rate	0.2	
	tax_thrsh	523 200	
Basic Allowance			
	gr1	0.99	
	gr2	2.72	
	gr3	3.11	
	gr4	7.88	
	gp1	0.423	
	gp2	0.2	
	gp3	0.1	
	gp4	0.293	
	gp5	0.77	
Local income tax			
	local_rate	0.3227	
	min_taxl	0	
Soc. security amount			
	basic_amt	47 600	
	basic_ant	68 200	
Soc. security contributions			
employee	SSC_rate	0.07	
employer	SSC_empr	0.3142	
ceiling	SSCC	8.07	
Child benefit			
	Child 1	15 000	
	Child 2	16 800	
	CB	15 900	
Tax credits			
	TC1	0	
	TC1gr1	0	
	TC1gp1	0	
	TC2gp1	1	
EITC	er_1	0.91	
	er_2	3.24	
	er_3	8.08	
	er_4	13.54	
	ep_1	1.703	
	ep_2	0.3405	
	ep_3	0.128	
	ep_4	2.323	
	ep_5	0.03	
Temporary EITC	teitc_1	0.0125	
	teitc_2	0.01125	
	teitc_lim_1	60 000	
	teitc_lim_2	300 000	
	teitc_max	2 250	
General wastable tax credit	gen_tax_cr_rate	0.0075	
	gen_tax_cr_lim	40000	
	gen_tax_cr_max	1500	
Employer payroll tax	PRT	0.1162	

2021 Tax equations

The equations for the Swedish system are mostly repeated for each individual of a married couple. But the cash transfer is calculated only once. This is shown by the Range indicator in the table below.

The functions which are used in the equations (Taper, MIN, Tax etc) are described in the technical note about tax equations. Variable names are defined in the table of parameters above, within the equations table, or are the standard variables "married" and "children". A reference to a variable with the affix "_total" indicates the sum of the relevant variable values for the principal and spouse. And the affixes "_princ" and "_spouse" indicate the value for the principal and spouse, respectively. Equations for a single person are as shown for the principal, with "_spouse" values taken as 0.

	Line in country table and intermediate steps	Variable name	Range	Equation
1.	Earnings	earn		
		truncearn	B	TRUNC(earn, -2)
2.	Allowances:	basic_al	B	IF(truncearn<=gr_2*basic_amt, MINA(ROUNDUP(MAXA(gp_1*basic_amt, (gp_1+gp_2*(gr_2-gr_1))*basic_amt-gp_2*MAXA(gr_2*basic_amt-truncearn, 0)), -2), truncearn), MINA(ROUNDUP(MAXA(gp_4*basic_amt, gp_5*basic_amt-gp_2*MAXA(gr_2*basic_amt-truncearn, 0)-gp_3*MAXA(truncearn-gr_3*basic_amt, 0)), -2), truncearn))
		ssc_al	B	0
	Total	tax_al	B	basic_al
3.	Credits in taxable income	taxbl_cr	B	0
4.	CG taxable income	tax_inc	B	Positive(earn-basic_al)
5.	CG tax before credits	CG_tax_excl	B	tax_rate*Positive(tax_inc-tax_thrsh)
6.	Tax credits :	ssc_credit	B	Trunc(SSC, -2)
		localtax_credit	B	0
		eitc	B	=TRUNC(MAX((((TRUNC(IF(earned_income>er_2* basic_amt; IF(earned_income>er_3*basic_amt;ep_4*basic_amt ;ep_1*basic_amt+ep_3*(earned_income-er_2*basic_amt));MIN(earned_income;er_1*basic_a mt+ep_2*(earned_income-er_1*basic_amt)));0))-basic_allowance)*local_rate)-(IF(earned_income>er_4*basic_amt;ep_5*(earned_income-er_4*basic_amt);0));0);0);0)
		Final_eitc	B	MIN(eitc, CG_tax_excl+ local_tax- ssc_credit)
		Temporary eitc	B	Trunc(MAX(MIN(teitc_1*MAX(EI-teitc_lim_1,0),teitc_max)-teitc_2*MAX(EI-teitc_lim_2,0),0),0)
		gen_tax_cr	B	MIN(gen_tax_cr_rate*MAX(tax_inc-gen_tax_cr_lim,0),gen_tax_cr_max)
		tax_cr	B	ssc_credit+localtax_credit+final_eitc+gen_tax_cr+teitc
7.	CG tax	CG_tax	B	(CG_tax_excl-tax_cr
8.	State and local taxes	local_tax	B	IF(tax_inc>0, TRUNC(local_rate*tax_inc, 0)+min_taxl, 0)
9.	Employees' soc security	SSC	B	(truncearn>=gp_1*basic_amt)*MINA(ROUNDSSC(truncearn*SSC_rate), ROUNDSSC(SSCC*basic_ant*SSC_rate))
11.	Cash transfers	cash_trans	J	Children*CB
13.	Employer's contributions		B	
	Employer's SSC	SSC_empr	B	TRUNC(earn*SSC_empr)-Payroll_empr

Employer's payroll tax	Payroll_empr	B	TRUNC(earn*PRT)
Total	Cont_empr	B	SSC_empr+Payroll_empr

Key to range of equation B calculated separately for both principal earner and spouse P calculated for principal only (value taken as 0 for spouse calculation) J calculated once only on a joint basis.

Switzerland

This chapter includes data on the income taxes paid by workers, their social security contributions, the family benefits they receive in the form of cash transfers as well as the social security contributions and payroll taxes paid by their employers. Results reported include the marginal and average tax burden for eight different family types. Methodological information is available for personal income tax systems, compulsory social security contributions to schemes operated within the government sector, universal cash transfers as well as recent changes in the tax/benefit system. The methodology also includes the parameter values and tax equations underlying the data.

Switzerland 2021

The tax/benefit position of single persons

	Wage level (per cent of average wage)	67	100	167	67
	Number of children	none	none	none	2
1.	**Gross wage earnings**	63 308	94 489	157 797	63 308
2.	**Standard tax allowances**				
	Basic allowance				
	Married or head of family	0	0	0	0
	Dependent children	0	0	0	13 000
	Deduction for social security contributions and income taxes	7 149	11 657	20 754	7 149
	Work-related expenses	2 000	2 653	4 000	2 000
	Other	1 700	1 700	1 700	3 100
	Total	10 849	16 011	26 454	25 249
3.	**Tax credits or cash transfers included in taxable income**	0	0	0	6 000
4.	**Central government taxable income (1 - 2 + 3)**	52 400	78 400	131 300	44 000
5.	**Central government income tax liability (exclusive of tax credits)**	508	1 448	5 549	157
6.	**Tax credits**				
	Basic credit				
	Married or head of family				
	Children	0	0	0	502
	Other				
	Total	0	0	0	502
7.	**Central government income tax finally paid (5-6)**	508	1 448	5 549	0
8.	**State and local taxes**	4 824	9 377	20 349	1 642
9.	**Employees' compulsory social security contributions**				
	Gross earnings	4 052	6 047	10 041	4 052
	Taxable income				
	Total	4 052	6 047	10 041	4 052
10.	**Total payments to general government (7 + 8 + 9)**	9 384	16 873	35 940	5 694
11.	**Cash transfers from general government**				
	For head of family				
	For two children	0	0	0	6 000
	Total	0	0	0	6 000
12.	**Take-home pay (1-10+11)**	53 923	77 616	121 857	63 614
13.	**Employer's compulsory social security contributions**	4 052	6 047	10 041	4 052
14.	**Average rates**				
	Income tax	8.4%	11.5%	16.4%	2.6%
	Employees' social security contributions	6.4%	6.4%	6.4%	6.4%
	Total payments less cash transfers	14.8%	17.9%	22.8%	-0.5%
	Total tax wedge including employer's social security contributions	19.9%	22.8%	27.4%	5.6%
15.	**Marginal rates**				
	Total payments less cash transfers: Principal earner	21.8%	28.2%	32.2%	15.8%
	Total payments less cash transfers: Spouse	n.a.	n.a.	n.a.	n.a.
	Total tax wedge: Principal earner	26.5%	32.5%	36.0%	20.8%
	Total tax wedge: Spouse	n.a.	n.a.	n.a.	n.a.

Switzerland 2021

The tax/benefit position of married couples

Wage level (per cent of average wage)		100-0	100-67	100-100	100-67
Number of children		2	2	2	none
1.	**Gross wage earnings**	94 489	157 797	188 978	157 797
2.	**Standard tax allowances**				
	Basic allowance				
	Married or head of family	2 600	16 000	16 000	16 000
	Dependent children	13 000	13 000	13 000	0
	Deduction for social security contributions and income taxes	11 657	20 806	25 968	20 806
	Work-related expenses	2 653	2 653	2 653	2 653
	Other	4 900	4 900	4 900	3 500
	Total	34 811	57 359	62 521	42 959
3.	**Tax credits or cash transfers included in taxable income**	6 000	6 000	6 000	0
4.	**Central government taxable income (1 - 2 + 3)**	65 600	106 400	132 400	114 800
5.	**Central government income tax liability (exclusive of tax credits)**	592	2 318	4 144	2 823
6.	**Tax credits**				
	Basic credit				
	Married or head of family				
	Children	502	502	502	0
	Other				
	Total	502	502	502	0
7.	**Central government income tax finally paid (5-6)**	90	1 816	3 642	2 823
8.	**State and local taxes**	4 511	12 255	17 066	14 820
9.	**Employees' compulsory social security contributions**				
	Gross earnings	6 047	10 099	12 095	10 099
	Taxable income				
	Total	6 047	10 099	12 095	10 099
10.	**Total payments to general government (7 + 8 + 9)**	10 649	24 170	32 803	27 742
11.	**Cash transfers from general government**				
	For head of family				
	For two children	6 000	6 000	6 000	0
	Total	6 000	6 000	6 000	0
12.	**Take-home pay (1-10+11)**	89 841	139 627	162 175	130 055
13.	**Employer's compulsory social security contributions**	6 047	10 099	12 095	10 099
14.	**Average rates**				
	Income tax	4.9%	8.9%	11.0%	11.2%
	Employees' social security contributions	6.4%	6.4%	6.4%	6.4%
	Total payments less cash transfers	4.9%	11.5%	14.2%	17.6%
	Total tax wedge including employer's social security contributions	10.6%	16.8%	19.3%	22.5%
15.	**Marginal rates**				
	Total payments less cash transfers: Principal earner	19.8%	25.9%	30.2%	28.5%
	Total payments less cash transfers: Spouse	21.4%	26.5%	30.2%	29.2%
	Total tax wedge: Principal earner	24.6%	30.3%	34.4%	32.8%
	Total tax wedge: Spouse	26.1%	30.9%	34.4%	33.5%

The national currency is the Swiss franc (CHF). In 2021, CHF 0.91 equalled USD 1. The Secretariat has estimated that in that same year the average worker earned CHF 94 489 (Secretariat estimate).

Cantonal and communal income taxes are very substantial in relation to direct federal tax. Here, the canton and commune of Zurich have been selected as an example of the tax system of the 26 cantons. Local income tax is not deductible when calculating federal income tax.

1. Personal income tax systems

1.1. Income tax collected by the federal government (Confederation)

1.1.1. Tax unit

The income of spouses living together is taxed jointly, regardless of the property regime under which they were married. Income of children living under parental authority is added to the income of their custodian. Children's labour income is taxed separately and in some cases, as in Zurich, is exempt from tax.

1.1.2. Tax reliefs and tax credits

1.1.2.1. Standard reliefs for "postnumerando" taxation [i.e. annual taxation on the basis of actual earned income, assessed at the end of the year].

- Basic deduction
- There is a basic deduction of CHF 2 600 for married couples for direct federal tax.
- Deduction for children

A CHF 6 500 deduction is allowed for each child under 18 years of age; the deduction is allowed for older children if they are apprentices or still in school.

- Tax credit for children

A CHF 251 deduction from the tax liability is allowed for each child under 18 years, the deduction is allowed for older children if they are apprentices or still in school.

- Deductions for social insurance contributions and other taxes

Premiums for old age and disability insurance (5.3% of gross earned income) and for unemployment insurance (1.1% for income up to CHF 148 200, 0.5% for income over CHF 148 200) are deductible in full. Compulsory contributions of approximately 8.06% to private pension funds are also fully deductible. Health and life insurance premiums are deductible from federal income tax up to CHF 3 500 for married persons and CHF 1 700 for taxpayers who are widow(er)s, divorced or single (such premiums are not considered social contributions). These amounts are increased by CHF 700 for each dependent child.

- Work-related expenses

Taxpayers are allowed a deduction corresponding to 3% of net income (i.e. gross income less contributions for old age and disability insurance, unemployment insurance and work-related provident funds). This deduction may be no less than CHF 2 000 and no more than CHF 4 000.

- Deduction for two-income couples

50% of the smaller income can be deducted, but no less than CHF 8 100 and no more than CHF 13 400.

1.1.2.2. Main non-standard reliefs available to the average worker

- Interest payments on qualifying loans

This is the main non-standard relief available to the average worker. It is allowed for all sorts of loans.

- Medical expenses

Expenses incurred as a result of illness, accidents or disability of the taxpayer or one of its dependants are deductible if the taxpayer bears the expenses personally and they exceed 5% of his or her net income.

1.1.3. Tax base

Allowable deductions from gross income	Single taxpayer (CHF)	Married taxpayer, 2 children (CHF)
Work-related expenses[1]	2 000-4 000	2 000–4 000
Personal deduction	--	2 600
Deduction for 2 dependent children	--	13 000 (6 500*2)
Social contributions		
Old age insurance	5.3%	5.3%
Unemployment insurance	1.1%[2]	1.1%[2]
Pension fund	8.06%	8.06%
Maximum deductions for health insurance premiums and loan interest[3]	1 700 plus 700 per child	3 500 plus 700 per child
Deduction for two-income couples[4]		8 100–13 400

1. 3% of net income, minimum CHF 2 000, maximum CHF 4 000.
2. 1.1% of income up to CHF 148 200; 0.5% of income beyond CHF 148 200.
3. For the purposes of this publication, taxpayers are assumed to always receive the relevant maximum deduction.
4. 50% of smaller income, minimum the lower of CHF 8 100 or adjusted smaller income, maximum CHF 13 400.

In addition, for the married taxpayer with 2 children, there is a (non-refundable) tax credit for 2 dependent children amounting to CHF 502, thus reducing the tax liability by CHF 502.

1.1.4. Tax schedules

1.1.4.1. Rates for persons living alone

Taxable income (CHF)[1]	Base amount (CHF)	Plus % of excess (CHF)	
Up to 14 500	--	--	--
14 500 to 31 600[2]		0.77	14 500
31 600 to 41 400	131.65	0.88	31 600
41 400 to 55 200	217.90	2.64	41 400
55 200 to 72 500	582.20	2.97	55 200
72 500 to 78 100	1 096.00	5.94	72 500
778 100 to 103 600	1 428.60	6.60	78 100
103 600 to 134 600	3 111.60	8.80	103 600
134 600 to 176 000	5 839.60	11.00	134 600
176 000 to 755 200	10 393.60	13.20	176 000
Over 755 200[3]	--	11.5 of total income	

1. Fractions of less than CHF 100 are disregarded.
2. Tax y amounts of less than CHF 25 are not billed.
3. The calculation model disregards this part of the schedule.

1.1.4.2. Rates for spouses living together and for widowed, separated, divorced taxpayers or unmarried taxpayers living with their own children.

Taxable income (CHF)[1]	Base amount (CHF)	Plus % of the excess (CHF)	
Up to 28 300	--	--	--
28 300 to 50 900		1	28 300
50 900 to 58 400[2]	226	2	50 900
58 400 to 75 300	376	3	58 400
75 300 to 90 300	883	4	75 300
90 300 to 103 400	1 483	5	90 300
103 400 to 114 700	2 138	6	103 400
114 700 to 124 200	2 816	7	114 700
124 200 to 131 700	3 481	8	124 200
131 700 to 137 300	4 081	9	131 700
137 300 to 141 200	4 585	10	137 300
141 200 to 143 100	4 975	11	141 200
143 100 to 145 000	5 184	12	143 100
145 000 to 895 800	5 412	13	145 000
For 895 900	1 030 029		
Over 895 900[3]	--	11.5 of total income	

1. Fractions of less than CHF 100 are disregarded.
2. Tax amounts of less than CHF 25 are not billed.
3. The calculation model disregards this part of the schedule.

1.2. Taxes levied by decentralised authorities (Canton and commune of Zurich)

1.2.1. General description of the system

The system of cantonal and communal taxation has the same features as that of direct federal tax.

The tax base is comprised of income from all sources.

Once the basic amount of tax is set, cantons, communes and churches levy their taxes by applying a multiple, which may change from year to year. In 2012, for example, the canton applied a multiple of 1.0, the commune of Zurich 1.19 and the reformed church 0.10. The basic amount of tax is therefore multiplied by a total of 2.29. However, following the decision no longer to include church tax in Revenue Statistics, it is no longer included in the calculations for Taxing Wages. The basic amount of tax is therefore multiplied by a total of 2.19.

1.2.2. Tax base

Allowable deductions from gross income	Single taxpayer (CHF)	Married taxpayer, 2 children (CHF)
Work-related expenses[1]	2 000 – 4 000	2 000–4 000
Personal deduction	--	--
Deduction for 2 dependent children	--	18 000 (9 000*2)
Social contributions		
-- Old age insurance	5.3%	5.3%
-- Unemployment insurance	1.1%[2]	1.1%[2]
-- Pension fund	8.06%	8.06%
Maximum deductions for health insurance premiums and loan interest[3]	2 600 plus 1 300 per child	5 200 plus 1 300 per child
Deduction for two-income couples		5 900

1. 3% of net income, minimum CHF 2 000 CHF, maximum CHF 4 000.
2. 1.1% of income up to CHF 148 200; 0.5% of income beyond CHF 148 200.
3. For the purposes of this publication, taxpayers are assumed to always receive the relevant maximum deduction.

1.2.3. Postnumerando tax rates

Cantonal income tax (Zurich)

a) Basic income tax rates for married, divorced, widowed or single taxpayers living with children:

Taxable income (CHF)	Base amount (CHF)	Plus % of the excess (CHF)	
Up to 13 500	--	0	--
13 500 to 19 600	--	2	13 500
19 160 to 27 300	122	3	19 600
27 300 to 36 700	353	4	27 300
36 700 to 47 400	729	5	36 700
47 400 to 61 300	1 264	6	47 400
61 300 to 92 100	2 098	7	61 300
92 100 to 122 900	4 254	8	92 100
122 900 to 169 300	6 718	9	122 900
169 300 to 224 700	10 984	10	169 300
224 700 to 284 800	16 434	11	224 700
284 800 to 354 100	23 045	12	284 800
Over 354 100	31 361	13	354 100

b) Basic income tax rates for other taxpayers (single without children).

Taxable income (CHF)[1]	Base amount (CHF)	Plus % of the excess (CHF)	
Up to 6 700	--	0	--
6 700 to 11 400	--	2	6 700
11 400 to 16 100	94	3	11 400
16 100 to 23 700	235	4	16 100
23 700 to 33 000	539	5	23 700
33 000 to 43 700	1 004	6	33 000
43 700 to 56 100	1 646	7	43 700
56 100 to 73 000	2 514	8	56 100
73 000 to 105 500	3 866	9	73 000
105 500 to 137 700	6 791	10	105 500
137 700 to 188 700	10 011	11	137 700
188 700 to 254 900	15 621	12	188 700
Over 254 900	23 565	13	254 900

1. Fractions below CHF 100 are disregarded.

c) Annual multiple as a percentage of basic tax rates:

-- Canton of Zurich	100
-- Commune of Zurich	119
-- Roman Catholic church tax	10 (for info.)
-- Reformed Church tax	10 (for info.)

A personal tax of CHF 24 is added.

1.2.4. Tax rates used for this study

This study uses the rates of tax levied by the federal, cantonal and communal tax authorities.

2. Compulsory social security contributions to schemes operated within the government sector

2.1. Employee contributions

2.1.1. Retirement pensions

5.3% of gross income for old age insurance.

2.1.2. Health insurance

--

2.1.3. Unemployment

1.1% on the portion of income up to CHF 148 200; 0.5% for income over CHF 148 200.

2.1.4. Work-related accidents

--

2.1.5. Family allowances

--

2.1.6. Other

--

2.2. Employer contributions

2.2.1. Retirement pensions

5.3% of gross income for old age insurance.

2.2.2. Health insurance

--

2.2.3. Unemployment

1.1% on the portion of income up to CHF 148 200; 0.5% for income over CHF 148 200.

2.2.4. Work-related accidents

--

2.2.5. Family allowances

The employer pays a benefit for dependent children of an employee. The effective benefits paid depend on the Canton of residence and the respective employer. As of 1 January 2009, a new Swiss-wide minimum amount of CHF 2 400 (for children up to 16 years of age and CHF 3 000 for children in education between 16 and 25 years of age) has been established. In most cases, the benefit paid exceeds this minimum. The average family benefit is estimated to amount to CHF 3 000 per child per year.

This benefit is taxable along with other components of income.

The family allowance contributions are not included in the Taxing Wages results either as they are paid to a privately-managed fund. These contributions therefore qualify as non-tax compulsory payments (see also section 5.3).

2.2.6. Other

--

3. Universal cash benefits

3.1. Benefits linked to marital status

No such benefits are paid.

3.2. Benefits for dependent children

The employer pays a benefit of, on average, approximately CHF 3 000 per year for each dependent child of an employee. This benefit is taxable along with other components of income. See 2.25.

4. Main changes in the tax/benefit system since 1998

On 1 January 1999, the canton of Zurich switched from biennial praenumerando taxation to annual postnumerando taxation on individual income. As a result, the direct federal tax is based on annual postnumerando taxation as well.

As of 1 January 2008, the basic deduction for married couples and the deduction for two-income couples were introduced. These measures are intended to minimise the marriage penalty and to reduce the high taxation of secondary earners, thereby increasing labour force participation of skilled secondary earners.

As of 1 January 2012, the tax credit for children reduces the tax liability by CHF 251 per child.

4.1. Changes to labour taxation due to the COVID pandemic in 2020 and 2021

None.

5. Memorandum item

5.1. Identification of the average worker

The population includes men and women working in industry, arts and crafts. The stated income is for the average of workers in the same sector. The geographical scope is the entire country, whereas the amount of tax is computed in respect of the canton and commune of Zurich.

5.2. Method of calculation used

- Unemployment benefits: not included;

- Sick leave payments: not included;
- Paid leave allowances: included;
- Overtime: included;
- Periodic cash bonuses: included;
- Fringe benefits: not included;
- Basic method used for calculation: monthly wages are multiplied by 12;
- Close of the income tax year: 31 December;
- Reference period for computing wages: from 1 January to 31 December of the year in question.

5.3. Calculation of non-tax compulsory payments

Switzerland imposes some important non-tax compulsory payments (NTCPs). These NTPCs are not included in the Taxing Wages models except when they qualify as standard personal income tax reliefs. Compulsory payments indicators, which combine the effect of taxes and NTCPs, are calculated by the OECD Secretariat and presented in the OECD Tax Database (See: https://oe.cd/taxing-wages). Switzerland levies the following employee and/ or employer NTCPs:

- Contributions to the second pillar of the pension system (occupational pension funds): Occupational pension funds are mandatory for salaried persons earning at least CHF 21 330 annually. Old age insurance is based on individual savings. The savings assets accumulated by the insured person on his individual savings account over the years serve to finance the old age pension. The constituted capital is converted into an annual old age pension on the basis of a conversion factor. Contribution rates depend on the occupation and the pension fund. An estimated representative rate amounted to 8.06% for employees and 10.86% for employers in 2018.

- Health insurance is compulsory for all persons domiciled in Switzerland. Every family member is insured individually, regardless of age. Health insurance contributions are lump sum contributions per capita depending on age, sex, canton of residence and insurer. The national average rates for 2021 amount to CHF 5 826.00 for adults and CHF 1 383.60 for children per year. Health insurance premiums can be reduced depending on the contributor's income level and his family situation. Each canton has its own definition of the income thresholds and the reduction regime. The health insurance premium and reduction rates of the Canton of Zurich are used in the calculations.

- Family allowance: Employers have to make family allowance contributions. The contribution rates differ among cantons and family contribution funds. A representative rate has to be estimated, for 2020 it amounts to 1.2%.

- Accident insurance: Accident insurance is compulsory for every employee. Employees are automatically insured by their employer, whereas the employers are more or less automatically assigned to a particular insurance company depending on their branch of trade. The risk and associated costs of the respective business activity determines the insurance premiums. A representative rate would have to be estimated.

2021 Parameter values

Average earnings/yr	Ave_earn	94 489	Secretariat estimate
Tax allowances	fed_child_al	6 500	
Tax credit	fed_child_cred	251	
Partner Allowance	partner_rate_fed	0.5	
	partner_min_fed	8 100	
	partner_max_fed	13 400	
Basic deduction for married couples	Married_ded_fed	2 600	
Partner income local	partner_local	5 900	
Single parent	sing_par_al	0	
Workrelated	work_exp	0.03	
	work_exp_min	2 000	
	work_exp_max	4 000	
Allowances for local tax	local_basic	0	
	local_child	9 000	
Federal tax	IFD_min_s	-	
Single	IFD_sch_s	0	14 500
		0.0077	31 600
		0.0088	41 400
		0.0264	55 200
		0.0297	72 500
		0.0594	78 100
		0.066	103 600
		0.088	134 600
		0.11	176 000
		0.132	755 200
		0.115	
Married	IFD_min_m	-	
	IFD_sch_m	0	28 300
		0.01	50 900
		0.02	58 400
		0.03	75 300
		0.04	90 300
		0.05	103 400
		0.06	114 700
		0.07	124 200
		0.08	131 700
		0.09	137 300
		0.1	141 200
		0.11	143 100
		0.12	145 000
		0.13	895 900
		0.115	
Cantonal tax	Zurich_min	24	
Single	Zurich_sch_s	0	6 700
		0.02	11 400
		0.03	16 100
		0.04	23 700
		0.05	33 000
		0.06	43 700
		0.07	56 100
		0.08	73 000
		0.09	105 500

		0.1	137 700
		0.11	188 700
		0.12	254 900
		0.13	
Married	Zurich_sch_m	0	13 500
		0.02	19 600
		0.03	27 300
		0.04	36 700
		0.05	47 400
		0.06	61 300
		0.07	92 100
		0.08	122 900
		0.09	169 300
		0.1	224 700
		0.11	284 800
		0.12	354 100
		0.13	
Canton and Commune Tax Mutiple	statetax_mult	2.19	
Social security contributions	old_age	0.053	
Pension	pension_rate	0	
Pillar 2 pension	NTCP_old_age_max	28 440	
	NTCP_pension_ee	0.0806	
Unemployment	unemp_rate	0.011	
	unemp_rate2	0.005	
income ceiling	unemp_ciel	148 200	
Cantonal deductible limit	local_dedn	2 600	
deductible extra for child	local_dedn_c	1 300	
Max other insurance deduction			
single	max_dedn_s	1 700	
married couples	max_dedn_m	3 500	
child	max_dedn_c	700	
Child cash transfer	child_ben	3 000	

2021 Tax equations

The equations for the Swiss system in 2021 are mostly calculated on a family basis.

Variable names are defined in the table of parameters above, within the equations table, or are the standard variables "married" and "children". A reference to a variable with the affix "_total" indicates the sum of the relevant variable values for the principal and spouse. And the affixes "_princ" and "_spouse" indicate the value for the principal and spouse, respectively. Equations for a single person are as shown for the principal, with "_spouse" values taken as 0.

	Line in country table and intermediate steps	Variable name	Range	Equation
1.	Earnings	earn		
2.	Allowances:	partner_al	J	IF(earn_spouse-work_al_spouse-SSC_spouse>partner_min_fed,(Married*MAX(partner_min_fed,MIN(partner_max_fed,partner_rate_fed*(earn_spouse-work_al_spouse-SSC_spouse)))),earn_spouse-work_al_spouse-SSC_spouse)+Married*Married_ded_fed
	Children	children_al	J	Children*fed_child_al+ (Children>0)*(Married=0)*sing_par_al
	Soc sec contributions	SSC_al	B	SSC + NTCP_pension_ee*IF(earn_princ>0.75*NTCP_old_age_max,MAX(0.125*NTCP_old_age_max,earn_princ-0.875*NTCP_old_age_max),0)+NTCP_pension_ee*IF(earn_spouse>0.75*NTCP_old_age_max,MAX(0.125*NTCP_old_age_max,earn_spouse-0.875*NTCP_old_age_max),0)
	Work related	work_al	B	IF(earn-SSC>work_exp_min,MAX(work_exp_min,MIN(work_exp_max,work_exp*(earn-SSC))),earn-SSC)
	Other	oth_al	J	IF(Married,IF(Children>0,max_dedn_m+Children*fed_dedn_c,max_dedn_m),IF(Children>0,max_dedn_s+Children*fed_dedn_c,max_dedn_s))
	Total	tax_al	J	partner_al+children_al+SSC_al+work_al+oth_al
3.	Credits in taxable income	taxbl_cr	J	Cash_tran
4.	CG taxable income	tax_inc	J	positive(earn_total-tax_al+taxbl_cr)
5.	CG tax before credits	CG_tax_excl	J	IF(Married+Children='0,' Tax(tax_inc, IFD_sch_s)+IFD_min_s*(Tax(tax_inc, IFD_sch_s)>0), Tax(tax_inc, IFD_sch_m)+IFD_min_m*(Tax(tax_inc, IFD_sch_m)>0))
6.	Tax credits :	Children_cred	J	Child_cred*Children
7.	CG tax	CG_tax	J	Positive(CG_tax_excl- Children_cred)
8.	State and local taxes	local_tax_inc	J	MAX(earn_total+taxbl_cr-local_basic*(1+Married)-Children*local_child-work_al_total-SSC_total-(local_dedn*(1+Married)+Children*local_dedn_c)-(earn_spouse>0)*partner_local,0)
		local_tax		IF((Married+Children)>0, Tax(local_tax_inc, Zurich_sch_m)*statetax_mult+(1+Married)*Zurich_min*(Tax(local_tax_inc, Zurich_sch_m)>0), Tax(local_tax_inc, Zurich_sch_s)*statetax_mult+(Tax(local_tax_inc, Zurich_sch_s)>0)*Zurich_min)
9.	Employees' soc security	SSC	B	(old_age)*earn+IF(earn<=unemp_ciel,earn*unemp_rate,unemp_ciel*unemp_rate+(earn-unemp_ciel)*unemp_rate2)
11.	Cash transfers	Cash_tran	J	Children*child_ben
13.	Employer's soc security	SSC_empr	B	SSC

Key to range of equation B calculated separately for both principal earner and spouse P calculated for principal only (value taken as 0 for spouse calculation) J calculated once only on a joint basis.

Turkey

This chapter includes data on the income taxes paid by workers, their social security contributions, the family benefits they receive in the form of cash transfers as well as the social security contributions and payroll taxes paid by their employers. Results reported include the marginal and average tax burden for eight different family types.

Methodological information is available for personal income tax systems, compulsory social security contributions to schemes operated within the government sector, universal cash transfers as well as recent changes in the tax/benefit system. The methodology also includes the parameter values and tax equations underlying the data.

Turkey 2021

The tax/benefit position of single persons

Wage level (per cent of average wage)		67	100	167	67
Number of children		none	none	none	2
1.	**Gross wage earnings**	58 415	87 187	145 602	58 415
2.	**Standard tax allowances**				
	Basic allowance	0	0	0	0
	Married or head of family				
	Dependent children				
	Deduction for social security contributions and income taxes	8 762	13 078	21 840	8 762
	Work-related expenses				
	Other				
	Total	8 762	13 078	21 840	8 762
3.	**Tax credits or cash transfers included in taxable income**	0	0	0	0
4.	**Central government taxable income (1 - 2 + 3)**	49 653	74 109	123 762	49 653
5.	**Central government income tax liability (exclusive of tax credits)**	8 731	15 099	28 506	8 731
	Stamp tax	443	662	1 105	443
	Total	9 174	15 761	29 611	9 174
6.	**Tax credits**				
	Basic credit	3 220	3 220	3 220	4 186
	Married or head of family				
	Children				
	Other				
	Total	3 220	3 220	3 220	4 186
7.	**Central government income tax finally paid (5-6)**	5 954	12 541	26 391	4 988
8.	**State and local taxes**	0	0	0	0
9.	**Employees' compulsory social security contributions**				
	Gross earnings	8 762	13 078	21 840	8 762
	Taxable income				
	Total	8 762	13 078	21 840	8 762
10.	**Total payments to general government (7 + 8 + 9)**	14 716	25 619	48 231	13 751
11.	**Cash transfers from general government**				
	For head of family				
	For two children	0	0	0	0
	Total	0	0	0	0
12.	**Take-home pay (1-10+11)**	43 699	61 567	97 371	44 665
13.	**Employer's compulsory social security contributions**	10 223	15 258	25 480	10 223
14.	**Average rates**				
	Income tax	10.2%	14.4%	18.1%	8.5%
	Employees' social security contributions	15.0%	15.0%	15.0%	15.0%
	Total payments less cash transfers	25.2%	29.4%	33.1%	23.5%
	Total tax wedge including employer's social security contributions	36.3%	39.9%	43.1%	34.9%
15.	**Marginal rates**				
	Total payments less cash transfers: Principal earner	32.8%	38.7%	38.7%	32.8%
	Total payments less cash transfers: Spouse	n.a.	n.a.	n.a.	n.a.
	Total tax wedge: Principal earner	42.8%	47.8%	47.8%	42.8%
	Total tax wedge: Spouse	n.a.	n.a.	n.a.	n.a.

Turkey 2021

The tax/benefit position of married couples

Wage level (per cent of average wage)		100-0	100-67	100-100	100-67
Number of children		2	2	2	none
1.	**Gross wage earnings**	87 187	145 602	174 373	145 602
2.	**Standard tax allowances**				
	Basic allowance	0	0	0	0
	Married or head of family				
	Dependent children				
	Deduction for social security contributions and income taxes	13 078	21 840	26 156	21 840
	Work-related expenses				
	Other				
	Total	13 078	21 840	26 156	21 840
3.	**Tax credits or cash transfers included in taxable income**	0	0	0	0
4.	**Central government taxable income (1 - 2 + 3)**	74 109	123 762	148 217	123 762
5.	**Central government income tax liability (exclusive of tax credits)**	15 099	23 830	30 199	23 830
	Stamp tax	662	662	662	662
	Total	15 761	24 492	30 860	24 492
6.	**Tax credits**				
	Basic credit	4 830	7 405	7 405	6 440
	Married or head of family				
	Children				
	Other				
	Total	4 830	7 405	7 405	6 440
7.	**Central government income tax finally paid (5-6)**	10 931	17 530	24 117	18 496
8.	**State and local taxes**	0	0	0	0
9.	**Employees' compulsory social security contributions**				
	Gross earnings	13 078	21 840	26 156	21 840
	Taxable income				
	Total	13 078	21 840	26 156	21 840
10.	**Total payments to general government (7 + 8 + 9)**	24 009	39 370	50 273	40 336
11.	**Cash transfers from general government**				
	For head of family				
	For two children	0	0	0	0
	Total	0	0	0	0
12.	**Take-home pay (1-10+11)**	63 177	106 232	124 101	105 266
13.	**Employer's compulsory social security contributions**	15 258	25 480	30 515	25 480
14.	**Average rates**				
	Income tax	12.5%	12.0%	13.8%	12.7%
	Employees' social security contributions	15.0%	15.0%	15.0%	15.0%
	Total payments less cash transfers	27.5%	27.0%	28.8%	27.7%
	Total tax wedge including employer's social security contributions	38.3%	37.9%	39.4%	38.5%
15.	**Marginal rates**				
	Total payments less cash transfers: Principal earner	38.7%	38.7%	38.7%	38.7%
	Total payments less cash transfers: Spouse	25.2%	32.8%	38.7%	32.8%
	Total tax wedge: Principal earner	47.8%	47.8%	47.8%	47.8%
	Total tax wedge: Spouse	36.3%	42.8%	47.8%	42.8%

The national currency unit is the "Türk Lirası" (TL). In 2021, TL 8.46 were equal to USD 1. In that year, the average worker earned TL 87 187 (Country estimate).

Personal Income Tax Systems

Central government income tax

Tax unit

Spouses are taxed separately on earned income. This rule has been applied since 1 January 1999.

Tax allowances and tax credits

1.1.2.1. Standard reliefs:

- Reliefs for social security contributions: Employee's social security contributions are deductible from gross earnings. These contributions are 15% of gross income as stated by the Social Insurance Act. The contribution to the unemployment fund is included in this amount and equals 1% of gross income.
- Contributions to public pension funds established by law are deductible.
- Work related expenses: None.
- Minimum Living Relief: The calculation of the minimum living allowance is based on the annual gross amount of the minimum wage for employees older than 16 at the beginning of the calendar year in which the income is obtained, multiplied by the following rates:
  - 50% for the taxpayer him or herself;
  - 10% for the spouse who neither works nor has an income;
  - 7.5% for each of the first two children;
  - 10% for third child;
  - 5% for each additional child.

This total amount is then multiplied by the rate (15%) which is applied to the first income bracket of PIT Schedule stated in Article 103 of PIT Law, and then minimum living relief is calculated by offsetting 1/12 of the allowance amount against monthly calculated tax due on employment income. Any excess is non-refundable.

According to Article 6 of Law No: 7103 (dated: 21.03.2018) when the net wages of minimum wage earners fall below the amount determined for the month of January of the current year because of moving into the second tax bracket (rate: 20%), minimum living relief will be increased by the same amount for the months when the net wage falls below net minimum wage determined for the month of January.

1.1.2.2. Main non-standard tax reliefs applicable to an AW

- Reliefs for disabled: Article 31 of PIT Law (implemented in 01.01.2004 by the law 4842) regulates tax relief for disabled persons. The employee who lost his/her working capacity with at least 80% is considered to be disabled in the 1st degree; employees are disabled in the 2nd respectively 3rd degree if they lost their working capacity with at least 60% respectively 40%. In these cases, the following amounts are deductible from monthly wages:
  - Disabled in the 1st degree: TL 1 500
  - Disabled in the 2nd degree: TL 860

- Disabled in the 3rd degree: TL 380
- Disabled in the 3rd degree: TL 380
- Legal deductions for public institutions such as OYAK (Social Aid Institution for Military Officers).
- 50% of the premiums paid by the wage-earner for life insurance policies which belong to himself (or herself), the spouse and dependent children and all of the premiums paid by the wage- earner for personal insurance policies including death, accident, health, illness, disablement, unemployment, maturity, birth, education, etc. provided that the insurance is contracted with a company establishment in or with a main office in Turkey. (The total amount of deductible premiums cannot exceed 15% of the wage that is earned in the current month. The annual amount cannot exceed the annual minimum wage.
- Membership payments made to labour unions.

Tax schedule

The tax schedule in 2021 is as follows:

Taxable income (TL)	Tax on lower threshold (TL)	Tax on excess amount above lower threshold (%)
Up to 24 000		15
24 000 up to 53 000	3 600	20
53 000 up to 190 000	9 400	27
190 000 up to 650 000	46 390	35
Over 650 000	207 390	40

State and local income taxes

Income tax is levied only by the central government.

Stamp tax

The stamp tax base is gross earnings. The tax rate is 0.759% in 2021

Compulsory Social Security Contributions to Schemes Operated within the Government Sector

Employees' contributions

Pensions (disability, old age and death insurance): 9%

Sickness: 5%

Unemployment: 1%

Employers' contributions

Pensions (disability, old age and death insurance): 11%

Sickness: 7.5%

Unemployment: 2%

Pensions (for short term insurance branches): 2%

In order to increase employment and reduce regional imbalances in Turkey; various incentives policies have been implemented by state, by laws 4447, 4857, 5084, 5225, 5510, 5746, 6111, 6486 by Council of Minister's Decree of 2012/3305 (Unemployment Law No: 4447, Labour Law No: 4857, Investment and Employment Promotion Law No: 5084, Investment Incentives and The Law of Cultural Initiatives Law No: 5225, Social Security General Health Insurance Law No: 5510, Promotion Research and Development Activities Law No: 5746, Law On The Restricting Of Certain Receivables and Amendment To The Law Of Social Insurance and General Health Insurance and Certain Other Laws And Decree Laws No: 6111, Amendment To The Law Of Social Insurance and General Health Insurance and Certain Other Laws No: 6486, Council of Minister's Decree No: 2012/3305 on Government Subsidies for Investments, Law On Amendments To Tax Laws And Certain Other Laws And Decrees: 7103).

One of the various incentives is reduction of premiums. If disability, old age and death insurance premiums paid regularly by employers as stated law 5510 article of 81 (Social Security and General Health Insurance Law), 5% of total 11% premiums are paid by state on behalf of employers. (5% discount applied in employers share). In addition to 5% discount, 6% discount is implemented from 2013 in the working places located in 51 provinces, Gökçeada and Bozcaada determined by taking into account the social-development index.

With law no: 7103 (dated: 21.03.2018) Provisional Article 19 has been added to Unemployment Law (Law no: 4447). Additional employment incentive is being implemented in order to increase the employment rate. This incentive's objective group consists of unemployed persons who have no more than 10 insured days in last three months.

The support will be applied until December 2022 and benefiting period for each employee, consists of 12 months (if the insured is disabled, or if the insured is woman older than 18 years old or man between 18-25 years old, it is 18 months).

In 2021, the incentive provides SSC support up to TL 3577.5 (for employees with gross wages of TL 9 540) and income and stamp tax support of TL 215 for every additional employee in establishments operating in the manufacturing or information technologies sectors. For other sectors; the support is TL 1 341 56 for SSC premiums (regardless of the gross wage, the amount of support to be given cannot exceed this amount), and TL 215 for income and stamp tax (TL 1 556.53 in total).

The Provisional Article 85 is added to Law No 5510 by the Law No 7333/16 issued in the Official Gazette on 28 July 2021. For employees whose daily gross earnings are below TL147 (TL 294 in workplaces with collective bargaining agreements) TL 75 (TL 2.5 per day) of Employers SSC will be covered by Government in 2021.

For employees whose gross earnings are below the base or above ceiling earnings, which are determined once in a year, these contribution rates are applied to the base or ceiling amounts respectively. In 2021, the base amount is approximately TL 42 930 and the ceiling amount is approximately TL 321 975. Under the Law No. 5510 (Social Security and General Health Insurance Law), the base wage for social security contributions is equal to the minimum wage. Because employees cannot be less than the minimum wage, the base wage is not considered in this publication. However, the ceiling earnings are considered for the purposes of this Report.

With law no:7252 (dated: 28.07.2020) Insured persons working in the private sector workplaces who benefited from short – time working allowance before 1/7/2020; In case short time working in the work place ends and normal weekly working hours proceed in the same workplace, full amount of employee's and employer's premium shares calculated over minimum wage is covered by the Fund for three months beginning from the month following the end of short working on condition that it does not exceed 30/06/2021.

Universal Cash Transfers

Employees obtain universal cash transfers according to the collective labour agreements that are signed between their employer and the labour union(s). These agreements vary with the bargaining power of the different parties in the different sectors in the economy. This explains why there is no standard amount reflecting these general transfers.

Main Changes in Tax/Benefit System Since 2004

Personal Income Tax Law (No: 193) which is about income tax, Social Security and General Health Insurance Law (No: 5510) which is about social security contributions and Unemployment Insurance Law (No: 4447) which is about unemployment insurance fund are the main laws about tax/benefit system.

The main changes have been made to the following laws 5615, 6009, 6327 and 6645 which are as follows:

- According to Act No: 5615, the new application "Minimum Living Relief" began to be implemented. (See the section 1.1.2).
- According to Act No: 6009, the taxation of the wages are differentiated than the taxation of the other taxable revenue resources like trading income, income from immovable property or income from investments. By this way, it is ensured that wages (comparative to other income items) are later entered into the 3rd bracket on the income tax schedule.
- According to Act No: 6327, (published in the Official Gazette issue 28338 on 29 June 2012) there are important amendments in the Private Pension System Regulations. According to this law, any citizen of the Republic of Turkey will have the right for state subsidy for his/her paid contributions to the Private Pension Account. The contribution upper limit to favour this incentive is the annual amount of minimum wage 25% of this amount shall be transferred to the account of the insured party as a state subsidy. The state subsidy shall be earned in proportion to the amount of time within the system.
- According to Act No: 6645, "Minimum Living Relief" rate is changed from 5% to 10% which is used for third child's rate.

Changes to labour taxation due to the COVID pandemic in 2020 and 2021

Due to force majeure, the wage withholding payments of the sectors determined in the tax procedure law notification No.518 dated March 24, 2020 for April, May and June have been postponed to October, November and December.

Memorandum Items

Identification of an AW

Weighted mean, by the number of employees, of the monthly average wage[1] information obtained from 'Structure of Earnings Survey, 2010', published by TURKSTAT, according to NACE Rev.2 classification for B-N sections is calculated[2] and B-N aggregated data is gained. (The annual average wage data is calculated by multiplying the monthly average wage values by 12).

The data from 2011-2017 is reached by using 2010=100 base year 'Hourly Earnings Index' and 2010 annual average wage data.

The data from 2018-2021 is reached by using 2015=100 base year 'Hourly Earnings Index' and 2015 annual average wage data.

Contribution to private pension and health schemes

Business enterprises (employers) are permitted to make additional contributions for pension savings of their employees. However, these amounts of additional premiums are limited by main tax laws. Such additional pension arrangements, which are optional, are not widely used.

2021 Parameter values

Average earnings/yr.	Ave_earn	87 187	Country estimate
Income tax	Tax_sch	0 .15	24 000
		0 .20	53 000
		0 .27	190 000
		0 .35	650 000
		0 .40	
Stamp tax	Stamp_rate	0 .00759	
Employees SSC	SSC_rate	0 .15	
	SSC_ceil	321 975	
	SSC_support	900	
	SSC_supp_lim	52 920	
Employers SSC	SSC_empr	0 .175	
Minimum living relief			
	credit_rate	0 .15	
	basic_allow	0 .5	
	spouse_allow	0 .1	
	child_allow	0 .075	
	third_child_allow	0 .1	
	add_child_allow	0 .05	
	min_wage	42 930	

2021 Tax equations

The equations for the Turkish system are on an individual basis.

The functions which are used in the equations (Taper, MIN, Tax etc) are described in the technical note about tax equations. Variable names are defined in the table of parameters above, within the equations table, or are the standard variables "married" and "children". A reference to a variable with the affix "_total" indicates the sum of the relevant variable values for the principal and spouse. And the affixes "_princ" and "_spouse" indicate the value for the principal and spouse, respectively. Equations for a single person are as shown for the principal, with "_spouse" values taken as 0.

	Line in country table and intermediate steps	Variable name	Range	Equation
1.	Earnings	earn		
2.	Allowances:	tax_al	B	SSC
3.	Credits in taxable income	taxbl_cr	B	0
4.	CG taxable income	tax_inc	B	Positive(earn-tax_al)
	Stamp tax	stamp_tax	B	earn*stamp_rate
5.	CG tax before credits	CG_tax_excl	B	Tax(tax_inc,tax_sch)
6.	Tax credits :	tax_cr	P	=credit_rate*min_wage*(basic_allow+spouse_allow*(IF(Wife=0;Married;0))+ IF(OR(Children=1;Children=2); Children*child_allow;0)+IF(Children='3;(2*child_allow)' +(Children-2)*third_child_allow;0)+IF(Children>3;(2*child_allow) +(1*third_child_allow)+(1*add_child_allow);0))+IF(AND(earn<=min_wage;tax_inc>1st_inc_tax_thrsld);(tax_inc-1st_inc_tax_thrsld)*(2nd_inc_tax_rate-1st_inc_tax_rate);0)
			S	IF(spouse_earn>0,credit_rate*min_wage*basic_allow,0)
7.	CG tax	CG_tax	B	positive(CG_tax_excl-tax_cr)+stamp_tax
8.	State and local taxes	local_tax	B	0
9.	Employees' soc security	SSC	B	Min(earn,SSC_ceil)*SSC_rate
11.	Cash transfers	cash_trans	B	0
13.	Employer's soc security	SSC_empr	B	Positive(Min(earn,SSC_ceil)*SSC_empr-IF(earn<SSC_supp_lim,SSC_support,0))

Key to range of equation B calculated separately for both principal earner and spouse P calculated for principal only (value taken as 0 for spouse calculation) J calculated once only on a joint basis.

Notes

[1] Monthly wage: Include the sum of monthly basic wages, over time payments, payments for shift work/night work and other regular payments paid to employees in November 2010 by employers.

[2] The average wage amount from 2010 is calculated as a result of a joint working performed by authorities from TURKSTAT and Ministry of Finance.

United Kingdom
(2021-2022 Income tax year)

This chapter includes data on the income taxes paid by workers, their social security contributions, the family benefits they receive in the form of cash transfers as well as the social security contributions and payroll taxes paid by their employers. Results reported include the marginal and average tax burden for eight different family types.

Methodological information is available for personal income tax systems, compulsory social security contributions to schemes operated within the government sector, universal cash transfers as well as recent changes in the tax/benefit system. The methodology also includes the parameter values and tax equations underlying the data.

United Kingdom 2021

The tax/benefit position of single persons

	Wage level (per cent of average wage)		67	100	167	67
	Number of children		none	none	none	2
1.	**Gross wage earnings**		29 465	43 978	73 443	29 465
2.	**Standard tax allowances**					
	Basic allowance		12 570	12 570	12 570	12 570
	Married or head of family					
	Dependent children					
	Deduction for social security contributions and income taxes					
	Work-related expenses					
	Other					
		Total	12 570	12 570	12 570	12 570
3.	**Tax credits or cash transfers included in taxable income**		0	0	0	0
4.	**Central government taxable income (1 - 2 + 3)**		16 895	31 408	60 873	16 895
5.	**Central government income tax liability (exclusive of tax credits)**		3 379	6 282	16 809	3 379
6.	**Tax credits**					
	Basic credit					
	Married or head of family					
	Children		0	0	0	0
	Other					
		Total	0	0	0	0
7.	**Central government income tax finally paid (5-6)**		3 379	6 282	16 809	3 379
8.	**State and local taxes**		0	0	0	0
9.	**Employees' compulsory social security contributions**					
	Gross earnings		2 388	4 129	5 348	2 388
	Taxable income					
		Total	2 388	4 129	5 348	2 388
10.	**Total payments to general government (7 + 8 + 9)**		5 767	10 411	22 157	5 767
11.	**Cash transfers from general government**					
	For head of family					
	For two children		0	0	0	1 833
		Total	0	0	0	1 833
12.	**Take-home pay (1-10+11)**		23 698	33 567	51 286	25 531
13.	**Employer's compulsory social security contributions**		2 846	4 849	8 915	2 846
14.	**Average rates**					
	Income tax		11.5%	14.3%	22.9%	11.5%
	Employees' social security contributions		8.1%	9.4%	7.3%	8.1%
	Total payments less cash transfers		19.6%	23.7%	30.2%	13.4%
	Total tax wedge including employer's social security contributions		26.7%	31.3%	37.7%	21.0%
15.	**Marginal rates**					
	Total payments less cash transfers: Principal earner		32.0%	32.0%	42.0%	32.0%
	Total payments less cash transfers: Spouse		n.a.	n.a.	n.a.	n.a.
	Total tax wedge: Principal earner		40.2%	40.2%	49.0%	40.2%
	Total tax wedge: Spouse		n.a.	n.a.	n.a.	n.a.

United Kingdom 2021

The tax/benefit position of married couples

	Wage level (per cent of average wage)		100-0	100-67	100-100	100-67
	Number of children		2	2	2	none
1.	**Gross wage earnings**		43 978	73 443	87 955	73 443
2.	**Standard tax allowances**					
	Basic allowance		13 830	25 140	25 140	25 140
	Married or head of family					
	Dependent children					
	Deduction for social security contributions and income taxes					
	Work-related expenses					
	Other					
		Total	13 830	25 140	25 140	25 140
3.	**Tax credits or cash transfers included in taxable income**		0	0	0	0
4.	**Central government taxable income (1 - 2 + 3)**		30 148	48 303	62 815	48 303
5.	**Central government income tax liability (exclusive of tax credits)**		6 030	9 661	12 563	9 661
6.	**Tax credits**					
	Basic credit					
	Married or head of family					
	Children		0	0	0	0
	Other					
		Total	0	0	0	0
7.	**Central government income tax finally paid (5-6)**		6 030	9 661	12 563	9 661
8.	**State and local taxes**		0	0	0	0
9.	**Employees' compulsory social security contributions**					
	Gross earnings		4 129	6 517	8 258	6 517
	Taxable income					
		Total	4 129	6 517	8 258	6 517
10.	**Total payments to general government (7 + 8 + 9)**		10 159	16 177	20 821	16 177
11.	**Cash transfers from general government**					
	For head of family					
	For two children		1 833	1 833	1 833	0
		Total	1 833	1 833	1 833	0
12.	**Take-home pay (1-10+11)**		35 652	59 098	68 967	57 265
13.	**Employer's compulsory social security contributions**		4 849	7 695	9 698	7 695
14.	**Average rates**					
	Income tax		13.7%	13.2%	14.3%	13.2%
	Employees' social security contributions		9.4%	8.9%	9.4%	8.9%
	Total payments less cash transfers		18.9%	19.5%	21.6%	22.0%
	Total tax wedge including employer's social security contributions		27.0%	27.2%	29.4%	29.4%
15.	**Marginal rates**					
	Total payments less cash transfers: Principal earner		32.0%	32.0%	32.0%	32.0%
	Total payments less cash transfers: Spouse		20.4%	32.0%	32.0%	32.0%
	Total tax wedge: Principal earner		40.2%	40.2%	40.2%	40.2%
	Total tax wedge: Spouse		27.4%	40.2%	40.2%	40.2%

The national currency is the Pound Sterling (GBP). In 2021, GBP 0.73 was equal to USD 1. In 2021-2022, the Average Worker is estimated to earn GBP 43 978 (Secretariat estimate).

Personal Income Tax System

Central government income taxes

Tax unit

The tax unit is the individual, but certain reliefs depend on family circumstances (see Section 1.1.2.1.).

Tax allowances and tax credits

All figures shown are those applying at the start of the tax year in April.

1.1.2.1. Standard reliefs

- Basic reliefs: A personal allowance of GBP 12 570 is granted to each individual with income below GBP 100 000. The personal allowance is then tapered away by GBP 1 for every GBP 2 of income above GBP 100 000.
- Standard marital status reliefs: Marriage Allowance – Allows the transfer of 10% of an individual's personal allowance to their husband, wife or civil partner. The allowance is restricted to couples where the higher earner is a basic rate taxpayer and is only beneficial if the lower earner owes below the personal allowance. The allowance has to be claimed and is given only to those who meet the eligibility criteria.
- Universal Credit (UC): a payment (treated as a non-wastable tax credit for this analysis) available to low income families with or without children which is gradually replacing a number of benefits and tax credits (including Working and Child Tax Credit). The maximum amount depends on the age of the claimant(s), whether they are single or in a couple, the number of children, whether claimant(s) have a disability or health condition that limits their capability for work, if claimant(s) have disabled children, whether the claimant(s) are carers, and childcare and housing costs. A couple where one is aged over 25 with a child born prior to 6 April 2017 would receive a maximum monthly amount of GBP 792.41 or GBP 9 508.92 per year, assuming no other elements are payable. UC is reduced by 63 pence for each GBP of earnings (net of income tax and employee social security contributions) above a threshold (or "work allowance") of GBP 515 per month/GBP 6 180 per year; a different threshold of GBP 293 per month is applied if the claimant has housing costs. Claimant(s) receive a work allowance if they have limited capability for work or have children. UC may also be reduced by other income the claimant may have. There are further rules around the amount of savings held by claimants, and for some claimants the total amount payable is subject to a cap. As a continued response to the COVID-19 pandemic, for the first six months of the tax year (April to September 2021) the standard allowance for UC is temporarily increased by GBP 86.67 per month.
- Relief for social security contributions and other taxes: None.

1.1.2.2. Main non-standard tax reliefs applicable to an AW.

- Work-related expenses: Flat rate expenses for tools and special clothing are allowed to certain occupational categories. Since this provision is not applicable to all manufacturing occupations; and hence average workers, and because the rates vary slightly across categories, this relief is considered here as non-standard;

- Contributions to approved superannuation schemes or personal pension schemes are deducted when calculating taxable income. Premiums on approved life assurance policies payable to life assurance companies attract 12.5% tax relief for policies entered into force before 13 March 1984.

Tax schedule

In 2021-22 all taxpayers are liable on taxable income other than savings and dividend income at the basic rate of 20% on the first GBP 37 700, 40% over the basic rate limit of GBP 37 700 and 45% over the higher rate limit of GBP 150 000. (Taxable Income is defined as gross income for income tax purposes less allowances and reliefs available at the marginal rate.) Dividend income is charged at 7.5% up to the basic rate limit of GBP 37 700, 32.5% above GBP 37 500 and 38.1% above GBP 150 000. The Dividend Allowance is GBP 2 000 in 2021-22, meaning that dividend taxpayers will not have to pay tax on the first GBP 2 000 of their dividend income, no matter what non-dividend income they have. Savings income is charged at 0% up to the starting rate limit on the first GBP 5 000, at 20% up to GBP 37 700, 40% above GBP 37 700 and 45% above GBP 150 000. From 2016-17, a new Personal Savings Allowance was introduced giving GBP 1 000 of savings income tax free for taxpayers with total income below the basic rate limit or GBP 500 for those with total income below the higher rate limit.

Taxable income (GBP)	Rate %
0–37 700	20
37 700–150 000	40
Over 150 000	45

State and local income tax

From 2018-19 the Scottish Government has introduced a starter rate band for non-savings non-dividend income of Scottish taxpayers. In 2021-22, the starter rate band applied from GBP 12 500 to GBP 14 667. The basic rate band for non-savings non-dividend income is set from GBP 14 667 to GBP 25 296. The Scottish Government has an intermediate rate band for non-savings non-dividend income of Scottish taxpayers from GBP 25 296 to GBP 43 662. The higher rate band for non-savings non-dividend income of Scottish taxpayers in 2021-22 is from GBP 43 662 to GBP 150 000. In 2021-22 all Scottish taxpayers are liable on taxable income other than savings and dividend income at the starter rate of 19% on the first GBP 2 097, 20% over the starter rate limit of GBP 2 097, 21% over the basic rate limit of GBP 12 726, 41% over the intermediate rate limit of GBP 31 092 and 46% over the higher rate limit of GBP 150 000. (Taxable Income is defined as gross income for income tax purposes less allowances and reliefs available at the marginal rate.)

Compulsory Social Security Contributions to Schemes Operated Within the Government Sector

Employees' contributions

National Insurance contributions are payable by employees earning more than GBP 184 in any week. These are 12% of earnings between GBP 184 and GBP 967 and 2% of earnings above GBP 967. Depending on eligibility, members of the National Insurance scheme qualify for pensions, sickness, industrial injury, unemployment benefits, etc. All employees earning under GBP 184 per week have no National Insurance contribution liability but a notional contribution will be deemed to have been paid in respect of earnings between GBP 120 and GBP 184 to protect benefit entitlement.

Employers' contributions

Employer's contributions are not payable for employees earning less than GBP 170 per week. The rate of employers' contributions for employees is 13.8% of earnings above GBP 170 per week.

The apprenticeship levy was introduced in April 2017. The apprenticeship levy is charged at a rate of 0.5% on the gross pay bill of employers. Employers will receive an allowance of GBP 15 000 per year to offset against the levy meaning that only employers with a gross pay bill of over GBP 3m will end up paying the levy. Due to the fact that the apprenticeship levy does not apply to all employers, it is not included in the Taxing Wages calculations

Universal Cash Transfers

Transfers related to marital status

None (widows' benefit is covered by the government pensions scheme noted above).

Transfers for dependent children

A child benefit of GBP 21.15 per week is paid in respect of the first child in the family up to the age of 19 (if the child aged 16-19 is in education or training) with GBP 14.00 per week paid for each subsequent child.

Since January 2013, a tax charge has applied for any taxpayer who has income over GBP 50 000 and either they or their partner are in receipt of Child Benefit. For those with adjusted net income (ANI, pre-tax income less certain allowances) between GBP 50 000 and GBP 60 000, the amount of the charge will be 1% of the Child Benefit for every GBP 100 of income over GBP 50 000. For those with income over GBP 60 000, the amount of the charge will equal the amount of Child Benefit. Child Benefit recipients can opt out of receiving payments as an alternative to paying the charge. Where both adults are over the threshold, the liability falls on the adult with the highest ANI.

Recent changes in the tax/benefit system

Changes to labour taxation due to the COVID pandemic in 2020 and 2021

As a continued response to the COVID-19 pandemic, for the first six months of the tax year (April to September 2021) the standard allowance for UC is temporarily increased by GBP 86.67 per month.

Coronavirus Job Retention Scheme: The Coronavirus Job Retention Scheme enables employers to claim a taxable grant covering up to 80% of the wages for furloughed employees (capped at GBP 2 500 a month per employee). The initial scheme applied from March to July 2020 and was open to all employers. The Coronavirus Job Retention Scheme has since been extended four times, with the latest extension until 30 September 2021.

Self-Employment Income Support Scheme - initial two grants: The Self-Employment Income Support Scheme provided taxable grants to self-employed people, or members of a partnership, who have lost income. It was open to around 3.4 million people. On 17 August 2020, the scheme reopened for a second round of grant applications (open until 19 October 2020).

Self-Employment Income Support Scheme-third grant: The Self-Employed Income Support Scheme grant extension provided a grant to self-employed individuals who were eligible for the Self-Employed Income Support Scheme and were actively continuing to trade but facing reduced demand due to COVID-19.

<u>Self-Employment Income Support Scheme-fourth and fifth grants</u>: The Self-Employment Income Support Scheme grant extension provides a grant to self-employed individuals who are currently eligible for the Self-Employment Income Support Scheme and are actively continuing to trade but are facing reduced demand due to COVID-19. The fourth grant will cover the period February to April 2021, and can be claimed from late April. The fifth grant will cover the period May to September 2021 and can be claimed from July 2021.

<u>Income Tax Self-Assessment- Deferral</u>: Self-Assessment taxpayers who cannot pay tax bills on time because of COVID-19 were given the option of deferring payment of their July 2020 Payment on Account until 31 January 2021. Taxpayers who deferred payments were expected to make payment at the start of 2021.

<u>Employment-related securities- Enterprise Management Incentive:</u> Those participating in an Enterprise Management Incentive scheme are required to meet the 'working time requirement'. This means that the employee's time committed to the company must be equal to or exceed the statutory threshold of 25 hours per week or if less, 75% of their working time. This measure introduces a time-limited exception to the disqualifying event rules, whereby, if an employee would otherwise have met the scheme requirements but did not do so for reasons connected to the COVID-19 pandemic, the time that they would have spent on the business of the company will count towards their working time.

<u>Increase in the basic element of Working Tax Credit by GBP 20 per week</u>: A temporary GBP 20-a-week increase in the basic element of working tax credits for 2020-21.

<u>Time to Pay - Income Tax Self-Assessment: Enhanced Time to Pay:</u> Time to Pay is an existing service that supports businesses and individuals in financial difficulty to pay back outstanding tax liabilities using payment plans. HM Revenue & Customs announced a helpline to promote and improve access to the scheme for businesses affected by COVID-19. On 25 September 2020, the government announced the eligibility criteria for self-serve Time to Pay arrangements would be extended to allow taxpayers with outstanding Self-Assessment tax bills of up to GBP 30 000 (previously GBP 10 000) to arrange a Time to Pay of up to 12 months online. This built on the Self-Assessment deferral policy, allowing taxpayers who deferred their liabilities until January 2021 the option to pay back outstanding tax bills in instalments.

<u>Payments to working households</u>: A one-off tax-free payment of GBP 500 if a customer was receiving Working Tax Credit or Child Tax Credit, but did not get a payment because their income was too high to get Working Tax Credit payments on 2 March 2021. The lump sums were paid direct to customers' bank accounts by 23 April 2021, rather than through the Online Tax Credits service. Customers did not need to apply, HM Revenue & Customs made contact with eligible customers.

<u>Income tax exemptions for COVID-19 tests:</u> The government will legislate in the Finance Bill 2021 to introduce a retrospective income tax exemption for payments that an employer makes to an employee to reimburse for the cost of a relevant coronavirus antigen test for the tax year 2020-21.

<u>Self-assessment- Penalty easement:</u> Self-assessment customers were not issued a late-filing penalty for the 31 January 2021 deadline for 2019-20 returns, provided they did file by the 28 February 2021. From the 1 March 2021, late filing penalties will be administered for those who are still yet to submit their return.

Memorandum Items

Identification of AW and valuation of earnings

A new Annual Survey of Hours and Earnings (ASHE) has been developed to replace the New Earnings Survey (NES) (results of which are published in Labour Market Trends) and shows the average weekly earnings of full-time employees in April each year. It covers men and women at adult rates in the United Kingdom (excluding Northern Ireland). The annual figure used for the gross earnings of the AW in the

United Kingdom is the annual equivalent of the arithmetic average of the weekly earnings figures for April at the beginning and end of the fiscal year, as published in Labour Market Trends.

The earnings figures exclude the earnings of those whose pay was affected by absence (due to sickness etc.). They include overtime, payment by results and shift payments. But they do not include benefits in kind (which could in some circumstances be included in the employee's taxable income in the United Kingdom).

Employers' contributions to private pension, health etc. schemes

In 2008, there were 9.0 million active members of occupational pension schemes with two or more members in the UK, of whom 3.6 million were in the private sector and 5.4 million in the public sector.

2021 Parameter values

Average earnings/yr	Ave_earn	43 978	Secretariat's estimate
Allowances	Basic_al	12570	
	PA taper start	100000	
	Married_al	1260	
	Married_rate	0	
Income tax	Tax_sch	0.2	37700
		0.4	150000
		0.45	
Employees SSC			
Primary threshold	SSC_sch	0	9568
Upper earnings limit		0.12	50270
		0.02	
Employers SSC	SSC_rate2	0.138	
	ST	8840	
Child benefit (first)	CB_first	21.15	
Child benefit (others)	CB_others	14	
	CB_1st_thres	50000	
	CB_2nd_thres	60000	
	CB_taper1	0.01	
	CB_taper2	100	
UNIVERSAL CREDIT			
Monthly rates			
Standard allowance (single over 25)	UC_standard_single	324.84	
Standard allowance (couple over 25)	UC_standard_couple	509.91	
Temporary standard allowance uplift (6 months)	UC_standard_temp	86.67	
Child element (first child born<6 Apr 2017)	UC_child_1	282.5	
Child element	UC_child	237.08	
Work allowance (no housing costs)	UC_WA	515	
Taper rate	UC_taper	0.63	
Number of days in year	numdays	365	

2021 Tax equations

The equations for the UK system are mostly on an individual basis. But Universal Credit is calculated on a family basis and child benefit is calculated only once. This is shown by the Range indicator in the table below.

The functions which are used in the equations (Taper, MIN, Tax etc) are described in the technical note about tax equations. Variable names are defined in the table of parameters above, within the equations table, or are the standard variables "married" and "children". A reference to a variable with the affix "_total" indicates the sum of the relevant variable values for the principal and spouse. And the affixes "_princ" and "_spouse" indicate the value for the principal and spouse, respectively. Equations for a single person are as shown for the principal, with "_spouse" values taken as 0.

	Line in country table and intermediate steps	Variable name	Range	Equation
1.	Earnings	Earn		
2.	Allowances:	tax_al	B	Tax_al IF(earn<PA_taper,IF(AND(earn<(BRL+Basic_al),earn_spouse<Basic_al,Married='1'),IF(earn>earn_spouse,Basic_al+Married_al,Basic_al-Married_al),Basic_al),IF(earn>(PA_taper+(Basic_al*2)),0,MAX(0,(Basic_al-((earn-PA_taper)'/2)))))
3.	Credits in taxable income	taxbl_cr	B	0
4.	CG taxable income	tax_inc	B	Positive(earn-tax_al)
5.	CG tax before credits	CG_tax_excl	B	Tax(tax_inc, tax_sch)
6.	6. Universal Credit (nonwastable)	tax_cr	J	(IF(Children>0,IF(Married=0,Taper(SUM(UC_child_1,(Children-1)*UC_child,UC_standard_single,UC_standard_temp/2),((monthly_net_earnings),UC_WA,UC_taper),Taper(SUM(UC_child_1,(Children-1)*UC_child,UC_standard_couple,,UC_standard_temp/2),(monthly_net_earnings),UC_WA,UC_taper)),IF(Married=0,Taper(sum(UC_standard_single,UC_standard_temp/2),(monthly_net_earnings),0,UC_taper),Taper(sum(UC_standard_couple,UC_standard_temp/2),(monthly_net_earnings),0,UC_taper)))))*12
7.	CG tax	CG_tax	B	CG_tax_excl-tax_cr
8.	State and local taxes	local_tax	B	0
9.	Employees' soc security	SSC	B	Tax(earn, SSC_sch)
11.	Cash transfers	cash_trans	J	='IF(princ_earn>CB_1st_thres,IF(princ_earn>CB_2nd_thres,0,((1-(AA7-CB_1st_thres)'/(CB_taper2/CB_taper1)))*(numdays/7*((Children>0)*CB_first+CB_others*Positive(Children-1)))),(numdays/7*((Children>0)*CB_first+CB_others*Positive(Children-1))))
13.	Employer's soc security	SSC_empr	B	(earn>ST)*(earn-ST)*SSC_rate2
	Memorandum item: Non-wastable tax credit			
	tax expenditure component	Taxexp	J	Tax_cr-transfer
	cash transfer component	Transfer	J	IF(CG_tax_excl<0, -CG_tax_excl, 0)

Key to range of equation B calculated separately for both principal earner and spouse P calculated for principal only (value taken as 0 for spouse calculation) J calculated once only on a joint basis.

United States

This chapter includes data on the income taxes paid by workers, their social security contributions, the family benefits they receive in the form of cash transfers as well as the social security contributions and payroll taxes paid by their employers. Results reported include the marginal and average tax burden for eight different family types.

Methodological information is available for personal income tax systems, compulsory social security contributions to schemes operated within the government sector, universal cash transfers as well as recent changes in the tax/benefit system. The methodology also includes the parameter values and tax equations underlying the data.

United States 2021

The tax/benefit position of single persons

Wage level (per cent of average wage)		67	100	167	67
Number of children		none	none	none	2
1. **Gross wage earnings**		42 179	62 954	105 134	42 179
2. **Standard tax allowances**					
Basic allowance		12 550	12 550	12 550	18 800
Married or head of family					
Dependent children		0	0	0	0
Deduction for social security contributions and income taxes					
Work-related expenses					
Other					
	Total	12 550	12 550	12 550	18 800
3. **Tax credits or cash transfers included in taxable income**		0	0	0	0
4. **Central government taxable income (1 - 2 + 3)**		29 629	50 404	92 584	23 379
5. **Central government income tax liability (exclusive of tax credits)**		3 357	6 837	16 241	2 522
6. **Tax credits**					
Basic credit		0	0	0	1 208
Married or head of family					
Children		0	0	0	6 000
Other					
	Total	0	0	0	7 208
7. **Central government income tax finally paid (5-6)**		3 357	6 837	16 241	- 4 686
8. **State and local taxes**		2 582	3 964	6 769	2 065
9. **Employees' compulsory social security contributions**					
Gross earnings		3 227	4 816	8 043	3 227
Taxable income					
	Total	3 227	4 816	8 043	3 227
10. **Total payments to general government (7 + 8 + 9)**		9 166	15 617	31 053	605
11. **Cash transfers from general government**					
For head of family		1 400	1 400	0	4 200
For two children					
	Total	1 400	1 400	0	4 200
12. **Take-home pay (1-10+11)**		34 414	48 737	74 081	45 775
13. **Employer's compulsory social security contributions**		3 533	5 123	8 349	3 533
14. **Average rates**					
Income tax		14.1%	17.2%	21.9%	-6.2%
Employees' social security contributions		7.7%	7.7%	7.7%	7.7%
Total payments less cash transfers		18.4%	22.6%	29.5%	-8.5%
Total tax wedge including employer's social security contributions		24.7%	28.4%	34.7%	-0.1%
15. **Marginal rates**					
Total payments less cash transfers: Principal earner		26.3%	36.3%	38.3%	48.6%
Total payments less cash transfers: Spouse		n.a.	n.a.	n.a.	n.a.
Total tax wedge: Principal earner		31.5%	40.8%	42.7%	52.3%
Total tax wedge: Spouse		n.a.	n.a.	n.a.	n.a.

United States 2021

The tax/benefit position of married couples

Wage level (per cent of average wage)	100-0	100-67	100-100	100-67
Number of children	2	2	2	none
1. Gross wage earnings	62 954	105 134	125 909	105 134
2. Standard tax allowances				
Basic allowance	25 100	25 100	25 100	25 100
Married or head of family				
Dependent children	0	0	0	0
Deduction for social security contributions and income taxes				
Work-related expenses				
Other				
Total	25 100	25 100	25 100	25 100
3. Tax credits or cash transfers included in taxable income	0	0	0	0
4. Central government taxable income (1 - 2 + 3)	37 854	80 034	100 809	80 034
5. Central government income tax liability (exclusive of tax credits)	4 145	9 206	13 675	9 206
6. Tax credits				
Basic credit	0	0	0	0
Married or head of family				
Children	6 000	6 000	6 000	0
Other				
Total	6 000	6 000	6 000	0
7. Central government income tax finally paid (5-6)	- 1 855	3 206	7 675	9 206
8. State and local taxes	3 296	6 101	7 482	6 546
9. Employees' compulsory social security contributions				
Gross earnings	4 816	8 043	9 632	8 043
Taxable income				
Total	4 816	8 043	9 632	8 043
10. Total payments to general government (7 + 8 + 9)	6 256	17 350	24 789	23 795
11. Cash transfers from general government				
For head of family	5 600	5 600	5 600	2 800
For two children				
Total	5 600	5 600	5 600	2 800
12. Take-home pay (1-10+11)	62 298	93 384	106 719	84 139
13. Employer's compulsory social security contributions	5 123	8 656	10 245	8 656
14. Average rates				
Income tax	2.3%	8.9%	12.0%	15.0%
Employees' social security contributions	7.7%	7.7%	7.7%	7.7%
Total payments less cash transfers	1.0%	11.2%	15.2%	20.0%
Total tax wedge including employer's social security contributions	8.5%	17.9%	21.6%	26.1%
15. Marginal rates				
Total payments less cash transfers: Principal earner	26.3%	26.3%	36.3%	26.3%
Total payments less cash transfers: Spouse	26.3%	26.3%	36.3%	26.3%
Total tax wedge: Principal earner	31.5%	31.5%	40.8%	31.5%
Total tax wedge: Spouse	32.0%	31.5%	40.8%	31.5%

The national currency is the dollar (USD). In 2021, the average worker earned USD 62 954 (Secretariat estimate).

1. Personal Income Tax System

1.1. Central/federal government income taxes

1.1.1. Tax unit

Families are generally taxed in one of three ways:

- As married couples filing jointly on the combined income of both spouses;
- As married individuals filing separately and reporting actual income of each spouse; or
- As heads of households (only unmarried or separated individuals with dependents).

All others, including dependent children with sufficient income, file as single individuals.

1.1.2. Tax allowances and tax credits

1.1.2.1. Standard reliefs

- Basic reliefs: In 2021 a married couple filing a joint tax return is entitled to a standard deduction of USD 25 100. The standard deduction is USD 18 800 for heads of households and USD 12 550 for single individuals. This relief is indexed for inflation. More liberal standard deductions are available for taxpayers who are age 65 or older and taxpayers who are blind. Special rules apply to children who have sufficient income to pay tax and are also claimed as dependents by their parents.

- Standard marital status reliefs: Married couples generally benefit from a more favourable schedule of tax rates for joint returns of spouses (see Section 1.1.3). There are no other general tax reliefs for marriage.

- Relief for children: Low income workers with dependents are allowed a refundable (non-wastable) earned income credit. For taxpayers with one child, the credit is 34% of up to USD 10 640 of earned income in 2021. The credit phases down when income exceeds USD 19 520 (25 470 for married taxpayers) and phases out when it reaches USD 42 158 (48 108 for married taxpayers). The earned income threshold and the phase-out threshold are indexed for inflation. For taxpayers with two children, the credit is 40% of up to USD 14 950 of earned income in 2021. The credit phases down when income exceeds USD 19 520 (25 470 for married taxpayers) and phases out when it reaches USD 47 915 (53 865 for married taxpayers). For taxpayers with three or more children the credit is 45% of up to USD 14 950 of earned income. The credit phases down when income exceeds USD 19 520 (25 470 for married taxpayers) and phases out when it reaches USD 51 464 (57 414 for married taxpayers).

- Since 1998, taxpayers are permitted a tax credit for each qualifying child under the age of 17. For 2021 the age was extended to include otherwise qualifying 17-year-old children. In 2021 the maximum credit is USD 3600 for children under 6 and 3000 for children between 6 and 17 (inclusive). The refundable (non-wastable) child credit for 2021 is 100 percent of the amount of credit in excess of tax liability and is (for the first time) not limited to taxpayers with earnings. Certain additional adjustments related to timing of payments and income related to COVID relief in 2021 were introduced; they are described in Section 4.

- Other dependent tax credit: For qualifying dependents other than qualifying children for whom a child tax credit was claimed, there is a USD 500 non-refundable credit. The Taxing Wages calculations do not include the other dependent tax credit.

- Phase out of child tax credit and other dependent tax credit: The maximum credit is reduced for taxpayers with income in excess of certain thresholds. The portion of the child credit in excess of USD 2 000 is reduced by USD 50 for each USD 1 000 by which modified aggregate gross income exceeds USD 150 000 for married taxpayers filing jointly (USD 112 500 for head of household filers and 75 000 for all other filers), with modified rules for large families. The remainder of the child tax credit plus the other dependent tax credit is reduced by USD 50 for each USD 1 000 by which modified aggregate gross income exceeds USD 400 000 for married taxpayers filing jointly (USD 200 000 for single and head of household taxpayers).

- Relief for low income workers without children: In 1994 and thereafter, low income workers without children are eligible for the earned income credit. In 2021 low income workers without children are permitted a non-wastable earned income credit of 15.3% of up to USD 9 820 of earned income. The credit phases down in 2021 when income exceeds USD 11 610 (17 550 for married taxpayers) and phases out completely when income reaches USD 21 430 (27 370 for married taxpayers). In 2021, this credit is available for taxpayers at least 19 years old who are not full-time students.

- Relief for social security and other taxes. In 2021, the withholding rate for Social Security taxes and Medicare for employees is 7.65%. The earned income credits described above are sometimes considered an offset to Social Security and Medicare contributions made by eligible employees. Furthermore, only a portion of Social Security benefits are subject to tax.

1.1.2.2. Main non-standard reliefs applicable to an AW

The basic non-standard relief is the deduction of certain expenses to the extent that, when itemised, they exceed in aggregate the standard deduction. For the purposes of this Report, it is assumed that workers claim the standard deduction. The principal itemised deductions claimed by individuals where the standard deduction is not being claimed are:

- Medical and dental expenses that exceed 7.5% of income (10% in 2020);
- State and local income taxes, real property taxes, and personal property taxes are capped at USD 10 000 per return;
- Home mortgage interest on USD 750 000 of qualified residence loans;
- Investment interest expense up to investment income with an indefinite carry forward of disallowed investment interest expense;
- Contributions to qualified charitable organisations (including religious and educational institutions);
- Casualty and theft losses to the extent that each loss exceeds USD 100 and that all such losses combined exceed 10% of income;
- Miscellaneous expenses such as gambling losses, casualty and theft losses of income-producing property, and impairment related work expenses of disabled persons to the extent that, in aggregate; they exceed 2% of income.
- In 2019 based on preliminary statistics,[1] the most recent year for which such statistics are available, the 13% of taxpayers with income between USD 50 000 and USD 100 000 (the AW range) who itemised their deductions claimed average deductions as follows: taxes paid, USD 6 909; charitable contributions, USD 5 241; home mortgage interest expense, USD 9 785;
- Contributions to pension and life insurance plans. No relief is provided for employee contributions to employer sponsored pension plans or for life insurance premiums. However, tax relief is provided for certain retirement savings.

1.1.3. *Tax schedule*

Federal Income Tax rates

Taxable Income Bracket (USD)[1]			Marginal Tax Rate (%)
Single Individual	Joint Return of Married Couple	Head of Household	
0 to 9 950	0 to 19 900	0 to 14 200	10
9 950 to 40 525	19 900 to 81 050	14 200 to 54 200	12
40 525 to 86 375	81 050 to 172 750	54 200 to 86 350	22
86 375 to 164 925	172 750 to 329 850	86 350 to 164 900	24
164 925 to 209 425	329 850 to 418 850	164 900 to 209 400	32
209 425 to 523 600	418 850 to 628 300	209 400 to 523 600	35
523 600 and over	628 300 and over	523 600 and over	37

1. The taxable income brackets are indexed for inflation.

There is a 3.8% tax on the lesser of certain net investment income or income in excess of USD 200000 (USD 250 000 for joint returns). Net investment income includes interest, dividends, capital gains, rental and royalty income, and income from businesses trading financial instruments.

Beginning in 2018, owners of sole proprietorships, partnerships, S corporations, and some trusts and estates are eligible to deduct up to 20 percent of qualified business income (QBI). QBI is subject to limitations, depending on the taxpayer's taxable income, based on factors that may include the type of trade or business, the amount of wages paid by the business and the unadjusted basis of qualified property held by the trade or business.

1.2. **State and local income taxes**

1.2.1. *General description of the system*

The District of Columbia and 41 of the 50 States impose some form of individual income tax.[2] In addition, some local governments (cities and counties) impose an individual income tax, although this is not generally the case. State individual income tax structures are usually related to the federal tax structure by the use of similar definitions of taxable income, with some appropriate adjustments. This linkage is not a legal requirement but a practical convention that functions for the convenience of the taxpayer who must fill out both federal and State income tax returns.

The Taxing Wages calculations assume that the average worker lives in Detroit, Michigan. The state of Michigan permits a personal exemption of USD 4 900 for the taxpayer, the taxpayer's spouse and each child, and taxes income at the rate of 4.25%. Michigan allows taxpayers who are eligible to claim the federal earned income tax credit to claim a Michigan earned income tax credit. The Michigan earned income tax credit is a refundable (non-wastable) credit equal to 6% of the federal earned income tax credit.

The city of Detroit permits a personal exemption of USD 600 and taxes income at the rate of 2.4%.

2. Compulsory Social Security Contributions to Schemes Operated within the Government Sector

2.1. Employees' contributions

2.1.1. Pensions

In 2021, the rate for employee contributions is 7.65% (6.2% for old age, survivors, and disability insurance, and 1.45% for old age hospital insurance). The 6.2% rate applies to earnings up to USD 142 800. Beginning in 1994, there is no limit on the amount of earnings subject to the 1.45% rate. There is an additional 0.9% tax on employee wages and salaries that exceed USD 200 000 (USD 250 000 for joint returns) as the additional hospital insurance tax on high-income taxpayers. The additional tax on wages and salaries is subject to withholding (but without regard to the earnings of the spouse) when wages from a particular job exceed USD 200 000 per year. These thresholds are not indexed for inflation.

There is no distinction by marital status or sex.

2.1.2. Other

No compulsory employee contributions exist.

2.2. Employers' contributions

2.2.1. Pensions

The rate for employers' contributions is 6.2% on earnings up to USD 142 800 and 1.45% of all earnings (without limit).

2.2.2. Unemployment

Employers are required by the federal government to pay unemployment tax of 6% on earnings up to USD 7 000. Taxes are also paid to various state-sponsored unemployment plans which may generally be credited against the required federal percentage. In 2020 the estimated average unemployment insurance tax rate in Michigan was 2.94% of the first USD 9 000 of wages. The Taxing Wages model considers that the Federal government allows employers to take a credit for state unemployment taxes of up to 5.4%, resulting in a net Federal tax of 0.6% on earnings up to USD 7 000.

3. Universal Cash Transfers

3.1. Transfers related to marital status

None.

3.2. Transfers for dependent children

No general cash transfers exist, although low-income mothers qualifying for categorical welfare grants may receive cash transfers.

4. Principal Changes since 2017

In December 2017, Congress passed and the President signed the Tax Cuts and Jobs Act – the most significant change in U.S. tax law in a generation, incorporating change to the taxation of individuals and businesses. For individuals, the Act temporarily lowers income tax rates, increases the standard deduction, increases the child tax credit, and adds a credit for other dependents. The Act also temporarily eliminates some deductions, credits and exemptions for individuals. In addition the individual alternative minimum tax (AMT) exemption and phase-out thresholds are temporarily increased so that fewer taxpayers are subject to the AMT. Pass-through entities that are generally taxed at the individual level only and may be eligible for a new temporary deduction. These temporary provisions expire at the end of 2025. In addition, inflation adjustments of amounts and thresholds are changed to be determined by the chained consumer price index. Finally, there are substantial changes in business taxation, many that are permanent, such as lowering the top corporate tax rate from 35 to 21 percent and moving the U.S. international tax system towards a territorial system.

In December 2020, Congress passed, and the President signed, the American Rescue Plan which increased the generosity of many personal credits for 2021 only.

4.1. Changes to labour taxation due to the COVID pandemic in 2020 and 2021

Families First Coronavirus Response Act enacted 18 March 2020 provides employers with less than 500 employees with a refundable tax credit to offset the cost of providing a worker with paid sick and family leave through 2020. The Act caps the amount of qualified sick leave wages taken into account for each employee at USD 511 per day for 10 work days. Similarly, the family leave credit offsets USD 200 per day of wages for employees who must care for a loved one or whose child is home because of a school or day care closing. Self-employed workers would also qualify for the same level of refundable sick and family leave tax credits to offset wages. Businesses can retain and access funds that they would have otherwise paid in the employer's Social Security taxes. If those amounts are not sufficient to cover the cost of paid leave, employers can seek an expedited advance from the IRS by submitting a streamlined claim form. Employers with U.S. Small Business Administration Loans are not eligible for employee retention credit.

The Coronavirus Aid, Relief, and Economic Security Act (the CARES Act) was enacted on 27 March 2020 in response to the pandemic. Among other provisions, there is a tax credit paid in general to citizens, the so-called 2020 Recovery Rebate Credit (RRC). While the RRC can be claimed on the 2020 tax return filed in 2021, an advance payment (Economic Impact Payment, EIP) of the credit was made in 2020 of USD 1 200 per taxpayer (USD 2 400 for married couples) plus USD 500 per child under age 17. While there is no cap on the RRC, it phases out at 5 percent of Adjusted Gross Income (AGI) in excess of USD 150 000 for married couples, USD 112 500 for head of household, and USD 75 000 for all other filers.

The CARES Act also delays the timing of required federal tax deposits for certain employer payroll taxes and self-employment taxes incurred between March 27, 2020 (the date of enactment) and December 31, 2020. Fifty percent of the deferred amount has to be paid by 31 December 2021 and the remainder by 31 December 2022. These taxes include the 6.2 percent Social Security tax for wage earners and comparable 6.2 percent Self-Employment Contributions Act tax due on net earnings from self-employment.

The CARES Act also provides businesses with a refundable Social Security tax credit for 50 percent of qualified wages up to USD 10 000 for each employee for qualifying calendar 2020 quarters during the COVID-19 crisis. The credit is available to employers whose (1) operations were fully or partially suspended, due to a COVID-19-related shut-down order, or (2) gross receipts declined by more than 50 percent when compared to the same quarter in the prior year. For employers with greater than 100 full-time employees, qualified wages are wages paid to employees when they are not providing services due to the COVID-19-related circumstances described above. For eligible employers with 100 or fewer full-time employees, all employee wages qualify for the credit, whether the employer is open for business or subject

652 |

to a shut-down order. The credit is provided for the first USD 10 000 of compensation, including health benefits, paid to an eligible employee. The credit is provided for wages paid or incurred from 13 March 2020 through 31 December 2020. Employers with Small Business Administration Loans under the CARES Act are not eligible for the employee retention credit.

Finally, for 2020, taxpayers taking the standard deduction can deduct USD 300 of cash contributions to charities. The act also increased the limitations on deductions for charitable contributions by individuals who itemize. For individuals, the 50% of adjusted gross income limitation was raised to 100% for cash gifts in 2020.

The Consolidated Appropriations Act of 2021, (CAA) enacted 27 December 2020, provides an additional 2020 Recovery Rebate Credit (additional 2020 RRC) of USD 600 per eligible individual (USD 1 200 for married couples) plus USD 600 per child under age 17. While the credit can be claimed on 2020 tax returns filed in 2021, an advance payment of the additional 2020 RRC (second round Economic Impact Payment) was made beginning in 2020. While there is no cap on the additional 2020 RRC, it phases out at 5 percent of Adjusted Gross Income (AGI) in excess of USD 150 000 for married couples, USD 112 500 for head of household, and USD 75 000 for all other filers.

The CAA extended the paid sick leave and family leave tax credits enacted by the Families First Coronavirus Relief Act through 31 March 2021.

The CAA also allowed taxpayers taking the standard deduction to deduct USD 600 of cash contributions to charities in 2021. The CAA extended the 100% of AGI limit on cash charitable contributions enacted in the Families First Coronavirus Relief Act through 2021.

The American Rescue Plan Act (ARP) enacted 21 March 2021 provides a 2021 Recovery Rebate Credit (2021 RRC) of USD 1 400 per eligible individual (USD 2 800 for married couples) plus USD 1 400 per dependent. While the credit can be claimed on 2021 tax returns filed in 2022, an advance payment of the 2021 RRC (third round Economic Impact Payment) was made in 2021. The credit phases out proportionately beginning at USD 150 000 of AGI and is fully phased out at USD 160 000 of AGI for married couples, USD 112 500 to USD 120 000 for head of household, and USD 75 000 to USD 80 000 for all other filers.

The ARP extended the paid sick leave and family leave tax credits enacted by the Families First Coronavirus Relief Act through 30 September 2021.The ARP excluded from gross income subject to tax the first USD 10 200 per recipient of unemployment compensation received in 2020 for taxpayers with AGI below USD 150 000.

The ARP made the Child Tax Credit (CTC) fully refundable increased to age 17 the maximum qualifying age and increased the maximum value of the credit for most taxpayers for taxable year 2021. Half of the amount of the 2021 CTC is distributed in monthly advance payments over the second half of 2021 ahead of filing 2021 returns in 2022. A taxpayer's Federal income tax will be increased, dollar-for-dollar, if their total CTC advance payments during 2021 exceed the amount of the CTC to which they are eligible for that year. However, safe harbour rules may reduce the additional income tax owed depending on the taxpayer's modified AGI.

See Section 1.1.2.1 for a complete description of parameters and income thresholds.

5. Memorandum Items

5.1. Identification of an AW at the wage calculation

The AW is identified from monthly data compiled from establishment questionnaires covering more than 40 million non-agricultural full- and part-time workers. Beginning in March 2006, data on average weekly hours and average hourly earnings cover all employees rather than solely production or non-supervisory workers. To obtain average annual wages, the product of average weekly hours (including overtime) and average hourly earnings (including overtime) is multiplied by 52 and is adjusted to reflect a full-time equivalent worker. The AW is estimated to be USD 59 517 for 2020.

5.2. Employer contributions to private social security arrangements

Employers commonly contribute to private pension plans (both defined benefit and defined contribution), health insurance and life insurance. Data for these contributions are available only on a total workforce basis. It is not possible to state with accuracy the levels applicable to the AW. The following are estimates for 2020 for employees in private industry:

	Pension	Health	Life
% of workers covered	55	58	59
USD employer portion per covered employee	n.a.	9190 (family) 4 610 (single)	n.a.

2021 Parameter values

Average earnings/yr	Ave_earn	62 954	Secretariat estimate			
Standard deductions	Married_al	25100				
	hh_al	18800				
	single_al	25550				
Federal tax schedules						
Single individuals	Fed_sch_s	0.1	9950			
		0.12	40 525			
		0.22	86 375			
		0.24	164 925			
		0.32	209 425			
		0.35	523 600			
		0.37				
Married filing jointly	Fed_sch_m	0.1	19 900			
		0.12	81 050			
		0.22	172 750			
		0.24	329 850			
		0.32	418 850			
		0.35	628 300			
		0.37				
Head of household	Fed_sch_h	0.1	14 200			
		0.12	54 200			
		0.22	86 350			
		0.24	164 900			
		0.32	209 400			
		0.35	523 600			
		0.37				
Earned income credit	EIC_sch	rate	income limit	threshold	thresh-married	phase-out
	no children	0.153	9820	11610	17550	0.153
	1 child	0.34	10 640	19 520	25 470	0.1598
	2 children	0.4	14 950	19 520	25 470	0.2106
	3 or more children	0.45	14 950	19 520	25 470	0.2106
Child credit	chcrd_max	3 000				
	chcrd_rdn	50				
	chcrd_thrsh_m	400 000				
	chcrd_thrsh_oth	200 000				
	chcrd_rdn_lim	2000				
	chcrd_thrsh1_m	150000				
	chcrd_thrsh1_oth	112500				
Detroit	Detroit_ex	600				
	Detroit_rate	0.024				
Michigan	Mich_ex	4 900				
	Mich_ex_child	0				
	Mich_rate	0.0425				
Michigan's earned income tax credit	Mich_EIC_rate	0.06				
credit schedule on city tax	Mich_cr_sch	0				
		0				

		0				
maximum	Mich_cr_max	0				
Pension contributions	pens_rate_er	0.062				
	pens_rate_ee	0.062				
	hosp_rate	0.0145				
	add_hosp_rate	0.009				
Ceiling for employers and employees	pens_ceil	142 800				
	add_hosp_thresh_m	250 000				
	add_hosp_thresh_oth	200 000				
Unemployment insurance tax	Unemp_rate	0.006				
	Unemp_dedn_rate	0.054				
	Unemp_max	7 000				
Michigan unemploy insur	Mich_unemp_rate	0.0294				
	Mich_unemp_max	9 000				
	covid_RRC_adult	1400				
	covid_RRC_dep	1400				
	Covid_RRC_limit_m	150000				
	Covid_RRC_limit_h	112500				
	Covid_RRC_limit_o	75000				
	Covid_RRC_limit2_m	160000				
	Covid_RRC_limit2_h	120000				
	Covid_RRC_limit2_o	80000				

2021 Tax equations

The equations for the US system in 2021 are mostly calculated on a family basis. There is a special function EIC which is used to calculate the earned income credit. Variable names are defined in the table of parameters above, within the equations table, or are the standard variables "married" and "children". A reference to a variable with the affix "_total" indicates the sum of the relevant variable values for the principal and spouse. And the affixes "_princ" and "_spouse" indicate the value for the principal and spouse, respectively. Equations for a single person are as shown for the principal, with "_spouse" values taken as 0.

	Line in country table and intermediate steps	Variable name	Range	Equation
1.	Earnings	earn		
2.	Allowances:	tax_al	J	IF(Married, Married_al, IF(Children=0, single_al, hh_al))
3.	Credits in taxable income	taxbl_cr	J	0
4.	CG taxable income	tax_inc	J	positive(earn-tax_al+taxbl_cr)
5.	CG tax before credits	CG_tax_excl	J	Tax(tax_inc, IF(Married, Fed_sch_m, IF(Children, Fed_sch_h, Fed_sch_s)))
6.	6. Tax credits :	EIC	J	EIC(Children, earn_total, EIC_sch)
		ch_crd	J	(Positive((chcrd_rdn_lim*Children)-(chcrd_rdn*Positive(TRUNC(earn,-3)-IF(Married>0,chcrd_thrsh_m,chcrd_thrsh_oth))/1000))+Positive(((Children*chcrd_max)-(chcrd_rdn_lim*Children)-(chcrd_rdn*Positive(TRUNC(earn,-3)-IF(Married>0,chcrd_thrsh1_m,chcrd_thrsh1_oth))/1000)))*(Children>0)
		tax_cr	J	EIC+ch_crd
7.	CG tax	CG_tax	J	CG_tax_excl-tax_cr
8.	State and local taxes	local_tax	J	Detroit_rate* Positive(earn_total-Detroit_ex*(1+Married+Children))+Mich_rate*Positive(earn_total - Mich_ex*(1+Married+Children) - Mich_ex_child*Children) - MIN(Mich_cr_max, Tax(AJ7, Mich_cr_sch)) - Mich_EIC_rate*EIC
9.	Employees' soc security	SSC	B	pens_rate_ee*MIN(earn, pens_ceil)+hosp_rate*earn+add_hosp_rate*Positive(earn-IF(Married,add_hosp_thresh_m,add_hosp_thresh_oth))
11.	Cash transfers	Cash_tran RRC_max	J	IF(Married=0,Covid_RRC_adult,2*Covid_RRC_adult)+(Children*Covid_RRC_child)
		RRC_adj	J	Positive(RRC_max-IF(Married>0,Positive(earn-Covid_RRC_limit_m)*(RRC_max/(Covid_RRC_limit2_m-Covid_RRC_limit_m)),IF(Children>0,Positive(earn-Covid_RRC_limit_h)*(RRC_max/(Covid_RRC_limit2_h-Covid_RRC_limit_h)),Positive(earn-Covid_RRC_limit_o)*(RRC_max/(Covid_RRC_limit2_o-Covid_RRC_limit_o)))))
13.	Employer's soc security	SSC_empr	B	pens_rate_er*MIN(earn, pens_ceil)+hosp_rate*earn+MIN(earn,Unemp_max)*Unemp_rate+MIN(earn,Mich_unemp_max)*Mich_unemp_rate
	Memorandum item: non-wastable tax credits			
	tax expenditure component	taxexp		(rate_rd_crd+EIC)-transfer
	cash transfer component	transfer		IF(CG_tax<0, -CG_tax, 0)

Key to range of equation B calculated separately for both principal earner and spouse P calculated for principal only (value taken as 0 for spouse calculation) J calculated once only on a joint basis.

Notes

[1] Due to the Tax Cuts and Jobs Act, beginning in 2017 fewer individual taxpayers itemize deductions but instead use the standard deduction.

[2] New Hampshire and Tennessee tax only interest and dividend income received by individuals.

Annex A. Méthodologie et limites

Méthodologie

Introduction

La situation personnelle des contribuables est très variable. Aussi le présent rapport fait-il appel à une méthodologie spécifique pour la production de statistiques comparatives englobant les impôts, les prestations sociales et les coûts de main-d'œuvre à l'échelle des pays membres de l'OCDE. Cette méthodologie repose sur le cadre suivant:

- L'accent est mis sur huit catégories de foyer distinctes, qui se différencient par leur composition et le montant des revenus d'activité ;

- Chaque ménage comprend un adulte travaillant à temps plein dans l'un des divers secteurs d'activité de chaque économie de l'OCDE. Certains ménages comptent également un conjoint travaillant à temps partiel ;

- Par hypothèse, le revenu d'activité annuel est égal à une fraction donnée du salaire brut moyen de ces travailleurs ;

- Des hypothèses supplémentaires sont formulées concernant d'autres éléments significatifs de la situation personnelle de ces travailleurs salariés, afin de permettre la détermination de leur situation au regard de l'impôt et des prestations sociales.

Les principes exposés dans les paragraphes qui suivent forment la base de calcul des données figurant dans le Chapitre 1 et les parties I, II et III. Le Tableau A A.1 indique la terminologie utilisée. Lorsqu'un pays a dû s'écarter de ces principes, cela est précisé dans le texte et/ou dans les chapitres par pays qui constituent la partie III du rapport. Le nombre de contribuables qui présentent les caractéristiques définies ci-dessous et le niveau de salaire du travailleur moyen diffèrent selon les économies de l'OCDE.

Caractéristiques des contribuables

Les huit catégories de ménage retenues dans le rapport sont décrites dans le Tableau A A.2. On admet que tout enfant du ménage a entre 6 et 11 ans inclus.

On suppose que les seules sources de revenu du foyer sont ses salaires et les prestations en espèces dont il bénéficie.

Tableau A A.1. Termes utilisés

Termes d'utilisation générale	
Salarié moyen	Salarié adulte employé à plein temps dans l'un des secteurs couverts et dont les gains sont égaux au salaire moyen dans ces secteurs.
Célibataire	Hommes et femmes non mariés
Couple avec deux enfants	Couple marié avec deux enfants à charge âgés de six ans à onze ans inclus.
Coûts bruts de main-d'oeuvre	La somme du salaire brut plus les cotisations patronales de sécurité sociale plus les taxes sur les salaires.
Rémunération nette	Rémunération brute après impôt et cotisations obligatoires de sécurité sociale des salariés et

	augmentée des prestations sociales reçues des administrations publiques.
Taux moyen de l'impôt (charges fiscales)	La somme de l'impôt sur le revenu plus les cotisations de sécurité sociale à la charge des salariés, en pourcentage du salaire brut.
Coin fiscal	La somme de l'impôt sur le revenu plus les cotisations de sécurité sociale à la charge des salariés et des employeurs plus les taxes sur les salaires moins le montant des prestations sociales, en pourcentage des coûts de main-d'œuvre.
Élasticité du revenu après impôt	Le pourcentage de variation d'un revenu donné après impôt à la suite d'une augmentation d'une unité monétaire du revenu avant impôt (selon une définition plus précise, ce terme correspond à un moins un taux marginal d'imposition divisé par un moins le taux moyen d'imposition correspondant).
Termes utilisés en matière d'impôt sur le revenu	
Allégements fiscaux	Terme générique qui couvre l'ensemble des moyens par lesquels est donné un traitement favorable du point de vue de l'impôt sur le revenu aux contribuables potentiels.
Abattements fiscaux	Montants déduits du salaire brut pour obtenir le revenu imposable.
Crédits d'impôt	Montant de la déduction que le contribuable peut opérer sur son imposition. Un crédit d'impôt est considéré comme payable s'il peut excéder l'impôt dû ; (les termes « remboursable » et « récupérable » sont parfois utilisés).
Allégements forfaitaires	Les allégements non liés à des dépenses effectivement supportées par les contribuables et accordés automatiquement à tous ceux qui remplissent les conditions requises en vertu de la loi sont également comptés comme allégements forfaitaires, y compris les déductions des cotisations obligatoires de sécurité sociale.
Abattement à la base	Tout abattement forfaitaire qui peut être accordé quelle que soit la situation de famille.
Abattement en raison du mariage	Abattement fiscal complémentaire attribué aux couples mariés (dans certains pays, il ne se distingue pas de l'abattement à la base qui peut être doublé en cas de mariage).
Allégements non forfaitaires	Allégements entièrement déterminés par référence à des dépenses réellement effectuées.
Taux moyen de l'impôt sur le revenu	Montant de l'impôt sur le revenu à verser, après avoir tenu compte de tout allégement, calculé sur la base des dispositions fiscales envisagées dans cette étude, divisé par le salaire brut.
Taux du barème	Taux qui figure dans les barèmes de l'impôt sur le revenu et des cotisations de sécurité sociale.
Termes utilisés en matière de prestations en espèces	
Prestations sociales	Versements en espèces effectués par les administrations publiques (agences) au profit des familles ayant en général des enfants à charge.

Tableau A A.2. Caractéristiques des contribuables étudiés

Situation maritale	Enfants	Salaire principal	Second salaire
Célibataire	Pas d'enfant	67% du salaire moyen	
Célibataire	Pas d'enfant	100% du salaire moyen	
Célibataire	Pas d'enfant	167% du salaire moyen	
Célibataire	2 enfants	67% du salaire moyen	
Couple marié	2 enfants	100% du salaire moyen	
Couple marié	2 enfants	100% du salaire moyen	67% du salaire moyen
Couple marié	2 enfants	100% du salaire moyen	100% du salaire moyen
Couple marié	Pas d'enfant	100% du salaire moyen	67% du salaire moyen

Éventail des secteurs couverts

Le calcul des salaires moyens repose normalement sur l'hypothèse selon laquelle les travailleurs relèvent des secteurs B à N de la *Classification internationale type, par industrie, de toutes les branches d'activité économique* (CITI, Révision 4, ONU)[1] (voir le Tableau A A.3). De nombreux pays (pour plus de détails sur les pays, voir le tableau 1.8) optent désormais pour cette méthode.

Cette méthode correspond d'une manière générale au précédent mode de calcul, fondé sur les secteurs C à K inclus de la Révision 3.1 de la CITI, qui a été adopté dans l'édition 2005 des *Impôts sur les salaires*. Les motifs de ce passage à une définition élargie du salaire moyen avaient été exposés dans l'étude spéciale de l'édition 2003-2004.

Définition du salaire brut

Dans cette section sont présentées les hypothèses sur lesquelles repose le calcul de la rémunération moyenne du « travailleur moyen ». Les niveaux de salaire brut ont été établis à partir de données statistiques, et les méthodes de calcul des données sur les rémunérations utilisées dans chaque pays sont indiquées dans le Tableau A A.4. On trouvera des informations complémentaires sur le calcul de ces données dans les chapitres par pays de la partie III. Les sources des données statistiques pour chaque pays sont indiquées dans le Tableau A A.5.

Les principales hypothèses sont les suivantes :

- Les données se rapportent à la rémunération moyenne dans le secteur d'activité pour l'ensemble du pays ;
- Les calculs se fondent sur la rémunération d'un adulte exerçant une activité (manuelle ou non) à temps plein. Ils renvoient à la rémunération moyenne de l'ensemble des travailleurs du secteur considéré. Il n'est pas tenu compte des écarts de rémunération entre hommes et femmes ou entre travailleurs d'âges différents ou de régions distinctes ;
- Le travailleur est considéré comme employé à temps plein pendant toute l'année sans interruption pour cause de maladie ou de chômage. Néanmoins, plusieurs pays ne sont pas en mesure d'isoler et d'exclure les travailleurs à temps partiel des données sur les rémunérations (voir le Tableau A A.4). La plupart d'entre eux déclarent dans ce cas des montants en équivalent temps plein. Dans quatre pays (le Chili, l'Irlande, la République slovaque et la Turquie), les rémunérations des travailleurs à temps partiel ne peuvent être ni exclues ni converties en équivalent temps plein en raison de la manière dont les échantillons de rémunérations sont constitués. De ce fait, les salaires moyens déclarés pour ces pays seront inférieurs à la moyenne des salaires à temps plein (par exemple, l'analyse effectuée par le Secrétariat des données disponibles d'Eurostat concernant les rémunérations pour certains pays européens a montré que l'inclusion des travailleurs à temps partiel réduisait la rémunération moyenne d'environ 10 %). En outre, dans la plupart des pays de l'OCDE où les indemnités de maladie sont versées par l'employeur, soit pour le compte de l'État, soit pour le compte de régimes privés d'assurance maladie, ces montants sont pris en compte dans les calculs concernant les salaires. Il y a peu de chances que ces différences aient une incidence notable sur les résultats obtenus, dans la mesure où les employeurs effectuent généralement ces versements pendant une courte période et où les montants versés sont d'ordinaire très proches des salaires horaires normaux ;

Tableau A A.3. Classification internationale type, par industrie, de toutes les branches d'activité économique

	Révision 3.1 (CITI Rév. 3.1)
A	Agriculture, chasse et sylviculture
B	Pêche
C	Activités extractives
D	Activités de fabrication
E	Production et distribution d'électricité, de gaz et d'eau
F	Construction
G	Commerce de gros et de détail ; réparation de véhicules automobiles, de biens personnels et domestiques
H	Hôtels et restaurants
I	Transports, entreposage et communications
J	Intermédiation financière
K	Immobilier, location et activités de services aux entreprises
L	Administration publique et défense ; sécurité sociale obligatoire
M	Éducation
N	Santé et action sociale
O	Autres activités de services collectifs, sociaux et personnels
P	Ménages privés employant du personnel domestique
Q	Organisations et organismes extraterritoriaux
	Révision 4 (CITI Rév. 4)
A	Agriculture, sylviculture et pêche
B	Activités extractives
C	Activités de fabrication
D	Production et distribution d'électricité, de gaz, de vapeur et climatisation
E	Distribution d'eau; réseau d'assainissement; gestion des décjets et remise en état
F	Construction
G	Commerce de gros et de détail, réparation de véhicules automobiles et de motocycles
H	Transport et entreposage
I	Activités d'hébergement et de restauration
J	Information et communication
K	Activités financières et d'assurances
L	Activités immobilières
M	Activités professionnelles, scientifiques et techniques
N	Activités de services administratifs et d'appui
O	Administation publique et défense; sécurité sociale et obligatoire
P	Éducation
Q	Santé et activités d'action sociale
R	Arts, spectacles et loisirs
S	Autres activités de services
T	Activités des ménages privés employant du personnel domestique; activités non différenciées de production de biens et de services des ménages privés pour usage ropre
U	Activités des organisations et organismes extra-territoriaux

Tableau A A.4. Mode de calcul des salaires moyens

	Éléments compris ou non compris dans la base de calcul					Types de travailleurs inclus ou exclus dans la base de calcul			Méthode de base utilisée pour le calcul	Fin de l'exercice budgétaire	Période à laquelle se réfère le calcul des salaires
	Maladie [1]	Vacances	Heures supplémentaires	Paiements en espèces réguliers	Prime	Superviseur	Manager	Travailleurs à temps partiel			
Allemagne	NC	C	C	C	NC	C	C	NC	Gains annuels	31 décembre	Année civile
Australie	C	C	C	C	NC	C	C	NC	Gain hebdomadaire moyen x 52	30 juin	Année fiscale
Autriche	NC	C	C	C	C Valeur imposable	C	C	NC	Gain moyen annuel	31 décembre	Année civile
Belgique	NC	C	C	C	NC	C	C	NC	Gain moyen annuel	31 décembre	Année civile
Canada	NC	C	C	C	NC	C	C	C[6]	Gain horaire hebdomadaire x gain horaire moyen x 52	31 décembre	Année civile
Chili	NC	C	C	C	NC	C	C	C	Gains horaires x nombre d'heures travaillées	31 décembre	Année civile
Colombie	NC	C	C	C	NC	C	C	NC	Gains horaires x nombre d'heures travaillées	31 décembre	Année civile
Corée	NC	C	C	C	NC	C	C	NC	Gain mensuel moyen x 12	31 décembre	Année civile
Costa Rica	C	C	C	C	NC	C	C	C	Gain moyen annuel	31 décembre	Année civile
Danemark	NC	C	NC	C	NC	C	C	C[6]	Gains horaires x nombre d'heures travaillées	31 décembre	Année civile
Espagne	NC	C	C	C	NC	C	C	NC	Gain mensuel pondéré x 12	31 décembre	Année civile
Estonie	C	C	C	C	NC	C	C	C	Gains moyens	31 décembre	Année civile
États-Unis	NC	C	C	C[2]	NC	C	C	C[6]	Gain moyen hebdomadaire x 52	31 décembre	Année civile

Pays										Date	Période
Finlande	NC	C	C	C	NC	C	C⁵	NC	Salaire horaire x nombre d'heures usuelles travaillées (ou gains mensuels x mois)+ indemnités de congés payés + primes périodiques	31 décembre	Année civile
France	NC	C	C	C	NC	C	C	NC	Gains annuels	31 décembre	Année civile
Grèce	NC	C	C²	C	C	C	C	NC	Gain horaire x nombre d'heures travaillées	31 décembre	Année civile
Hongrie	NC	C	C	C	NC	C	C⁵	NC	Gain mensuel moyen x 12	31 décembre	Année civile
Irlande	NC	C	C	C	NC	C	C	NC	Gain moyen annuel	31 décembre	Année civile
Islande	NC	C	C	C	NC	C	C	NC	Gain horaire x nombre d'heures travaillées x 12	31 décembre	Année civile
Israël	NC	C	C	C	NC	C	C	NC	Gains moyens	31 décembre	Année civile
Italie	NC³	C	C	C	NC⁴	C	C	C⁶	Gain mensuel moyen x 12	31 décembre	Année civile
Japon	NC	C	C	C	NC	C	C	NC	Gain mensuel en juin x 12	31 décembre	Année civile
Lettonie	C	C	C	C	NC	C	C	NC	Gain mensuel moyen x 12	31 décembre	Année civile
Lituanie	NC	C	C	C	NC	C	C	NC	Gain mensuel moyen x 12	31 décembre	Année civile
Luxembourg	NC	C	C	C	NC	C	C	NC	Gain annuel total divisé par le nombre moyen de salariés à plein temps. Une partie de gains qui excédent la limite supérieure de cotisation sociale (7 fois le salaire minimum) n'est pas incluse dans le calcul.		Année civile
Mexique	NC	NC	NC	C	NC	C	C	NC	Gain mensuel moyen x 12	31 décembre	Année civile
Norvège	NC	C	NC	C	NC	C	C	C⁶	Salaire annuel + les heures supplémentaires estimées	31 décembre	Année civile
Nouvelle-Zélande	NC	C	C	C	NC	C	C⁵	C⁵	Gain moyen hebdomadaire de chaque trimestre x 13	31 mars	Année fiscale
Pays-Bas	NC	C	NC	C	NC	C	C	NC	Salaire brut annuel	31 décembre	Année civile
Pologne	C	C	C	C	NC	C	C	C⁶	Gain mensuel moyen x 12	31 décembre	Année civile

Portugal	NC	C	C	C	C	NC	Gain mensuel pondéré x 12	31 décembre	Année civile
Rép. Slovaque	NC	C	C	NC	C⁵	C⁶	Gain mensuel moyen x 12	31 décembre	Année civile
Rép. tchèque	NC	C	C	NC	C	C⁶	Gain mensuel moyen x 12	31 décembre	Année civile
Royaume-Uni	NC	C	C	NC	C	NC	Gain brut annuel moyen	5 avril	Année fiscale
Slovénie	C	C	C	NC	C	C	Gain mensuel moyen x 12	31 décembre	Année civile
Suède	NC	C	C	C Valeur actuelle	C	C⁶	Gain horaire moyen en septembre x heures travaillées; et gain mensuel en septembre x 12	31 décembre	Année civile
Suisse	NC	C	C	NC	C	C⁶	Gain mensuel x 12	31 décembre	Année civile
Turquie	NC	C	C	Actual value C	NC	C	Gain annuel moyen	31 décembre	Année civile

Note : Exc = Exclus Inc = Inclus ' ' = information non disponible.

1. Inclut généralement les indemnités versées par l'employeur pour le compte du régime général ou d'un régime privé d'assurance-maladie.

2. Exclut les primes de participation aux bénéfices en Grèce et aux États-Unis, et aussi les primes de fin d'année aux États-Unis.

3. Les paiements des indemnités de maladie sont inclus seulement dans la partie payée par les employeurs. Pour les travailleurs manuels, c'est seulement le cas pendant les 3 premiers jours de congés de maladie et à partir du 4e jour, les paiements sont faits par l'INPS.

4. Partiellement : la (petite) part imposable des avantages en nature est incluse.

5. Sauf pour les hauts dirigeants (Finlande) ; sauf si le revenu issu des bénéfices excède 50 % du total de revenu (Hongrie) ; sauf pour les propriétaires (Nouvelle-Zélande) ; seulement les revenus provenant d'un contrat de travail standard sont inclus (République Slovaque).

6. Les salaires des personnes travaillant à temps partiel sont convertis en équivalent temps plein avant de calculer le salaire moyen. Pour la République Slovaque, les travailleurs à temps partiel munis d'un contrat de travail temporaire non-standard sont exclus.

- Le calcul du revenu d'activité tient compte de tous les éléments de rémunération en espèces versés aux travailleurs des secteurs considérés, y compris les montants moyens généralement versés au titre des heures supplémentaires, des compléments de salaire (prime de fin d'année, treizième mois, par exemple) et des congés payés. Néanmoins, tous les pays ne sont pas en mesure de prendre en compte la rémunération des heures supplémentaires, les congés payés et les primes en espèces conformément à la définition qui est donnée ;

- Les travailleurs exerçant des fonctions d'encadrement et/ou de direction apparaissent dans les données sur les rémunérations, bien que certains pays ne soient pas en mesure de les y faire figurer. Dans ces pays, les moyennes communiquées sont inférieures à la normale (par exemple, l'analyse faite par le Secrétariat de l'OCDE des données disponibles d'Eurostat concernant certains pays européens a montré que l'exclusion de cette catégorie de travailleurs pouvait réduire la rémunération moyenne de 10 % à 18 %).

- Les avantages hors salaire, qui consistent, par exemple, dans la fourniture par l'employeur de produits alimentaires, d'un logement ou de vêtements gratuitement ou à des prix inférieurs à ceux du marché sont, lorsque cela est possible, exclus du calcul des rémunérations moyennes, ce qui pourrait affecter la comparabilité des coins fiscaux, dans la mesure où le recours aux avantages hors salaire peut varier selon les pays et selon les périodes. Toutefois, le manque de comparabilité est limité par le fait que ces avantages représentent rarement plus de 1 % à 2 % des coûts de main-d'œuvre et sont normalement plus fréquents pour les salaires élevés que pour les travailleurs qui se situent dans la fourchette de revenus couverte par *Les impôts sur les salaires* (50 % à 250 % des rémunérations moyennes). Le Tableau A A.4 indique que certains pays membres ne sont pas en mesure d'isoler les avantages hors salaire des chiffres sur les rémunérations déclarés et utilisés dans *Les impôts sur les salaires*. La décision concernant cette exclusion a été prise pour les raisons suivantes :

  - les avantages de ce type sont difficiles à évaluer de manière cohérente (ils peuvent être évalués en fonction soit de leur coût réel pour l'employeur, soit de leur valeur imposable du point de vue du salarié, soit de leur juste valeur marchande) ;
  - dans la plupart des pays, ces avantages ont une importance minime pour les travailleurs qui perçoivent le salaire moyen ;
  - le calcul des impôts serait sensiblement plus compliqué s'il fallait prendre en compte le régime fiscal des avantages hors salaire ;

- Les cotisations versées par les employeurs pour le compte de leurs salariés à des caisses de retraite complémentaire ou à des systèmes privés d'allocations familiales, d'assurance maladie ou d'assurance vie ne sont pas intégrées dans les calculs, bien que les montants en jeu puissent être non négligeables. Aux États-Unis, par exemple, il n'est pas rare que ces cotisations représentent plus de 5 % de la rémunération des salariés. Les chapitres par pays de la partie II donnent des indications sur l'existence de systèmes susceptibles de s'appliquer au travailleur moyen.

Calcul du salaire brut moyen

Le Tableau A A.4 indique la méthode de calcul de base utilisée dans chaque pays, méthode dont une description plus détaillée figure, le cas échéant, dans les chapitres par pays de la partie II. En principe, il est recommandé aux pays de calculer la rémunération annuelle en prenant la moyenne hebdomadaire, mensuelle ou trimestrielle de la rémunération horaire, pondérée par le nombre d'heures travaillées au cours de la période retenue, et en la multipliant par le nombre moyen d'heures travaillées au cours de l'année, y compris les périodes de congés payés, considérant que le travailleur n'a été ni malade ni au chômage. Le recours à une méthode analogue a été préconisé pour le calcul des heures supplémentaires. Pour les pays qui ne sont pas en mesure d'isoler les données concernant les travailleurs à temps partiel, il est recommandé de convertir ces données en équivalent temps plein, dans la mesure du possible.

Les données statistiques concernant les salaires bruts moyens en 2021 ne sont pas disponibles lors de la rédaction du présent rapport. C'est pourquoi, pour la majorité des pays, le Secrétariat a établi des estimations du salaire brut des travailleurs moyens en 2021 en adoptant une approche uniforme : l'ensemble des revenus d'activité enregistrés en 2020 sont multipliés par la variation nationale annuelle des salaires en pourcentage indiquée pour l'économie dans son ensemble dans l'édition la plus récente des *Perspectives économiques de l'OCDE (Perspectives économiques de l'OCDE no 2, Volume 2021)*. Cette procédure transparente vise à éviter tout résultat biaisé. Pour certains pays, diverses approches s'écartant de la précédente ont été adoptées :

- Les chiffres définitifs sur le salaire brut moyen en 2021 ont été utilisés dans le cas de l'Australie;

- On a eu recours à des estimations nationales en ce qui concerne le Chili, la Colombie, la Nouvelle-Zélande et la Turquie, étant donné qu'aucune variation des salaires en pourcentage n'est indiquée pour ces pays dans les *Perspectives économiques de l'OCDE no 2, Volume 2021*;

- Dans certains pays, les salaires moyens au titre d'années antérieures ont également été estimés pour la France (2018 et 2019), les Pays-Bas (2019), la Pologne (à partir de 2017), le Portugal (à partir de 2013) et la Suisse (2007, 2009, 2011, 2013, 2015, 2017 et 2019) dans la mesure où aucune donnée nationale sur les rémunérations moyennes n'était disponible pour les années mentionnées dans ces pays.

- Vingt et un des pays de l'OCDE ont choisi de fournir des estimations nationales du niveau de salaire brut des travailleurs moyens en 2021. Ces estimations n'ont pas été utilisées dans les calculs des *Impôts sur les salaires* (sauf pour les pays énumérés ci-dessus) car elles risquaient d'être incohérentes avec les estimations établies par le Secrétariat pour d'autres pays. Elles figurent néanmoins dans le

Tableau A A.6 pour qu'il soit possible d'effectuer des comparaisons entre les estimations du Secrétariat et celles de sources nationales. Dans bien des cas, les premières et les secondes sont relativement proches.

Tableau A A.5. Source des données concernant les gains, 2021

Pays	Type d'échantillon	Source
Allemagne	Enquête du Bureau fédéral de statistiques.	Bureau national des statistiques.
Australie	Échantillon représentatif des salariés dans chaque industrie. Enquête trimestrielle.	Australian Bureau of Statistics "Average Weekly Earnings, Australia" and "Labour Force, Australia".
Autriche	Statistiques annuelles sur l'imposition des salaires.	"Lohnsteuerstatistik".
Belgique	Données collectées ou estimées sur la base d'une enquête annuelle et des registres de sécurité sociale des salariés.	Division statistiques du Ministère de l'économie (service public fédéral, économie, PME, travailleurs indépendants et énergie). Même source que les données sur "gains bruts annuels" de l'Eurostat.
Canada	Enquête mensuelle auprès de toutes les entreprises	Statistiques Canada, "Enquête sur l'emploi, la rémunération et les heures de travail".
Chili	Échantillon d'entreprises de plus de 10 employés. Enquête mensuelle.	Institut National des Statistiques du Chili (INE)
Colombie	La Grande enquête intégrée auprès des foyers.	Département administratif national des statistiques (DANE)
Corée	Enquête sur le travail auprès des entreprises.	Ministère de l'emploi et du travail.
Danemark	Enquête sur les salaires effectués par la Confédération danoise du patronat.	Rapport annuel de la Confédération danoise du patronat (Dansk Arbejds Giverforening).
Espagne	Enquête trimestrielle auprès des entreprises.	Instituto Nacional de Estadistica "Encuesta Trimestral de Coste Laboral" (Enquête sur le coût du travail).
Estonie	-	Statistiques Estonie/Ministère des Finances.
États-Unis	Enquête mensuelle du Ministère du travail par voie de questionnaire couvrant plus de 40 millions de travailleurs et de salariés non agricoles.	Emploi, heures travaillées et salaires de l'étude sur les statistiques de l'emploi.
Finlande	(1) Enquête de la Fédération finlandaise du patronat sur les salaires horaires en mensuels; (2) Enquête 'non officielle' du patronat "Structure des statistiques sur les salaires" publiée par l'Office cental des statistiques.	"Statistiques sur les salaires" publiées par l'Office central des statistiques.
France	Registres d'assurance sociale des employeurs.	INSEE, "Déclarations Sociales Nominatives" (DSN).
Grèce	Enquête effectuée par l'Institut de la Statistique et les établissements de la sécurité sociale.	Service national de statistiques: statistiques sur le travail. Même source que les données sur "gains bruts annuels" de l'Eurostat.
Hongrie	Enquêtes mensuelles auprès des entreprises ayant plus de cinq salariés.	Bureau central de statistiques.
Irlande	Enquête trimestrielle sur l'emploi, les gains et la durée du travail dans l'industrie.	Office central de statistiques.
Islande	Enquête mensuelle sur les salaires du secteur privé.	Statistiques, Islande.
Israël	-	Bureau Central des Statistiques.
Italie	Indicateurs trimestriels de salaires dans les secteurs industries et services (OROS).	Institut national de statistiques.
Japon	Enquête de base sur la structure des salaires de l'ensemble des établissements employant plus de 10 salariés.	Ministère de la santé, du travail et du bien-être, Rapport annuel.
Lettonie	Salaires mensuels moyens (DSG01).	Bureau Central des Statistiques de la Lettonie.
Lituanie	-	Statistiques, Lituanie.
Luxembourg	Fichiers mensuels agrégés des services de sécurité sociale.	Office national des statistiques et Services de sécurité sociale.
Mexique	Données administratives de l'Institut de	Commision sur "le salaire national minimum" (Comisión Nacional

	sécurité sociale (Instituto Mexicano del Seguro Social (IMSS)).	de Salarios Mínimos (CONASAMI)).
Norvège	Échantillon d'entreprises (excluant l'agriculture,la pêche et les ménages privés). Les données sont basées sur les statistiques publiées du 3e trimestre.	Statistiques sur les salaires.
Nouvelle-Zélande	L'enquête trimestrielle sur l'emploi est un sondage auprès des entreprises.	Statistiques de Nouvelle-Zélande INFOS.
Pays-Bas	Enquête sur l'emploi et le salaire.	Bureau central de statistiques, Statline.
Pologne	Estimations des différents secteurs.	Bulletin mensuel des statistiques.
Portugal	Enquête sur la Structure des Gains.	Ministère de l'emploi.
République slovaque	Données trimestrielles auprès des employeurs.	Bureau national des statistiques.
République tchèque	Données provenant d'enquête auprès des employeurs.	Bureau national des statistiques.
Royaume-Uni	1% de l'échantillon du système de retenue à la source de l'impôt sur les salaires.	Office national de statistiques, enquête annuelle sur les heures travaillées et le salaire (ASHE).
Slovénie	Enquête mensuelle auprès des employés.	Office Statistiques de la République de Slovénie.
Suède	Enquête effectuée au mois de septembre par le patronat.	Statistiques, Suède.
Suisse	Personnes actives occupées selon la branche économique.	La vie économique, SECO (Secrétariat d'État à l'économie) table B.8.1, http://www.bfs.admin.ch/bfs/portal/fr/index/themen/03/04.html.
Turquie	Enquête annuelle de l'industrie manufacturière.	Institut national de statistiques.

Tableau A A.6. Salaire brut estimé, 2020-2021 (en monnaie nationale)

	Salaire moyen 2020	Salaire moyen 2021 (Estimation Secrétariat)	Salaire moyen 2021 (Estimation pays)	EO 2021 (issue 2), taux prévus pour 2021[1]
Allemagne	51 000	52 556		3.1
Australie	90 866	92 022	93 313	1.3
Autriche	49 087	50 460	49 970	2.8
Belgique	50 312	52 248		3.8
Canada	71 994	74 037		2.8
Chili[1]	10 277 863		10 776 819	
Colombie[1]	18 345 584		19 240 596	
Corée	46 753 752	47 021 176	48 723 192	0.6
Costa Rica[1]	8 294 100		8 761 423	
Danemark	440 000	457 613	450 560	4.0
Espagne	26 028	26 832		3.1
Estonie	17 224	18 329	18 416	6.4
États-Unis	59 517	62 954		5.8
Finlande	46 470	47 915	47 793	3.1
France	37 922	39 971		5.4
Grèce	18 834	18 831		0.0
Hongrie	5 043 851	5 400 419	5 391 877	7.1
Irlande	49 876	50 636		1.5
Islande	9 528 000	10 103 366	10 204 000	6.0
Israël	165 240	176 029	170 160	6.5
Italie	32 262	34 032		5.5
Japon	5 082 722	5 146 879		1.3
Lettonie	13 656	15 270	14 748	11.8
Lituanie	16 844	18 711	18 694	11.1
Luxembourg	64 424	67 263		4.4
Mexique	138 349	136 170	152 368	-1.6
Norvège	628 685	659 902	646 288	5.0
Nouvelle-Zélande[1]	65 079		66 077	
Pays-Bas	54 510	55 339	56 394	1.5
Pologne	60 723	64 093		5.5
Portugal	19 959	20 602		3.2
République slovaque	13 418	14 075	14 334	4.9
République tchèque	416 997	435 312	423 515	4.4
Royaume-Uni	41 897	43 978		5.0
Slovénie	21 054	22 485	21 854	6.8
Suède	464 186	482 897		4.0
Suisse	91 427	94 489		3.3
Turquie[1]	72 933		87 187	

1. Dans les calculs des *Impôts sur les salaires*, l'estimation du salaire moyen faite par le pays est utilisée au lieu de l'estimation du Secrétariat de l'OCDE.

StatLink ⧉ https://stat.link/sx9oi3

Le Tableau A A.7 indique les taux de change et parités de pouvoir d'achat des monnaies nationales en 2021 qui sont utilisés pour calculer les données comparatives sur les salaires entre pays dans le rapport.

Tableau A A.7. Parités de pouvoir d'achat et taux de change pour 2021

	Unité monétaire	Taux de change[1]	Parités de pouvoir d'achat
Allemagne	EUR	0.84	0.74
Australie	AUD	1.33	1.50
Autriche	EUR	0.84	0.76
Belgique	EUR	0.84	0.75
Canada	CAD	1.25	1.25
Chili	CLP	754.87	428.89
Colombie	COP	3,734.94	1,386.48
Corée	KRW	1,144.56	849.59
Costa Rica	CRC		331.09
Danemark	DKK	6.27	6.47
Espagne	EUR	0.84	0.60
Estonie	EUR	0.84	0.52
États-Unis	USD	1.00	1.00
Finlande	EUR	0.84	0.82
France	EUR	0.84	0.71
Grèce	EUR	0.84	0.52
Hongrie	HUF	301.34	150.93
Irlande	EUR	0.84	0.75
Islande	ISK	126.90	146.51
Israël	ILS	3.23	3.53
Italie	EUR	0.84	0.65
Japon	JPY	109.70	99.12
Lettonie	EUR	0.84	0.48
Lituanie	EUR	0.84	0.46
Luxembourg	EUR	0.84	0.86
Mexique	MXN	20.14	9.74
Norvège	NOK	8.54	10.03
Nouvelle-Zélande	NZD	1.40	1.43
Pays-Bas	EUR	0.84	0.76
Pologne	PLN	3.84	1.78
Portugal	EUR	0.84	0.56
République slovaque	EUR	0.84	0.52
République tchèque	CZK	21.60	12.67
Royaume-Uni	GBP	0.73	0.68
Slovénie	EUR	0.84	0.55
Suède	SEK	8.52	8.70
Suisse	CHF	0.91	1.12
Turquie	TRL	8.46	2.35

Note :
Source :
1. Moyenne sur 12 mois de taux journaliers.

StatLink https://stat.link/x2u4wc

Impôts et prestations sociales pris en compte

Le rapport traite de l'impôt sur le revenu des personnes physiques et des cotisations sociales à la charge des salariés et des employeurs dues sur les salaires. De plus, les taxes sur les salaires (voir la section *Taxes sur les salaires*) sont prises en compte dans le calcul du coin fiscal total entre les coûts de main-d'œuvre pour l'employeur et le revenu net disponible du salarié. Dans ce rapport, des mesures liées à l'impôt et aux prestations sociales qui ont été prises face à la pandémie du COVID-19 et qui sont en accord avec les hypothèses de base telles que détaillées dans cette annexe, sont incluses dans les calculs. Des informations détaillées sont disponibles dans le chapitre 2, l'étude spéciale.

Le calcul du revenu après impôt intègre les prestations familiales versées par l'État sous forme de prestations en espèces (voir la section *Prestations familiales en espèces versées par l'État*). L'impôt sur les revenus du capital et du travail non salarié, plusieurs impôts directs (impôt sur l'actif net, impôt sur les bénéfices des sociétés), ainsi que l'ensemble des impôts indirects ne sont pas pris en compte dans ce rapport. En revanche, les données tiennent compte de tous les impôts sur le revenu prélevés par les administrations centrales et locales.

Dans ce rapport, les cotisations sociales versées à l'État sont traitées comme des recettes fiscales. Dans la mesure où elles constituent des paiements obligatoires à l'administration publique, elles s'apparentent clairement à des impôts. Elles peuvent s'en distinguer, cependant, du fait que l'obtention de prestations sociales est subordonnée au versement préalable des cotisations applicables, même si le montant des prestations n'est pas nécessairement lié au montant des cotisations. Les pays financent à des degrés divers leurs programmes de sécurité sociale obligatoire à l'aide des recettes fiscales et non fiscales du budget général, d'une part, et de cotisations spécifiques, d'autre part. Si l'on obtient une meilleure comparabilité entre les pays en traitant comme des impôts les cotisations sociales, celles-ci sont néanmoins énumérées sous une rubrique distincte de sorte que leurs montants puissent être isolés dans le cadre d'une éventuelle analyse.

Calcul de l'impôt sur le revenu des personnes physiques

Les chapitres pays de la partie III décrivent la méthode utilisée pour le calcul de l'impôt sur le revenu. On détermine d'abord les déductions fiscales applicables au salaire brut annuel d'un contribuable présentant les caractéristiques et se situant au niveau de revenu du travailleur moyen. En second lieu, on applique le barème d'imposition au revenu imposable, et l'impôt exigible ainsi calculé est minoré des crédits d'impôt éventuels. Une difficulté importante que soulève le calcul de l'impôt sur le revenu des personnes physiques réside dans la détermination des allégements fiscaux à retenir. On peut distinguer deux grandes catégories d'allégements fiscaux :

- *Les allégements à caractère forfaitaire* : il s'agit de mesures d'allégement fiscal qui sont sans lien avec les dépenses réellement engagées par le contribuable et qui sont automatiquement consentis à tous les contribuables remplissant les conditions prévues par la législation. Ils prennent généralement la forme de montants forfaitaires ou de pourcentages fixes du revenu et constituent la principale catégorie d'allégements prise en compte pour déterminer l'impôt sur le revenu versé par les travailleurs. Les allégements forfaitaires sont pris en compte pour le calcul. Ils comprennent :
  - *L'abattement à la base* qui est fixe et dont bénéficient tous les contribuables ou tous les apporteurs de revenu quelle que soit leur situation matrimoniale ou de famille ;
  - *L'abattement forfaitaire* accordé aux contribuables en fonction de leur situation matrimoniale ;
  - *L'abattement forfaitaire pour enfants à charge* accordé aux foyers avec deux enfants d'un âge compris entre 6 et 11 ans inclus ;
  - *L'abattement forfaitaire pour frais professionnels* qui est généralement fixe ou déterminé en pourcentage du salaire (brut) ;
  - Les allégements fiscaux consentis au titre des cotisations sociales et des autres *impôts sur le revenu* (versés aux administrations infranationales) sont également considérés comme des allégements forfaitaires dès lors qu'ils s'appliquent à l'ensemble des apporteurs de revenu et qu'ils concernent des versements obligatoires à l'État;[2]

- *Les allégements non forfaitaires* : il s'agit d'allégements qui sont entièrement déterminés par référence à des charges effectivement supportées. Leur montant n'est ni forfaitaire ni calculé par application de pourcentages fixes du revenu. On peut en donner comme exemples les déductions au titre des intérêts des emprunts remplissant certaines conditions (emprunts destinés à l'acquisition d'un logement, par exemple), des primes d'assurance, des cotisations à des régimes de retraite complémentaire et des dons à des organismes de bienfaisance. Ces déductions n'entrent pas en ligne de compte pour la détermination de la situation fiscale des salariés.

Les allégements forfaitaires sont appréhendés de manière distincte et leur incidence sur le taux moyen de l'impôt sur le revenu fait l'objet d'un calcul séparé dans les tableaux de résultats des chapitres par pays. Dans la plupart des cas, ces derniers offrent une brève description des principaux allégements non forfaitaires.

Impôts sur le revenu perçus par les administrations infranationales

Les impôts sur le revenu des personnes physiques prélevés par les administrations infranationales (États, provinces, cantons ou collectivités locales) entrent dans le champ de la présente étude. Des impôts sur le revenu sont perçus à l'échelon des États fédérés au Canada, aux États-Unis et en Suisse. En 1997, l'Espagne a introduit un impôt sur le revenu pour les régions autonomes. Des impôts sur le revenu sont perçus à l'échelon local en Belgique, en Corée, au Danemark, aux États-Unis, en Finlande, en France, en Islande, en Italie, au Japon, en Norvège, en Suède et en Suisse. En Belgique, au Canada (hors Québec), en Corée, au Danemark, en Espagne, en Islande, en Italie et en Norvège, ces impôts sont calculés en pourcentage du revenu imposable ou de l'impôt perçu par l'administration centrale. En Finlande, au Japon, en Suède et en Suisse, les administrations infranationales appliquent des allégements fiscaux différents de ceux qui sont applicables dans le cadre du système de l'impôt sur le revenu de l'administration centrale. Aux États-Unis, les administrations infranationales appliquent un système d'imposition du revenu distinct en vertu duquel elles disposent d'un pouvoir discrétionnaire à l'égard de l'assiette et du taux d'imposition. Sauf au Canada, aux États-Unis et en Suisse, ces impôts de niveau infranational sont perçus sur la base d'un taux unique.

En raison des différences pouvant exister à l'intérieur d'un même pays en matière de taux et/ou d'assiette de l'impôt sur le revenu collecté par les administrations infranationales, il est parfois fait l'hypothèse que le travailleur moyen assujetti à l'impôt a son domicile dans une zone type et que ce sont les impôts sur le revenu (et les prestations sociales) applicables dans cette zone qui sont indiqués. C'est la formule qui a été adoptée par le Canada, les États-Unis, l'Italie et la Suisse, où l'assiette et les taux d'imposition sont très variables sur l'étendue du territoire. La Belgique, le Danemark, la Finlande, l'Islande et la Suède ont préféré, pour leur part, retenir le taux moyen d'imposition du revenu appliqué par les administrations infranationales pour l'ensemble du pays. Concernant la France, les taux des impôts locaux qui varient grandement d'une municipalité à l'autre, ne sont ni estimés ni inclus dans les calculs figurant dans *Les impôts sur les salaires.* En Corée et en Norvège, ce problème ne se pose pas, les taux d'imposition locaux n'étant, dans les faits, pas différents les uns des autres. L'Espagne et le Japon ont retenu le barème général le plus largement appliqué.

Cotisations de sécurité sociale

Le présent rapport prend en compte les cotisations sociales obligatoires versées par les salariés et les employeurs à l'État ou à des caisses de sécurité sociale effectivement contrôlées par l'État. Dans la plupart des pays, ces cotisations sont prélevées sur les salaires bruts et affectées au financement de prestations sociales. En Finlande, en Islande et aux Pays-Bas, certaines de ces cotisations dépendent du revenu imposable (c'est-à-dire du salaire brut déduction faite de la plupart/l'ensemble des allégements fiscaux). L'Australie, le Danemark et la Nouvelle-Zélande ne prélèvent pas de cotisations sociales.

Les cotisations à des régimes de sécurité sociale ne relevant pas de l'administration publique ne sont pas prises en compte dans les calculs. Néanmoins, des informations sur les prélèvements obligatoires non fiscaux ainsi que des indicateurs de prélèvements obligatoires figurent dans la Base de données fiscales de l'OCDE, qui est accessible à l'adresse suivante : http://www.oecd.org/tax/tax-policy/tax-database/.

Taxes sur les salaires

Les taxes sur les salaires ont une base d'imposition qui est soit un pourcentage des salaires, soit un montant fixe par salarié. Les taxes sur les salaires sont indiquées à la rubrique 3000 des *Statistiques des recettes publiques* de l'OCDE. Seize pays de l'OCDE déclarent des recettes provenant de taxes sur les salaires : l'Australie, l'Autriche, le Canada, la Corée, le Danemark, la France, la Hongrie, l'Irlande, l'Islande, Israël, la Lettonie, le Mexique, la Pologne, la Slovénie et la Suède.

Les taxes sur les salaires sont comprises dans les coins fiscaux totaux indiqués dans cette publication, dans la mesure où elles ont pour effet d'accroître l'écart entre les coûts bruts de main-d'œuvre et la rémunération nette disponible de la même manière que l'impôt sur le revenu et les cotisations sociales. La principale différence avec ces dernières est le fait que le paiement des taxes sur les salaires ne donne pas droit à des prestations sociales. Par ailleurs, la base des taxes sur les salaires peut être différente de la base des cotisations sociales patronales. Par exemple, certains avantages hors salaire peuvent n'être assujettis qu'à la taxe sur les salaires. Comme ce rapport porte sur le cas général, la base de la taxe sur les salaires peut correspondre, selon la législation en vigueur, au salaire brut (à l'exclusion des avantages hors salaire et autres éléments de rémunération, qui varient d'un salarié à l'autre), au salaire brut majoré des cotisations sociales patronales, ou à un montant forfaitaire par salarié.

Sept des pays de l'OCDE tiennent compte des taxes sur les salaires dans les calculs figurant dans *Les impôts sur les salaires* : l'Australie, l'Autriche, la Hongrie, la Lettonie, la Lituanie, la Pologne et la Suède. Pour diverses raisons, les autres pays qui font état dans les *Statistiques des recettes publiques* de recettes tirées de taxes sur les salaires n'ont pas intégré ces taxes dans les calculs effectués en vue de la présente étude.

Prestations familiales en espèces versées par l'État

Les déductions fiscales et les prestations familiales en espèces de caractère général accordées au titre des enfants à charge de 6 à 11 ans inclus en cours de scolarité s'inscrivent dans le champ de l'étude. Si les déductions fiscales ou les transferts en espèces varient à l'intérieur de cette tranche d'âge, ce sont les dispositions les plus avantageuses qui sont retenues, le cas des jumeaux étant explicitement laissé de côté. Leurs implications sont illustrées ci-dessous - supposons que le programme d'allocations pour enfant à charge d'un pays présente la structure suivante :

Tranche d'âge	Prestation par enfant à charge
Enfants de 6 à 8 ans	100 unités
Enfants de 9 à 10 ans	120 unités
Enfants de 11 à 14 ans	150 unités

Le résultat le plus favorable est obtenu pour des jumeaux de 11 ans : 300 unités. Toutefois, comme on exclut le cas des jumeaux, le meilleur résultat (tenant compte que les enfants ont entre 6 et 11 ans) est ramené à 270 unités (un enfant de 11 ans et un enfant de 9 ou 10 ans). Ce montant serait inclus dans le tableau par pays. Souvent, le montant des prestations se trouve relevé lorsque l'âge des enfants augmente. En supposant que les enfants sont nés le 1er janvier, le montant annuel des allocations perçues pour enfant à charge peut être calculé à partir du barème de prestations en vigueur au début de l'année en question, toute révision de ce montant intervenue au cours de l'année étant prise en compte.

Les prestations sociales pertinentes sont celles qui émanent de l'État. Dans certains cas, les allocations en espèces englobent les montants payés indépendamment du nombre d'enfants.

Crédits d'impôt remboursables

Les crédits d'impôt remboursables (ou récupérables) sont des crédits d'impôt pouvant excéder le montant des impôts à verser, l'excédent éventuel étant reversé au contribuable sous forme de transfert d'espèces. En principe, on peut traiter ces crédits d'impôt de différentes manières selon qu'on les considère comme des dispositions fiscales, des transferts en espèces, ou une combinaison des deux. L'étude spéciale figurant dans l'édition 2016 des *Statistiques des recettes publiques* aborde ces différentes options, ainsi que les problèmes d'ordre conceptuel et pratique qui se posent pour choisir la méthode la mieux adaptée à la présentation de statistiques des recettes fiscales internationalement comparables. Elle présente également des chiffres qui montrent l'impact des différentes façons d'interpréter les ratios de l'impôt sur le PIB.[3]

Sur la base de cette étude, le guide d'interprétation des *Statistiques des recettes publiques* impose :

- que seule la fraction du crédit d'impôt remboursable qui a pour effet de réduire ou d'effacer la dette fiscale du contribuable (composante « dépense fiscale »)[4] soit déduite dans la présentation des recettes ;
- que la fraction du crédit d'impôt qui est supérieure à la somme à payer par le contribuable et qui lui est remboursée (composante « transfert en espèces ») soit traitée comme une dépense et ne soit pas déduite des chiffres de recettes fiscales.

Toutefois, les *Statistiques des recettes publiques* donnent des informations complémentaires sur les montants totaux réclamés par le fisc et l'élément « transferts totaux » des crédits d'impôt remboursables pour montrer les résultats de différents traitements statistiques.[5]

Dans *Les impôts sur les salaires,* la situation est différente comme le montant total du crédit d'impôt remboursable est pris en compte dans le calcul de l'impôt sur le revenu.

Si l'on s'en tenait strictement au guide d'interprétation des *Statistiques des recettes publiques*, il faudrait que seule la composante « dépense fiscale » soit déduite de l'impôt sur le revenu, tout dépassement éventuel étant traité comme un transfert en espèces. Cependant, cette méthode aurait pour effet d'affaiblir et non de renforcer la valeur informative des résultats présentés dans *Les impôts sur les salaires*. En particulier, limiter les créances de crédit d'impôt à la dépense fiscale se traduirait par un impôt nul et un taux moyen d'imposition du revenu également nul lorsque des remboursements en espèces sont effectués. Si l'on ne limite pas de la sorte les créances de crédit d'impôt, on fera apparaître, en cas de transferts en espèces, un impôt sur le revenu négatif et des taux moyens d'imposition du revenu également négatifs. On peut soutenir que ces montants négatifs donnent une idée plus claire de la situation du contribuable (plutôt que de considérer une situation de non-imposition). En outre, le fait de ne pas inclure la fraction des crédits d'impôts remboursables correspondant à des transferts en espèces à la rubrique « Prestations en espèces versées par les administrations » des tableaux par pays permet une plus grande transparence de cette rubrique, consacrée aux seuls transferts en espèces « véritables ».

Néanmoins, pour étoffer les informations données dans les tableaux par pays sur les crédits d'impôt remboursables, la rubrique pour mémoire qui se trouve au bas des tableaux des pays concernés indique, sur une première ligne, les montants de dépenses fiscales et, sur une deuxième ligne, les montants des transferts en espèces. Là où il existe plusieurs dispositifs de crédits d'impôt remboursables, les données présentées correspondent à des montants totaux couvrant l'ensemble de ces dispositifs. Pour chaque catégorie de ménage considérée, on peut, en faisant la somme des dépenses fiscales et des transferts en espèces, obtenir le coût global des dispositifs.

Calcul des taux marginaux d'imposition

Dans tous les cas excepté un, les taux marginaux d'imposition sont calculés en prenant en compte l'incidence d'une faible augmentation des salaires bruts sur l'impôt sur le revenu des personnes physiques, les cotisations sociales et les prestations en espèces. L'exception est le cas d'un conjoint inactif, où le passage d'un revenu nul à un revenu faiblement positif n'est pas représentatif des variations de revenu et présente donc peu d'intérêt. C'est pourquoi les taux marginaux applicables au conjoint sont calculés dans ce cas en prenant en compte l'incidence d'une augmentation de revenu de 0 à 67 % du salaire moyen.

Limites de l'étude

Limites de caractère général

L'utilisation de la méthode simple consistant à comparer la situation au regard de l'impôt et des avantages sociaux des huit foyers modélisés permet d'échapper aux nombreux problèmes conceptuels et de définition que soulèvent des comparaisons internationales plus complexes des charges fiscales et des programmes de transferts sociaux. Toutefois, l'une des faiblesses de cette méthode est liée au fait que la place de la rémunération du salarié moyen sur l'éventail des salaires varie d'une économie à l'autre, bien que les salaires en question concernent des ouvriers accomplissant des tâches de même nature dans les différents pays membres de l'OCDE.

En raison des limites qui affectent les impôts et les prestations sociales couvertes par le rapport, les données réunies ne peuvent être considérées comme représentatives de l'impact global des administrations sur le niveau de vie des contribuables et de leurs familles. Il faudrait pour cela étudier l'incidence des impôts indirects, le régime applicable en matière d'imposition des revenus du travail non salariaux ainsi que des autres revenus et l'incidence des autres mesures d'allégement fiscal et prestations en espèces. Il faudrait aussi tenir compte de l'incidence sur le niveau de vie des services fournis par l'État soit gratuitement soit en dessous de leur coût et de l'incidence sur les salaires et les prix des impôts sur les sociétés et des autres impôts directs. Il est impossible de couvrir un champ d'étude aussi étendu dans le cadre d'une comparaison internationale concernant l'ensemble des pays de l'OCDE. L'importance des écarts entre les résultats présentés ici et ceux auxquels aboutirait une étude complète de l'impact global des interventions publiques sur la situation des salariés serait variable d'un pays à l'autre, notamment en fonction de la part relative des différents impôts dans les recettes publiques et de l'étendue et de la nature des dépenses sociales des administrations.

Le rapport indique l'incidence formelle de l'impôt sur les salariés et les employeurs. L'incidence économique finale de la charge fiscale peut être répercutée des employeurs aux salariés et vice versa à la suite d'ajustements des salaires bruts opérés sur le marché.

Le revenu restant à la disposition du contribuable peut correspondre à des niveaux de vie différents selon les pays, parce que l'éventail des biens et services auxquels le revenu est affecté ainsi que leurs prix relatifs diffèrent d'un pays à l'autre. Dans les pays où les administrations fournissent une gamme importante de biens et services (régimes de retraite de base généreux, services de santé gratuits, logements sociaux, éducation tertiaire, etc.) le contribuable peut disposer d'un revenu en espèces plus faible tout en ayant un niveau de vie identique à celui d'un contribuable percevant un revenu en espèces plus élevé mais vivant dans un pays où les biens et services publics sont plus limités.

Exemples de limites spécifiques affectant le calcul de l'impôt sur le revenu

Étant donné le nombre limité des allégements fiscaux considérés ainsi que l'exclusion des revenus non salariaux, les taux moyens d'impôt sur le revenu calculés dans les tableaux de cette publication ne rendent pas nécessairement compte des taux effectifs des impôts versés par les contribuables se situant aux niveaux de salaires indiqués. L'exclusion des abattements de caractère non forfaitaire liés à des frais réels peut conduire à surestimer les taux réels d'imposition dans le calcul. D'autre part, l'exclusion des revenus autres que ceux du travail peut tendre à les sous-estimer.

La décision de ne pas procéder à un calcul séparé de l'impôt sur le revenu après prise en compte de l'effet des allégements fiscaux non forfaitaires a été prise pour les raisons suivantes:

- dans de nombreux cas, les allégements liés à des dépenses effectives représentent des substituts d'aides financières directes. Prendre en considération ces allégements sans prendre en compte par ailleurs les éventuelles aides directes correspondantes conduirait à fausser les comparaisons des rémunérations nettes plus transferts en espèces;
- le régime fiscal particulier de certaines dépenses peut s'accompagner d'un régime spécial des revenus associés à ces dépenses (par exemple, le régime fiscal des cotisations de sécurité sociale et des pensions de retraite) qui se situe en dehors du champ de la présente étude;
- quelques pays n'ont pas été en mesure d'estimer la valeur de ces allégements et même les pays qui ont pu effectuer une telle estimation n'ont pas été en mesure de la limiter aux contribuables présentant les caractéristiques prises par hypothèse dans la partie qui précède sur la méthodologie ; et,
- tous les pays n'ont pas été en mesure de calculer séparément les allégements applicables aux différents types de foyer. Lorsqu'on calcule séparément les allégements applicables aux célibataires et aux familles avec enfants, on observe des écarts importants entre les montants des allégements dont bénéficient normalement ces deux catégories de foyer.

Limites relatives aux comparaisons de séries chronologiques

Les calculs de la charge fiscale des revenus du travail dans les pays de l'OCDE qui sont indiqués dans l'édition de 2004 et les précédentes des *impôts sur les salaires*, sont fondés sur un indicateur du salaire moyen pour les travailleurs manuels à temps complet du secteur manufacturier (« l'ouvrier moyen »).

Toute analyse longitudinale des résultats doit prendre en compte le fait que les données concernant les salaires ne portent pas nécessairement sur le même contribuable pendant toute la période. Les rémunérations moyennes sont calculées pour chaque année. En tant que tels, les résultats ne font pas apparaître les variations de salaire et la situation fiscale des différentes personnes concernées au fil du temps, mais plutôt la situation de salariés dont le salaire est égal au niveau moyen dans les secteurs industriels concernés pour chaque année considérée. Cela pourrait également signifier que les niveaux de salaires mentionnés pourraient se situer à des points différents de la distribution des revenus sur la période couverte et que les variations des taux d'imposition pourraient subir l'influence de cette évolution.

Il y a eu des changements de définition du salarié moyen dans le temps. À partir de l'édition de 2005, *Les impôts sur les salaires* ont déclaré des calculs des impôts effectués à partir d'une définition élargie du salarié moyen qui inclut tous les salariés à temps complet appartenant aux secteurs industriels C à K (référence à la CITI)8. Les conséquences de l'adoption de cette nouvelle définition pour les comparaisons de séries chronologiques sont examinées dans l'édition de 2005 des impôts sur les salaires.

Note sur les équations fiscales

Chaque chapitre par pays contient une section qui décrit les équations présentées sous une forme normalisée indiquant les calculs nécessaires pour obtenir le montant de l'impôt sur le revenu, des cotisations de sécurité sociale et des transferts en espèces. Ces algorithmes représentent sous une forme algébrique les dispositions légales décrites dans le chapitre et correspondent aux chiffres indiqués dans les tableaux par pays et les tableaux comparatifs. Cette section décrit les conventions utilisées dans la définition des équations et indique la manière dont elles pourraient être appliquées à d'autres recherches

Les sections précédentes des chapitres par pays décrivent le mode de fonctionnement des systèmes fiscaux et des autres systèmes ainsi que les valeurs des paramètres de ces systèmes, tels que le montant des abattements et des crédits d'impôt et les barèmes d'imposition.

La première partie de la section concernant les équations est un tableau qui décrit brièvement chaque paramètre (tel que le « Crédit d'impôt de base »), indique le nom du paramètre tel qu'il est utilisé dans l'équation algébrique (« Basic_cred ») et la valeur actuelle pour l'année considérée (telle que « 1098 »). Lorsqu'il existe un tableau de valeurs – par exemple un barème des taux d'imposition et des seuils de revenu imposable correspondants –, un nom est donné à l'ensemble du tableau (par exemple « tax_sch »). Ces noms de variables sont ceux qui sont utilisés dans les équations.

À la suite du tableau des paramètres se trouve le tableau d'équations. Les quatre colonnes contiennent les informations suivantes:

- Les deux premières colonnes contiennent une description et indiquent le nom de la variable correspondant au résultat de l'équation mentionnée sur la même ligne. Elles incluent toujours les treize principales rubriques financières des tableaux par pays. Des lignes supplémentaires définissent des valeurs intermédiaires qui sont calculées soit pour faire apparaître de manière plus détaillée les données figurant dans les tableaux (telles que la ventilation des abattements fiscaux totaux entre les différentes catégories) ou des montants qui facilitent les calculs

- La troisième colonne indique l'intervalle de calcul dans cette ligne. Cette indication est nécessaire pour tenir compte des différents modes de calcul possibles de l'impôt dû par les couples mariés. Les différentes options sont les suivantes:

    - **B** Le calcul est effectué séparément aussi bien en ce qui concerne le revenu principal que celui du conjoint et en utilisant les niveaux de rémunération de chacun d'entre eux. Cela vaut pour les cas où il y a imposition séparée et aussi en général pour les cotisations de sécurité sociale.

    - **P** Le calcul s'applique uniquement au revenu principal. On peut citer comme exemple le cas où le titulaire du revenu principal peut utiliser tous les abattements à la base de son conjoint qui ne peuvent être déduits des revenus de celui-ci.

    - **S** Le calcul s'applique seulement au conjoint (le second apporteur de revenu) dont le salaire est égal ou plus faible que celui du principal apporteur de revenu.

    - **J** Le calcul est effectué une seule fois sur la base du revenu cumulé. Cela vaut pour les systèmes d'imposition conjointe ou par foyer et cette méthode est également courante pour le calcul des prestations en espèces au titre des enfants à charge.

- La dernière colonne contient l'équation elle-même. Celle-ci peut se référer aux variables figurant dans le tableau des paramètres et aux variables qui résultent de l'une des lignes du tableau d'équations lui-même. On utilise également deux variables standards, « marié », qui prend la valeur 1 si le foyer est constitué par un couple marié et 0 dans le cas d'un célibataire, et « enfants », qui indique le nombre d'enfants. Parfois, il est fait référence à une variable à laquelle s'ajoute l'affixe « total » qui indique la somme des valeurs des variables à prendre en compte pour le titulaire du revenu principal et son conjoint. De même les affixes « _princ » et « _conjoint » indiquent respectivement les valeurs concernant le titulaire du revenu principal et son conjoint.

Dans les équations, un certain nombre de fonctions sont utilisées. Certaines d'entre elles sont utilisées de la même manière que dans un certain nombre de programmes informatiques d'utilisation courante. Par exemple, MAX(X, Y) et MIN(X, Y) permettent de trouver respectivement la valeur maximum et la valeur minimum. IF (condition, X, Y) choisit l'expression X si la condition est vérifiée et l'expression Y si elle ne l'est pas. Des expressions booléennes sont également utilisées et l'on admet qu'elles ont la valeur 1 si l'expression est vérifiée et 0 si elle ne l'est pas. Par exemple (enfants=2*CB_2 est équivalent à IF(enfant=2, CB_2,0).

Il y a aussi trois fonctions spéciales généralement utilisées qui font apparaître les calculs souvent nécessaires dans le cadre des systèmes d'impôt et de sécurité sociale. Ces fonctions sont les suivantes:

- Tax (taxinc, tax_sch) : cette fonction calcule le résultat obtenu en appliquant le barème d'imposition et les différents seuils dans « tax_sch » à la valeur du revenu imposable représenté par « taxinc ». Cette fonction peut être utilisée dans toutes les parties des équations et non pas seulement dans le calcul de l'impôt sur le revenu. Pour certains pays, elle est utilisée en ce qui concerne les cotisations de sécurité sociale ou même pour les niveaux de prestations qui pourraient dépendre des revenus.

- Positive (X) : cette fonction donne le résultat X lorsque cette valeur est positive et 0 dans les autres cas. Elle est donc équivalente à MAX(0,X).

- Taper (valeur, revenu, seuil, taux) : cette fonction indique le montant représenté par « valeur » si le « revenu » est inférieur au « seuil ». Sinon elle indique la « valeur » réduite par le « taux » multiplié par (revenu-seuil) à moins que cela ne donne un résultat négatif auquel cas on revient à zéro. Cette fonction indique le calcul qui est parfois nécessaire lorsque, par exemple, un crédit d'impôt peut être accordé en totalité sous réserve que le revenu total soit inférieur à un certain seuil mais se trouve ensuite retiré à un taux donné pour chaque unité monétaire à partir de ce seuil jusqu'à son retrait complet.

Dans certains cas, il existe des fonctions VBA spécifiques à chaque pays. Ces fonctions VBA font intervenir un programme conçu pour simplifier les calculs fiscaux. Ce programme repose sur la mesure fiscale décrite dans le chapitre par pays à la partie II. Par exemple, le crédit d'impôt pour les revenus du travail en vigueur aux États-Unis est calculé à l'aide de la fonction VBA appelé EIC.

Quiconque souhaite utiliser ces équations à d'autres fins devra établir des fonctions VBA correspondant à ces fonctions spéciales ou apporter les modifications appropriées aux équations qui les utilisent.

Notes

[1] Les organismes nationaux de statistique n'utilisent pas tous la Révision 3.1 ou 4 de la CITI pour classer les secteurs d'activité. Néanmoins, la Nomenclature statistique des activités économiques dans la Communauté européenne (NACE), le Système de classification des industries de l'Amérique du Nord (SCIAN) et l'*Australian and New Zealand Standard Industrial Classification* (ANZSIC) coïncident à peu près avec les Révisions 3.1 et 4 de la CITI au niveau des secteurs C à K et B à N, respectivement.

[2] Dans ce cas, le montant de l'allégement fiscal est fonction des cotisations de sécurité sociale effectivement versées par le/la salarié(e) ou retenues sur son salaire ; cette forme d'allégement forfaitaire s'écarte donc à ce titre de la définition générale selon laquelle il n'existe pas de lien entre l'allégement forfaitaire et les dépenses réellement engagées.

[3] OCDE, *Statistiques des recettes publiques, 1965-2017*, p. 62.

[4] Cette caractérisation doit être considérée comme informelle car il faut, pour déterminer les dépenses fiscales, trouver un système fiscal de référence pour chaque pays ou, mieux encore, une référence internationale commune. Dans les faits, il n'a pas été possible de s'accorder sur le choix d'une référence internationale à cette fin.

[5] Voir le tableau 1.6 des *Statistiques des recettes publiques 2021* de l'OCDE.

CPSIA information can be obtained
at www.ICGtesting.com
Printed in the USA
LVHW070139040622
720464LV00028B/2564

9 789264 525221